JN432988

제 2 판

정책학개론

한 석 태

도서출판 대영문화사

제2판 머리말

개정한 내용에는 제3장의 정책연구의 패러다임에 최근 많은 학자들이 관심을 가지고 있는 거버넌스를 추가해서 소개하였다. 정부가 정책 권력을 독점하지 않고 시민사회를 참여시켜 사회문제를 해결하는 것으로 현대 사회가 복잡해짐으로써 정부, 시장, 시민사회를 네트워크로 연결하는 것이다.

또한 이전의 제6장에서 정책의 구성요소 중 정책문제와 정책목표만 언급했는데 제2판에서는 추가로 정책수단, 정책대상집단, 정책의 정당성이라는 요소를 기술하였다. 다른 책과 달리 정당성을 추가한 것이 본 저서의 특징이라 할 수 있는데, 이는 정책이 정당성을 결여하면 올바른 정책으로 볼 수 없기 때문이다.

편제상의 큰 변화는 이전 판에서 정책결정과 정책분석을 하나의 장으로 다루었는데 정책분석기법이 다양하여 이 부분을 제7장으로 독립시켰다.

본 저서에서는 이명박 정부의 사례를 많이 다루었는데, 욕심 같아서는 개정 내용에 박근혜 정부의 사례를 다루고 싶었지만 시간이 부족하여 다음 기회로 미루고자 한다.

2017년 3월
우암산 아래 연구실에서
한 석 태

머리말

필자는 대학에서 정책학 관련 과목을 오랫동안 강의해 왔다. 강의할 때마다 필자가 작성한 저서의 필요성을 항상 느끼곤 했다. 그러나 강의와 학술적 연구에 시간이 쫓기다 보니 차일피일 미루면서 시간이 흘러갔다. 그래서 담당 과목의 강의 교재는 다른 학자들의 저서를 사용했는데 이들 저서가 매우 훌륭함에도 불구하고 필자가 생각하는 강의 내용이나 강조점과 부분적으로 맞지 않는 경우가 있어 아쉬운 생각을 가지고 있었다. 더 이상 미룰 수 없다는 생각에 수년 전부터 교재 집필을 준비해 온 결과 이제야 결실을 맺게 되었다. 이 책은 필자가 지금까지 강의한 내용을 바탕으로 하여 정리한 것이다.

저서를 준비하면서 느낀 것은 분량이 너무 많아서는 안 된다는 것과 마치 학생을 대면하여 강의하듯이 가급적 쉬운 표현과 내용으로 써야겠다는 점이었다. 시중에 나와 있는 몇몇 교재는 공무원 수험생들에 대한 판매를 염두에 두어서 그런지 너무 많은 내용을 포함하여 학부에서 한 학기에 소화하기에는 부담스러웠다. 그래서 이 책은 대학의 강의 교재로 사용하는 데 주안점을 두면서 가능하면 학부생들의 눈높이에 맞는 쉬운 문장으로 기술하고자 노력했다.

이 책은 전체적으로 정책과정론적 시각에서 구성했다. 이는 오랜 강의를 통해 학부생들에게 과정론 모형이 정책 현상 전체를 이해하는 데 가장 좋다는 판단을 했기 때문이다. 따라서 이 책은 앞부분에서 정책의 개념, 정책 과정, 정책학의 연혁을 기술하고, 이어서 정책 유형(제2장)과 정책연구의 다양한 이론적 모형(제3장)을 소개했다. 다음으로 일반적 정책 과정 모형에 입각하여 정책의제 형성(제4장), 환경과 정책(제5장), 정책결정과 정책분석(제6장), 정책분석과 불확실성(제7장), 정책 과정의 참여자(제8장), 정책집행론(제9장), 정책평가(제10장), 한국의 정책평가제도(제11장), 정책 변동(제12장)의 순으로 기술했다. 제3장에서는 정책 현상을 바라보는 다양한 이론적 관점인 정책 패러다임을 설명했고, 제4장에서는 사회문제가 하나의 정책의제로 성립하는 현상인 정책의제 형성을 다루었다. 제5장에서는 환경과 정책의 상호작용에 관한 내용을 기술했으며, 정책결정과 정책분석에 관한 제6장에서는 문제 정의, 정책목표 설정, 그리고 대안들을 비교하여 최적 대안을 산출하는 데 도움을 주는 다양한 정책분석 기법들을 설명했다. 단, 여기서 합리모형, 만족모형 등 의사결정모형에 관한 내용은 모든 행정학 개론에서 다루고 있기에 중복된다는 이유로 포함시키지 않았다. 제7장에서는 정책분석 과정에서 당면하는 불확실성 요인을 다루었고, 제8장에서는 정책 과정에 개입하는 다양한 행위자들을 기술했다. 정책집행 현상을 다룬 제9장에서는 집행연구의 배경과 이론적 모형들, 그리고 집행에 대한 영향 요인들을 기술했으며, 제10장 정책평가론에서는 평가 유형, 평가설계, 그리고 정책평가란 결국 가치판단이란 점에서 정책가치와 평가 기준을 다루었다. 제11장에서는 현재 한국 정부의 정책평가제도를 살펴보았으며, 마지막으로 제12장에서는 정책 변동의 유형과 정책 변동에 관한 이론적 모형들을 소개했다.

여러 차례에 걸쳐 확인하고 수정하는 작업을 거쳤지만 여전히 흠이 있을 것으로 본다. 부족한 점에 대해서는 향후 계속해서 보완 수정하는 노력을 게을리하지 않을 것이다.

끝으로, 젊은 시절 출판업을 시작하여 이제 대영문화사를 행정학 분야의 중심적인 출판사로 키우신 임춘환 사장님께 이 책의 출판을 수락해 주신 데 대한 감사의 말씀을 드린다.

2013년 1월

우암산 아래 연구실에서

한 석 태

차 례

제 1 장 서 론

제 1 절 정책의 의미와 특성

우리는 일상생활에서 정책이란 용어를 많이 접하고 있다. 언론에서는 하루에도 수 없이 많은 정책에 관해 보도하고 있는데, 교육정책 · 복지정책 · 통일정책 · 실업정책, 교통정책 등이 그러한 예다. 특정 정책으로부터 직접 영향을 받건 아니건 간에 그 정책에 관심 있는 국민들은 수시로 이에 관한 이야기들을 주고받는다.

그런데 우리가 정책이라고 말할 때 무엇을 지칭하는 것인가. 사회과학에서 다루는 주요 용어들은 일반적으로 그 개념 정의가 쉽지 않다. 사회 현상은 무형적인 경우가 대부분이라서 유형적이고 물리적인 현상을 다루는 자연과학과는 달리 개념이 지칭하는 현상을 구체화하기 어렵기 때문이다. 그러나 사회 현상에 대한 과학적 연구가 이루어지기 위해서는 학문공동체 내의 의사소통이 잘 이루어져야 하는데, 이것을 위해서는 최소한 주요 개념에 대한 합의가 이루어져야만 한다. 특정 용어에 대한 의미가 사람마다 다르다면 의사전달에 오류나 착오가 생겨 정상적인 논의가 불가능하기 때문이다.

정책은 추상적이고 무형적인 특징을 다분히 띠고 있는 현상이라서 이에 대한 개념 정의가 쉽지 않으며, 따라서 지금까지 제시된 학자들의 생각도 각인각색이지만, 객관적 연구를 위해 최소한의 개념적 고찰은 불가피하다고 본다.

어원적으로 정책(policy)이라는 용어는 그리스어, 산스크리트어, 그리고 라틴어로부터 왔다. 그리스어 *polis*(도시국가)와 산스크리트어(Sanskrit) *pur*(도시)는 라틴어 *politia*(국가)로 전환되었고, 그리고 후에 공공문제의 수행 또는 정부의 행정을 말하는 중세 영어 *policie*로 진화되었다. 정책의 어원은 다른 두 가지 중요한 단어인 경찰(police)과 정치(politics)의 어원과 같은데 바로 이런 점이 예를 들어 독일어와 러시아어에서는 정책과 정치를 나타내는 언어가 한 단어(*politik, politika*)밖에 없는 이유다. 또한 이것이 정치와 정책연구에 많이 관련된 정치학, 행정학, 정책학과 같은 학문들 간에 경계가 모호해진 요인 중의 하나다(Dunn, 1994: 33-34).

많은 학자의 개념 정의를 일일이 소개하는 것은 불필요하다고 보며, 나름대로 의미 있다고 여겨지는 몇 가지만 알아보기로 한다. 드로(Dror, 1968: 12)는 "주로 정부기관에 의해 결정된 미래의 행동지침"으로 정의했고, 다이(Dye, 1984: 1)는 "정부가 하기로 혹은 하지 않기로 선택한 모든 것"이라고 정의하고 있다. 코크란 외(Cochran et al., 1999)는 "누가 무엇을 갖는가에 대한 정부 내의 투쟁의 결과물"로 보고 있다. 또 피터스(Peters, 1999)는 "정책은 정부가 직접 하든 다른 기관을 통해서 하든 시민생활에 영향을 주는 정부활동의 총합"이라고 정의한다.

앞에서 말한 학자들의 개념 정의에 대한 예를 보면 정책이란 대체로 정부가 하는 행동이며, 또한 어떤 목적 하에 이루어짐을 공통적으로 시사하고 있다. 이러한 점들을 고려하여 여기서는 정책을 "특정한 목적과 이것을 얻는 데 필요한 수단들에 관해 정부가 작성한 일련의 행동규정"으로 정의하고자 한다.

정책에 대한 정의를 이렇게 할 때, 정책이란 사회적 현상은 다음과 같은 몇 가지 특징을 가진다.

첫째, 정책에는 도달하고자 하는 목적이 기술되어 있다는 점이다. 이것은 현재 국민들이 고통을 겪고 있는 사회문제의 해결이 될 수도 있고 또는 정부가 지향하고 있는 바람직한 미래 상태의 달성이 될 수도 있다. 요컨대, 정책의 목적은 사회문제의 해결인데, 이는 현재 당면하고 있는 사회문제뿐만 아니라 장차 발생할 것으로 예상되는 미래의 문제도 포함된다.

둘째, 정책에는 목적을 달성하기 위한 수단들이 규정되어 있다는 점이다. 사회상태가 악화되지 않도록 기존 사회를 유지하거나 또는 사회를 변화시키려면 어떤 형태이든 수단이나 도구가 필요하다. 정책 수단에는 사회문제 해결에 관한 실질적 수단과 보조적 수단이 있다. 김장철의 비싼 배춧값 문제를 해결하기 위해 수입 등의 조치를 통해 배추 공급량을 늘리는 것이 실질적 정책 수단의 예다. 한편, 실질적 정책 수단의 실행을 위해 필요한 기타 수단이 보조적 수단이다. 예컨대, 정책 수행에 필요한 인적·물적 자원, 기술·정보, 수행 기관, 합법성, 정당성과 같은 것을 들 수 있다. 실질적 수단이 문제 해결에 더 본질적이기 때문에 중요하겠지만, 보조적 수단이 확보되지 않는다면 정책 수행 자체가 불가능하다는 점에서 소홀히 다룰 수 없다. 그래서 통상적으로 정책은 보조적 수단들의 획득 및 동원에 관해서도 규정하고 있다.

셋째, 정책은 우연한 것이 아니라 정부에 의해 의도된 활동이란 점이 중요하다. 만일 정부가 어떤 일상적인 활동을 하는데 예상치 않았던 사회 변화가 일어났다고 해도 우리는 그런 일상적 활동을 정책이라고 하지는 않는다. 그러한 결과의 발생을 의도하고 특정한 행위를 한 것이 아닐 뿐만 아니라, 새로운 사회 변화가 정부의 활동이 아닌 사회의 다른 요인이나 국제적 요인에서 온 것일 수도 있기 때문이다.

넷째, 정책은 동태적 특징을 띤다. 한번 수립된 정책의 내용은 고정되어 있지 않고 환경의 변화에 따라 변동할 수 있다. 정책의 집행 과정에서 시민들로부터 큰 저항을 받는 경우, 필요한 예산이나 자원이 부족한 경우, 또는 정책문제를 야기했던 사회적 환경이 변화한 경우 등에는 정책의 내용이나 집행 방식도 상황에 적응하기 위해 변신을 꾀해야 하는 것이다.

다섯째, 정책은 보통 갈등을 수반한다. 모든 국민에게 다 혜택을 주는 정책은 있다고 해도 극히 적다. 코크란 외(Cochran et al., 1999)는 "정책은 누가 무엇을 갖는가에 대한 투쟁의 결과"라고 말했는데, 이는 정책이 사회적 가치들의 재분배 현상과 밀접히 관련되어 있음을 의미한다. 가치의 재분배는 사회구성원들 사이에 다른 결과를 가져옴을 의미하고, 따라서 정책결정 단계는 물론 결정된 정책이 집행되는 과정에서 이득집단, 손실집단, 정부 사이에는 이익을 둘러싼 갈등과 투쟁이 빈번하게 발생한다.

제 2 절 정책 과정

정책은 특정 시점에서 정부에 의해 갑자기 만들어지는 것은 아니며 만들어진 이후에는 집행 등 후속 활동이 이어진다. 즉, 하나의 정책이 만들어지기 전에는 그 정책을 탄생시키게 되는 다른 활동이나 원인들이 작용하는 과정이 존재할 것이며, 또 정책이 산출된 후에는 실제 사회에 적용하면서 발생하는 여러 활동과 연결된다.

정책 산출 전후에 밟게 되는 일련의 활동들을 체계적으로 연결시켜 본다면 정책을 만들어 내는 또는 정책이 만들어 내는 사회 현상을 좀 더 쉽게 이해할 수 있을 것이다. 이러한 체계화된 일련의 활동들을 우리는 정책 과정이라고 부를 수 있다. 정책 과정의 개요는 [그림 1-1]과 같이 나타낼 수 있다.

그림 1-1 정책 과정 개요

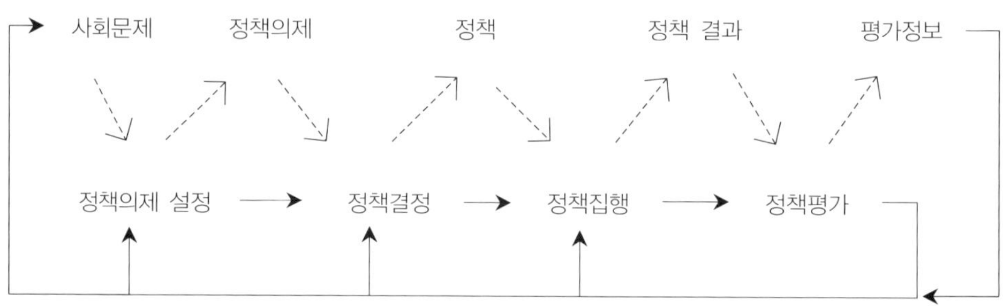

[그림 1-1]의 아래줄에 나타나는 용어들이 정책 과정의 어떤 단계나 활동들을 표현하는 것이라면, 윗줄에 있는 용어들은 어떤 단계나 활동의 결과로서 나타나는 하나의 산물로 볼 수 있다. 예컨대, 정책결정 과정(활동)을 거치면 하나의 정책이 생기며, 정책집행 과정(활동)을 거치면 정책 결과가 산출되는 것을 말한다. [그림 1-1]에서 보듯이 정책 과정은 단일 방향적으로 진행하고 끝나는 것이 아니라 순환적 성격을 가진다. 각 단계에서 어떤 문제가 있다고 판단되면 이전의 단계나 산출에서 무엇이 문제인가를 살펴보기 위해 앞 단계로 돌아간다. 이러한 정책 과정을 좀 더 구체적으로 설명하기로 한다.

일반적인 정책 과정은 사회문제(social problem)의 발생으로부터 시작한다.[1] 사회문제는 2007년 12월에 발생한 태안 앞바다 기름 유출과 같이 돌발적 사건일 수도 있고, 수년 간 계속되는 높은 실업률과 같이 지속적인 성격을 가진 것일 수도 있다.

어쨌든 사회문제가 발생하면 직접 관련되는 집단을 중심으로 이 문제에 대한 관심이 점차 확산되는 과정을 거치는데 이 단계가 바로 정책의제 형성 과정이다. 문제를 제기하는 집단의 적극성과 언론의 조명도에 따라 사회문제 확산의 신속성과 파급 정도는 크게 영향을 받는다고 볼 수 있다.

정책의제 형성 과정을 거치면 그 결과로 정책의제(policy agenda)가 채택된다. 정책의제란 사회문제 중에서 정부가 정책적 대응을 하겠다고 공식적으로 표방한 사회문제를 말한다. 예컨대, 2007년 하반기 특목고 입시문제 사전 누출이 사회문제화되었을 때 당시 교육인적자원부가 앞으로 유사한 문제 발생을 방지하기 위한 대책을 수립하겠다고 발표했는데 바로 이 순간 '특목고 입시문제 관리'라는 하나의 정책의제가 성립된 것이다.

정책의제가 설정되면 다음으로는 정책을 결정하는 과정을 밟게 된다. 일반적으로 정책결정(policy-making)의 세부적 과정을 살펴보면 다음과 같다.[2] 제일 먼저 문제에 대한 정의(definition)를 해야 하는데 이는 정부가 해결해야 하는 문제가 정확히 무엇인가를 확인해 두는 과정이다. 다음 단계는 목표 설정(goal setting)인데 이는 정책을 통해 궁극적으로 얻고자 하는 결과나 상태를 말한다. 목표가 설정되면 다음으로는 목표 달성에 필요한 수단을 찾아야 하는데, 이것을 대안 탐색 과정이라고 한다. 정책대안(policy alternative)은 설정된 정책 목표라는 결과를 가져오는 수단적 활동이나 요인들이라고 보면 된다. 예컨대, 정책 목표가 교통사고 감소라고

1) 물론 뚜렷한 어떤 사회문제가 발생하지 않는 경우에도 정책이 결정될 수 있다. 예컨대, 국민들은 현재의 사회 상태가 참을 만하기 때문에 정부에 대해 어떤 구체적 요구를 표출하지 않겠지만, 이런 경우에도 정부는 현재의 상황이 계속 간다면 5년 또는 10년 후에는 심각한 문제가 발생할 것으로 예견하고 방지 차원에서 특정 정책을 수립하고 시행하기 때문이다. 이런 경우, 나중에 설명이 되겠지만 사회문제의 발생 단계는 생략되고 정부에 의한 정책의제(policy agenda)가 바로 수립되는 경우에 해당한다.

2) 여기서의 설명은 의사결정의 합리모형에 입각한 것이다. 현실의 세계에서는 정책결정 과정이 합리모형에 맞춰서 이루어지진 않는다. 그러나 합리모형은 현실의 정책결정 현상을 살펴보는 하나의 기준이 된다는 점에서 쓸모가 있다.

한다면, 음주운전 단속이나 감시 카메라에 의한 과속 단속이 바로 정책대안이 되는 것이다. 대안들이 탐색되었다면 다음 단계로는 이들 중 어떤 것이 가장 정책 목표 달성에 효율적인가를 판단해야 하는데 이것이 대안의 비교분석 과정이다. 이 과정을 거쳐서 얻은 최적 대안이 정책으로 선택되는 것이다.

정책결정 과정을 거쳐 산출된 정책은 집행 과정을 밟는다. 필요한 인적・물적 자원을 동원하고, 이를 잘 조직화해서 정책 내용(또는 정책 수단)을 사회 속에 투입하는 작업이 바로 정책집행 과정인 것이다. 예를 들어, 수출기업의 경쟁력 제고라는 정책 목표를 위해 기업의 은행 대출 조건 완화나 연구개발비 정부 지원이라는 정책이 결정되었을 때, 한국은행이 기준금리를 낮춤으로써 시중은행의 기업에 대한 대출 이자를 내리도록 유도한다거나, 일정한 기준에 부합되는 중소기업을 선정하여 정부가 연구개발비를 해당 기업에 전달하고 이것의 사용을 감독하는 행위 등이 바로 정책집행인 것이다.

정책집행 과정을 거치면 정책 결과라는 하나의 산물이 나타난다. 이는 실제 연구개발비를 지원받은 중소기업이 2년 또는 3년 후에 신상품을 몇 종 개발했고 관련 품종으로 인한 기업 매출이 뚜렷이 증가했다면 이는 정책이 긍정적 결과를 가져온 것이다. 그러나 일정 기간 후에 해당 중소기업이 자금 운영 상황이 나아지지 않거나 신제품 개발이란 성과가 없을 수도 있다.

이와 같이 정책 결과는 좋을 수도 나쁠 수도 있다. 여기서 좋다 나쁘다 함은 애당초 설정한 정책 목표의 달성도가 얼마인가의 문제라고 할 수 있다. 목표를 많이 달성했다면 우리는 그 정책이 효과적이라고 말한다. 만일 원했던 정책 결과가 나타나지 않았다면 정부로서는 이에 대한 원인을 규명해야 한다. 이 원인 규명 작업이 바로 정책평가 과정이고, 정책평가는 한정된 사회적 자원을 효율적으로 사용하는 데 도움을 준다.

정책평가를 통해 얻는 것이 평가정보라는 산물인데, 평가정보에서 잘못된 정책으로 판단된다면 정책 자체를 폐기해야 할 것이고, 만일 정책의 내용은 괜찮았는데 집행 과정이 비효율적이었다면 집행 과정을 개선하는 데 신경을 써야 한다. 이것이 이른바 환류(feedback)라고 말하는 과정이다. [그림 1－1]에서 정책평가에서 하단을 돌아 정책결정이나 정책집행으로 가는 일단의 화살표가 피드백인 것이다.

이렇게 하여 정책 과정은 앞에서 말했듯이 순환적인 특성을 띤다. 정책집행의 결과 사회문제를 상당 부분 치유했다면 애당초의 사회문제는 문제의 심각성이나 크기가 줄어들고 정책은 문제가 완전히 해결될 때까지 지속될 것이다. 반대로, 정책 시행이 사회문제를 더 악화하는 경우도 있다. 예컨대, 우리나라 과거의 부동산 정책이 이에 해당하는데, 역대 정부가 온갖 정책을 다 시행했지만 집값 안정이라는 기본 목표를 달성하기는커녕 새로운 정책을 도입할 때마다 초기에는 집값이 잡히는 듯하지만 결국 정책 이전보다 집값이 더 오르는 결과를 가져오곤 했다.

제 3 절 정책연구의 필요성

1 철학적 이유: 정책에 대한 가치판단

정책연구에 대한 첫 번째 필요성은 철학적 측면에서 온다. 현대 정책학의 주창자인 라스웰(Harold D. Lasswell)이 말했듯이 정책연구는 민주주의와 인간 존엄성, 그리고 사회적 정의를 실현하기 위한 학문이다. 특정 정책이 민주적 가치, 인간 존엄성, 사회 정의에 부합하는가는 가치판단에 관한 문제이며 철학적 영역에 속하는 주제다. 예컨대, 우리는 철학적 논의를 통해 과도한 인플레이션은 나쁘다는 결론에 도달해 있다. 그렇기 때문에 높은 인플레를 유발하는 경제정책도 나쁘다고 판단한다. 이와 같이 정책에 대한 가치판단은 정책에 대한 '좋고 나쁨'에 대한 판단으로 볼 수 있는데, 좋고 나쁨에 대한 결론을 내리려면 어떤 판단 기준이 있어야 한다. 그런데 이러한 준거 기준은 사람마다 살아온 환경이나 경험에 의해 형성되기 때문에 주관적이며 상대적이다. 사물을 바라보는 사람의 가치관이나 세계관에 따라 사물에 대한 가치판단이 달라진다. 그래서 현실의 세계에서는 어떤 정책을 둘러싸고 정당 간, 집단 간, 계층 간에 끊임없이 논쟁과 공방이 벌어지는 것이다.

예를 들면, 이명박 정부와 한나라당이 강행한 이른바 '4대강 살리기' 정책은 야당과 환경단체가 볼 때 '4대강 죽이기' 정책으로 평가되고 있다. 정부는 4대강 정책이 홍수와 가뭄 대비 치수관리를 통해 막대한 경제적 이득을 창출하여 국민들의 삶의 질과 복지를 증가시킨다는 것이다. 한편, 4대강 사업을 반대하는 쪽에서는 자연하천을 파괴하고 생태계를 교란시켜 멸종위기 동식물을 죽이는 것 자체가 '나쁜' 행위로 용납될 수 없다는 것이고, 결국 인간의 삶도 위기에 처한다고 한다. 동일한 정책에 대한 가치평가가 이렇게 극단적으로 차이를 보이는 것 자체가 정책에 대한 철학적 논의가 필요함을 역설하고 있는 것이다.

정책에 대한 가치판단이 사회적 합의를 얻기 힘든 특징이 있다고 해도, 정책에 대한 철학적 논의를 멈추어서는 안 된다. 이는 개인적 차원의 가치문제를 사회적 차원의 가치문제로 전환시켜 다룸으로써 어느 정도 해결할 수 있다. 공개적 토론과 논의를 통해 사회구성원 다수의 견해가 반영되는 사회적 가치판단 과정으로 진행될 때 사회가 인간 존엄이나 삶의 질을 극단적으로 해치는 정책을 채택하지 않을 수 있기 때문이다.

- 4대강 사업은 바람직한 정책인가?
- 안락사 제도의 도입이 윤리적으로 옳은가?
- 사형집행 제도는 좋은 것인가?
- 정부에서 시행한 감세정책은 사회 정의에 부합되는가?

2 과학적 이유: 정책에 대한 사실판단

정책연구에 대한 두 번째 필요성은 과학적 측면에서 찾을 수 있다. 원래 과학이란 연구자가 관심을 가지고 있는 어떤 현상에 대한 지식을 얻고자 하는 목적에서 이루어지는 활동이다. 여기서 지식이란 현상 내부의 요인이나 변수들 간에 나타나는 규칙성이나 패턴을 말하는 것이다.

정책을 연구하는 이유 중의 하나로 정책 현상에 대한 '지적 호기심'에서 찾을 수 있는데, 이는 학자들이란 어떤 조건이나 대가 없이 단지 현상을 설명하고픈 이유에서 연구를 한다는 의미다. 정책에 대한 과학적 연구 역시 정책학자의 지적 호기심에서 출발하는데 다만 정책 현상의 사실적 영역에 국한된 연구인 것이 특징이다. 앞에서 말한 철학적 측면의 연구가 정책 현상의 가치 영역을 연구 대상으로 한다면, 정책의 과학적 연구는 정책의 사실적 측면을 연구하는 것이다.

과학적 연구는 경험적 관찰을 통한 자료 수집과 가치중립적 분석 과정을 통해 지식을 얻고자 한다. 따라서 정책에 대한 과학적 연구는 기본적으로 논리실증주의에 입각한 경험적 연구 방법을 통해 이루어지며, 요컨대 정책과 결과 간의 인과관계 여부와 인과관계의 크기를 사실적으로 탐구하는 것이다.

앞에서 말했듯이 철학적 정책연구에서는 4대강 사업이 가져올 객관적 사실에 관한 정부 주장의 진실성을 다투는 데 있지 않다. 철학적 논의가 관심을 갖는 문제는 그러한 사업 결과가 생태계를 파괴함으로써 국민들의 삶의 질이 망가지는 나쁜 결과가 생기는 것에 관한 논쟁에 초점을 맞추는 것이다. 반면, 4대강 사업에 대한 과학적 연구는 4대강 사업이 어떤 사실적인 효과를 가져오는지를 탐구하는 데 있다. 예를 들어, 만일 정부가 4대강 사업을 통해 10조 원의 경제적 효과가 창출된다고 주장했을 때, 정말 그러한 결과가 나올지에 대해 연구하는 것이다. 예컨대, 누군가 정부의 경제적 효과 계산 과정에서 자전거 도로 건설로 인한 관광 가치나 친수구역 개발로 인한 경제적 효과를 계산하는 데 오류가 있어 실제로는 이들 항목의 효과가 없거나 과다 추정되었다고 다툰다면 이는 과학적 논의에 해당하는 예로 볼 수 있다.

- 4대강 사업이 실제 홍수 피해를 줄이는 효과가 있는가?
- 사형수 제도가 실제 흉악 범죄의 발생을 감소시키는가?
- 정부에서 시행한 감세정책이 실제 일자리 창출 효과로 나타나는가?
- 신호등 연동 체계가 도심 구간의 교통 정체를 해소하는가?

3 실용적 이유: 사회문제의 해결책 처방

현실에서 실제 당면하고 있는 사회문제 해결을 위한 지식을 얻기 위해 정책에 대한 연구가 필요한데 이는 정부 관료나 정치인의 필요성에서 오는 정책연구다. 철학적 논의와 과학적 연구를 통해 얻은 정책 현상에 관한 지식을 이용해 실제의 사회문제 해결에 필요한 지식을 적용하는 단계다. 즉, 정책 목표가 윤리적·사회적으로 정당한지에 대한 철학적 지식과 정책 결과와 정책 수단에 관한 과학적 지식을 결합하여 당면하고 있는 사회문제를 해결하는 구체적 정책대안들을 탐구하고, 이들 중 가장 바람직하다고 생각하는 정책을 처방하기 위해 정책연구가 필요한 것이다.

사회문제 해결에 대한 합리적인 대안은 정책 과정에서 갈등을 빚고 있는 집단들을 설득하고 조정하는 데 필요한 정보로 기능한다. 윤리적이고 정의로운 정책 목표와 목표 달성에 효과적인 정책 수단으로 구성된 정책대안이라면 이해관계로 다투는 다양한 세력들을 논리적으로 설득하여 합의를 도출하는 데 유리할 것이다. 이와 같이 정책에 관한 좋은 지식들은 현실의 사회에서 공무원이나 정치인 모두에게 유용한 실용적 도구로 사용될 수 있다.

- 통계나 과학적 연구에 의하면, 태풍이나 집중호우로 인한 홍수 피해는 강의 상류나 지류가 상대적으로 크기 때문에 홍수 예방을 위해서는 강의 상류 및 지류에 사업비를 집중 투자하는 것이 효과적이다.
- 소득 상위층을 대상으로 한 감세정책은 소비지출 증가로 이어지지 않아, 경기

그림 1-2 정책연구의 필요성

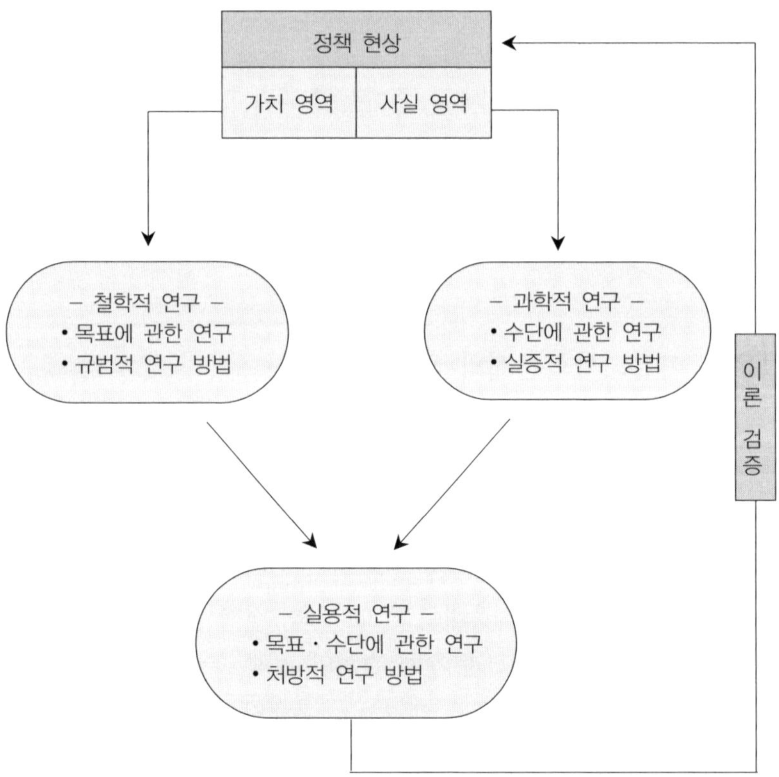

부양이나 일자리 창출 효과가 미미하고 사회적 정의에도 부합되지 않기 때문에 소득 하위층을 위한 감세정책이 필요하다.

제 4 절 정책학의 발전 과정

정책학을 정책을 연구하는 학문이라고 하고 정책을 공적인 문제에 대한 결정 내용이라고 한다면, 정책학에 대한 기원은 인간이 어떤 형태이든 공동체 사회를 구성하고 살았던 원시 사회로까지 거슬러 올라갈 수 있다. 그러나 정책을 연구하는 과학의 한 분야로 생각하는 현대적 의미의 정책학에 대한 기원은 20세기 들어와서라고 볼 수 있다.

정책학을 정책과학(policy science)이라고 이름붙이고 하나의 독립된 학문 분과로 다루어야 함을 공식적으로 제안한 사람은 라스웰이었다. 그는 1951년에 발표한 「정책지향(The Policy Orientation)」이라는 논문에서 정책에 대한 연구를 '민주주의 정책학(policy sciences of democracy)'이라고 표현하면서 정책연구의 이유는 민주주의 실제를 향상시키는 데 필요한 지식을 제공하는 데 있으며, 한마디로 정책학의 궁극적 목적은 이론적으로나 실제적으로나 인간의 존엄성을 실현하는 데 있다고 주장했다(Lasswell, 1951: 15). 그는 정책연구에서 과학적인 방법, 정책 목표의 명확화, 인간 존엄성 추구, 문제 지향적 태도, 다학문적 접근 방법 등을 강조했다.

정책학이 탄생하고 발전하는 배경이나 과정은 크게 두 가지 측면에서 말할 수 있다. 하나는 기존의 학문 분과 외에 별도로 정책학이라는 새로운 영역이 왜 필요하게 되었는지에 관한 것이고, 다른 하나는 정책의 과학적 연구에 필요한 분석기법의 발달과 전문가집단의 형성에 관한 것이다. 전자는 사회문제에 대한 기존의 연구가 적합하지 못했기 때문에 나타난 필요성 측면이고, 후자는 새로운 응용과학으로서의 정책학이 발돋움하는 데 필요한 행정 실무 경험을 가지고 있는 분석가집단과 과학적 분석 도구의 발달에 그 초점이 있다.

1 현대 정책학의 등장 배경

1) 사회문제에 관한 기존 연구의 한계

멀리는 산업혁명 이후, 가깝게는 20세기 들어 발생하는 각종 사회문제를 정부가 제대로 대처하지 못한데서 정책학의 필요성이 나타나게 되었다. 즉, 산업의 발달과 급속한 도시화 과정에서 발생하는 빈곤, 실업, 쓰레기, 주택, 범죄, 인종 차별 등의 문제에 정부가 신속히 대응하지 못함으로써 정책에 대한 체계적인 연구의 필요성이 축적되어 왔던 것이다.

사회문제가 제대로 해결되지 못해 왔던 것에 대한 책임을 정부에만 돌릴 수는 없고 정부에 지적인 도움을 제공해야 할 정치학자나 행정학자도 일정 부분 책임을 공유한다고 본다.

1920년대 일찍이 정치학자 메리암(Charles E. Merriam)은 기존의 학문들이 상호 간 서로 독립하여 연구함으로써 실제 사회문제 해결에 도움이 되지 못했음을 지적하면서, 학문 간 경계를 허물고 공동작업을 하기 위해 사회과학연구회(Social Science Research Council) 창립에 앞장선 바 있다. 메리암이 정치학의 새로운 측면을 강조하는 저서(Merriam, 1925: xiii) 서문에서 밝힌 바 있는 "정부의 실제에 대한 연구와 정부 과정에 대한 일반적 태도에 대해 좀 더 지적이고 과학적인 기법의 도입이 필요하다"는 말은 이러한 다학문적인 연구 분과가 새로이 만들어져야 함을 주장하는 것이었다.

한편, 19세기 후반 현대적 의미의 행정학이 태동한 이후 20세기 전반의 상황을 보면 정치학이나 행정학 모두 자연과학적 연구 방법을 중시하는 행태주의 방법론이 지배하는 상황이 되었다. 1940년대 전후의 이른바 신정치행정이원론도 바로 그한 유파인데, 간단히 말하자면 이는 사회문제를 다루는 사회과학의 과학성을 높이자는 이유에서 가치(value) 문제를 연구 대상에서 배제하고 사실(fact)의 영역만을 연구 대상으로 삼아야 한다는 것이었다.

논리적 실증주의에 기초한 행태주의 방법론을 강조한데서 자연히 사회문제의 본질이라고 할 수 있는 개인, 집단, 계층 간의 가치 충돌이 의도적으로 연구에서 배제되었다. 이러한 학문적 성향은 결국 연구의 내용들이 사회적 적합성(social relevancy)

이 부족한 결과를 낳았다. 당시 정치학 연구도 행태주의 영향을 받아 정치 과정이나 투표 행태 또는 선거제도와 같은 주제에 연구 관심이 집중됨으로써 빈곤, 교육, 범죄 등의 문제 등에 스며 있는 이념적·계급적·인종 차별적 요소를 무시했고, 이로써 그러한 연구들은 그들이 연구하는 정치·행정 현상이 실제 시민의 구체적인 삶에 어떤 구조적 영향을 주는가에 대해 제대로 설명을 하지 않았던 것이다. 이러한 문제점 때문에 라스웰은 인간 존엄성의 확보가 정책과학의 궁극적 목적이 되어야 함을 강력히 말하고 있는 것이다.

라스웰의 정책 지향적(policy-oriented) 사고에 대한 주장이 초기에는 별 관심을 끌지 못하다가 1960년대 이후 미국 내에서 반전 데모, 인종 차별, 흑인 폭동, 실업문제 등의 사회적 이슈가 국가 내부의 깊은 갈등으로 전개되면서 그제서야 관심을 받고, 또 정책 관련 분야가 하나의 유망한 사업으로까지 성장하게 된 배경에는 행태론적 또는 분석중심적(analycentric) 연구에 대한 한계와 반발이 있었음을 보여주는 것이라고 하겠다.

2) 정책연구의 과학적 기법과 전문가집단의 성장

흔히 제1차 또는 제2차 세계대전과 같은 대규모 전쟁은 지구상의 모든 나라에 기존의 문제점을 확대함과 동시에 새로운 문제들을 만드는 계기로 작용한다. 그래서 이러한 전쟁들은 표출된 각종 문제를 해결하기 위해 정부와 학계 모두가 지적 발전 노력을 배가하는 과정에서 자연스레 새로운 연구 기법이나 관련 전문가들이 양산되는 결과를 가져온다. 바로 이런 과정에서 장차 정책학의 발달을 뒷받침할 자원이라고 할 수 있는 연구 방법 및 분석기법의 발전과 아울러 정부에서 실무 경험을 가지고 있는 정책 전문가집단도 질적·양적으로 형성되는 것이다. 이를테면 미국의 경우, 제1차 세계대전 중 사회과학과 심리학 등은 정부의 전쟁 수행에 대해 뚜렷한 공헌을 한 바 있는데, 이것은 전쟁이란 사건이 이들 학문 분과의 역사에 하나의 전환점을 제공한 것이었다.

정책연구와 관련해서 20세기가 19세기와 다른 것은 사회행태과학과 사회전문직업의 제도화다. 새로운 전문직업인들은 윌슨(Thomas Woodrow Wilson) 행정부, 특히 제1차 세계대전 기간 동안 활발한 역할을 수행했다. 또한 루스벨트(Franklin D. Roosevelt) 행정부의 뉴딜 정책 기간 동안 국가부흥처(National Recovery Administration)와 같은 여러 기관이 만들어졌는데, 이때 많은 학자가 대거 충원된 것이 사회과학자들이 정부에 대거 유입되는 계기가 되었다. 물론 1930년대의 이들 학자의 일차적 역할은 정책문제나 잠재적 해결 방안을 광범위하게 조사하는 것이었지 그 이후 시기에서와 같이 경제모형이나 의사결정분석, 또는 문제에 대한 해결책을 식별하고 구체적 해결책을 선택하기 위해 정책실험을 하는 것과 같은 높은 수준의 분석활동은 아니었다. 예컨대, 루스벨트 행정부의 국가기획국(National Planning Board)이나 농무부(Department of Agriculture)와 같은 정부기관의 활동은 1930년대 정부에 참여한 전문직업적 사회과학자들이 정책문제에 대해 가지고 있던 일반적 접근 방법을 잘 보여주는 사례다. 그러나 이 시기의 이들 기관에서 표본조사를 새로운 연구 도구나 정부정책의 수단으로 발전시켰다는 점에서 당시의 사회과학자들이 방법론적 혁신에 또한 기여했다고 할 수 있다(Dunn, 1994: 43-44).

한편, 제2차 세계대전에 들어선 이후 미국에서는 경제학자, 법률학자, 행정학자, 사회학자 및 정치학자들이 미국의 국가안보, 사회복지, 실업문제 등과 같은 정책문제의 연구에 깊이 관여했고, 랜드(RAND)연구소를 비롯하여 국방분석연구원, 브루킹스(brookings)연구소 등과 같은 연구소들은 전시의 미국의 국방 및 국내 사회문제의 연구에 많은 지원을 했고, 이것이 사회문제 해결을 위한 정책연구를 촉진시켰다. 당시 경영과학(OR), 관리과학 또는 체제분석(systems analysis)을 포함하는 다양한 분석 방법이 군사문제 해결에 응용되었고, 이러한 분석기법들은 제2차 세계대전 이후에도 산업 경영의 중요한 관리기법으로 보급되어 응용되었을 뿐만 아니라 사회문제의 해결에도 응용되어 정책분석에 널리 이용되었다(노화준, 2007: 19).

그러나 제2차 세계대전 이후 나타난 정책분석 발전에 대한 최대의 추진력은 사회과학자로부터 온 것은 아니었다. 오히려 정책분석의 성장은 대체로 공학자, 운영연구자(operations researchers), 체제분석가, 그리고 사회과학 밖에서 공식적인 훈련을 받은 응용수학자들의 활동의 결과로 이루어진 것이다. 그런데 이 당시의 정책분석의 특징은 좁은 의미의 '분석중심적(analycentric)'이었는데, 이러한 형태의 연구는 공공정책의 정치적·사회적·행정적 측면에 대한 관심을 배제하거나 제한하게 된다. 예컨대, 정책대안의 정치적 실현가능성이나 민주적 절차를 유지하는 것이 어떤 의미를 가지는가에 대해서는 별 관심을 쏟지 않게 된다(Dunn, 1994: 48-49).

물론 이 시기의 행태주의와 계량분석에 치우친 연구 경향의 공과에 대한 평가는 보는 견해에 따라 엇갈릴 수 있다. 그럼에도 불구하고 예컨대, 1950년대 비정부 기관인 랜드연구소가 주도하고 국방정책 분야에 도입된 기획예산제도(PPBS)는 정부와 학계 모두에 체제분석이나 이것과 관련된 분석기법들을 광범위하게 퍼뜨리는 데 결과적으로 큰 공헌을 했다는 점은 부인할 수 없다.

이런 점에서, 20세기 전반에 정부활동에 직·간접으로 참여한 전문가집단 사이에 널리 퍼지게 된 경험주의적 사고와 이에 관련된 계량적 분석기법의 발달은 장차 경험과학으로서의 정책학의 발전에 필수적인 방법론적 자원을 축적해 가는 매우 중요한 시기였다고 하겠다.

2 정책학의 발전 과정

1) 1950년대: 정책과학에 대한 제안

앞에서 말한 바와 같이 독립된 학문 분과로서의 정책학을 공식적으로 주장한 사람은 라스웰이다. 그는 정책연구가 현실에 일시적으로 나타나는 화제 수준의 이슈를 해결하는 데 초점을 두어서는 안 되고 사회구성원인 인간의 근본적인 문제를 다루어야 한다고 강조한다. 그래서 정책학은 '인간의 존엄성(dignity)'을 신장하는 데 궁극적인 목표를 두어야 하며, 이를 잘 요약하는 말로 '민주주의 정책학(policy sciences of democracy)'이란 표현을 사용했다.

그러나 그의 이러한 제안은 20세기 들어 서서히 형성되기 시작하여 당시 정치·행정학계를 지배하고 있던 행태주의[3] 물결에 압도당해 그다지 큰 반향을 불러일으키지 못했다.

---

3) 행태주의란 논리적 실증주의를 바탕으로 하는 계량적이고 과학적인 접근 방법이다. 행태주의가 바탕을 두고 있는 논리적 실증주의에서는 가치와 사실을 구별하여, 과학적 지식이란 모든 사실적 지식이며 가치에 관한 형이상학적인 것은 무의미하다고 본다. 다시 말해, 어떤 이론적 주장도 경험적 자료들이 뒷받침될 때만 정당화될 수 있다는 입장이다. 논리 실증주의의 주요 특징을 보면 ① 사회 현상에도 법칙이 존재한다. ② 법칙을 탐구하기 위해 객관적 사실로 인식되는 현상을 최소의 분석 단위로 분해한 뒤, 그것을 정교한 척도로 측정한다. ③ 측정을 통해 얻은 자료를 통계적 방법으로 분석한다 등이다(백승기, 2006: 23).

2) 1960년대: 체계적인 정책연구의 필요성을 절감했던 시기

1960년대 들어 미국 사회는 각종 사회문제로 골머리를 앓게 되는데 대표적인 문제로는 실업 등으로 인한 빈곤문제, 월남전을 둘러싼 격렬한 사회적 갈등, 흑인 폭동 등 인종 차별 문제 등을 들 수 있다. 이러한 공공문제들은 행정부가 해결하기에 여간 어려운 문제가 아니었지만 아이러니하게도 이것들은 행정부 내에 정책연구에 대한 수요를 창출하게 했고, 또 관련 정책을 위해 다수의 사회과학자들이 행정부활동에 참여함으로써 정책연구의 발전을 가져오는 결과가 되었다.

첫째, 실업과 빈곤문제는 중요한 사회문제였는데 이에 관한 연방정부의 정책들이 정책연구에 대한 수요를 창출했다. 케네디(John F. Kennedy) 행정부에 이어 들어선 존슨(Lyndon B. Johnson) 행정부는 '위대한 사회(Great Society)'의 건설을 슬로건으로 내걸고 빈곤문제에 적극적으로 대처하는 과정에서 정치 및 행정학자들에게 도움을 요청했다. 이로써 주택, 고용 등과 같은 다양한 분야의 프로그램이 개발되었는데 이것이 정책 지향적인 사회과학 연구를 촉진시킨 촉매제의 역할을 수행했던 것이다(노시평 외, 1999: 21).

둘째, 월남전을 둘러싼 찬반 갈등이 또한 중요한 사회문제였다. 월남전에서 미국이 전쟁에서는 패배했지만 전쟁 수행을 위한 분석은 결과적으로 정책분석에서 합리성이 무엇인가에 대한 깊은 고찰을 하게 함으로써 정책학의 발전에 기여했다. 당시 랜드연구소를 중심으로 개발된 체제분석, 비용효과분석 등은 합리적 정책분석기법의 대표적인 예다. 1965년에 국방부에 도입되었고 이후 전 행정부처에 확대하여 실시하려 했던 기획예산제도(PPBS)도 바로 이러한 분석기법의 발달에 도움을 받아 가능한 것이었다.

셋째, 1960년대 정책연구가 본격화되면서 초기에는 주로 정책을 만드는 일에 헌신하는 경향이 있었다. 이러한 행동 뒤에는 정책만 만들고 이를 집행하면 원했던 효과가 나타날 것이라는 막연한 전제가 있었던 것이다.

그렇지만 1960년대 전반 존슨 행정부가 출범하면서 연방정부 차원에서 막대한 예산을 들여 다양한 사회정책을 실시했는데 별 정책 효과가 없는 것 같다는 지적이 1960년대 중반 이후 학계 및 언론 등에서 나타나기 시작했다. 그리하여 1960년대 후반에는 정책결정뿐만 아니라 정책평가에 대한 관심이 증가되었다. 이 시기에는 평가조사연구에 관한 이론적 저서도 출간되기 시작했는데 서치맨(Suchman, 1967), 웨이스(Weiss, 1972) 등의 연구가 그 예다. 그뿐 아니라 정책이나 프로그램에 대한 평가도 아주 활발하게 이루어졌는데 이 시기에는 미국뿐만 아니라 다른 나라에서도 정책평가가 활발하게 이루어졌었다. 그리하여 1960년대 말까지는 평가조사연구가 이미 하나의 성장산업이 되었다고 이야기되고 있었다(Rossi & Freeman, 1982: 22).

넷째, 1960년대 말에는 그때까지 미국 사회과학계를 휩쓸던 행태주의에 대한 반성이 나타난다. 즉, 자연과학적이고 통계분석적인 연구 방법을 통해서는 계층 간 집단 간에 가치가 충돌하는 사회문제를 제대로 인식하거나 해결할 수 없다는 생각이 표출되었다. 이른바 후기행태주의(post-behavioralism)가 등장한 것이다.[4] 이러한 방법론적 변화는 애당초 1950년대 라스웰이 정책학을 주창할 당시 강조했던 인간의 존엄성이라는 가치의 신장이 정책학의 주목표이며, 연구 자료의 해석은 당대의 주어진 실제 문제를 해결하는 데 적합해야(relevant) 한다는 견해에 합치되는 것이다. 이러한 학문적 조류의 변화는 사회과학이 정책을 지향(policy orientation)해야 함을 강조함으로써 이후 정책학의 발전에 크게 기여하게 되었다.

3) 1970년대: 정책학의 제도화 시기

1970년대는 이전 1960년대 초의 정책결정에 대한 관심과 1960년대 말의 정책평가에 대한 관심이 계속 이어지면서, 추가로 정책집행에 대한 연구 관심이 추가되는 시기다.

1970년대를 시작하면서 정책학의 이론적 측면에 크게 기여한 학자로 드로(Yehezkel Dror)를 빼놓을 수 없다. 그는 1968년과 1971년 사이에 정책이론과 관련된 3권의 저서를 잇달아 내놓음으로써 정책연구에 대한 패러다임(paradigm)을 제시하고자 했다. 특히, 정책결정 단계(policymaking stage) 외에 정책결정 체제의 설

4) 1960년대 말에 이스턴(Easton, 1969)은 '정치학의 새로운 혁명'으로서 후기행태주의가 시작되었음을 선언했다. 그는 행태주의에 대한 반론으로서의 후기행태주의 혁명의 성격을 '적합성의 신조(credo of relevance)'라고 표현했다. 요지는 ① 사회 현상을 정교한 과학적 방법을 적용할 수 있는 연구 대상으로 삼기보다는, 현재 급박한 사회문제의 해결에 의미가 있는 연구를 해야 하고, ② 가치에 대한 연구와 새로운 가치의 개발도 정치학의 연구 대상이 되어야 하며, ③ 인류의 가치를 보호하고 사회를 개혁하는 데 관여하는 것이 정치학자의 임무라는 것이다(정정길 외, 2010: 9).

계나 정책결정전략과 같은 상위 정책결정 단계(meta-policymaking stage)를 강조했고, 또 집행과 평가에 관한 정책결정 이후 단계(post-policymaking stage)까지 포함함으로써 정책 과정의 체계화를 시도한 것은 눈여겨볼 만한 점이다.[5)]

1970년대는 정책연구가 점차 제도화되어 가는 과정으로 볼 수 있다. 1970년대 초기에는 『정책과학(*Policy Sciences*)』, 『정책분석(*Policy Analysis*)』, 『정책연구(*Policy Studies*)』 등의 전문 정책학술지가 등장했으며, 중반에는 정치학계의 정책연구회(Policy Studies Organization), 사회학계의 사회문제연구회(Society for the Study of Social Problems), 심리학계의 사회문제심리학회(Society for the Psychological Studies of Social Issue) 등과 같은 전문 정책연구학회가 설립되었다. 이와 때를 같이하여 각 대학에도 포드재단(Ford Foundation)의 '공공정책 및 사회조직 연구지원 사업' 등과 같이 각종 연구재단으로부터 재정적 지원을 받는 정책연구 중심의 교과 과정이 설치되고 정책연구를 전공으로 한 학위까지 수여되었다(안해균, 1997: 20).

또한 이 시기는 평가이론이 하나의 뚜렷한 연구 분야로 정착된 시기라고 할 수 있다. 미국 행정학자인 폴랜드(Poland, 1971) 교수가 『미국행정학보(*Public Administration Review*)』에 실은 객원 논설에서 '평가(evaluation)'를 행정 과정의 중요한 요소로 인식하고 이를 행정학에서 본격적으로 취급할 것을 주장한 일이다. 그 이후 1974년 『미국행정학보』는 사업평가라는 주제로 많은 심포지엄 논문을 실은 바 있다. 이러한 평가 분야의 발전은 1970년대 중반 이후에 출간되는 행정학 교과서에서 정책평가를 빼놓을 수 없는 한 부분으로 만들었다(김명수, 2003: 51).

한편, 이전까지 학자들로부터 별 관심을 끌지 못했던 정책집행 분야에 대한 연구가 나타나기 시작한 것도 1970년대 초로 볼 수 있다. 정책학 형성 초기에는, 정책을 결정하면 공식 관료제에 의해 집행은 순조롭게 이루어질 것으로 보았다. 집행에 대한 이러한 낙관적 관점은 정책집행에 대한 학문적 관심의 부족을 가져왔다.

그런데 이러한 생각에 이의를 제기하면서 집행 연구에 대한 기폭제 역할을 한 것이 프레스먼과 윌다브스키(Pressman & Wildavsky, 1973)의 연구였다. 이들은 미국 연방정부의 경제개발처가 오클랜드 지역에서 시행한 실업률 감소정책이 왜 실

---

5) 이 시기에 드로가 출간한 책은 다음과 같다, *Public Policymaking Reexamined*(San Francisco: Chandler Pub. Co., 1968); *Ventures in Policy Sciences*(New York: American Elsevier Pub. Co., 1971); *Design for Policy Sciences*(New York: American Elsevier Pub. Co., 1971).

패했는가를 분석했는데, 정책실패의 원인을 집행 현상에서 찾았다는 점에서 이전의 정책평가 연구들과는 사뭇 다른 것이었다.

이들의 연구 이후 반 미터와 반 혼(Van Meter & Van Horn, 1975), 맥러린(Mc-Laughlin, 1976), 엘모어(Elmore, 1978) 등의 연구와 같이 1970년대 중후반은 집행에 관해 상당한 관심이 모아졌는데, 이 시기에 이루어진 집행 연구는 나카무라와 스몰우드(Nakamura & Smallwood, 1980), 리플리와 프랭클린(Ripley & Franklin, 1982), 마즈매니언과 사바티어(Mazmanian & Sabatier, 1983) 등의 1980년대 정책집행 연구로 이어졌다.

4) 1980년대 이후: 발전 및 반성

1960년대 이후 정책학에 관한 다양한 종류의 학술지가 발간되어 왔는데, 이로써 1980년대에는 정책학이 하나의 학문 분과로서 완전히 정착된 것으로 볼 수 있다. 우선, 정책연구자들의 관심이 초기의 정책형성에서 벗어나 정책집행, 정책평가, 정책종결, 정책변동 등과 같이 다양한 대상을 포괄하고 있었다. 또 연구에 대한 관심과 실적을 가늠할 수 있는 정책 관련 간행물을 보면, 일반적인 정책분석에 관한 학술지뿐만 아니라 정책평가 분야의 학술지, 준(準)대중용 정기간행물, 실질 정책 분야의 학술지 등을 포함하여 20여 종이 넘는 실정이다(유훈, 1986: 22). 주요 학술지를 보면 1960년대 말에 발간된 *Policy Sciences*를 시작으로 1970년대 초에 발간된 *Policy Studies Journal*, 그리고 1980년대 초에 발간된 *Policy Studies Review* 등과 같이 정책학에 관한 전문학술지들이 많이 발행되었으며 이들 학술지를 중심으로 많은 연구자가 정책에 관한 이론적 또는 실무적 차원의 연구를 활발히 수행했다.

이상에서 미국을 중심으로 정책학의 발전 과정을 시기별로 살펴보았는데, 크게 보면 19세기에는 정책연구가 상당히 비체계적으로 이루어졌다고 볼 수 있다. 당시 통계협회나 연구기관의 구성원들은 과학활동과는 직접적 관계가 없는 경우가 대부분이었으며, 정책전문가로서의 인식도 거의 없었다. 더구나 정책연구가들은 수적으로도 상당히 적었으며, 정책결정자에 대한 조언의 범위도 당시의 사회 상황에 따라 크게 제약받고 있었다. 정책연구의 전문화가 본격적으로 진행된 것은 20세기에 접어든 이후였다.

20세기 전반의 과학적 연구 방법의 발달이 정책연구 발전에 기여했겠지만, 정책결정에 과학자들이 참여하게 된 것은 주로 사회적·경제적·정치적 위기를 겪는 과정에서였다. 1930년부터 1940년대 후반까지의 사회적 무질서, 경제 공황, 전쟁 등을 겪으면서 과학자들과 여러 전문가가 비록 불규칙적이긴 했지만 정부에 참여하게 된 것이다. 그 이후에 들어서서야 과학 부문과 기타 전문 분야(사회사업, 공공행정, 기획, 정책분석 등)의 종사자들이 정부와 학술단체 등에서 제도적인 역할을 떠맡게 되었다. 이때 처음으로 정부는 각 부문에서 훈련을 받아 자격이 부여된 전문가들을 규칙적이고 지속적인 차원에서 모집했다. 이러한 사회조직의 중대한 변화와 과학지식의 사용을 많은 사람이 '지식사회(knowledge society)'라는 새로운 시대가 열린 것으로 보았다(Dunn, 1981: 24-25).[6]

5) 한국의 정책학 연구

우리나라에는 지난 1960년대부터 정책학이 도입되기 시작했는데, 한국 정책학의 발전 과정에 관한 시기 구분을 적절히 했다고 보는 송희준(1992: 63-84)의 연구를 중심으로 살펴본다. 그는 1960년대는 정책학의 도입 및 개념화 시기, 1970년대는 정착 및 확산 시기, 1980년대와 그 이후는 내실화 및 다양화 시기로 말하고 있다.

1960년대 초반부터 이루어지는 초기의 정책연구는 주로 행정학자와 정치학자에 의해 상당히 모방적 성격을 띠면서 도입되었다. 의사결정론이 정책결정론과 동일시되고 그것이 정책학의 본류로 인식되던 시절에, 연구자들의 주된 관심은 의사결정론이나 기획론 같은 분야였다(이용필, 1963; 조석준, 1967). 당시 박정희 군사정권이 내걸었던 경제 개발과 근대화라는 국가 목표를 효율적으로 달성하는 데 필요한 이론적·처방적 정보를 위해 선진국으로부터 행정학이 도입되는 시기였기 때문에 하나의 독립적인 학문 분과로서 정책학에 대한 인식이나 필요성은 크지 않았다.

1970년대 들어서서, 미국의 정책학 발전과 약간의 시차를 두면서 정책학자로 불리는 일군의 연구자들에 의해 주도되기 시작했다. 외국에서 전문적인 정책학 연구자들이 속속 귀국하면서 1970년대 후반에는 한국 정책학의 성격과 방향에 대한

6) 지식사회란 공공정책 결정이나 사회의 계도(guidance)가 다양한 전문 분야의 구성원들에 의해 창조되고 적용되는 지식과 기술에 의존하게 되는 사회를 말한다(Dunn, 1981: 25).

논의가 집중적으로 이루어짐으로써 정책학 발전을 위한 연구 인력과 범위의 확산에 크게 기여했다. 많은 대학과 공무원교육원 등에서 정책학 과목의 강의가 본격화된 것도 이 시기라는 점에서 1970년대 후반은 한국 정책학이 사회과학 분과의 하나로서 정립하고 발전하는 분기점으로 볼 수 있다. 그리하여 정책 과정에 따라 형성, 집행, 평가 등으로 세분화하여 이론적 고찰이 시도되었고, 당시 처음으로 시도되던 정책학 개설서(강신택 외, 1976; 유훈, 1976)의 서술 체계도 대체로 이러한 구분을 따랐다. 또한 1970년대 후반 정부로부터 서울대학교 행정대학원을 비롯한 각종 정책 관계 연구단체에 용역 연구를 의뢰하면서부터 정책연구가 본격화되었다.

1980년대의 정책학 발전은 국내 정책학자들의 정책연구의 체계화 노력에다가 외국의 새로운 이론과 방법론을 습득한 소장 학자들의 가세에 힘입어 발전이 지속되었다. 정책이론과 방법론에서 질적 고도화와 양적 다양화가 이루어지고, 개별 정책 유형의 연구도 활발해져 정책학이 사회과학의 한 분과로 확실히 자리 잡는 시기다. 나아가 1981년에 서울대학교 행정대학원 행정학 석사 과정에 정책학 전공이 설치된 것을 서두로, 1980년대 후반과 1990년대 초반에는 정책과학대학 및 정책대학원이 설립됨으로써 정책에 관한 전문적인 교과과정이 개발되었고, 동시에 정책 관련 전문학술지도 발간되었다.[7] 그 이전 시기에 비해 1980년대와 그 이후에는 관심 분야가 훨씬 다양해져서 보건복지, 경제산업, 노동, 환경, 도시연구 등의 분야별 정책연구도 많이 나타났고, 1980년대 후반에 정보통신과 과학기술 분야 등 거의 모든 정책 분야가 광범하게 다루어지면서 구체적인 정책연구의 외연이 크게 확대되었다. 이 시기에 나타난 특징은 정치학계보다는 행정학자들이 정책학을 주도하는 상황이 명백해졌으며, 『한국정치학회보』에 실린 정책 관련 연구조차도 사실상 행정학계 소속의 정책학자들에 의해 이루어지고 있었다.

---

7) 이 시기에 한국외국어대학에 정책과학대학이, 고려대와 서강대에 정책대학원이 설립되었다. 그리고 전문적인 정책연구지로 서울대 행정대학원의 *The Korean Journal of Policy Studies*(1986)가 간행되었고, 1990년대에 들어와서 성균관대 행정대학원의 『정책연구』(1991)와 한국정책분석평가학회의 『정책분석평가학회보』(1991), 한국정책학회의 『한국정책학회보』(1992) 등이 간행되었다.

제 2 장 정책의 유형

제 1 절 정책 유형 연구의 필요성

정책 유형 연구가 나타난 배경에는 행태주의 연구에서 오는 부작용이 있었다. 행태주의는 행정의 본질보다 기술에 치중했다는 점, 그리고 연구에서 가치판단 배제라는 비현실적 시도를 했다는 점이 문제로 지적되곤 한다. 그러나 행태주의의 가장 큰 문제점은 연구 방법을 지나치게 강조한 결과 연구 대상과 범위를 제약하는 결과를 가져왔다는 점이다.

20세기 전반에 시작된 행태주의는 전통적인 비교정부 연구를 특징지었던 엄밀한 입헌주의(constitutionalism)나 제도주의(institutionalism)를 버리고 체제이론에 입각하여 정당, 압력단체, 선거 행태, 대중 행태 등과 같은 정치 체제의 투입 부분에 관한 연구를 불러일으켰다. 이러한 연구 경향은 정치 체제의 '전환 기능(conversion function)'을 무시하는 결과를 가져오게 되었고, 나아가 정치 체제의 산출 측면에 관한 연구도 소홀히 했다. 매크리디스(Roy C. Macridis)는 이러한 비교정치의 초점을 '투입주의(inputism)'라고 표현하고 있다(Peters et al., 1977: 327).

물론 산출 측면의 연구도 없지 않아 1950년대 중반 이후 주로 미국의 주와 지방정부를 대상으로 시작된 이른바 '산출연구(output studies)' 또는 '정책결정요인 연구(policy determinants studies)'가 그것이다. 그러나 이 분야의 연구들이 정책 산출을 설명하는 데 사회경제적 변수와 정치적 변수 간의 상대적 영향력에 대한 단순한 논의에 흐르는 경향이 있어, 발견된 관계에 대한 이론적 설명이 상대적으로 결핍되었을 뿐만 아니라 정책 산출이라는 종속변수의 조작도 취약한 것이 흠이었다.

요컨대, 행태주의 방법론은 거시적 사회 현상을 간과하는 우를 범했고, 투입 중심의 체제론적 연구는 정치 체제의 전환 기능이나 산출 부분을 소홀히 다루는 결과를 가져왔다. 그리고 정책결정요인 연구처럼 산출에 초점을 맞춘 연구도 있었지만 연구의 이론적 빈약성과 산출의 측정지표를 지출 수준에 치중했다는 문제점이 있었다.

만일 정치 체제의 산출인 정책을 지출 수준 외에도 계량화가 어려운 측면까지 고려하여 몇 가지 범주로 유형화한다면 정책 유형별로 투입과 전환 과정, 그리고 정책 내용에서 어떤 특징이나 패턴을 발견할 수 있을 것이다. 이는 정책에 관한 일반이론의 구축에 도움이 된다는 점에서 정책 유형에 관한 연구의 필요성을 찾을 수 있다.

제 2 절 • 정책유형론이 정책연구에서 가지는 의미

1 독립변수로서 정책

대부분의 정책연구가 정책을 종속변수로 봄으로써 정책 산출의 차이를 압력단체 및 정부기관 간 권력의 배분 관계나 정책 과정 참여자의 전술과 같은 원인을 가지고 설명하려고 했다(Ranney, 1968: 13-14). 이는 정책을 종속변수로 보는 관점인데, 이러한 시각에서 정책 유형을 나눈 연구로는 샐리스버리(Salisbury, 1968)가 있다.

그러나 정책을 독립변수로 볼 수도 있는데, 이는 이슈의 성격이나 정책의 내용이 정책결정 과정에 영향을 줄 수 있다는 생각이다. 정책을 독립변수로 보는 관점을 밝힌 학자로는 프로만(Froman, 1968), 로위(Lowi, 1964), 리플리와 프랭클린(Ripley

& Franklin, 1980), 챔프니(Champney, 1988) 등이 있다.

프로만(Lewis A. Froman, Jr.)은 과정이 게임의 논제나 이해관계에 따라서 변화될 수 있다고 하면서, 정책 내용이 어떤 상황에서는 정치 체제에 뚜렷하고도 확실한 영향을 주는, 그래서 당연히 하나의 (독립)변수로 보아질 수 있음을 제시하고 있다. 또 젠킨스(Jenkins, 1978: 94)는 정책을 독립변수로 확인하기 위해서는 당연히 정책의 분류문제에 당면하게 되며, 이것은 정책이 어떻게 변하며 정책의 변이가 어떻게 개념화될 수 있는가 하는 질문을 제기한다고 한다. 그래서 이에 관한 가장 기본적인 작업으로서 정책에 관한 유형론을 탐색할 필요가 있다고 한다.

정책이 독립변수인가 또는 종속변수인가에 관한 주장은 어느 한쪽의 견해가 옳다고 할 수 있는 성질의 것은 아니다. 왜냐하면, 정책 이슈의 성질이 결정 과정이나 결정구조에 영향을 주며, 동시에 결정 과정이나 결정구조가 구체적인 정책 내용에 영향을 미친다고 볼 수 있기 때문이다. 다시 말하면, 정치(politics)가 정책(policy)을 결정한다는 표현과 정책이 정치를 결정한다는 표현은 비양립적인 것이 아니라는 것이다. 다만, 전자와 후자의 문장 속에 있는 정책이란 용어가 매우 추상적이고 포괄적이어서 혼동이 생길 여지가 있기 때문에 개념을 구체화시킬 필요가 있다. 정책이 정치를 결정한다는 경우는 정책의 성질(특성)이 어떠하냐에 따라 정책 과정의 정치적 양상(참여자들의 갈등이나 행동 등)이 달라진다는 것을 의미한다. 한편, 정치가 정책을 결정한다는 경우의 정책은 정책결정 과정의 구조, 예컨대 여대야소냐 여소야대냐에 따라 정책의 내용(contents)이 달라지는 것을 의미한다.

이렇게 볼 때 정책은 특징적 성질을 기준으로 분류할 수도 있고, 정책 내용을 중심으로 분류할 수도 있다. 예컨대, 복지정책 · 노동정책 · 안보정책 · 산업정책 ·

그림 2-1 독립변수 및 종속변수로서 정책

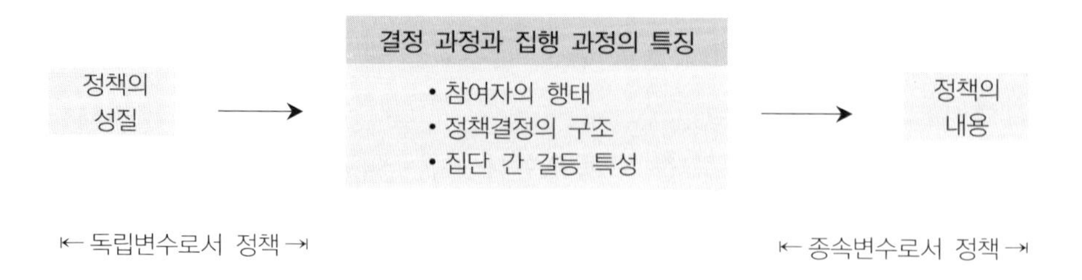

교통정책과 같은 기능별 분류는 정책의 내용을 중심으로 분류한 것이라면, 분배정책 · 규제정책 등은 정책의 성질에 초점을 맞춘 분류라고 할 수 있다.

정책 유형에 관한 연구가 본격적인 주목을 받게 된 것은 정책 이슈의 특성이 정책결정이나 집행 과정의 특징에 영향을 준다고 보는 정책의 독립변수성에 대한 관심이 대두한 것과 관련된다.

2 정책 현상에 관한 일반이론의 형성

정책결정 과정에 대한 사례연구는 정치학과 행정학의 중요한 분석 방법의 하나다. 사례조사는 주어진 하나의 사회 상황에 대해 많은 측면을 포괄적으로 기술하고 설명하려는 조사 유형이므로, 일반화된 이해를 직접 목적으로 하는 다른 사회조사 방법들에 비해 사례연구는 특수한 대상에 대한 포괄적인 이해를 목적으로 한다 (Babbie, 1973: 37). 따라서 소수의 사례연구만 가지고는 가설을 확증할 수 없고 일반이론(general theory)도 이끌어 낼 수 없다.

정책유형론은 이슈 접근 방법이나 사례연구의 한계를 벗어나 비교분석적 연구를 가능하게 함으로써 정책이론의 일반화에 기여할 것이다.

하나의 정책 이슈가 구체적인 내용을 가진 하나의 정책으로 되는 과정에서 참여자들은 과거의 정부의 행위나 결정 행태 등을 근거로 어떤 기대감을 가지게 되며, 비슷한 이슈에 대해서는 참여자들 간에 비슷한 형태의 상호작용이 있을 수 있다. 불연속적인 다양한 정책 사례나 정책 이슈들을 몇 가지 범주로 묶을 수 있다면 이로부터 개별적인 정책 사례가 아닌 정책 범주별로 나타날 수 있는 정치 현상의 공통된 특징이나 패턴을 밝혀냄으로써 정책에 관한 일반이론을 얻을 가능성이 높아지는 것이다.

3 예측과 가설의 발견

정책유형론(policy typology)은 정책 분야의 현상을 예측하게 해줌으로써 새로운 연구 가설을 발견하는 데 도움을 준다.

분류학(taxonomy)이나 유형학(typology)은 경험과학에서 대단히 중요한 지위를 차지하고 있다. 애당초 과학은 자연 현상의 질서와 이에 대한 인간의 합리적인 이해라고 하는 가정에 서 있기 때문에 현상에 대한 체계적 분류와 이들 분류에 대한 근거를 설명하는 것은 불가피하다. 분류학의 하위 분야인 유형론적 분류(typological classification)는 방법론상 기본적으로 정리(codification)와 예측(prediction)의 두 가지 기능을 하는 것으로 볼 수 있다.[1)]

유형론은 모집단의 요소들의 질서와 모집단에 관해 알려진 특성들을 단순화함으로써 단절적이고 불연속적이며 이질적인 관찰들의 혼돈으로부터 질서를 창출해 내는 요약의 기능을 할 뿐만 아니라, 이와 같은 과정에서 현상들 간에 어떤 관계가 있는지를 모색하고 예측할 것을 관찰자에게 요구한다. 주어진 하나의 현상에 대한 다른 표현이나 유형을 발견함은 질서정연한 통제와 예측의 시작이며, 분류를 위한 근거를 발견하는 것은 분류 대상인 어떤 현상의 숨겨진 의미와 중요성을 밝혀주는 것으로서 이것은 곧 하나의 중요한 가설이 무엇과 관련된 내용이어야 하는가를 시사한다(Lowi, 1972: 299).

마찬가지로 정책의 유형화를 시도할 때도 정책 현상이 내포하고 있는 원어의 요소(elements)와 차원(dimension)을[2)] 결합시켜 보면 때로는 유형표 내의 어떤 공간(cell)은 기존의 용어로는 채울 수 없는 경우도 있다. 이를 위해 새로운 용어를 만들기도 해야 하고 또는 빈 공간에 해당하는 현상과 관련된 새로운 가설을 작성하고 이를 검증하는 연구를 수행할 수도 있다. 이런 과정을 거치면서 정책학의 개념들이 더 엄밀해지고 정책 현상에 대한 좀 더 체계적인 묘사와 설명이 가능하게 된다.

---

1) *International Encyclopedia of the Social Sciences*, Vol.16(New York: The Macmillan Company & The Free Press, 1968), p.178.

2) 이론적 개념을 모색하는 데는 두 가지 종류가 있다. 하나는 현상의 범주 또는 종류를 가리키는 개념으로서 '민주주의', '관료제' 등과 같은 비변수 개념(non-variable concept)이 있고, 또 다른 하나는 현상의 차원을 가리키는 개념으로 '집중화의 정도', '인구밀도' 등과 같은 변수 개념(variable concept)이 있다. 여기서 요소(elements)란 연구에서 분석 단위가 가진 비변수적 특징을 말하고, 차원(dimension)이란 변수적 특징을 말한다(Hage, 1972: 9-32).

제 3 절 정책 유형에 관한 연구들

1 로위의 정책 유형

정책 유형에 관해서는 로위(Lowi, 1964; 1972)의 연구가 대표적이다. 그는 이전의 정치학이 행태주의 영향을 받아 정치 과정 중심으로 연구가 이루어져 정부의 활동이나 공공정책에 대한 연구를 등한시한 결과, 정부의 기능이나 정책연구에서 '권력'이라는 중요한 요소가 충분히 고려되지 못했다고 한다. 만일 정책이라는 현상을 유형화시켜 그것을 변수화한다면 이미 발달한 정치학과 잘 연결시켜 정책연구의 발달을 꾀할 수 있다고 보았다.

또 이전에 행해져 왔던 권력과 공공정책에 대한 연구가 사례연구 중심으로 이루어 졌는데, 이들 연구자는 조사 목적, 조사기술 등에는 신경을 썼지만 그들이 다룬 연구 대상 사례를 일반적인 분류 틀에 의해 규정짓는 것에 관해서는 소홀했다고 한다. 그래서 로위(Theodore J. Lowi)는 사례연구에서 얻은 다양한 결과들을 축적하고 비교하며 대비시킬 수 있는 하나의 틀이나 설명 체계가 필요한데, 이를 통해 경험적 자료에 충실하면서 동시에 이론적 취급이 가능한 일반론이 나올 수 있다고 말한다.

로위는 "정책이 정치를 결정한다"는 정책의 독립변수성을 가정하면서 정책 유형을 논하고 있다. 또한 권력의 개념이 정책 유형의 연구에 필수적이라는 점을 강조함으로써, 이전의 많은 학자가 정책결정과 의사결정을 동일시한 것에 대해 비판했다. 그는 결정 과정의 산물인 정책의 성격을 확인하기 위해서는 정책이 사회에 주는 또는 줄 것으로 기대하는 영향에 의해 정의되어야 한다고 한다.

공공정책과 그 결정에 관한 상황은 공적이며 공식적인 것이라서 권력적 요소가 필연적으로 개입하므로 집단적 생활에는 강제(coercion)라는 요소가 있을 수밖에 없다. 모든 구조적 변수를 함께 묶어주는 동태적인 개념이 바로 강제다.

이를테면, 조직(organization)은 집합체의 구성원 간의 관계를 안정화시키는 수단으로, 제도(institutions)는 강제를 교화하는 수단으로, 행정(administration)은 강제를 일상화하는 수단으로, 그리고 정부(government)는 강제를 정당화시키는 수단으로 볼 수 있다. 권력이란 단지 강제의 수단을 형성하고 행사하는 데 한 개인 또는 집단이 가지고 있는 상대적인 몫이기 때문에 권력이 미시적이고 행태적인 것과 관련된다면 강제는 거시적인 수준과 관련된다고 볼 수 있다(Lowi, 1970: 314).

결국, 정책은 계획적인 강제이며 따라서 강제의 목적, 수단, 주체와 객체를 표현하고 있는 것이다. 이와 같이 정책 현상은 권력의 거시적인 표현이라고 할 수 있는 강제와는 분리될 수 없고, 이것은 바로 정책을 분류하기 위한 가장 중요한 요소가 된다고 본 것이다.

로위는 이에 따라 정책 분류를 위한 요소로 '강제의 가능성'과 '강제의 적용 형태'를 선정하고 이를 통해 [그림 2-2]와 같이 4개의 정책 유형을 제시하고 있다(Lowi, 1972: 300).

그림 2-2 로위의 정책 유형

		강제의 적용 형태 (applicability of coercion)	
		개별적 행위 (individual conduct)	행위의 환경 (environment of conduct)
강제의 가능성 (likelihood of coercion)	간접적 (remote)	분배정책 (distributive)	구성정책 (constituent)
	직접적 (immediate)	규제정책 (regulative)	재분배정책 (redistributive)

로위의 연구는 정책 유형에 관한 대표적 연구이며 또 이 분야의 연구에 물꼬를 튼 역할을 했다. 또 로위가 제시한 정책 유형들은 이후에 다른 학자들의 유형에도 거의 언급되고 있다는 점에서 중요한데, 로위를 포함한 기타 학자들이 말하는 각 정책 유형의 특징은 다음과 같다.[3)]

3) 이하의 내용은 로위(Lowi, 1964; 1970; 1972), 앤더슨(Anderson, 1979), 리플리와 프랭클린(Ripley & Franklin, 1980: 20-28), 안해균(1997: 64-67) 등의 논의를 참고했다.

1) 분배정책

공공재와 같이 사회 전체에는 바람직하지만, 이론적으로 볼 때 민간 분야에서 잘 공급이 되지 않는 활동들을 증진시키기 위한 정책이다. 금전이나 물질과 같은 서비스나 혜택을 정부가 특정 사회 부문에 분배하는 형태를 띠게 된다. 즉, 관련 분야의 민간활동을 활성화시키기 위해 보조금을 지급하거나 정부가 어떤 시설물을 직접 제공하기도 한다. 구체적 예로는 정부가 관련 산업체에 수출보조금이나 농업 보조금을 지원한다거나 운하, 항만, 도로, 댐 등을 건설하는 경우를 들 수 있다.

분배정책은 몇 가지 특징을 나타낸다. 첫째, 여러 가지 사업으로 구성되고, 이 세부사업들에 관한 결정은 서로 관계없는 것처럼 분리되어 행해진다. 그래서 세부 사업 각각에 대한 결정은 정책으로 보기 힘들고 이 세부사업들의 집합이 하나의 정책을 구성하는 것이다. 예를 들어, 농업 부문에 대한 보조금 정책의 경우, 트랙터나 경운기와 같은 영농 기계화 부문에 대한 보조금사업과 농사용 전기나 경유와 같은 영농 에너지 부문에 대한 보조금사업이 각각 별도의 사업으로 취급되는 모양을 취한다. 둘째, 분배정책은 정책결정에서 단기적인 결과를 주로 고려하며 수혜자들끼리는 서로의 존재를 크게 인식하지 못할 뿐만 아니라, 한정된 자원에 대한 경쟁 의식도 없어서 마치 모든 사람이 잠재적인 수혜자이며 자원도 무제한인 것처럼 취급된다. 그래서 분배정책의 경우는 승자(winners)만 있고 패자(losers)는 없는 것처럼 보인다. 그래서 정책을 도입할 것인가 안할 것인가와 관련된 큰 틀의 결정 과정에서는 잠재적 수혜자 간에 직접적인 다툼이 없어서 법안 통과나 정책결정을 위한 행위자들 간의 '협력(log-rolling)'[4]이라는 양상을 보인다. 하지만, 일단 정책의 토대가 되는 법안이나 기본 방침이 확정된 후 후속사업을 집행하는 단계에서는 분배의 결정 권한이 있는 정부를 상대로 경합을 벌이게 됨으로써 '갈라먹기 다툼(pork-barrel)'으로 특징지어진다. 마치 물류기지 건설을 둘러싼 후보지역 간 싸움이나 사립학교 국고보조금이나 수출보조금을 더 많이 받으려고 대학 간 또는 기업 간에 치열한 다툼을 벌이는 경우가 그 예라고 하겠다.

---

4) 이권(利權)이 결부된 몇 개의 법안을 관련 의원들이 서로 협력해서 통과시키는 행태를 가리키는 미국의 의회 용어다. 개척자가 벌채한 통나무를 운반하면서 서로 협력해 굴리기를 한 데서 유래했다.

2) 규제정책

규제정책은 정부가 사회의 개인이나 집단의 활동에 제약을 가하는 내용의 정책을 말한다. 다시 말하면, 피규제자의 행위에 관한 자유나 재량권을 감소시킴으로써 반사적으로 많은 다른 사람을 보호하거나 사회적 이익을 증진시키려는 목적을 가지고 있는 정책이다. 예를 든다면, 소비자의 보호를 위해 식품첨가물에 관한 규정을 둔다거나 버스운송업자들에게 일정한 노선만을 운행하도록 규제하는 경우가 여기에 해당한다.

이러한 규제정책은 피규제자가 스스로 규제받기를 원해서 이루어지는 경우도 있지만,[5] 대부분의 경우 피규제자가 원하지 않는 것으로서 규제정책의 형성 과정뿐만 아니라 집행 과정에서 상당한 정치적 투쟁과 갈등을 내포하고 있다. 그러한 대립 양상은 규제를 원하는 집단과 이를 원치 않는 피규제집단 사이에 일어나게 되는데, 피규제집단은 규제를 개인의 자유와 사유재산권에 대한 본질적 침해라고 주장하는데 반해, 중소기업, 농민, 중산계층 등 규제를 원하는 집단은 그러한 정부의 규제를 자유와 자본주의의 수호를 위해 절대적으로 필요한 것이라고 주장한다.

반대를 무릅쓰고 정책을 실행해야 하는 점에서 규제정책은 대체로 정부의 강제력이 직접적으로 작용하는 정책 영역이다.

규제정책의 특징을 보면 첫째, 정책의 불응자에게 강제력을 행사한다. 둘째, 규제정책은 국민 개개인의 권리나 자유를 제한하기 때문에 국가 권력에 의한 남용을 두려워한 자유민주주의 체제에서는 국민의 대표기관인 국회에서 법률의 형태로 정하는 것이 원칙이다. 셋째, 정책으로부터 혜택을 보는 자와 피해를 보는 자가 분명하기 때문에 정책결정 초기부터 집단 간에 갈등이 심각하게 표출된다(Lowi, 1964: 690-691).

3) 재분배정책

재분배정책은 사회 내의 계층 또는 인종 간에 소유되고 있는 부, 재산, 권리와

---

5) 의과대학 정원이나 사법고시 합격자 수에 대한 정부의 규제는 결국 의사집단이나 법조인집단이 해당 업종의 과잉 진입을 막고 기존 회원들의 수익을 유지하기 위해 스스로 원하는 측면이 크다. 다음에 보겠지만 샐리스버리(R. H. Salisbury)의 자율규제정책이 여기에 해당한다.

같은 가치들의 분포 상태를 재구성하려는 의도를 가진 정책이다. 그러므로 정책의 내용에 따라 얻는 자(the winners)와 잃는 자(the losers)가 있게 된다. 행위자들의 이해관계가 매우 첨예하게 대립하고 정책결정 과정 역시 가시성이 매우 높은 특징을 띤다. 흔히 말하는 보수와 진보 세력 간의 대립 양상을 보이는 형태를 띠는 데 따라서 재분배정책의 결정 과정에서 참여자들 간의 갈등은 이데올로기적이며 계급적인 특징을 보인다.

규제정책이나 분배정책이 재산권 행사나 정책편익의 수혜와 관련된 것에 비해서 재분배정책은 재산 자체를 문제삼으며 그래서 평등한 대우가 아니라 평등한 소유를 문제삼고 있다는 점이 다르다.

누진세 제도, 불우계층을 위한 직업훈련사업, 실업수당, 생활보호 대상자를 위한 의료보호제도 등이 이러한 정책의 예다. 누진세 등을 통해 고소득층으로부터 재원을 구해 그 일부를 저소득층에게 이전시켜 주거나 저소득층에게 유리한 각종 사회적 급부를 제공해 주고자 하는 것이다.

재분배정책은 기득권 집단에서 사회적 약자집단으로의 금전 등 물질적인 이전만을 뜻하는 것은 아니고 무형적인 가치의 이전도 해당된다. 예컨대, 의원직이나 공직자의 일정 비율을 여성, 장애인, 소수인종에게 할당하는 이른바 차별 시정 조치(affirmative action)는 일차적으로 공직이나 권력이라는 무형적 가치를 사회적 약자에게 이전하는 재분배정책으로 볼 수 있다.

4) 구성정책

구성정책(constituent policy)에 관해서는 로위는 유형표 내의 한 범주로 표현하고 있지만 자세히 설명하고 있진 않다. 다만, 정부기관의 신설·변경이나 선거구의 조정 등과 같이 정부기구의 새로운 구조나 제도를 만들거나 변화시키는 것과 관련된 정부활동을 예로 들고 있다.

로위는 독립변수로서의 정책을 분류하는 데 처음으로 체계적 논의를 한 학자로 인정할 수 있지만 그의 연구에는 다음과 같은 문제점이 있다.

첫째, 상호배타성이라는 분류의 요건을 만족시키지 못하고 있다. 분배정책과 규제정책은 정부활동의 모양상의 특징을 기준으로 한 것인데 비해서, 재분배정책은 활동이 아닌 결과에 관한 특성을 기준으로 했다는 점에서 동일한 분류 기준이 적용되지 못함으로써 상호배타적(mutually exclusive)이라는 분류학 원칙을 위배한 것이다.

둘째, 포괄성이라는 또 다른 분류학 원칙을 충족하지 못하고 있다. 정부의 모든 정책이 어느 유형이건 해당되어야 하는데 그렇지 않다는 점이다. 앨먼드(Gabriel A. Almond)와 파월(G. Bingham Powell)의 추출정책의 대부분은(누진세제도는 재분배정책에 포함되지만) 로위의 정책 유형의 어느 것에도 포함되지 않는다(정정길, 1989: 60).

셋째, 1972년 로위의 연구에는 구성정책이 추가되었는데 이는 유형표 내에 삽입만 되었을 뿐 본문에서는 그에 관한 논의가 거의 언급되지 않고 있다. 이에 대해 우슬래너(Uslaner, 1985: 108－109)는 구성정책이라고 하는 것은 유형표에서 만일 그대로 놓아두었으면 비었을 칸을 단순히 자리 메우기 위한 것이 아닌가 하는 인상을 준다면서 1972년 로위의 연구는 다음과 같은 두 가지 이유에서 별로 유용하지 않다고 한다. ① 로위의 주장에 의하면 정부 강제의 실질적인 위협이 모든 규제를 특징짓는 것으로 요구하기 때문에 그러한 위협이 없는 규제 철폐(deregulation)의 경우는 유형표 내의 어디에도 포함될 수 없다는 문제가 생긴다. ② 비용이라고 하는 유용한 개념을 좀 더 실체를 파악하기 힘든 강제(coercion)라는 것으로 대치시킴으로써 처음 연구(1964년)와 나중 연구(1972년)에서 말하는 재분배정책의 개념적 특성이 달라지는 문제를 지적하고 있다.

2 앨먼드와 파월의 정책 유형

이들은 체제이론에 입각하여 정치 체제의 산출을 업적(performance)이라는 이름으로 부르면서 분배정책, 규제정책, 추출정책, 상징정책으로 나누었다(Almond & Powell, 1978: 286－321). 로위의 정책 분류와 비교하면 분배정책과 규제정책은 같다고 볼 수 있지만, 로위의 재분배정책과 구성정책이 없는 대신 추출정책과 상징정책을 제시하고 있는 것이 다른 점이다. 분배정책과 규제정책의 의미는 로위의 분류와 대체로 같은 의미를 지닌다.

추출정책(extractive performance)은 조세, 병역, 노역 등과 같이 국내적 · 국제적 환경에서 물적 또는 인적 자원을 추출하는 것과 관련된 정책이다. 한편, 상징정책(symbolic performance)은 정치 체제가 국내·외 환경으로 하여금 여타 정책에 좀 더 효과적으로 순응하도록 하기 위해 정책 체제의 정당성에 대한 심리적 신뢰감을 증진시키는 산출활동이다. 즉, 국가나 정권에 대한 충성심을 유발하고 좀 더 체제 순응적인 국민을 만들기 위한 목적에서 이루어지는 정부활동이다. 예컨대, 엘리트에 의한 가치의 확인, 국기 게양, 분열식과 같은 군대 의식, 왕족이나 고관의 방문, 정치지도자가 미래의 비전을 천명하는 것 등이 해당한다.

3 샐리스버리의 정책 유형

샐리스버리(Salisbury, 1968)의 정책 유형에 관한 연구의 특징은 자율규제정책을 제시하고 있다는 점이다. 그는 정책의 결정 체제와 요구 패턴이라는 두 가지 요소를 가지고 유형을 나누고 있다. 이들 각각의 요소가 통합적이냐 분산적이냐에 따라 [그림 2-3]와 같은 네 가지 정책 유형이 나타난다고 한다.

그림 2-3 샐리스버리의 정책 유형

		결정 체제 (decisional system) 분산적 (fragmented)	결정 체제 (decisional system) 통합적 (integrated)
요구 패턴 (demand pattern)	통합적 (integrated)	자율규제 (self-regulation)	재분배 (redistribution)
	분산적 (fragmented)	분배 (distribution)	규제 (regulation)

샐리스버리(R. H. Salisbury)의 유형 중에서 분배, 재분배, 규제의 경우는 로위의 분류와 중복되고 특징도 대동소이하다고 볼 수 있다. 그러나 이것은 앞의 로위의 분류와 달리 정책을 종속변수로 보았다는 점에서 해석이 크게 달라진다. 예컨대, 결정 체제와 정책 요구 패턴이 모두 통합적인 경우에는 재분배정책이 산출된다는

것이고, 결정 체제와 요구 패턴이 모두 분산적인 경우에는 분배정책이 산출된다는 것을 말하고 있다.

샐리스버리의 연구에서 특이한 것은 자율규제라는 새로운 정책 분류가 나타났다는 점이다. 이것은 어떤 문제에 대한 고도로 통합된 요구가 분산적인 의사결정 행태와 결합되는 상황에서 나타날 가능성이 높은 정책 유형으로 보고 있다.

의료나 법률과 같은 특정 전문직업에 대한 규제 분야에서 이러한 정책적 특징이 나타날 가능성이 높다. 가령, 이들과 같은 전문직업집단이 입법부에 대해서 어떤 정책 요구를 할 경우, 이들 집단구성원은 결속력이 매우 큰 반면, 일반인은 이들이 제기하는 이슈가 전문성이 높아서 이해하기 힘들다. 이런 점에서 이들의 요구 패턴은 매우 통합적이라고 볼 수 있다. 또한 그와 같은 요구에 대한 결과는 대체로 이들 전문직업집단에 그 직업 분야에 들어오는 것에 대한 통제를 위임하는 면허법(licensing law)인 경우가 많다.

의사집단이나 변호사집단과 같은 매우 전문성이 높은 직업 분야는 정부가 일일이 감독하고 규제하기보다는 해당 집단 스스로 규제하는 것이 더 효율적일 것이라는 생각에서 자율규제는 출발한다. 의과대학 정원이나 사법고시 합격자 수를 해당 전문가 단체와 협의하거나 상당부분 재량권을 준다거나, 또 비행을 저지른 의사나 변호사에 대한 징계를 의사협회나 변호사협회에 맡기는 경우가 그 예다.

전문가집단은 아니지만 또 하나의 예로는 매년 농작물의 과다 또는 과소 생산으로 농민과 소비자의 피해가 반복되는 경우, 정부가 특정 농작물의 재배면적을 결정하기보다는 농협을 중심으로 자율적으로 조정하는 것도 자율규제의 사례로 볼 수 있다. 다음에서 언급할 학자로 리플리와 프랭클린이 있는데 이들은 규제정책을 경쟁적 규제정책과 보호적 규제정책으로 나누고 있는데 샐리스버리의 자율규제와 더불어 규제정책의 세 가지 종류로 말해진다.

4 리플리와 프랭클린의 정책 유형

리플리(Randall B. Ripley)와 프랭클린(Grace A. Franklin)은 독립변수로서 정책에 대한 시각을 가지고, 정책의 특징은 정책형성뿐만 아니라 정책집행까지도 영향을 준다고 보고 있다. 이들은 일곱 가지의 정책 유형을 제시하고 있다. 국내 정책을 분배, 경쟁적 규제, 보호적 규제, 재분배의 네 가지로 보고 있고, 국외 정책을 구조, 전략, 위기 정책의 세 가지로 분류하고 있다(Ripley & Franklin, 1980: 20-28).

이들의 분류가 특이한 점은 다른 유형론이 다루지 않은 외교 및 국방 분야를 별도로 취급했다는 점과 규제정책을 경쟁적인 것과 보호적인 것의 두 가지로 나누었다는 점이다. 분배정책과 재분배정책 내용은 다른 학자들의 그것과 유사하므로 설명을 생략하고 나머지 유형의 특징을 살펴보기로 한다.

1) 보호적 규제정책

보호적 규제정책(protective regulatory policy)은 공중을 보호하기 위한 목적으로 민간 분야의 활동이 수행될 수 있는 조건을 설정하는 정책이다. 분배정책과는 달리 결정 내용이 분할될 수 없는데 그 이유는 규제에 관한 일반적 규칙에 일정한 범위의 사람들은 모두 순응해야 하기 때문이다. 이 정책결정 과정에서 행위자들의 관계에서 나타나는 특징은 협상과 타협이라고 할 수 있다. 이 정책의 예로는, 독과점 기업을 규제하는 공정거래법, 근로기준법, 식품위생법 등이 있는데, 규제정책의 대부분이 보호적 규제정책에 해당한다.

2) 경쟁적 규제정책

경쟁적 규제정책(competitive regulatory policy)의 목표는 특정한 재화나 서비스를 경쟁적인 수많은 잠재적 업자들 가운데서 소수의 지명된 업자에게만 공급을 제한한다는 것이다. 그러므로 분배정책과는 달리 승자와 패자가 있게 되며, 자원은 희소함과 동시에 불가분한 경우가 많고, 또 경쟁에서 이겨 재화의 공급권을 획득한 업자는 정부로부터 보조금을 받기도 하지만 동시에 재화의 공급 방식에 관해 정부로부터 규제를 받는다는 점에서 분배적 성격과 규제적 성격이 혼합된 형태라고 볼 수 있다. 이 정책의 예로는, 여러 경쟁자 중 몇몇 기업에게 라디오나 텔레비전 방송권을 부여한다거나 특정 운송업자에게 특정 노선의 운행을 허가는 경우를 들 수 있다.

한편, 이들은 외교 및 국방정책 분야를 별도로 취급하면서 다음과 같은 몇 가지 세부 유형으로 나누고 있다.

① 구조정책(structural policy): 이것은 이미 결정된 전략정책의 범위 내에서 군대의 인원과 물자를 조달·배치·조직하는 것과 관련된 정책 또는 잉여농산물을 외국에 보내는 것과 같은 정책이다.
② 전략정책(strategic policy): 이것은 외국에 대해 자국의 기본적인 군사외교적 입장을 주장하고 실행하는 것과 관련된 정책이다. 예컨대, 각 군 간의 병력 비율이나 전략무기의 규모에 관한 결정 또는 이민·무역 등에 관한 쿼터 설정 등이 여기에 해당한다.
③ 위기정책(crisis policy): 정책결정자에게 사전 경고 없이 발생하고 즉각적인 조치를 요구하는 매우 심각한 상황에 대한 단기적 대응을 말한다. 이러한 정책의 예로는 1941년 일본의 하와이 진주만 공격이나 1962년 쿠바미사일사건 당시 미국의 대응 상황과 관련된 정책을 들 수 있다.

이들이 제시한 이론은 다른 학자들에 비해 진일보한 점이 있다고 볼 수 있는데, 이들은 ① 규제정책을 경쟁적인 것과 보호적인 것으로 나누었다는 점, ② 국내 정책뿐만 아니라 외교 및 국방정책까지 고려하고 있다는 점, 그리고 ③ 정책 유형을 정책형성 과정을 넘어서 정책집행 과정까지도 관련지어 다루려고 했다는 점이다.

그러나 이들 연구도 다음과 같은 문제점을 지적할 수 있다.

현상을 분류할 때 가장 중요하다고 볼 수 있는 분류의 요소나 기준을 뚜렷이 제시하지 않고 있어, 따라서 그 결과 포괄성과 상호배타성이라는 기준에 대해 약점을 노출하고 있다. 경쟁적 규제정책과 보호적 규제정책은 전자는 정책의 상황을 기준으로 한 분류라면 후자는 정책의 목적을 기준으로 한 것이다. 만일 일관성 있는 분류라면, 경쟁적 규제정책과 비경쟁적 규제정책으로 나누었어야 할 것이다. 또 국외 정책에서는 구조정책이 전략정책의 하위 범주에 속하는 것처럼 하여 대등한 병렬적 카테고리가 아님을 스스로 인정하고 있다. 또한 위기정책은 상황이라고 하는 다른 기준으로 분류하고 있는데, 이런 점에서 이들의 분류가 체계적이지 못하다는 비난을 피하기 어렵다.

5 챔프니의 정책 유형

챔프니(Leonard Champney)는 정부활동에 관련된 세 가지 차원을 이용하여 공공재의 공급에 관한 정부의 활동을 분류하고 있다(Champney, 1988: 988-990). 분류를 위한 요소들에 관해 다음과 같은 세 가지를 말하고 있다.

첫째, 공공재가 가지고 있는 불가분성(indivisibility)이 재화의 생산으로부터 발생하는가 아니면 재화의 소비 때문에 발생하는가에 따라 전자를 '생산적 불가분성', 후자를 '소비적 불가분성'으로 말하고 있다. 전자는 어떤 재화를 생산하기만 하면 모든 사람이 그 혜택을 입게 되는 외부 효과가 발생하는 경우로서 등대 건설이나 국방 등이 해당한다. 한편, 후자는 생산을 하는 경우 그 재화의 공급을 누구나 무차별적으로 받을 수 없으나, 그러한 재화를 받는 사람이 많으면 많을수록 사회 전체가 발전함으로써 결국은 사회구성원 모두에게 혜택이 돌아가는 재화를 말하며 교육이 여기에 해당하는 사례라고 본다.

둘째, 어떤 형태의 공공재이든 이것의 공급을 위해서는 유인이나 제재가 필요하게 되는데, 그것이 강제적 수단이냐 경제적 수단이냐에 따라 규제와 분배로 나눈다.

셋째, 정책의 대상이 개인인가 집단인가의 두 가지로 나누고 있다.

이상과 같이 분류를 위한 세 가지 요소가 결합하면 전체적으로는 여덟 개의 유형이 나온다. 그가 제시한 분류의 요소 중, 첫 번째 것은 경제학적인 요소로서 다른 정책유형론에서 다루어지지 않았다는 것이 특징이고, 두 번째 분류 요소는 로위의 이론에서 다루어진 분류 요소와 비슷한 측면이 있다. 즉, 로위의 연구에서 나오는 강제의 가능성이 직접적인 경우와 간접적인 경우는 챔프니의 규제 및 분배와 각각 흡사한 내용이다. [그림 2-4]는 챔프니의 정책 유형을 요약한 것이다.[6)]

논문에서 챔프니는 국가가 강제와 경제적 유인책의 어느 것을 쓰는지에 따라 또 이들 유인책의 대상이 개인이냐 집단이냐에 따라 공공정책에 관련된 정치적 특징이 달라지고 정책과 관련된 비용과 편익의 분배도 영향을 받는다고 한다. 예를

6) 챔프니의 논문에 나오는 [그림 1]을 옮겼으나 카테고리 내의 예들은 같은 논문의 [그림 2]에서 참고하여 작성했다. 그리고 [그림 2-4]에서는 네 가지 정책 유형이 나오지만 각 유형별로 정책 대상이 개인인 경우와 집단인 경우로 나누어지므로 모두 여덟 가지 유형이 된다.

든다면, 국민 각자에게 병역 의무를 부과한다든가 또는 국방을 위해 중장비를 징발하는 경우, 비용은 개인들에게 분배되면서 편익은 잠재적으로 많은 국민에게 주게 되는 것이다.

이와 같이 정책 유형마다 그 정책과 관련된 비용과 편익의 집중 형태가 달리 나타나는데 이것은 정책 과정에서 갖는 정치적 의미가 다를 수 있음을 말한다. 편익이 집중적으로 나타나는 경우는 분산되어 나타나는 경우보다 관련 공무원에게 정치적으로 더 큰 보상이 돌아간다고 볼 수 있고, 비용의 경우는 분산되어 나타나는 경우가 집중된 경우보다 정책을 수행하는 데 정치적으로 더 용이할 것이다(Champney, 1988: 990).

그림 2-4 챔프니의 정책 유형

		공공재의 발생 원인	
		생산적 불가분성 (productive indivisibility)	소비적 불가분성 (consumptive indivisibility)
유인 (incentives)	규제 (강제적 유인)	예: • 징병제도 • 방위비 징수 • 환경오염 규제	예: • 의무교육 • 전문직 면허 • 운송비율 규제
	분배 (경제적 유인)	예: • 에너지 절약을 위한 세금 혜택 • 방위산업 보조금	예: • 개인 또는 기관에 대한 교육 보조금

이상에서 여러 학자들의 정책 유형에 관한 연구 내용을 살펴보았다. 살펴본 결과 학자들마다 분류 방식에 장점과 단점이 있다고 본다. 문제점을 중심으로 정리한다면 다음과 같다.

첫째, 기존 연구에서 나타났던 추출정책은 그것 자체가 정책이 아니라 다른 정책을 수행하는 데 필요한 자원을 얻기 위한 수단으로 보아야 한다. 따라서 추출정책에 관련되는 활동들은 그 특징에 따라 다른 정책 유형으로 편입되어야 한다. 예를 들면, 누진세정책을 재분배정책에 포함되며, 징병제도는 국방을 위해 젊은이를 강제하는 것이므로 성격상 규제정책에 포함된다.

둘째, 체제이론의 관점에서 본다면, 체제를 유지하기 위해서 상징정책이나 순응확보정책이 나타나고 있다. 그러나 로위 등 기타 학자들의 분류에서는 이러한 정책 유형이 분명하게 다루어지지 않고 있다. 특히, 권위주의적인 정책 체제에서는 집권세력에 의한 이런 형태의 정책들이 중요한 작용을 하고 있음을 볼 때, 의식을 지배하는 이런 종류의 정책이 분류에 포함될 필요가 있다.

셋째, 구성정책의 경우도 기관이나 제도를 만드는 자체보다는 만들어진 기관이 수행하는 업무가 중요한 것이다. 예컨대, 어떤 지역에 산업단지를 건설하기 위해 추진본부를 만들었다면 이는 사회에 재화를 공급하기 위한 것이라서 분배정책에 해당한다. 선거제도를 변경한다면 이는 선거 과정에서 일어나는 각종 활동을 규제한다는 측면에서 규제정책으로 볼 수 있다.

제 3 장

정책연구의 패러다임

현실의 정책 과정에서 종종 나타나는 사회구성원 사이의 첨예한 갈등을 볼 때, 정책 과정이란 집단 또는 계층 간 힘겨루기가 벌어지는 하나의 장으로 생각할 수 있다. 실제의 정책 사례들을 볼 때, 정책결정자가 공익의 극대화를 추구하거나(합리모형), 적당히 만족하는 수준에 머물거나(만족모형), 아니면 기존의 정책을 가감한다는(점증모형) 식으로 간단히 볼 문제는 아니다.

세력과 권력이 적나라하게 부딪히는 현상이기 때문에 "누가 사회 권력을 장악하고 있나?", "누가 정책 과정을 지배하고 있는가?" 등의 질문에 답하지 않고는 정책 현상의 본질에 다가갈 수 없다고 본다. 이 물음이 중요한 것은 "왜 어떤 문제는 정책의제가 되지 않는가", "정책에 반영된 이익은 누구의 것인가", 그리고 "정책편익은 실제로 누구에게로 갔나"와 같은 후속 질문에 관한 적절한 답을 얻는 데 매우 필요하기 때문이다. 이러한 근원적 질문에 관련되는 답을 얻기 위해 그간 사회과학자들이 노력한 결과는 아마도 패러다임(paradigm)[1]으로 부를 수 있는 다양한 이론적 관점이라고 할 수 있다.

정책 현상에 대한 패러다임이 다르다면 정책 현상에 대한 연구 과정은 물론 연

1) 패러다임은 특정 과학공동체의 구성원들이 공유하는 세계관, 신념 체계 및 연구 과정의 체계를 말한다. 좀 더 간단히 말하자면, 특정 학문 분야에서 연구 대상을 바라보는 상위 수준의 이론적 관점이라고 할 수 있다.

구 결과도 달라질 것이다. 그런데 현재로서는 사회 현상이나 정책 현상에 대한 일관적이고 지배적인 단일한 패러다임은 없는 상태다. 다양한 이론적 관점들이 경쟁적으로 또는 보완적으로 정책 현상을 설명하고자 시도하고 있을 뿐이다. 다음에서는 정책연구와 관련된다고 보는 사회과학의 다양한 패러다임을 살펴보고자 한다. 설명의 초점은 각 이론적 관점들이 전제하는 권력구조와 정책의 본질에 관한 생각에 있으며, 부수적으로 이론들의 방법론적 특성이 귀납적인가 연역적인가도 살펴보고자 한다.

제1절 과정론: 정치 · 행정 과정 산물로서의 정책

정책연구에 대한 과정론적 관점은 정책 현상을 하나의 정치적 과정으로 보는 것이다. 그래서 과정 자체와 과정에 참여하는 행위자들의 행태에 관한 어떤 패턴을 발견하려는 데 관심을 가진다. 결국, 발견한 패턴으로 정책 현상을 설명하려고 시도하는 것이다.

정치학에서는 이미 오래전부터 정치적 과정과 참여자들의 행태가 중요한 관심 영역이 되어 왔다. 특히, 행태론적 정치학은 정치 · 행정 과정에 참여하는 투표자, 이익집단, 입법가, 대통령, 정부관료, 판사, 그리고 기타 정치행위자들의 태도나 행동을 연구해 왔던 것이다. 일부 정치학자들은 공공정책과 관련된 다양한 활동을 범주화하거나 유형화하려는 노력을 기울이기도 했다. 지금까지의 연구 결과를 토대로 개략적인 정책 과정을 그려보면 [그림 3-1]과 같다.

과정론의 관점에서 본다면, 정책이란 일련의 정치 · 행정 과정을 거쳐 나타나는 결과물로 보고 있다. 다시 말하면, 문제 인식, 정책의 형성, 정책의 정당화, 정책의 집행, 정책의 평가 단계에서 일어나는 일련의 활동과 활동이 가져온 산물에 연구의 관심을 가진다. 그러나 정치학자들이 주로 수행한 이러한 과정론적 시각에 대한 비판이 제기될 수 있다. 과정론은 어떻게 정책결정이나 집행이 이루어지는가 또는 그러한 과정들이 어떤 태도와 활동으로 구성되는가에 관해서는 관심을 갖지만, 정작 공공정책의 내용이나 그것이 가져오는 효과에 관해 연구를 소홀히 했다는 지적을

그림 3-1 정책 과정: 분석을 위한 체계

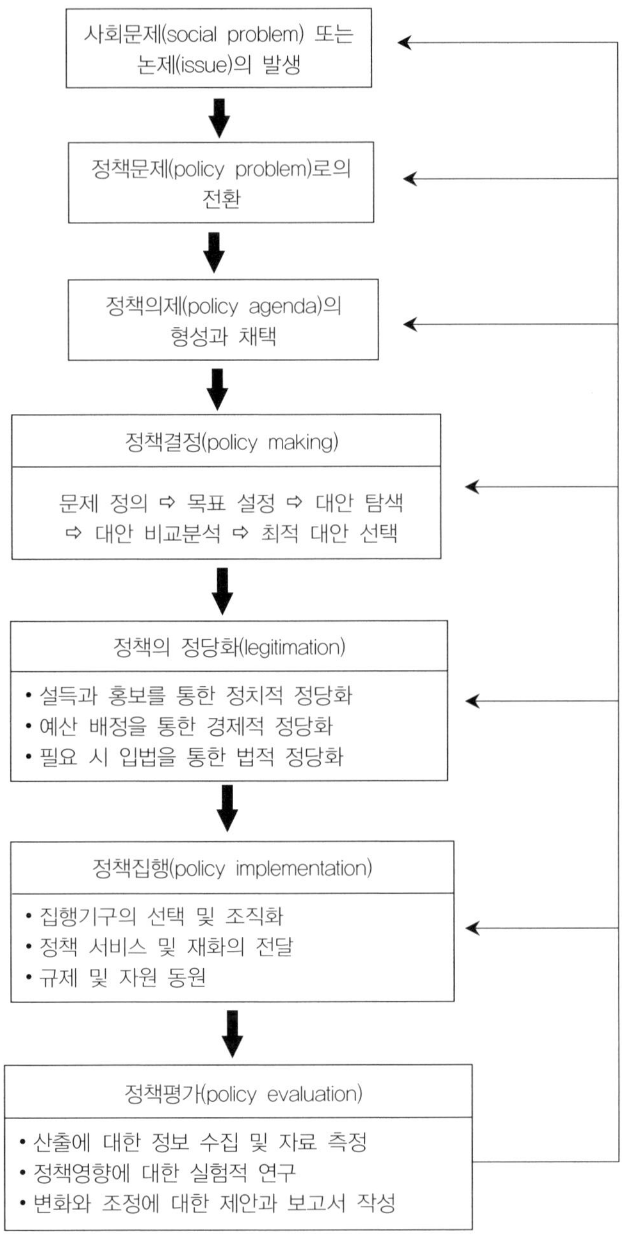

받고 있다. 이를테면, 합리적인 정책결정을 위한 분석 방법이나 현실적 조건은 무엇인지? 정책이 가져올 또는 가져온 결과는 어떠한지? 나아가 정책을 통해 누가 무엇을 얻었고 잃었는지? 그리고 정책 과정에서 작용하는 권력의 본질과 같은 문제에 대해서는 별 관심을 쏟지 않았던 것이다.

그러나 과정모형의 편협함에도 불구하고 이 관점은 정책결정에 포함되어 있는 다양한 활동들을 이해하는 데 여전히 도움을 준다. 그리고 정책이 만들어지는 과정의 특징이 정책의 내용에 영향을 줄 수 있고 반대의 경우도 사실일 수 있기 때문이다. 이에 관한 예를 들어 보면(박성복 · 이종렬, 2000: 102), 대통령이 에너지 정책을 형성하는 문제에서 다음의 두 가지 방식 중에서 선택할 수 있을 것이다. 첫째로, 그는 석유 생산업자와 전력회사로부터 에너지 보호주의자와 환경 보호주의자에 이르기까지 매우 다양한 집단의 의견을 조정하고 균형을 유지하려는 방법을 택할 수 있다. 둘째로, 그는 에너지 전문가에 의해 제안된 합리적이고 통합적인 단일의 계획안을 개발하려고 노력할 수도 있다. 이와 같이 대통령이 어떤 정책형성 과정을 선택하는지에 따라 에너지 정책의 내용은 달라질 수 있다.

그러나 정책결정자가 겪게 되는 다양한 사회경제적 제약 요인 때문에 아무리 정책형성 과정을 바꾼다고 해도 정책 내용에 큰 변화를 주지 못하는 경우가 더 많을 것이다. 요컨대, 정책 과정과 정책 내용의 관계는 여전히 좀 더 연구되어야 할 과제로 남아 있다.

제 2 절 의사결정론: 최대 편익을 위한 합리적 선택으로서 정책

1 합리모형

의사결정론 패러다임은 정책 현상을 결정자 또는 결정집단이 행하는 일련의 의사결정 현상으로 보고 있다. 문제를 발견하고(문제의 인지), 이것을 구체화하며(문제의 정의), 문제 해결의 수준을 정하고(목표 설정), 그리고 해결책을 모색하며(대안 탐색). 각 대안의 결과가 어떠한지 알아본 후(대안의 비교분석), 가장 우수한 해결 방안을 선택하는(정책결정) 일련의 과정으로 보는 것이다. 과정론 패러다임이 상대적으로 사실 묘사에 중점을 두는 기술적(descriptive) 관점에 서 있다면, 의사결정론은 결정의 합리성이나 이를 위한 분석 방법에 관심을 둔다는 점에서 규범적(normative) 성격이 두드러진다.

의사결정론 패러다임은 체계적인 일련의 분석 절차를 통해 목표를 극대화하는 결정을 선택할 수 있다고 하는 이른바 합리모형(rationality model)에 근간을 둔다. 합리적 결정의 다양한 형태는 여러 학문 분과에서 나타나고 있다. [그림 3-2]는 사회적 이익의 극대화를 위한 사회적 자원의 분배와 관련된 합리주의적 사고의 논리를 잘 보여주고 있다. 이것은 정책분석에서 종종 사용되는 편익비용분석(benefit-costanalysis)의 기본 논리와 같다.

[그림 3-2]에서 총사회비용이 우상향하는 직선인 것은 사회에 제공되는 서비스가 증가할수록 이에 비례하여 비용이 증가한다는 뜻이다. 한편, 총사회편익이 곡선으로 나타난 것은 한계가치 체감의 법칙을 의미한다. 즉, 먼저 투입되는 비용에 비해 나중에 투입되는 비용 한 단위가 얻는 사회적 편익의 크기는 점차 줄어들기 때문이다.

그림 3-2 사회적 순편익의 최대화

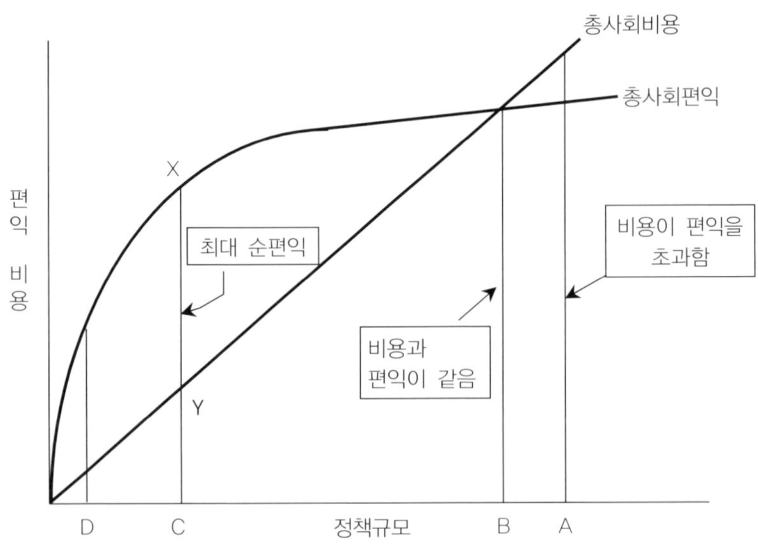

공공정책의 규모는 C지점에서 행해지는 것이 좋은데, 이때 사회적 순편익이 최대(직선 XY만큼)가 되기 때문이다. A는 사회적 손실이 발생하는 지점이고, B는 편익과 비용이 같기 때문에 사회적 순편익이 0가 되는 지점이다. D의 경우 C보다 편익/비용 비율(benefit-cost ratio)에서는 앞설지 몰라도 예산(자원)이 여유가 있다면 사회적 순이득이 가장 큰 C가 제일 좋을 것이다.

이와 같이 합리모형에서 보는 합리적 정책이란 사회적 이익을 극대화하는 정책을 의미한다. 그러나 이러한 정책을 선택하기 위해서는 정책결정자가 거쳐야만 하는 몇 가지 단계와 조건이 있다(Dror, 1983: 132).

첫째, 결정자는 사회 전체의 가치 선호와 그것들의 상대적 가중치를 알고 있어야만 한다.

둘째, 결정자는 이용 가능한 모든 정책대안을 알고 있어야만 한다.

셋째, 각각의 대안이 가져올 모든 결과를 알아야만 한다.

넷째, 각 대안의 비용에 대한 편익의 비율을 계산해야만 한다.

다섯째, 가장 효율적인 정책대안을 선택한다.

사회 전체의 가치 선호와 그 가중치까지 알아야 한다는 전제는, 일부 집단의 선호만 알아서는 안 되고 사회 가치에 대한 완전한 파악을 요구하고 있다. 합리적 정책은 또한 정책대안들에 대한 완벽한 정보, 대안의 결과를 정확히 내다볼 수 있는 예측 능력, 그리고 비용 대비 편익의 비율을 올바르게 계산하기 위한 지적 능력을 요구하고 있다. 이에 덧붙여 합리적 정책결정은 정책형성의 합리성을 촉진시킬 수 있는 의사결정 시스템도 또한 요구한다.

합리모형의 이러한 가정들은 사실상 비현실적이라는 점에서 비판받아 이에 대한 대안으로 만족모형이나 점증모형 등의 이론들이 제시된 바 있다. 그러나 합리모형은 비현실성에도 불구하고 현실의 정책결정이 얼마나 합리적 과정을 거쳤는지에 대한 하나의 평가 기준으로 그 역할을 한다고 할 수 있다.

2 공공선택론

정책연구에서 합리적 의사결정을 위한 논리들은 편익비용분석이나 관리과학,

공공선택론(public choice theory) 등에서 발견할 수 있다. 특히, “경제학적 방법에 의한 정치 현상의 연구”로 이해되는 공공선택론은 이 분야의 대표적 연구라고 할 수 있다. 공공선택론은 정부를 공공재의 생산자라고 규정하고, 일반 시민들은 공공재의 소비자로 보아, 일반 시민의 편익을 극대화할 수 있는 서비스의 생산과 공급은 공공 부문의 시장경제화를 통해 가능하다고 보고 있다.

공공선택론은 일반적으로 정치 행태를 분석할 때 신고전파 경제학의 논리를 적용하려고 한다. 공공선택론의 주된 가정은 정치적 행위자는 경제적 행위자와 마찬가지로 자신의 ‘효용’과 ‘만족감’을 극대화하기 위해 ‘합리적으로’ 행동한다는 것이다. 따라서 공공선택론에서는 개인의 합리적 행동을 방해할 수 있는 정부의 개입은 작을수록 좋다고 보는 “작은 정부”의 입장을 취한다.

그러나 정치적으로 볼 때 민주주의를 잘 실현한다는 것은 많은 제도가 도입됨을 의미하며 이는 곧 정부가 많은 개입을 함으로써 “큰 정부”가 되는 것이다. 작은 정부를 선호하는 공공선택론자들은 이런 경우 독재로 가자는 것이 아니라 시장을 더 확장해서 해결하면 된다고 말한다.

그리고 각 개인이 사익을 추구한다고 해서 공익이 항상 저해되는 것은 아니라고 말한다. 예를 들면, 같은 기업주라고 해도 기업이 처한 시장상황이 독점적이냐 또는 경쟁적이냐에 따라 기업이 생산하는 상품의 가격이 달라지고, 이로 인해 기업주의 사익과 다수 소비자의 이익(공익)의 크기가 달라진다. 즉, 사익과 공익의 관계는 제로섬(zero－sum) 관계가 아니라 정부가 어떤 제도를 선택하는가에 영향을 받는다.

공공선택론의 이론적 관점에서 가장 중심적인 문제는, 개인이 각자 이익의 극대화를 위해 움직일 때, 개인의 다양한 선호를 어떻게 하면 집단 수준의 합리적 선택으로 집계하는가에 있다.

또한 이 이론에서는 자신의 효용을 극대화하는 기준에서 행동하는 합리적 개인만이 정치적 행위자로서 의미를 갖게 된다. 이와 같이 공공선택론은 합리적 선택이론의 강력한 형태로 볼 수 있는데, 일반 원칙의 연역적 적용을 통해 명확하고 일관성 있는 정책 처방을 산출한다는 점에서 종종 정책분석에 사용되고 있다.

공공선택론적 접근 방법은 인간 행태에 대한 매우 단순한 가정으로부터 복잡한 일단의 관련 명제를 도출함으로써, 정치 현상과 공공정책의 다양한 측면에 관한 연구들을 이끌어 냈다. 예컨대, 투표 행태, 정치 체제와 경제 체제 간의 관계, 개인과 집단의 의사결정 행태의 본질, 정부의 구조와 제도 등에 관한 연구가 그러한 것이다.

공공정책의 결정과 관련해서 볼 때, 공공선택론자들은 정책 과정을 다양한 정치적 행위자들이 경쟁적으로 지대추구(rent-seeking) 행위를 벌이는 것으로 생각한다. 셀프(Self, 1985: 51)는 이러한 상황을 다음과 같이 간명하게 표현하고 있다.

공공선택론을 따른다면, 투표자는 소비자와 같다고 할 수 있고, 압력집단은 정치소비단체나 협동체로 볼 수 있다. 정당은 투표와 교환하기 위해 서비스와 세금에 관한 상품을 경쟁적으로 생산하는 기업체가 되는 것이고, 정치적 선전은 상업광고와 동일한 것이다. 그리고 정부기관은 필요한 비용을 충당하기 위해 적절한 정치적 지지를 받거나 모으려고 노력하는 공공기업으로 볼 수 있다.

단순성과 논리적 세련미와 함께 인상적인 수학적 표현을 가지고 있는 공공선택론은 그러나 다음과 같은 결함을 숨기고 있다(Howlett & Ramesh, 2003: 24-25).

첫째, 인간의 심리와 행태에 대해 현실과 맞지 않는 과도한 단순화에 기초하고 있다. 많은 정치적 행위가 상징적이고 의식주의 차원에서 행해지고 있는데, 이를 볼 때 정책결정을 둘러싼 복잡한 정치 현상을 너무 과소평가하는 문제를 안고 있다.

둘째, 지나친 단순화는 이론의 예측력을 빈약하게 만들고 있다. 예컨대, 정부의 기능이 계속 확대된다는 주장은 정부 지출이 늘지 않는 국가들에 관한 경험적 현상과 불일치하는데 공공선택론 틀에서는 이에 대한 설명이 어렵다.

셋째, 공공선택론자들은 미국식 양당제도 하에서와 같이 뚜렷하게 구분되는 두 개의 정책대안 중에서 선택하는 상황에 많이 의존하고 있다. 그러나 현실은 다당제인 경우가 많고 입법을 위한 정당 간 연합도 일어나며 또 선거공약이 선거 후에 정당 간의 입법 거래를 통해 무효가 되기도 하는데 이러한 현상에 관한 설명이 곤란하다.

넷째, 공공선택론자들은 그들의 이론이 실증적이고 가치중립적이라고 주장하지만 실제는 분명히 규범적 이론이다. 특별한 경험적 정당화도 없이 정부를 축소하고 시장을 확대하는 것이 부(富)를 증대하기 때문에 좋다고 한다. 그런데 이것은 재산권이나 국방과 같이 경제의 기반을 보장하고, 교육이나 기술혁신과 같은 핵심 경제활동들을 조직화하는 국가의 중요 역할을 무시하는 잘못을 저지르고 있다.

3 게임이론

합리적 정책결정 모형의 하나로 게임이론(game theory)이 있다. 게임이론은 둘 이상의 참여자들이 있고, 각자의 선택에서 오는 결과가 다른 사람(들)이 어떤 선택을 하는지에 영향을 받는 상황일 때, 최선의 선택은 무엇인가에 관한 이론이다. 현실의 정책 분야에서는 특히 국방외교정책과 같이 자국이 선택한 정책의 결과가 상대국들의 정책 선택에 크게 영향받는 상황에 잘 적용할 수 있는 접근 방법이다. 게임이론의 요지를 잘 설명하는 대표적 사례로는 '죄수의 딜레마(prisoner's dilemma)'나 '겁쟁이 게임(game of chicken)'이 자주 언급되고 있다.

[그림 3-3]은 죄수의 딜레마 상황을 보여준다. 살인 미수 피의자로 두 명의 죄수가 서로 격리된 방에 수감되어 있다. 그리고 이들은 한 명 또는 두 명의 죄수로부터 자백받기를 원하는 검사에게서 심문을 받는 상황이다. 좀 더 가벼운 다른 범죄 건으로 각 죄수를 기소할 충분한 증거를 확보한 검사는 만약 두 명 모두 살인 미수 건에 대해 자백하면 둘 다 감형을 받게 될 것이지만, 만약 한 명만 자백을 한다면 자백한 죄수는 집행유예를 받아 방면되고 자백 안 한 죄수는 법정 최고형을 받게 될 것이라고 말한다. 그러나 두 죄수 모두 끝까지 자백하지 않는다면 [그림 3-3]에서 보듯 다른 범죄 건으로 가벼운 형벌에 처해질 것이다. 아무도 상대방의 선택을 예측할 수 없는 상황에서 각 죄수가 취하는 최선의 합리적 선택은 자백을 하는 것이다. 죄수들은 각자 자신의 최대 형량을 최소화하려고 하기 때문에 두 죄수는 5년의 형량으로 귀결될 이러한 선택을 하게 된다. 이러한 예는 개인의 합리적

그림 3-3 죄수의 딜레마 게임

		[죄수 A] 자백 안 함	[죄수 A] 자백함
[죄수 B]	자백 안 함	A: 징역 1년 B: 징역 1년	A: 집행유예 B: 징역 10년
[죄수 B]	자백함	A: 징역 10년 B: 집행유예	A: 징역 5년 B: 징역 5년

선택이 소집단이나 정부관료제 또는 사회 전체에는 오히려 집단적 비합리성에 기여할 수도 있다는 점을 보여주고 있다(Dunn, 1994: 145-146).

게임이론은 추상적이고 연역적인 정책결정모형이다. 이 모형은 사람들이 실제로 의사결정을 어떻게 내리는가 하는 문제보다는 그들이 완전히 합리적이라면 경쟁적인 상황에서 어떤 방식으로 의사결정을 내리는가를 설명하고 있다. 그래서 게임이론은 합리주의 모형의 한 형태라고 할 수 있다.

게임이론에서 핵심적 개념인 전략(strategy)이란 상대방이 취할 수 있는 모든 행위를 감안하고서도 최대의 이익을 가져올 수 있는 일련의 행위들이 계획되어 있는 그러한 합리적 결정을 말한다. 게임이론가들은 어느 한 경기자가 상대방의 전략과 관계없이 최대 손실을 극소화하거나 최소 이익을 극대화하는 합리적인 전략으로 '미니맥스(minimax)'라는 용어를 사용한다. 이 전략은 상대방이 최선의 선택을 한다고 할 때 이에 대비하여 자신을 보호하기 위한 선택이다. 최대 손실의 위험을 감수하면서 최대 이익을 노리는 것이 아니라, 최대 손실을 피하면서 최소 이익을 보장받으려는 것이기 때문에 보수적인 전략으로 볼 수 있다. 대부분의 게임이론가들은 미니맥스를 최선의 합리적 전략으로 생각한다(Dye, 1984: 39). 따라서 죄수의 딜레마 게임에서 만일 합리적인 사고를 하는 죄수라면 자신의 최대 손실을 극소화하기 위해 자백하는 행동을 선택할 것이다.

게임이론은 정부관료들이 정책을 결정하기 위한 실제적인 지침이 되기보다는 사회과학자들의 분석 도구로서 제시되는 경우가 더 흔한데, 이는 게임이론의 실제적 유용성이 부족해서 그렇다고 본다. 이에 대한 원인으로는 아마도 게임이론의 조건들이 현실 세계와 잘 들어맞지 않아서일 것이다. 즉, 정책대안들이 하나의 매트릭스(matrix) 내에 잘 정리되기 힘들 뿐만 아니라, 다양한 정책대안이 자신과 상대방에게 가져올 실제 보상 결과를 한쪽의 정책결정자가 정확히 아는 것은 거의 불가능하다는 것이다. 또한 정부가 정책결정을 내리는 데는 가치판단이나 정치적 판단 등 많은 간섭 요인들이 존재한다는 것도 게임이론의 현실 적용을 어렵게 하는 이유로 볼 수 있다.

그럼에도 불구하고 게임이론은 갈등 상황에서 하는 정책 선택에 관해 명확히 생각해 볼 수 있는 하나의 흥미로운 방식을 제공하고 있다. 아마도 현재의 정책분석에서 게임이론이 갖는 실제적 유용성은 갈등 상황에서의 정책결정을 다루는 데 흥미 있는 질문과 어휘를 제공한다는 점에 있다고 본다.

결론적으로, 게임이론의 미니맥스 전략에 의한 선택은 언뜻 보면 이익의 극대화라는 합리모형의 대전제에 어긋나는 것 같지만, 경쟁적 상황이며 상대방의 선택에 의존하는 불확실성을 전제로 했을 때, 최대 손실의 최소화나 최소 이득의 최대화라는 전략은 주어진 상황에서 볼 때 매우 합리적인 것이다.

제 3 절 정치체제론: 요구에 대한 반응으로서 정책

체제란 자신을 유지하기 위해 환경에서 작용하는 힘들에 대해 반응할 수 있는 내부의 서로 관련된 일단의 요소들이다. 이런 의미에서 정치 체제란, 전체 사회의 지지를 얻기 위해 환경에서 오는 요구를 권위 있는 결정으로 전환시키는 사회 내

그림 3-4 정치 체제의 동태적 반응모형

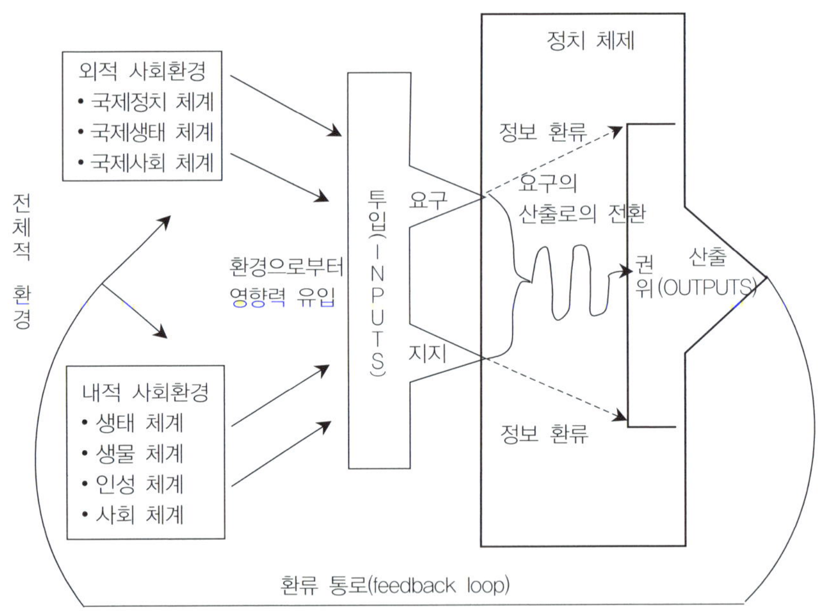

자료: 이스턴(Easton, 1965: 110)의 그림을 약간 간소화한 것임.

일단의 제도와 활동을 말한다. 이스턴(David Easton) 계통의 체제론(systems theory)에서는 공공정책이란, 사회의 요구와 지지에 대해 정치 체제가 반응하여 이를 일련의 결정과 활동들로 전환시켜 산출한 것으로 묘사하고 있다(Easton, 1957: 383-400). 이스턴의 정치 체제의 동태적 모형은 [그림 3-4]와 같다.

우선, 정치 체제에 대한 국내 및 국제환경으로부터 오는 투입(input)이 있는데 여기에는 요구와 지지가 있다. 요구(demand)는 발생한 사회문제에 대한 해결을 정부에 요구하는 것이고, 지지(support)는 정부나 정치 체제의 존재나 활동에 대한 정당성을 인정하는 표현으로 볼 수 있다. 예컨대, 기존 정책에 대한 국민들의 반응이 좋다거나 병무청의 병역 소집에 응해서 군에 입소하거나 또는 국세청이 부과한 세금을 납부하는 행위는 정치 체제를 지지하는 것으로 볼 수 있고 이는 또한 정부의 정당성을 인정하는 행위인 것이다.

요구와 지지에 대해 정부는 반응을 보이는데, 요구의 경우 해결책을 제시함으로써 정책으로 전환시키는 것이고, 지지의 경우 정치 체제나 기존 정책에 대한 지지도가 높고 낮음에 따라 정부나 국회 등 정치권에서는 기존의 정책이나 행동에 대한 수정을 시도할 것이다. 이들 두 가지 경우는 [그림 3-4]에서 '요구의 산출로의 전환'과 '정보 환류'로 각각 표현되고 있다. 요구에 대해 해결책이 만들어진다면 이는 정치 체제에 투입된 요구가 전환 과정을 거쳐 정책으로 산출된 것을 의미한다. 산출된 정책은 체제를 둘러싸고 있는 환경에서 집행됨으로써 사회문제를 해결하거나, 오히려 악화시키는 것과 같은 일정한 결과를 만들어 낼 것인데 이 과정이 [그림 3-4]에서 환류 통로로 표현되고 있다.

이스턴에 의하면 하나의 요구가 관심을 끌거나 권위 있는 정책결정자의 의제목록에 포함되는데 중요한 것은 요구가 이슈(issue)[2)]로 전환되는 과정을 거쳐야 한다고 한다. 하나의 요구가 이슈로 전환되면 요구의 가시성을 증가시켜 주고 또 이전에는 관심 없던 사람이나 집단을 문제 쪽으로 끌어들이게 된다. 이러한 현상은 그 요구를 사회적으로 좀 더 비중 있는 문제로 만들어 줌으로써 정책의제가 될 가능성을 높여줄 것이다.

일반적으로 체제이론에서는 사회문제 중 일부만 정책의제로 다루어지는 현상

---

2) 이슈(issue)란 문제의 본질, 해결 방식, 그리고 해결 결과에 관해 사회구성원 간에 광범위한 의견 불일치가 존재하는 사회문제를 말한다.

을 '문지키기(gate-keeping)'라는 개념을 동원하여 설명하고 있다. 정치 체제 운영의 책임을 지고 있는 사람 또는 집단을 '문지기(gatekeepers)'라고 명명하는데 이들은 입법, 사법, 행정부의 고위공직자들로 볼 수 있다. 이들은 체제로 투입되는 요구들을 전달하는 중요한 역할도 하지만 그에 못지않게 요구들 중 일부는 체제로 진입하지 못하게 하는 결정을 내림으로써 의제 형성에 중요한 역할을 하는 인물들이다.

체제의 문지기들이 환경에서 오는 모든 요구를 정치 체제 내로 받아들이지 않고 선별하여 진입을 허가하는 이유는, 일반적으로 정치 체제가 투입물을 모두 처리할 능력이 못되기 때문이다. 즉, 정치 체제도 유기체와 같아서 능력에 한계가 있는데 만일 처리 능력을 넘어서는 양의 요구들이 투입될 경우 체제에 과부하가 걸리고 이런 경우 체제 붕괴라는 위험에 처할 수도 있다는 것이다. 이렇게 볼 때, 정책의제의 선별적 채택 현상과 관련하여 사이먼(Herbert A. Simon) 계통의 만족모형이 미시적 수준에서 설명하고 있다면, 체제이론은 거시적 관점에서 설명한다는 점이 다르다.

그렇지만 체제이론이 가정하고 있는 기본 관점은 의사결정론과 비슷하다고 볼 수 있다(박성복 · 이종렬, 2000: 182). 즉, 사회 체체나 정치 체제도 유기체와 같이 능력상 한계가 있다는 것이다. 그러나 의사결정론적 관점에서는 능력의 한계를 문제 파악이나 문제에 대한 주의집중 능력상의 제약에 초점을 맞추고 있다면, 체제론적 설명은 여기서 한 걸음 더 나아가 사회문제가 정책문제로 채택되는 경우에 그 문제의 해결을 위해 지불해야 할 대가(자원)에 대한 제약도 포함한다는 점이 다르다(정정길 외, 2003: 279).

의제의 선택적 진입에 관한 체체론적 설명도 의사결정론적 설명과 마찬가지로 문지기가 특정 사회문제를 왜 좋아하고 싫어하는지에 대한 본격적 논의가 없다는 점이 한계다.

이와 관련하여 콥과 엘더(Cobb & Elder, 1983: 90)는 체제의 문지기가 사회적 요구들에 대해 차별적으로 반응하는 이유를 다음과 같이 말하고 있다.

첫째, 정책결정자가 특정한 집단에 어떤 형태의 빚을 지고 있거나 아니면 자신을 그 집단의 구성원으로 동일시하는 경우, 그 집단이 요구하는 문제에 좀 더 호의적일 수 있다. 예를 들어, 사학단체로부터 정치후원금을 많이 받거나 또는 본인이 사학을 운영하는 정치인인 경우 사학법 개정과 관련하여 사립학교법인에 훨씬 우호적인 태도를 취하게 된다.

둘째, 자신의 문제를 정책문제로 진입시키는 데 필요한 자원을 해당 집단이 얼마나 많이 보유하고 있는지, 그리고 그 자원을 얼마나 잘 활용할 수 있는지에 따라 달라진다. 즉, 체제의 문지기에게 접근하여 요구 사항을 내부로 진입시키려는 경우, 설득과 로비 등의 작업이 필요한데, 이 경우 정보, 자료, 금전, 인맥 등의 자원이 필요한 것이다.

셋째, 문제를 제기하는 집단이 사회적 또는 경제적 구조면에서 상당히 중요한 위치를 점하고 있을 때, 체제의 문지기는 이들의 요구를 무시하기 힘들다. 나라 경제에서 차지하는 비중이 매우 큰 기업이나 특정 산업 분야의 경우가 그 예다.

넷째, 의료인, 법조인, 교회지도자와 같이 사회적으로 명망을 가지고 있는 집단들은 정책결정자에게 접근하기가 훨씬 쉽기 때문에, 그들 집단의 이익에 관한 문제는 체제 내로 진입할 여지가 상대적으로 크다고 볼 수 있다.

제 4 절 권력구조론적 관점

정책 현상을 연구하는 데 어떤 학자들은 정책 과정에 작용하는 권력 현상에 관심을 가지고 있다. 앞에서 언급한 의사결정론이나 체제론적 관점에서만 보더라도 개인 또는 집단으로서의 정책결정자나 문지기가 정책과 관련된 권력이나 힘을 어느 정도 가지는가에 따라 정책에 반영되는 그들의 생각이나 이익의 크기도 달라질 것이다. 국가 전체로 본다면 이들 고위공직자들만 권력을 가지는 것이 아니라 민간부문도 정책에 대한 영향력을 어떤 형태로든 나누어 가질 수 있다. 이렇게 볼 때 특정 시점에서 정책에 대한 힘(권력)을 누가 얼마나 가지고 있는지를 분석하지 않고서는 특정 시점에서 나타난 구체적 정책에 대한 분석이 제대로 이루어질 수 없을 것이다.

특정한 정책 사례를 분석할 때 해당 정책결정자의 행태나 권한 등을 권력적 측면에서 연구하는 것은 정책 과정에 작용하는 권력 현상의 한 단면을 파악할 수도 있다는 점에서 의미가 있다. 그러나 개인 또는 소그룹의 권력적 속성에 초점을 맞추는 이러한 미시적 분석은 연구 결과의 일반화에는 한계가 있다. 그래서 정책 과정에 작용하는 각종 형태의 권력이 사회 전체적으로 어떻게 분배되어 있는가와 같은 권력분배론적 관점의 거시적 연구도 필요하다. 이러한 관점과 관련된 정책연구 패러다임으로는 다원주의와 엘리트론이 대표적이라고 할 수 있다. 다음에서는 이들과 함께, 다원주의의 변형으로서 코포라티즘(corporatism)과 엘리트론(elitism)의 보충이론이라고 할 수 있는 무의사결정론을 살펴보기로 한다.

1 다원주의와 집단이론: 집단 간 힘의 균형으로서 정책

서구 사회에서 다원주의자들의 관심은 권력이 사회에 어떻게 배분되어 있는가에 있었다. 엘리트론(elitism)은 소수의 지배계층이 권력을 독점한다고 보는 반면, 다원주의(pluralism)에서는 권력이 특정한 소수에게 독점되어 있지 않고 광범하게 분산되어 있다고 본다.

다원주의는 미국 코네티컷 주 뉴헤이븐 시의 정책결정 현상을 연구한 달(Dahl, 1961)의 연구를 통해 널리 관심을 받게 되었다. 여기서 달(Robert A. Dahl)은 경쟁적인 정치와 선거, 그리고 점증하는 다양한 인종과 사회경제적 다양성을 가지고 있는 뉴헤이븐 시의 어느 누구도 권력을 독점하지는 못하고 있음을 발견했다고 한다. 이러한 경험적 연구 결과는 이전의 엘리트주의자들의 주장과는 대립되는 것이었다.

다원주의는 정치 권력은 선거구민이나 소수의 엘리트들에게 있는 것이 아니고 사회 내 무수한 집단에 나뉘어 있는데, 노조나 이익집단, 기업체, 그리고 공식 · 비공식적인 다양한 사회적 연합체들을 그러한 집단의 예로 보고 있다. 다원주의자들의 주요 믿음을 정리하면 다음과 같다.

첫째, 자원과 권력은 사회 전체에 광범위하게 흩어져 있다.

둘째, 영향력 행사를 위한 어느 정도의 자원은 최소한 개인들 모두에게 사용 가능하다.

셋째, 따라서 사회 관계에서 어느 누구도(집단도) 압도적 권력을 행사하지는 못한다.

넷째, 사회의 기본 가치에 집단들이 동의하고 정부가 갈등의 중재자 역할을 함으로써 사회의 안정과 균형이 유지된다.

이러한 전제들이 적용되는 사회를 다원주의자들은 민주적 관점에서 바람직한 것으로 보고 있다. 즉, 상호 경쟁하는 다양한 이익의 존재는 견제와 균형이라는 점에서 민주주의의 발전에 도움이 될 것이고 개인들은 노력하는 바에 따라 이득을 얻을 수 있다는 생각이다. 다원주의에서는 정치 현상을 집단들의 경쟁, 협상, 타협이라는 것으로 묘사한다. 따라서 정당이란 것도 집단들의 연합체로 보며, 그래서 정치가들은 항상 과반수 연합(majority coalition)을 형성하여 정권을 차지하려고 노력한다. 다원주의적 현상은 집단 투쟁(group struggle)이라서 어찌 보면 사회가 엄청난 갈등과 싸움으로 인해 혼란스럽고 때로는 붕괴할 수도 있다는 생각이 들 수 있다. 그러나 싸움의 규칙(rules of the game)을 준수한다는 대전제가 충족된다면, 이익과 생각을 달리하는 다양한 집단의 존재는 오히려 상호 견제로 인해 극단적이고 과격한 변화나 쏠림 현상을 막아 사회적 안정에 기여할 수 있다.[3)]

그러나 고전적 다원주의가 지나치게 현실을 단순화해서 보는 문제가 있다고 하면서 이를 보완하는 이른바 신다원주의(neo-pluralism)가 나타났다. 신다원주의자들 역시 많은 이익집단이 정치적 영향력을 두고 경쟁하는 상황을 인정하지만 의제설정에 관한 친기업적 편향성을 다원주의가 간과한 것은 문제라고 한다. 신다원주의는 국가의 역할을 소극적이고 중립적이라고 보지 않는다. 즉, 정부는 단순히 이익집단들의 다른 요구들을 매개하거나 중재하는 역할이 아니라 상대적 자율성을 가지는 행위자로서 국가 자신의 이익을 만들거나 추구하기도 하는 존재로 본다. 그리고 헌법 규칙 같은 것도 정치문화에 항상 순기능 역할만 하는 것이 아니라고 한다. 사회경제적 권력의 불평등한 배분 상태는 다양한 문화의 존재를 가능케 하는 것이 현실이기 때문에 구체적 상황이나 맥락에 따라 달리 해석해야 한다고 주장한다. 헌법적 질서가 어떤 집단에게는 호의적인 반면, 다른 집단에는 정치적 선택을 제약하는 것으로 작용할 수 있기 때문이다. 또한 고전적 다원주의가 국제 영역에서

3) 미국 사회가 균형을 유지하는 몇 가지 이유를 들면(Dye, 1984: 27), 첫째, 게임의 규칙과 헌법 질서를 옹호하는 잠재집단(latent group)이 있다. 이들 집단은 평소 잠재해 있다가 체제를 파괴하는 세력이 나타나면 활성화되어 이들 집단에 대해 격렬한 비판과 공격을 가한다. 둘째, 집단에 대한 중복 멤버십(overlapping group membership)이 특정 집단의 극단적 태도를 완화시키는 힘으로 작용할 수 있다. 셋째, 집단들의 경쟁은 상호 견제와 균형을 통해 어느 단일 집단이 과반 연합(majority)을 형성하지 못하게 함으로써 사회적 쏠림 현상을 막아준다.

받을 수 있는 다양한 영향이나 제약 조건들을 고려하지 않은 것도 문제로 지적하고 있다.

그런데 다원주의는 기본적으로 이익집단의 활동을 정책 과정의 중심으로 보는 집단과정이론과 지배엘리트론에 대한 대안적 권력이론으로서 다원적 권력이론으로 크게 대별된다(정정길 외, 2003: 228). 전자는 벤틀리(A. F. Bentley)나 트루먼(David B. Truman) 등에 의해 체계화된 이론으로 정치 과정의 핵심은 이익집단의 활동이며, 따라서 정책이란 결국 다양한 이익집단들 간의 경쟁과 타협의 산물로 간주한다. 한편, 후자는 권력에 대한 지배엘리트론적 관점에 대한 비판으로서, 권력은 경쟁적 엘리트들에게 분산되어 있으며 엘리트는 대중의 선호에 민감하게 반응하기 때문에 지배엘리트의 이익에만 부합하도록 정책 과정이 전개되기보다는 다양한 대중의 선호가 반영될 수 있다고 본다.

미국의 경우 달(Robert A. Dahl)이 대표자로 되어 있는 다원주의적 민주주의 이론에서는 집단의 활동들이 핵심적 요소로 간주된다. 달이 다두제(polyarchy)라는 용어로 표현하고 있는 다원주의 이론은 서구 산업사회들에서의 권력은 여러 상이한 집단에 광범위하게 분산되어 있다고 본다. 어떤 집단도 정책결정에 지배적이지 못할 뿐만 아니라 큰 영향을 미치지 못한다는 것이다. 이 점에서 다음에 설명되는 집단이론모형과 구별된다고 할 수 있다(박성복·이종렬, 2005: 107).

집단이론(group theory)은 공공정책의 개념을 한마디로 말해 집단 간에 형성된 균형점이라고 한다. 이해관계를 달리하는 집단들이 정책 이슈를 둘러싸고 경쟁, 흥정, 협상 과정을 거쳐 타협한 결과가 정책의 내용이 된다는 것이다. 다만, 고전적 다원주의는 정부나 국가를 소극적 조정자로 인식하고 있다면, 신다원주의는 필요에 따라 정부가 적극적 역할을 한다고 보는 점이 다르다.

정책 이슈를 둘러싸고 이해관계 집단들이 갈등을 빚는 상황에서 각자의 영향력이나 힘은 동원 가능한 자원에 따라 다를 것이다. 집단이론에서 보는 정책의 개념은 [그림 3-5]와 같이 표현할 수 있다. 집단A의 힘이 더 강하다면 정책의 내용은 A집단의 이익이 더 많이 반영된 균형점 a로 나타난다. 그러나 이러한 균형점은 일시적인 것으로 만일 이후에 집단B의 영향력이 어떤 이유로 커진다면(점선 원모양) 집단B의 요구와 압력에 의해 기존 정책이 변화되는데 이는 B의 이익이 좀 더 반영된 새로운 균형점 b라는 결과로 나타난다.

그림 3-5 집단이론모형[4)]

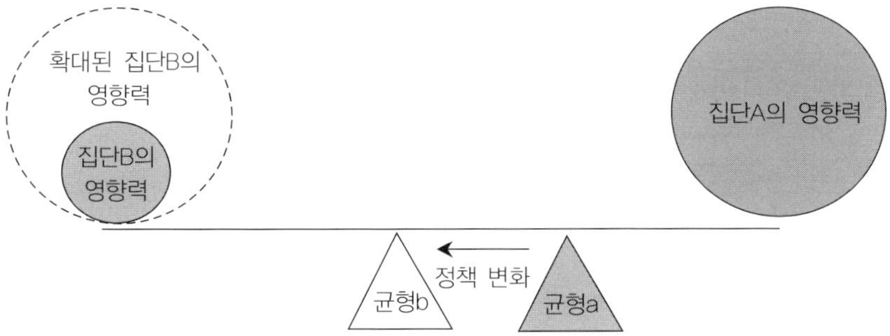

다원주의에서 보는 정부(또는 국가)의 개념은 초기에는 많은 집단이 만나서 상호작용할 수 있는 공간으로서 생각했다(Dahl, 1967). 즉, 하나의 실재(entity)라기보다는 장(arena)에 가까운 개념이었다. 그러나 이러한 생각은 현실의 정부활동과는 맞지 않는 부분이 있다는 것이 인식되면서 이에 따라 점차 정부를 집단 투쟁에 대한 심판자(referee)의 개념으로 생각하게 되었다. 이 단계에서 정부(또는 국가)는 집단 갈등에 관한 게임 규칙을 만들고, 집단 간의 타협을 공공정책이나 법령의 형식으로 만들어서, 집단들이 게임 규칙과 타협 내용을 준수하도록 강제할 수 있는 하나의 존재로 인식된다.

2 코포라티즘: 국가 개입에 의한 타협으로서 정책

다원주의가 가정하는 집단 형성의 자율성, 임의성, 경쟁성 등에 관한 전제를 부정하면서 이익집단의 이익 표명에 관한 새로운 이론적 접근으로 코포라티즘(corporatism)이 있다. 슈미터(Schmitter, 1977: 9)는 코포라티즘을 다음과 같이 정의한다.

> 코포라티즘은 사회를 구성하는 단위들이 지도자 선출과 요구 및 지지의 표명에 관해 국가로부터 일정한 통제를 받아들인다는 조건으로 해당 영역에서 독점적 대표권을 부여받는 방식으로, 국가에 의해 인정되고 허가받은(비록 만들어진 것은 아닐지라

4) 다이(Dye, 1984: 27)의 그림을 약간 수정함.

도), 제한된 수의 독자적, 강제적, 비경쟁적, 위계적, 그리고 기능적으로 분화된 범주들로 조직화되어 있는 하나의 이익매개 체제(a system of interest intermediation)다.

다원주의론이 미국과 같은 정치문화는 어느 정도 설명하고 있지만, 사회집단 형성에 국가가 개입하고 있는 일부 다른 나라의 경우를 설명하기 힘들다는 점에서 코포라티즘은 출발한다. 코포라티즘은 다원주의의 낙관적, 수동적 국가관을 받아들이지 않음으로써 국가와 이익단체 간의 관계를 전도시킨다는 점에서 다원주의에 대한 논리적 전도로 이해된다. 다원주의에서 말하는 자유로운 결성, 임의적, 경쟁적이라는 집단의 특성은 코포라티즘에서는 더 이상 인정되지 않는다.

다원주의적 국가 개념이 정통 마르크스주의(marxism) 국가 개념과 유사하게 국가를 시민사회의 단순한 반영이나 부수 현상으로 본다면, 코포라티스트적인 국가 개념이 시민사회에 대한 국가의 상대적 자율성을 인정하고, 하부구조-상부구조 등식을 자동적으로 인정하지 않는다는 점에서 네오마르크스주의(neo-marxism)와 공통의 가정 위에 서 있다고 할 수 있다(최장집, 1989: 14).

권력의 다원적 구조라는 점에서는 코포라티즘도 다원주의와 유사하다고 할 수 있다. 그러나 다원주의가 국가의 소극적 중립적 존재를 가정하는 데 비해, 코포라티즘은 사회 부문에 적극적으로 개입하는 국가를 상정하고 있다는 점에서 양자는 구분된다. 따라서 코포라티즘에서 공공정책이란, 집단행동의 딜레마를 탈출하기 위해 국가와 사회집단 간에 형성된 타협이라고 할 수 있다.

1) 집단행동의 딜레마와 계급 타협 조장을 위한 국가의 중립적 개입

코포라티스트 모형은 두 가지 형태를 띠는 것으로 말해지고 있다. 천연되고 종속적인 자본주의 체제에 설명력이 높은 국가(배제적) 코포라티즘(state corporatism)과 자유민주주의 사회에 적용될 수 있는 사회(자유) 코포라티즘(societal corporatism)이 그것이다. 이익대표 체계를 조직화할 때 사회적 합의와 대상집단 측의 동의를 거친다면 사회 코포라티스트 모형이 되며, 권위주의 정권이 이를 일방적으로 강제한다면 이는 국가 코포라티스트 모형이 된다. 그런데 이러한 코포라티스트 모형이 잘 적용될 수 있는 분야가 노동정책 분야로 볼 수 있다. 국가 코포라티즘에 관해서는 나중에 언급할 종속이론 부류의 관료적 권위주의론에서 언급하기로 하고 여기서는 먼저 사회 코포라티즘에 초점을 맞추어 살펴보기로 한다.

사회 코포라티즘은 노동문제에 대한 국가 개입의 성격을 중립적 입장에서 보고 있다. 이 이론은 노동 부문의 단결과 자율성이 보장되는 서구 자본주의 사회를 설명하는 데 적합하다. 사회 코포라티즘의 노사 관계는 '집단행동의 패러독스(paradox of collective action)'를 해결하기 위한 조직 원리이며, 따라서 노동문제에 대한 국가 개입의 필요성을 '집단행동의 딜레마'에서 찾고 있다.

지난 1970년대를 전후한 세계적 불황기에 일부 국가가 상대적으로 낮은 실업률과 높은 경제 성장을 보여주는 데 관심을 가지고 그 원인을 밝히고자 한 연구들이 있다. 이들 연구는 그러한 국가들이 소득정책 결정 과정에서 자본과 노동의 공동보조(concertation)를 통한 정치적 타협에서 그 해답을 찾고 있다.[5] 카메론(Cameron, 1984: 143－178)은 18개 선진 자본주의 국가를 대상으로 분석한 결과 낮은 노조 파업률과 낮은 임금상승률이 상대적으로 낮은 물가상승률, 높은 고용률과 상관 관계가 있음을 밝혀냈다. 그리고 이 같은 '경제 패턴'은 좌익정부를 가진 나라와 어느 정도 관련이 있지만, 그것보다는 '노동 부문의 조직 강도(organizational strength of labor)'와 관련되는 지표에 더 강한 관계가 있음을 말하고 있다.

단위기업별 노조제도와 같은 다원주의 노조 모형[6]의 경우에는, 분산된 개별 노조의 입장에서는 임금 인상 자제나 타협보다는 파업을 선택하는 것이 합리적이며 유리하다. 이 같은 경향 때문에 노동자 계층 전체의 장기적 시각에서는 타협이 합리적 선택이 될 수 있음에도 불구하고, 개별 노동자나 개별 노조는 이러한 전략을 선택하지 않는다. 즉, '무임승차'나 '죄수의 딜레마' 현상이 존재하기 때문이다. 올슨(Olson, 1982: 17－35)이 지적한 바와 같이, 집단행동에서 나타나는 무임승차의 문제 때문에, 분산된 노조는 집합재(collective goods)에 미치는 영향을 고려하지 않고

5) 레기니(Regini, 1984: 124－128)는 사회 코포라티즘에서 나타나는 정부와 경제적 이익조직 간의 관계를 공동보조(concertation)라 하면서, 이것은 "조직과 정부 간의, 단지 임시적이 아닌 체계적·장기적 교환의 맥락에서 일어나는 참여의 형태로, 주요 이익조직이 결정 과정에 참여하는 정책형성의 한 양식(a mode)"으로 정의하고 있다.

6) 노조 조직 방식에서, 다원주의 모형은 노동자들이 수많은 독립적 노조에 조직되어 있고, 각 노조는 독자적으로 자신을 위해 결정을 내린다. 상급노조는 단위노조를 강제할 수 있는 힘이 없다. 한편, 코포라티스트 모형에서는 노동자들이 전국노조연맹과 그 지부에 가입되어 있으며, 사용자 단체와의 교섭이나 파업에 대한 결정은 전국노조연맹만이 행사할 수 있고 이들 상부노조의 결정은 단위노조를 구속하게 된다.

자신들의 몫을 최대한 늘리려는 재분배 전략을 채택하려 한다. 반면, 코포라티스트 모형에 입각해 있는 포괄적 노조(encompassing union)만이 사회적 파이(pie)의 절대적 크기를 증대시키려는 '집단적 획득전략(strategy of collective gains)'을 채택할 수 있다(임혁백, 1990: 15－17).

그러나 이러한 경우 계급적 타협에 의해 노조가 양보한 대가를 미래에 보장해 주는 장치가 없다면 개별 노동자나 단위노조는 결코 전투적 파업행위를 포기하지 않을 것이다. 바로 여기서 공동보조나 계급 타협의 보장자로서 국가의 역할이 필요하게 되는 것이다. 즉, 노사관계의 다원주의 모델에서 개별 노동자나 노조는 자본가와 타협하지 않는 것이 합리적 선택이고 노동계급 전체로 볼 때는 타협이 합리적 선택일 때, 어떻게 후자를 강제할 수 있는가의 문제에 대한 해결책이 사회 코포라티즘 모형인 것이다(Lange, 1984: 99－100).

어떠한 형태이든 코포라티스트 모형에서는 노동 부문에 대한 국가 개입의 필요성에 관해, 경제적 위기에 당면하여 노동 부문을 체제 내로 흡수하여 통합·관리함으로써 지속적인 자본 축적과 경제 성장을 도모하려는 국가의 정치적 대응으로 설명하고 있다. 따라서 이 이론에서는 노동 부문의 이러한 재구성에서 국가의 역할을 매우 중시한다. 사회 부문에 대한 국가의 개입이 정당시되고 국가의 강력한 역할 또는 그 지도자의 지혜나 전문 기술관료들의 예지가 공익 실현으로서의 사회 변화를 가능케 한다고 본다.

다만, 사회 코포라티즘에서는 자율성을 가진 강력한 국가가 자본과 노동 간의 정치적 타협과 그 보상에 대한 중재자 및 보장자로서 적극적 성격을 전제하고 있다면, 국가 코포라티즘에서는 이러한 재구성 과정에서 노동 세력의 참여나 자율성을 배제하고 억압함으로써 국내·외 자본 세력의 이익에 공헌하는 권위주의 국가의 친자본적 노동통제를 설명한다는 점에서 큰 차이가 있다.

2) 코포라티즘과 공공정책

코포라티즘에서 공공정책이란 국가와 이익집단 또는 국가와 국가에 의해 인정된 집단 간의 상호작용에 의해 나타난 형성물로 본다. 집단 간 상호작용은 국가 안에서 제도화되어 있으며 또한 국가에 의해 매개된다(McLennan, 1989: 245). 예컨대, 사양길에 있는 산업에 대한 정책은 국가, 관련 산업연합체, 노동조합 간의 협상이라는 형식을 취해 관련 산업의 합리화나 경쟁력 강화 방안을 강구할 것이다.

그러나 코포라티즘이 공공정책 연구에서 갖는 문제점은 다음과 같다(Howlett & Ramesh, 2003: 42-43).

첫째, 이 이론은 국가와 사회 사이의 특정한 형태의 정치 질서(스웨덴이나 오스트리아와 같은)에 관한 기술적 범주의 연구일 뿐 일반이론은 아니라서, 특히 코포라티스트 모형이 아닌 나라의 경우에 정부가 무슨 정책을 수행해야 하는지 또는 나라마다 왜 다른 정책이 나타나는지에 관한 설명을 못한다는 문제가 있다.

둘째, 집단 현상을 볼 때, 모든 나라가 다원주의적 특성을 가지고 있지 않다는 코포라티즘의 주장은 가치가 있다고 해도, 특정한 정책이 왜 채택되었는지 또는 왜 특정한 방식으로 정책집행이 되었는지 등과 같은 정책 현상을 설명하기에는 부족하다.

셋째, 이 이론의 근본적 분석 단위로 볼 수 있는 '이익'집단에 대해 명확한 개념조차 말하지 않고 있다는 점과, 또 사회 내 많은 이익 중 어떤 이익을 국가가 선택하는지에 대한 분명한 언급이 없다는 것은 이론적 약점이다. 실제 코포라티즘과 관련된 많은 연구 문헌에서는 이익집단에 대한 개념이나 이익 분류의 기준들이 연구자에 따라 상당히 자의성을 띠는 것으로 나타나고 있다.

넷째, 정치나 정책 과정에서 이익집단들의 상대적 중요성에 관한 내용이 분명하게 논의되지 않고 있다. 집단들의 영향력이 모두 같다고 보는지 그게 아니라면 어떤 요인들이 각 집단의 영향력에 차이를 가져오는지에 대한 본격적 논의가 없는 것은 문제다.

다섯째, 국가의 본질이나 국가의 이익에 대해 분명한 개념을 가지고 있지 않다. 또 국가가 왜 어떤 이익은 코포라티스트 모형에 포함시키면서 또 다른 이익은 배제시키는지에 대한 설명이 학자들 간에 극적으로 달리 나타나고 있음은 문제다.

그러나 상기와 같은 단점에도 불구하고 코포라티즘은 특히 유럽과 라틴 아메리카의 공공정책 분석에 중요한 역할을 한 이론이다. 코포라티즘은 정치에서 국가의 자율적 역할을 조명함으로써 초기 다원주의 계통의 집단이론보다 공공정책을 좀 더 세련되게 설명한 것으로 평가할 수 있다.

3 뉴거버넌스(New Governance): 정책문제 해결의 새로운 조정 방식

1990년대 들어서면서 정책연구에 대한 새로운 접근 방법(approach)으로 거버넌스(governance)에 대한 관심이 높아져 왔다. 그런데 거버넌스 개념은 사용하는 연구자의 학문적 배경이나 관점에 따라 조금씩 다른 의미로 사용되어 왔고, 실제 현상에 대한 설명 과정에서 계속 변형되어 사용되었기 때문에 쉽게 이해하기 어려운 개념이다. 예를 들어, 경영학계에서는 거버넌스를 기업체의 지배구조로 사용하고 있으며, 국내 행정학계에서도 거버넌스를 국정관리(정용덕 외, 1998), 국정관리체계(김근세, 2000), 협치(協治)(박재욱 · 류현욱, 2000) 등의 다양한 개념으로 정의하였다. 이러한 개념적 혼란을 극복하기 위해 학자들은 거버넌스 개념 앞에 수식어를 붙여서 사용하기도 하였다. 예컨대, 거버넌스 개념 자체는 사회 체제의 조정(coordination) 방식으로 보고, 정부가 주도적 역할을 하는 구거버넌스(old governance)와 정부와 시민사회 간의 파트너십 및 네트워크가 주도적인 역할을 하는 신거버넌스(new governance)로 구분하여 사용하기도 하였다(Pierre, 2000). 국내 학자들도 거버넌스를 정책문제 해결의 조정 방식으로 사용하면서 계층제 거버넌스, 시장 거버넌스, 네트워크 거버넌스 등으로 구분하여 사용하기도 한다(이명석, 2002; 유재원 · 이승모, 2008). 그래서 많은 학자들은 새로운 조정 방식으로서 거버넌스를 구분하기 위해 뉴거버넌스(new governance)라고 사용하여야 한다고 주장한다. 비록 거버넌스 개념이 모호성은 높지만, 공공정책 연구의 맥락에서 연구자들이 어느 정도 공유하고 있는 정의를 제시할 수 있다. 여기에서는 개념상의 모호성을 줄이기 위해 뉴거버넌스를 중심으로 논의하고자 한다.

연구자들이 공유하고 있는 뉴거버넌스는 "정부관료제뿐만 아니라 시장(market)과 시민사회(civil society)의 주체들이 신뢰(trust)를 바탕으로 참여(participation)와 협력(cooperation)을 통해 공동체의 정책문제를 해결하려는 새로운 형태의 조정 방식(coordinating mechanism)"으로 요약할 수 있다(Rhodes, 1997; Lowndes & Skelcher, 1998; 이명석, 2002; Kooiman, 2003; Bevir, 2007; 유재원 · 이승모, 2008). 이 개념 정의에서 핵심 개념은 시민사회 주체들의 참여, 주체들 사이의 신뢰와 협력, 그리고 그것을 가능하게 하는 자율적인 네트워크이다. 뉴거버넌스가 공동체의 정책문제를 해결하는 새로운 형태의 조정 방식이라는 개념 정의는 전통적 형태의 조정 방식인 정부의 계층제적 통제(hierarchical control) 및 시장의 경쟁원리에 근거한 신공공관리론과 비교해보면 그 차별성을 쉽게 이해할 수 있다.

먼저, 정부의 계층제적 통제는 전통적인 행정 방식을 말한다. 전통적인 행정 방식에서는 정부관료제가 공적 권위를 바탕으로 정책문제를 거의 독점적으로 해결해 왔다. 이때 정부관료제가 정책대안을 선택하는 방식은 계층제적 통제 방식이었다. 일반적으로 정부관료제는 과거에 성공적으로 작동한 것으로 평가된 표준화된 규정과 절차에 따라 정책문제를 해결하려고 접근한다. 이러한 계층제적 통제 방식은 규정과 절차에 따라 자원의 투입이 이루어지면 자동적으로 산출과 성과로 전환될 것이라는 논리구조 위에 서 있다(Osborne & Gaebler, 1992). 과거에 확립된 규정과 절차에 따라 정책문제를 해결할 때, 문제 해결의 효율성, 통일성, 보편성, 안정성을 확보할 수 있다고 가정한다. 그래서 정부관료제는 반복적으로 발생하는 정책문제에 대해 되도록 표준화된 문제 해결 규정과 절차를 만들려고 노력하는 것이다. 계층제적 통제 방식은 정책 환경의 불확실성이 높지 않았을 때, 상당히 유효하게 작동된 것처럼 평가되었다. 그런데 정책 과정에 참여자 수가 증가하고, 정책 환경의 불확실성이 높아짐에 따라서 계층제적 통제 방식은 더 이상 과거처럼 효과적으로 작동되지 못하는 것으로 평가되고 있다(이명석, 2002; Kooiman, 2003; 유재원・이승모, 2008). 정부가 과거의 관료제적 통제 방식으로 정책문제를 해결하려고 고집할 때, 정책문제가 해결되기는커녕 오히려 이해당사자 간 갈등을 유발하고 해결을 더 어렵게 만든다고 평가되는 경우가 많아졌다. 만일 이제까지 정부의 계층제적 통제 방식이 정책문제를 효과적으로 해결하였다면 우리 사회는 이미 유토피아에 가까운 사회에 도달해 있을 것이다. 즉, 정부의 계층제적 통제가 효과적으로 작동될 수 있는 정책문제는 매우 제한적이며, 새로운 문제 해결의 조정 방식이 필요하다고 비판받는다.

한편, 시장의 경쟁원리는 정부의 계층제적 통제와 반대되는 조정 방식이다. 사실 거버넌스 논의가 부각되기 전까지 정부의 계층제적 통제 방식과 시장의 경쟁원리는 사회문제의 조정 방식으로 경쟁해 왔다. 시장주의자들은 정부의 계층제적 통제에 의한 조정 방식의 실패, 즉 정부실패(government failure)를 부각시키면서 시장 경쟁원리의 우월성을 강조하는 방식으로 논리를 전개해 왔다. 시장주의 논리에서 정책문제 해결을 위한 대안적 문제 해결 방식으로 가장 많이 논의된 것이 바로 신공공관리(new public management)이다. 신공공관리는 정책문제를 다룰 때, 정부의 계층제적 통제가 아닌 시장의 경쟁원리에 근거한 분권과 자율성을 부여하는 방식으로 전환하는 것을 강조한다. 신공공관리는 정부관료들에게 자율성과 재량을 부여하고 그것을 바탕으로 정책과 프로그램을 선택할 권한을 갖도록 하는 것이 필요하다고 주장한다(Hughes, 2003; Donahue & Nye Jr., 2002). 신공공관리는 조직구성원들에게 부여된 자율성 혹은 재량이 정책혁신을 가능하게 하며, 고객의 다양한 수요에 신축적으로 대응하도록 만드는 원동력이 된다고 주장한다. 정부의 계층제적 통제가 절차와 규정을 강조하는 반면, 신공공관리는 규정과 절차를 규제로 보고, 이러한 규정과 절차를 혁파하여 산출과 성과 중심으로 정책문제를 다루어야 한다고 주장한다(Rhodes, 1999; Hughes, 2003). 정부의 계층제적 통제 방식이 규정과 절차의 준수를 통해 관료들의 책임성을 확보하려는 방식이라면, 시장의 경쟁원리, 즉 대표적으로 신공공관리 방식은 정책목표를 구현하는 데 필요한 권한과 재량을 관료에게 부여하는 대신 성과 평가를 통해 행정책임을 확보하려는 방식이다(Osborne & Gabler, 1992; Donahue & Nye Jr., 2002; 유재원 · 이승모, 2008). 그러나 신공공관리가 기존 전통적인 행정 체제의 투명성을 제고하고, 성과주의 문화를 확산하는 데 긍정적 기여를 하였다는 평가와 함께 다양한 정책 영역에서 공공성(publicness)을 훼손하고, 다른 행정 가치들, 즉 형평성, 합법성, 민주성 등과 갈등을 야기하였다는 비판을 받아 왔다(Ingraham & Romzek, 1994; 신희영, 2003). 정부의 계층제적 통제가 정부독점에서 비롯된 정부실패를 야기하였다면, 신공공관리는 민간독점 문제를 야기하였고, 결국 시장실패(market failure) 현상이 나타났다는 부정적 평가를 받았다(유민봉, 2012). 더 나아가 신공공관리는 관료제 내부에 주로 초점을 맞추었고, 정작 중요한 공동체의 갈등적 정책문제 해결에는 전혀 도움이 되지 않는 것으로 드러났다.

뉴거버넌스는 이러한 정부의 계층제적 통제와 신공공관리의 한계가 엄연하게 존재하는 상황에서 부각된 것으로 이해할 수 있다. 즉, 뉴거버넌스는 정책문제 해결 과정에서 명백하게 드러난 정부실패와 시장실패를 극복하고자 하는 새로운 조정 방식으로 이해할 수 있다(이명석, 2002; 유민봉, 2012). 뉴거버넌스는 과거 정부가 독점하고 있던 정책결정 권한을 공동체 구성원들, 즉 시장과 시민사회 주체들이 공유(sharing)하고 상호 협력하여 해결하려는 것을 의미한다. 그렇다면 정부는 왜 정책결정 권한을 공유하는 것인가? 그것은 정부 관료제가 중요한 정책문제를 해결하는 데 더 이상 혼자서 감당하기 어려워졌거나 일방적으로 문제 해결을 할 수 없기 때문이다. 예를 들어, 경제 위기와 같은 정책문제는 정부가 혼자서 해결하기 어려운 매우 큰 문제이며, 시장과 시민사회의 참여와 협력 없이는 결코 해결할 수 없는 문제이다. 또한 혐오시설 설치나 대규모 개발정책과 같이 다수의 이해관계자들이 관련되어 있는 경우, 이해당사자들의 참여와 협력 없이는 문제 해결을 할 수 없기 때문이다.

한편, 뉴거버넌스 개념이 부각되게 된 또 다른 배경에는 근본적으로 시민사회의 역량 강화와 맞물려 있다. 민주주의의 진전 속에서 시민들 스스로 기존 대의민주주의 방식에 대한 한계를 직시하기 시작하였고, 시민들 스스로 자신의 욕구를 충족시키기 위해 직접 정책 과정에 참여하기 시작했다. 공동체 문제를 해결하는 데 참여하고자 하는 시민들의 욕구가 강화되었고, 민주주의의 성숙과 함께 개별화되어 있던 시민들이 스스로를 조직화하고 더 나아가 그들과 관련된 주요 정책 영역에 적극적으로 참여하기 시작하였다. 시민들은 더 이상 과거처럼 온순한 순응자에 머무르는 수동적 존재가 아니라 적극적으로 자신의 의견을 제시하고 관철시키려는 적극적인 행위자로 변신하고 있다. 따라서 과거 권위주의 시기에는 정부관료제의 계층제적 통제에 의해 일방적으로 정책이 결정되고 집행될 수 있었지만, 시민사회의 힘이 강화된 민주주의 시기에는 더 이상 일방적으로 정책이 결정되거나 집행되지 못하는 사례가 증가하고 있다. 즉, 정책문제의 당사자인 시민사회의 참여와 협력 없이 정책과정이 순조롭게 진행되지 못하는 사례들이 증가하고 있는 것이다. 이것은 정책문제의 상호의존성(interdependency) 강화로 이어지고 자연스럽게 뉴거버넌스 관점에서 문제 해결을 시도하는 사례가 증가하는 것이다(Agranoff & McGuire, 2003; Ansell & Gash, 2007). 따라서 사실상 뉴거버넌스의 가능성은 두 가지의 흐름이 동시에 작동해야 가능한 것으로 이해할 수 있다. 한편으로는 시민사회 스스로 자기의 문제를 해결하고자 하는 욕구와 역량이 강화되어야 하고, 다른 한편으로 정부관료제가 원하던 원하지 않던 관련 이해당사자의 참여와 지원이 필요하다고 인식해야 하는 것이다.

표 3-1 뉴거버넌스의 정책문제 해결 조정 방식

특 성	정부(관료제)	시 장	시민사회
문화적 배경	위계주의	개인주의	평등주의
주요 행위자	정부관료	소비자, 생산자	시민, 시민단체
지배 이념	법치주의	시장주의	공동체주의
추구하는 가치	공익	사익	공동체 이익
상호작용 원리	명령, 권위	가격, 경쟁	신뢰, 협력
수단	법, 강제	계약, 자율적 교환	참여, 상호조정
정책문제 해결 조정 방식	계층제적 통제		
	신공공관리(정부에 시장원리 도입)		
	뉴거버넌스(정부-시장-시민사회를 네트워크로 연결한 협력기제)		

자료: 유재원 · 이승모(2008) 및 유민봉(2012), 최태현(2015) 등에서 발췌하여 재구성.

그렇다면 우리나라 정책 상황에서 뉴거버넌스 관점은 얼마나 실효성을 가지는 것인가? 혹시 규범적 주장에 불과한 것은 아닌가? 유재원 외는 우리나라 지방정부 수준에서 실제 작동하는 문제 해결 방식 중에서 네트워크에 기반한 뉴거버넌스보다는 정부관료제의 계층제적 통제가 더 설명력이 강하다는 경험적 연구 결과들을 제시하였다(유재원 · 소순창, 2005; 유재원 · 이승모, 2008). 한편, 정부관료제가 정책문제를 해결하는 데 이해당사자들의 조력을 구한 것이 전혀 새로운 것이 아니라는 비판도 가능하다. 사실 과거 권위주의 시기에도 소수의 정치엘리트, 경제엘리트와 함께 은밀하게 정책문제를 해결해 왔던 것이 사실이다. 그리고 연구자들은 이러한 현상을 '철의 삼각(iron triangle)' 혹은 '하위정부(subgovernment)'라는 개념으로 분석하였다. 이것은 자칫하면 거버넌스 형태를 가진 폐쇄적 네트워크를 옹호하는 우를 범할 수도 있는 가능성을 내포한다(한승준, 2007; 유민봉, 2012). 또한 정부가 뉴거버넌스를 정책 과정의 모양새를 보기 좋게 꾸미기 위한 정당화 수단 혹은 상징적 수단으로 활용하거나 정책문제 해결에 대한 책임을 회피하기 위한 수단으로 활용할 수 있다는 비판도 얼마든지 가능하다(유민봉, 2012).

이러한 부정적 평가에도 불구하고 정부와 시장, 시민사회가 협력을 통해서 정책문제를 해결하는 뉴거버넌스적 정책 사례들이 많은 학술저널에 게재되고 있는 것을 확인할 수 있다. 실제 우리나라의 중앙정부 혹은 지방정부들이 정책문제를 해

결하기 위해 과거보다 더 이해당사자들의 참여를 유도하고 협력하려는 노력을 부정하기 어렵다. 물론 그러한 노력이 종종 형식적이거나 상징적인 수준에 그치는 경우도 있고, 초기에는 순수한 의도로 시도하였지만 진행 과정에서 어려움을 겪으면서 약화되기도 하는 현상 또한 존재한다. 그럼에도 불구하고 정책문제와 관련된 이해당사자들의 참여 수준이 과거에 비해 훨씬 높아진 것은 분명한 사실이다. 특히, 최근 정책 환경의 불확실성이 높아짐에 따라서 정책문제의 규모가 크고 복잡할 경우, 정부가 먼저 관련 이해당사자들의 참여를 유도하기 위해 노력하는 경우가 많아지고 있다.

정책 과정에서 뉴거버넌스가 실효적으로 작동하고 주류적 정책 현상으로 자리잡기 위해서는 시민사회의 성숙과 역량 강화가 중요하다. 정책 과정은 분명 한정된 자원의 배분과 직결되는 문제이다. 따라서 정책 과정에 참여하는 정부와 이해당사자들 사이의 힘의 관계가 결정적인 변수이다. 시민사회가 힘을 가지고 있으면 말 그대로 뉴거버넌스가 규범적 주장이나 상징적 수준에 머무르지 않고 실제적인 정책문제 해결의 조정 방식으로 작동할 수 있는 것이다.

4 엘리트이론: 지배집단 선호로서 정책

엘리트이론은 사회 내의 권력이 이른바 엘리트라고 불리는 소수의 사람들에게 집중되어 있고 다수 대중은 일방적인 지배를 받는다고 보는 관점이다. 이 지배계층인 엘리트들은 통상적으로 피지배집단인 대중의 이익보다는 자신들의 이익을 위해 권력을 행사한다고 보고 있다.

초기 엘리트이론은 모스카(Gaetano Mosca), 파레토(Vilfredo Pareto), 미첼스(Robert Michels) 등의 학자들에 의해 전개되었다. 이탈리아 정치학자 모스카(Mosca, 1939: 50-51)는 일찍이 "모든 사회는 … 두 부류의 사람이 나타나는데 하나는 지배하는 계층이고 또 하나는 지배받는 계층이다"라고 했다. 그는 엘리티즘을 사회조직에 의해 설명하고자 했다. 조직은 필연코 소수의 손에 권력이 집중되는 현상으로 귀결된다. 그리고 조직화되지 않은 다수는 개인으로 혼자이기 때문에 철저하게 조직화된 소수를 당할 수 없게 된다. 정치에서 조직은 개인을 압도하므로 조직이 개인보다 정치에서 더 중요한 행위자가 될 수밖에 없다. 그리고 조직은 지도자 없이는 작동하기 힘들게 된다. 다시 말하면, 사람이 무리를 이루어 조직화되면 거기에는 필연코 권력을 손에 쥔 소수가 지도자로 나타나는 이른바 '과두제의 철칙(iron law of oligarchy)'을 말하고 있다. 미첼스는 아예 "조직을 말하는 것은 바로 과두제를 말하는 것이다"라고까지 말하고 있다(Dye, 1997: 376).

초기 유럽 쪽의 연구를 거친 엘리트이론은 1950년대에 미국의 연구로 이어졌다. 엘리트론자로 유명한 밀스(Mills, 1956)는 미국의 경우 중요한 정책결정은 정치지도자, 군사지도자, 기업지도자에 의해 결정되는데, 이들 3자가 미국의 진정한 권력 엘리트(power elite)라고 주장한다. 엘리트이론의 일반적 특징을 요약하면 다음과 같다(Dye, 1984: 28－29).

첫째, 사회는 권력을 가진 소수와 그렇지 못한 다수로 나뉜다. 아주 작은 수의 사람들만이 사회를 위한 가치 배분을 한다. 반면, 다수 대중은 공공정책을 결정하지 않는다.

둘째, 지배하는 소수는 지배받는 다수와 다르다. 엘리트는 사회경제적 상위층으로부터 편파적으로 충원된다.

셋째, 비엘리트집단에서 엘리트집단으로의 이동은 안정을 유지하고 혁명을 피하기 위해 서서히, 그리고 꾸준히 이루어져야 한다. 엘리트집단의 합의 내용을 수용하는 비엘리트만이 엘리트집단 내부로 진입할 수 있다.

넷째, 엘리트들은 사회 체제의 기본 가치와 체제의 보존을 위한다는 점에 합의를 보고 있다. 미국의 경우, 엘리트가 합의하고 있는 기본 가치는 사유재산권 신성, 제한된 정부, 그리고 개인의 자유 등이다.

다섯째, 공공정책은 대중의 요구를 반영한다기보다는 엘리트의 지배 가치를 반영하고 있다. 정책의 변화는 혁명적이라기보다는 점진적 성격을 띤다.

여섯째, 능동적인 엘리트집단은 무관심한 대중으로부터 직접적인 영향을 별로 받지 않는다. 즉, 대중이 엘리트에게 미치는 영향보다는 엘리트가 대중에게 행사하는 영향력이 더 크다.

엘리트이론에서 볼 때, 정책이란 권력을 장악하고 있는 사회적 소수인 엘리트집단의 가치관과 이익이 반영된 산물일 뿐이다. 그래서 정책 변화라는 것도 결국은 엘리트집단의 공유된 가치가 그들 내부의 합의에 의해 변할 때 따라서 변화하는 의미를 가진다. 그리고 통상적으로 엘리트들은 기득권을 지키기 위해 현존 사회 체제의 유지를 가장 선호하며, 따라서 엘리트집단이 지배하는 사회의 정책은 매우 보수적 성격을 띠게 된다. 엘리트주의자들은 민주적 선거와 정당제도가 있다고 해도 실제 이것들은 형식적일 뿐 오히려 일반 대중을 엘리트가 지배하는 체제에 복속시키는 효과로 작용할 뿐이라고 한다.

엘리트이론과 지적 기반을 같이하면서 엘리트이론의 한계를 지적한 연구로 무의사결정(nondecision making)이 있다. 신엘리트론으로 불리기도 하는 무의사결정론은 특히 정책의제 설정과 깊은 관련이 있는데, 왜 특정한 사회문제는 정책의제의 지위에 오르지 못하는가를 설명하는 데 주된 관심을 가진다.

현실적으로 모든 사회문제가 저절로 정책의제가 되는 것은 아니다. 의제가 되려면 누군가에 의해 만들어져야만 한다. 그런데 의제 설정에 대한 강력한 영향력을 행사하는 집단이 있다면 이들은 자신에게 불이익을 줄 수 있는 사회문제는 문제의 표출 단계부터 아예 싹을 잘라버리려는 생각을 할 것이다.

이런 현상과 관련하여 바크라흐와 바라츠(Bachrach & Baratz, 1962)는 권력에는 '두 개의 얼굴(two faces of power)'이 있는데, 고전적 엘리트론이나 다원주의론은 권력의 한쪽 얼굴만 연구하면서 또 다른 측면은 간과했다고 말한다. 즉, 공개적으로 표명되고 의제로 채택된 정책문제에 관한 현상에 대해서는 연구 관심을 가졌지만, 문제 제기나 이슈 형성 자체를 질식시킴으로써 의제 형성 가능성을 원천적으로 차단해 버리는 권력의 또 다른 얼굴은 보지 않았다고 한다.

무의사결정은 의사결정자의 가치나 이익에 대한 잠재적 또는 현재적 도전을 억압하거나 방해하는 결과를 초래하는 결정이다. 다시 말하면, 무의사결정은 편익이나 기득권의 분배에 대한 공동체의 현재 상태의 변화에 대한 요구를 그것들이 표명되기도 전에 질식시키거나 은폐하거나 또는 의사결정의 장에 접근할 기회를 없애버리는 것이다. 만일 이 모든 방법이 다 실패했을 때는 정책결정과 집행 단계에서까지 이것을 망치거나 붕괴시키려는 하나의 수단이라고 할 수 있다(Bachrach & Baratz, 1970: 7).

어떤 면에서는 의사결정(decision)보다 무의사결정(nondecision)이 정책연구의 대상으로서 더 중요하다고 볼 수도 있다. 현상을 선호하는 집단은 변화를 선호하는 집단에 비해 통상적으로 아주 유리한 입장에 있기 때문에 노출된 정책의제보다는 억압되어 잠재워진 정책문제가 상당히 많을 수 있다. 변화 지향적 집단 측에서는 모든 과정, 즉 문제 표명, 이슈 형성, 의제 진입, 정책결정, 정책집행의 모든 단계에 도사리고 있는 현상 유지적 편견(bias)을 모두 극복해야만 변화의 목적을 달성할 수 있는 반면, 현상 선호집단은 이 모든 단계 중에서 한 곳에서만 이겨도 변화를 저지할 수 있기 때문이다(Bachrach & Baratz, 1970: 58).

제 5 절 계급이론적 관점

계급이론은 19~20세기에 걸쳐 유럽 사회주의의 발전과 확산에 큰 영향을 준 마르크스(Karl Marx)의 이론에 뿌리를 둔다. 마르크스는 그 유명한 『공산당 선언(*Manifesto of Communist Party*)』에서 모든 사회는 정치 및 경제적 권력을 다투는 두 개의 계급(classes)으로 구성된다고 말했다. 그의 유물사관에서 보면, 인간 사회는 다양한 형태의 생산 양식(modes of production)을 거쳐 왔는데, 각 생산 양식은 일단의 기술적 조건이라는 독특한 생산 수단(means of production)을 가지고 있고, 또한 생산 과정의 다양한 행위자들의 관계에 관한 독특한 방식을 의미하는 계급구조(class structure) 또는 생산 관계(relations of production)를 갖는다고 한다.

각 생산 양식은 궁극적으로 생산 수단을 소유하는가의 여부에 따라 결정되는 두 개의 계급으로 구성된 이원화된 계급 체계를 발전시켜 왔다고 한다. 자본주의 사회의 경우에는 생산 수단을 소유한 자본가 계급과 그들을 위해 일하는 노동자 계급으로 구성되며, 이들 두 계급은 본질적으로 갈등 관계에 있을 수밖에 없다. 끊임없는 계급 갈등은 결과적으로 자본주의 생산 양식의 붕괴를 가져와 다른 생산 양식으로 대체되는데, 이는 자본주의 사회가 노동자 계급이 지배하는 새로운 체제로 대체됨을 의미한다. 다음에서는 계급론 패러다임의 근간인 마르크스이론과 이것의 국제판으로 볼 수 있는 종속이론 등을 살펴보기로 한다.

1 마르크스이론: 지배계급 선호로서 정책

계급이론에서는 경제를 장악하고 있는 자본가 계급이 국가(state)를 통제하고 있다고 보기 때문에 공공정책이란 결국 자본가 계급의 이익을 반영하는 것으로 해석한다. 마르크스에 의하면, 국가란 노동자의 희생을 필연적으로 수반하게 되는 자본주의의 유지와 잉여가치 증식이라는 자본가 계급의 목적을 달성하기 위해 자본가 계급이 사용하는 하나의 도구에 불과하다고 한다. 방법론상에서 볼 때 계급이론이 연역적 이론이란 점에서, 계급이론가들은 자본가 계급이 그들의 이익을 도모하기 위해 국가를 도구로 사용한다는 명제를 이미 세워 놓고 이 명제에 대한 증거를 찾는 방식을 흔히 취한다. 그래서 계급이론에서는 공공정책에 관한 분석도 구체적인 정책이 얼마나 자본의 이익에 봉사하는가를 밝히는 데 초점을 두며, 따라서 연구 결과도 자본가 계급이 자신의 이익을 위해 국가를 도구로 사용했다는 것에 대한 증거로 간주하고 있다(Howlett & Ramesh, 1995: 27).

국가를 단지 자본가 계급의 이익에 봉사하는 도구라는 시각을 통상 '도구주의(instrumentalism)'라고 한다. 한편, 국가의 지나친 자본에의 종속성을 강조하는 이 같은 도구주의와는 약간 관점을 달리하는 것으로 네오마르크시스트(neo－marxist)의 '구조주의(structuralism)'가 있다. 도구주의의 관점이 옳다면 경험적 관찰을 통해 자본이 국가에 충실히 수행해야 할 어떤 구체적 지시 사항이 전달되는 것이 입증되어야 하는데 이것이 어렵고, 또 복지정책과 같은 것은 결코 친자본적 정책이 아닌데도 이를 도구주의로 설명하기가 곤란해진다.

구조주의에서 볼 때, 국가는 분파화된 지배계급으로부터 일정한 거리를 유지할 때만 지배계급 전체의 헤게모니를 조직화할 수 있고, 이와 같은 경우에만 진정으로 지배계급에 공헌할 수 있다는 관점에서, 국가는 상대적 자율성(relative autonomy)을 가진다고 본다. 물론 그렇다고 해도 국가는 자본주의 경제의 제약 요인을 뛰어넘을 수 없기 때문에 자본가 계급의 장기적·근본적 이익에 봉사하는 데서 벗어나진 않는다고 한다. 즉, 구조주의에서 보더라도 국가는 자본주의 생산 양식의 유지와 계급구조의 존속을 위해 체제 위협 요인인 노동 세력을 억제하거나 체제 유지 범위 내에서만 노동 계급의 경제적 이익을 보장해 주는 방식으로 노동을 통제한다

고 본다.[7)]

권력의 구조를 설명할 때 엘리트이론은 엘리트집단과 비엘리트집단으로 나누고 있고, 계급이론은 자본가 계급과 노동자 계급으로 나누고 있다. 전체적으로 보면 권력을 가지고 있는 소수와 지배받는 다수로 이원화하고 있다는 점에서 두 이론의 형식은 상당히 유사해 보인다. 그러나 두 이론의 차이점은 다음과 같이 말할 수 있다.

첫째, 엘리트집단이 조직 등 정치적 자원을 통제함으로써 정부를 장악하고 결국 자신들을 위한 정책을 직접 결정하는 형태라면, 자본가 계급은 국가를 하수인으로 세워 이를 조종한다는 점에서 간접적 형식을 취한다. 즉, 엘리트이론의 경우 국가 엘리트가 사회 내의 특정 세력과 밀착되어 있지 않다는 점에서 계급이론과 다르다.

둘째, 두 이론은 피지배집단의 성격에 대해 달리 가정한다. 엘리트이론에서는 피지배집단인 일반 대중을 정치적으로 무관심하고 이해관계에 대한 공유 의식이 없는 그래서 정치적으로 스스로 세력화할 수 없는 무능한 존재로 보고 있다. 반면, 계급이론에서는 노동자 계급에 대해, 계급 의식을 공유하고 있고 그래서 자본주의 모순이 심화되어 가면서 하나의 혁명 주도 세력으로 성장할 수 있는 잠재적 정치집단으로 보고 있다는 점이 다르다.

2 종속이론과 관료적 권위주의: 중심부 자본 이윤 증식 도구로서 정책

종속이론(dependency theory)은 마르크스의 계급론에 기초한다. 그러나 원래 계급이론이 한 자본주의 국가의 내부 문제를 설명하는 데 초점을 맞추었다면, 종속이론은 세계 체제 속에서 국가 간의 관계에 계급론적 관점을 적용한 것으로 볼 수 있다. 즉, 종속이론은 마르크스이론의 국제판이라고 할 수 있다. 종속이론은 1960년대 중반 이후 라틴 아메리카 학자들이 이들 지역 국가의 후진성 내지 저발전에 관한 설명과 그 해결 방법을 제시하기 위해 서구적 시각인 확산모형(diffusionist

7) 마르크스주의의 국가에 관한 논쟁으로 도구주의는 밀리밴드(Miliband, 1969: 119-145)를 참고하고, 구조주의는 풀란차스(Poulantzas, 1973)를 참고함.

model)이나 근대화론(modernization theory)에 반발하는 연구를 통해 얻은 이론이다.

통상 근대화이론은 자유주의적 전통에 바탕을 두고 친자본주의적 발전 방식을 이념적 틀로 하여 근대성(modernity)의 확산을 강조한다. 이들 서구 중심 이론에서 보면, 저발전국의 경제 발전은 선진 자본주의 국가의 혜택을 받아서 발전할 수 있는데, 이러한 서구 자본주의 경제의 팽창은 제국주의적 성격으로 볼 수는 없으며, 또한 저발전 국가에 대한 정치적 지배와도 아무런 관계가 없다는 것이다.

이러한 서구식 발전모형에 대해 반기를 든 종속이론은, 선진 자본국(중심부)의 자본과 기술이 저발전국(주변부)으로 이동하는 것은 이들 후진국의 경제적 발전을 가져온다기보다 오히려 선진 자본주의 체제에 종속되고 수탈되어 저발전을 가져올 뿐이라고 주장한다.

또 근대화이론은 주변부 국가의 경제 성장은 이들 나라의 정치 발전도 가져온다고 주장하지만, 종속이론가들은 선진 자본주의 체제에 대한 경제적 종속은 오히려 주변부 국가들의 정치적 후퇴를 가져올 뿐이라고 주장한다. 이러한 현상을 체계화한 이론으로 오도넬(O'Donnell, 1973)의 관료적 권위주의(bureaucratic authoritarianism)가 있다.

관료적 권위주의는 근대화론과 마찬가지로 경제가 정치에 영향을 미친다는 경제결정론적 시각이지만, 후진국의 경제 성장이 정치적 민주화에 도움이 된다는 근대화 가설을 정면 부인하는 내용이다.

이 이론의 요점은 제3세계 국가 중 상당히 산업화가 진전된 신흥 공업사회에 한해서 '산업의 심화(deepening)'와 '권위주의'는 '선택적 친화력(elective affinity)'이 있다는 것이다. 즉, 후진지역의 국가가 선진 자본국의 도움을 받아 성장 위주의 산업화정책의 강도를 높이면 높일수록 권위주의 정권이 탄생할 가능성이 높아진다는 것이다.

후발 공업국의 산업화 초기 단계인 수입대체산업정책의 효과가 소진되면서 이것을 극복하기 위해 중간재 및 자본재의 국내 생산을 위한 산업구조의 '수직적 통합(vertical integration)'을 시도하게 된다. 이러한 선택은 거대한 국제 자본과 기술을 필요로 하고, 이것은 결과적으로 국제 수지적자, 외채 증가, 악성 인플레이션 등의 경제적 위기를 초래하게 된다. 이러한 경제적 위기는 그동안 정치적으로 활성화된 민중 부문의 저항으로 인한 정치적 위기와 결합하여 사회 전체의 불안정을 증폭시킨다. 이러한 난관을 타개하기 위한 필요성에서 기술관료, 국내 자본가, 국제 자본가의 3자 쿠데타 연합(coup coalition)에 의해 권위주의 정권이 등장한다는 것이다. 관료적 권위주의의 출현 과정을 오도넬의 논리에 따라 구성해 보면 [그림 3-6]과 같다(Collier, 1979: 28-29).

이 이론이 개발도상국의 노동통제 현상과 긴밀성을 갖는 이유는, 이들 나라가 대체로 국가 주도의 해외 의존적 자본주의 산업화를 추구하는데, 산업화 과정에서 활성화된 사회 부문들이 국가의 권위주의적 통제 방식에 의해 정치·경제적으로 배제되는 경향이 있다는 점에 있다.

관료적 권위주의 국가의 주요 사회적 기반은 상층 자본가이며 제도적 측면에서 볼 때, 억압을 전문으로 하는 사람들과 경제를 '정상화'하려는 사람들로 구성된 조직체다. 이들은 사회 질서의 회복과 경제 정상화를 위해 사회문제들을 객관적인 기술합리성의 기준으로 탈정치화시키려 하며, 따라서 민중 부문 특히 노동 부문을 정치·경제적으로 배제하고자 한다. 바로 여기서 사회 코포라티즘에 대비되는 배

그림 3-6 관료적 권위주의의 출현 과정

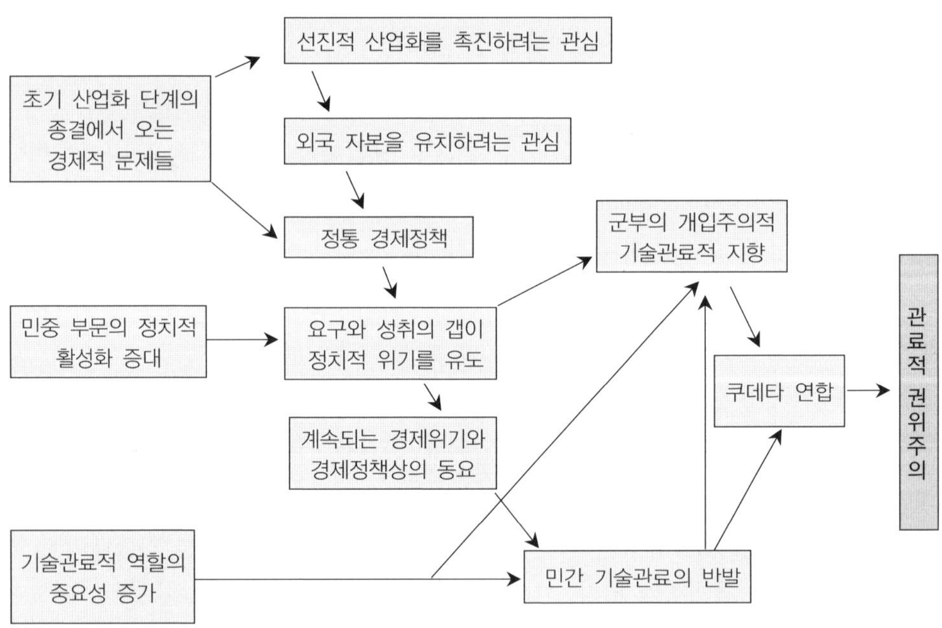

제적 국가 코포라티즘이 나타나게 된다.

관료적 권위주의 국가는 다음과 같은 주요한 특징을 가지고 있다(O'Donnell, 1979: 291-293).

첫째, 고도로 집중되고 국제화된 부르주아지(bourgeoisie)의 상층부에 계급구조가 예속되어 이들이 행사하는 지배를 보장한다.

둘째, 제도적 차원에서 볼 때 국가조직 안에서 결정적인 비중을 차지하는 사람들은 억압의 전문가들과 경제의 '정상화'를 겨냥하는 전문가들이다.

셋째, 이전에 활성화되었던 민중 부문을 배제하는 정치 체제다.

넷째, 정당성을 매개해 주는 두 개의 핵심적인 매체, 즉 시민과 민중을 억압한다.

다섯째, 민중 부문을 경제적으로 배제시키는 체제다.

여섯째, 생산구조의 국제화의 증대에 상응하거나 이것을 더욱 촉진시킨다.

일곱째, 사회문제를 기술합리성이라는 소위 중립적이고 객관적인 기준에 의해 다룸으로써 사회문제를 탈정치화시킨다.

여덟째, 초기 단계에서 민중 이해와 계급 이해를 대변할 수 있는 통로들을 차단시킨다.

종속이론이나 관료적 권위주의에서는, 국가의 주요한 사회적 기반은 상층 자본가이고 이들과 이해관계를 같이한다고 볼 수 있는 관료 및 군부 테크노크라트(technocrat)가 이에 영합하는 체제로 보고 있다. 따라서 이들 이론적 관점에서의 공공정책이란 국내·외 자본가집단의 이윤을 증식시키는 도구에 다름 아니다. 특히 외국 자본이 국내 정책에 가장 큰 영향력을 행사한다고 본다.

저발전된, 그리고 종속된 후진국의 정책 과정에 영향을 미치는 핵심 주체는 이른바 '중심부'인 선진 자본주의 국가다. 주변부 국가 내부에서는 스스로가 중요한 정책결정에서 표면상으로 결정권을 지니고 있는 것 같지만, 실제로는 매판자본 계급이 결정권을 장악하고 있고, 이들 매판자본은 중심부 자본의 지시에 따라 움직이는 허수아비나 괴뢰에 불과하다고 본다(정정길 외, 2003: 258). 요컨대, 종속이론이나 관료적 권위주의론에서 보면 저발전 국가에서 공공정책이란 국가 내·외부 자본가집단의 이윤을 끊임없이 확대 재생산하는 도구로서 의미를 가질 뿐이다.

제 6 절 국가중심성이론: 국가 의지로서 정책

국가의 역할에 초점을 맞추어 정치사회 현상을 설명하려는 일단의 논의들을 국가론(statism)으로 묶을 수 있으며, 이 중에서 사회보다 국가의 독립성, 자율성, 우월성 등을 강조하는 입장으로 국가중심성이론(state-centered theory)이 있다.

그런데 국가의 본질에 관한 생각은 국가라는 주제를 명시적으로 내걸진 않았지만 사실상 다원주의, 엘리트이론, 계급이론, 코포라티즘 등에서도 암묵적으로 말하고 있다. 국가중심성이론을 고찰하기에 앞서, 다른 이론들에서는 국가를 어떻게 생각하고 있는가를 알기 위해, 올퍼드(Alford, 1977)가 말하는 국가의 세 가지 패러다임에 관한 논의를 개관하기로 한다(임영일 · 이성형, 1985: 45-63).

다원주의 패러다임 내에서 국가의 핵심적 기능은, 사회집단 및 정부에 의한 요구와 반응의 지속적 교환을 통해, 교섭 과정의 지속적 흐름을 통해 합의를 얻어냄으로써 사회적 질서를 수립하는 일이다. 엘리트 패러다임 내에서 국가의 기능은 존재하는 엘리트들의 지배를 지속시키는 일이다. 계급 패러다임 내에서 국가의 기능은 현존 계급 관계의 재생산 및 운영을 수행하는 일이다. 각 패러다임에는 국가-사회 관계에 대해 유토피아적인 이미지와 병리적인 이미지를 동시에 가지고 있다.

다원주의 패러다임의 유토피아적 이미지는 '다원주의적 민주주의'로 부를 수 있다. 이 경우, 집단은 자유롭게 결성이 되고 이들의 이해와 가치들은 자유롭게 표현될 수 있으며, 좀 더 올바르고 인간적이며 또한 평등한 사회로 나가는 과정을 밟는다. 어떤 집단도 그 사회에서 총괄적으로 지배적인 역할을 하지는 못한다. 다원주의 패러다임의 병리적 변형 상태는 '대중사회'라고 할 수 있다. 여기서 각 집단은 그들의 구성원과 다른 집단들 사이에서 중재자로 작용할 수 있는 역량을 상실했으며, 또한 그들 구성원의 요구를 완화시키거나 다른 집단과의 합리적 거래를 교섭할 수 있는 역량도 상실했다. 다시 말하면, 중재와 교섭 등의 거래 과정을 지배하던 '게임의 법칙'이 무너진 상태라고 할 수 있다.

엘리트 패러다임에서 유토피아적 이미지는 '계획사회'라고 할 수 있다. 이러한 사회에서 엘리트는 그들의 권좌를 지탱해 주는 사회 내 집단들의 단기적 요구에 얽매이지 않고 엘리트집단이 지배하는 사회의 영속을 위해 장기적 안목에서 자원의 투자에 관한 합리적 계획을 수립할 수 있는 상태다. 한편, 이 패러다임의 병리적 현상은 '전체주의'다. 이 경우, 지도적 엘리트들이 그들의 행위에 대해 효과적인 제재력을 상실하며 자신들에게 돌아오는 이익을 극대화시키는 방향으로 행동하기 시작하게 된다. 이 상황에서 엘리트들은 지배를 유지하기 위해 여론과 대중의 기호를 조작하기도 하고, 극단적인 경우 이러한 조작을 대체하려는 시도를 막기 위해 철저한 탄압과 테러 및 경찰력과 군사력을 사용하기도 한다.

계급 패러다임의 유토피아적 이미지는 '아나키즘(anarchism)'이다. 이 사회에서는 자본제적 사회의 거대한 생산 능력이 쓸모없는 상품이나 노동자 계급을 통제하는 데 더 이상 낭비되지 않고 오로지 인간을 위해 합리적으로 사용될 수 있는 것으로 가정된다. 전체 사회의 보편적 이해관계는 권위적 관계의 구조나 특화된 이익집단의 다양성이 없이도 자원 투자로 전환될 수 있다고 본다. 계급 패러다임의 병리적 이미지는 '파시즘(fascism)'이다. 이러한 사회에서 지배계급은 의회에서의 논쟁이나 선거를 통한 경쟁과 같은 평화적인 과정을 통해서는 더 이상 지배력을 유지할 수 없으므로 반대 의견에 대한 탄압과 조직적 방해, 혹은 대의제도의 폐지에 호소하게 된다. 아울러 대중매체를 통해 사건들의 진상이 왜곡 · 조작됨으로써 탄압이 법과 질서로 또 패배가 승리로 둔갑하는 상황이 나타난다.

그런데 노드링거(Nordlinger, 1981: Ch.1)는 다원주의, 엘리트론, 마르크시즘, 사회 코포라티즘 등에서 나타나고 있는 국가-사회 관계에 관한 논의는 모두 사회중심적(society-centered)이라는 점에 한계가 있다고 한다.[8] 노드링거는 국가자율성의 개념을 중심으로 국가 중심적 모형(state-centered model)을 제안하면서, 공공정책에 대해 국가 중심적 설명의 필요성을 다음과 같이 강조하고 있다.

> 민주국가가 무엇을 하고 무엇을 하지 않는가를 설명하는 데 국가의 선호가 사회의 선호에 못지않게 중요하다. 민주국가는 자신의 선호에 따라 규칙적으로 행동한다는 점에서 흔히 자율적인데, 자신의 선호가 시민사회의 가장 강력한 집단의 요구와 다른 경우조차도 그렇게 한다는 점에서 현저하게 자율적이다(Nordlinger, 1981: 1).

8) 그러나 코포라티즘이 특히 국가활동의 중요성을 인정하고 있고 다른 이론들도 어느 정도 국가나 국가기구의 역할을 언급하고 있다는 점에서 볼 때, 노드링거(Eric A. Nordlinger)의 주장은 논쟁의 여지가 있다고 본다(Ham & Hill, 1984: 42).

한편, 프르제워스키(Adam Przeworski) 역시 국가 중심 접근 방법에서 본 국가의 특징을 다음과 같이 말하고 있다.

국가는 사회를 창조하고 조직하며 규제한다. 국가는 특정 영역 내에 있는 다른 조직들을 지배하며, 문화를 주조하고 경제를 형성한다. 그러므로 이 관점에서는 사회에 대한 국가자율성의 문제는 아무런 의미가 없으며 나타나지도 않는다. '자율성' 개념이란 오직 사회에 대한 국가의 지배가 상황적인 경우에만 유용한 도구이기 때문이다. … 진정한 "국가 중심 접근 방법에서 이 개념은 아무런 기여를 하지 못한다"(Przeworski, 1990: 47-48).

이와 같이 권력을 독점하는 그래서 정치·사회 질서의 설정과 정책결정에 관한 강력한 힘을 행사하는 독립적 존재인 국가를 상정하는 관점을 국가중심성이론으로 부르는데, 이는 베버(Max Weber)의 국가 개념에 바탕을 두고 발전한 네오베버리언(neo-Weberian)의 연구에 기반을 둔다.

일찍이 베버는 국가를 "특정한 영토 내에서 물리적 힘을 합법적으로 사용할 독점권을 주장하는 인간공동체"로 정의했다(칠코트, 1988: 159-160). 네오베버리언 국가론은 국가중심성을 전제로 제도적 구조와 이 속에서 활동하는 국가관료 및 정치 엘리트의 주체적 성격과 역할을 강조하고 있다. 국가는 세계 체제 내의 구조적 위치에 따른 타국과의 정치·군사적 관계 위에서 특정 사회 세력과 구분되는 자체의 국가 이익과 존립 목적, 그리고 목적 달성을 위한 수단과 절차를 가지고, 사회 세력들과의 경쟁을 통해 국가의 통제력을 확보하고자 하는 자율적 행위자(autonomous actor)인 것이다.

네오마르크스주의가 주된 관심을 '국가 자율성(state autonomy)'에 두었다고 하면, 네오베버리언은 국가는 원래부터 자율적이므로 자율성의 문제보다는 '국가의 능력(state capacity)'에 관심을 가졌다. 여기서 국가의 능력이란 강력한 사회 내 집단들의 실제적 또는 잠재적인 반대와 어려운 사회경제적 상황에도 불구하고 공식적인 목적을 집행하는 능력이라고 할 수 있다. 네오마르크스주의에서는 국가가 전체 지배계급의 요구를 위해 기능하기 때문에, 사회경제적 관계에 잘 부합하는 폭넓은 개입을 할 수 있는 '자율적' 국가는 유력한 국가공무원집단과 지배계급 양쪽 모두의 사회적 권력을 증가시킨다고 보고 있다. 이에 비해 베버리언의 국가 자율성에 대한 대략적 이미지는 좀 더 직접적인 제로섬(zero-sum) 상황을 전제하고 있다.

이 관점에서는 내적으로 산출된 목적을 실현하기 위한 관료국가의 능력이 증가한다는 것은 사회집단들의 총 권력이 그만큼 감소함을 가정한다. 반대로, 정치적 자원에 대한 통제권을 가지고 있는 잘 조직화된 사회집단이 존재한다는 것은 국가자율성의 후퇴를 의미하는 것이다(Evans et al., 1985: 350-353).

국가중심성이론에서 본다면 공공정책이란 국가의 선호가 반영된 것으로 규정지을 수 있다. 산업화의 추진이나 경제 성장도 국가나 관료가 정치적으로 주도한 결과로 본다. 또한 산업화 과정에서의 노동통제도 단순히 자본가의 이익만을 대변하는 것이 아니고 타국과의 정치·군사적 관계 위에서 국민공동체의 부의 증대라는 보편적 이익, 집권층의 이익, 관료의 이익과 같은 다양한 정치적 판단이 작용하는 것으로 설명한다.

이상에서 사회과학자들 사이에 자주 언급되고 있는 다양한 패러다임을 살펴보았다. 어떤 패러다임이 정책의 본질과 정책에 작용하는 권력구조를 사실에 맞게 잘 표현하는지 결론을 내리기는 힘들다. 자연이나 물리적 현상을 탐구하는 자연과학에 비해 연구자의 주관 및 가치관이 상대적으로 크게 작용하는 사회과학의 특성을 고려할 때 패러다임의 다양성은 오히려 당연하다고 할 수 있다. 앞에서 살펴본 주요 패러다임을 통해 얻은 몇 가지 결론은 다음과 같다.

첫째, 권력 요인이 중요한 이론적 전제인가라는 측면에서 볼 때, 엘리트론, 다원주의, 계급이론, 국가중심론 등은 권력구조를 중요 설명 요인으로 삼고 있다는 점에서 권력모형에 해당한다. 한편, 과정론, 체제론, 의사결정론 등은 사실로서의 정책 현상을 묘사 또는 기술하는 데 주된 관심이 있지만, 권력 요인을 주요 설명 변수로 동원하지 않는다는 점에서 비권력 모형으로 분류할 수 있다.

둘째, 시민사회가 정책 과정에 참여할 수 있는 정도와 관련되는 민주성이란 측면에서 볼 때, 다원주의, 사회 코포라티즘 등이 민주적 사회를 상대적으로 잘 표현한다면, 엘리트이론, 계급이론, 국가 코포라티즘, 국가중심이론 등은 소수 집단이나 국가의 영향력이 매우 크다는 점에서 정책 과정이 비민주적 특징을 띨 가능성이 크다. 한편, 과정론, 의사결정론, 체제이론 등은 비권력적 모형이란 점에서 이들 이론과 민주성과 관계를 판단하기는 곤란하다.

셋째, 방법론적으로 보면, 합리모형이나 공공선택론 패러다임은 연역적 모형이다. 또 처음부터 사회의 이원적 구조를 전제하고 출발하는 엘리트이론이나 계급이론도 연역적 이론으로 볼 수 있다. 반면, 과정론, 다원주의, 코포라티즘, 국가중심 이론 등은 현상에 대한 관찰을 먼저하고 이를 통해 잠정적인 패턴을 제시한다는 점에서 귀납적 이론에 해당한다고 본다.

제 4 장 정책의제의 형성

제 1 절 정책의제 연구의 초점

초기의 정책연구들은 일반적으로 공공문제의 본질에 대해 별 관심을 갖지 않았다. 그 당시에 공공문제는 이미 외부에서 주어진 것으로 간주하고 거기서부터 분석을 시작했다. 사실 일부 사람들은 정책문제의 본질은 정치학자의 관심 밖에 있다고 주장하기도 한다. 그러나 정부가 해결해야만 하고 그래서 정부의 행위를 유도하는 것이 정책문제인데 이것을 고찰하지 않는 정책연구가 결코 완전할 수는 없다. 국내문제든 국외문제든 정책문제의 본질은 정책 과정의 성격을 결정하는 하나의 요인이기도 하기 때문이다(Anderson, 1984: 44).

거꾸로 말하면, 정책문제의 본질을 알기 위해서는 정책문제가 형성되어 가는 과정을 살펴볼 필요가 있다. 제일 처음 문제를 제기한 사람(또는 집단)부터 시작하여 이후 전국적으로 문제가 확산되는 과정에 참여하는 다양한 개인과 집단을 파악하고 그들 각각의 주장과 행태를 비교한다면 문제의 핵심을 파악하는 데 큰 도움이 될 것이다.

이런 생각에서 이 장에서는 하나의 사회문제가 발생하여 정책의제가 되기까지의 과정에 관한 여러 학자의 견해를 소개하고자 한다.

사회 내에는 문제의 표명과 이의 해결에 대한 요구가 끊임없이 나타나고 또 사라진다. 그중 어떤 문제는 정부의 관심을 받아 정책의제로 다루어지지만, 어떤 것은 정부가 의도적으로 무시하거나 또는 정부의 관심을 받지 못함으로써 방치·소멸되기도 한다. 이런 현상의 원인과 결과에 대한 관심에서 정책의제에 대한 연구가 시작되었다고 할 수 있다.

'정책의제(policy agenda)'란 정부의 관심을 끌고 있는 사회문제들 중에서 정부가 정책적 대응의 필요 여부와 해결책의 검토를 위해 공식적으로 선택한 사회문제를 말한다. 간단히 말해, 정책의제란 국무회의나 국회 상임위원회와 같이 공식적인 정책결정 기구의 회의에서 안건으로 다루어지는 정책문제라고 할 수 있다.

따라서 정책의제 형성 과정이란 "사회문제가 각종 영향 요인과의 상호작용을 거쳐 최종적으로 정부에 의해 정책의제로 채택되는 순간까지의 일련의 과정"이라고 할 수 있으며, 정책의제 설정에 관한 연구는 기본적으로 "어떤 문제는 정책의제로 채택되는데 왜 다른 문제는 그렇지 못한가"라는 문제의식에서 출발한 정책학의 한 연구 분야다. 그래서 정책의제 설정 연구는 크게 두 가지 관심으로 나뉜다. 하나는 사회문제가 정책의제로 발전되어 가는 실제 과정을 사실에 입각하여 묘사하려는 것이고, 다른 하나는 왜 특정 문제만 정부의 관심을 받아 정책의제의 지위에 오르는가에 관한 것이다. 전자는 기본적으로 기술적 관점, 그리고 후자는 인과적 관점에서 정책의제 현상을 연구하려는 것이다. 이런 생각을 가지고 다음에서는 정책의제 연구의 전개 과정과 정책의제 채택 관련 이론들을 살펴보기로 한다.

제 2 절 정책의제 연구의 배경 및 전개

고전적 민주주의 이론은 정치적으로 이성적인 인간관을 전제하고 있다. 국민들은 공공문제에 관심을 가지고 있고, 문제에 관한 충분한 정보를 소유하면서 논의에 적극 참여하며, 또한 공동체의 이익을 고려하여 합리적으로 판단한다고 가정하고 있다. 그러나 이와 같은 전제는 정치문화 수준이 매우 앞선 서구 선진국에서조차도 실제의 정치 현실과는 동떨어진 것으로 인식되고 있다. 외형적으로는 폭발적 대중 참여를 보여주었던 히틀러(Adolf Hitler) 치하의 독일 사례를 볼 때 합리적 · 이성적 인간관은 더 이상 수용하기 힘들다. 또한 민주주의가 성공적으로 정착되었다고 인정되는 나라에서 주민 참여 수준이 생각보다 저조한 현상은 민주주의를 옹호하는 이론가들을 고민스럽게 하기도 한다.

이론과 현실의 이와 같은 불일치를 해명하려고 많은 학자가 노력한 결과, 현대 민주주의 이론가들은 정치에 대한 주민들의 관심과 참여 수준이 낮은 현상을 민주주의에 대한 병폐라기보다는 오히려 체제의 건전성과 체제에 대한 주민들의 일반적 만족감을 보여주는 징후라고 해석하려고 한다. 고전적 이론과 현실의 불일치를 극복하려는 이와 같은 설명은 결과적으로 민주주의 이론적 관점이 개인 수준에서 체제 또는 사회 수준으로 옮겨졌다는 중요한 변화를 의미하며, 구체적으로는 민주적 엘리티즘(democratic elitism) 등의 표현으로 요약할 수 있다.[1]

요컨대, 일반 대중의 활발한 정치 참여를 낙관한 전통적 민주주의 이론, 이에 대한 수정으로서 분석 수준을 개체(개인)에서 사회와 체제로 전환을 시도한 현대 민주주의 이론, 그리고 사실 판단을 중시하여 겉으로 드러난 경험적 현상을 중시하는 행태주의 등의 영향을 받은 초기 정책학의 연구들은 다원주의(pluralism)나 민주적 엘리티즘의 시각에서 정책의제 형성 과정을 다루었다. 사회 내 모든 구성원은 이익 표명과 이익 투입에서 대체로 동등한 기회를 가진다고 가정한 것이다. 그리하여 이들 연구는 체제 내에서 표방된, 그리고 공식적으로 인지된 사회적 이슈나 정책의제를 둘러싸고 일어나는 참여자 간의 토론 · 협상 · 타협에 관한 공개된 현상에만 관심을 가짐으로써 연구 대상을 제한했던 것이다. 다원주의자들은 정책 과정에서 한 집단의 동원화(mobilization)는 곧 이어 다른 집단의 대응 동원화(counter mobilization)를 야기하며, 잠재적 집단들(potential groups)은 그들의 이익이 위협받을 때는 언제든 움직인다고 본다. 또한 사회구성원은 그들의 이익을 위한 결사나 활동에 대한 아무런 인위적 · 법적 장애물이 없는 상황을 전제하고, 마치 경제학에서 시장의 '보이지 않는 손(invisible hand)'이 그러하듯이, 작용 · 반작용이란 '보이지 않는 손'이 정치에서 일종의 균형을 산출하며, 이 과정에서 자신들의 이익을 잘

1) 민주적 엘리티즘의 요건으로 ① 사회다원주의(social pluralism), ② 순환적이고 진입 가능한 복수의 경쟁적 엘리트집단 존재, ③ 민주적 경쟁규칙에 대한 엘리트들의 기본적 합의, ④ 공무원 선출의 참여 기회가 시민에게 정기적으로 부여되는 것 등을 들 수 있다(Cobb & Elder, 1983: 3).

표명하거나 방어할 수 있을 것으로 가정하고 있는 것이다.

그러나 이러한 가정들은 현실 정치나 정책 과정에서 적용되기 힘들다는 것은 주지의 사실이 되었다. 모든 사람이 공공문제에 적극적 관심을 가진다기보다는 대부분 무관심한 태도를 가지고 있으며, 또한 사회구성원들이 자신들의 이해관계를 정치 과정에 투입할 때 소유하고 있는 영향력 자원의 많고 적음에서 오는 구성원 간 차이가 분명 존재한다. 이외에도 이익 투입과 관련하여 제도적·이념적·문화적 차원의 각종 편견과 장애물이 존재하는 것이 엄연한 현실이다. 바로 이러한 요인들이 정책 환경에서 하나의 문제가 생존할 수 있는지, 그리고 결국 정책의제가 될 수 있는지에 영향을 준다. 정책의제 형성 과정에 작용하는 영향 요인들의 작용과 효과에 관심을 가진 주요 연구들은 다음과 같다.

첫째, 다원주의나 집단이론의 전제에 대해 중대한 비판을 함으로써 이후의 정책의제 형성 연구에 중요한 지침을 제시했다고 볼 수 있는 샤트슈나이더(Schattschneider, 1960: 20-45)의 연구가 있다. 그는 정치에서 가장 중요한 것은 파벌, 집단, 정당, 계급 등으로 나누어진 사회구성원들 간에 일어나는 갈등의 관리라고 한다. 그리고 이와 같은 정치적 갈등에 작용하는 중요한 것으로 '갈등의 범위(scope)'와 '편견의 동원(mobilization of bias)'이라는 두 가지 요소를 들고 있다.

주어진 이슈에 연루된 사람보다는 그렇지 않은 사람이 통상 많기 때문에 경쟁에서 잃은 자(losers)는 언제나 갈등의 범위를 확대하여 무관심한 집단을 참여시킴으로써 이슈를 공중의제(public agenda)화하고자 한다. 또한 '조직은 편견의 동원'이기 때문에 모든 형태의 정치적 조직은 갈등의 종류에 따라 이용과 억압에 관한 선호면에서 편견을 가진다고 한다. 그래서 어떤 이슈는 정치 내부에 조직화되지만 다른 이슈는 배제되는 것이라고 한다(Schattschneider, 1975: 69).

샤트슈나이더(E. E. Schattschneider)의 연구는 다원주의자들이 대통령, 의원, 정당과 같은 개인이나 집단 등에 초점을 맞춘 것과는 달리, 갈등의 확산과 전개 과정에 초점을 맞추고 있다. 불만을 가지고 있는 사람들은 이슈의 재정의(redefinition)를 통해 다른 사람들을 싸움의 장으로 끌어들인다는 이슈의 확산과, 이와 같은 이슈의 확산 과정에 작용하는 기관이나 제도의 선택적 차별을 말하는 편견의 동원을 강조함으로써 이후의 정책의제 설정 연구에 중요한 영향을 끼치게 되었다.

둘째, 그간의 연구 대상에서 간과되었던 현상을 주목함으로써 정책의제 설정

연구에 영향을 준 것으로 바크라흐와 바라츠(Bachrach & Baratz, 1970: 7)의 연구가 있다. 이들은 기존의 연구들이 겉으로 드러난 공식적인 정책 현상만을 연구 대상으로 생각함으로써, 엘리트들이 의사결정의 대상을 지배 세력에게 '안전한' 이슈에 한정시키는 행위에는 별 관심을 갖지 않았다고 한다. 이들은 이러한 현상을 '무의사결정(non-decision making)'으로 부르고 있다. 이것을 "공동체에 현존하는 이익과 특권의 분배 상태를 변화시키고자 하는 요구가 표현조차 되기도 전에 질식시키거나 은폐시키거나, 또는 그러한 요구가 관련 의사결정의 장에 접근하기 전에 소멸시키거나, 또는 이러한 모든 노력이 실패하는 경우 정책 과정의 결정 및 집행 단계에서 제거 또는 파괴시켜 버리는 수단"으로 정의한다. 이들의 생각은 앞서 언급한 샤트슈나이더의 '편견의 동원'과 같은 맥락에서 이해될 수 있는 것으로서, 정책의제설정 연구의 대상에서 간과해 온 현상을 지적했다는 점에서 의의를 찾을 수 있다.

셋째, 정책의제 형성 과정의 묘사에 관심을 가지는 연구들이 나타났다. 이 연구들은 개인 문제가 사회적 관심을 끌어 점차 더 많은 사회구성원에게 확산됨으로써 최종적으로 정책의제로 성립되는 현상을 기술하는 데 초점을 맞추었다. 이 범주에 속하는 연구로는 콥과 엘더(Cobb & Elder, 1972; 1983), 콥 외(Cobb, Ross, & Ross, 1976), 아이스턴(Eyestone, 1978), 존스(Jones, 1977; 1984), 버클랜드(Birkland, 1997) 등이 있다.

이들은 문제의 특성이 변화되는 모습에 따라 대체로 개인 문제가 사회적 이슈나 공중의제로, 그리고 다시 공식의제로 성립되는 단계를 순차적으로 기술하거나, 존스(Thomas E. Jones)처럼 문제가 정부로 귀속화하는 과정을 기능별로 나누어 사건 인지와 문제 정의, 결집과 조직화, 대표, 의제 설정의 단계로 나타내고 있다. 이러한 연구들은 전개 과정에 관심을 둔다는 점에서 의제 설정에 관한 '과정모형(process model)'으로 볼 수 있다.[2)]

넷째, 앞의 과정모형과 달리, '흐름모형(streams model)'으로 부를 수 있는 연구가 있다. '과정모형'은 정책이 결정되는 기회(공식의제의 지위 획득)를 얻기까지의 과정을 선후 관계로 맺어진 일련의 단계로 보려는데 비해, 흐름모형은 그러한 순차

2) 무의사결정의 연구가 샤트슈나이더의 중요한 두 가지 설명 요소 중, '편견의 동원'과 맥락을 같이 한다면, 과정모형에 입각한 연구들은 이슈의 확산을 중요한 현상으로 보고 있다는 점에서 '갈등의 범위'와 관련이 있다.

적 과정이 아니라 정책결정에 필요한 각 요소가 정책공동체 내에 무질서하게 돌아다니다가 어떤 계기로 결합될 때 결정의 기회가 얻어진다고 본다. 이에 관한 기본 생각을 표현한 코헨 외(Cohen, March, & Olsen, 1972)의 '쓰레기통 모형(garbage can model)'과, 이를 공공정책 현상에 적용한 킹던(Kingdon, 1984)의 연구가 있다.

코헨 외는 조직의 의사결정을 '조직화된 혼란(organized anarchies)'으로 보면서, 시간의 함수이며 상대적으로 독립적인 네 가지 흐름(문제, 해결책, 참여자, 선택 기회)이 우연한 계기로 만나게 될 때 이루어진다고 한다. 한편, 킹던(John W. Kingdon)은 정책의제 형성에서 결정의제(decision agenda)가 되는 과정을 문제, 정책(제안), 정치라는 세 가지 흐름이 거의 독자적으로 전개되다가 어떤 극적인 계기(critical juncture)를 맞아 결합됨으로써 정책창(policy windows)이 열려 정책결정 과정을 밟는다고 설명한다.

다섯째, 정책 유형(policy typology)에 관한 문헌들은 이슈의 유형에 따라 정치체제 내에서의 갈등과 논쟁의 수준이 어떻게 나타나는가를 논하고 있다는 점에서 의제 설정에 관한 연구와 관련된다.

분배정책의 경우, 재분배정책보다 상대적으로 갈등 수준, 이슈 확산의 정도, 공중의 관심도가 모두 낮은 편이기 때문에, 해당 이슈와 직접 관련되는 상임위원회, 소관 행정부처, 이익집단의 영향력 있는 소수 인물로 구성되는 하위정부(sub-government or iron triangle) 내에서 정책 과정이 주로 전개된다고 한다(Ripley & Franklin, 1980). 또 정책 과정에서 일어나는 정치의 특징을 분배정책은 돼지밥통(pork-barrel)이나 공동보조(log-rolling)로, 규제정책 분야는 협상이나 타협으로 표현하고, 재분배정책 분야는 노조 대표, 경영자 대표, 정부 대표로 이루어지는 정상연합(peak-association)이 정책 과정의 중심에 있다고 보고 있다(Lowi, 1964). 또한 규제정책의 정치를 연구한 윌슨(Wilson, 1980: 367-370)도 정책 이슈에 관련되어 발생하는 비용과 편익이 집중 또는 분산되어 있는가에 따라 네 가지 유형의 정치[3]를 제시하고 있는데, 이들 연구 모두 정책 유형에 따라 정책의제 형성 과정의

3) 비용과 편익이 모두 넓게 분산되어 있어 이익집단이 형성될 소지가 적고 일반 시민의 다수가 의사가 중요한 영향을 미치게 되는 다수정치(majoritarian politics), 비용과 편익이 모두 좁게 집중되어 있어 수혜자와 손실자가 모두 이익집단을 형성할 가능성이 높은 이익집단정치(interest-group politics), 편익은 소수에게 집중되고 비용은 다수에게 널리 퍼져 있어 1인당 비용이 매우 적은 경우, 수혜자는 조직화나 로비에 대한 적극적 자세를 취하지만 비용 부담자는 조직화에 적극적이지

정치적 양상이 어떻게 다른가를 논하고 있다는 점에서 공통점을 발견할 수 있다.

여섯째, 바움가트너와 존스(Baumgartner & Jones, 1993: 25-38)는 정책의제 현상을 잘 설명하기 위해서는 횡단면적(cross-sectional) 방법이나 종단면적(longitudinal) 방법의 하나만으로는 충분치 않고, 양 접근 방법을 종합할 필요가 있다는 주장을 한다. 이러한 관점에서 이들 학자는 정책의제 변화와 정치 체제의 안정성을 검토하기 위해 '정책 이미지(policy image)'와 '정책 관할지(policy venue)'라는 두 개의 분석 개념을 도입했다.

'정책 이미지'는 "정책이 이해되고 논의되는 방식"을 말한다. 즉, 이슈를 단순하고 상징화된 용어를 사용하거나 또는 정치적으로 세련화하여 그 이미지를 변화시킨다면 이는 곧 정책이 이해되고 논의되는 방식이 변화되는 것을 의미하고, 결국 지금까지 무관심했던 집단의 추가적 관심을 얻거나 또는 대중에 대한 호소력을 증가시킬 수 있다는 것이다.

한편, '정책 관할지'는 "이슈와 관련하여 결정 권한이 귀속되는 기관이나 집단"을 말한다. 관할지는 고정적인 것이 아니고 시간의 흐름에 따라 바뀔 수 있다. 관할지의 주체들은 같은 이슈에 대해 다른 이해관계나 가치관을 갖기 때문에, 관할지의 변동은 이슈 갈등의 양상과 정책 산출의 변화를 가져온다고 한다. 또한 이들은 정책 이미지와 관할지의 변동이 독립적 관계에 있지 않고 상호작용함으로써 정책의제의 변화를 가져온다고 한다.

정책 이미지와 관할지가 변동할 때 이들의 상호작용 과정이 음의 환류(negative feedback) 형태이면 체제는 안정성을 띠게 되고, 만일 양의 환류(positive feedback) 형태를 띠면 정책(정치) 체제는 급격한 변화를 보인다고 한다. 바움가트너와 존스(Baumgartner & Jones, 1993: 18-21)는 이러한 관점에서 많은 정책 사례를 시간에 걸쳐 비교 분석한 결과, 미국 정치 체제는 장기적으로는 안정성(stability)을 가지면서도 정책의 이미지와 관할지의 변동에 따라 단기적으로는 상당한 변화를 보이고 있다고 한다. 즉, 장기적으로 체제의 안정성이 있지만 내부에는 단기적으로 형성된

않은 고객정치(client politics), 끝으로 1인당 편익은 작아도 다수의 사람에게 혜택이 주어지고 비용은 소수에게 집중되어 있어 비용 부담 측은 조직화된 저항을 하려고 하지만, 수혜자 측은 이익을 조직화할 유인이 작기 때문에 공익 활동가들의 역할이 매우 중요하게 되는 기업가적 정치(entrepreneurial politics)를 말한다.

수많은 '중단된 균형(punctuated equilibria)'이 존재한다는 것이다.

일곱째, 대부분의 정책의제 형성 연구들이 주로 이슈 제기자의 입장에 치중하고 있으며 이슈 제기의 동기나 이슈 확산 자원에 대해서도 주로 경제적 · 물질적 요소를 강조하고 있다. 이에 대해 콥과 로스(Cobb & Ross, 1997)는 정책의제 현상을 잘 설명하기 위해서는 다른 시각에서의 관찰이 보완되어야 할 것을 말하고 있다. 그들은 우선 이슈 제기자(찬성자) 외에 이슈 반대자(issue opponent)의 저항 행태나 전략을 주목할 필요가 있으며, 아울러 설명 요인으로 경제 · 물질 · 제도적 요인 외에 상징적 · 문화적 요인도 중시할 것을 말하고 있다. 즉, 이슈 제기자나 반대자들이 특정한 이슈를 공동체의 삶의 방식이나 세계관에 잘 접목시키는 정도에 따라 이슈 갈등에서의 성패가 큰 영향을 받는다고 한다. 또한 이들은 이슈 반대자가 사용하는 전략을 비용 부담의 크기에 따라 크게 네 가지 범주로 나누고, 이를 다양한 정책 사례에 적용해 봄으로써 상징 · 문화적 전략의 중요성을 실증적으로 밝히고 있다.

제 3 절 정책의제 형성 과정

우선, 정책의제 연구의 전반적 이해를 돕기 위해, 정책의제의 최초 형태인 하나의 '문제'에서 시작하여 정책의제 성립을 향해 전개되어 가는 과정에서 나타나는 변모된 형태와 이에 관련되는 용어들을 살펴볼 필요가 있다.

일반적으로 정책의제는 사회 속에서 발생한다.[4] 즉, 사회 내의 어떤 개인이 고통을 겪고 있거나 또는 지금보다 더 좋은 상태에 대한 욕구를 참을 수 없다면 그 개인에게는 문제가 발생한 것이다. 또 유사한 개인 문제를 겪고 있는 사람이 많아지면 사회문제가 성립한다. 만일 이러한 사회문제를 정부가 해결해야 할 것으로 언론과 다수의 사람이 생각한다면 이제는 정책문제로 전환된 것이다. 그런데 문제의 본질, 해결책, 해결 목표에 대해 사회구성원 간에 의견 차이가 클 때 이러한 문제

4) 물론 나중에 살펴보겠지만 정책의제 형성 과정의 출발이 꼭 사회 속에서 시작하는 것만은 아니다. 사회구성원들은 아직 문제로 생각하지 않지만 정부가 먼저 정책의제를 만들 수도 있다.

들을 이슈(issue)라고 표현한다. 그리고 정책문제 중에서 정부가 검토를 위해 공식적인 안건으로 표명한 경우에 정책의제가 성립되는 것이다. 이러한 일련의 과정을 보면 [그림 4-1]과 같다.

그림 4-1 정책의제 형성의 일반적 과정

개인 문제 ⇨ 사회문제(이슈) ⇨ 정책문제(이슈) ⇨ 정책의제

1 개인 문제와 사회문제

정책 과정(policy process)은 하나의 문제가 존재함으로써 시작한다. 문제가 없다면 정책도 없기 때문이다. 정책연구의 관점에서 볼 때 문제란 "완화나 치유를 요하는 결핍이나 불만족을 사람에게 발생시키는 조건 또는 상황"으로 정의할 수 있다(Anderson, 1984: 44-45).

이러한 정의를 받아들인다면 문제의 성립에는 두 가지 조건이 있는데, ① 불만족스러운 상태와, ② 해결 욕구의 존재가 그것이다. 이론적으로 본다면 문제 현상의 처음 단계는 개인 문제(private problems)다. 모든 문제의 인식 주체는 바로 자연인인 개인으로부터 출발하기 때문이다. 문제의 성립에 관한 앞의 두 가지 조건에 비추어본다면, 어떤 사람이 현재의 상황을 불만족스럽게 생각하면서 동시에 그 불만스러운 상황을 해결하려는 욕구가 있다면 그 당사자에게는 하나의 개인 문제가 발생한 것이다. 달리 말하면, 불만족스럽게 생각하지 않거나, 불만을 가지고 있다고 해도 심각하지 않아서 해결하려는 욕구가 없다면 개인 문제가 발생한 것으로 볼 수 없다.

개인 문제가 발전하면 사회문제(social problems) 또는 공공문제(public problems)가 된다. 문제의 효과가 직접 관련되지 않는 불특정 다수에게 광범위하게 미치고 있거나 또는 미칠 가능성이 있다고 다수가 판단할 때 개인 문제는 '사회적' 문제로 전환되는 것이다. 그런데 사회문제의 인식은 때로는 개인 문제의 성립 없이도 발생

할 수 있다. 마약 중독자나 알코올 중독자와 같은 개인이 자신들의 상황을 해결해야 할 문제로 인식하지 않아도 전문가, 사회단체, 언론 등 제3자가 이러한 상황을 바람직하지 않다고 보고 그 해결을 주장한다면 하나의 사회문제로 성립될 수 있다.

사회문제란 "상당히 많은 수의 사람들의 가치와 충돌하기 때문에 어떤 조치가 필요하다고 공감되는 것으로 주장되는 상황(situation)"으로 정의할 수 있다. 여기서 볼 때 사회문제 성립의 조건은 다음과 같다(Rubington & Weinberg, 1981: 4-6).

첫째, 문제 상황은 그것이 실제 존재하는가의 차원이 아니라 사람들에 의해 있다고 단정되고 주장되는 상황을 의미한다.

둘째, 소유하고 있는 가치를 침해받는다고 생각해야 한다. 이는 사람마다 소중한 가치가 다르다는 점에서 문제 인식은 절대적인 것이 아니고 사람에 따라 상대적이라는 것을 의미한다.

셋째, 상당수의 사람이 문제 상황에 대해 공감하고 있어야 한다.

넷째, 어떤 조치가 요구되고 있다는 점이다.

사회문제의 성립을 위해 실제로 광범위한 피해가 일어날 것을 반드시 요구하지는 않는다. 그럴 가능성이나 개연성이 상당히 높다고 사회구성원 다수가 공감하고 있다면 그것만으로도 사회문제(공공문제)가 되는 것이다. 이렇게 볼 때 중요한 것은, 어떤 상황을 하나의 문제로서 인식하는 것은 객관적 사실의 문제가 아니라 인식 주체의 주관적·심리적 차원의 영역에 속하는 것이며, 따라서 사회문제란 공동체 사회의 이념, 가치관, 문화와 같은 사고 체계의 반영물인 것이다.

2 정책문제

사회문제란 앞서 언급했듯이 많은 사회구성원이 상황의 개선을 위해 모종의 조치나 행동이 취해져야 한다고 생각하는 문제다. 이 경우, 대다수의 사람이 어떤 조치를 취해야 할 행위자를 정부라고 생각한다면 이때 그 사회문제는 정책문제(policy problems)가 되었다고 말할 수 있다. 즉, 사회문제 중 정부가 개입해야 한다는 공감대가 사회 저변에 확산되어 있는 경우 정책문제가 성립한다. 그렇다면 어떤 조건들이 사회문제가 정책문제로 될 가능성을 높여주는가?

첫째, 노사분규와 같이 때로는 당사자 간에 자율적 해결이 불가능한 경우이다.

둘째, 환경문제나 국방과 같은 공공재의 경우 비배제성·비분할성이라는 특성 때문에 사회구성원 누구도 해결 주체로 나서지 않을 때이다.

셋째, 철도·항만·발전소 등과 같이 막대한 자원과 높은 기술이 요구되는 사회문제의 경우, 가장 큰 조직과 가장 많은 자원을 가지고 있는 정부가 해결사로 나설 수밖에 없는 경우이다.

넷째, 사회 내에 문제 해결의 주체·자원·기술이 있다고 해도 문제 해결에 오랜 시일이 걸림으로써 해결 과정에서 광범위한 피해가 예상될 때, 사회로부터 정부의 신속한 개입을 요구하게 된다(안해균, 1997: 175-176).

3 정책의제

정책문제 중에서 정부에 의해 공식적으로 정책적 검토의 대상으로 선택된 것을 정책의제(policy agenda)라고 한다. 정부가 해결할 문제로 공식화했다는 점에서 사회 쪽에서 정부의 개입을 요구하는 정책문제 단계와는 구별된다.

또한 정책의제는 일반적인 '정치적 요구(political demands)'와도 구별되며, 사안들 간의 중요성에 관한 서열을 의미하는 '정치적 우선순위(political priorities)'와도 구별된다(Anderson, 1984: 47).

정책의제의 예를 들면, 특정 사회문제에 대해 관할 행정부처의 차관이 기자 회견에서 정책적 검토를 밝히거나, 국무회의에서 장관이 특정 정책문제의 실상과 해결 방안 등에 관해 대통령에게 보고하고 있는 경우 해당 문제들은 정책의제의 단계에 와 있는 것이다. 한 가지 더 예를 들자면, 국회 통일외교통상위원회에서 한미자유무역협정(FTA)의 비준에 관해 여야 의원들 간에 논의를 하고 있다면 한미 FTA 비준이라는 문제가 정책의제가 된 것이다.[5]

5) 사법부의 경우, 정책의제의 예를 들어보자. 행정행위로 인해 피해를 입은 주민들이 이에 관해 시정과 피해 보상을 청구하는 소송장을 법원에 접수했다면 그 순간 그 문제는 정책의제가 된 것이다. 법원의 판결은 정부의 기존 정책에 대한 수정·중지 등 실질적인 정책결정으로 볼 수 있는데, 따라서 소장 접수는 특정 정책문제가 사법부라는 정부기관에 공식적인 안건으로 접수된 것을 의미한다.

일반적으로 학자들은 정책의제에 대해 두 가지 유형을 설명하고 있다. 콥과 엘더(Cobb & Elder, 1983: 85-87)는 체제의제(systemic agenda)와 정부의제(governmental agenda)로 나누고 있다. 체제의제는 정치적 공동체의 구성원에 의해 대중의 관심을 받을 가치가 있고 또한 권위 있는 정부의 정당한 관할권에 포함되는 사안들이라고 공통적으로 인식되는 문제를 말한다. 한편, 정부의제는 권위 있는 정책결정자가 적극적이고 심각한 검토를 위해 명백히 선택한 (문제의) 항목을 의미한다.[6)]

"적극적이고 심각한 고려"를 의도하고 있다는 점에서, 실제로는 문제의 적극적 해결 의지가 없으면서도 흔히 선거구민이나 어떤 집단의 요구를 달래기 위한 차원에서 의제 항목에 삽입하는 위장의제(pseudo-agenda items)와는 구분된다(Cobb & Elder, 1983: 87). 그러나 위장의제와 진정한 정부의제를 구분하는 것은 쉽지 않다. 정책결정집단은 위장의제의 경우에도 겉으로는 언제나 문제 해결을 요구하는 집단에 최선의 노력을 약속하기 때문이다.

또한 어떤 사회문제가 정부의제에 삽입되었다고 해도 그것이 곧 문제 해결을 위한 정부의 즉각적인 행동을 보장하는 것은 아니다. 왜냐하면, 정부의제는 다만 정부가 특정 사회문제에 대해 정책적 대응의 필요성 여부와 해결 수단의 모색을 심각히 고려해 보겠다는 공식적 천명에 불과하기 때문이다. 정치적 반대, 자원과 기술의 부족은 어쩌면 정책결정까지의 검토 과정이 매우 길어지거나 정책결정이 이루어지지 않을 수도 있다.

제 4 절 정책의제 형성의 이론적 모형

하나의 문제가 정책의제로 성립되어 가는 과정을 사실에 입각하여 묘사하려는 학자들의 연구가 있었다. 앞에서 언급한 바 있는 '과정모형(process model)'과 '흐름모형(streams model)'으로 나누어 살펴보기로 한다.

---

6) 의제의 종류는 다른 학자들도 용어만 달리 유사하게 분류하고 있다. 즉, 체제의제와 정부의제(제도의제)를 앤더슨(Anderson, 1984: 48)은 각각 토의의제(discussion agenda)와 행동의제(action agenda)로, 아이스턴(Eyestone, 1978: 79, 87)은 공중의제(public agenda)와 공식의제(official agenda)로 분류하고 있다.

과정모형은 문제의 특성이 변화되는 모습에 따라 의제 형성 과정을 묘사하려고 한다. 주로 개인 문제가 사회적 이슈나 공중의제로, 그리고 다시 공식의제로 전환되는 단계를 순차적으로 기술하는 형태를 띤다. 한편, 흐름모형은 순차적 과정이 아니라 정책결정에 필요한 각 요소들이 정책공동체 내에 무질서하게 흘러다니다 어떤 촉발적 사건이나 계기가 있을 때 이들이 결합하여 정책결정 과정이 시작된다고 본다.

1 과정모형

1) 콥과 엘더의 연구

콥과 엘더(Cobb & Elder, 1983)는 공공정책의 발전 과정에서 가장 중요한 것은 이슈(issue)의 생성과 의제(agenda)의 설정이라고 한다. 그들은 이슈를 "지위나 자원의 배분과 관련된 절차적 또는 실체적 사안에 대해 둘 이상의 집단 간 갈등"이라고 말한다. 제일 먼저 문제를 제기한 사람으로부터 의제 형성 과정은 출발하는데 문제 제기자(initiator)는 동기에 따라 몇 가지로 나눌 수 있다. 지위와 자원의 배분에서 불이익을 받고 있어 이와 같은 불편성(bias)을 시정하고자 하는 재조정자(readjusters), 궁극적으로 자신의 이익을 위해 동조자를 양성하고 자극하려는 이용자(exploiters), 예기치 못한 큰 사건이 발생했을 때 자신의 이익보다는 공익의 관점에서 문제를 제기하는 선행자(do-gooders) 등으로 나누고 있다. 물론 이와 같은 분류는 상호 배타적인 것은 아니고 실제 현실에서 한 사람의 문제 제기자는 여러 개의 동기를 가지고 문제를 제기하는 경우도 많다. 콥과 엘더의 정책의제 설정 과정을 요약하면 [그림 4-2]와 같다.

문제 제기자는 항공기 사고나 기름 유출사고, 광부 매몰사고, 노조 총파업, 대규모 환경오염, 전쟁, 지진 등, 대형 사건이 발생하면 평소 생각하던 문제를 사회에 환기시키기 위해 활발히 활동한다. 발생을 예측하기 힘들고 또한 사회적 파장이 큰 이러한 사건들은 정책의제 형성을 촉발하는 장치(triggering devices)로 작용한다. 그리하여 사회구성원들 사이에서는 관련 사고에 대한 관심이 증가하게 된다. 동시에 사회구성원들 간에는 문제 인식의 관점과 해결 방안을 둘러싸고 의견 차이가

그림 4-2 콥과 엘더의 정책의제 형성 과정[7]

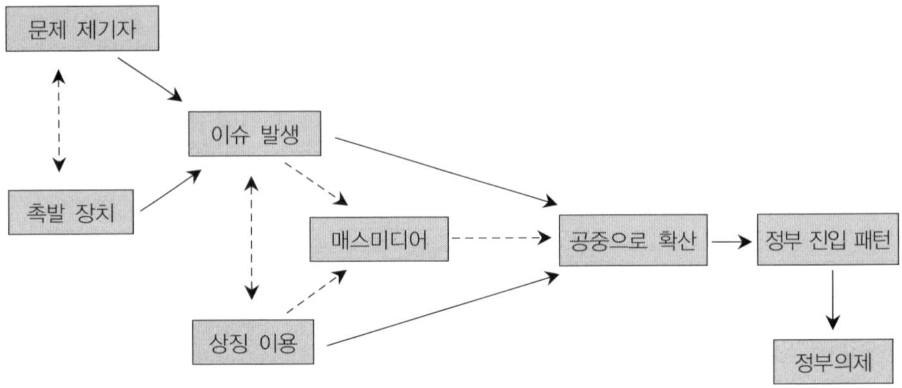

흔히 있게 되는데 이것이 바로 '이슈(issue)'가 발생한 상황으로 보고 있다.

이슈가 발생하면 문제 제기 집단은 자신들이 제기한 이슈에 대해 정부와 언론이 관심을 기울이도록 하기 위해 각종 상징적 수단을 이용해 그것이 자신들만의 문제가 아니라 불특정 다수의 대중이 관련되는 문제로 변화시킨다. 이러한 확산 과정에서 성공을 거둔 이슈는 공중의제(또는 체제의제)가 된다. 그리고 공중 확산의 범위는 정부관료의 문제 인식 방식(=정부 진입 패턴)을 결정할 것이고, 이어서 정부로의 진입에 성공한다면 정부의제(또는 기관의제)가 되는 것이다.

2) 콥 외의 모형

콥 외(Cobb, Ross, & Ross, 1976)는 콥과 엘더(Cobb & Elder, 1972)의 이론을 발전시켜 정책의제 형성 과정의 세 가지 유형을 제시했는데, 외부주도모형, 동원모형, 내부접근모형이 그것이다. [그림 4-3]은 이들의 견해를 그림으로 구성해 본 것이다.

연구자들은 일반적인 의제 형성 과정을 제기(initiation) → 구체화(specification) → 확산(expansion) → 진입(entrance)의 4단계로 나누고, 이슈 제기 주체가 정부인

7) [그림 4-2]는 콥과 엘더의 책(Cobb & Elder, 1983), 5장에서 10장 사이에 나오는 부분적 그림들을 종합하여 구성한 것이며, 점선 부분은 직접적 영향 관계라기보다는 매개적 역할을 보여주는 것이다.

가 사회 속의 개인(또는 집단)인가에 따라 의제 설정의 유형화를 시도했다.

외부주도모형은 이슈 제기자가 사회 내의 불만을 가지고 있는 개인이나 집단인 경우로, 이들은 자신의 불만을 표명하고, 이어서 불만을 구체적인 요구의 형태로 작성한 다음, 이를 가능한 많은 사회구성원에게 확산시킴으로써 공중의제로 만들고자 노력한다. 공중의제로의 지위를 얻은 경우에는 정부기관이나 정책결정 집단에 압력을 가하게 됨으로써 정부의제가 된다.

외부주도모형의 대표적 한국 사례를 든다면 1987년 6월 민주화운동과 관련되었던 대통령직선제 개헌 요구다. 이른바 운동권 학생 등 재야단체가 제기한 문제가 야당과 시민단체로 번져갔으며 이후 넥타이부대로 불리는 사무노동자와 중산층이 시위에 가세함으로써, 결국 광범위한 일반 대중의 지지를 받아 집권당으로부터 대통령 직선제 개헌 등을 담은 6·29선언을 받아낸 것이다.

동원모형은 정책 제안자가 정부 내부에 있다는 점에서 외부주도모형과는 다르

그림 4-3 콥 외의 정책의제 형성 유형

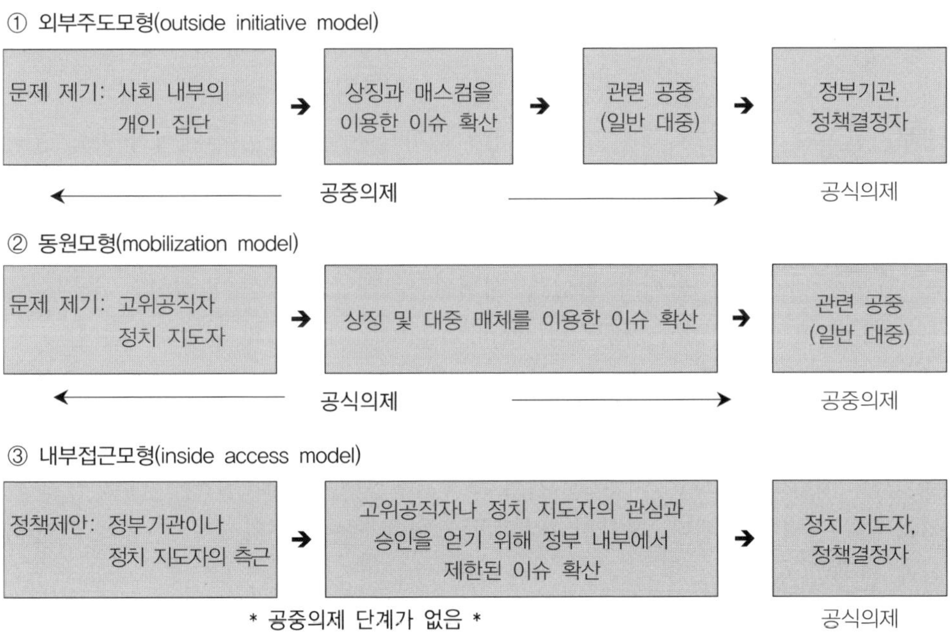

다. 따라서 동원모형은 처음부터 공식의제로 출발한다. 공식의제의 채택은 정치 지도자 스스로 또는 정부 공직자의 누군가에 의해 이루어진다. 이 모형에서 중요한 것은 논제 제기의 주체가 정부라는 점과 원만한 정책집행에 필요한 국민적 지지와 동의를 얻기 위해, 상징 활용과 대중매체를 이용하여 가능한 많은 사람에게 이슈를 확산시키고자 한다는 점이다. 따라서 공식의제의 단계를 거쳐 공중의제로 진입한다는 점에서 외부주도모형과는 역순이라 할 수 있다.

동원모형에 해당하는 한국의 사례로는 박정희 정부 시절 경부고속도로 건설을 들 수 있다. 당시 고속도로 건설에 대한 사회적 관심이 뚜렷하게 조성되어 있지 않은 상태에서 경제 성장에 큰 의지를 가지고 있는 박 대통령의 독단적인 판단에 의해 그 필요성이 제기되었다. 이후 국내는 물론 건설에 필요한 차관과 관련되는 국제부흥개발은행(IBRD)[8] 측의 전문가조차도 기술이나 자본 등에 비추어볼 때 타당성이 부족하다고 판단하는 상황이었다. 하지만, 박 대통령의 강력한 의지로 고속도로의 필요성을 국민에게 홍보하고 확산시키는 과정을 통해 결국 경부고속도로가 건설된 것이다.

내부접근모형은 정부 내 기관이나 정치 지도자의 측근이 정책제안을 하기 때문에 동원모형과 유사하다. 그러나 처음부터 최고 정책결정자가 정책제안을 함으로써 그 자체로 공식의제의 지위를 얻게 되는 동원모형과는 달리, 이 모형의 경우는 정부기관이나 지도자의 측근 세력에 의해 문제가 제기된다는 점에서 곧바로 공식의제의 지위를 얻는 것은 아니다. 따라서 내부접근모형에서 처음 문제를 제기한 집단은 최고 정책결정자나 정치 지도자의 관심을 끌기 위해 권력층 또는 정부 내부라는 제한된 공간에서 문제의 확산을 시도한다. 제한된 확산 과정이란 동인집단(identification group)이나 관심집단(attention group)에 확산의 범위를 제한함을 말한다. 내부접근모형에서는 관련 공중이나 일반 대중의 관심이 해당 정책의 추진에 오히려 방해가 된다고 보기 때문에 의도적으로 공중에의 확산을 봉쇄하려는 특징을 띤다. 제한된 확산작업의 결과 고위 정책결정자의 관심을 이끌어 내게 되면 공식의제로 진입하게 된다. 따라서 내부접근모형에서는 공중의제 단계는 없고 공식의제 단계만 있다.

---

8) 국제부흥개발은행(International Bank for Reconstruction and Development: IBRD)은 세계은행 그룹을 구성하는 5개 기구 중 하나다.

내부접근모형의 사례로는 김영삼 정부 출범 초기에 시행된 금융실명제[9]를 들 수 있다. 1960년대 이후 가명, 차명 등이 가능한 비실명제의 경제활동은 각종 범죄의 온상이 되는 지하경제를 부추기고 투기성 자금, 부정 부패자금 등의 활동 통로가 되어 실물경제의 발달을 저해했다. 금융실명제는 이러한 잘못된 자금의 흐름을 막고, 추적하는 것을 가능하게 했다. 금융실명제 정책 도입이 공개리에 논의되고 준비된다면 '검은 돈'이 빠져 나갈 수 있는 기회를 제공하는 등 각종 혼란과 부작용이 나타날 수 있어 1993년 8월 12일 오후 8시를 기해 전격적으로 실시한 것이다. 이는 바로 내부접근모형의 전형적 사례라 할 수 있으며, 외교와 국방 분야의 정책에서 흔히 나타날 수 있는 모형이다.

이상의 세 가지 모형을 민주적 정치 발전의 정도와 관련지어 본다면, 외부주도모형은 언로(言路)가 잘 개방되어 있고 경제적으로 안정된 민주적 국가에서 나타날 가능성이 상대적으로 높다고 할 수 있고, 동원모형이나 내부접근모형은 비민주적 정치 체제나 경제적으로 뒤처진 개발도상국가에서 나타날 가능성이 상대적으로 높다고 볼 수 있다. 물론 정치 발전의 정도를 불문하고 외교, 국방, 안보 분야와 같이 상대 국가들에 전략을 숨길 필요가 있는 정책 분야는 내부접근모형이나 동원모형이 요구된다고 할 수 있다.

콥 외는 위의 세 가지 모형을 설명하면서 문제 제기의 주체, 이슈 확산의 범위, 공중의제의 유무 등에 대해 그 차이점을 언급하고 있으나, 세 모형 모두에 제기, 구체화, 확산, 진입의 네 단계가 공통적으로 있다고 말한다.[10]

3) 아이스턴의 이슈 전환 과정

아이스턴(Eyestone, 1978: 69－108)은 이슈 전환(issue translation)의 개념을 중심으로 정책의제 형성 과정을 설명하고 있다. "사회구성원 중 특정 집단에 의해 사회 표준에서 이탈했다고 인식되는 상태 또는 사회조직의 중요한 측면의 붕괴"가 사회문제이며, 해결에 관한 사회적 합의가 일치하지 않고 있는 사회문제의 상태를

9) 1993년 8월 12일, 당시 김영삼 대통령은 대통령 긴급재정경제명령 제16호를 발동하여 당일 오후 8시를 기해 「금융실명제 및 비밀 보장을 위한 법률」을 전격적으로 실시했다.

10) 콥 외의 이론을 소개한 국내 일부 문헌에서, 내부접근모형의 경우 확산 및 진입 단계가 없는 것으로 언급하고 있으나 원전에서 그렇게 해석할 수 있는 근거는 없다고 본다.

이슈(issue)가 발생한 것으로 말하고 있다.

사회문제가 정부 내로 들어오기 전 단계에서는 사회문제에 대한 유일한 정의를 내리는 어떤 공식적 기관은 없으며, 또한 사회구성원들 간에 정보의 차이와 가치관의 차이로 인해 사회적 논의 과정에서 문제의 정의와 해결책에 대한 다양한 견해가 존재한다. 이슈는 어차피 그 자체가 문제를 인식하는 사람에 따라 다양한 의미를 내포하기 때문에, 사람들 사이에 문제 인식의 불일치가 있는 상황에서 이슈 전환 과정의 다음 단계로 넘어가게 된다.

이슈 전환의 초기 단계는 이슈 참여(joining of the issue)와 이슈 공중(issue publics)의 출현이라는 두 과정으로 이루어진다. 이슈 참여란 한 집단이 사회문제에 대한 자신들의 입장(issue position)을 밝히고, 그리고 다른 집단이 이에 대한 반론으로서 자신들의 입장을 표명하는 상황을 의미한다. 한편, 이슈 전환 과정에서 문제에 대한 관심이 점차 많은 사람에게 확산하게 되는데 이 사람들을 이슈 공중이라 한다. 이슈 공중의 형성은 매스컴과 이슈 활동가의[11] 활동에 많이 의존한다. 나아가 이슈 공중이 특정 사회문제에 대해 정부의 어떤 조치가 현재 필요하다고 믿게 되면 이제 이슈는 공중의제(public agenda)로 전환된 것이다.

아이스턴(Robert Eyestone)은 공중의제에 포함된 의제 항목을 특성에 따라 '공적 근심(pulic worries)'과 '기회의제(opportunity agendas)'로 나누고 있다. 공적 근심은 공중이 현재 시점에서 가장 급박하고 중요한 문제로 인식하는 항목을 말한다. 한편, 기회의제는 공중이 장기적인 관점에서 정부가 정책적 관심을 더 보여야 되며 그래서 개선이 더 이루어져야 한다고 보는 정책 분야다. 공적 근심은 정부의 빠른 조치가 요구되고 있어 상대적으로 구체적이고 단기적인 의제 항목이라면, 기회의제는 상대적으로 장기적이고 안정성을 띠지만 문제 해결에 대한 즉각적인 조치나 시한이 요구되지 않고 또 구체성도 부족하다는 특징을 띤다.

공중의제에 대해 정부기관이 어떤 행위를 약속하거나 표명한다면 이제는 기관

11) 사회문제의 발생 및 해결에서 일반 시민들은 수동적인 자세를 취한다. 따라서 이슈의 발생부터 대중으로의 확산과 정부에 의해 해결될 때까지의 일련의 과정 곳곳에는 사회문제에 관심을 가지고 있으며, 정부활동에 대해 비판적인 시각과 적극적 성향의 소유자들이 필요하게 된다. 바로 이들이 '이슈 활동가(issue entrepreneurs)'인데, 특정 이슈에 대해 관심을 가지는 정치인, 이익집단 임원, 매스컴 리포터, 사회단체의 임원, 학자들을 그 예로 들 수 있다. 아이스턴은 활동의 성격에 따라 이슈 활동가를 이슈 생산자(issue generator)와 이슈 중개자(issue broker)로 나누고 있다.

의제(institutional agendas) 또는 공식의제(official agendas)로 전환된 것으로 볼 수 있다. 아이스턴은 공중의제의 두 가지 종류 중에서 기회의제의 경우는 이미 장기적인 정책과제로 정부에 의해 인식된 경우가 대부분이기 때문에, 이 경우는 공식의제로의 전환이 불필요하거나 이미 정부활동의 일상적 사안에 포함되어 있는 경우가 많다고 한다. 반면, '공적 근심'에 해당되는 이슈의 경우, 공식의제로의 전환은 해당 이슈에 관한 사회적 중요성을 정부가 받아들임과 동시에 정부가 어떤 조치를 약속한다는 점에서 이슈 성격의 중요한 변화를 의미하는 것이다.

아이스턴의 견해를 알기 쉽게 구성해 본다면 [그림 4-4]와 같다.

그림 4-4 아이스턴의 이슈 전환 과정

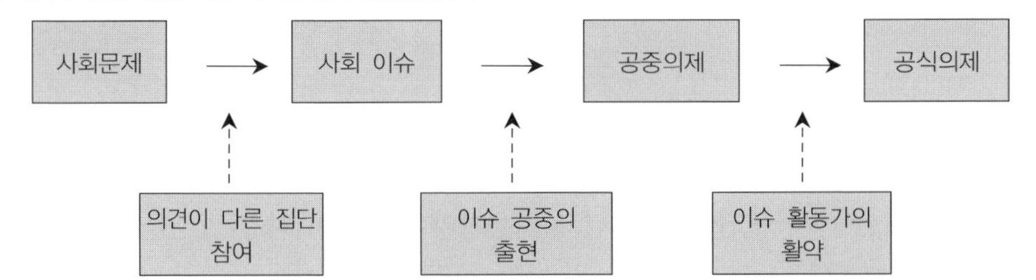

이들 단계는 행위자들 간의 협상과 같은 내부적 사건이나 선거의 시기와 같은 외부적 사건들의 영향을 받아 전체적인 과정에 걸리는 기간이 짧거나 길어질 수 있다고 한다.

4) 버클랜드의 재난정책의제 형성 과정

버클랜드(Birkland, 1997)는 특히 지진이나 방사능 오염과 같은 재난(disaster)에 관련된 정책의제 형성 과정의 특징을 논하고 있다. 그는 촉발적 사건으로 정책창이 열리는 킹던의 흐름모형과 정책 과정에서의 집단 간 연합을 설명하고 있는 사바티어(Paul Sabatier)의 지지연합 체계(advocacy coalition framework)12)를 기본 관점으

12) 지지연합(advocacy coalition)은 하나의 정책 주제에 관해 기본적인 가치와 인식을 공유하는 다양한 기관들에 포진되어 있는 개인들의 집합을 의미하는데, 정책변동은 이러한 몇 개의 지지연합들 간의 경쟁의 산물로 본다(Sabatier, 1988: 129-168).

로 하여 태풍, 지진, 해양 기름 유출, 방사능 유출 등 네 가지 재난 사례의 비교를 위해 재난정책 의제 형성 과정의 이론적 틀을 제시하고 있다.

하나의 재난이 발생하면 이것은 잠재적 초점 사건(potential focusing event)으로 볼 수 있는데, 이것이 의제 형성 과정의 여러 변수의 영향을 받아 실질적인 초점 사건이 될 때 기관의제가 성립되고 나아가 정책 변화도 가져온다고 한다. 버클랜드의 재난정책의제 형성 과정에 대한 주장을 요약해 본다면 [그림 4-5]와 같다(Birkland, 1997: 1-46).

그림 4-5 버클랜드의 재난정책의제 형성 과정

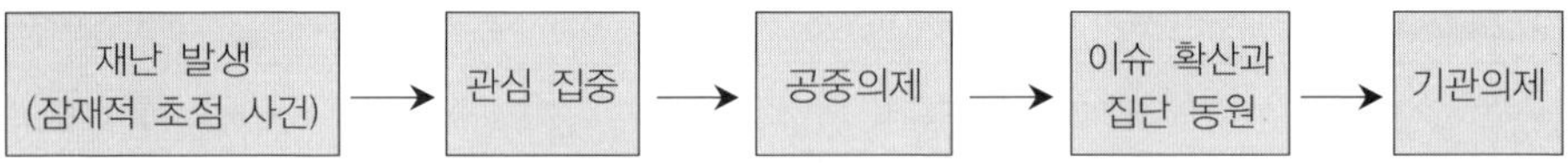

재난 발생은 곧 잠재적 초점 사건의 성립을 의미하는데 이는 사건 발생의 돌발성과 희귀성, 피해의 광범위성, 그리고 전문가와 일반인이 사건 발생을 동시에 접한다는 동시성이라는 네 가지 특징을 가지고 있다.

재난적 사건은 발생하자마자 대중매체를 통해 전 국민적 관심을 즉각적으로 모으게 됨으로써 공중의제의 상태가 된다. 공중의제가 기관의제가 되어 궁극적으로 정책 변화까지 가져오려면 이슈 확산과 집단 동원(group mobilization)이 성공적이어야 하는데, 버클랜드는 이 과정에 작용하는 요인으로 정책 영역의 특징을 들고 있다. 요컨대, 잠재적인 초점 사건이 힘(focusing power)을 얻어 실질적인 초점 사건이 되는가의 여부에 영향을 주는 것이 바로 정책 영역의 여러 특징이라는 것이다. 정책 영역의 특징은 재난사건 자체의 특성에서 오는 요인과 이 사건을 둘러싸고 형성되는 정책공동체(policy community) 내부의 요인으로 나누고 있다.[13]

재난 자체의 성격에서 오는 요인에 관해서는 첫째, 태풍이나 지진과 같이 자연재해(natural disaster)인가 아니면 방사능 유출이나 해양 기름 유출과 같은 인위적

13) 정책 영역(policy domain)은 정책의 실질적 대상을 의미하는 것으로 지진, 태풍 등과 같은 구체적 정책 분야를 말하며, 정책공동체(policy community)는 특정 정책 영역을 둘러싸고 형성되는 행위자들의 집합을 의미한다(Birkland, 1997: 15).

또는 산업적 사고(humanly caused or industrial accidents)인가로 나누고 있다. 인위적 재해보다는 자연재해가 인간에 대한 피해가 좀 더 직접적이며 가시적이란 점에서 매스컴과 공중의 관심을 모으는 데 유리하다고 한다. 둘째, 같은 계통의 재난이라고 해도 피해의 형상이 가시적이고 유형적인 경우(기름 유출)가 그렇지 않은 경우(방사능 누출)보다 좀 더 공중의 주목을 받는다고 한다.

한편, 정책공동체 요인에 관해서는, 내부에 전문가집단이나 관심집단이 잘 조성되어 있고 이들이 재난사건을 자신들에게 유리하게 상징·형상화하는 행위(social construction)를 적극적으로 할수록 의제 형성과 정책 변화에 유리하게 된다. 그리고 지지연합(coalition)의 양극화 정도가 낮을수록 정책독점(policy monopoly)이 이루어져 기관의제 형성에 유리하게 작용한다고 한다.

재난에 관한 사례들을 살펴볼 때, 버클랜드는 지진의 경우 태풍의 경우보다 전문가집단의 역할이 컸으며, 기름 누출의 경우는 방사능 누출보다 관심집단의 조직적 대응이 앞선 것으로 말하고 있다. 또한 자연재해의 경우 지지연합의 양극화 정도가 낮은 반면, 산업재해의 경우 환경보호론자와 관련 산업체와의 이해관계가 첨예하게 양극화되어 있어서 새로운 정책을 도입하거나 기존 정책을 변화하는 정도가 상대적으로 약했다고 보고 있다.

5) 존스의 정책의제 형성 단계

존스(Charles O. Jones)는 정책의제 형성 과정을 "문제의 정부 도달 과정(getting problems to government)"으로 표현하면서, 활동의 기능에 초점을 맞추어, 인지와 문제 정의(perception & definition), 집결과 조직화(aggregation & organization), 대표(representation), 의제 설정(agenda-setting)이라는 단계들로 설명하고 있다(Jones, 1984: 52-59). 이를 부연하면 다음과 같다.

하나의 문제가 성립되기 위해서는 제일 먼저 어떤 사실에 대한 인지가 전제되어야 한다. 그런데 인지의 내용은 사람마다 다르고 인지하는 사건의 범위도 다르다. 다음으로, 사실에 대한 인지의 결과가 인지자에게 해결을 요하는 필요성을 야기한다면 하나의 문제가 성립하는 것이다. 문제가 성립되면 그에 대한 정의를 해야 하는데 문제의 정의는 인지자가 사건을 어떻게 인식하는가에 의존하기 때문에 인지의 방식이나 내용이 문제 정의에 매우 중요한 역할을 한다.

문제가 정의되면 문제에 대해 공통적인 관심을 가진 사람들이 집결하게 된다. 집결된 사람들은 공통의 이익을 좀 더 효율적으로 실현하기 위해 조직을 결성하는데 이른바 이익집단이 그러한 예다. 자신들의 이익을 집결하고 조직화했다면 다음으로 자신들의 문제를 정부에 요구하는 행동을 해야 한다. 대표(representation)는 문제와 문제를 가지고 있는 사람과 정부를 연결시키는 개념으로 이러한 연결에 관한 활동을 총칭하는 것이다. 존스의 정책의제 설정 과정을 요약하면 [그림 4-6]과 같다.

그림 4-6 존스의 정책의제 형성 단계

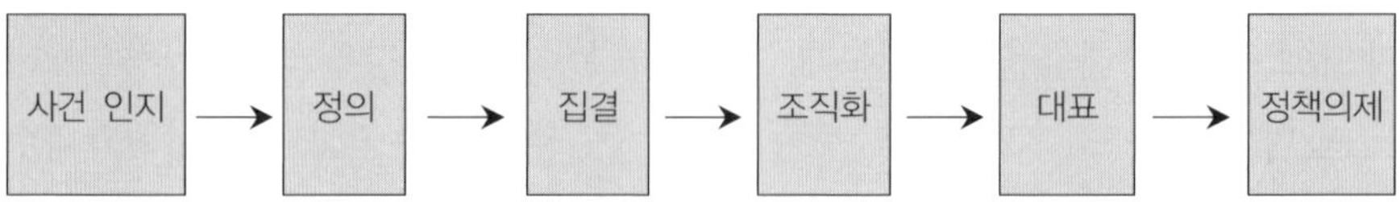

2 흐름모형

정책의제 현상을 순차적이고 단일 방향적인 일련의 단계로 나누어 설명하려고 하는 '과정모형'의 관점에 대비되는 것으로 '흐름모형'이 있다. 흐름모형으로 지칭할 수 있는 연구들은 현실의 정책의제 설정이 그렇게 단순하고 질서정연한 것이 아니라는 가정에 입각해 있다. 가장 큰 차이점은 다음에서 살펴볼 코헨(M. D. Cohen) 외의 연구나 킹던(J. W. Kingdon)의 주장에서 볼 수 있듯이, 문제가 발생한 후 조직화가 이루어지고 해결책을 모색하는 식의 경우도 있지만 거꾸로 해결책이 문제를 찾아다니거나 또는 의사결정자가 결정의 기회를 찾아다니는 것과 같은 복잡하고 무질서한 현상도 많다는 것이다.

1) 코헨 외의 쓰레기통 모형

코헨 외(Cohen, March, & Olsen, 1972)가 제시한 쓰레기통 모형(garbage can model)은 '조직화된 혼란(organized anarchies)'을 특징으로 하고 있는 의사결정 상

황을 이해하는 데 도움이 된다. 조직화된 혼란은 세 가지 전제를 가지고 있다. 즉, 선호의 불명료성(problematic preferences), 불분명한 기술(unclear technology), 그리고 유동적 참여(fluid participation)가 그것이다.

선호의 불명료성이란, 사람들은 자기가 좋아하거나 싫어하는 태도를 정확하게 규정하지 않는다는 것이다. 사람들은 명확하게 규정된 목표 없이 행동하는 경우가 많으며, 때로는 먼저 행동하고 이 과정에서 자신의 선호를 나타내는 경우도 많은 것이 현실이라고 한다.

불분명한 기술이란, 조직구성원은 자신이 하고 있는 일을 왜 해야 하는지 또 무엇을 하고 있는지 잘 모르는 경우가 많기 때문에 자신의 업무를 조직의 일반적 상황에 맞출 때 매우 단편적이고 불분명하게 이해하고 있는 것이다. 즉, 불분명한 기술이란 조직 내의 목표와 수단 사이의 인과 관계에 대해 명확한 인식을 하지 않은 상태에서 대부분 시행착오를 통해 조직이 움직이고 있음을 말한다.

유동적 참여란, 조직구성원 개개인은 조직 전체의 결정에 대해 극히 부분적이고 일시적으로만 관여함을 말한다. 구성원들은 서로 다른 범주의 업무에 종사할 뿐만 아니라 업무 수행에 바치는 시간과 노력에 차이가 있으며, 또 동일한 개인이 동일한 업무를 수행하는 경우라고 해도 시간에 따라 관여의 정도와 내용이 변한다는 것이다.

이들은 조직화된 혼란의 세 가지 전제에 덧붙여 이들은 결정구조를 구성하는 네 가지 요소의 흐름(streams)을 제시하고 있다. 문제, 해결책, 참여, 선택 기회가 그것이다. 어떤 측면에서 보면 조직이란 문제들을 찾아다니는 선택의 기회들, 정식으로 다루어질(공표될) 기회를 찾아다니는 이슈(문제)들, 이슈를 찾아다니는 해결책들, 그리고 결정의 기회를 찾고 있는 참여자들의 집합체로 볼 수 있다고 한다. 이 흐름들은 마치 쓰레기통 내부처럼 일정한 체계 없이 돌아다니다 어떤 계기를 통해 만나게 되는데 이때가 의사결정의 기회가 주어진 상황이라고 한다.

이들 학자는 조직화된 혼란이 모든 조직의, 그리고 항시적 특징은 아니기 때문에 조직의 의사결정 행태를 다 설명할 수 있는 것은 아니라고 한다. 다만, 쓰레기통 모형의 설명이 상대적으로 잘 들어맞는 조직으로서 공공적이고, 교육적이며, 비정통적인 조직을 말하고 있다.

2) 킹던의 정책창모형

킹던(Kingdon, 1995)은 합리모형과 점증모형이 정책의제의 변화에 대해 비현실적 가정을 하거나 또는 그러한 문제를 거의 다루지 않았다고 지적한다. 그는 앞의 코헨 외의 연구 관점을 기초로 해서 정책 현상에 이를 적용하는 모형을 제시하고 있다.

미국 연방정부의 경우를 살펴보면, 하나의 결정의제(decision agenda)가 되는 과정에는 문제(problems), 정책제안(policy proposals), 정치(politics)라는 세 가지 요소가 독자적인 흐름을 형성하고 있다고 한다.

다양한 문제가 정부의 안과 밖에서 사람들의 관심을 받거나 사라지는 현상이 끊임없이 일어난다. 다른 한편에서는 전문가, 관료, 이익집단 등에 의해 어떤 이슈에 관한 해결책이나 정책제안이 끊임없이 제기되고 또 사라진다. 또 다른 곳에서는 정치라는 흐름이 별도로 진행되는데, 여기에는 국가 분위기, 여론의 변화, 선거 결과, 행정부의 변화, 의회 내 세력 변동, 이익집단의 로비나 캠페인 등이 활발히 움직이고 있다고 한다.

이들 세 개의 흐름이 거의 독자적으로 움직이다가 극적인 계기(critical juncture)를 맞이하여 만나게 되면 의제상의 큰 변화를 가져온다고 한다. 이러한 상황을 '정책창(policy windows)'의 개방으로 표현하고 있는데, 어떤 흐름이 주도했는가에 따라 문제창, 정책창, 정치창으로 나뉜다. 이 과정에서 정책활동가의 역할이 매우 중요하지만 이들 집단이 고정되어 있다거나 지배적인 형태를 띠는 것은 아니고 매우 유동적이라고 한다.

왜 어떤 사회문제는 정책의제가 되는데 또 다른 사회문제는 정책의제가 되지 않는가에 관한 것이 정책의제 선별이론인데 이 질문에 대해 킹던의 연구가 시사하는 점은 다음과 같다.

첫째, 촉발적 사건(triggering event)이 없는 경우에는 관련된 사회문제에 관한 정책창이 열리지 않고 따라서 정부의제가 만들어지지 않는다.

둘째, 촉발적 사건이 있다고 해도 나머지 흐름이 적당한 시간 내에 결합되지 않는다면 열렸던 정책창도 곧 닫히기 때문에 정부의제가 형성되지 않는다.

셋째, 촉발적 사건이나 정치변동에 의해 고조되었던 정책 분위기가 사라지거나 또는 '정책활동가'의 적극적이고 꾸준한 노력이 뒷받침되지 않으면 정부의제는 성립되지 않을 수도 있다.

제5절 정책의제 채택 영향 요인

앞에서 설명한 내용들은 대체로 사회문제가 정책의제로 변화되어 가는 단계나 과정을 살펴보려고 한 것이다. 이제부터는 정책의제가 형성되는 과정에 작용하는 영향 요인에 관해 알아보고자 한다. 이에 관한 설명은 이것이 작용하는 효과에 따라 하나의 문제가 확산되는 정도에 영향을 주고 나아가 최종적으로 정부에 의해 정책의제로 채택되는 가능성에 영향을 준다는 점에서 중요하다.

영향 요인에는 이슈의 성격, 대중 및 고위 정책결정자의 관심, 정치사회적 분위기와 같이 참여자 개인이 상대적으로 통제하기 힘든 요인들이 있는가 하면, 참여자들이 구사하는 행동전략과 같이 선택의 재량성이 큰 요인들도 있다.

1 이슈의 성격

이슈의 성격에 따라 공중(public)에게 확산되는 범위가 달라질 수 있으며, 이에 따라 정책의제 성립의 가능성에 영향을 주게 된다. 콥과 엘더(Cobb & Elder, 1983: 96-100; 112-124)의 이야기를 참고하여 이슈의 성격이 정책의제 채택에 미치는 효과를 살펴보면 다음과 같다.

첫째, 이슈의 내용이 모호하고 광범위하게 정의될수록 정부의제가 될 가능성이 높아진다. 논의되는 내용이 너무 범위가 좁고 구체적이라고 하는 것은 자칫 특정 지역이나 특정 영역의 소수인들 관심거리로 끝날 가능성이 있기 때문이다. 그러나 내용이 구체적인 경우 이해가 쉽기 때문에 오히려 대중적 관심이 더 모아질 수 있어서 정책의제로 선택될 가능성이 높다는 반대 견해도 있다.

둘째, 이슈의 내용이 직접적인 논쟁 그룹에 국한되지 않고 사회구성원 전체에 관련되는 문제이거나 또는 사회적으로 좀 더 심각한 의미를 가질수록(scope of social significance) 정부의제가 될 가능성이 높아진다.

셋째, 후 세대까지 걸치는 장기적인 효과 또는 타인에게 부수적·파급적 효과를 가져올 가능성이 높을수록(extent of temporal relevance) 정부의제가 될 가능성이 높아진다.

넷째, 전문지식이나 기술적인(technical) 내용이 논쟁에 개입되는 정도가 적을수록(degree of complexity) 정부의제가 될 가능성이 높아진다. 한국의 경우, 한미 FTA 협정과 관련된 사례에서 볼 때, 실제 협정문은 이해를 위해서는 상당한 전문지식을 요구하는 엄청난 분량의 내용으로 구성되어 있다. 야당 등 비준을 반대하는 쪽에서 관심을 대중에게 확산시키기 위해서는 주요 몇몇 조항만을 그것도 내용을 아주 단순화시켜 홍보함으로써 상당한 효과를 보았다.[14]

다섯째, 과거에 성공했던 정책 선례가 많은 경우에는 정책의제가 될 가능성이 높다. 그 이유는 이미 유사한 문제를 처리한 경험과 지식이 축적되어 있어 정책결정이나 집행 과정에서 나타날 수 있는 미래의 불확실성이나 불안감이 적기 때문이다. 또한 경험해 보지 못한 새로운 문제였다면 겪어야 하는 해결책 모색과 같은 추가적 비용도 적기 때문이다.

그러나 대중의 관심도를 말하는 이슈 확산의 측면에서만 볼 때는, 선례가 없는 새로운 문제가 오히려 이슈 확산에 유리할 수 있다. 정책 선례가 없는 이슈의 경우 해결책에 대해 준거할 만한 지침(categorical precedence)이 없는 경우가 많고, 그래서 이슈를 둘러싼 찬반 공방이 가열될 수 있어 이슈의 확산이 잘될 수 있다. 한국의 경우, 이명박 정부 시절 광우병 소고기 파동과 한미자유무역협정(FTA) 문제가 공중에게 많이 확산된 이유에는 사안의 중요성도 있겠지만 한국 사회로서는 처음 겪어보는 정책 사례여서 준거 지침의 부족에서 오는 논란의 확산 효과도 있었다고 할 수 있다.

여섯째, 이슈가 확산하여 결과적으로 일반 공중에게까지 관심이 번지면 정부의제가 되는데, 만일 이 과정이 긴 시간 동안 천천히 진행되면 이슈가 소수의 관심집

14) 당시 국회 비준을 반대하는 측에서는 한미 FTA의 문제점에 대해, 미국의 국내법은 협정 조항에 구속받지 않지만 한국은 그렇지 않고, 투자자－국가소송제도(ISD)는 한국의 공익 차원의 정책과 한국의 사법권을 미국의 일개 투자자가 무력화시킬 수 있다는 점, 그리고 개방된 수준은 어떠한 경우에도 되돌릴 수 없다는 레칫 조항(톱니바퀴의 역진 방지장치) 등으로 단순화해서 이슈화했다.

단에서 머무르게 될 가능성이 많다. 따라서 이슈 확산이 상대적으로 신속할수록(the interval of time), 일반 공중에게까지 관심이 확장될 가능성이 높고 그래서 정부의제로 채택될 가능성도 높아진다.

2 관련 집단의 규모

제기된 이슈가 정책의제로 성립하기 위해서는 가능한 많은 사회구성원에게 공통된 문제로 인식되어야 한다. 콥과 엘더는 정책 유형을 논한 로위(Lowi, 1964: 699)의 견해를 빌려 분배정책이나 규제정책의 경우보다는 재분배정책의 경우 계급적 특성을 내포하고 있기 때문에 더 많은 사람이 논쟁에 가담할 가능성이 있다고 한다.

또한 이들은 이슈에 관심을 가지는 집단의 종류를 작은데서 큰 순으로 나열하여, 동인집단(identification group), 관심집단(attention group), 관심대중(attentive public), 일반 대중(general public)으로 나누고 있다. 관심과 개입의 규모가 커질수록 그 이슈는 정책의제로 성립될 가능성이 높아진다.

1) 동인집단

문제 제기자들의 일반적 이해관계에 깊은 공감을 가지는 집단으로서, 문제 제기가 있는 경우 가장 먼저 갈등에 개입하는 민감한 집단이다. 그래서 이 집단구성원들의 유대 관계는 안정적이며 지속적인 특징을 가진다. 예를 들면, 어떤 기업체에서 사업주의 부당노동행위로 인해 노사분규가 일어나 파업이 진행되고 있다면 이 기업체의 노동조합이 문제제기 집단이다. 그런데 회사의 부당노동행위에 대해 노동조합이 노동사무소나 노동위원회 등에 민원을 제기했지만 노조가 받아들이기 힘든 결과가 나옴으로써 노사분규가 계속 진행되어 회사 노조의 상부 단체인 민주노총중앙본부가 여기에 개입해 연대 투쟁에 돌입한다면 이 경우 민주노총을 동인집단이라고 말할 수 있다.

2) 관심집단

모든 이슈에 관심을 가지는 것은 아니고 그들의 관심 영역에 속하는 특정 이슈가 제기될 때 즉각적으로 논쟁에 개입하는 집단이다. 동인집단은 문제 제기자와 이해관계를 동일시하며 집단동맹(group affilations)의 차원에서 가담한다고 본다면, 관심집단은 이슈가 가져올 간접적 영향권 안에 있는 사람들로 논쟁이 되고 있는 이슈 자체에 더 관심을 가진다. 따라서 문제제기 집단이나 동인집단과 이익을 달리하는 집단들도 포함될 수 있다(Cobb, Ross, & Ross, 1976: 127).

관심집단의 예로는 정당, 매스컴, 시민단체 등을 들 수 있다. 앞의 사례에서 볼 때, 만일 이 파업에 대해 한겨레신문이 이를 매일 보도하고 참여연대나 민주노동당이 분규 현장을 방문하여 정부기관에 대책을 촉구하는 활동을 한다면, 이때 한겨레신문, 참여연대, 민주노동당 등은 관심집단에 포함된다고 할 수 있다.

3) 관심대중

관심대중은 공공문제 일반에 관해 이해력과 관심을 갖춘 사람들로 구성된다. 이들은 동질적이진 않지만 비교적 안정적이며 학력과 소득 수준이 상대적으로 높은 계층에서 구성되며 대체로 인구의 10% 정도로 추정된다. 이들은 공공문제에 직접적인 이해관계를 가지고 있진 않지만 건강한 사회에 대한 나름대로의 소신과 지식을 가지고 있어 사회적으로 관심을 끌고 있는 특정 이슈에 대해 찬성이든 반대든 자신의 견해를 가질 수 있는 사람들이다. 앞의 노사분규 사례에서 볼 때, 해당 기업주의 부당노동행위와 파업에 대해 인터넷에 찬반 의견을 올리는 네티즌들이 있다면 이들은 바로 이 문제와 관련되는 관심대중의 일부로 볼 수 있다. 관심대중은 만일 문제제기 집단이나 관심집단이 문제 해결을 촉구하는 집회를 개최한다면 직접적 이해관계가 없는데도 인터넷이나 언론 보도만 보고서도 자발적으로 집회에 참여할 가능성이 있는 사람들이다. 이명박 정부 시절 미국산 광우병 소고기 수입과 한미 FTA 비준을 반대하는 '촛불시위'가 있었는데, 여기에 자발적으로 참여한 일반 시민들이 바로 이 관심대중에 포함되는 사람들이다.

4) 일반 대중

일반 대중은 비활동적이고 관심도 적으며 공공문제에 대한 지식도 적은 계층을 말한다. 따라서 일반 대중까지 논쟁에 가담하기 위해서는 이슈가 매우 일반화되고 어느 누구도 해당 이슈와 관련된 이해관계에서 결코 자유롭지 않다는 것에 대한 상징화 과정이 이루어져야 한다. 따라서 보통의 경우, 일반 대중까지 이슈에 관심을 갖고 논쟁에 가담하는 경우가 그리 흔하지는 않다.

3 문제제기 집단 요인

일반적으로 어떤 문제가 제기되고 이슈로 발전하여 의제로 성립하는 과정에 가장 중요한 영향 요인은 의제 설정 과정에 참여하는 행위자의 태도와 이들이 동원할 수 있는 자원이라고 생각된다. 다른 조건이 동일하다면 문제제기 집단이 적극적인 생각과 행동을 할수록, 그리고 영향력 자원이 풍부할수록 하나의 문제가 정책의제로 채택될 가능성이 높다.

우선, 특정 문제를 해결하기 위해 노력하는 집단이 정치적으로 강력한 힘을 가지고 있거나(대통령, 집권당 수뇌부 등), 고위관료와 같이 행정적 권한을 가지고 있는 경우에는 마음먹기만 한다면 웬만한 사회문제는 모두 정책의제로 채택할 수 있을 것이다.

한편, 문제 제기자가 사회 내의 집단인 경우도 마찬가지로 ① 그들이 정치·행정적으로 결정 권한을 가진 집단에 대해 확실한 접근 통로(로비 채널)를 확보하고 있거나, ② 집단의 응집력과 규모가 커서 선거나 대규모 시위를 통해 정치적인 압박을 행사할 수 있는 경우, ③ 문제제기 집단의 지도자나 조직 자체가 사회적 명성과 전문성을 높이 인정받고 있는 경우에는 이들 집단이 제기한 문제가 정책의제로 채택될 가능성이 커진다.

존스(Jones, 1984: 67)는 관련 집단의 조직적 특징과 의제 설정 전략 관계에 대해 기술하고 있다. 그는 정책결정 과정에 대한 접근 수단의 확보(access and representation)와 조직화(organization)라는 두 가지 요소의 크고 작음에 따라 네 가지 유형의 사회집단을 가정했다.[15] 그리고 이러한 집단이 우선시하는 정책의제 설정

전략의 특징들을 설명하고 있다.

첫째, 잘 조직화되어 있고 접근 수단도 확보되어 있는 집단의 경우 다른 집단보다 유리한 지위에 있다고 볼 수 있다. 따라서 이런 경우에는 개입하는 사람들이 많으면 많을수록 상황이 복잡하게 되어 문제 상황에 대한 해당 집단의 통제력이 줄어들 가능성이 커진다. 따라서 이런 유형의 집단은 문제 상황이 다른 사람이나 집단에게 확산되지 않도록 하는 이슈 봉쇄가 주된 전략이 된다.

둘째, 잘 조직화되어 있지만 정책 과정에 접근할 수단이 제대로 확보되어 있지 못한 집단의 경우, 조직화의 장점(예를 들어, 효과적 리더십, 목표의 일체성, 충분한 가용자원)을 살려 우선적으로 정책결정집단을 접촉하는 데 도움이 되는 통로의 확보에 주력해야 할 것이다.

셋째, 접근 수단은 확보되어 있으나 이를 뒷받침할 조직력이 약한 경우에는 문제에 대한 명확한 정의와 목표의 우선순위를 확정하는 등의 과정을 통해 조직의 역량을 향상시키는 데 관심을 두어야 한다.

넷째, 마지막으로 조직화와 접근 수단에서 모두 열등한 지위에 있는(즉, 정치적으로 배제되어 있는) 집단의 경우는, 가능한 한 많은 사회구성원에게 그들의 이슈를 확산하는 전략이 선호될 것이다.

표 4-1 존스의 관련 집단 의제 설정 전략 유형

접근 수단 \ 조직화	잘되어 있음	안 되어 있음
확보되어 있음	① 이슈봉쇄전략	③ 조직강화전략
안 되어 있음	② 접근통로확보전략	④ 대중확산전략

존스의 견해에 따른다면 특정한 유형의 관련 집단이 그들의 문제를 정책의제로 채택하게끔 하기 위해서는 우선적으로 치중해야 하는 전략이 있는데, 만일 이러한 전략을 우선적으로 추구하지 않거나 이 전략의 사용에 실패한다면 그들의 관심 문제가 정책의제가 되기 힘들다는 것을 의미한다.

15) 존스의 연구는 사회 전체에 이익을 주는 공익적 문제보다는 이익집단이 추구하는 사익적 문제에 초점을 맞춘 것으로 볼 수 있다.

4 정치 체제 요인

첫째, 모든 체제가 그러하듯이 정치 체제도 체제 자체를 외부로부터 보호하고 기능을 유지하려는 기본 특성을 가지고 있다. 그런데 체제는 보유 자원이나 기술 등의 능력에 따라 외부 요구를 처리하는 데 한계를 지닌다. 바로 정치 체제의 이러한 한계 때문에 고위공직자는 어떤 이유에서든 사회문제의 우선순위를 판단하고 이에 따라 체제 진입이 가능한 사회문제를 선별할 수밖에 없다.

둘째, 정치 체제의 구조와 운영 양식이 정책의제 설정에 영향을 준다고 본다. 권위주의 정치 체제에서는 공식적인 정책결정자의 영향력이 크기 때문에 정부의제의 비중이 더 많을 것이다. 이는 정치 체제의 구조가 중앙집권적이고 행정부 우위의 특징을 가지며, 아울러 언론의 통제로 인해 여론이 조성되거나 결집되기 힘들기 때문에 나타나는 현상이다. 한편, 민주적 정치 체제에서는 공중의제(체제의제)가 상대적으로 많은 경향을 보일 것이다. 이 경우, 콥과 로스 외의 이론적 모형 중 외부주도모형이 활발하게 나타날 수 있다.

셋째, 정치적 분위기나 정치 체제가 가지고 있는 이데올로기적 편견이 정책의제 설정에 영향을 줄 수 있다. 모든 정치적 조직은 그 자체가 어떤 요구에는 우호적인 반면, 다른 요구에는 비우호적인 특징이 내재해 있다는 샤트슈나이더(Schattschneider, 1960: 71)의 주장과 맥락을 같이하는 내용이다. 미국의 경우 1970년대에 일어난 보수주의 분위기가 조세 삭감, 정부 규제의 완화 등을 정책의제로 채택하는 데 영향을 주었다. 한국의 경우, 1960~1980년대 사이에 존재했던 성장제일주의가 수출 문제, 외자 도입 문제 등은 쉽게 의제로 받아들인 반면, 환경문제나 노동문제 등은 상대적으로 의제 채택을 배제하는 경향을 보였다. 또한 한국의 제4공화국에서 헌법에 관한 논의를 당시 정권에서 금지한 경우나, 해방 이후 남북 대치가 계속 이어져 오는 상황에서 이후 계속해서 국가보안법 폐지나 개정이라는 정책의제를 정부가 수용하지 않은 것은 이데올로기적 편견이 의제 형성에 작용한 예로 볼 수 있다.

넷째, 정치적 사건의 발생이나 정치 체제의 급변 상황은 의제 형성에 큰 영향을 줄 수 있다. 대표적인 것으로 선거 결과 대통령이나 다수당이 바뀌는 경우가 있고 또한 정치 · 사회적 주요 인물에 대한 테러나 암살 또는 군부 쿠데타 등과 같은 비합법적 정치사건 발생은 이후 엄청난 정책의제의 변화를 가져오곤 한다. 특히, 비민주적 국가에서 정치적 사건이 발생하면 의제 형성에 미치는 충격은 더 크다고 하겠다. 정치 이념은 일단 형성되면 상대적으로 장기간 안정성을 가지고 정책의제 형성에 지속적인 영향을 준다고 볼 수 있는 반면, 정치적 사건의 돌발적 발생은 단기간에 집중하여 의제 형성의 변화에 영향을 주게 될 것이며 그 효과도 단절적 형태로 나타날 가능성이 크다. 한국의 경우, 쿠데타로 장기 집권했던 박정희 대통령이 당시 김재규 중앙정보부장의 총격에 급사하고(1979. 10. 26), 이어 권력을 장악한 전두환 중심의 신군부가 1980년 초에 기존의 국회를 무력화한 '국가보위입법회의'라는 대체 입법기관을 만들어 많은 양의 정책의제를 다루어 각종 법을 제정한 것이 대표적 예다.

제 6 절 이슈의 확산 및 저지 전략

1 이슈 확산 전략

1) 일반적인 전략

사회집단과 정부가 공통적으로 자신들이 생각하는 문제를 정책의제화하기 위해서는 일반적으로 다음과 같은 사항을 고려해야 한다(안해균, 1997: 238-239).

첫째, 남을 설득하기 위해서는 자신들이 제기하고자 하는 문제와 달성하려는 목표를 명확히 해야 한다.

둘째, 이슈 확산에 필요한 각종 인적 · 물적 자원을 가능한 많이 확보하고 능률적으로 사용해야 한다.

셋째, 상황 변화를 예측하고 이에 따른 정확한 정보를 신속하게 입수하여 대비해야 한다.

넷째, 이슈 확산에 큰 역할을 할 수 있는 주요 인물을 파악하여 접촉하고 유대 관계를 유지해야 한다.

다섯째, 대중매체의 중요성을 인식하고 이를 최대한 활용해야 한다.

2) 상징 전략

특정 이슈에 관심을 가지는 사회구성원의 규모가 클수록 정책의제 성립의 가능성은 높아진다고 했는데, 관심을 고조시키는 중요한 수단 중의 하나가 상징 활용이다.

사회 전반에 걸쳐 일반 대중에게 비교적 낯익고 적극적인 상징을 개발하고 그것을 일반 대중에게 전파해야 한다. 이러한 과정을 통해 처음에는 해당 문제에 대해 회의적 반응을 보였던 집단이나 사람들로부터 관심과 지지를 얻게 된다. 오늘날 신문, 방송은 물론 인터넷, 트위터 등 다양한 사회통신망(social network service: SNS)이 존재하고 있는 상황에서는 이러한 통신매체를 이용한 상징 조작이 이슈 확산에 매우 중요한 역할을 하게 된다.

상징 전략(symbolization)에서 가장 중요한 단계는 문제 정의(problem definition)다. 누군가에 의해 정의된 문제는 그것으로 고정되었다고 할 수 없다. 정책의제 설정 과정 내내 문제는 새롭게 정의되고 또 재정의되는 과정을 끊임없이 밟게 된다. 문제가 어떻게 묘사되는가는 대중에 대한 호소력에 큰 영향을 끼치기 때문에 이슈 확산의 찬성과 반대 측은 끊임없이 자신들에게 유리한 쪽으로 이슈를 포장하려고 한다. 바로 여기에 상징 활용의 필요성이 있다. 이슈의 사실적 내용에 못지않게 사회의 지배적 정서나 분위기, 문화적 습관, 이데올로기적 편견 등을 동원하여 대중에게 호소력 있는 이미지로 색칠하는 것이 자신들에게 유리한 내용으로 이슈가 확산되는 데 중요하다.

만일 이슈의 확산을 억제하고자 한다면, 가능하면 이슈를 절차적 또는 작은 기술적 용어로 정의하는 것이 좋다. 반면, 대중의 참여를 높이려고 한다면 정의, 민주주의, 자유 등과 같은 지배적인 사회 주제에 이슈를 연결하여 정의하는 것이 유리하다(Rochefort & Cobb, 1994: 5).

상징 활용에서 고려해야 할 사항(Cobb & Elder, 1983: 130－140)으로는, 단어에 대한 일반적인 감정 반응이 중요함을 인식해야 한다. 예컨대, 공산주의(communism)를 사람들이 얼마나 정확히 알고 있는가보다는 공산주의에서 연상되는 압제(oppression), 전체주의(totalitarianism) 등과 같은 부정적 용어에 관심을 가질 필요가 있다. 이슈 확장과 관련된 상징 활용의 효과성은 특정한 상징과 관련된 역사적 배경이나 선례에서 영향을 받게 된다.

또한 다음과 같은 경우에 이슈 상징의 효과는 커진다고 할 수 있다. ① 상징과 더불어 사용한 언행의 일관성(신뢰도)이 높을수록, ② 상징이 이미 다른 이슈 영역에서 사용한 정도(symbolic saturation)가 낮을수록, ③ 그리고 핵심적인 상징 외에 다른 분야의 사회적 상징들을 보조적 상징으로 잘 사용할수록, ④ 상징을 생산하거나 표현하는 사람의 공중 인지도가 높을수록 상징의 효력이 강화된다(symbolic reinforcement). ⑤ 아울러 상징이 긴급한 조치를 요구하며 이것이 사용되는 맥락과 상황이 적절하면 그 효과는 더 커질 것이다.

한국의 경우, 사회문제의 상징화에 대한 예로는 2011년 서울시에서 벌어졌던 초등학교 무상급식 문제를 둘러싼 유명인들의 발언을 들 수 있다. 오세훈 당시 서울시장이 초등학교 전면 무상급식을 반대하며 “전면 무상급식은 부잣집 아이까지도 세금으로 밥을 주자는 것으로 잘못된 것”이라고 했다. 이는 무상급식이라는 교육 또는 복지정책에 관한 이념적 쟁점을, 부자에게도 세금으로 공짜 밥을 먹여야 하는가라는 매우 말초적인 감성적 쟁점으로 전환시키려는 상징화로 볼 수 있다. 이후 한나라당의 나경원 후보와 범야권 박원순 후보가 나선 서울시장 보궐선거(2011. 10. 26)가 있었다. 이즈음 안철수 서울대 융합과학대학원장이 박원순 후보를 지지하면서 “한국 사회의 갈등은 진보 대 보수의 문제라기보다는 상식과 비상식의 차원에서 바라보아야 한다”고 말했다. 안 원장의 이와 같은 발언은 진보나 보수라는 단어를 사용한다면 정치 이념 논쟁에 휘말릴 수 있어 이를 피하고자 상식 대 비상식의 비정치적 문제로 포장하려는 상징화로 볼 수 있다. 독도 분쟁과 관련하여 한국 정부가 과거의 역사 자료에 근거하여 독도는 한국의 소유라는 식으로 이성적인 반박을 할 수 있지만, 만일 “독도에 대한 일본의 주장은 제2의 임진왜란을 도발한 것이다”라고 표현한다면, 독도에 관한 일본의 주장을 조선 시대 임진왜란과 같이 한반도 전체를 침탈한 사건과 연계시켜 국민들의 분노를 극대화하는 상징적 효과를 얻을 수 있다.

2 이슈 저지 전략

이슈를 확산하고자 하는 사람들의 활동이 있다면 어떤 이슈가 확산되는 것을 싫어하는 사람들의 활동도 당연히 있다. 의제가 설정되는 것을 저지하려는 기본 전략에 대한 생각은 샤트슈나이더(Schattschneider, 1975: 69)의 '편견의 동원'이나, 바크라흐와 바라츠(Bachrach & Baratz, 1970: 7)의 '무의사결정'과 맥락을 같이한다고 할 수 있다. 여기서는 이러한 기본 관점을 발전시켜 의제 설정의 반대 전략을 상세히 논의한 콥과 로스(Cobb & Ross, 1997: 27-41)를 중심으로 살펴보기로 한다.[16)]

콥과 로스는 기존의 연구가 이슈 제기자에 초점을 맞추었는데 이슈의 의제 성립을 저지하려는 반대자의 활동에도 관심을 가질 필요가 있다고 한다. 이들 학자는 경제적 이해와 같은 물질적인 요인과 정책 과정의 메커니즘과 같은 제도적 요인도 중요하지만, 이슈 확산이나 억제의 유리한 고지를 장악하기 위해 사용하는 상징 · 문화적 요인도 중요하다고 한다. 이러한 관점에서 이들은 특정한 이슈의 정책의제 상정을 막기 위해 이슈 반대자가 구사할 수 있는 네 가지 수준의 전략을 설명하고 있다.

1) 저비용 전략

이는 문제 제기를 무시하거나 문제 인식 자체를 거부하는 것을 주요 특징으로 한다. 다시 말하면, 제기된 어떤 문제를 적극적으로 패배시키기보다는 아예 상대하지 않는 것인데, 효과적일 수만 있다면 이슈 반대자의 입장에서 가장 비용이 적게 들기 때문에 우선적으로 선호할 수 있는 전략이라고 할 수 있다. 저비용 전략(low-cost strategies)의 경우, 구체적으로는 ① 공공문제의 비이슈(non-issue) 상태라고 말할 수 있는, 즉 문제의 인식 자체를 거부하는 형태, ② 사회 내에 불만스러운 상태가 있음을 인정하기는 하지만 이것은 지극히 일회적이고 일시적이라는

16) 이에 앞선 연구에서 콥과 엘더(Cobb & Elder, 1983: 124-129)는 전략 구사의 대상을 집단인가(group-oriented), 이슈인가(issue-oriented)로 나누고, 전략 행사의 특성을 직접적(direct), 간접적(indirect)인가로 나누어 집단 공격(attack group), 집단 폄훼(undermine group), 이슈 무력화(defusing of issue), 이슈 희석화(blurring of issue)라는 네 가지 이슈봉쇄전략의 유형을 제시한 바 있다.

이유를 들어 공공문제로 취급하지 않는 형태, ③ 하나의 이슈가 정부의제가 되어야 한다고 제기하는 집단이 아직 사회 내에 존재하지 않는다고 주장하는 형태 등이 있다.

이슈 제기자는 새로운 문제를 제기하거나 기존의 정책구조에 대해 도전을 하는 입장이고 아울러 이것을 공중에게 확산시켜야 하는 입장에 서 있다. 그런데 기존 체제를 고수하려는 이슈 반대자가 보통 기득권 세력이기 때문에 그들에 비해 이슈 제기자는 이슈 확산에 필요한 자원도 상대적으로 적게 가지는 등 통상적으로 불리한 지위에 있을 가능성이 크다. 특히, 이슈를 둘러싼 양측의 힘에서 이슈 반대자가 압도적으로 우세한 경우 이슈 반대자는 이러한 저비용 전략을 선호하는 경향이 있을 것이며, 그 효과도 또한 크다고 볼 수 있다.

이슈 반대자가 이러한 무시전략을 사용하는 경우, 이슈 제기자는 이슈 반대자가 문제의 존재 자체는 최소한 인정하도록 노력하거나 또는 이슈를 공중에게 확산시키려는 노력을 해야 하는데, 이것을 위해서는 추가적인 정보 획득과 자원 지출에 대한 부담을 지게 된다.

2) 중비용 전략 1: 공세적 자세

저비용 전략이 실패했을 때 이슈 반대자는 일단 문제나 이슈가 존재하고 있음을 인정하고 다음 단계인 중비용 전략(medium-cost strategies)을 선택하게 된다. 중비용 전략에는 두 가지가 있다. 하나는 적극적으로 이슈와 문제제기 집단에 대해 직접적인 공세를 취하는 것이고, 또 하나는 사회의 지배적 가치나 문화적 요소에 대한 상징 전략을 구사함으로써 의제정치에서 우위를 점하려는 것이다. 여기서는 먼저 공세적 입장(attack posture)과 관련된 중비용 전략을 살펴보고 상징 전략에 관한 중비용 전략은 다음 항에서 살피기로 한다.

이슈 반대자가 공세적 입장을 취할 경우, 공격의 초점이 문제제기 집단인 경우와 이슈 자체인 경우로 나뉠 수 있다. 전자의 경우는 문제제기 집단의 사회적 정통성(legitimacy)이 낮을 경우 사용될 가능성이 높다면, 후자는 문제제기 집단이 일반 대중으로부터 정통성을 높이 부여받고 있을 때 사용할 수 있다.

문제제기 집단이 사회적으로 인식도가 낮거나 정통성이 낮을 경우에 이슈 반대자는 이슈 자체보다는 집단에 대한 공격 등 다른 저지 수단을 강구한다. 구체적 수단의 예로는 다음과 같은 것을 들 수 있다.

첫째, 문제제기 집단을 반사회적인 가치를 추구하는 집단으로 매도하거나 또는 명성이 좋지 않은 개인이나 집단과 연루되었다고 주장한다. 박정희 정권 시절 노동자의 인권이나 복지에 관련된 정책문제를 제기하는 조직을 사회 혼란 세력이나 친북 세력으로 매도한 경우가 여기에 해당한다.

둘째, 문제제기 집단의 지도적 인물에 대한 인신 공격을 한다. 예컨대, 그가 횡령・탈세 또는 문란한 이성 관계 등의 전과가 있는 부도덕한 사람이라고 주장한다. 이렇게 지도자의 도덕적 흠결을 공격함으로써 해당 집단이 제기하는 문제의 동기나 목적도 불순함을 간접적으로 연상하게 만드는 효과를 노리는 것이다.

셋째, 제기된 문제에 대한 궁극적 책임은 정부에 있는 것이 아니고 특정한 개인이나 집단이라고 주장한다. 예를 들어, 선박 충돌에 의한 해상 기름 유출사고나 방화로 인한 문화재 화재사고 시 시민단체가 정부의 관리 책임을 비판하면서 재발 방지 등 근본 대책을 촉구한다고 하자. 이에 정부가 기름 유출사고는 노후된 선박이나 잘못된 항해기술 때문이라서 선박 회사와 선장의 책임으로, 그리고 문화재 화재는 계약을 통해 경비를 담당했던 경비회사의 책임으로 몰고 간다면 바로 이러한 경우에 해당한다고 볼 수 있다.

넷째, 의제 설정을 반대하기 위해 때로는 제기된 이슈에 관해 거짓 정보를 유출하거나 흑색선전과 같은 속임수 전략도 구사할 수 있다.

그런데 문제제기 집단이 사회적으로 명망 있고 상당한 정통성을 인정받는 경우에는 집단이나 지도자를 헐뜯는 방식으로는 효과를 얻기 곤란하다. 이때는 이슈 자체에 초점을 맞추어 공격하는 것이 유리하다. 사용될 수 있는 구체적 수단으로는 다음과 같은 것이 있다.

첫째, 제기된 이슈가 공적 영역이 아니라 사적 영역에 해당된다고 주장한다. 만일 정부나 보수 언론들이 가난, 범죄, 알코올 중독과 같은 문제는 국가나 사회가 책임질 일이 아니라 개인 스스로가 불성실하고 부도덕하기 때문이라는 생각을 가지고 있다면 이러한 문제 영역에 관한 이슈들이 사회 전반에 확산되기는 어렵고, 따라서 정책의제로 성립하기 어려울 것이다.

둘째, 이슈 제기자가 주장하는 사실이 잘못된 전제나 논리에서 비롯된 것으로 반박한다. 이에 관한 예는 2008년 초 이명박 대통령직 인수위원회의 영어 몰입교육[17]에 관한 정책 이슈가 있다. 이슈 제기자인 당시 인수위원회 측의 논리는 "영어 잘하는 수학 선생이나 사회 선생을 체계적으로 양성하면 별 문제없다"고 했지만, 반대하는 측의 논리는 "영어 잘하는 수학·사회 선생을 어떻게 확보할지가 문제가 아니라, 수학이나 사회 시간에 영어로도 잘 알아듣는 학생을 어디서 어떻게 구할지가 문제다"라고 했다. 여론이 전자보다 후자 쪽으로 기울면서 이명박 당선자 측이 제기한 영어 몰입교육 이슈는 더 이상 공중 속으로 확산되지 않고 급속히 사라졌던 것이다.

셋째, 이슈에 관한 정책 대응이 공중에게 각종 부담을 가중시킬 수 있다는 두려움을 홍보함으로써 이슈가 확산되는 것을 막는다. 예를 들어, 만일 새로운 대북 지원정책을 정부가 제안했다고 할 때, 이를 반대하는 측에서 이 정책에 필요한 재원은 결국 종합부동산세의 신설 등 국민들에게 '세금 폭탄'이라는 조세 부담으로 나타난다고 선전하는 경우가 여기에 해당한다.

넷째, 이슈가 정책의제로 채택된다면 공간적으로 광범위하고 시간적으로 후세대까지 장기간에 걸쳐 부정적 효과가 있다고 주장한다. 예를 들어, 이명박 대통령 당선자의 한반도 대운하 공약은 그 예다. 대운하를 반대하는 입장에서는 남한 전역에 걸쳐 광범위한 지역에 엄청난 규모의 생태계 파괴가 그것도 여러 세대에 걸쳐 장기적으로 진행될 것이라고 주장한다. 또한 운하 건설 노선 중에 상대적으로 고도가 높은 지역에 폐광지역, 활성단층지역, 석회암지역 등이 꽤 있는데 인공수로를 만들고 여기에 화물선이 다닐 수 있는 엄청난 양의 물을 담아 놓게 되는데, 지층의 불안정으로 인해 만일 둑이 붕괴된다면 인근 지역에 엄청난 인명 및 재산 피해를 야기할 것이라고 주장한다.

다섯째, 기존 정책의 장점을 크게 부각시키는 방법이 있다. 이것은 정책 이슈가 일반인이 이해하기에는 어렵고 복잡할 때 사용하면 좋다. 반대 집단에서는 관련 이슈의 복잡성이나 급격한 변화성을 부각시켜 현재의 수혜자나 대중들에게 변화에 대한 불안을 야기함으로써 기존 정책에 대한 지지를 유도하는 방법이다. 기존 정책의 수혜 집단이 응집력이 크고 기존 수혜자에게 가는 혜택이 큰 경우에는 이러한 방법이 변화에 관한 정책 이슈가 확산되는 것을 저지하는 데 상당히 효과적일 것

17) 중고등학교에서 영어뿐만 아니라 사회, 수학, 과학과 같은 비영어 교과목의 경우까지도 영어로 수업을 진행하는 것을 말한다.

이다.

3) 중비용 전략 2: 상징적 회유

상징적 회유(symbolic placation)로 부를 수 있는 이 전략에서, 이슈 반대자는 하나의 사회문제가 존재하고 있다는 것은 수용하지만, 이슈나 문제제기 집단 자체에 대해 직접적 비판을 가하는 공세적 전략과는 달리 간접적인 방법을 동원해 이슈 확산을 완화하려는 시도를 한다. 만일 이러한 전략이 성공한다면 적대적 갈등관계나 과격한 공세의 예봉을 완화하고 문제의 심각성을 축소함으로써 시간이 흐름에 따라 이슈가 소멸할 수도 있기 때문이다. 그래서 이슈 제기자와 적대적 또는 제로섬(zero－sum) 관계보다는 우호적 상황을 조성하려 하며, 이를 위해 공격적인 용어들의 사용을 자제하고 상호 이익을 강조하는 행태적 특징을 띤다. 상징적 회유와 관련된 구체적 수단으로는 다음과 같은 것이 있다.

첫째, 이슈 반대자는 공동체의 가치·규범·이익 등에 호소하여 이슈 제기자에게 요구의 강도를 완화할 것을 설득한다. 이 경우의 중요한 특징은 문제제기 집단을 비방하거나 헐뜯는 언행을 하지 않는다는 점이다. 가능하면 상대의 입장을 이해한다는 기본 자세를 가지면서 다만 공익을 위해 조금 양보해 줄 것을 부탁하는 자세를 취한다.

둘째, 제기하는 문제를 연구하기 위한 특별위원회를 즉각 구성함으로써 정부가 요구에 적극적인 관심을 갖는다는 모습을 보인다. 이 방법은 매우 흔히 쓰이는 것으로 이슈의 폭발적 확산을 사전 차단하는 상당한 효과가 있다. 위원회의 구성은 보통 정치적 감각을 상당히 가지고 있거나 친정부적인 성향을 가지고 있는 학자나 전문가들을 다수 포함시키기 때문에 시간이 흘러감에 따라 위원회 내부에서 문제제기 집단의 입맛에 맞는 개혁적인 정책 논의가 이루어지기는 힘들다.

또 통상적으로 사회에는 새로운 문제들이 계속 발생하고 거기에 관련된 이슈가 또한 계속 제기되기 때문에 위원회를 구성하여 연구 검토하는 자세를 보인 후 일정 시간이 지나면 애초의 이슈는 후에 나타난 다른 이슈들에 가려져 여론의 관심 밖으로 사라지게 된다. 다시 관심을 받는다고 해도 처음 문제를 제기한 집단의 일부만 관심을 가지는 상황이라서 대중적 관심을 끌기에는 역부족이 되기 쉽다.

셋째, 특정 지역에 부분적으로 시행해 보겠다고 약속하는 전시행정(showcasing)

이나 형식적 행사(tokenism)를 한다. 이러한 탐색적 사업(pilot project)을 통해 나타난 결과를 취사선택하여 이슈 반대자는 원래의 문제를 변질·축소하는 쪽으로 다시 정의한다. 또 형식적 행사는 문제에 대한 정책적 대응을 하는 모습을 보임으로써 이슈 제기자로부터 오는 격렬한 공세의 예봉을 피하는 효과를 얻을 수 있다.

넷째, 문제제기 집단의 주요 인물이나 대표적인 상징(물)을 이슈 반대자의 체제에 영입(co-opting)함으로써 이슈 제기자의 주장을 완화하거나 문제제기 집단의 독특한 상징성을 희석시키는 효과를 노린다. 박정희 정권 시절 노동자단체인 한국노총의 위원장은 임기를 마치면 당시 여당의 공천을 받아 국회의원 배지를 다는 것이 관행이었다. 또 친기업적(business-friendly)임을 공공연히 내세우는 이명박 정부도 한국노총을 정책 동반자로 공개적으로 선택하고 있다. 또한 여성의 권익을 위해 결성된 여성단체의 수장들이 집권당의 비례대표 의원을 역임하는 경우도 자주 있다. 이러한 경우는 모두 해당 단체들이 노동자와 여성의 권익 신장을 위해 강력히 이슈를 제기하는 것을 회유·억제하는 상당한 효과를 발생시킨다.

다섯째, 문제의 존재와 그 해결의 필요성은 인정하지만 시간, 예산, 인적 자원의 부족으로 인해 현재로서는 정책적 대응이 어려우니 후일 해결하자는 지연전략이 있다.

4) 고비용 전략

상징적 회유 전략이 기본적으로 이슈 제기자와 우호적 관계나 상호 이익(positive-sum)을 기본 구도로 한다면, 고비용 전략은 다른 어느 전략보다 제기자와 반대자 양측 모두 큰 비용을 감수해야 하는 네거티브섬(negative-sum) 상황이다. 그래서 이슈 반대자는 가능하면 다른 전략들을 먼저 사용한 후 이것들이 모두 실패하게 될 때 마지막 수단으로 고비용 전략을 고려할 가능성이 크다. 그것도 장기적 관점에서 볼 때 이 전략의 구사를 통해 이슈 제기자 쪽보다 상대적으로 덜 손해 본다는 확신이 서는 경우에 한해서 사용할 것이다. 고비용 전략(high-cost strategies)의 구체적 수단으로는 다음과 같은 것이 있다.

첫째, 정치적 위협을 가할 수 있다. 이슈 제기자가 정치인이나 정치단체라면 해당 개인이나 집단에 대해 각종 공직선거에서 낙선운동을 하겠다고 위협한다. 예컨대, 2011년 12월에 있은 한미자유무역협정(FTA) 비준과 관련하여 시민단체 등 비준 반대 집단에서는 협정 비준에 앞장서는 정치인들에 대해 차기 총선에서 낙선시키겠다고 경고했다.

둘째, 경제적 위협을 가할 수 있다. 특정 기업의 상품에 대한 불매운동이나 특정 기관의 서비스를 보이콧(boycott)함으로써 이슈 제기를 중단하도록 압박을 가한다.

셋째, 법적 위협으로서, 이슈 제기자나 그들의 활동에 대해 명예훼손 등 법적 소송을 하거나 체포·구금도 할 수 있다는 위협을 가한다. 때로는 아예 새로운 법을 제정하여 이슈 자체나 이슈를 제기하는 집단을 반사회적 또는 반국가적인 것으로 만들어 탄압하기도 한다. 1970년대 유신 체제에서 헌법에 대한 찬반 논의 자체를 불법화하거나 그러한 것을 시도하는 집단을 친북단체 또는 용공분자로 규정하여 형사 처벌한 것은 바로 이러한 사례에 해당한다.

넷째, 물리적 위협에 해당되는 것으로서, 이슈 제기의 주동적 역할을 하는 사람에 대해 테러나 암살 등의 위협을 가한다.

콥과 로스(Cobb & Ross)는 이상과 같이 이슈 반대자가 행사할 수 있는 전략들을 논의한 후 미국의 여러 정책 사례를 살펴본 결과, 중비용 전략 중 상징적 회유 전략이 가장 공통적으로 사용되고 있으며, 폭력이나 심각한 위협을 행사하는 고비용 전략은 상대적으로 드물다고 말하고 있다. 아울러 지금까지의 연구들과 달리 이슈 반대자의 저항행위의 동기를 단순히 물질적·경제적 요인으로만 보아서는 안된다고 한다. 즉, 상대가 제기한 이슈에 내포되어 있는 세계관이 자신들의 것과 다르기 때문에 이슈 반대 집단이 겪게 되는 위협감이나 정체성 갈등도 반대 집단을 움직이게 하는 중요한 동기라고 주장한다. 그래서 이슈 갈등에서 궁극적으로 승리할 수 있는가는, 자신들의 주장을 공동체의 지배적 가치나 문화적 상징과 깊게 연계하거나 그것으로 포장할 수 있는 정도에 달려 있다는 점에서, 상징 전략의 중요성을 새삼 강조하고 있다.

정책의제 형성에 관한 연구는 기본적으로 사회 내에 잠재적 또는 가시적으로 존재하는 불만과 요구가 어떻게 표출되며 또 어떻게 정책결정 기구 내에 투입되고 있는가를 설명하려는 동기에서 출발한 연구 분야다.

초기에는 고전적 민주주의 이론이나 이것과 지적 기반을 같이하는 다원주의적 시각에서 보는 낙관적 견해가 주류를 이루었다. 즉, 이들 이론은 합리적 인간관의 전제 위에서, 어느 사회구성원도 이익의 표명과 결집, 그리고 이것을 정책 과정에 반영하는 데 별다른 인위적 · 법적 장애물이 없다고 보았었다.

그러나 사람들은 자신의 문제까지도 포함하여 사회문제에 대한 인식이 부족하거나 무관심한 경우가 많고 그래서 이익을 표출하거나 문제 해결을 요구하는 것에 대해 소극적인 경우가 많은 것이 현실이다.

또한 문제 인식이 충분하고 또 해결 욕구가 큰 경우에도 현실적으로 특정한 문제제기 집단의 요구가 표출되고 정부에 접속되는 과정에는 다양한 인위적 · 구조적 장애물이 존재함으로써 의제 형성에 어려움이 있다. 그런데 정책의제 형성의 장애물들이 이해관계를 달리하는 집단 간에 동등하게 존재하는 것이 아니라 차별적으로 작용하는 경우가 많다. '갈등의 범위'와 '편견의 동원'을 강조한 샤트슈나이더의 연구와 '무의사결정'을 주장한 바크라흐와 바라츠의 연구는 바로 이와 같은 현상을 잘 지적하고 있는 대표적 연구다.

결론적으로, 사회문제나 정책의제는 사람이 만들어가는 하나의 '사회적 구성물'이며 따라서 정책의제 형성 과정은 하나의 '정치 과정'으로 볼 수밖에 없다는 것이다. 하나의 문제란 객관적 실체로 존재하는 것이 아니라 개인이나 사회에 영향을 주고 있는 공동체의 이념 · 가치관 · 문화와 같은 무형적 준거 체제(frame of reference)의 반영물로 보아야 한다. 그렇기 때문에 문제나 이슈가 성립하고 이것이 공중 속으로 확산할지의 여부는 시간이나 공간에 따라 상대적일 수밖에 없다.

이슈의 확산 과정에서 이슈 찬성자나 이슈 반대자 모두 사회의 지배적 준거 체제에 그들의 주장을 어떻게 이입시키는가에 따라 의제 채택의 성공 여부가 큰 영향을 받으며, 이는 의제정치(agenda politics)에서 주장을 뒷받침하는 논리적 근거나 타당성 외에 문제의 상징화나 이미지 전략이 매우 중요함을 말하고 있다.

제 5 장 환경과 정책

환경은 정책에 영향을 주고 정책은 환경에 영향을 준다. 정책이 환경에 영향을 주는 것은 정책을 독립변수로 보는 관점이다. 결정된 정책이 시행되면 환경에 긍정적이든 부정적이든 또는 예측했든 예측하지 못했든 어떤 영향을 주게 된다. 독립변수인 정책 때문에 종속변수인 정책 효과가 발생하는 것이다. 반면, 환경이 정책에 영향을 주는 경우는 정책을 종속변수로서 보는 관점이다. 예컨대, 정당 의석 수 변동, 평균 학력 수준의 변화, 경기 변동 등은 정책 내용에 변화를 가져온다. 이 장에서는 정책과 환경과의 관계를 다루므로 정책을 독립변수로 보는 것과 종속변수로 보는 것을 모두 다룰 것이다. 그런데 정책이 사회에 주는 영향은 결국 정책 효과에 관한 내용이고 이는 정책평가 연구에서 본격적으로 다룬다는 점에서 여기서는 환경이 정책에 영향을 주는 것에 초점을 맞추고자 한다.

이런 취지를 가지고 이 장에서는 정책결정요인론과 한국의 정치행정문화론을 다루고자 한다. 정책결정요인 연구는 사회경제적 요인과 정치적 요인 중 어느 것이 정책에 더 큰 영향을 미치는가를 집중적으로 탐구했다는 점에서 환경과 정책의 관계에서 중요한 연구 분야다. 또 한국의 정치·행정문화는 정책대상집단인 국민과 정책결정자인 관료들의 의식 저변을 구성하고 그들의 행태에 작용함으로써 정책 내용의 큰 테두리를 결정한다는 점에서 이 또한 중요한 내용이라고 생각한다.

제 1 절 정책결정요인 연구

정책결정요인 연구는 환경이 정책에 영향을 주는 경우를 연구한 것이다. 정책에 영향을 주는 환경적 요인의 가장 큰 묶음으로는 사회적 요인, 경제적 요인, 정치적 요인을 말할 수 있다. 사회적 요인의 하위 변수로는 도시화, 인구밀도, 교육수준, 환경오염, 인터넷 및 SNS의 발달 등이 그 예이고, 경제적 요인의 하위 변수로는 소득 수준, 산업화, 경제성장률 등을 들 수 있다. 그리고 정치적 요인에는 투표율, 정당 간 경쟁도, 정권 변동, 정치·행정문화 등이 포함될 수 있다.

정책에 대한 이들 환경적 요인의 상대적 영향력에 대한 관심이 학자들 간에 있었는데 대략 1950년을 전후해서 연구가 시작되었다고 볼 수 있다. 이 연구 주제의 주된 초점은 경제적 요인과 정치적 요인 중 어떤 것이 정책에 더 큰 영향력을 행사하는가에 관한 것이었다. 정책의 내용과 수준에 대한 이들 독립변수의 설명력을 확인하는 이러한 연구들에 대해 사람들은 '산출 연구(output studies)' 또는 '정책결정요인 연구(policy determinants studies)'라고 부르고 있다.

정책결정요인 연구는 일단의 경제학자(재정학자)들이, 사회경제적 요인이 정책산출에 결정적인 영향을 미친다는 연구를 내놓으면서 시작되었고, 이에 대한 반발로서 정치적 요인의 중요성을 강조하는 정치·행정학자들의 연구가 뒤를 잇는 형식으로 전개되었다.

1952년에 발표된 한 연구(Fabricant, 1952)에서 1인당 소득, 도시화, 인구밀도라는 세 가지 사회경제적 변수가 1인당 공공지출의 주정부 간 차이를 72% 이상 설명해 주고 있음을 발견했다. 이 중에서도 1인당 소득이 지출에 가장 강한 관계를 보인다고 했다. 1959년에 이루어진 브레이저(Harvey Brazer)의 연구는 462개의 시정부를 대상으로 한 연구에서 인구밀도, 가구소득, 다른 정부기관의 보조가 지출에 가장 큰 영향력을 가지는 것으로 분석했다. 통계분석과 사회경제적 변수에 치중한 그의 연구는 후속적인 연구를 자극했고, 이를 통해 이 분야의 연구가 더욱 세련되어 갔다.[1)]

---

1) 후속 연구는 주로 *National Tax Journal*에 실린 연구들인데 피셔(Fisher, 1964), 삭스와 해리스(Sachs & Harris, 1964) 등의 연구가 그 예다.

피셔(Fisher, 1964)는 파브리캔트(Soloman Fabricant)의 연구에다 연간 소득 2,000달러 미만의 가구 비율, 인구 증가율 등의 변수를 추가한 결과 지출의 변화를 더 많이 설명함과 동시에 1인당 소득이 지출과 가장 강한 관계를 가지고 있음을 다시 한 번 확인했다.

이상에서 보듯 대부분 재정(경제)학자들에 의해 이루어진 초기의 연구에 포함된 독립변수들은 그들의 학문적 관심 때문에 그런지 자연스럽게 사회경제적 요인에 치중하고 있었다. 따라서 1960년대 초반까지 재정학자 중심의 연구 결과만 가지고는 '정치와 경제'의 상대적 중요성에 대한 본격적인 논의가 이루어졌거나 결론을 내릴 수 있는 단계는 아니었다. 그러나 이와 같은 연구들의 초점이 비록 일방적이었다고 하더라도 사회경제적 변수의 일관성 있는 높은 설명력은 정책에 대한 정치적 현상의 중요성을 당연히 믿어왔던 정치학자들에게는 간과할 수 없는 문제로 부각되었다. 그리하여 이후 정치·행정학자들에 의한 일련의 반발적 연구 기류가 조성되었다.

정책결정요인 연구는 많은 학자에 의해 이루어져 왔는데, 이들 연구가 초기부터 지금까지 어떻게 발전되어 왔는가를 알기 위해 연구들이 사용하고 있는 이론적 모형과 분석 방법을 중심으로 하여 그 연구 계보를 살펴보기로 한다.

1 정치의 영향력을 강조한 연구

전통적으로 미국 정치를 다룬 연구 문헌들은 양당 제도의 경쟁, 투표 참여, 의석 할당 등 정치 체제의 특성이 정책에 직접적인 관련이 있다고 믿어 왔다. 이러한 믿음은 미국 사회의 지배적 이념인 다원주의(pluralism)가 이들 특성을 중요한 가치로 생각하는 것에서 온 것으로 보인다(Dye, 1984: 304).

키(V. O. Key)는 1949년의 연구에서 정당 간 경쟁이 사회 내 빈곤층의 결핍과 욕구에 대해 정책이 반응하는 정도를 결정한다고 주장했다. 로커드(Lockard, 1959) 역시 뉴잉글랜드에 대한 연구에서 키의 가설을 두 가지 측면에서 진전시켰다. 하나는 지역의 부(wealth)가 가난한 자들에 대해 얼마나 관대한가를 결정짓는다는 것, 그리고 지역 내의 경제적 이익의 다양성 여부가 정당 체제의 특성에 영향을 주는 경향이 있다고 했다. 즉, 뉴잉글랜드의 경우 전통적으로 에이레(Eire)와 프랑스-캐나디언들이 양키지역으로 흘러들어 오는 현상이 경제적 이익의 다양성을 가져오고 이것은 부분적으로 양당 제도와 같은 좀 더 경쟁적인 정치 기반을 조성해 주는 데 기여한다고 했다.

위의 연구들은 모두 정치 체제라는 것이 환경의 요구를 정책으로 전환시키는 기능을 한다는 시각에서 이루어진 것으로서 요인들 간의 관계를 기본적으로 [그림 5-1]과 같이 나타낼 수 있다. 이러한 관계를 다이(Dye, 1984: 304)는 '경쟁-참여 모형(competition-participation model)'으로 부르고 있고, 크너드와 매크런(Cnudde & McCrone, 1969)은 '발전적 계기모형(developmental sequence model)'이라고 부른다.

그림 5-1 경쟁-참여 모형

그런데 경쟁-참여 모형이 다음에 언급되는 '전환모형(conversion)'과 다른 점은 전자가 정치적 요인을 정책에 대한 직접적인 원인으로 생각하는 반면, 후자는 사회 내의 요구가 정책의 직접적인 원인이고, 정치적 요인은 이러한 요구를 정책이라는 결과로 산출시켜 주는 매개적 요인으로 본다는 것이다.

2 정치의 독립적 효과가 없다고 본 연구

정책결정에서 경쟁-참여 모형이 가정하고 있는 정치적 변수의 중요성을 의심하는 최초의 암시는 도슨과 로빈슨(Dawson & Robinson, 1963)의 연구에서 나타난다. 이들은 "높은 수준의 정당 간 경쟁은 사회경제적 요인과 사회복지정책 양자에 모두 높은 관련을 가진다. 그러나 처음 생각했던 것과는 달리 정당 간 경쟁의 수준은 사회경제적 요인과 복지정책 사이에서 중요한 매개적 영향을 가지고 있지 않는 것으로 보인다"고 한다. 즉, 정당 간 경쟁이 복지정책과 매우 밀접히 관련되고 있지만 1인당 소득을 통제한 후에 없어지는 것으로 보아 정당 간 경쟁과 복지정책 사이의 관계는 허위적(spurious)인 것으로 결론짓고 있다. 이들의 연구에 뒤이은 연구들도 정책 산출에서 정치적 변수의 영향력이 약하게 나오는 것을 계속 확인시켜 주고 있다.

호퍼버트(Hofferbert, 1966: 73－82)도 복지 성향에 대한 정의를 좀 더 세련화하고 정당의 분할 지배, 의석 할당의 불평등, 지역 등을 독립변수로 추가한 결과 어느 정치적 변수도 정책에 대한 독립적 영향을 갖지 않는다고 했다.

다이(Dye, 1966) 역시 정치 제제의 특성을 나타내는 4변수(민주당 또는 공화당의 지배 여부, 정당 간 경쟁, 투표율, 의석 할당의 불균형)와 경제 수준을 반영하는 4변수(도시화, 산업화, 부, 교육)를 독립변수로 하여 90개의 정책 산출 분야와 관련지어 조사했다. 분석 결과 조세 및 지출에 관한 54개의 정책지표 중 47개에서 사회경제적 변수가 정치적 변수보다 더 큰 영향을 주는 것으로 나타났다고 한다. 또한 정치적 변수가 정책에 대해 가지고 있는 관계도 경제적 변수를 통제했을 때에는 거의 사라지는 것으로 보아 이들 간의 관계는 허위적인 것으로 볼 수 있다고 했다.

워커(Walker, 1969)는 정책의 채택 범위와 신속성을 나타내는 '혁신지표(innovation index)'를 종속변수로 사용하여 88개의 정책을 분석했다. 연구 결과 정치적 요인들이 혁신과 매우 밀접한 관련을 맺고 있지만 사회경제적 변수를 개입시키면

그림 5-2 허위모형

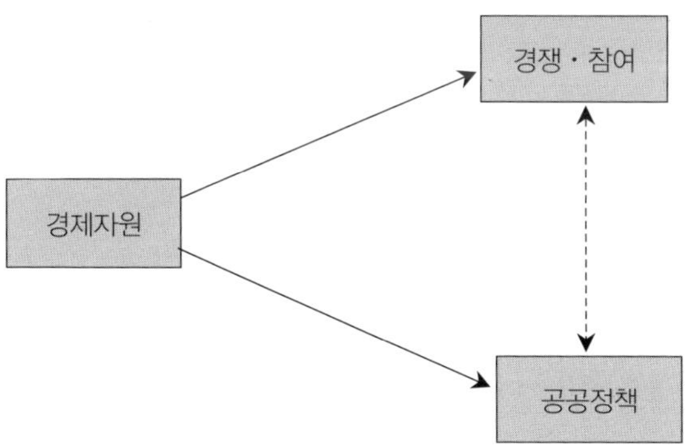

그 관계가 대부분 사라짐을 발견했다.

이와 같은 연구 결과가 가정하고 있는 변수들 관계는 [그림 5-2]와 같고, 다이(Thomas R. Dye)는 이것을 '경제자원모형(economic resources model)'이라고 하고, 크너드(Charles F. Cnudde)와 매크런(Donald J. McCrone)은 '허위모형(spuriousness model)'으로 부르고 있다.

3 사회경제적 요인과 정치적 요인의 영향력을 모두 인정한 연구

크너드와 매크런(Cnudde & McCrone, 1969: 858-860)은 경쟁-참여 모형이나 허위모형의 연구들이 정치적 변수를 충분히 선정하지 못한 잘못을 지적했다. 이들은 정치적 변수의 설명력과 관련하여 만일 정치 체제의 특성을 더 잘 반영하는 변수를 선정한다면 앞의 두 모형에 관한 연구들과 다른 연구 결과가 나타날 수 있다는 의문을 제기했다. 예컨대, 정당 간 경쟁과 같은 비개인적(non-individual) 변수의 영향력이 매우 작은 정치적 환경에서는 오히려 정치적으로 중요한 인물들의 인지와 태도상의 특징들이 더 큰 설명력을 가질 수 있으며, 그래서 이러한 개인적 변수를 잘 고려하여 정치적 요인들을 구성한다면 앞의 두 모형의 혼합적 형태를 생각할 수 있다고 한다.

이와 같은 논리에서 그들은 사회경제적 발전이 정치와 정책에 영향을 미치고 정치적 변수도 독립적으로 정책에 영향을 미친다는 혼합모형(hybrid model)을 제시

그림 5-3 혼합모형

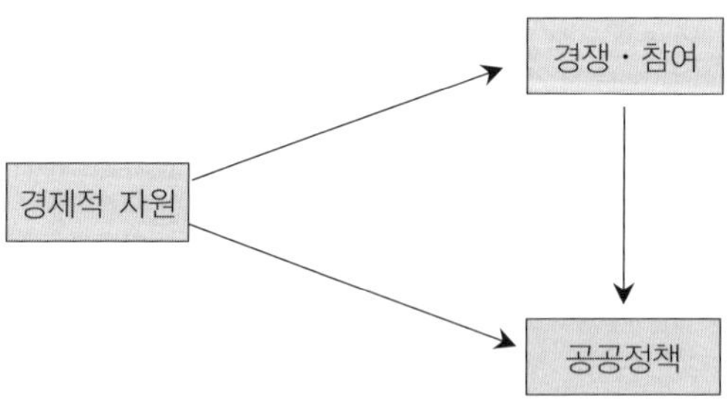

했다.

크너드와 매크런은 네 가지 복지정책 분야를 대상으로 이 모형을 테스트한 결과 실업수당과 부양 어린이 보조의 두 정책 분야에서는 사회경제적 변수와 정당 간 경쟁을 각각 통제한 경우 모두에서 상당한 회귀계수의 감소 효과를 나타내는 것으로 보아서 이들 분야에서는 혼합모형이 적절하다고 말하고 있다.[2)]

혼합모형의 연구 결과를 이끌어낸 많은 연구가 있는데, 이들 연구도 사회경제적 요인과 정치적 요인 중 어느 것이 더 큰 설명력을 보이는가에 따라 다음과 같이 정리해 볼 수 있다.

1) 두 요인의 영향력이 비슷하다고 보는 경우

샤칸스키(Ira Sharkansky)와 호퍼버트(Richard I. Hofferbert)는 기본적으로 크너드와 매크런이 주장한 바와 같이 정치적 요인의 직접적 효과가 있음에는 동조하고 있다(Sharkansky & Hofferbert, 1969: 877). 그리고 정치, 경제, 정책의 각 범주를 몇 가지 요인으로 추출하여 분석한 결과 복지-교육정책 요인에 대한 경쟁-참여 요인과 부(wealth) 요인의 단순 상관계수(각각 0.68, 0.69)와 편상관계수(0.47, 0.43)의 크기가 거의 차이가 없는 것으로 나타나므로 어느 쪽이 정책에 대한 영향력면에서 더 우월하다고 말할 수 없다고 했다.

2) 정치의 영향력이 더 크다고 본 경우

프라이(Brian Fry)와 윈터스(Richard F. Winters)는 소득면에서 최하위 3개 계층이 갖는 세입 부담에 대한 세출편익의 비율인 '순재분배 효과'를 종속변수로 하여 재분배정책에 대한 결정요인 연구를 했다(Fry & Winters, 1970: 521-522). 연구 결과 모형에 포함된 사회경제적 및 정치적 변수가 정책 산출을 55% 설명하고 있으며 사회경제적 변수를 통제한 후 나타나는 정치적 변수의 결정계수는 0.46인데 비해, 정치적 변수를 통제한 수 나타나는 사회경제적 변수의 설명력은 0.27에 불과한 것

2) 이들 학자는 네 가지 복지정책 분야에 대한 설명모형들의 적합성을 살펴보았는데 사회경제적 변수를 통제한 후에 정당 간 경쟁과 복지정책 간의 회귀계수가 상당한 정도로 감수하는 것으로 보아 적어도 복지정책 분야에서는 경쟁-참여 모형이 타당성을 잃고 있다고 했다. 그리고 학생 1인당 지출과 노령자 부조의 복지 분야에서는 경제자원모형(허위모형)이 타당하며, 실업수당과 부양 어린이 보조의 경우는 혼합모형이 적절한 것으로 보고 있다.

을 발견했다. 따라서 이들은 정치가 독립적 효과를 가질 뿐만 아니라 재분배정책의 비용과 편익의 할당에 더 중요한 역할을 수행한다고 주장하고 있다.

한편, 붐스(Bernard H. Booms)와 홀도슨(James R. Halldorson)은 산출의 분배를 결정하는 데 정치적 변수가 가장 중요하다는 프라이와 윈터스의 선험적 관심에 동조하지만 그들이 각 주의 '재분배지수(redistribution index)'를 작성하는 과정에서 각 주마다 소득계층별 비율이 다름에도 불구하고 획일적으로 똑같은 비율로 삼는 오류를 범했다고 한다(Booms & Halldorson, 1973: 924－34). 이것을 시정하여 새로운 재분배지수를 구성하여 분석한 결과, 이들은 프라이와 윈터스의 결과에 비해 사회경제적 변수의 다중 편결정계수가 0.27에서 0.42로 높아졌다고 한다. 그렇지만 정치와 경제의 상대적 영향력에서는 여전히 정치 요인이 앞서는 것을 나타났다.

우슬래너(Eric M. Uslaner)와 베버(Ronald E. Weber) 역시 같은 주제를 가지고 연구한 결과 사회경제적 요인보다 정치적 요인을 강조하는 설명에는 충분한 이유가 있다고 했다(Uslaner & Weber, 1975: 130－170).

정당 간 경쟁이 정책 산출에 독립적인 영향을 갖지 못한다는 '허위모형(＝경제자원모형)'의 연구 결과가 나타나는 이유에 대해 제닝스(Jennings, 1979: 414－29)는 정당 간 경쟁 자체는 복지 지출의 증가에 대한 충분 조건이 아니기 때문이라고 말한다. 즉, 정당 간 경쟁이 있다고 하더라도 빈곤층을 대변하는 정당이 정부를 지배하는 경우에만 복지정책의 확대에 기여할 수 있다고 설명한다. 제닝스(Edward T. Jennings)는 이와 같은 관점에서 정부 지배의 세 가지 유형과 소득의 변화를 독립변수로 하여 회귀분석한 결과 경제적 자원을 통제한 경우에도 정당지배모형에 의한 설명력은 경제자원모형에 비해 대부분 두 배 이상의 설명력을 보여주고 있으며, 아울러 저소득 계층의 지지를 받는 정당의 지배가 복지정책의 증가를 가져오는 중요한 결정요인임을 말하고 있다.

3) 사회경제적 요인의 영향력이 더 크다고 본 경우

재분배정책에서 정치적 요인의 상대적 우월성을 제시한 프라이와 윈터스의 연구에 대한 비판적 연구를 수행한 설리번(John L. Sullivan)에 의하면, 프라이 등의 연구가 가지는 명백한 결함은 사회경제적 변수의 숫자(6개)보다 두 배에 달하는 정치적 변수(12개)를 사용했기 때문에 정치적 요인의 영향력이 더 큰 것으로 나타났다고 한다. 그래서 설리번은 6개의 사회경제적 변수를 추가하여 각 요인의 변수를 모두 12개로 맞추어 분석한 결과, 설명력이 각각 0.17과 0.29로 사회경제적 요인이 앞선 것으로 나타났다고 한다. 또 설명력이 큰 변수 순으로 각각 5개씩 선정하여 분석을 해 보아도 0.12와 0.17로 결과는 마찬가지였다고 한다.

4 사회경제적 요인의 영향력을 부정하는 연구

다이슨(James W. Dyson)과 안젤로(Douglas St. Angelo)는 지금까지 사회경제적 환경이 정책지출에 영향을 준다는 생각이 직관적으로 만족스러우므로 거의 의심을 받지 않았다고 한다(Dyson & Angelo, 1973: 131－36). 그러나 어느 한 시점에서 선정된 정치 및 사회경제적 요인과 정책지출 간의 관계를 설명하는 것은 선행적(anteceded) 관계와 공변적(co－varying) 관계를 혼동하는 것이며, 상관분석이나 회귀분석에 의해서는 결정 관계적 해석을 허용하지 못한다고 한다. 모든 인과적 관계에서는 선행적 요인의 변화가 그것이 영향을 주는 요인의 변화를 필연적으로 가져온다고 보아야 하므로 만일 두 변수가 이러한 관계에 있다면 어떤 두 시점 간의 각 변수의 변화가 높은 상관 관계를 나타내야 한다고 한다.

그래서 이들은 7년 간격의 두 시점에서 변수들의 변화의 정도를 나타내는 '차이점수(difference score)'를 가지고 이들 간의 상관 관계를 조사해 본 결과 어느 하나도 0.4를 넘는 것이 없는 것으로 보아, 산업화와 소득이 정책 산출에 대해 가지고 있는 정태적이고 꾸준한 관계는 결코 인과적이거나 함수적인 관계를 반영하는 것은 아니라고 한다. 이를 근거로 이들은 조세와 지출정책이 사회경제적 요인의 함수라고 주장할 만한 아무런 근거가 없다고 한다.

5 전환모형

정책결정요인 연구의 관심 주제는 정치와 사회경제적 상황의 차이가 과연 정책의 차이를 만들어 내는가, 그리고 어느 것이 더 우월한 영향 요인인가에 관한 것이었다. 그러나 정치의 역할에 관해 일반적으로 갖고 있는 견해에 비추어볼 때, 정치는 정책에 대해 직접적인 원인 관계에 있다기보다는 환경으로부터 오는 요구를 정책으로 전환시켜 주는 역할을 수행하는 것이 아닐까 하는 의문을 가져볼 수 있다.

이스턴(David Easton), 그리고 앨먼드(Gabrial A. Almond)와 파월(G. Bingham Powell, Jr.)도 일찍이 정치 체제를 투입이 어떻게 산출로 바뀌는가에 영향을 주는 전환 메커니즘으로 보았다. 즉, 정책에 대한 직접적 효과를 미치는 것이 아니라 환경의 요구와 정책 간의 관계에 영향을 주는 것으로 본다. 고드윈과 셰퍼드(Godwin & Shepard, 1976: 1129)도 정치 과정의 속성을 시민의 수요곡선의 형태와 위치에 대한 결정요인으로 보아서는 안 되고, 요구를 정책으로 전환하는 것을 촉진하거나 억제하는 매개적 수정변수로 볼 것을 주장한다.

그러나 정치의 전환적 기능을 강조한다고 해도 어떤 요구에 대해서는 정치 과정이 작동하지 않는 경우도 있기 때문에 정치 과정의 존재가 요구와 정책 간의 관계에 대한 충분 조건이라고 할 수는 없다. 하지만, 정치 과정이 없으면 요구와 정책 간의 관계는 존재하기 어렵기 때문에 정치 과정은 그와 같은 관계가 존재하기 위한 필요 조건으로 보아야 한다. 따라서 정치 과정의 차이는 투입의 산출로의 전환에 차이를 만들어낼 것이며, 전환의 규칙(rule of transformation)은 정치 과정의 성격에 따라 상황적이 된다(Stonecash, 1980: 22–23).

이와 같은 생각은 경쟁적 정치 체제에서는 인구적 특성이나 경제적 자원이 정책과 상대적으로 밀접한 관계를 갖는 반면, 비경쟁적 정치 체제에서는 그러한 관계가 약할 것이라는 가설을 도출할 수 있다. 지금까지 정책결정요인 연구에서 일반적으로 정치적 변수의 중요성이 약하게 나타난 결과도 정치를 정책에 대한 직접적 원인이라기보다는 전환 체제로 인식해야 함을 시사하고 있다고 본다. 정치는 정책을 일으키는 것이 아니라 사회가 보유하고 있는 자원과 문제 해결에 대한 요구가 정책으로 전환되는 것을 촉진하고 전달하는 것으로 볼 수 있다(Dye, 1984: 310–311).

그동안 상관분석과 회귀분석 등의 통계기법을 이용하여 정치와 경제의 직접적 영향력의 상대적 비교에 관심을 기울였던 연구들과는 달리 정치의 전환 기능, 즉 촉진기능에 초점을 맞춘 일련의 연구들의 공통된 시각을 '전환모형(conversion model)'이라고 부를 수 있다. 이렇게 볼 때, 전환모형은 앞서 언급한 경쟁–참여 모형과 비슷하지만 후자가 정치를 정책의 직접적 원인으로 생각한 반면, 전자는 사회환경과 정책 간의 인과 관계의 강도를 조정하는 전환적 · 촉진적 · 반응적 변수로 본다는 것이 다른 점이다. 요컨대, 전환모형에 입각한 연구들은 시민의 요구에 잘 반응하고, 그래서 사회경제적 변화에서 생긴 시민들의 요구를 정책으로 잘 산출할 수 있는 정치 체제의 기능과 특성에 정치의 의미를 부여하는 연구인 것이다.

전환모형에 입각한 연구로 대표적인 것이 라인베리(R. L. Lineberry)와 파울러(Edmnund P. Fowler)의 연구(Lineberry & Fowler, 1967: 701-717)다. 이들은 개혁한 정치구조와 개혁하지 않은 정치구조가 미국 도시의 정책 산출에 미치는 영향을 조사했다.[3] 연구 결과는 개혁된 도시가 개혁되지 않은 도시보다 상대적으로 공공지출이나 세금 부과가 적은 경향이 있음을 확인했다. 그리고 다중 상관계수를 이용하여 분석한 결과 개혁된 도시보다 개혁되지 않은 도시에서 정책 산출을 더 잘 예측할 수 있었다고 한다. 즉, 개혁된 도시에서는 산출 변수가 사회경제적 변수(예: 소득, 교육, 직업, 종교, 인종적 특성)와 아무런 관계가 없는 반면, 개혁되지 않은 도시에서는 세금이나 공공지출과 같은 정책 산출 변수가 도시의 사회경제적 변수에 유의미한 상관 관계를 보였다고 한다. 이와 같은 분석 결과에 대해 이들은 정치제도에 관한 개혁이 사회경제적 요인에 덜 반응적이어서 공공정책에 대한 사회적 균열(인종, 종교, 민족 등)의 영향을 중화시켜 준 것으로 볼 수 있는데, 이는 시정부를 '합리화'하려는 개혁주의자들의 목적을 어느 정도 달성했음을 보여주고 있다고 한다.

한센(Susan B. Hansen)은 공공문제에 대한 시민-지도자의 일치에 영향을 주는 정치구조와 참여 수준을 연구했다(Hansen, 1975: 1181-1199). 한센은 공공문제의 중요성에 대한 우선순위에 대해 시민과 지도자의 일치성 지수(concurrence index)를 산출하여 한 개의 참여변수와 5개의 구조변수를 독립변수로 하여 53개 지역사회에 대해 분석했다. 연구 결과는 대체로 투표율이라고 하는 참여변수는 정치구조와 큰 상관없이 높은 수준의 일치도를 가져오는 경향을 보여주었다. 그러나 경쟁적 선거의 빈도수와 당파성이라는 하는 정치구조 변수가 투표율에 상당한 독립적 효과를 가지는 것으로 보아 높은 참여율과 경쟁적 정치구조가 상호작용하는 경우에는 좀 더 높은 일치도를 기대할 수 있다고 한다. 이것을 검증하기 위해 지역사회를

3) 미국의 200개 도시를 대상으로 한 연구인데, 여기서 개혁되지 않은 도시(unreformed city)란 인사권을 행사하는 강한 시장(mayor-council governments), 당파적 선거(partisan elections), 소선구제(ward constituencies)의 특징을 가진 도시이며, 개혁한 도시는 관리인 제도의 시정부(cities with manager governments), 비당파적 선거(nonpartisan elections), 대선거구제(at-large constituencies)로 정치제도가 바뀐 도시를 말한다.

네 가지 유형으로 나누어[4] 각 유형별로 일치도 점수를 계산해 본 결과 투표율이 높고 경쟁적 선거 체제를 가진 '경쟁적 민주주의' 사회에서 가장 높은 일치도가 나타났다고 한다. 이러한 분석 결과는 시민 참여가 일치도에 영향을 주는 주된 요인이지만 정치구조는 이러한 관계가 성립되는 어떤 조건을 만드는 데 기여하고 있음을 보여준다고 한다.

고드윈(R. Kenneth Godwin)과 셰퍼드(W. Bruce Shepard)는 이전의 연구들이 지출 수준을 예측하는 데 사용하는 회귀함수 내에 사회경제적 변수와 정치적 변수를 동등한 자격으로 위치시킴으로써 정치 과정 변수가 연계 메커니즘으로 작용하는 이론 형성에 너무 적은 관심을 기울였으며, 이러한 무관심은 결국 정책에 대한 정치적 변수의 효과를 부적절하게 검증하는 결과가 되었다고 비판한다(Godwin & Shepard, 1976: 1127-1135). 고드윈과 셰퍼드는 정치 과정 변수의 연계 역할(linkage role)을 검증하기 위한 분석 방법으로 지출에 대한 시민의 요구 수준과 실제 지출 수준 간의 차이를 나타내는 '전환오차(translation errors)'를 네 가지 연계모형과 관련짓고 있다.[5] 만일 특정한 연계모형이 특정 지역이나 특정 정책 분야에서 전환오차를 가장 작게 산출한다면 요구와 산출을 연결시켜 주는 정치 과정의 특징들을 발견할 수 있으며, 이와 같은 연계모형의 시각은 지금까지의 비연계모형에 의한 연구들이 가지고 있는 가정이 잘못되고 있음을 제시하는 것이라고 한다.

스톤캐시(Jeff Stonecash)도 정치는 선호(preference)나 부(wealth)와 독립하여 그 자체로서 정책을 불러일으키는 것이 아니라고 주장한다(Stonecash, 1980: 21-26). 정책결정요인 연구에서 가장 중요한 문제는 연구 대상인 정책 영역의 선택이나 종속변수의 형태가 아니라 사용된 이론의 구체화임에도 불구하고 지금까지 이 분야의 관심은 이론보다는 방법론에 치중했다고 한다. 그 결과, 정책과 관련되는 모든 현상의 카테고리를 직접적, 독립적, 경쟁적 인과 요인으로 간주하는 오류를 범했으며 주로 사용되었던 통계분석기법들도 이론 구축을 위한 통계분석이 아니라 이론적 질문을 결정하는 데 주어졌다고 한다. 스톤캐시는 정치(X_2)와 부(X_3)가 사

4) 네 가지 유형이란 정치적 무관심(apolitical), 경쟁적 엘리트(competitive elitist), 비당파적(non-partisan), 경쟁적 민주주의(competitive democracies)를 말한다.

5) 이들은 대중과 엘리트의 연계에 관한 것으로 rational-activist, political parties, pressure groups, socialization의 네 가지 모델을 들고 있다.

회적 선호(X_1)와 똑같이 정책을 연결시키는 기본적 역할을 한다고 가정한다면 이들 간의 관계를 식(1)과 같이 나타낼 수 있다고 한다.

$$Y = a + b_1X_1 + b_2X_2 + b_3X_3 + b_4X_1X_2X_3 + e_i \cdots\cdots\cdots\cdots (1)$$

이 식을 선호와 정책 수준 간의 관계로 고쳐쓰면 식(2)와 같다.

$$Y = (a + b_2X_2 + b_3X_3) + (b_1 + b_4X_2X_3)X_1 + e_i \cdots\cdots\cdots\cdots (2)$$

식(2)의 전반부 괄호는 선호와 정책 간의 관계를 나타내는 직선의 절편을 의미하며, 후반부 괄호는 직선의 기울기를 나타낸다고 할 수 있다. 스톤캐시는 지금까지의 연구들이 정치변수의 독립적 효과만을 의미하는 식의 전반부 안의 b_2X_2에만 관심을 가졌으며, 정치 요인의 촉진적(중개적) 역할을 나타내는 식의 후반부 전환 패턴 항목은 다루지 않는 잘못을 범했다고 한다.

6 정책결정요인 연구의 평가

정책결정요인에 대한 연구는 일찍이 재정학자들에 의해 이루어졌으며 사회경제적 요인의 영향력이 더 우월한 것으로 시작되었다. 이후 이 연구에 대한 비판은 주로 사회경제적 영향력이 과대 평가되었다고 보는 정치・행정학자들에 의해 이루어졌다. 지금까지 학자들이 지적한 문제점에는 다음과 같은 것이 있다.

1) 변수의 선정과 측정

일반적으로 계량분석에 의한 연구 결과는 변수의 선정과 조작화에 큰 영향을 받게 된다. 이 문제를 변수의 개념, 변수의 수, 그리고 측정지표로 나누어 살펴보기로 한다.

첫째, 변수의 개념에 관한 것으로 정책결정요인의 분석은 일반적으로 체제이론을 사용하고 있으며, 많은 경우 소득, 도시화, 산업화 등의 사회경제적 변수를 투입으로 간주하고 있다. 그러나 이것들은 그 자체가 정책 과정으로의 투입은 아니며, 이들은 요구와 지지가 표명되고 이것들이 정치적 권위체에 대한 커뮤니케이션으로 유도되는 환경적 요인으로 보아야 한다.

또한 정치 체제 요인을 조작화(operationalization)할 때 정당 경쟁, 선거 참여, 의석 할당 등을 많이 사용하는데, 이들이 정치 체제 속성들을 충분히 표현하는 것은 아니다. 제이콥과 립스키(Jacob & Lipsky, 1968: 514)는 정치 체제를 총괄적으로 측정하기 위해서는 최소한 행정부와 입법부의 조직, 이익집단의 강도, 주정부의 연방 및 지방 체제와의 연계를 포함해야 하며, 정책에 대한 개념도 지출 수준, 프로그램의 질과 영향뿐만 아니라 주민들 간의 편익 분배라는 차원이 추가되어야 한다고 한다.

그리고 지금까지 정당 간 경쟁이나 의석 할당의 불균형과 같은 변수들이 대표적인 정치 변수로 사용된 것은 미국 사회의 지배적 이념인 다원주의의 영향을 크게 받은 것으로 볼 수 있으며, 민주정치가 덜 발달된 나라의 경우 오히려 권력의 독재성, 비민주성에 관한 변수가 매우 중요한 작용을 할 것으로 예측된다.

변수의 개념과 관련된 또 하나의 문제는 정치의 역할에 관한 생각이다. 이는 전환모형과 관련된 학자들이 주로 지적하는 것으로 정치는 하나의 과정이며 분위기(mood)이기 때문에 사회경제적 요인처럼 정책에 대한 직접적 원인으로 보아서는 안 되고 요구를 정책으로 전환시켜 주는 촉진적, 매개적인 것으로 보는 것이 적절하다. 그러나 많은 연구가 회귀함수 내에서 정치 변수를 기타 변수와 동등한 위치에 놓음으로써 정치 현상의 연계 메커니즘을 간과했다는 비판을 받는다. 이를테면, 라인베리와 파울러(Lineberry & Fowler, 1967)는 정부 구조를 다른 변수와 마찬가지로 취급한 경우에는 지출 수준의 큰 차이를 발견해 낼 수 없었지만 이것을 전후를 연결시키는 맥락 변수(contextual variable)로 사용한 경우는 사회경제적 변수와 시정부의 지출 간의 관계에 상당한 영향력을 보여주고 있음을 발견했다.

둘째, 인과모형에 의해 요인 간의 설명력을 비교하는 경우, 회귀모형 내에 각 요인을 대표하는 변수의 수가 많고 적음이 연구 결과에 영향을 미칠 수 있다는 지적이 있다. 정치의 상대적 우세를 주장한 프라이와 윈터스(Fry & Winters, 1970)의 연구에 대해 설리번(Sullivan, 1972)은 이들의 연구가 사회경제적 변수(6개)보다 두 배나 많은 정치적 변수(12개)를 사용했기 때문에 정치적 요인의 영향력이 크게 나온 것이라고 지적했다. 이들은 양쪽 요인 모두 12개의 변수를 사용하거나 각 요인 중 설명력이 높은 순으로 5개의 변수만을 사용한 경우 모두에서 사회경제적 요인의 영향력이 우세한 결과가 나왔다고 주장한다.

셋째, 변수의 측정에 관한 문제가 제기된다. 측정의 용이성 때문에 많은 경우 정책 변수는 예산지출액과 같은 화폐 단위로 측정되었다. 지출 수준은 예산의 규모와 밀접한 관계를 가지게 되고, 이어서 예산의 규모는 체제의 경제적 능력과 밀접한 관계에 놓일 수밖에 없다. 따라서 화폐적 단위로 측정된 종속변수와 유사한 단위로 측정되는 경제적 변수 간에 높은 상관 관계가 나타나는 것은 당연할 것이다. 반면, 정치적 변수는 개념의 조작적 정의와 계량화가 어려울 뿐만 아니라 측정오차가 발생할 가능성도 상대적으로 크기 때문에 지출 수준과 상관 관계가 낮게 나올 가능성이 있다고 본다(정정길, 1998: 103).

제닝스(Jennings, 1979)의 연구에서 소득이라고 하는 경제적 변수가 비금전적 정책지표보다 금전적 정책지표에서 높은 설명력을 보이는 연구 결과와 프라이와 윈터스(Fry & Winters, 1970)의 '순재분배 효과'나 다이슨과 안젤로(Dyson & Angelo, 1973)와 같이 변화 정도나 변화율을 종속변수로 한 연구에서 정치적 변수의 설명력 더 크게 나타나고 있는 것은 위의 주장을 뒷받침하는 것으로 볼 수 있다.

2) 인과 관계의 개념

첫째, 시간과 관련되는 문제가 있을 수 있다. 원인과 결과는 시간적 선후 관계를 요구한다. 정책을 불러일으키는 변수가 먼저 변할 때 결과로서의 정책도 변하는 것이다. 그레이(Gray, 1973: 98)는 정책결정은 하나의 '과정'이며 그것은 정부 체제 내에서 시간에 걸쳐 일어나는 것이지 지역 간을 횡단하여 일어나는 것은 아니라고 한다. 그렇기 때문에 이론적 배경으로 체제이론을 사용했든 아니든 간에 시간에 걸친 차이를 설명하는 데 초점을 두어야 한다고 한다. 그럼에도 불구하고 지금까지 대부분의 정책결정요인 연구는 시계열분석보다 횡단면분석을 해왔다. 어느 한 시점에서의 정태적 분석에서 인과 관계라고 하는 동태적 결론을 도출하는 것은 문제가 있다고 보아야 한다.

그러므로 특정 시점에서 행한 횡단면분석의 결과는 결국 그 시점에서만 유효하다고 보아야 한다. 같은 자료를 가지고 분석했을 때 횡단면분석과 시계열분석의 결과가 반대로 나타나는 경우가 있기 때문에 한 가지 분석의 결과를 가지고 다른 분석의 결과를 추정하는 것도 오류를 범하게 된다. 이렇게 볼 때, 시계열자료의 수집이 어렵다는 점은 있지만 인과 관계에 대한 분석을 위해서는 횡단면분석보다는 시계열분석이 논리적으로 타당하다고 본다. 실제 같은 자료를 가지고 두 가지 방법으로 분석한 결과 설명력에서 시계열분석이 앞서며 개별적 변수가 가지는 부호의 방향도 시계열분석이 더 타당한 것으로 나타났다고 한다(Gray, 1976: 245-250).

둘째, 정책의 원인을 보는 시각에 문제가 있을 수 있다. 흔히 다루어졌던 사회경제적 변수 중에도 시민들의 시위, 도시화, 산업화, 저소득 계층의 비율 등은 정치체제에 대해 사회로부터 오는 요구나 필요를 생성하는 요소라는 점에서, 원인의 개념을 넓게 확장한다면 이들을 정책의 원인으로 봐 줄 수 있다. 그러나 소득이나 경제 발전 지표 등은 그 자체가 정책문제를 야기하는 직접적 원인이라기보다는 오히려 정책 수행을 가능케 하는 체제의 능력이나 요소로 보는 것이 적절할 것이다.

3) 통계분석의 한계

초기의 정책결정요인 연구는 통계분석 방법으로 상관분석과 회귀분석을 주로 사용했다. 그러나 이에 대해 톰킨스(Tompkins, 1975)는 다중 편상관분석은 특정한 통제변수를 도입하기 위한 이론적 정당화를 고려하지 않고 독립변수를 무차별로 통제했으며, 변수들 간의 직·간접적 관계를 무시하는 잘못이 있다고 한다. 그래서 그는 분석에서 시간적 연속성과 변수들 간의 직·간접적 관계를 모두 알 수 있는 경로분석(path analysis)의 사용을 주장하고 있다. 또한 루이스벡(Lewis-Beck, 1977)도 단순 상관계수는 독립변수들 간의 관계가 완전히 독립적인 경우만 유효하고, 편상관계수는 각 계수의 값이 가정하는 인과적 구조가 일치하지 않기 때문에 이들 값을 비교하는 것은 현실의 관계가 여러 모형을 동시에 충족한다는 모순에 빠진다고 한다. 또 다중회귀분석은 독립변수의 직접 효과만을 평가하고 매개적 경로를 통한 간접 효과를 무시하기 때문에 영향력이 과소 평가되는 문제점이 있다고 한다. 그래서 결국 경로분석에 의한 총 효과를 비교하는 것이 바람직하다고 한다.

4) 연구 대상의 편중

대부분의 정책결정요인 연구가 복지나 교육정책을 대상으로 함으로써 정책의 유형별 특성이 분석 결과에 미칠 영향을 고려하지 못했다고 본다. 정책유형론에서 보듯이 정책 유형에 따라 결정 과정이나 집행 과정에서의 정치적 특성이 다르다고 하는 것은 정책의 유형에 따라 독립변수의 영향력이 달라질 수 있음을 시사한다고 본다. 따라서 만일 정책들을 이론적으로 의미 있는 기준에 의해 나눌 수 있다면 이것은 지금까지 정책연구에서 가지고 있는 사례나 이슈 중심의 연구를 벗어나 비교분석 연구를 가능케 하여 정책에 관한 일반이론의 구축에 기여할 것이다.

예를 들어, 정책 수단의 속성이 강제적이냐 유화적이냐, 그리고 산물로서의 정책이 유형적이냐 무형적이냐를 기준으로 정책을 나누어 본다면, 정책결정요인 연구와 관련지어 볼 때, 앞의 기준은 독립변수의 영향력과 관계 있으며 뒤의 기준은 종속변수의 측정과 관련된다고 할 수 있다. 분배정책은 집행의 속성이 유화적이고 정책의 가치가 화폐 또는 경제적 단위로 측정되기 때문에 정치적 요인에 비해 사회경제적 요인이 좀 더 큰 영향력을 보일 것으로 생각되며, 규제정책의 경우는 집행의 속성이 강제적이고 정책 가치가 행태(의식)의 통제와 변화이기 때문에 상대적으로 정치적 또는 권력적 요인이 더 큰 영향력을 발휘할 수도 있다.

따라서 특정 정책 분야에서 나온 결과만을 가지고 정치와 경제의 상대적 영향력에 관한 일반론을 주장하기에 앞서 다른 정책 분야에 대한 연구가 필요하다고 본다. 이와 같은 이유에서 그동안 이 연구 분야에서 소홀히 다루었던 규제정책이나 순응 확보정책에 대한 연구의 필요성도 인정된다. 특히, 지금까지의 연구가 대체로 서구 선진국을 대상으로 하여 이루어졌다는 점을 감안한다면 비경쟁적이고 비민주적인 체제를 가진 후진국을 대상으로 연구한다면 규제정책이나 순응 확보정책 분야에서 정치적 변수의 영향력이 두드러질 것으로 생각한다.

제 2 절 유교적 관점에서 본 한국 행정문화

정책에 영향을 주는 환경적 요인은 다양하지만 이른바 정책결정요인 연구라는 이름으로 행해진 연구에서 보듯이 크게 사회경제적 요인과 정치적 요인으로 나눌 수 있다. 그런데 정치적 요인의 중요한 구성 요소로 정치·행정문화를 들 수 있다. 한국의 경우도 정책 과정에 참여하는 사람들의 의식과 행태에는 한국의 정치·행정문화가 깊숙이 영향을 미친다고 할 수 있다. 정책 현상을 설명할 때 문화적 요인을 배제한다면 현실 적합성이 없는 설명이 될 수밖에 없다. 이러한 점에서 수백 년

간 한국인과 한국 사회에 영향을 주어왔다고 보는 유교의 특성을 중심으로 한국의 행정문화를 살펴보고자 한다.

지금까지 한국 행정문화에 관한 연구는 대체로 유교에 초점을 맞추어 이루어졌고, 유교적 요소의 장·단점을 둘러싼 논쟁이 큰 줄기로 이어져 왔다. 한국 행정문화 관련 연구들은, 대체로 1980년대까지는 유교문화의 역기능을 선험적으로 기술하는 데 비중을 두는 것이 주류였다면, 1990년대 들어와서는 그 이전 연구들이 가지고 있는 부정적으로 편향된 시각을 비판함과 아울러 방법론적으로 개선된 연구를 통해 좀 더 다양한 연구 결과를 산출해 왔다.

초기 연구들에 대한 후기 연구들의 비판이 나름대로 타당성이 있지만 초기의 연구들이 그 방법론적 약점에도 불구하고 한국 행정문화 연구에 대한 관심을 고취시켰다는 가치는 인정되어야 할 것이다.

그럼에도 불구하고 지금까지의 한국 행정문화를 보는 시각에는 몇 가지 문제점이 있다. 우선, 유교 전통에서 왔다고 보는 한국 행정문화의 병리 현상에 대한 항목들이 학자마다 다르고 용어와 개념이 혼란스럽다는 점이다. 또한 전체적으로 유교의 나쁜 점을 역설하면서 동시에 장점도 있다고 하여 한국 행정문화에 미친 유교의 영향에 대한 연구자의 최종적인 견해를 가늠하기 힘든 경우가 있다는 것이다. 그리고 유교찬양론자들의 논리에는 유교사상에 내재하는 정치경제학적 역기능을 간과하는 등 다양한 문제가 있다고 볼 수 있다.

1 한국 행정문화에 관한 학자들의 견해

한국 행정문화에 관한 연구는 1960년대 중반 이후에 시작된 것으로 보인다. 그동안 이루어진 연구들을 몇 가지 유형으로 나누어 보면 다음과 같다.

1) 병리적 행태를 기술한 연구들

이런 유형의 연구들은 한국 행정문화에 관한 초기 연구에서 주로 나타난다. 김봉식(1968)의 논문이 한국 행정문화 연구의 학술적 시초에 해당되는 것으로 볼 수 있다. 연구자는 언어 분석을 통해 한국인의 사고 방식 특징을 불교에서 온 부정적 성격, 유교의 자아말살적이고 가부장제적인 가족 중심의 윤리관, 동양 사회의 침체적 · 정지적 성격에서 찾고 있다. 요컨대, 이들 한국 행정문화의 특성으로는 서구식 합리주의 행정을 이룩할 수 없다는 것이다.

윤우곤(1973)은 "왜 기구의 개편에 상응한 (관료)행태의 변화가 수반되지 않았는가"를 설명하기 위해 '성격구조'란 개념을 사용했다. 성격구조는 외부 자극에 대해 관심과 욕망을 결정하는 독립변수이자, 주변 환경에 따라 변할 수도 있는 종속변수라고 한다. 그리고 이들 양자의 상호작용 기능이 조직 행태라고 한다. 경험적 조사를 통해, 한국 관료의 권위적 성격은 미국, 영국 등에 비해 상당히 높으며, 변태주의, 집권화, 공무의 사리사욕과 긍정적 상관 관계를 보인다고 말한다. 조사 결과를 토대로 "한국에서는 서방 세계의 민주적 아이디어가 적합지 않다는 말의 논리적 실마리가 되는 것 같다"면서, 권위주의 개선보다는 권위주의 환경 하에서 행정 능률과 효과를 올리는 것이 가장 중요한 문제라는 상당히 도발적인 결론에 도달하고 있다.

백완기(1975)는 근대화론 관점에서 한국 관료의 행정 행태를 연구했다. 그는 조직의 효과성이란 구성원의 행동 양식에 달려있고, 행동 양식을 규제하는 본질은 가치관이나 신념 체계로 보고 있다. 결국, 행정 체제가 사회 변화를 가져올 수 있는가는 관료들이 얼마나 근대화된 가치관을 가지는가에 달려 있다고 한다. 유교 등에서 영향받은 한국의 전통적 가치관으로 운명주의, 가족주의, 권위주의, 정적 인간주의, 의식주의, 비물질주의를 들고 있다. 그리고 이들 전통적 가치관이 근대화에는 역기능으로 작용한다고 말하고 있다.

또한 백완기(1978)는 의식주의(ritualism)가 사회 및 행정 발전에 미친 파급 효과를 논했다. 유교의 '예(禮)'에서 나온 의식주의는 상하 신분 관계를 중심으로 하여 수직적 질서를 유지 · 강화시키는 데 큰 역할을 한다고 한다. 그런데 예는 인간의 당위성만을 강조하고 본능이나 감정 등을 억제하여 형식과 명분에 집착하게 만든다는 점에서, 의식주의가 지배하는 사회에서는 도덕 · 윤리도 외면화되어 내심(본심)과 외심(허심)이 끊임없이 갈등하는 성격의 이중구조가 나타난다고 한다. 그리고 본심과 허심의 작용 방향에 따라 동원되는 힘의 크기를 벡터(vector) 개념을 사용해 설명하고 있다. 연구자는 의식주의가 발전과 변화에 주로 역행적으로 작용한다고 보고 있다.

김용욱(1978)은 한국 관료의 학벌 지향적 행태를 논했다. 한국의 학벌주의는 유학을 중심으로 한 과거제의 내용에서 그 뿌리를 찾을 수 있으며, 더 근원적으로는 유교의 덕치주의(德治主義)나 예치주의(禮治主義)에 근거한다고 함으로써 행정문화에 대한 유교 사상의 부정적 측면을 말하고 있다.

양승두(1978)는 전통적 예(禮)의 개념이 공무원의 행태에 미치는 영향을 논했다. 전통적 사고 방식이 행정의 인간화라는 긍정적 측면도 가지고 있지만 전반적으로 역기능을 가져온다고 보고 있다. 유교의 예치주의로부터 엽관적 공무원 채용 관계, 특별 권력 관계의 관점에서 오는 상명하복의 윤리성 강조, 공사(公私) 무분별로 인한 직무 외의 인격적 복종 관계, 관존민비, 부정부패 현상 등과 같은 부정적 현상이 발생한다고 한다.

김해동(1978)은 가족지상주의를 한국 관료문화의 가장 중요한 전통적 특성으로 보고 있으며, 가족제도나 가(家)의식은 유교적 영향의 소산이라고 한다. 가족주의는 할거주의와 의리 의식에 가장 큰 영향을 주었는데, 공식적이고 몰인간화된 관료조직 속에서 정서적 불안정을 보충하기 위해 이러한 특성이 나타난다고 한다. 또 다른 연구(김해동, 1985)에서 권위주의, 온정주의, 사대주의 등을 한국 관료 행태의 특징으로 추가하고 있다. 김광웅(1981)도 권위주의, 가족주의 등을 중심으로 한국 행정의 병리적 현상들을 기술하고 있다.

위의 연구들에서 제시된 한국 행정문화의 병리 현상에 관한 요소들을 정리하면 <표 5-1>과 같다. 이 부류의 연구들은, 전통 사상 중에서 유교사상을, 그리고 유교사상에서도 예(禮) 개념이 가장 큰 영향을 끼친 것으로 보고 있다.

표 5-1 유교적 전통에서 온 한국 행정문화의 병리적 요소들

김봉식 (1968)	윤우곤 (1973)	백완기 (1975)	김용욱 (1978)	양승두 (1978)	김해동 (1978; 1985)	김광웅 (1981)
권위주의	집권화	권위주의	인격적 지배	엽관주의	권위주의	권위주의
족벌주의	변태주의	가족주의	족벌주의	상명하복	가족주의	가족주의
무사안일주의	공무 사리화	정적 인간주의	공사 무분별	공사 무분별	온정주의	사인주의
형식주의		의식주의		부정부패	할거주의	의식주의
기분주의		운명주의		관존민비	의리주의	의리주의
		비물질주의			사대주의	일반주의

2) 바람직한 변화 방향을 모색한 연구들

이양수(1990)는 행정문화와 사회문화는 직접적으로 상호작용을 하거나 또는 행정조직을 매개로 하여 간접적 영향을 주고받는다고 한다. 그리고 행정문화의 변화 요인을 객관적인 것과 주관적인 것으로 나누고 있다. 상위문화인 일반문화의 변화가 전자에 해당된다면 엘리트의 분화, 사영역의 확대, 절차의 간소화, 교육·훈련의 강화 등은 후자에 해당된다고 한다. 아울러 문화특성모형에 의거 한국 행정문화에 내재하는 전통적 가치관의 변화 방향을 논하고 있다. 결론적으로, 객관 및 주관적 변화 요인이 균형 있게 다루어지고 또한 순기능적인 것은 보존·유지하고 역기능적인 것은 변화·개선할 때 행정문화의 바람직한 변화를 기대할 수 있다고 한다.

김호섭(1990)은 바람직한 현대 행정철학의 두 측면인 '옳은 행정'과 '좋은 행정'을 각각 도덕적 윤리 항목과 합리적 관료주의 항목으로 구성하여[6] 행정윤리의 수용도를 경험적으로 측정했다. 두 범주에 관한 수용도에 따라 전통적 행정문화와의 심리적 갈등 수준이 결정되며, 나아가 바람직한 행정윤리의 방향도 결정된다고 보고 있다. 조사 결과 한국 관료는 도덕적 윤리 항목을 중심으로 행정윤리의 수용성이 전반적으로 높기 때문에 강압적 수단보다 보상·긍정적 수단을 통해 전통적 행정문화의 역기능을 억제해야 한다고 주장한다.

이대희(1991)는 선행 연구들을 무비판적 수용형, 자존심적 반발형, 염세적 비관론, 장·단점 열거형으로 나누어 비판하고 있다. 유교식 행정문화에는 이치에 맞는 다스림, 가족은 모든 질서의 근본, 권위의 중시 등과 같은 매우 긍정적인 요소들이 많이 있는데, 이전의 연구자들은 유교의 가르침을 정확히 이해하지 못했다는 것이다. 한국 행정문화에서 지적되어 온 부정적 현상들은 서구의 관료제 이론에도 나타나듯 비유교권 사회에서도 나타날 수 있는 현상이며, 부정적 행태는 공인으로서 공무원 개인의 잘못이지 유교가 병폐의 근본 원인은 아니라고 한다.

3) 방법론과 향후 연구 방향에 관심을 가진 연구들

1990년대 이전의 연구들에 관한 방법론적 평가는 정성호(1991)의 연구에 나타

---

6) 전자는 계약론적 혹은 배분적 정의와 관련되며, 후자는 합리성과 효용론적(utilitarianism) 사고에 해당된다고 말하고 있다.

나고 있다. 정성호는 기존 연구들이 내용상 대동소이하고, 같은 가치관에 입각하고 있다고 한다. 그리고 방법론에서 볼 때, 공통적으로 문화심리적 방법과 문화결정론적 관점, 그리고 전통-근대 이원론에 근본을 둔 구조기능주의 발전관에 입각해 있으며, 대체로 선험적이고 평면적인 기술을 하고 있다고 평가한다(정성호, 1991: 718). 좀 더 구체적으로는 첫째로 주요 개념에 대한 개념 정립이 필요하고, 둘째로 근대화론적 관점에서 벗어나 사회나 인간의 발전에 대한 다양한 가치론적 논의가 필요하며, 셋째로 문화심리적 접근 방법이 갖는 처방성의 결여를 극복해야 하고, 넷째로 변수 간의 인과 관계에 대한 과학적 연구를 통해 선험적이고 평론적인 논술을 지양해야 할 것이며, 끝으로 행정문화의 변화와 관련된 연구를 위해 문화결정론적 관점과 제도적 접근 방법의 상호 보완이 필요함을 말하고 있다.

박천오(1992)는 지금까지의 연구들은 행정문화의 개념을 너무 광의로 파악했으며, 전통문화적 속성들을 과도하게 평가하여 그 역기능 측면에 편중되었다고 한다. 또한 행정문화 전환에 관한 논의가 추상적이고 막연하다는 점도 지적하고 있다. 전통문화적 요소는 이미 상당히 퇴색했다고 보아야 하며, 행정 행태에 대한 사회문화의 영향뿐만 아니라 행정 체제 내부의 자생적 영향 요인에도 관심을 가질 것을 주장하고 있다. 그래서 행정문화의 연구는 협의의 행정문화 곧 관료문화나 조직문화에 초점을 맞추어야 하고, 조직의 특성에 따라 달리 나타나는 행정 조직문화에 대한 연구가 필요하다고 한다. 또한 이를 통해 조직문화의 개선이 이루어질 때 행정문화의 이론화와 변화도 가능하다는 상향적 접근 방법을 강조하고 있다.

4) 행정문화의 변화에 관한 실증적 연구들

박천오(1990)는 행정 행태의 가치 정향이 변화되었음을 실증적 조사를 통해 제시하고 있다. 한국의 전통문화가 사상적으로는 유교, 불교, 도교를 포함하는 동양적 가치관에서, 정치적으로는 왕권정치를, 경제적으로 자급자족의 농업경제를, 그리고 사회적으로는 농경사회와 대가족제도를 배경으로 성립했다고 전제한다. 경험적 조사 결과 현재 한국인의 가치 정향은 집단주의 속성을 여전히 띠지만 권위주의, 형식주의, 운명주의 등의 전통적 가치관과는 부합되지 않는다고 한다. 그리고 1960년대 이후의 급속한 사회구조 변동 과정이 행정 행태에 내재해 온 전통문화적 요인을 상당히 후퇴시킨 것으로 결론내리고 있다.

안병만 · 김인철(1991)은 전통문화, 정치문화, 행정문화 순으로 문화의 상하 관계를 보고 있다. 이들은 계층적 상하 관계와 집단적 인맥 관계를 유교사상에서 도래한 두 개의 정치지배 규범이라고 보고, 이것들을 하위 개념인 정치적 관념 체제와 차하위 개념인 행정 현상의 특질과 관련지어 경험적 연구를 했다. 계층감과 인맥감이 모두 강할수록 좀 더 전통적이라고 볼 수 있는데, 조사 결과 계층 의식보다는 인맥 의식이 더 강하며, 전체적으로는 근대 쪽에 약간 가까운 정치지배 규범으로 나타났다고 한다. 인적 특성에 따른 집단별 차이를 분석한 결과, 향후 한국 사회의 정치 지배 규범이 근대적(보편 · 평등 지향적)으로 변화될 것이며, 계층감에 비해 인맥감 우위의 경향이 더욱 두드러질 것으로 예상하고 있다.[7)]

한편, 황성돈(1993)은 기존의 연구들이 유교적 전통에서 온 한국 관료문화의 부정적 측면만을 연구했으며, 그나마 실증적 · 객관적 근거와 이론적 체계 없이 연구자의 직관적 사유에 근거했다고 비판한다. 아울러 유교적 전통에는 긍정적 요소가 많음에도 불구하고 이를 무시한 것은 연구자들이 유교의 가르침 그 자체와 유교적 원리에 의해 지배된 조선 시대 사람들의 파행적 행태를 혼동한 데 기인했다고 한다. 조사 결과 온정주의와 형식주의를 제외한 대부분의 전통문화적 속성들이 관료문화에서 많이 쇠퇴한 것으로 나타난 반면, 베버(Max Weber)의 이상형적 관료제의 속성들을 상당히 내재화하고 있다고 한다. 또한 유교적 전통이 한국 관료문화의 부정적 속성을 야기했다는 기존의 인과적 주장도 통계적 유의성을 발견할 수 없었으며, 유교의 긍정적 요소에 대한 내재화의 수준이 상당히 높은 것으로 나타났다고 한다.

이렇게 볼 때, 1990년대의 연구들은 한국 행정문화 연구를 진일보시키는 데 상당한 기여를 했다. 즉, 방법론상 문제점을 체계적으로 기술한 정성호(1991)의 연구나 경험적 조사 결과를 토대로 강압적 수단보다는 보상적 · 긍정적 수단을 통해 전통적 행정문화의 역기능을 억제해야 한다는 김호섭(1990)의 주장, 그리고 조직문화 차원의 연구와 개선이 이루어질 때 행정문화의 이론화와 변화도 가능하다는 상향적 접근 방법에 관한 박천오(1992)의 주장, 또 오늘날 행정문화의 가치관이 전통적

7) 그 이유에 대해 필자들은, 청년층의 의식이 노년층의 기존 의식을 대체해 나가며, 경제 발전으로 중상류층의 주민 분포가 확대되고, 나아가 도시화의 진척으로 대도시지역 주민의 비율이 점차 늘어나기 때문으로 설명하고 있다.

속성에서 많이 이탈하여 변화되었다는 박천오(1990)나 황성돈(1993)의 연구 내용들이 이 시기의 학문적 결실이라고 하겠다.

2 한국 행정문화 연구에 대한 비평

지금까지 유교문화에 초점을 맞추어 이루어진 한국 행정문화에 대한 학자들의 주장을 볼 때 그러한 주장이 도출되는 과정에 다음과 같은 몇 가지 문제점이 있다고 본다.

첫째, 양면적 주장을 하는 문제가 있다. 이런 약점은 주로 병리적 현상들을 나열하는 데 관심을 가진 1980년대 이전의 연구들에서 나타나고 있다. 단적으로 말해 특정한 유교적 요인의 장점과 단점을 동시에 언급함으로써 유교적 가치에 관한 연구자의 최종적 입장이 애매한 경우를 말한다. 이러한 논조는 학문적으로나 실용적으로나 도움이 안 된다. 이는 양비론 또는 양시론이 문제의 본질을 호도하듯이 이와 유사한 결함을 가지기 때문이다. 아마도 이런 문제점은 '유교 원전의 덕목'과 한국의 현실에 접목되어 변형된 '유교적 전통문화' 간의 구별을 하지 않은 데서 생긴 것으로 보인다. 유교문화의 장점을 강조하는 것은 전자에 대해 말한 것이고, 단점을 지적한 경우는 후자를 말한 것으로 보인다. 일반 한국인의 유교적 사고가 '유교사상 원형'이 아니라 이로부터 파생·변형된 '유교적 문화'임을 볼 때[8] 역기능을 역설한 연구들이 주장하는 바는 현실의 행정문화의 문제점을 지적했다는 점에서 나름대로 유용한 측면이 있다. 반면, 덕목을 중심으로 유교의 긍정적 측면을 강조한 연구들은 한국의 행정 현실이 이상적인 '윤리강령'과 상당히 괴리되어 있는데도, 단지 "유교에는 좋은 덕목이 있고 그러니 그것을 따르자"고 말하고 있는데 이는 현실 적합성이 부족한 주장이라고 할 수 있다.

둘째, 유교적 가치를 적용할 때 공적 영역과 사적 영역을 구분하지 않고 있다. 즉, 사적 영역에 적용되는 유교의 긍정적 가치를 공적 영역에서의 장점으로 논리적

8) 1995년 한중일 3개국 학자들의 연구에서 "유교적 동양문명이 향후 근대 세계의 보편적 사상이 될 수 있을 것인가?"의 질문에 "그렇다"라는 답변이 한국 90%, 일본 63%, 중국 22%로 나왔으며, 기타 이혼, 아들 선호, 장남의 부모 부양에 대한 질문에서도 유교 본산지 중국에 비해 한국의 응답자들이 유교적 답변에 압도적으로 높은 응답률을 보이고 있다(김경일, 1999: 85-86).

비약을 하고 있다. 사적 관계에서는 인간적 의리[유교 본연의 의(義) 개념이 아님]나 '우리'의 중시, 그리고 장유유서 등이 좋은 기능을 할 수도 있지만, 행정과 같은 공적 영역에 이 같은 가치관들이 개입한다면 내적으로는 권위주의, 그리고 외적으로는 불공정한 행정행위를 가져올 가능성이 크다. 또한 행정과 같은 공공 분야에서 유교적 가치를 논할 때 개인 차원의 윤리적 덕목보다는 유교사상이 내포하고 있는 정치경제학적 의미가 중요함에도 이에 관한 논의를 도외시한 것은 잘못이다.

셋째, '인간적'이라는 용어를 개념적으로 명확하지 않은 상태에서 사용하는 문제가 있다. 즉, 가족주의나 온정주의와 관련되는 '인간적'이라는 개념에 혼동이 있어 보인다. 한국인의 '정'이나 '우리'라는 의식에 포함되어 있는 '인간적'이라는 개념은 인간 존엄의 가치를 핵심으로 하는 인도주의(humanism)보다는 표피적 감정이라고 할 수 있는 감상주의(sentimentalism)에 훨씬 가깝다. 이를 구별하지 않고 우리와 정을 중시하는 한국인의 정서를 행정문화 속에 살리자는 것은, 친분과 연고에 따른 인사행정이나 부당한 행정행위를 조장할 것이며, 상관과 동료들이 베푸는 동정적 '자비'와 그들과의 연고적 귀속에 신분상의 안전을 의존케 함으로써 공사 무분별이나 파벌주의라는 병리 현상을 심화시킬 것이다.

넷째, 유교문화의 긍정적 효과만을 기대하는 낙관적 생각이 문제다. 연구들 중에는 유교 전통의 가의식(家意識)이나 정적(情的) 인간 관계가 현대 관료제에서 나타나는 몰인간화 현상을 보완하여 안정감과 융통성을 제공한다거나, 행정조직에서 동기 자극의 요인이 될 수 있다는 주장이 있다. 그러나 정이라고 하는 인간의 내면 상태는 그것이 행사될 때 결국 개인 차원의 주관적 감정에서 발현된다. 표준화할 수도 객관화할 수도 없다는 점에서 사회적 합의와는 거리가 먼 요소로서 결코 합리적으로 행사될 수 없다. 또한 가족관이나 각종 연고 의식에 내포되어 있는 '친분'이라는 요소도 사적 영역에서 감성이나 감상적 차원에서 행사되는 것이므로 공적 영역에서 이들이 행사될 때는 차별적이며 편파적인 행정행위를 조장하게 된다. 어떤 식으로 정의하든 문화가 규범적 요소들의 '집합적 성격'임을 부인할 수는 없다. 따라서 유교에서 배태되어 온 전통문화 요소 중 바람직한 것만 따로 떼어내기 힘들 뿐만 아니라, 그 요소의 긍정적 효과만 현실에 구현하는 것도 사실상 불가능하다. 단순히 유교에 긍정적 요소가 있다는 주장은 현실 적용에서 필연적으로 수반되는 부정적 효과에 대한 고려를 하지 않고 있다는 점에서 문제다.

3 병리적 행정 행태의 뿌리와 유형

앞에서 보았듯이 병리적 행태의 종류에 대한 학자들의 견해는 공통적인 것도 있지만 전체적으로는 상당히 다양하다. 문제는 개념 정의가 명확치 않아 연구자들 사이에서 용어와 이것이 지칭하는 현상 간에 혼란스러움이 있고 또 항목들의 나열에 그쳐 평면성을 벗어나지 못하고 있다. 특히, 지금까지 이들 병리적 요소들을 분류한다거나 이들 요소가 발생하게 된 원인을 체계적으로 설명하려는 노력이 없었던 것이 아쉽다고 하겠다. 다음에서는 우리 행정문화의 뿌리와 병리적 특성들을 유형화하는 간단한 논의를 해보기로 한다.

사회 현상을 인간들의 상호작용의 산물로 볼 수 있다는 점에 착안하여, 대인 관계를 논의의 출발점으로 삼고자 한다. 그런데 대인 관계는 혈연의 기초 단위인 가족 관계에서 시작된다고 보는데, 한국인의 가족 관계는 가족을 사회의 기본 단위로 강조하고 있는 유교사상에서 매우 큰 영향을 받았다고 볼 수 있다.[9)]

한국인에게는 "가족집단의 유지와 번영이 사회의 다른 모든 가치에 우선한다는 생각과 행동"(김해동, 1985: 164)을 뜻하는 가족주의적 사고가 있으며, 이것이 한국 행정문화에 나타나는 각종 병리 현상과 상당히 밀접한 관계에 있다고 생각한다.

대인 관계는 크게 보아 수직 관계와 수평 관계로 나눌 수 있으며,[10)] 이를 가족 관계에 적용하면 '힘'과 '사랑'의 관계로 나눌 수 있다. 힘의 관계는 권력 관계로서 가족에서 윗사람과 아랫사람 간의 상하 관계를 의미하며, 사랑의 관계는 수평적 관계로 가족 간의 유대 관계를 뜻한다.

그런데 가족 관계에서 '힘의 관계'는 유교의 '예(禮)' 개념에서 연원하는 바 크다. 예치주의(禮治主義)는 군주, 신하, 아버지, 그리고 자식이 모두 제각기 주어진 명칭에 들어맞는 모양과 행동을 해야만 국가가 지극히 잘 다스려지고 있음을 뜻한다는 정명주의(正名主義)와 밀접한 관계가 있다(김학주, 1978: 96－97). 그리고 예

9) 유교에는 유일 신(神)이 존재하지 않으며 따라서 원죄 의식이나 죽음 이후의 세계에 관심을 두지 않는다는 점에서 신학이 아니라 인간학이다. '인간(人間)' 다시 말해서 '사람 사이'를 뜻하는 '관계'가 중심에 놓이게 되며, 그중에서도 특히 '가족'이 사회의 기본적인 단위가 된다. 가족 내적 윤리의 구체적 형태는 유교적 인간 관계의 다섯 가지 기본 유형인 오륜(五倫) 중에서, 부자유친(父子有親), 부부유별(夫婦有別), 장유유서(長幼有序)가 여기에 해당된다고 하겠다.

10) 수직・수평 관계는 안병만・김인철(1991)의 연구에서도 기본 틀로 사용되고 있다.

문화권에서는 기존 권력 질서의 배타적 인정과 상급자에 대한 일방적 복종을 이상적인 상태로 본다는 점에서, 이것이 가족의 수직적 관계에 적용될 때 이른바 가부장적 권위주의로 나타나게 된다. 나아가 공공 부문의 활동에까지 영향을 미치게 됨으로써 행정문화 내부에 권위주의라는 범주로 묶을 수 있는 일단의 행태가 발생한다.

한편, 가족 간에는 혈연으로 연결된 정의적 관계가 당연히 나타나는데 이것이 '사랑의 관계'다. 유교의 봉건적 질서는 자급자족형 농경사회를 기반으로 했는데 자연재해를 극복하고 농사를 짓기 위해서는 가족·혈족의 유대와 우애가 깊어야만 한다. 그런데 사랑에도 엄밀한 선후와 등급이 있다는 점에서[11] 유교의 가족사랑은 가까운 사람을 더 우대한다는 차별적이고 배타적인 감정이 은연중 내포되어 있다.

가족주의는 집단 내에서 적용하는 규범과 밖에서 적용하는 규범을 다르게 함으로써 가족구성원에 대해서는 너그럽게 보아주려는 생각을 가지며, 이러한 가족주의의 적용 범위가 좀 더 확대된 것이 소위 말하는 혈연, 지연, 학연이다(국민호, 1998: 191). 그래서 행정과 같은 공공 영역에서 연고주의(緣故主義)라는 범주로 묶을 수 있는 일단의 행태가 형성된다.

유교적 체계 내에서 가족은 하나의 중요한 (정치적) 단위가 되고 있으며, 또한 그것은 대학의 8조목[12]에서 보듯 '자아'와 '정치 세계'를 이어주는 연결고리 역할을 하고 있다(김석근, 1998: 35). 더구나 서양보다 우리의 경우 가족 개념이 좀 더 넓다는 점에서[13] 가족주의에서 파생되어 나타나는 권위주의와 연고주의는 행정과 같은 공공 영역의 사고와 행태에까지 확장 적용될 가능성을 더욱 높인다고 하겠다.

이상에서 볼 때, 기존 문헌에서 제시된 각종 병리 현상들 중에는 수직적 대인 관계와 수평적 대인 관계에 관한 것으로 분류할 수 있는 것들이 있다. 또 한편에는 사람 간 관계보다는 일이나 업무 처리에 좀 더 관련되는 병리 현상도 있을 수 있

11) "가까운 사람을 가깝게 사랑하고서 남을 사랑하라(親親而愛人)"거나 "나의 늙은 부모를 늙은 부모로 받들고 나서 남의 늙은 부모에게로 미치고, 나의 어린 자식을 어린 자식으로 사랑하고 나서 남의 어린 자식에게로 그 사랑이 미치게 하라(老吾老而及人之老, 幼吾幼而及人之幼)"는 말에서 이를 알 수 있다(김석근, 1998: 35).

12) 格物, 致知, 窮理, 正心, 修身, 齊家, 治國, 平天下를 말함.

13) 서양인의 가족 개념이 혈연(biological)보다는 숙식을 공유하는 domestic group의 성격이 강한 반면, 우리의 경우는 주로 혈연 관계에 중점을 둔 집단을 말하며 포괄하는 범위도 직계존비속뿐만 아니라 상당히 폭넓다는 점이 특징이다(김해동, 1978: 56).

다. 업무 관계에 관한 것은 일의 처리 과정이나 결과에 관한 속성이란 점에서 힘이나 사랑과 같이 사람을 기초로 하는 대인 관계의 범주와 구분된다고 하겠다. 이렇게 볼 때 병리적 요소들은 세 가지 범주로 나눌 수 있는데 수직적 대인 관계, 수평적 대인 관계, 그리고 업무에 관한 것이 그것이다.

수직적 대인 관계에서 나타나는 병리적 항목은 집권화, 권위주의, 관존민비, 상명하복 등이 포함될 수 있고 이러한 현상들은 권위주의란 용어로 묶을 수 있다. 한편, 수평적 대인 관계에서 나타날 수 있는 병리적 항목의 예로는 학벌주의, 정적 인간주의, 의리주의, 온정주의 등이 해당된다고 보는데 이러한 현상들은 연고주의라는 용어가 포괄할 수 있다. 마지막으로, 형식주의, 의식주의, 공사 무분별, 무사안일주의, 부정부패 등은 업무 처리의 병리 현상으로 범주화할 수 있다. 이상의 논의를 요약하면 [그림 5-4]와 같다.

그림 5-4 한국 행정의 병리적 행태와 뿌리

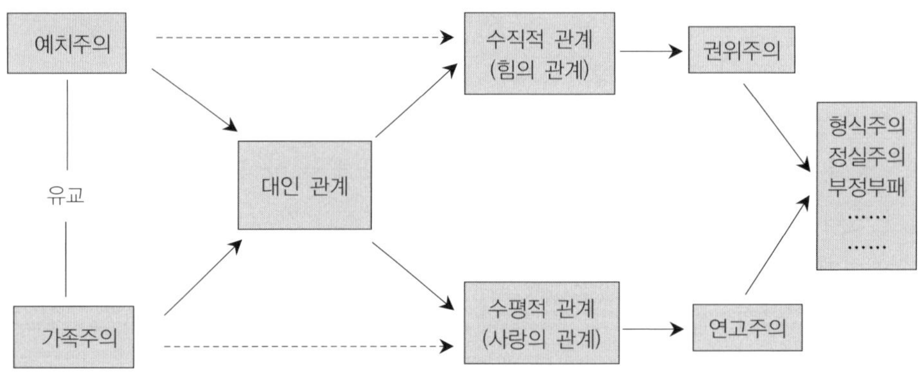

4 정치 · 행정 이념에서 본 유교사상의 역기능적 요소

지금까지의 연구들은 유교의 윤리 규범이 행정문화에 순기능적 역할을 한다고 주장하면서도, 권력과 인간의 본질과 연결시킨 현실적 논의를 하지 않고 있다. 유교를 행정과 관련지어 논의한다면, 윤리적 덕목보다는 오히려 유교사상의 정치경제학적 의미에 초점을 두어야 할 것이다. 유교 찬양론자의 오류는 개인 수양과 관련된 수신제가형 윤리 덕목이 나라를 관리하는 치국평천하에 적용해도 좋은 결과만 나타날 것으로 낙관한 데 있다.

유교의 역기능을 주장하는 것에 대한 반박 논리 중의 하나가 '유교 본래의 사상'을 정확히 이해하지 않고 무조건 나쁘다고 한다는 것이다. 그러나 국가 통치의 맥락에서 볼 때 유교는 근본적으로 다음과 같은 정치경제학적 한계를 지니고 있다.

1) 예(禮): 권위주의와 복고성

유교에 관한 문헌들은 유교의 기본 질서를 예(禮)에서 찾고 있다.[14] 예는 유교의 근본 사상과 실천 의식이 동시에 접촉되는 지점으로서 유교사상의 본질적 내용이 형식적 표현을 통해 실현되는 과정을 제도화 내지 의식화한 것으로 볼 수 있다(금장태, 1982: 146). 또한 가장 높은 철학적 의미로는 만물이 그 정당한 자리에 놓여 있는 이상적인 사회 질서, 특히 합리적인 봉건 질서를 말한다(林語堂, 1983: 26).

유교는 세계를 조직에서 가장 낮은 단위인 인간에서부터 천자에까지 올라가는 일련의 위계적 관계로 보고 있으며 공자는 이와 같은 이상적 체제가 바로 주나라의 봉건제도라고 보았다. 즉, 유교의 예적(禮的) 질서란 한마디로 각인의 분수에 맞는 불평등한 계층적 질서이며, 이러한 자연적 질서가 미리 예정되어 있다는 생각은 일체의 사물 간에 일정한 관계가 존재하며, 어떠한 상황 속에서도 적절한 행위는 행위자의 지위에 의존하는 것이라는 점을 시사하고 있다(Nelson, 1967: 4-6; 김용욱, 1984: 254).

이와 같이 유교는 과거 어떤 역사적 시점에 존재했던 봉건적 위계 질서를 가장 이상적인 사회 상태로 본다는 점에서 권위주의와 복고(復古) 성향을 동시에 안고 있다. 이러한 질서에서는 상관에 대해 업무상 이견을 말하는 것이 곧 상관의 권위에 도전하는 것으로 받아들여져 하의상달이 쉽지 않고, 상관도 정보 부족으로 상황을 낙관적으로 생각하는 등 무사안일의 사고가 나타나기 쉽다.

국가 발전을 위한 관료의 행태는 관료제 내부뿐만 아니라 그가 놓여져 있는 환경을 언제나 주시하고 이의 변동에 예민하게 적응하며, 더 나아가 변동을 적극적으로 유도하는 것이 바람직하다고 볼 때(박동서, 1983: 270), 예(禮) 문화권에서는 현

14) 공자는 "예(禮)란 옛날 어진 임금들이 그것으로 하늘의 율법을 구현하고 인성(人性)을 표현하는 방법을 정한 원리"라고 했다(林語堂, 1983: 308).

상을 타파하는 미래 지향적 사고가 존재하기 힘들게 된다.

그리고 기존의 계서적 권력 질서를 정당시하는 예 문화권에서는 정부의 대내·외 관계에서 권위주의를 생성·강화시킨다. 개인적 상하 관계는 직무상의 관계가 아니라 인격적 상명하복의 관계로 나타나기 쉬우며, 행정부처 상하 관계에서는 중앙집권화 현상을, 그리고 국민과의 관계에서는 관존민비와 같은 지배복종 관계를 조장하게 된다.

2) 관념론적 성격: 물질과 노동의 경시

유교는 인식이나 존재의 근본 또는 도덕적인 의지가 이성이나 지성에 기초한다는 주지주의(主知主義) 성격이 강해 경험적 현실을 도외시한 공허한 논리에 빠지는 경향이 있다. 다시 말하면, 유교의 주지주의는 명분론적 합리주의로, 경험적 사실과 관계 없는 순전한 형식적 합리주의 특징을 띤다.

특히, 우리나라에 전파된 성리학은 양명학(陽明學) 계통이 아니라 정주학(程朱學) 계통이어서 이와 같은 현상이 두드러진다.[15] 성리학은 감각적인 변화의 세계를 나타내는 기(氣)보다 초감각적인 불변적 원리를 나타내는 이(理)를 중시하며, 모든 사물을 이해할 때 경험적 사실성을 경시하는 경향을 배제하지 못하고 공리공론을 논하는 데 만족하기 쉽다(윤사순·고익진, 1984: 46).

요컨대, 한국의 유교적 전통에 내재한 주지주의적 성향은 현대 정부의 정책결정과 평가에 중요한 기초라고 할 수 있는 사실 판단이나 인과 관계와 같은 경험주의적 사고와는 거리가 멀다고 할 수 있다.

유교사상은 그 형이상학적 성격으로 인해 정신적 가치를 우선시하고 물질적 가치는 상대적으로 경시하는 경향이 있다. 정주학 이전의 유학은 그래도 윤리 내지 정치원리를 수신제가 치국평천하(修身齊家 治國平天下)의 세간적인 도(道)로서 이해하려 했으나, 정주학에서는 근본 유학사상 속에 들어 있는 형이상학적 요소를 전개하여(이동준, 1975: 53), 이기이원론(理氣二元論)으로 우주를 이해하는 데 주로

15) 정주학(程朱學)은 만물의 이(理)는 동일한데 이러한 이(理)를 구명하는 것이 중요하다고 본다. 반면, 양명학(陽明學)은 마음 속에 이(理)가 있기 때문에(心卽理) 오직 나의 본심만 깨달으면 그만이라는 주체적인 체험의 입장을 강조한다. 주자학이 본래의 선진(先秦) 유학과는 다른 변형물이란 점에서 이를 비판하는 내용은 김경일(1999: 123-131)을 참조할 것.

관심을 갖는 등 관념론적 특성이 더욱 강하게 되었다.[16]

물질을 경시하고 정신세계에 치중하는 유교의 특성은 유교정치의 전범인 '대학'에 "덕(德)은 본(本)이고 재(財)는 말(末)이다. 본을 밖으로 돌리고 말을 소중히 하면 이는 민에게 쟁탈을 가르치는 것이다"라는 말에서 잘 드러나며, 이는 유교가 국가의 목표를 윤리적 교화에 치중하는 정태적 경제사회를 이상시했음을 단적으로 보여준다(김용욱, 1984: 246).

물론 맹자는 "배고픈 자에게 도덕을 요구할 수 없다고 했지만, 경제가 전부가 아니며 이것을 뛰어넘어 윤리의 수준을 고양해야 한다"(Creel, 1953: 83)고 했고, "노심자(勞心者)는 치자(治者)가 되고, 노력자(勞力者)는 피치자(被治者)가 된다"고 하여(한영우, 1983: 79) 역시 정신을 물질보다 중시하고 있다. 또한 성리학자들은 현부(賢否)를 기준으로 인간의 신분을 상하·존비·귀천으로 나누었을 뿐만 아니라, 맹자의 노심자(勞心者) 치자(治者) 원칙에 따라 직업마저도 사농공상(士·農·工·商)의 순위로 차별을 두었던 것이다.

물질과 노동을 경시하는 사상이 예적(禮的) 질서와 결합하게 되면 경제적 불평등과 신분 차별이라는 결과로 나타날 가능성이 매우 높아진다.

3) 권력과 인간에 대한 비현실적 생각

유교에서는 덕(德) 있는 사람에게 정치를 맡겨야 하고 또 그렇게 되면 정치는 잘 이루어지고 백성이 편안해진다고 한다. 즉, 내 몸의 인의예지(仁·義·禮·智)로 널리 천하에 미치게 해서 천하에 실시하는 정치가 곧 수기치인(修己治人)의 논리구조 위에서 성립하는 왕도정치인 것이다(孟子, 卷之一. 梁惠王章句上; 박병련, 1982: 28). 공자도 "위정자 자신이 품행을 바르게 하면 명령을 따로 하지 않아도 저절로 그 감화가 백성에게 미칠 것이며 정치는 아주 쉬운 일"(林語堂, 1983: 273)이라고 함으로써, 정치에 대해 강한 이상주의적 성향을 드러내고 있다.

위정자가 덕망 있는 사람이어야 한다는 주장은 그 자체로 옳다. 그러나 누가 어

16) 우리의 충효정신은 선진적(先秦的) 의미보다는 진한(秦漢) 이후, 특히 송·명 이후에 규범화된 충효사상으로 전개되었기 때문에 선진(先秦) 유교의 군신유의(君臣有義), 부부유별(夫婦有別), 부자유친(父子有親), 장유유서(長幼有序), 붕우유신(朋友有信)의 횡적(橫的) 수평적 윤리가 군위신강(君爲臣綱), 부위자강(父爲子綱), 부위부강(夫爲婦綱)의 종적(縱的) 수직(垂直) 논리로 변혁되어 다분히 규범적·타율적·교조적 양상을 띠게 되었다(차용준, 1999: 45-46).

떤 기준으로 어떻게 그러한 사람을 선택할 것인가의 실천적 문제에 답하지 않고 있다. 또 현자가 선정된 후 그가 계속해서 정의롭고 지혜롭게 행동할지 또는 사악한 지배층이 있다면 어떻게 대처해야 할지 등 현실 세계에서 더 가능성이 높은 문제들을 간과하고 있다.

정치 권력의 부패 가능성은 상존하며, 또 절대 권력은 절대 부패한다는 경험에 비추어볼 때, 유교는 정치와 권력 현상을 너무 단순하고 낙관적으로 보고 있다. 권력의 부패 가능성과 집권자의 독재에서부터 오늘날의 권력 분립 문제는 출발했으며, 실제로 일반 정치사는 정부조직 또는 권력의 극단적 일원화가 정치적으로는 독재 권력을, 그리고 행정적으로는 불공정과 비효율을 가져왔음을 보여주고 있다.

4) 민본주의의 한계

"민(民)이 가장 중요하고 국가가 그 다음이고 군주는 가벼운 것이다"[17]라거나 "군자가 없다면 야인을 다스리지 못하고 야인이 없다면 군자들을 먹여 살리지 못하게 된다"는 맹자의 말은 백성이 으뜸이라는 유교의 민본사상(民本主義)을 잘 표현하고 있다.[18] 맹자는 왕위 계승까지도 군주자신의 권리가 아니고 하늘과 백성의 의사라고 보고 있다(Creel, 1953: 83－84).

그러나 유교의 민본주의는 어디까지나 봉건적 신분제도와 예(禮)에 의한 정명주의(正名主義) 테두리 안에서 기존 지배계급을 위한 민본주의이며 지배계급이 피지배계급에게 자비를 베푸는 식의 위민(爲民)인 것이다.[19] 유교가 2천여 년의 중국 역사와 수백 년의 한국 역사에서 전제군주나 봉건적 체제와 대립하지 않았다는 사실은 그러한 해석을 뒷받침하고 있다.

조선 시대에도 정책결정 시에 여론 수렴의 한 제도로 합동 토의 또는 합의와 같은 절차를 밟았으며, 민의 수렴을 위한 제도로서 직소제(直訴制), 상소제(上疏制)

---

17) 孟子. 盡心 下篇. "民爲貴社稷次之, 君爲輕."
18) 공자(孔子)의 경우는 민본사상이 상대적으로 약하다. 아래 서민들을 중히 여기고 백성들의 생활에 관심을 보이기는 했지만, 천자(天子)를 정점으로 하는 귀족들의 지배 질서를 옹호하는 보수적인 면이 있었고, 서민들에 대해서는 여전히 지배계급인 군자들에 대해 '소인'이었고 "따라오게 하기만 하면 되었지 알게 해서는 안 되는" 부류로 생각했다(김학주, 1978: 99－100).
19) 율곡의 행정사상을 연구한 신무섭(1978: 166)도 '안민(安民)'이란 군주가 주도하고 백성은 따라만 갈 뿐이라는 한계를 지적하고 있다. 한편, 퇴계의 안민사상(安民思想) 연구(김춘식: 1992)에서 볼 때, 퇴계의 치인론(治人論)이 정치경제학적 논의를 배제하고 있음을 엿볼 수 있다.

등이 있었다. 그러나 직소제는 관료의 발호를 억제하는 효용을 본 것에 불과하고, 상소제 또한 현직 지배계급이나 당대의 엘리트집단인 사림 계급에만 개방을 한정시켰다는 점에서(김운태, 1978: 60), 민권 소재를 의식한 민주적 참여사상에 기인하는 것이 아니고 인민을 통치하는 업무를 지고 있는 지배자의 현명함을 보장하려는 유교적 정치윤리에서 나타난 것에 다름 아닌 것이다(김운태, 1970: 206).

그러므로 위민을 핵심으로 하는 유교의 민본주의는 결코 민주주의와 혼동되어서는 안 된다. 민주주의 기본 요소를 "국민의, 국민에 의한, 국민을 위한" 것으로 볼 때, 유교의 민본주의는 봉건적 계급 질서를 이상시하고, 또 민을 대변하는 뚜렷한 대의기구를 전제하지 않고 있다는 점에서 앞의 두 요소가 근본적으로 결여되어 있으며(김석근, 1998: 18-19), '국민을 위한' 요소마저도 지배층의 자의에 전적으로 의존한다는 점에서 현실적으로 실효성을 담보할 수 없다는 한계가 있다.

유교사상의 예치주의와 가족주의를 한국 행정문화의 병리적 현상의 중요한 뿌리로 생각할 수 있다. 가족주의가 강조하는 가족 간 '위계 관계(권력 관계)'와 '유대 관계(사랑 관계)'는 각각 수직적 대인 관계와 수평적 대인 관계의 기초를 제공한 것으로 생각된다. 상하 질서를 강조하는 수직적 대인 관계에서 권위주의가 발생했고, 우리와 혈연을 우대하는 수평적 대인 관계에서 연고주의라는 병리 현상이 나타났다. 권위주의와 연고주의라는 병리적 요인은 결국 행정 업무 처리 과정에 영향을 주어 업무와 관련된 다양한 병리적 행태를 추가로 산출한 것으로 볼 수 있다.

유교사상의 장점을 옹호할 때 적용 대상으로서의 사적 영역과 공적 영역을 구분하지 않는 문제가 있다. 사적 관계나 개인적 차원에서는 수신제가형 윤리적 덕목이 받아들여질 수 있다고 하겠다. 그러나 행정이나 정책과 같은 공적 영역에서 유교의 가치를 논할 때는 유교사상의 정치경제학적 의미를 분석해야 한다. 유교는 복고성, 권위주의, 권력과 인간의 본질에 대한 낙관적 견해, 민본주의의 비실효성 등으로 인해 정치행정 발전에 역기능적일 수밖에 없다고 본다.

그간 한국의 근대화 과정에서 물질적 성장, 민주화, 행정의 성취 능력이 이 정도나마 이루어진 것도 해방 이후 도입된 서구적 제도와 가치 때문으로 보아야 한다.[20] 1997년 말, 국제통화기금(IMF) 관리 한국 경제의 위기도 사실은 기업인, 정

20) 동아시아 경제 성장에 대한 유교적 영향을 긍정적으로 평가하려는 '신유교주의' 경향도, 전근대적 사회에서는 유교가 스스로 산업화나 경제 성장을 할 수 있는 동력을 제공한다고 보진 않는다. 또

치인, 그리고 관료의 심성 속에 아직 남아 있던 가부장적 권위주의, 족벌적 경영, 정경 유착 등에서 파생된 비효율성, 비민주성, 부정부패가 가져온 것으로 보아야 한다.

유교사상은 권력과 인간이 현실 세계에서 부패하고 사악할 수 있는 가능성을 무시하고 덕목 제시나 관념론으로 일관하여, 권력 통제와 제도화를 근간으로 하는 서구 사상에 비해 정치·행정 패러다임에서 볼 때 상당한 약점을 가지고 있다. 유교적 전통 가치는 사적 영역에서는 제한적으로 좋은 면이 있을지 몰라도, 행정과 같은 공공 영역에서 이를 고양하자는 것은, 불확실한 작은 효과를 위해 필연적으로 수반되는 더 큰 부정적 효과나 정치경제학적 역기능을 감수해야 한다는 점에서 타당치 않다고 본다.

유교가 강조하는 개인 차원의 덕목들이 만일 효과가 크다면, 현재 한국 관료들의 청렴도는 높은 수준이어야 할 것이다. 그러나 국내·외 각종 연구나 평가는 물론 우리의 경험적 통념도 이를 부정하고 있다. 국제투명성위원회(Transparency International)가 밝힌 2012년 한국의 국가청렴도는 100점 만점 중 56점으로 조사 대상 174개국 중 45위를 기록했다. 덴마크, 핀란드, 뉴질랜드가 90점으로 공동 1위를 했다. 스웨덴, 싱가포르, 스위스, 호주, 캐나다, 네덜란드 등이 10위권 안에 들고 있다. 상위권 국가들이 서구 국가 내지는 서구적 근대화를 추구한 나라인 점에서 경제성장과 청렴도에 관한 한 유교의 긍정적 기능을 인정하기 어렵다.

이러한 현상에 대해, 도덕률을 알고 있는 것과 실천하는 것은 다르기 때문으로 해석한다면, 윤리강령을 목소리 높이 외치는 것이 현실적으로는 별 효과가 없음을 의미한다. 그것이 아니라면, 한국 관료들이 꽤 높은 수준으로 내재화하고 있다는 '유교의 긍정적 요소' 바로 그것이 한국 정치인과 관료의 높은 부패 수준과 관계가 있다고 해석해야 할 것이다.

긍정적 평가를 내리는 경우에도 유교의 집단주의와 교육중시사상이, 강한 국가와 강제된 국민 통합이라는 권위주의 체제 형성에 기여함으로써 덜 개방된 경제 체제의 경제개발 초기 단계에서 나타나는 효과라고 보아 매우 제한적으로 인정하고 있다. '아시아적 가치'나 '신유교주의'에 대해서는 김경동(1999), 국민호(1997), 소르망(1995)을 참조.

제 6 장 정책결정

사회문제가 정책의제가 된 후에는 정부의 소관 부처에서 정책결정 과정을 밟게 된다. 정책결정이란 사회문제를 해결하기 위한 가장 바람직한 해결책을 선택하는 과정이다. 정책결정 과정의 일반적 절차에서 제일 먼저 해야 할 일은 정책문제를 명확히 파악하는 것이다. 문제를 잘못 읽거나 이해하면 올바른 해답을 찾을 수 없기 때문이다.

그 다음으로, 정책을 통해 얻고자 하는 문제의 해결 정도나 바람직한 사회 상태의 수준을 정하는 것인데 이는 정책목표 설정을 말한다. 이어서 정책목표의 달성에 효과적이라고 보는 수단이나 해결책을 알아보는 단계를 거친 후, 얻은 정책대안 중 가장 효과적인 것을 선택함으로써 정책을 결정하는 것이다.

그림 6-1 일반적 정책결정 과정

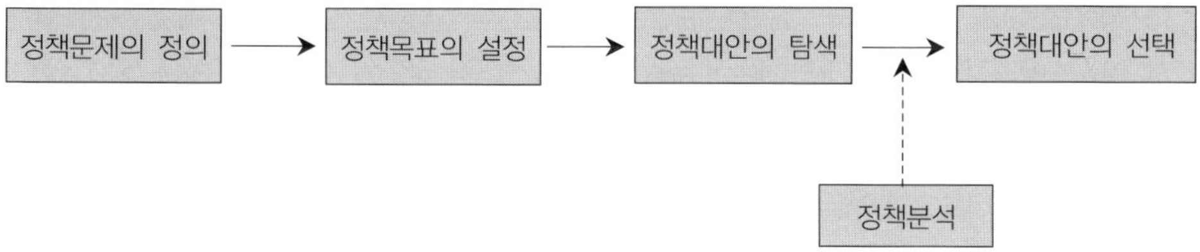

이러한 과정은 의사결정이론의 합리모형을 기본으로 한 정책결정 과정의 일반적 형태로 볼 수 있는데 [그림 6-1]과 같이 나타낼 수 있다.

제1절 정책문제

1 정책문제의 정의

사회문제가 정책당국의 시야에 들어오고 다수의 국민이 이를 정부가 해결해야 할 것으로 생각하면 정책문제가 성립하게 된다. 그런데 하나의 문제(a problem)는 어떤 사람 또는 집단이 불편함을 겪고 있거나 불만족하다고 느껴서 이를 해결하고 싶은 조건이나 상태라고 할 수 있다. 이러한 문제들 중 개인이나 집단이 해결하기보다는 정부가 나서서 해결해야 할 것으로 다수의 사회구성원이 생각하는 문제를 정책문제라고 할 수 있다.

정부가 이러한 단계에 와 있는 문제를 해결하기 위해서는 정책을 결정해야 한다. 좋은 정책을 결정하기 위해 무엇보다도 중요한 일은 문제 자체를 정확히 파악하는 것인데 바로 이것이 정책문제의 정의(definition)다.

정책문제의 정의란 관련자들이 문제가 무엇인가를 인지하고 그 문제의 원인, 구성 요소, 결과 등에 관해 잠정적인 진단을 내리는 과정이라고 할 수 있다(Hogwood & Gunn, 1984: 108). 문제의 정의는 문제에 대한 원인을 생각하지 않을 수 없기 때문에 결국 해결 방안의 선택과 매우 중요한 관련을 갖는다.

정책문제가 중요한 이유는 문제를 정확히 알지 못하면 문제를 풀 수 없다는 지극히 당연한 데서 찾을 수 있다. 일반적으로는 문제는 올바르게 이해했는데 답을 잘못 찾아 일을 망쳤다고 생각하기 쉽다. 물론 그런 경우가 있다. 그러나 현실의 세계에서는 애당초 문제를 정확히 이해하지 못해 결과적으로 적합한 해결책을 찾지 못해 일을 그르치는 경우가 상당히 많다. 저명한 전문가들이 고도의 분석기법 등을 이용하여 문제에 대한 해결책을 제시한다고 해도 만일 그들이 구성했거나 이해하고 있는 문제의 본질이 실제 사회문제의 그것이 아니라고 한다면 헛수고와 자원 낭비일 뿐이다. 이런 경우를 우리는 제3종 오류(type Ⅲ error)를 범했다고 한다.[1]

제3종 오류에서 오는 사회적 혼란의 사례는 이명박 정부 초기에 상당히 많이 나타났다. 실업문제를 한반도 대운하 건설과 같은 토목공사를 통해 해결하려 한 것은 21세기 한국의 경제문제를 1960~1970년대의 경제문제로 읽는 시대착오를 범했던 것이다. 또 과도한 사교육비 지출 문제를 공교육에 사설학원식 프로그램을 접목해서 해결하려는 생각이나 미국산 소고기 수입이 촉발한 촛불시위도 문제를 잘못 파악한 예로 볼 수 있다. 촛불시위의 경우, 정권 쟁취를 노리는 배후 세력의 조종, 방송의 선동적 보도, 좌파 빨갱이나 전문 시위꾼들에 의한 준동 때문이라고 이해함으로써, 수입 소고기 문제의 본질인 국민 건강권과 생존권의 문제를 집회 및 시위에 관한 문제나 정치 투쟁 문제로 잘못 읽었다고 할 수 있다.[2]

2 정책문제의 특징

국민에게 불편을 주는 환경 또는 국민이 지금보다 더 원하는 상태가 있다면 이런 것들은 정부가 해결해야 한다는 측면에서 정책문제라고 할 수 있다. 그런데 우리는 흔히 정책문제라는 것이 객관적으로 존재하는 그래서 누구나 동일한 내용으로 인식할 수 있는 어떤 것으로 막연히 생각하는 경향이 있다. 그러나 실제 현실에서는 어떤 문제나 이슈를 둘러싸고 사회 내 집단 간에 격렬한 대립이 자주 발생하는데, 이 경우를 자세히 들여다보면 문제의 본질에 대한 심각한 견해 차이가 있음을 발견할 수 있다.

이 심각한 견해 차이는 동일한 현상을 서로 다른 문제로 정의하는데서 나타난다고 할 수 있다. 따라서 정책분석가는 정책결정에 앞서 정책문제를 명확히 파악하는 것이 무엇보다 중요함을 인식해야 한다. 이러한 관점에서 다음에서는 던(Dunn, 1994: 140-141)의 견해를 중심으로 정책문제가 가지고 있는 본질적 특징을 살펴보

1) 참고로 제1종 오류는 정책이 아무런 효과가 없는데도 효과가 있다고 결론 내리는 경우를 말하고, 제2종 오류는 정책이 효과가 있었는데도 아무런 효과가 없었다고 결론 내리는 경우다.

2) 어쩌면 이명박 정부는 촛불시위의 본질을 잘 알고 있으면서도 정권 퇴진 시위로 확산될까 두려워 이를 탄압하기 위한 구실을 찾기 위해 이렇게 의도적으로 왜곡하려 했을 수도 있다.

기로 한다.

1) 정책문제의 갈등성

정책문제란 사회 내 누군가가 불만족을 느껴 정부가 이를 해결해 주었으면 하는 어떤 상태나 조건으로 볼 수 있다. 이 경우, 다른 한편에서는 현재의 상태나 조건이 자신에게 유리한 사람들이 있을 수 있다. 따라서 현재의 상태가 불만스러운 사람에게는 그것이 정책문제이지만 현재 상태가 좋은 사람에게는 그것이 문제로 취급받는 것이 싫고 그대로 유지되는 것을 선호한다. 이른바 흔히 말하는 진보가 전자에 해당하고 보수가 후자에 해당하는 것으로 볼 수 있다. 이와 같이 전 국민이 예외 없이 모두 원하는 것이 아니라면 대부분의 정책문제는 이해관계를 달리하는 사람들이 얽혀 있는 상황이라서 문제가 공중의 시야에 등장하면서부터 사회구성원 간 갈등은 시작되는 것이다.

2) 정책문제의 상호의존성

에너지 분야와 같이 어떤 특정 영역에서 일어난 문제가 보건 또는 실업과 같은 종종 다른 영역의 정책문제에 영향을 줄 수 있다. 실제 정책문제는 독립적 실체가 아니라 혼잡한 문제로 묘사되는 문제들의 전체 체제의 부분들이다. 특정한 문제만을 전체 문제 체제에서 떼어 내서 해결하는 분석적 접근 방법(analytic approach)을 사용하는 것은 어렵기도 하고 바람직하지도 않다. 왜냐하면, 문제들은 상호 독립적으로 정의되고 해결되는 것이 보기 드물기 때문이다. 때때로 "하나의 문제 그 자체를 해결하는 것보다 상호 관련된 열 개의 문제를 동시에 푸는 것"이 좀 더 쉬울 수 있다(Brown, 1971: 18-19).

예를 든다면, 음주 운전으로 인한 사고가 계속 증가하는 상황에 직면한 시정부가 이러한 상황에 이르게 된 것은 그동안 단속과 처벌이 너무 약해서 그렇다는 문제 인식을 갖는다고 하자. 그러면 이런 경우 음주 운전에 대한 단속과 처벌의 강도를 높이면 어느 정도 효과가 있을 수 있다. 그러나 만일 자가용 음주 운전의 원인 중 많은 부분이 시의 대중교통망이 취약한데서 오는 것이라면 좀 더 편리하고 쾌적한 대중교통 체계의 공급은 결과적으로 자가용 운전자의 음주 운전을 상당히 감소시킬 것이다. 또 형벌의 강화나 강력한 범죄 단속 등에만 의존할 것이 아니라,

흉악 범죄를 줄이기 위해서는 장기적으로 성장 과정에서의 비행 청소년에 대한 교육과 심리상담에 공공예산을 투자하는 것이 더 근본적이고 효율적인 치유책일 수 있다.

결론적으로, 정책문제는 다른 문제들과 상호 의존적인 것이라서 문제를 서로 관련된 부분들의 전체 체제와 따로 분리하지 않고 종합적으로 접근하는 시각이 필요하다.

3) 정책문제의 주관성

정책문제가 주어져 있는 상황은 객관적일 수 있다. 즉, 문제를 일으키는 외부의 조건들은 분명 객관적으로 존재한다고 볼 수 있다. 그러나 정책문제의 인지나 정의는 사람을 통해 하는 것이므로 결코 객관적일 수 없다. 우리가 정책문제를 파악하는 과정은 객관적으로 존재하는 외부의 조건들 중에서 우리의 선입관이나 인식 능력 등을 통해 선택하는 과정이기 때문이다.

예를 들어, 대기오염은 대기 중에 있는 기체와 입자의 수준과 관련하여 정의될 수 있다는 점에서 객관적이다. 그러나 오염의 심각도에 관한 평가는 똑같은 자료가 사람에 따라 다르게 해석된다는 점에서 주관적인 것이다. 또 2008년 초 이명박 대통령직 인수위원회에서 '영어몰입식' 교육이 제시된 것은 국민 모두의 영어 실력을 높여서 '주식회사 대한민국' 종업원인 국민들의 경쟁력을 높여 경제 발전을 꾀하려는 시도였다. 그러나 한 국가의 대외 경쟁력이 영어를 잘 구사하는 국민의 비율에 있지 않음은 프랑스, 독일, 일본과 같은 경제 선진국의 사례를 보아도 알 수 있다. '영어몰입식' 교육은 국가경쟁력이라는 정책문제의 핵심을 당시 대통령 당선자 및 대통령직 인수위원장 등이 극히 주관적으로 잘못 파악한 결과에 불과하다. 요컨대, 정책문제는 사회환경에 대해 작용하는 생각의 산물이며 아울러 분석에 의해 이러한 상황들로부터 추상화된 문제 상황의 요소들에 불과한 것이다. 정책분석에서 문제 상황과 문제를 혼동해서는 안 된다. 문제 상황은 객관적일 수 있지만 정책문제는 인간의 판단을 통해 경험적 사실을 전환시킴으로써 형성된다는 점에서 주관적일 수밖에 없다.

4) 정책문제의 인공성과 정치성

정책문제의 성립은 인간이 어떤 문제 상황을 바꾸는 것이 바람직하다고 판단할 때만 가능하다. 그러므로 문제를 둘러싼 각종의 이해관계자들은 자신의 이익을 위한 방향으로 정책문제를 구조화하려고 노력하며, 경우에 따라서는 이미 구조화되어 있는 문제도 재정의를 통해 변화시키려고 끊임없이 시도한다.

현실 세계에서는 정책문제 형성 과정에 사회단체, 이익집단, 정당, 대통령실과 같은 정치적 행위자들이 참여하기 때문에 다양한 형태의 상호작용을 하게 된다. 이 과정에서 자신들의 이익에 부합되는 방향으로 문제를 다시 규정하기 위해 때로는 왜곡을 때로는 상대방과 타협도 시도한다는 점에서 정책문제는 사람들이 만들어 내는 하나의 인공물인 것이다.

2008년 초반, 촛불집회를 반대하는 극우단체가 시청 앞 광장에서 집회를 열어 미국산 광우병 소고기 수입 반대 촛불집회를 좌익 세력들이 체제를 전복하려는 것으로 매도한 것은, 한나라당을 중심으로 보수 세력이 미국산 소고기 수입에 관한 당시 정책문제의 본질을 왜곡하려는 의도였던 것이다.

요컨대, 모든 정책문제는 그것을 정의내리는 개인이나 집단과 떨어져서 존재하지 않으며, 따라서 어떠한 경우에도 저절로 문제가 만들어지는 사회문제의 '자연적 상태'는 없고 오직 사람들이 만들어 내는 가공물임을 의미한다.

5) 정책문제의 역동성

문제에 대한 정의가 다양하고 이해관계 집단의 주관이 다르기 때문에 하나의 정책문제는 한 가지 형태로 고정되어 있을 수 없다. 문제를 보는 시각이 다르면 원인을 달리 보는 것이고 원인을 달리 보면 해결 방안도 다른 것이다. 따라서 문제 정의 당시의 특정 시점에서의 집단 간 영향력 관계와 협상에 의해 정의된 정책문제는 사회 내 세력 판도가 달라짐에 따라 끊임없이 새롭게 정의될 것을 압박받는다. 그래서 정책문제는 항상 유동적이며 그렇기 때문에 어떤 문제가 특정 시점에서 완전히 해결된 채로 남아 있는 것을 목격하기는 대단히 어렵다. 다시 말하면, 어떤 문제에 대한 해결 방안은 폐기될 수 있지만 일단 제기된 문제는 그렇지 않다는 것이다. 문제는 시간이 흘러가면서 관련 집단 세력 판도의 변화 또는 환경·문화적 변화 등에 따라 심각성의 정도나 문제의 초점이 끊임없이 변형될 뿐이다.

음주 운전의 경우 1960~1970년대 시절 자가용 소유자가 적었던 시대에는 별 문제가 되지 않았다. 그러나 1980년대 중반 이후 자가용 이용자가 많아지면서 음주 운전은 심각한 사회문제로 나타나게 되었는데, 이는 '마이카 붐'이라는 사회환경의 도래가 정책문제의 정의에 영향을 주고 있음을 보여주는 사례다.

기술의 발달이 정책문제에 미치는 변화를 보여주는 경우도 있다. 인터넷, 트위터, 페이스북 등 사회관계망 서비스(social network service: SNS)의 발달은 새로운 사회문제를 만들기도 하고 기존의 사회문제를 치료하기도 한다. 한편에서는 인터넷의 보급이 게임 중독 등 오프라인에서의 대인 접촉을 점점 줄어들게 하여 은둔 고립형 인간을 많이 만드는 역기능이 있다고 말한다. 그러나 또 다른 한편에서 볼 때, 2008년 5월 광우병 촛불시위나 2011년 후반기 한진중공업 부당 해고에 항의하는 김진숙 민주노총 지도위원의 타워크레인 농성을 지원하는 전국의 '희망버스'가 가능했던 것은 인터넷과 SNS 덕분이라고 말한다. 이와 같이 SNS는 과거 파편화된 조각에 불과했던 개인들을 하나의 관심사를 갖는 집단과 공중으로 만들어 줌으로써 오히려 군중 속의 고독을 치유하고 참여민주주의를 소생시키는 순기능을 보여주고 있다.[3)]

제 2 절 정책목표

정책은 정부가 어떤 사회문제를 해결하겠다는 의사를 표명한다고 바로 성립하는 것은 아니다. 실질적인 정책으로 인정받기 위해서는 최소한 몇 가지의 구성 요소가 구체화되어야 한다. 예컨대, 해당 정책이 최종적으로 얻으려는 가치가 무엇인지 표현되어야 하는데 이는 정책목표를 의미한다. 목표가 명확히 제시되지 않으면 정책을 통해 궁극적으로 도달해야 할 곳을 결정하지 않았다는 뜻이며, 결국 집행

3) SNS의 이러한 효과는 당시 한국의 제도권 보수 언론과 대의민주주의 역할을 자부하던 기존의 정당들에게는 문제와 위기로 인식되는 상황이었다. 기존 정치에 대한 혐오를 잘 보여주는 사례가 2011년 10월의 서울시장 보궐선거 과정에서 표면화된 안철수 서울대 융합대학원장과 박원순 서울시장 후보(무소속)에 대한 폭발적 지지였다.

과정이 방향성을 잃어 일관성과 능률성을 상실하는 결과를 가져온다. 또한 정책이 영향을 미치려는 대상이 전체 국민인지 아니면 특정 지역의 시민인지 또는 특정 집단인지 제시되어야 한다. 물론 정부가 정책을 발표할 때 대상집단을 구체적으로 명시하지는 않는다고 해도 정책의 내용을 통해 명확한 추정이 가능한 경우가 대부분이다. 또 하나의 중요한 정책 구성 요소는 정책 수단이다. 앞에서 말한 정책목표를 달성하기 위해서는 수단과 방법이 필요하다. 다음에서는 기존의 문헌들이 정책의 구성요소로 공통적으로 제시해 온 정책목표, 정책 수단, 정책대상집단이라는 세 가지 요소를 살펴보고자 한다.

1 정책목표의 의의

정책결정의 최초 단계는 정책문제의 정의이고, 그 다음 단계가 정책목표의 수립이다. 물론 문제 확정에 이어 목표의 설정 없이 곧장 대안이 탐색되고 결정이 이루어질 수도 있다. 그러나 어떤 가치를 추구할 것인지 또는 애당초 발생한 문제를 어느 수준까지 해결할 것인가를 결정해놓지 않는다면, 문제 해결에 대한 기준이 없기 때문에 어떤 방향으로 가야할지 또는 어떤 대안이 가장 좋은 것인지를 판단하기가 곤란해진다.

목표는 "장래에 실현하고자 하는 바람직한 상태"라고 말할 수 있으며(Etzioni, 1964: 6), 또는 사이먼(Herbert A. Simon)처럼 "의사결정에서 결정자가 그가 선호하는 것들에 순위를 매기기 위해 사용하는 가치 전제(value premises) 또는 기준"으로 볼 수도 있다. 여기서 볼 때 에치오니(Amitai Etzioni)는 목표를 일이 일어난 후의 결과나 상태라는 관점에서 보는 반면, 사이먼은 그러한 결과나 상태의 우선순위를 판단하는 기준에 더 중점을 두고 있음을 알 수 있다. 그런데 목표에 대한 사이먼의 정의는 목표 자체에 대한 정의라기보다는 목표의 기능을 이야기한 것 같은 느낌이 든다. 따라서 사이먼의 견해보다는 에치오니의 견해가 목표의 개념으로 더 적절하다고 할 수 있다.

2 정책목표의 기능

정책목표는 분명히 표명되지 못하는 경우도 있고, 때로는 중복되거나 여러 개의 목표들 간에 충돌을 일으키는 경우도 있다. 만일 정책목표가 분명하게 설정될 수 있다고 한다면 그것은 정책 과정 전반에 걸쳐 매우 중요한 기능을 수행할 수 있다.

첫째, 정책목표는 정책 개발이나 정책분석 활동의 방향을 제시한다. 소극적인 의미에서 정책 개발은 주어진 목표를 달성하기 위한 수단을 강구하는 과정이므로 목표는 곧 정책개발 활동의 전개 방향과 테두리를 설정함으로써 분석가들이 수행해야 할 과제와 작업 방향을 제시해 주며, 분석의 각 단계에서 계속하여 참조하는 준거틀(frame of reference)의 역할을 하게 된다(김신복, 1982: 39). 이와 같은 목표의 기능, 즉 의사결정이나 행동에서 방향이나 범위를 제약하는 역할을 목표의 인지적 기능(cognitive function)이라고 한다(Scott, 1981: 261).

둘째, 정책목표는 정책의 집행을 구속하는 지침(guideline)이 된다. 일반적으로 정책목표는 공권력을 바탕으로 세부적인 의사결정과 활동에 지속적이고 광범한 영향을 미친다. 따라서 정책목표는 소극적으로는 정책집행자로 하여금 목표 달성에 저해되는 행위를 하지 말 것을 요구하는 기능이 있으며, 적극적으로는 목표 달성을 위해 가능한 모든 수단을 추구할 것을 요구하는 의미도 담고 있다. 마치 항해하는 선박의 경우 최종 목적지와 나침반의 역할을 동시에 수행하는 것과 같은 것이다.

셋째, 정책목표는 정책집행의 결과나 성과를 평가하는 기준으로서 역할을 한다. 정책의 효과성을 측정하는 척도가 곧 목표달성도인데, 정책목표는 성공적인 집행 여부를 판단하는 기준이 된다. 그런데 정책목표를 공식적 목표(stated goal)와 실질적 목표(real goal)로 나눈다면, 양자가 일치하는 경우가 많겠으나 일치하지 않는 경우도 있다. 물론 일치하지 않는 경우는 공식적 목표보다는 실질적 목표가 정책집행의 결과를 평가하는 기준이 되어야 할 것이다. 많은 경우 공식적 목표는 정책담당자의 정책행위를 사후 정당화시켜 주는 역할을 하거나 또는 실질적 목표의 기준에 비추어볼 때 실패한 정책의 결과를 성공한 것처럼 위장하는 데 이용되곤 한다.

넷째, 조직이론에서 조직의 목표는 조직구성원의 동기부여나 동질 의식을 갖게 하는 역할을 한다고 말해지고 있다. 또 목표가 환경으로부터 오는 저항을 극복하고 외부로부터 자원을 끌어 모으는 기능을 하기도 하는데, 스콧(W. Richard Scott)은 이러한 역할을 첫째에서 말한 인지적 기능에 비교하여 정서적 기능(emotional function)이라고 말하고 있다. 그런데 이러한 내용은 정책 담당 기관 역시 하나의 조직이기 때문에 정책목표의 경우도 위와 같은 정서적 기능을 수행한다고 볼 수 있다.

다섯째, 정책목표는 대외적으로 정책 담당 기관을 홍보하는 데 활용될 수 있으며, 이를 통해 기관이나 조직의 존재에 대한 정통성(legitimacy)을 확보하는 기능도 수행한다.

3 목표 설정의 고려 사항

정책목표가 정책 과정에서 다양한 기능을 수행하지만 이것의 설정은 생각보다 쉽지 않다. 설정의 어려움에 대한 원인은 많이 있겠지만 근본적 이유는 정책목표라는 것이 가치판단의 영역에 해당한다는 데 있다. 정책목표의 특징을 중심으로 정책목표를 설정할 때 고려해야 할 사항에는 다음과 같은 것들이 있다.

첫째, 정책목표는 사실의 문제가 아니라 가치의 문제라는 점을 인식해야 한다. 정책목표를 정책을 통해 얻고자 하는 바람직한 미래 상태라고 말할 때, 사람이나 집단에 따라 바람직한 미래 상태에 대해 달리 생각할 수 있음은 당연할 것이다. 각자의 이해관계, 가치관, 철학적 소신 등에 따라 목표의 수준과 내용은 달라지게 된다.

둘째, 목표가 가치 함축적이기 때문에 정책목표의 설정은 사회적 동의를 얻는 것이 바람직하다는 결론이 나온다. 정책결정자나 분석가가 독단적으로 설정한 정책목표는 많은 경우 다수 대중의 순응을 얻어내기 힘들 뿐만 아니라, 이익집단들의 반발까지 있게 되면 원만한 정책집행이 힘들어진다. 그래서 정책결정 집단은 가능하면 민주적 과정을 통해 다양한 목소리를 수렴하고 시간이 걸리더라도 국민적 동의를 얻어내는 인내가 필요하다.

이명박 정부의 한반도 대운하 건설이 결정 및 집행 과정에서 논란이 많았던 것은 처음부터 정책목표에 대한 사회적 합의를 결여한 것이 근본적 원인이었다고 할 수 있다. 처음에는 대운하 건설이라고 하다가 반발에 부딪히자 나중에는 홍수 조절 치수사업으로 정책목표를 변경한 것도 국민과 야당의 불신을 받았다. 또한 이명박 정부는 4대강 사업의 목표도 홍수와 가뭄 조절 기능, 일자리 창출 및 친수구역 개발을 통한 경제적 이익 등을 내세웠지만 많은 국민은 생태계를 파괴하고 경제적 타당성도 없는 사업이라고 보아 이에 동의하지 않았던 것이다.

셋째, 정치적 이해관계가 목표 설정에 개입하는 것은 바람직하지 않다. 이는 특정 집단이나 특정 정파의 이익을 위한 것이 아니라 공공의 이익과 사회적 정의에 부합하는 내용이 되어야 한다는 것을 말한다. 또 이것은 공식적으로 표방된 목표와 실제적 목표 사이에 괴리가 있어서는 안 된다는 의미이기도 하다.

실제로는 집권당이나 대통령의 정치적 이익 때문에 도입하면서도 마치 공공의 이익을 위한 정책인 양 포장하는 경우가 현실에서 자주 나타나고 있다. 예를 들면, 정치인이나 지역 유지가 대규모로 소유하고 있는 땅 주변에 일반 주민들의 삶과는 별 관련이 없는 호화 리조트 개발이나 골프장 개발을 주민들의 건강과 삶의 질 향상이라는 목표를 내세워 추진한다면, 이런 경우 겉으로 내건 공식적 목표와 실제 추구되는 목표 간에 심각한 괴리가 있는 것으로 부당한 것이다.

넷째, 정책목표는 너무 추상적인 형태로 표현되는 것은 바람직하지 않다. 추상성이 높거나 모호하면 대안 탐색이나 정책집행, 정책평가 등을 위한 적절한 기준이나 지침으로서 역할을 하기 힘들다. 예컨대, '사회 정의 구현'이나 '복지국가의 실현' 등은 최상위의 국정철학으로는 적당할지 몰라도 특정한 정책 프로그램의 목표로서는 너무 범위가 넓고 개념이 추상적이라서 좋은 목표라고 할 수 없다.[4)]

4) 그런데 정책목표의 구체화를 마냥 쉽게만 생각할 수 없는 사항들이 있다. 첫째, 정책목표의 구체화는 보통 정책집행 단계에 가서야 비로소 가능해지는 경우가 많다. 정책 환경이 수시로 변화하기 때문에 처음에는 대략적인 목표만 설정하고 집행 단계에 가서 주변의 상황에 맞추어 목표와 수단들을 구체화하는 것이 편리하기 때문이다. 만일 처음부터 정책목표를 너무 구체화하면 결국 수정 · 변경의 필요성이 더 커진다는 문제가 생긴다. 둘째, 목표가 처음부터 너무 명확하고 구체적이면 정책을 둘러싸고 반대집단이 뚜렷이 형성되어 원만한 정책집행이 어려워진다. 반대로 말하면, 정치적 지지를 더 많이 얻기 위해서는 모호하고 추상적인 목표를 내세우는 것이 적어도 정치적 측면에서 본다면 좋다고 할 수 있다. 현실 정책에서 실제 자주 언급되는 경제정책의 목표로서 '경제 안정과 고용 증대'는 두 개의 구성 목표가 경쟁적 관계에 있어 같이 어울릴 수 없지만, 봉급 생활자는 전자에 실업자나 기업체는 후자 때문에 그 정책을 찬성하게 된다(정정길 외, 2003:

다섯째, 정책목표는 해결하고자 하는 사회문제에 비추어볼 때 타당성, 실현가능성, 그리고 충분성이 있어야 한다.

여기서 타당성(validity)이란 정책이 해결하려고 하는 사회문제를 해결했을 때 정말 원하는 '바람직한 미래 상태'가 달성되는가의 문제다. 이것은 정책결정자가 원하는 정책목표와 해결하려고 하는 사회문제 간의 인과 관계에 관한 것이고, 이에 관한 것은 결정자의 직관에 의해 판단할 문제가 아니고 과거의 정책 경험과 과학적 이론에 근거한 전문가집단의 도움을 받는 것이 좋다. 이명박 정부의 한반도 대운하에 관해 찬성 측은 물류비 절감, 운하 노선 주변 지역 경제 활성화, 수려한 관광자원 확보라는 정책목표를 제시하는 반면, 반대 측은 대운하라는 정책 수단이 경제성에서 우월하지 않고, 나아가 생태계 교란과 제방 붕괴 등으로 인한 대홍수 피해 등을 이유로 반대했다. 이러한 의견 갈등은 바로 정책목표의 타당성에 관한 논쟁으로 볼 수 있다.

그리고 정치·경제적 실현가능성이 없는 목표는 당연히 제외되어야 하는데, 이것에 대한 판단은 주로 자원의 양과 정치적 지지 여부에 달려 있다고 할 수 있다. 또 좋은 정책목표에 관한 충분성(adequacy)의 조건이란 정책목표의 설정 수준이 애당초의 사회문제를 충분히 해결할 만큼 되어야 한다는 뜻이다. 해당 지역의 물 부족량이 종합적으로 연 10억 톤인데 댐의 규모가 이에 미치지 못한다면 해당 지역의 물 부족이란 문제는 여전히 남기 때문이다.

여섯째, 정책목표 내에 여러 개의 하위 목표가 있을 때 이들의 우선순위나 달성 수준을 잘 결정해야 한다. 이를 위해 고려해야 할 요소들은 정책목표 달성에서 얻게 되는 효과, 정책목표 달성을 위한 비용, 정책 효과와 정책비용의 배분, 정책목표의 달성가능성 등이 있다. 이러한 요소들을 고려하여 목표의 우선순위나 달성 수준을 결정해야 하는데, ① 정책문제 중에서 해결 불가능한 것, 즉 정책목표에서 달성 불가능한 것을 우선 제외시키고, ② 실현 가능한 정책목표 중에서 능률성(동일한 비용으로 많은 효과를 내도록)과 공평성(비용과 효과의 배분이 사회적 정의에 합치되도록) 및 다른 기준을 고려하여 결정하는 것이 좋다(정정길 외, 2003: 335).

340-341).

4 목표와 수단의 연쇄 관계

한 정부 내의 특정 시점에서 보면 여러 개의 목표가 존재할 수 있다. 중앙정부의 각 부처는 그들의 정책 관할 영역에 관한 독자적인 목표와 이를 위한 업무들을 추진하고 있다. 조직법제상 대등한 위치에 있는 정부부처 간 목표들의 관계는 횡적(수평적) 관계로 볼 수 있다.

한편, 목표들은 종적(수직적)인 관계에 있을 수도 있다. 어떤 목표를 달성하기 위한 조건이나 수단으로서 다른 목표가 달성되어야 할 필요가 있다면 전자를 상위 목표, 후자를 하위 목표라고 할 수 있다. 이 경우, 상위 또는 하위는 절대적인 것이 아니라 상대적 개념이다. 예컨대, '국민건강 증진', '양질의 의료 서비스 확보', '유사 의료행위 근절'이란 정책목표들이 있다고 하자. 양질의 의료 서비스 확보는 국민건강 증진이란 정책목표 달성에 필요한 수단의 하나로 볼 수 있다. 한편, 유사 의료행위 근절은 양질의 의료 서비스 확보라는 정책목표 달성을 위한 수단들 중 하나다. 이렇게 볼 때 양질의 의료 서비스 확보는 국민건강 증진이란 상위 목표에 대해 하위 목표로 볼 수 있지만 유사 의료행위 근절이란 목표에 대해서는 상위 목표로서 자리 잡고 있다.

정부의 다양한 정책목표들을 횡적·종적으로 관계로 배열할 수 있는데, 이해를 돕기 위해 예시하면 다음 [그림 6-2]와 같다.

[그림 6-2]와 같은 목표들의 위계적 관계를 목표-수단 연쇄 관계(ends-means chains)라 부르며, 이러한 연쇄 관계에 관한 특징을 살펴보면 다음과 같다(김신복, 1983: 127).

목표는 상위 목표일수록 추상적, 가치 함축적이며 하위 목표일수록 구체적이고 실제적인 성격이 강하다. 중요성이나 영향력에 비추어보면 상위 목표일수록 관련 집단의 광범한 참여 속에 신중히 결정되어야 할 것이다. 그러나 실제로는 이러한 추상적, 일반적 차원의 목표에 대해서는 합의를 구하기 어렵지 않으나 구체적인 하위 목표에 관해서는 이해관계가 엇갈려 오히려 심한 논란이 있게 된다. 최상위 목표들은 이상적인 기본 정책 방향을 제시한 선언적인 성격을 띠게 되므로 이론의 여지가 적은 대신, 추진 일정과 자원 수급, 그리고 사업계획이 수반되는 세부 목표

의 고정월급제도 도입이 필요하다. 그런데 택시기사의 월급을 충분히 주려고 한다면 택시요금을 인상해야 하는데 이것은 시민의 입장에서는 불만이며, 나아가 차후 선거를 고려할 때 이는 집권 여당의 입장에서 시행하기가 쉽지 않다. 그렇다고 해서 월급제도 실시 대신 사납금을 인하하여 택시기사의 수입을 인상시키는 효과를 통해 안전 운전을 유도하려 한다고 하면 아마도 택시 운송 사업주가 반발할 것이다. 이러한 업주 측의 불만을 해결하기 위해 연료인 휘발유세를 인하하면 세수 감소로 인해 기타 복지정책 분야의 사업들이 축소됨으로써 복지 수혜자의 어려움이 증가되는 문제가 발생한다. 이것은 '시민의 삶의 질 개선'이라는 상위 목표의 달성에 역행하는 결과가 되는 것이다. 이와 같이 택시 교통사고 감소, 택시기사의 생계 보장, 안정된 세수 확보 등의 관계에서 보듯 하나의 목표를 달성하려면 다른 목표의 달성이 어려워지는 경우가 흔히 생길 수 있다.

다섯째, 정부조직 내의 부서들마다 각자 다른 목표가 선호된다는 것을 전제로 한다면, 정부 관리구조 내에 이미 목표의 비양립성(incompatibility)이 제도화되어 있다는 것을 의미한다. 대표적 예로, 건설교통부나 산업자원부는 성장과 개발을 부서의 주된 목표로 삼고 있는 반면, 환경부나 보건복지부는 환경 보존과 부(富)의 재분배를 최대 목표로 삼고 있다. 이들 부서 간에는 당연히 정책을 둘러싸고 대립할 수밖에 없다. 이것은 정책으로부터 영향을 받는 집단들의 이해관계 때문이 아니라, 정부나 정책결정기구 자체 내의 제도나 규정 등이 서로 간에 견제와 갈등이 생기도록 만들어져 있음을 의미한다.

6 복수 목표들의 관계와 조정

정책목표들 간의 관계를 유형지어 보면 대체로 독립적 관계, 상호 보완적 관계, 경쟁적 관계, 비양립적 관계로 나눌 수 있다.

목표들이 상호 독립적(independent) 관계에 있다 함은 두 개의 목표가 서로 아무런 관련이 없는 경우를 말한다. 이는 한 목표의 달성이 다른 목표의 달성과 아무런 영향 관계가 없다는 것을 의미한다. 예컨대, 병충해에 강한 쌀품종 개발이란 정책목표와 국산 전차의 개발이란 정책목표는 상호 간에 직접적인 도움도 방해도 하지 않는 관계에 있다. 그러나 한 국가 정부 내에서 완전히 독립적인 목표들은 존재하기 힘들다고 할 수 있다. 내용적으로 두 목표가 아무런 관련이 없다고 해도 이들 목표를 추진하는 데 필요한 정부 자원은 한정되어 있는 경우, 한쪽에 많은 자원을 투입하면 다른 쪽은 자원 부족으로 목표 달성에 어려움을 겪게 되기 때문이다.

상호 보완적(complementary) 관계란 목표들 간에 서로 도움을 주는 관계를 말한다. 국제수지 개선과 기술경쟁력 향상이라는 두 가지 목표의 관계가 여기에 해당한다고 할 수 있다. 기술경쟁력 제고라는 목표를 성취하면 수출이 증대되고 이것은 국제수지 개선이라는 정책목표를 달성하는 데 도움을 준다. 한편, 국제수지 흑자에서 생긴 여유자금을 기술 개발을 위한 연구에 대거 투입한다면 후자의 목표 달성이 더욱 쉬워질 것이다. 또 다른 예를 들어보면, 농가소득 증대를 위해서 경제 작물의 증산이라는 하위 목표도 추진하고 경제 작물의 판로 확보라는 하위 목표도 동시에 추진하는 경우 이들 하위 목표는 서로 보완적 관계에 있는 것이다.

경쟁적(competitive) 관계는 한쪽 목표를 달성하려고 하면 다른 쪽의 목표 달성이 방해받는 관계를 말하는데, 이른바 대체 관계(trade−off)라고 말할 수 있다. 예컨대, 효율성과 형평성의 관계나 실업률과 물가상승률의 관계가 여기에 해당한다. 실업률을 줄이려는 정책목표는 정부나 기업이 많은 투자를 함으로써 달성될 수 있는데, 이는 시중 통화량을 팽창시켜 물가 인상에 대한 압력 요인으로 작용한다. 반대로, 물가를 잡기 위해서는 통화량을 수축하는 것이 기본 정책 수단인데, 이는 일자리 창출에 역행하는 결과를 가져와 실업률을 증대시킬 가능성이 크다.

마지막으로, 목표의 비양립적(incompatible) 관계란 남북한이 '통일'할 것인지 그냥 '공존'할 것인지와 같이 목표 내용이 상반되기 때문에 한 국가 안에서 같은 시점에 동시에 존재할 수 없는 경우다. 만일 특정 시점에 비양립적인 두 목표가 존재한다고 해도 이는 일시적이고 곧 한쪽 목표로 조정될 수밖에 없다. 예를 들어, 대통령이 한반도 대운하 건설이라는 정책목표를 제시하고, 국회는 이를 반대하는 결의안을 통과해 놓은 경우 조만간에 최종적인 결정이 이루어질 수밖에 없을 것이다. 비양립적 관계가 경쟁적 관계와 차이가 있는 것은 후자의 경우는 양 목표의 적당한 중간 지점에서 목표의 통합이나 조정이 이루어질 수 있지만, 비양립적인 경우는 어느 한쪽만을 선택해야 하는 상황이기 때문에, 하나의 목표를 성취하고자 한다면 다른 목표는 완전히 배제해야만 한다.

<표 6-1>은 목표 간의 갈등의 종류와 자원의 양이 풍부한가의 여부에 따라 양자가 결합되어 일어날 수 있는 상황을 보여준다.

표 6-1 목표 관계의 유형과 상황

관계의 유형 \ 자원의 양	자원이 풍부함	자원이 부족함
상호 독립적	①	③
상호 보완적	②	④
경쟁적	⑤	
비양립적	⑥	

여섯 가지 상황 중에서 ①과 ②의 경우는 목표의 통합을 필요로 하지 않는 상황이다. 즉, ①의 경우는 목표들 간에 독립적인 관계에 있으면서 이들 목표를 달성하는 데 필요한 자원(인적이든 물적이든)이 풍부하기 때문에 양 목표를 굳이 하나로 통합하거나 각각의 달성도를 조정할 필요가 없다. ②의 경우도 양 목표의 달성이 서로 상대방의 목표 달성에 공헌을 하는 상호 보완적 관계이므로 이들을 동시에 추진할 수 있는 충분한 자원이 확보되어 있다면 목표를 조정할 필요가 없다.

그러나 ③, ④, ⑤, ⑥의 경우는 어떻게 해서든 목표들을 조정 또는 통합해야 하는 상황이다. 우선, ③의 경우를 보면 복수의 목표들이 상호 독립적이지만 ①과는 달리 이들 목표를 모두 추진할 수 있는 자원이 부족한 상황이다. 이때는 목표들을 달성하는 데 시간적인 차이가 허용된다면 목표들에 우선순위를 매겨 순위가 높은 목표부터 자원을 투입하고 순위가 낮은 목표는 나중에 추진하면 된다. 그런데 어느 목표도 시간적으로 뒤로 미룰 수 없는 상황이라면 가중치를 계산하여 그에 따라 자원을 각 목표에 적절히 배분해야 할 것이다. 한편, ④의 상황도 앞의 ③의 경우와 유사하게 다루면 된다고 본다. 즉, 전략적으로 어느 목표를 먼저 집중해서 추진할 수 있고, 또 동시에 추진한다면 예산이나 자원을 어떤 기준에 의거 적절히 배분하고 목표 달성도 역시 조정하면 될 것이다.

③과 ④의 경우 두 개 이상의 정책목표가 있다고 할 때 각각의 목표달성도를 설정하는 방법 중의 하나로, 몇 개의 목표를 제약 조건으로 하고 나머지 목표들을

극대화시키는 방법이 있다. 예를 들면, 지하철 건설과 도로 확장의 상대적 효용을 측정하려고 하지 말고 각 목표의 수준들을 서로 다르게 분리하여 고려한다. 즉, 지하철 건설을 5km 정도 하기로 하고 나머지 자원으로 도로 확장을 할 수 있는 곳까지 하도록 하는 것이다. 이때 지하철 노선 5km 건설은 제약 조건으로 취급되는 것이다.

그리고 ⑤의 경우는 목표들 자체가 경쟁적 관계에 있기 때문에 자원의 부족 여부와 관계없이 이들 목표를 통합 조정해야 할 필요가 생긴다. 목표가 경쟁적 관계에 놓여 있는 상황에서의 해결은 보통 사실 판단의 문제라기보다는 가치판단의 문제에 해당한다. 예를 들어, 집권당이나 대통령이 '성장' 또는 '분배' 중 어떤 가치를 더 중시하는지와 같이 정치 이념이나 철학에 의해 결정되는 문제 영역인 것이다.

또 다른 예로, 인플레이션 억제와 고용 증대라는 서로 모순 관계에 있는 목표 중에서 양자의 상대적 효용을 측정하지 않고 인플레이션을 연 10% 이하로 억제하도록 하되, 그 범위 안에서 고용 증대를 극대화하는 것이다. 반대로, 고용 증대에 관해 실업률을 5%선으로 하되 이 범위 안에서 인플레이션을 최대한 억제하는 것이다(정정길 외, 2003: 336).

⑥의 경우로는 '대통령 직선제와 대통령 간선제', '평화 통일과 무력 통일', '한반도 대운하 건설에 대한 찬성과 반대'와 같은 예를 들 수 있다. 이들은 같은 시점 같은 공간 내에 동시에 존재하거나 절충적인 입장을 취하기 어려운 관계다. 따라서 이들 간에는 자원의 풍족 여부와 관계없이 원천적 대립 상황에 놓이게 된다. 이 경우에 만일 여론과 다른 것을 정부가 선택하는 경우 공중의 폭발적 저항이 발생할 잠재력도 있다.[5] 자유민주주의 체제에서는 이런 경우 정치적 협상이나 민주적 투표 방식에 따라서 한쪽의 목표가 선택되겠지만 권위주의 체제에서는 집권자 개인 또는 최고 통치기구에서 자의적으로 결정하는 경우가 많을 것이다.

5) 전두환 정권 말기에 대통령 직선제 개헌을 둘러싼 갈등이 결국 6월 민주항쟁으로 발전했고, 이명박 정부에서 4대강 사업, 미국산 소고기 수입, 한미 FTA 비준 등에서 발생한 갈등이 대규모 촛불 시위로 발전한 것은 이런 목표 관계 유형이 갖는 대중적 저항의 잠재력을 잘 보여준다.

제3절 정책 수단

정책 구성 요소의 두 번째 것으로는 정책 수단을 들 수 있다. 정책연구에서 정책수단에 대한 관심은 초기에는 정책 수단의 범주나 종류에 있었다. 정책 수단에 대한 기본적 생각은 가능한 모든 수단을 포함해야 한다는 포괄성과 아울러 정책결정자가 현실에 활용할 수 있어야 한다는 구체성을 동시에 가져야 한다는 것이다. 그러나 포괄성과 구체성을 모두 포함해야 한다는 조건은 현실적으로 충족하기 어려운 상황이다. 일반적으로 정부는 주어진 목적을 달성하기 위해 다양한 정책 수단을 사용하지만, 모든 정책 수단을 고려하기보다는 사용가능한 자원의 양과 적용가능성을 고려하여 소수의 정책 수단에 집중한다.

1960년대에 있었던 로위(Lowi, 1966; 1972)의 연구는 그것이 정책 유형에 대한 연구였지만 정책 수단에 대해서도 의미 있는 시사점을 준 것으로 볼 수 있다. 즉, 어떤 정책 수단을 선택하는가에 따라 정책결정 과정이나 정책집행 과정의 정치적 현상이 달라질 수 있음을 말하고 있다. 즉, 정책 과정의 참여자들의 행동이나 갈등과 같은 정치적 현상이 달라진다는 것이다.

하울렛(Howlett, 2004: 2-5)은 정책 수단에 관한 제1세대 연구와 제2세대 연구를 구분 짓고 있다. 제1세대 연구는 '당근과 채찍', '국가와 시장', '정부와 기업' 같은 지나친 이분법적 관점을 가지고 이들의 관계를 바라보았다. 제1세대 연구의 이런 특징은 정치학과 경제학 모두에서 공통된 것이라고 한다. 그러나 제1세대 연구의 한계를 뛰어 넘는 연구 관점이 필요하였는데, 이것이 제2세대 연구라고 분류할 수 있으며 이들의 특징은 제1세대의 이분법적 단순화를 넘어 맥락(context)과 혼합(mixes)의 관점에서 바라본 연구들이다. 즉, 정책 수단은 정책문제의 사례별로, 주어진 독특한 상황과 맥락에 따라 다양한 종류의 수단들이 혼합되어 사용되어야 함을 강조한다. 예컨대, 거래비용에 관한 연구나 규제와 탈규제에 관한 오랜 논쟁들은 바로 제2세대 연구에서 이루어진 노력의 일환으로 볼 수 있다고 한다.

정책 수단과 관련하여 먼저 관심을 받은 분야는 정책 수단의 유형에 관한 연구이다. 그러나 앞에서도 말했듯이 모든 분야를 망라하는 포괄적이고 구체적인 정책수단 목록을 작성하는 것은 학문적으로도 별 실익이 없다. 이에 대해 대부분의 학자들은 백화점식 열거보다는 비슷한 정책 수단들을 좀 더 일반적인 몇 개의 범주로 분류하여 이들 각각의 특징을 분석하는 데 관심을 가졌다. 다음에서는 정책 수단의 종류에 관한 학자들의 견해를 살펴보기로 한다.

1 실질적 수단과 보조적 수단

정책 수단은 크게 실질적 수단과 보조적 수단으로 나누어 볼 수 있다. 쌀값을 내리기 위한 조처로 정부미를 방출하거나 교통체증을 해소하기 위해 출퇴근 가변차선제 도입이나 고가도로건설 등이 실질적 수단의 예에 해당한다. 실질적 수단은 정책목표 달성에 직접적으로 기여하는 수단이라서 이는 기본적으로 과학적인 인과관계에서 밝혀진 지식에 토대를 둔다. 이것이 잘 작동한다면 정책문제를 발생시킨 원인을 제거함으로써 문제를 해결할 수 있다.

한편, 보조적 수단은 실질적 수단을 실행하자면 이에 필요한 인적 · 물적 자원이나 기술 · 정보 등이 해당된다. 교통사고를 줄이기 위해 음주 운전을 단속하는 행위는 실질적 수단이지만, 음주 운전 행위를 처벌할 때 사용되는 공권력은 보조적 수단이다. 제도의 수립이나 문제 해결을 위한 조사위원회 구성과 같은 절차도 보조적 수단으로 분류할 수 있다. 요컨대, 정책수행에 필요한 예산, 인력, 필요한 법적절차, 강제력 등은 정책의 원활한 수행에 꼭 필요한 것으로 모두 보조적 수단에 해당한다.

2 강제적, 유인적, 권유적 수단

보라스와 에드퀴스트(Borras & Edquist, 2013: 1515–1516)는 일반적으로 정책 수단의 유형은 규제적 수단, 경제 · 재정적 수단, 연성적 수단(soft instruments)이라는 세 가지로 나눌 수 있다고 한다.

첫째, 규제적 수단의 전형적 특징은 주로 법적 장치를 이용해서 정부가 사회 및 경제적 활동의 장에서 일어나는 상호작용의 프레임을 정한다는 것이다. 허용되는 또는 허용되지 않는 행위의 범위를 규정하는데 이것의 효력은 의무적이고 강제적이라는 점이다. 따라서 이에 순응하지 않는 행위자에게는 일정한 제재가 따르는데 여기에는 벌금, 경제적 불이익, 권리박탈과 같은 것이 있다. 국가의 공권력이 직접 작용하는 것이라서 채찍(sticks)으로 비유할 수 있다.

둘째, 경제·재정적 수단은 정부가 특정한 행태를 유도하기 위해 금전적 우대책(incentives)을 제공하는 것이다. 반대로, 특정한 행태를 억제하기 위해 정부가 비우대책(disincentives)을 사용하는 경우도 그것이 경제적 수단이 사용된다면 이 범주에 포함된다. 전자의 예로는 보조금이나 양여금, 대출보장, 저금리대출 등을 들 수 있고, 비우대책의 예로는 과세, 수수료 및 사용료 징수, 벌금 등을 들 수 있다. 경제·재정적 수단은 성격상 매우 다양한 형태로 나타날 수밖에 없는데, 바우처나 정부에 의한 재화 및 용역의 직접전달 등도 이 범주에 해당한다. 방법은 특정한 행동을 유인한다는 점에서 당근(carrots)으로 비유할 수 있다.

셋째, 연성적 수단은 기본적으로 자발성과 비강제성을 특징으로 한다. 이는 대상집단이 정부의 조치에 따라야 할 의무도 없으며, 정부기관들이 내리는 각종 제재나 우대·비우대책에 대해 예속되지도 않는다. 그 대신에 연성적 수단은 권장사항을 전달하거나, 규범적 측면에서 어떤 바람직한 행동을 호소하며 기본적으로 자발성과 동의에 기반을 둔다. 이 범주의 구체적 예로는 캠페인, 사회적으로 합의된 행동강령, 바람직한 행태의 장려, 자발적 동의, 민관 파트너십 등을 들 수 있다. 이 범주에서 사용되는 수단들도 매우 광범위하고 다양하지만 기본적으로 행위자들 간의 상호 간 정보교류에 토대를 두면서, 상대적으로 비계서적인 방식의 민·관 협동에 의존한다는 것이 기본 특징이다.

곰리(Gormley, 1987)는 다양한 정책 수단이 있지만, 이론적 차원에서 의미 있는 분류를 한다면 강제적 수단, 촉매적 수단, 권고적 수단으로 나눌 수 있다고 한다. 강제적 수단이란 정부가 정책목표의 달성을 위해 명령, 지시, 절대적 요구, 행위금지와 같은 수단을 사용하는 것이다. 촉매적 수단(catalytic tools)은 바람직한 행태를 유인하기 위해 대상집단이 어떤 조건을 충족하다면 금전이나 물질적 혜택을 제공하는 방법이다. 권고적 수단(hortatory tools)는 대상기관이 정책지시에 순응하도록 회유나 협박하는 경우를 예로 들 수 있다.

바다크(Bardach, 1980)는 역시 앞의 학자들과 유사하게 정부가 사용할 수 있는 세 가지 기술적 범주로 단속(enforcement), 유인(inducement), 시혜(benefaction)를 들고 있다.

이상에서 살펴본 바와 같이 정책 수단의 분류에 대한 학자들의 내용은 다양하다. 그러나 이들이 사용하는 단어가 다르지만 크게 보면 세 가지 범주로 요약할 수 있다. 바로 강제적 수단, 유인적 수단, 권유적 수단이 그것이다. 공권력의 개입 수준이라는 측면에서 본다면, 강제적, 유인적, 권유적 수단의 순으로 강제성이 크다고 하겠다.

3 정책 수단의 행태적 가정

모든 정책 수단에는 인과 관계 논리 하에서 사람의 행동이나 의사결정에 영향을 줄 것이라는 의도가 깔려 있다. 다시 말하면, 정책 수단을 집행하지 않는다면 대상집단이 정부가 의도하는 행위를 하지 않을 것인데, 정책 수단 때문에 그와 같은 변화가 나타난다고 가정하는 것이다.

엘모어(Elmore, 1987: 177－179)는 정책 수단을 명령, 유인, 역량 증진, 체제 변화라는 네 가지로 분류하였다. 그런데 이들 수단들은 각각 일정한 가정 하에 수행되는데 그 내용이 다르다고 한다. 명령의 경우, 대상집단의 능력이나 이해관계와 관계없이 명령이 요구하는 행동을 모든 사람이 수행해야 한다고 가정한다. 따라서 명령에는 무엇을 요구받는지에 대한 완벽한 정보가 담겨 있어야 한다. 왜냐하면, 부족한 정보는 수신자가 뭘 해야 하는지 모르는 상황이 발생하기 때문이다. 또 정부와 대상집단 간에는 보통 적대적 관계가 형성되기 때문에 규칙이 없으면 절대 정책의 원하는 효과가 안 생길 것이며, 따라서 정책의 집행 과정은 불응과 단속이 일상적이라고 가정한다.

유인의 경우는 기본적으로 돈이나 혜택 같은 유인책이 주어지지 않는다면 정책의 원하는 결과는 발생하지 않을 것으로 가정한다. 통상적으로 대상집단은 정책이 요구하는 행위와 관련하여 보유자원이나 능력면에서 차이가 있다. 그래서 대상집단이 선호하는 가치의 추가적 제공은 정책수행을 이끌어 내는 매우 효과적인 방법이라고 가정한다. 이와 같이 유인에서는 개인이나 집단에게 부족한 자원이나 능력을 보충해주면 행태를 변화시킬 것이라고 가정하는 것이다.

역량 증진 수단에서 하는 기본 가정은, 미래의 가치 획득의 정도는 현재의 능력 증진에 얼마나 투자하는가에 달려 있다는 것이다. 따라서 지식, 기술, 수행 능력 등을 올리기 위한 투자의 정도는 결정자가 단기적 수익과 장기적 수익 간에 상대적 중요성을 어떻게 보는가에 의존하게 된다.

체제 변화는 공공서비스가 전달되는 시스템을 바꾸기 위해 개인이나 기관 간에 권한을 이전하는 것이다. 여기서 하는 기본 가정은, 기존의 제도나 장려책이 더 이상 정책의 효과를 산출하지 못하고, 따라서 현재의 권한 배분상태를 변경한다면 현재의 정책 산출도 변한다고 가정하는 것이다.

슈나이더와 잉그램(Schneider & Ingram, 1990: 513)은 지금까지 정책 수단에 관해 많은 연구가 이루어졌지만 정책 수단과 대상집단의 관계에 대한 행태적 관점에서의 연구가 부족하였다고 한다. 정책 수단의 행태적 가정에 대한 연구가 잘 이루어진다면 정책 수단의 선택에 관한 좋은 정보를 제공할 수 있다고 말한다. 이들 학자들은 일반적으로 사람들이 정책문제를 해결하는 데 도움이 되는 행위를 취하지 않는 이유로 다음을 들고 있다.

정책에 관한 법률이 어떤 행동을 하라고 자신들에게 지시하는 것이 아니라고 생각; 요구되는 행동을 할 아무런 인센티브도 능력도 없음; 정책의 수단과 목표가 내포하고 있는 가치들에 동의하지 않기 때문; 문제가 주어진 상황이 고도로 불확실하기 때문에 문제의 본질조차 파악하기 힘들어서; 어떤 행동을 사람들이 해야 하는지 또는 그들이 움직이도록 어떻게 동기부여해야 하는지 불분명하기 때문이다. 이러한 문제를 해결하기 위해 정책 수단은 여러 가지 방법을 동원한다. 예컨대, 학습이나 정보제공을 통해 불확실성을 제거하거나 또는 공권력, 각종 인센티브, 역량증가 등을 통해 해결하려는 것이다.

다음에서는 슈나이더와 잉그램이 행태론적 가정에서 논의한 정책 수단들의 특징을 살펴보고자 한다.

첫째, '권위적 수단(authority tools)'은 전통적으로 가장 많이 사용되어 온 정책 수단으로 볼 수 있다. 이것은 정부의 합법적인 권력에 기반을 둔 지시, 통제, 승인 등에 기초한다. 이 정책 수단은 정부 내부의 계서적 통제를 위한 것이기도 하면서, 아울러 사회구성원에게 확장 적용되어진다. 권위적 수단의 행태적 가정은 대상기관이나 집단이 상명하복이라는 위계적 질서에 부응할 것이며, 따라서 하위 계층은 상부에서 지시받은 대로 행동할 것이라는 가정을 한다. 아울러 이 수단은 시민들에게 별다른 물질적 보상이나 유인책 없이도 정책대상자들이 정부가 기대하는 행동을 한다고 가정한다.

둘째, '인센티브 수단(incentive tools)'은 긍정적이든 부정적이든 정책순응을 이끌어 내기 위해 유형적 보상이 이용된다는 점이 특징이다. 이 정책 수단이 하는 가정은 개인이란 효용극대화의 존재이기 때문에 돈, 자유, 생명 또는 다른 유형적인 보상에 의해 영향받거나, 고무되거나, 압박받거나 한다면 정책이 요구하는 행위들을 한다는 것이다. 적극적 또는 소극적 보상의 예로는 유인(inducements), 부과금(charges), 제재(sanctions) 등이 있는데, 이들 사이에는 미묘한 그러나 중요한 행태적 가정에 차이가 있다고 한다. 제일 먼저 '유인'은 정책이 선호하는 활동에 대한 참여를 부추기기 위해 긍정적 보상을 제공한다. 유인이 바탕에 깔고 있는 가정은, 사람이란 긍정적 보상에 반응을 보일 것이며 제공되는 가치에서 오는 보상을 얻기 위해서 정책이 요구하는 행동에 참여한다는 것이다.

'부과금' 방법은 보통 어떤 표준이나 지침과 관련된다. 이들은 정책이 허용하고 있는 한계를 규정하고 있으며, 정책 기준을 충족하지 못하거나 할당된 몫의 초과를 원하는 경우에 과징금을 부과하는 것이다. 그러나 이 방법은 다음에 말할 제재와 다른 점은 기준을 어긴 행위를 근절하거나 사회적으로 비난하려는 것은 아니라는 것이다.

인센티브 수단의 또 하나인 '제재'는 어떤 행위를 금지하거나 위해 설정한 기준이나 규칙과 관련된다. 이것을 어겼을 시는 매우 엄중한 처벌이 행하여진다는 점이 특징이다. 앞에서 말했듯이 부과금과 다른 점은 금지한 행위를 궁극적으로 없애는 것이 목적이기 때문에, 통상적으로 벌금이나 처벌에서 오는 손해가 금지된 행위를 함으로써 얻는 이득보다 크게 한다. 제재를 위해서는 통상적으로 정부의 강제력이 수반된다.

정책 수단으로서 인센티브 방식은 마치 정부가 실험자로서 긍정적 또는 부정적 보상을 개인, 집단, 사회에 제공하면서 정부와 대상집단 간에 벌어지는 하나의 게임과 같은 것이다.

인센티브 범주에 포함되는 수단들 간에는 기술적으로 대체 가능하다고 볼 수 있지만, 문제 상황에 따라 각 수단들의 적절성과 효과에는 분명한 차이가 있기 때문에, 상황에 따른 정책 수단의 선택은 매우 중요하다. 예컨대, 제재와 강제력은 사회적 비난대상 행위가 적용대상인 반면, 유인(inducements), 부과금(charges)은 사회적으로 수용 가능한 행위가 적용 대상인 것이다.

셋째, 정책 수단의 범주는 '역량(capacity tools)'이다. 이것은 정보, 훈련, 교육, 자원 등을 제공함으로써, 정책이 요구하는 행위와 관련된 사항을 대상집단이 결정하거나 수행할 수 있는 능력을 키워주는 것이다. 이 접근 방법에서는 각종 인센티브는 관심 사안이 아니다. 이것의 기본 생각은 정책목표 달성에 기여하는 정보, 기술, 자원 등의 부족이 정책순응에 대한 장애물이라고 가정한다. 이런 경우, 대상집단이 모르는 대안의 제시, 합리적 결정을 위한 분석기법 제공, 이를 위해 필요 시 교육 및 훈련 프로그램 제공, 보조금 및 대출에 의한 자금부족 해소 등의 방법을 사용할 수 있다.

역량 증진이라는 정책 수단의 기본 가정은, 정책대상집단이 정책이 요구하는 활동에 참여할 의지와 동기가 충분하며, 그들이 적절한 정보와 필요한 자원을 갖춘다면 자신들의 행동을 수정할 것이라는 것이다. 그리고 대상집단들이 정보나 도움을 환영할 것이라는 가정을 하며, 그래서 좀 더 우월한 대안을 알게 된다면 그것을 당연히 선택한다는 가정을 한다. 금연정책, 복지정책, 취업훈련 프로그램, AIDS 예방 프로그램 등은 역량 증진이라는 정책 수단을 많이 사용하는 정책 분야이다.

넷째, 정책 수단의 또 다른 범주로 '상징 · 권고적 수단(symbolic and hortatory tools)'이 있다. 이 방식의 기본 가정은, 인간은 내부로부터 동기부여받을 수 있으며 자신의 신념이나 가치에 근거하여 정책 관련 행동을 취할지를 결정한다는 것이다. 결정에 사용되는 가치의 예로는 옳고 그름, 정의, 개인주의, 형평성, 의무감 등을 들 수 있다. 이러한 가치들이 의사결정 과정에 작용한다면 이는 인센티브 수단들보다 더 강력히 영향을 미친다. 따라서 정책의 목표가 대상집단 자신의 신념과 일치할 경우 정책이 제시하는 바람직한 행동에 좀 더 순응할 것이다. 정책 이미지의 상징적 조작과 가치에 대한 공감대 형성을 통해 대상집단의 순응과 참여를 독려할 수 있다고 본다.

마지막으로, 언급할 정책 수단의 범주는 '학습(learning tools)'이다. 이는 문제상황이 불확실하거나 또는 문제가 확실히 인식되었다고 해도 무엇을 해야 하고 어떻게 해야 하는지에 대한 합의가 이루어지지 않은 경우, 시간에 걸쳐 기타 정보를 학습함으로써 가장 바람직한 정책 수단을 선택하는 것이다. 정책대상집단의 정책에 대한 반응에 대해 아직 모르거나 불안정할 때 또는 대상집단의 행태가 너무 다양하고 상황 의존적일 때 처음부터 확정적인 정책 수단을 선택하기 곤란하다. 이 경우, 정책목표는 넓게 포괄적으로 규정해 놓고, 하위 집행기관에 상당한 재량을 주어 상황과 맥락에 따라 여러 가지 정책 수단 중에서 대상집단의 참여를 잘 촉진할 수 있는 것을 선택하는 것이 합리적이다.

학습을 통해 지식과 정보를 얻는 방법의 예로는 정책평가, 청문회, 집행기관과 대상집단의 접촉, 정책집행의 경험 등을 들 수 있다. 한마디로 학습 방식의 기본 가정은, 대상집단이나 집행기관이 무엇이 필요한지 또는 무엇이 가능한지를 모른다는 것이다. 따라서 정책 수단에 대한 연구는 집행 과정을 통한 정책학습과 정부와 대상집단 간의 합의를 통해서 정책을 개선하는 것에 초점을 맞추어야 한다는 것이다.

제 4 절 정책대상집단

정책의 구성 요소로 마지막으로 언급할 것은 정책대상집단이다. 대상집단은 정책이 적용되는 대상자들을 말한다. 좀 더 구체적으로 말한다면 정책이 산출하는 구체적인 수혜 또는 제재를 받는 개인들의 집합이다. 이것은 누가, 왜, 무엇을, 어떻게 할 것인가를 구체화하는 정책설계 과정에서 선택되기 때문에, 이익집단과는 다르다. 또한 대상집단은 정책에 의해 만들어지는 것이기 때문에 기존의 사회집단과 일치하거나 그렇지 않을 수도 있다(Ingram & Schneider, 1993).

통상적으로 정책은 대상집단의 경계와 범위를 명확히 글로 규정하지는 않는다. 그러나 정부는 대상집단의 규모를 개괄적으로 추산할 수는 있다. 정부는 원칙과 기준을 제시하여 이 조건에 해당되는 모든 사람을 대상집단으로 규정한다. 개개인이 여기에 해당되는가는 정부가 파악하기는 힘들고, 결국 사회구성원 각자 스스로 해당 정책이 자신에게 관련되는지 판단해야 한다. 예컨대, 불법쓰레기 투기 금지와 같은 범법행위에 대한 규제정책은 전 국민을 대상으로 한다는 것이 명확하다. 한편, 연말정산의 특정 기준의 변동으로 인해 영향을 받는 집단은 분명 국민의 일부일 것이다.

1 대상집단의 유형

정책대상집단은 정책 적용의 내용에 따라 크게 수혜집단과 불이익을 보는 집단으로 나눌 수 있다. 수혜집단은 정책의 시행으로 인해 이득을 보는 집단이고 불이익집단은 손해를 보는 집단이다. 보통은 수혜집단과 불이익집단은 그러한 사실을 개인적으로 느낄 수 있지만 항상 그런 것은 아니다. 정책에 따라 본인이 의식하지 못하는 경우도 있다. 예컨대, 새로운 장애인 복지정책을 시행하는 경우 해당 정책의 선정 기준에 부합되는 소수의 장애인은 수혜집단이고 새로운 복지재원 마련을 위해 일반 국민은 추가적인 납세 부담을 져야 하는 피해집단이다. 이 경우, 해당 장애인들은 수혜자로서 의식을 잘 인지하고 있지만 필요 재원조성을 위한 납세자는 1인당 부담액이 상대적으로 적어 불이익을 잘 인식하지 못한다. 이와 같이 정책비용이 다수에게 분산되는 경우 피해집단은 손해를 크게 느끼지 못한다. 한편, 비용은 소수에게 집중되면서 편익은 다수에게 광범위하게 발생하는 경우 반대로 수혜집단이 수혜자로서 큰 의식을 못하는 경우가 있을 수 있다. 예컨대, 산업폐기물 처리에 관한 강력한 정책을 실시하는 경우 이를 생산하는 업체들은 상당한 추가비용이 발생하여 정책에 대한 피해의식이 매우 강하지만, 이를 통해 맑은 물과 공기를 누리는 일반 국민들은 수혜자로서의 느낌을 크게 갖지 않는다.

정책대상집단에 대해 특이한 분류를 한 것으로 슈나이더와 잉그램(Schneider & Ingram, 1993: 336)이 있다. 이들 학자는 이른바 사회적 구조의 관점에서 대상집단의 이미지가 변함에 따라 정책이 변화할 수 있음을 설명하고 있다. 이들이 정책대상집단을 바라보는 사회적 구조의 시각에는 대상집단에 대해 사회적으로 공유되고 있는 특징, 대상집단의 구체적 특성, 이미지, 상징 등이 포함된다. 사회구성원의 특정 집단에 대한 이미지나 호감도는 정치, 문화, 사회화 과정, 역사, 언론, 문헌, 종교 등에 의해 형성된 일종의 고정 관념이다.

정책대상집단을 바라보는 사회구조적 관점은 시각은 실증주의 입장을 벗어나 사회 현상이나 이슈를 해석학적 관점에서 바라보려는 입장이다. 즉, 사회 현상은 객관적 실존물이 아니라, 관찰자의 시각에서 재해석되는 주관적 형성물이란 것이다. 따라서 만일 특정 집단에 대한 사회구성원 다수의 시각이 부정적 시각에서 긍

그림 6-3 사회적 구조와 정치 권력: 대상집단의 유형

		사회적 구조	
		긍정적	부정적
권력	강	유력집단(advantaged) 노인, 기업, 퇴역군인, 과학자	경쟁집단(contenders) 부유층, 거대노조, 소수민족 문화엘리트, 도덕적 다수
	약	의존집단(dependents) 어린이, 엄마, 장애인	일탈집단(deviants) 범죄자, 마약중독자, 공산주의자

자료: Schneider & Ingram(1993: 336).

정적 시각으로 또는 그 반대로 바뀐다면 관련 정책도 변할 수 있다.

집단의 분류에서 긍정적이 이미지를 가진다는 의미는, 정책으로 대접받을 자격이 있으며 아울러 지적 수준이 높고, 정직하고, 공공문제에 관심있는 등등의 이미지를 가진다는 뜻이다. 한편, 부정적인 이미지를 가진다는 의미는 정책으로 혜택받을 자격이 없고, 멍청하고, 정직하지 않으며, 이기적인 집단이라는 뜻이다.

[그림 6-3]에서 보면 슈나이더와 잉그램(Schneider & Ingram, 1993: 335-336)은 대상집단의 유형을 사회적 구조와 정치 권력이라는 두 가지 차원을 가지고 유력집단, 경쟁집단, 의존집단, 일탈집단으로 나누고 있다. 유력집단은 노인, 기업, 퇴역군인, 과학자 등과 같이 정치적으로 힘이 있고 사회적으로 긍정적으로 인식되는 집단이다. 부자와 거대노조와 같은 경쟁집단은 권력은 있지만 자신들의 이익을 추구하면서 다투는 모습을 보이기 때문에 일반 국민들은 이들 집단에 대해 부정적 이미지를 가진다. 의존집단은 아이들, 엄마들, 장애인들과 같이 정치적 힘은 미약하지만 보호받을 자격이 있다고 인정되는 집단인데, 따라서 사회적으로 긍정적인 이미지를 가진다. 마지막으로, 마약복용자, 범죄자들과 같은 일탈집단은 가장 부정적인 이미지를 가지는 집단이며 정치적 힘도 거의 없는 상황이다.

슈나이더와 잉그램은 대상집단에 관한 현상을 선출직 공직자의 관점과 연결하여 설명하고 있다. 선출직 공직자를 움직이는 동기부여 요인은 기본적으로 두 가지로 보고 있다. 하나는 재선에 도움이 되는 정책을 산출하는 것이고, 또 하나는 그 정책이 공공문제를 다루는 데 얼마나 효과적인가에 있다고 한다. 이런 관점에서 볼 때, 재선에 관심 있는 공직자는 정책에 대한 대상집단 자체의 반응뿐만 아니라 기타 다른 집단의 반응에도 관심을 쏟는다. 이때 대상집단에 관한 사회적 이미지가 재선의 문제와 연결된다.

예를 들면, 공직자가 유력집단에게 편익을 주는 정책을 만들면 해당 집단은 물론이고 일반 사람들은 당연히 혜택을 받을 만한 집단이 혜택 받았다고 호의적으로 볼 가능성이 높다. 따라서 이런 경우 공직자의 재선에 부정적 영향을 미치진 않는다. 한편, 공직자가 일탈집단과 같이 부정적 이미지를 가지고 있고 힘도 없는 집단에게 불이익을 주는 정책을 시행할 경우도 공직자는 입장에서 볼 때 선거에서 부정적인 효과로 작용하지 않기 때문에 걱정할 필요 없다. 즉, 일탈집단은 정치적 힘이 거의 없으며, 일반 시민들은 일탈집단을 좋지 않은 시각에서 보기 때문에 이들에 대한 불이익은 당연하다고 보기 때문이다.

그러나 만일 공직자가 사회적으로 긍정적 이미지를 가지고 있는 의존집단에 대해 불이익을 주는 새로운 정책을 시행한다면, 이 후보의 재선 선거 과정에서는 부정적 영향으로 작용할 가능성이 높다.

요컨대, 정책대상집단에 관한 사회적 구조의 관점이란, 사회 현상은 객관적으로 존재하는 실체가 아니라 보는 사람의 입장에서 재구성되고 다르게 해석되는 것이라서 주관적이고 가변적이란 점이다. 방법론에서 말하는 해석학적 관점에서 바라보아야 한다는 것이다. 어떤 집단에 대해 일반 시민이 가지고 있는 이미지가 긍정에서 부정으로 아니면 그 반대로 변한다면 해당 집단에 대한 정책에 대한 대중들의 호감도가 변할 수 있고 결국 정책도 달라질 수 있다는 것이다.

2 대상집단의 순응(compliance)

대상집단이 정부가 의도하는 정책목표의 달성에 도움이 되는 쪽으로 협조를 하면 좋지만 그렇지 않은 경우에 이른바 불응이라는 문제가 생긴다. 수혜집단의 경우는 불응이라는 문제가 생길 가능성이 거의 없다. 정부가 정책을 통해 전달하는 유무형의 서비스나 편익을 받는 입장이기 때문이다. 반면에, 피해집단의 경우는 정책에 대한 불응(non-compliance)이 발생할 가능성이 상대적으로 크다.

대상집단이 정책에 순응하는 이유는 다양하다. 순응의 원인에 따른 유형으로는 강제적 순응, 타산적 순응, 규범적 순응, 상황적 순응으로 나눌 수 있다(노화준, 2012: 521-523; Anderson, 1984: 101-103).

강제적 순응은 정책집행자나 정책대상집단이 정책이 요구하는 행위를 어겼을 시 받게 되는 처벌이나 불이익이 두려워서 순응하는 것이다. 타산적 순응은 긍정적 가치를 제공함으로써 순응을 유도하는 것이다. 강제적 순응이 불이익을 주요 수단으로 한다면, 타산적 순응은 보상과 같은 적극적인 이익으로 순응을 유인하는 점이 다르다. 규범적 순응은 정책의 정당성이나 정책결정 주체의 도덕적 권위를 인정하는 등의 이유로 정책에 순응하는 경우이다. 상황적 순응은 인간은 사회적 동물이란 점에서 순응의 근거를 찾는다. 인간은 사회생활을 하면서 다른 사람과 상호작용하는 존재이므로 개인들은 다른 사회구성원의 평가나 압력에 민감한 반응을 보인다.

순응과 불응 현상은 정책의 유형별로 달리 나타날 수 있다. 분배정책의 경우 불응이 나타날 가능성이 적은 편이고, 규제정책의 경우 불응이 나타날 가능성이 상대적으로 크다. 분배정책은 사회구성원 모두가 선호하는 어떤 가치를 제공하는 것이라서 잠재적 수혜자 간에 경쟁의식이나 갈등이 상대적으로 작고, 어떤 사람이나 집단의 것을 빼앗아 다른 사람이나 다른 집단에게 주는 형태가 아니기 때문에 승자만 있고 패자는 없다는 느낌을 주기 때문이다.

반면, 규제정책은 개인은 하고 싶지만 사회 차원에서 바람직하지 않은 행위를 못하게 하는 것이기 때문에 피규제자 측에서 정책 불응이 발생할 가능성이 크다. 재분배정책의 일종의 제로섬(zero-sum) 상황이 경우가 많기 때문에, 특히 정책결정 단계에서 계급 간 또는 계층 간에 심각한 갈등과 대립이 발생하기 쉽다. 재분배정책의 결정 과정이 사회적 대타협을 거쳐 합의한 형식이라면 집행 과정의 불응은 적겠지만 정부가 일방적으로 도입한 경우라면 집행 과정에서는 불응이 발생할 수 있다. 불응의 원인은 커뮤니케이션 오류, 자원의 부족, 정책에 대한 불만, 행태 변화의 부담, 정책 당국의 정통성 등을 들 수 있다.

3 대상집단의 역할

정책 과정에서 정책대상집단은 정책에서 영향을 받기도 하고 반대로 정책에 영향을 주기도 한다. 앞에서 본 순응의 경우는 정책이 원하는 것을 대상집단이 받아들여 자신의 행태를 교정한다는 점에서 대상집단이 종속변수에 서 있는 입장이다. 한편, 불응은 정책이 원하는 행동을 따르지 않음으로써 순조로운 정책집행을 막는다. 대상집단의 저항이나 비협조는 경우에 따라서 정부의 정책을 변화시킬 수도 있다. 이 경우는 대상집단이 독립변수로 작용하는 것이다.

대상집단이 정책에 잘 순응한다고 해서 의도했던 정책목표의 달성을 보장하는 것은 아니다. 다시 말하면, 대상집단이 정책이 요구하는 행위를 잘 따라하는 것은 목표 달성에 대한 충분조건은 아니다. 만일 정책이 근거했던 이론이다 과학적 지식이 잘못된 것이라면 또는 애당초 정책 수단을 잘못 선택했다면 설정한 정책목표의 달성은 불가능하다. 그러나 그 이외의 경우라면 대상집단의 순응은 정책의 성공을 위해 중요하다.

불응의 경우는 해당 집단들의 영향력이 클수록 정책 내용이나 집행 수단을 변화시킬 수 있는 힘이 강할 것이다. 일반적으로 대상집단은 서로가 결속되거나 조직화되어 있는 경우는 거의 드물다. 그러나 간혹 대상집단이 규모가 작거나 특정 지역에 몰려 있거나 해서 서로 간의 존재를 확인할 수 있다면 이들은 규합하여 같은 목소리를 낼 수 있다. 예컨대, 정부가 재벌 개혁을 위한 정책을 시행하는 경우 여기에 포함되는 대기업 집단들은 어떻게든 이 정책의 시행을 막거나 또는 유명무실하게 만들려고 애를 쓸 것이다. 이 경우, 재벌은 정책대상집단인데 한편으로는 자신들의 이익을 위해 움직이는 이는 이익집단이기도 한다. 정책을 통해 이익을 보는 집단과 손해를 보는 집단을 이른바 이익집단이라고 할 수 있다. 넓게 보면 각종 이익집단들이 모인 것이 정책대상집단이라 할 수 있다.

대상집단의 영향력이 클수록 정책 내용이나 정책 수단을 변화시키는 힘이 크다고 할 수 있다. 대상집단의 힘을 구성하는 요소는 재정력, 조직력, 권력 자원 등이 있다. 재정은 집회, 시위, 논리 개발, 로비 등과 같이 다양한 곳에 사용되는 전투에서 말하면 일종의 실탄이다. 조직력은 조직의 규모라는 양적 개념과 단결력이라는 질적 개념이 결합되어 있다. 대상집단의 사람 수가 많을수록 정부는 다음 선거에서 표를 의식하지 않을 수 없다. 한편, 단결력은 같은 사람 수라고 해도 공통의 이해관계 하에 대상집단이 얼마나 강력히 뭉칠 수 있는가를 말한다. 끝으로, 권력 자원은 정부의 고위공직자에게 접근할 수 있는 통로를 얼마나 가지고 있는가를 의미한다. 권력 자원의 확보는 정책을 주도하는 집단에 접촉할 수 있는 능력을 의미하기 때문에 그 효과는 가장 직접적이고 확실하다.

제 5 절 정책의 정당성

민주주의 관점에서 볼 때, 정책의 목표가 어떤 가치를 추구하는지 또는 어느 집단의 가치를 우선시 하는지는 매우 중요한 문제이다. 이것은 정책의 정당성의 문제로 요약할 수 있다. 정책이 보편적 가치보다 특수 가치를 보호한다면 이는 정당성이 없다고 할 수 있다. 즉, 특정 정책이 경제·사회적으로 우월한 위치에 있는 계층의 이익을 더 키워준다면 사회 정의에 부합하지 않는다고 할 수 있다. 아무리 사회에 큰 이익을 주었다고 해도 그것이 누구에게 귀착되는지를 말하지 않고 정책을 논한다는 것은 큰 잘못이라고 보아 여기서는 간략하나마 정책의 정당성에 대해 언급하고자 한다.

하나의 정책이 목표가 명확히 설정되었고, 목표 달성을 위해 과학적 지식에 기초한 정책 수단이 잘 선택되었으며, 대상집단이 구체적으로 명시되었다고 해서 좋은 정책을 보장하는 것은 아니다. 만일 정책의 목표가 보편적 가치보다 특수 이익을 추구하고, 정책 수단이 비효율적이며, 정책수혜집단 선정이 공평하지 않다면 정책은 정당성을 상실한 것이다.

정당성의 사전적 의미는 "사리에 맞아 옳고 정의로운 성질"이다. 사리에 맞다는 것은 합리적이란 뜻이고, 정의롭다는 것은 도덕적 윤리적으로 옳다는 뜻이다.

서치만(Suchman, 1995: 573)은 정당성(legitimacy)을 "어떤 행위체가 하는 행동이 사회적으로 구성된 어떤 규범·가치·신념 등의 체제 내에서 바람직하고 적절하다는 일반화된 인식 또는 가정"이라고 정의하고 있다. 여기서 알 수 있는 것은 정당성이란 것이 내부에서 발생하는 것이 아니라, 외부에서 주어지는 것이며, 아울러 문화적으로 배태된 현상임을 말하고 있다. 정책의 정당성은 외부에서 인정하는 것이지 정책결정자나 집행자 측에서 스스로 주장하는 것이 아니란 것이다.

정책과 관련된 정당성의 하위 범주로는 경제적 정당성, 정치적 정당성, 법적 정당성, 도덕적 정당성으로 나눌 수 있다. 경제적 정당성이란 정책에 들어간 비용에 비해 편익이 클 경우 인정된다. 정치적 정당성은 정책결정 과정이 민주적이고 정책에 대한 국민들의 지지도가 높을 때 인정된다. 법적 정당성은 정책이 법적 근거 하에 시행되어야 함을 말하는데, 만일 법적 근거가 미약하거나 없다면 입법을 통해 법적 정당성을 확보해야만 한다. 도덕적 정당성이란 정책목표나 수단 또는 결과가 사회적 규범이나 윤리가 허용하는 범위 내에 있을 때 성립된다. 정책이 사회적 형평성이나 보편적 가치를 추구한다면 도덕적 정당성이 있다고 할 수 있다.

정당성이란 그 정당성을 제시하는 사람 자신의 만족을 위한 것이 아니라 다른 사람에게 받아들여지게 하려는 것이란 점에서 정책과 이해관계를 가진 집단을 설득할 수 있는 합리성(rationality)을 가지고 있어야 한다(김영평, 1993: 11-13). 김영평은 이와 같이 정당성의 중요한 개념적 요소를 합리성이라고 하면서 합리성의 두 가지 준거로서 내용적 합리성(substantive rationality)과 절차적 합리성(procedural rationality)을 제시하고 있다.

한편, 문태현(2003: 6-8)은 정책이 사회문제 해결이라는 주된 목적을 달성하기 위해서는 국민들로부터 지지와 신뢰를 받아야 하는데, 지지와 신뢰는 정책의 정당성에 기초한다고 말한다. 그간 정책의 정당성에 관한 관심은 어느 대안이 비용에 비해 가장 큰 효과를 가져다 줄 것인가라는 효율성에 바탕을 둔 도구적 합리성을 지나치게 강조해 왔다는 것이 문제라고 한다. 진정한 정당성은 도구적 합리성을 넘어 정치 · 윤리적 합리성과 절차적 합리성까지 포함하는 보다 넓은 차원에서 접근해야 한다고 말한다. 그는 도구적 합리성에 관한 것을 공리주의 관점이라고 하고, 정치 · 윤리적 합리성을 담론이론의 관점으로 말하고 있다.

월너(Wallner, 2008: 423-426)는 캐나다의 알버타와 온타리오 두 지역에서 시행된 교육개혁이 알버타는 성공하고 온타리오는 실패했는데, 이러한 결과는 두 지역의 프로그램 정당성의 차이에서 나타난 것으로 설명하고 있다. 연구에서 월너는 정당성의 유형으로 실질적 정당성(substantive legitimacy)과 절차적 정당성(procedural legitimacy)으로 구분하였다. 그리고 실질적 정당성의 핵심적 요소로는 정책의 내용(목표, 수단, 효과)이 지역사회의 이해관계자와 대중의 일반적 감성에 부합해야 함을 제시하고 있다. 한편, 절차적 정당성의 핵심적 요소는 숙려기간(incubation period), 감성적 호소(emotive appeals), 이해관계자의 관심이라고 한다. 결론적으로, 두 지역의 정책의 성공 여부는 알버타는 실질적 및 절차적 정당성을 구성하는 다섯 가지의 핵심 요소에서 모두 좋은 결과를 가져와 정책의 정당성을 크게 확보한 반면, 온타리오는 실질적 정당성은 그런대로 양호했으나 절차적 정당성의 구성 요소에서 상대적으로 취약함을 보여 정책이 실패했다고 한다.

김영평이 말하고 있는 '내용적 합리성'은 문태현의 '공리주의적 관점', 그리고 월너의 실질적 정당성과 맥락을 같이한다. 또 김영평의 '절차적 합리성'은 문태현의 '담론이론의 관점', 그리고 월너의 절차적 정당성과 유사한 내용이다. 학자들의 정당성에 관한 관점을 함께 정리하면 다음과 같다(이민호, 2009: 277－280).

실질적 합리성 또는 공리주의적 관점에서는, 정당성을 목표 달성에 얼마나 기여하는가를 기준으로 삼는다. 따라서 정책대안과 목표 달성에 관련된 그것의 효과 사이의 인과 관계를 확실히 알려주는 과학적 지식에 가장 큰 관심을 가진다. 내용적 합리성에서 보면 목표달성도를 의미하는 효과성이나 편익/비용 비율(B/C ratio)을 말하는 능률성이 클수록 합리적이고 정당한 것으로 본다. 공리주의적 관점에서는 정책을 통해 사회적 효용(utility)을 가장 크게 증가시켜 주는 정책을 정당한 것으로 본다.

한편, 절차적 합리성 또는 담론이론의 관점은 앞의 내용적 합리성이나 공리주의적 관점으로는 얻을 수 없는 정당성의 영역을 해결하기 위한 것이다. 이것은 동의에 기반을 두면서 형평성(equity)이나 사회적 정의(social justice)를 얻기 위한 노력과 관련된다. 김영평은 절차적 합리성은 문제 해결에서 내용적 합리성이 즉각적으로 분명하지 않을 때 등장하게 되며, 결정의 내용보다는 해결책을 발견하는 방법에 일차적인 관심을 두고 정책의 합리성을 논의한다고 말한다. 한편, 문태현의 담론이론의 관점은 하버마스(Jurgen Habermas)의 담론이론에 기초하고 있다. 정책을 둘러싼 복수의 당사자들이 간주관적 합의에 의해, 자유롭고 균등한 절차적 합리성이 보장되는 가운데 담론을 통해 동의를 이끌어 낼 수 있을 때 정당성이 확보될 수 있다고 본다.

위의 두 가지 합리성은 효과성을 강조하는 경제학적 측면과 민주성을 강조하는 정치학적 측면이 각각 투영된 결과로 해석할 수 있다. 두 가지 관점은 각기 서로 다른 접근 방식을 취하고 있지만 정책의 정당성을 논의하는 입장에서 상호 보완적인 성격을 갖고 있다고 할 수 있으며, 실제 정책결정의 정당성에 대한 논의 과정에서는 이들 간의 교차적인 제시가 이루어진다(김영평, 1993: 23).

공공정책의 정당성은 두 가지 합리성이 모두 필요하다. 즉, 효과적이지 못한 정책 수단을 채택한 정책이나 경제적 타당성이 매우 낮은 정책은 공리주의적 관점이나 내용적 합리성에서 볼 때 정당성을 인정할 수 없다. 그러나 주어진 목표 달성에 아무리 효과적이고 능률적인 정책이라 해도 목표 자체에 대한 논란 및 갈등 문제가 남아 있다. 따라서 대상집단의 참여와 담론이 보장된 과정을 통해 목표와 수단이 선택된 정책이라면 정당성이 부여된다.

지금까지 정책의 정당성에 관한 관심은 학계나 정부에서 모두 경제적 합리성, 도구적 합리성과 같은 공리주의 관점에 많이 치우쳐 있었다. 그러나 정책이 어떤 가치를 추구해야 하는지 또는 정책이 산출하는 편익과 비용이 누구에게 가는지와 같은 정의와 형평성에 관한 문제는 이해관계자 모두에게 담론의 기회가 열려 있는 민주적 과정을 거칠 때 가능하다.

굳이 정책의 정당성에 관한 두 가지 관점의 우선순위를 말한다면 내용적 합리성이나 공리주의 관점보다는 절차적 합리성이나 담론이론 관점이 우선시되어야 한다고 본다. 왜냐하면, 소수의 전문가에 의한 정책결정은 최고의 내용적 정당성을 가진 의사결정이 가능할 수 있으나, 반면 담합과 협잡에 의한 최악의(반민주적) 결정이 이루어질 가능성을 배제할 수 없다. 그러나 절차적 합리성을 보장하는 결정과정이라면 참여와 담론이라는 공개적 과정을 거치기 때문에 최악의 선택보다는 차악 또는 차선의 결정을 하게 될 것이기 때문이다. 그래서 현실 적용을 생각해 본다면, 소수의 전문가에 의해 내용적 합리성에 부합하는 결정을 먼저 한 후에 청문회, 공청회 등을 통해 절차적 합리성을 보완하는 것이 바람직하다.

제 7 장 정책분석

제 1 절 정책분석과 예측

정책은 애당초 현존하는 또는 미래에 발생이 예상되는 사회문제에 대한 정부의 대응이라고 할 수 있다. 그런데 정부의 대응이 좋은 결과를 가져오기 위해서는 적어도 문제 상황에 대한 정확한 진단과 정책대안의 결과에 대한 정확한 예측이라는 두 가지 조건이 충족되어야 한다. 이와 관련된 활동이 바로 정책분석이다. 따라서 정책분석이 하는 첫 번째 활동은 대응하고자 하는 사회문제에 대한 정확한 진단이다. 진단은 현재의 문제 상황에 대한 것은 물론이지만 만일 정부가 이것을 방치한다면 미래 시점에 어떻게 전개될 것인지를 예측하는 것까지 포함한다. 예컨대, 범죄 발생률, 교통사고율, 주택보급률 등의 문제가 미래에 어떻게 전개될지를 분석가는 알아야만 한다. 한편, 좋은 정책 결과를 원한다면 가장 좋은 결과를 가져올 것으로 판단되는 정책대안을 선택해야 한다. 여기서 각 대안이 가져올 결과에 대한 정확한 예측이라는 두 번째 조건이 필요하게 된다. 대안 분석의 정확성은 한정된 자원으로 최대의 효과를 얻기 위해 꼭 필요한 것이다. 그러나 정책대안의 효과를 정확히 예측하는 것은 결과에 영향을 주는 환경적 요인들이 시간이 흐름에 따라 변하기 때문에 결코 쉬운 작업이 아니다.

요컨대, 정책을 올바르게 분석한다는 것은 결국 현재 상황에 대한 정확한 진단과 미래 상태에 대한 정확한 예측이라고 할 수 있다. 그간 정책학 분야에서는 문제 상황과 정책 결과에 대한 예측에 도움을 주는 다양한 분석기법이 발전해 왔다.

정책 예측(policy forecasting)은 정책문제에 관한 사전 정보를 기초로 하여 사회의 미래 상태에 대한 실제적인 정보를 산출하는 하나의 절차다. 정책 예측의 접근 방법은 예측의 근거가 무엇인가에 따라 나뉜다. 과거의 자료나 정보를 바탕으로 하는 추세 연장 유형, 이론에 근거하는 유형, 그리고 전문가들의 주관이나 직관에 의존하는 유형으로 크게 나눌 수 있다(Jones, 1980: 14-22; Dunn, 1994: 190). 다음에서는 여기에 덧붙여 정책실험을 통해 대안의 결과를 예측하는 경우까지 포함해 크게 네 가지로 분류하여 살펴보기로 한다(한석태, 2005: 229-230).

첫째, 현재 및 과거 통계 자료에서 일정한 패턴을 발견할 수 있다면 이러한 패턴이 미래에도 연장된다는 가정 하에 예측하려는 추세 연장 방법이 있다. 이러한 예측 방법의 대표적인 기법으로 시계열분석(time-series analysis)이 있다. 이것은 관심 변수의 시계열에 따른 과거의 자료 값의 변화에 일정한 경향(trend)이 있을 때 이것을 미래에 투사하는 외삽법(extrapolation)이 기본 개념이다. 그러나 여기에는 경향이나 패턴의 지속성, 규칙성,[1] 자료의 신뢰성과 타당성과 같은 적용상의 제약 조건이 있다. 추세가 선형인 경우에는 최소자승 경향 추정(least squares trend estimation) 방법이 대표적으로 사용된다. 이러한 예측 유형은 방법론적으로 볼 때 귀납적 논리(inductive logic)에 해당한다.

둘째, 명백한 이론적 가정에 기초하는 예측 형태가 있는데, 이 유형은 방법론적으로 연역적 논리(deductive logic)를 사용하는 것이다. 이 방법의 핵심은 어떤 현상들 간에 내재하고 있을 것으로 믿어지는 원인과 결과 또는 유사한 과정이나 관계를 구체화한 이론적 모형을 구성하여 종속변수 값을 추정하는 기본 형태를 띤다.

해당 분야의 이론이 잘 확립되어 있다면 이것이 다른 예측 유형에 비해 우수한 방법으로 볼 수 있다. 정확한 모형은 모형에 중요한 설명변수가 다 포함되어 있어

1) 시계열 패턴은 대략 다섯 가지로 볼 수 있다. 선형(linear), 지수형(exponential), 에스곡선형(S-curve), 순환형(cyclical), 단절형(discontinuous)으로 나뉜다(Hogwood & Gunn, 1984: 134). 여기서 에스곡선형은 전체적으로 선의 모양이 S곡선 형태(이 경우는 곡선에 접하는 접선의 기울기가 증가에서 감소로 또는 감소에서 증가로 변화는 것임)를 띠는 것이다. 순환형은 자료의 값이 시간에 따라 점증하다가 점감하고 다시 점증하는 형식으로 반복된 경향을 보이는 것이다.

야 함은 물론이고, 모형 내 변수들 간 영향력의 방향과 크기(회귀계수)가 정확하게 표현되어 있어야만 한다. 그러나 이론적 가정이 현실 세계와 다르거나 경험적 자료 값이 부정확할 때는, 모형에 포함된 사건들의 인과 관계 방향과 영향력 크기를 잘못 판단하게 된다. 이러한 점들이 이론적 모형에 의한 예측 방법의 가장 큰 약점이라고 하겠다. 이러한 유형의 예측에 사용되는 구체적 기법으로서 여기서는 회귀분석, 경로분석, 선형계획, 의사결정분석, 편익비용분석을 소개하고자 한다.

셋째, 실험연구를 이용 정책대안의 결과를 예측하는 방법이 있다. 이것은 본격적인 정책 시행에 앞서, 연구자가 구성한 소규모 집단이나 특정 지역을 대상으로 부분적으로 시행해 봄으로써 정책 효과를 알아보는 방법이다. 이 예측 방법의 최대 장점은 복잡한 이론적 모형이나 변수들 간의 정확한 관계에 대해 크게 고민할 필요가 없다는 것이다. 실제 정책을 시험적으로 시행해 보고 그 결과를 읽기만 하면 되기 때문이다. 크게 보아 실험연구는 진실험과 준실험으로 나눌 수 있다. 그런데 진실험설계(true－experimental design)[2]는 현실 세계에서 적용하기 힘든 경우가 많아서 외적 타당성이 약화되는 문제가 있다면, 준실험설계(quasi－experimental design)는 내적 타당성이 약화되는 문제가 생길 수 있다.

넷째, 분석가의 주관이나 직관에 의한 예측 유형이 있다. 이 방법은 사회의 미래 상태에 대해 식견 있는 전문가의 판단에 의존하는 것이다. 이러한 방법에 의한 예측이 이루어지는 것은 앞의 방법들에 의한 예측이 힘들 때 사용한다. 즉, 미래 상태를 가늠할 수 있는 과거의 자료가 축적되어 있지도 않고, 영향 요인들과 이들 간의 관계에 대한 이론이나 지식도 없다면 전문가의 직관이나 주관에 의해 예측할 수밖에 없는 것이다.

이 유형의 기법에는 델파이기법, 브레인스토밍, 교차영향분석, 시나리오 작성, 실현가능성평가 등이 있는데, 여기서는 정책 델파이기법과 교차영향분석만을 살펴보고자 한다.

---

2) 진실험설계는 ① 비교(comparison), ② 조작(manipulation), ③ 통제(control), ④ 일반화(generalizability)라는 요소로 이루어진다(Nachmias, 1979: 23－29).

제 2 절 정책분석기법

1 시계열분석

과거 에너지 소비량에 대한 자료를 가지고 미래의 에너지 소비량을 예측하는 가상적 예를 이용하여 시계열분석(time-series analysis)을 알아보자. <표 7-1>은 과거 몇 년 간의 총 에너지 소비량을 보여주는 시계열 자료다. 이러한 자료를 이용하여 1980년도의 에너지 소비량을 예측해 보기로 한다(Dunn, 1994: 206-210).

추세 연장에 의한 예측에서 가장 표준적인 방법은 선형 경향 추정(linear trend estimation)인데, 이는 회귀분석을 이용하여 시계열의 관측치를 기초로 미래의 사회

표 7-1 총 에너지 소비에 대한 시계열 자료

연 도	에너지 소비량	부여된 연도값	(2) × (3)	(3)열의 제곱	에너지 소비경향 추정값
(X)	(Y)	(X)	(xY)	(x^2)	(Y_t)
(1)	(2)	(3)	(4)	(5)	(6)
1970	66.9	−3	−200.7	9	68.35
1971	68.3	−2	−136.6	4	69.31
1972	71.6	−1	−71.6	1	70.27
1973	74.6	0	0	0	71.24
1974	72.7	1	72.7	1	72.20
1975	70.6	2	141.2	4	73.17
1976	74.0	3	222.0	9	74.13
n=7	ΣY=498.7	Σx=0	$\Sigma(xY)$=27.0	$\Sigma(x^2)$=28.0	ΣY_t = 498.7

$$Y_t = a + b(x)$$
$$a = \frac{\Sigma Y}{n} = \frac{498.7}{7} = 71.24$$
$$b = \frac{\Sigma(xY)}{\Sigma(x^2)} = \frac{27.0}{28.0} = 0.964$$
$$Y_t = 71.24 + 0.964(x)$$
$$Y_{t(1980)} = 71.24 + 0.964(7) = 77.99 \times 10^{15} BTU$$

자료: Dunn(1994: 207).

상태에 대한 추정치를 수학적으로 얻는 절차다.

회귀분석에서 두 가지 중요한 조건이 있다. 첫째는 추정된 예측치와 실제 관찰치의 차이를 말하는 편차(deviation)의 합계인 $\Sigma(Y-Y_t)$가 0이 되어야 한다는 조건이다. 그러나 이런 조건을 만족시키는 회귀직선은 무수히 많을 수 있다. 여기서 두 번째 조건이 제시되는데, 이는 편차의 제곱의 합이 최소가 되어야 한다는 것이다. 즉, $\Sigma(Y-Y_t)^2$이 최소가 되는 단 하나의 직선이 우리가 찾는 회귀직선인 것이다.

이런 논리를 적용하여 미래의 에너지 소비량에 대한 예측에 관해 능률적인 추세직선을 얻는 과정을 <표 7-1>이 보여주고 있다. 지난 7개 연도의 에너지 소비량을 [그림 7-1]과 같이 꺾은선 그래프로 그릴 수 있다. 그리고 앞서 언급한 선형회귀의 두 가지 조건에 적합하면서 시계열 자료의 가운데를 통과하는 추세 직선을 $Y_t=a+b(x)$라고 하면 상수 a는 $\frac{\Sigma Y}{n}$로 계산될 수 있고, 기울기 b는 $\frac{\Sigma(xY)}{\Sigma(x^2)}$로 계산된다. 그런데 가로축 X는 연도를 나타내는데, 연도란 길이나 무게와 같이 절대 영점(natural zero point)이 있는 비율 척도가 아니고 등간 척도(interval scale)다.

그림 7-1 선형회귀의 두 가지 특징

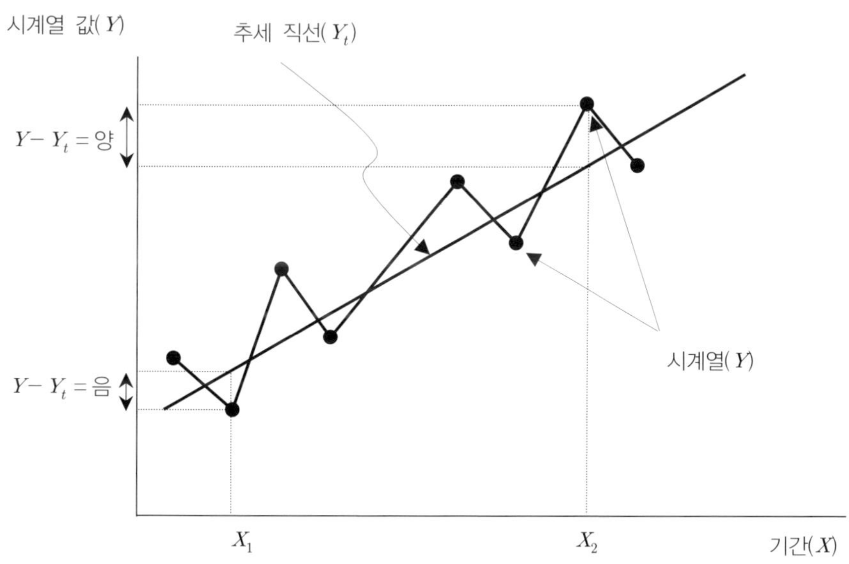

주: $\Sigma(Y-Y_t)=0$; $\Sigma(Y-Y_t)^2=$최솟값

그래서 <표 7-1>의 세 번째 열의 새롭게 부여된 연도값에서 보듯이 시계열 자료를 양분하 는 중간 연도를 0년도로 규정하여 그보다 앞선 연도는 −1년, −2년도로, 그리고 그 이후 연도는 +1년, +2년도로 연도에 대해 가상적 수치를 부여한다. 이러면 X의 평균과 합이 0이 되는 편리함이 있다.[3] 실제 연도를 나타내는 대문자 X를 가상적 연도를 표현하는 소문자 x로 바꾸어 준 것이다.

결과적으로, 추세직선은 $Y_t = 71.24 + 0.964(x)$이다. 여기서 우리가 예측하고 싶은 1980년도는 부여된 연도값 가상치가 7이다. x에 7을 대입해서 얻는 수치 77.99가 1980년도의 총 에너지 소비량에 대한 예측치가 된다.

시계열 자료의 수가 홀수인 경우, 앞의 사례와 같이 중간 연도를 0년도로 하고 나머지를 + 또는 − 쪽으로 1년씩 수치를 가감하여 부여하면 되겠지만, 자료 수가 짝수인 경우가 있을 수 있다. 이때는 시계열상의 연도를 반으로 가르는 선을 그어 이보다 빠른 연도의 경우는 기준선에서 멀어지는 쪽으로 −1년, −3년, −5년 식으로 부여하고, 기준선보다 늦은 연도는 +1년, +3년, +5년으로 수치를 부여하면 된다. 즉, 연도의 간격이 앞에서는 1년 단위였지만 짝수 자료의 경우 연도의 간격이 2년 단위로 한다. 이렇게 하면 마찬가지로 연도의 값(즉, x)의 합과 평균이 모두 0이 되어 계산이 편리해진다.

위에서 선형 경향 추정을 살펴보았는데, 이 방법을 적용하는 데는 일정한 조건이 있다.

첫째, 과거의 추세가 선형으로서 지속적인 특징을 보이고 있을 때 한해서 적용하는 것이 좋다. 과거의 자료가 비선형(nonlinear)인 경우에도 선형회귀분석을 통해 예측하면 오차가 매우 크게 된다. 이때 오차를 줄이는 방법으로는 원래의 시계열 변수값 Y를 다른 값으로 전환하는 것이 필요하다. 자료 전환 방법에는 제곱근($\sqrt{Y}$), 로그($\log Y$), 지수(e^x) 등이 있다.

둘째, 현재 이후 미래에도 이러한 선형적 추세가 계속될 것이라는 상당한 확신이 있어야 한다. 만일 예측 결과에 큰 영향을 줄 수 있는 환경적 요인들의 변화가 예상된다면 선형 경향 추정을 그대로 적용하면 곤란하다. 이 경우는 영향 요인들의

---

3) 이렇게 하는 이유는, 원래 추세직선, $Y_t = a + b(x)$에서, $b = \frac{\Sigma(X-\overline{X})(Y-\overline{Y})}{\Sigma(X-\overline{X})^2}$ 이고, $a = \frac{\Sigma Y - b\Sigma X}{n}$ 인데 만일 X의 합(ΣX)이나 X의 평균($\overline{X}$) 이 0이 된다면 계산이 훨씬 간편해지기 때문이다.

변화 수준을 몇 단계로 나누어 각 단계별로 영향 요인들의 효과를 반영하여 예측해야 할 것이다.

셋째, 무엇보다 중요한 것은 사용된 자료의 정확성이다. 여기서 정확하다는 것은 측정 과정에서 신뢰성과 타당성이 확보된 자료여야 한다는 의미다.

넷째, 같은 자료라고 하더라도 시계열의 *X*축의 눈금의 단위에 따라 추세에 대한 판단이 달라질 수 있음을 유의해야 한다. 즉, 시계열 그래프를 그릴 때 시간의 단위를 10년, 1년, 분기(4개월)에 따라 추세의 특징이 달리 보일 수 있다는 점이다. 단기적으로는 지속적인 경향을 보이는 것도 장기적으로 보면 순환적 파동의 한 부분일 수 있기 때문이다.

2 회귀분석

이론적 예측모형에서 변수들 간의 선형 관계를 추정하는 데 유용한 하나의 기법이 회귀분석(regression analysis)이다. 시계열분석에서 회귀분석의 논리를 이미 살펴보았지만 여기서는 한 개의 종속변수에 대해 예측하는 것이고 이에 영향을 주는 독립변수는 포함되지 않았다. 즉, 시계열분석에서는 *X*축이 시간을 나타내는 것인데, 이는 엄밀한 의미에서 독립변수가 아닌 반면, 회귀분석에서는 *X*축의 변수가 *Y*축에 표시되는 종속변수에 영향을 주는 실제 어떤 원인이라는 점이다.

회귀분석의 이점은 분석가로 하여금 원인변수와 결과변수를 구체화할 것을 요구한다는 것이다. 분석가는 다루고자 하는 연구 현상에 관해 무엇이 독립변수(원인)이고 무엇이 종속변수(결과)인가에 관해 어떤 근거를 제시해야 한다. 시계열분석에서는 이러한 근거를 요구할 필요가 없다는 것이 회귀분석과의 차이점이다. 인과 관계에 관한 근거는 객관성을 가져야 하기 때문에 선행 연구들에서 변수들 간의 관계가 밝혀져 있거나 이론과 법칙 등으로 확립되어 있어야 한다. 회귀분석이 할 수 있는 것은 하나의 이론에 의해 이미 예견된 관계에 관해 단지 이들 관계의 추정치를 제공할 뿐이다. 따라서 독립변수와 종속변수의 관계를 예견하는 것은 회귀분석이 아니라 근거하는 이론이라는 점을 명심해야 한다. 그래서 회귀분석을 통한 연구의 가장 중요한 작업은 분석을 하기 전에 타당성과 객관성을 지닌 이론지도를 작성하는 것이다. 엉터리 이론지도를 토대로 회귀분석을 하여 얻은 예측치는 현실 세계에 전혀 부합되지 않기 때문이다.

회귀분석을 이용, 정책이 산출하는 어떤 결과를 예측하는 과정을 요약하면 다음과 같다.

첫째, 종속변수(정책 결과)와 이에 영향을 주는 독립변수(정책변수)를 확인한다. 앞서 말했듯이 이 작업은 인과 관계에 관한 여러 객관적 근거에 토대를 두어야만 한다.

둘째, 종속변수와 독립변수에 관해 신뢰성과 타당성이 있는 경험적 자료를 수집한다.

셋째, 자료에 대한 분석을 통해 회귀방정식을 구한다.[4)]

넷째, 회귀방정식에 특정한 독립변수(정책변수)의 값을 대입하여 종속변수(정책 결과)에 관한 예측치를 얻는다.

독립변수가 여러 개 있을 때, 회귀분석은 독립변수들 간에 영향 관계가 없다고 가정한다. 다중회귀분석에서 회귀방정식의 계수(coefficients)는 다른 독립변수들의 값이 고정되어 있을 때 해당 독립변수의 값이 한 단위 증가할 때 종속변수에 미치는 영향력을 의미한다. 그런데 현실 세계에서는 독립변수들 간에 영향을 주고받는 경우가 흔히 있다. 독립변수들 간의 영향 관계도 고려하면서 회귀분석을 하는 것으로 경로분석(path analysis)이 있다. 경로분석은 다중회귀분석을 반복적으로 적용하는 분석기법이다.

노인의 삶의 질 결정요인에 관한 연구(한석태, 2008: 458)는 경로분석의 실제를 보여주고 있다. 이 연구에서는 기존의 연구 문헌과 경험적 상식을 통해 노인층의 삶의 질에 영향을 준다고 보는 요인들로 건강 요인(X_1), 경제 요인(X_2), 사회 요인(X_3), 심리 요인(X_4)을 선정했다.

그리고 이들 간의 관계를 [그림 7-2]와 같이 설정하여 경로모형을 구성한 다음, 이들 변수의 관계에 따라 종속변수를 달리하는 복수의 회귀방정식을 다음과 같

4) 적합한 회귀직선은 다음 두 가지 조건을 충족해야 한다. ① 편차(deviation)의 합, 즉 $\Sigma(Y - Y_t) = 0$이라는 조건, ② 편차의 제곱의 합 $\Sigma(Y - Y_t)^2$이 최소가 되어야 한다는 조건. 참고로, 독립변수가 1개인 단순회귀분석의 회귀방정식을 $Y = a + bX$라면 이때 $a = \overline{Y} - b\overline{X}$이고, $b = \frac{\Sigma(X - \overline{X})(Y - \overline{Y})}{\Sigma(X - \overline{X})^2}$에 의해 구해진다.

그림 7-2 삶의 질에 관한 경로모형

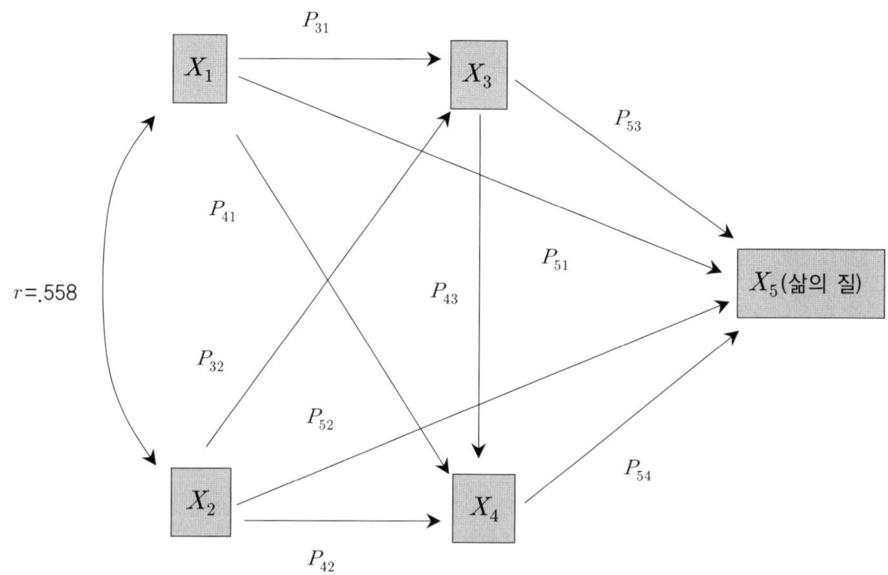

이 구성했다.

$$X_1 = e_i$$
$$X_2 = e_i$$
$$X_3 = P_{31}X_1 + P_{32}X_2 + e_i$$
$$X_4 = P_{41}X_1 + P_{42}X_2 + P_{43}X_3 + e_i$$
$$X_5 = P_{51}X_1 + P_{52}X_2 + P_{53}X_3 + P_{54}X_4 + e_i$$

X_1과 X_2는 모형 내의 어떤 변수로부터도 영향을 받지 않고 오직 외부의 알려지지 않은 요인들의 함수로 이런 변수를 외생변수(exogenous variable)라고 말한다. 나머지 변수들은 모형 내의 다른 요인들의 영향을 받아 결정되기 때문에 이를 내생변수(endogenous variable)라고 한다. 예컨대, X_4는 X_1, X_2, X_3라는 세 변수의 영향을 받는 내생변수인 것이다. 위에서 보듯 경로분석은 다중회귀분석을 반복적으로 해서 모형 내의 영향력 크기를 나타내는 경로계수(path coefficients)를 산출한

다. 예를 들어, P_{31}은 건강 요인(X_1)이 사회 요인(X_3)에 미치는 영향력의 정도를 말하고, P_{43}은 사회 요인이 심리 요인에 미치는 영향력을 말한다. 컴퓨터에 의한 경로분석은 일정한 유의 수준에서 의미가 약한 경로를 제시해 주는데, 이들 화살표를 없앤 후 새롭게 구성된 모형에 따라 다시 분석을 하면 좀 더 적합한 모형과 경로계수를 얻을 수 있다.

일반 회귀분석에 비해 경로분석이 갖는 장점은 변수들 간의 인과 관계를 좀 더 세밀하게 알 수 있다는 점과 특정한 변수의 종속변수에 대한 효과를 직접 효과뿐만 아니라 간접 효과까지 밝혀낸다는 것이다. 예를 들어, 경제 요인(X_2)이 삶의 질(X_5)에 미치는 총 효과는 직접 효과인 P_{52}와 간접 효과인 $(P_{32} \times P_{53}) + (P_{42} \times P_{54}) + (P_{32} \times P_{43} \times P_{54})$를 합한 것이 된다.

회귀분석의 연장선상에 있는 분석 방법이기 때문에 회귀분석과 마찬가지의 주의가 필요하다. 즉, 처음 출발 시 구성한 인과모형이 객관적 근거가 부족하다면 이후 아무리 정교한 계량분석을 수행해도 현실과 부합되지 않는 연구 결과를 가져온다는 점을 명심해야 한다.

3 선형계획

한정된 자원에 대해 다양한 활동들이 자원 배분을 다투는 경우, 어떻게 자원을 나눌 때 효과적인가를 답해 주는 분석기법이 선형계획(Linear Programming: LP)이다. 따라서 이 기법은 기술적(descriptive) 모형이라기보다는 처방적(prescriptive) 모형으로 볼 수 있다. 이른바 운영연구(Operations Research: OR)에 포함되는 다양한 분석기법 중에서 자원 배분을 최적화하는 분야에서 선형계획은 가장 발전한 형태이고 또 광범위하게 활용되는 이론으로 알려지고 있다.

이제 어떤 정유회사가 직면하고 있는 가상적인 경영 문제를 통해 선형계획의 기본 논리를 알아보기로 한다(Mood, 1983: 140-146).

A정유회사는 원유를 정제하여 고급 휘발유와 보통 휘발유 두 가지를 생산·판매하는 회사로서 다음과 같은 조건 하에서 운영되고 있다.

① 회사의 정유설비는 하루에 최대 1만 배럴의 원유를 정제할 수 있다.

② 고급 휘발유 1배럴을 생산하는 데는 원유 2배럴이 필요하고, 보통 휘발유 1배럴을 생산하는 데는 원유 1.8배럴이 필요하다.
③ 하루 생산량의 4분의 1 이상은 보통 휘발유, 5분의 1 이상은 고급 휘발유가 생산되도록 정유 시스템이 설계되어 있다.
④ 회사는 고객들과의 계약에 의해 하루에 최소 400배럴의 보통 휘발유를 공급해야만 한다.
⑤ 그리고 판매했을 경우, 고급 휘발유 1배럴당 3달러의 수익이 생기고, 보통 휘발유 1배럴당 2달러의 수익이 생긴다고 한다.

이와 같이 선형계획 문제에는 최적해를 얻는 과정에 작용하는 몇 가지 제약 조건이 있게 마련이다. 또 이러한 제약 조건 하에서 얻으려고 하는 최소 또는 최대화에 관한 목적함수가 존재한다. 이 회사의 목적은 주어진 조건 하에서 이익을 최대화하는 것이다. 하루를 기준으로 고급 휘발유 생산량을 x_1, 보통 휘발유 생산량을 x_2라고 한다면, 상기 정유회사에게 주어진 여러 제약 조건을 식으로 표현하면 다음과 같다.

①과 ②의 조건을 정리하면, $2x_1 + 1.8x_2 \leq 10,000$ ············ 식(1)

③의 조건을 정리하면, $x_2 \geq \frac{1}{4}(x_1 + x_2)$ ···················· 식(2)

$x_1 \geq \frac{1}{5}(x_1 + x_2)$ ···················· 식(3)

④의 조건을 정리하면, $x_2 \geq 400$ ···································· 식(4)

수익에 관한 ⑤의 내용을 정리하면, $P = 3x_1 + 2x_2$ ···················· 식(5)

식(1), (2), (3), (4)를 충족하는 x_1과 x_2가 존재할 수 있는 영역을 그래프상으로 나타내면 [그림 7-3]의 빗금친 부분과 같다. 제약 조건이 달라지지 않는다면 현재로서는 이 영역을 벗어나는 어떤 의사결정도 불가능하다.

그림 7-3 의사결정 가능 영역

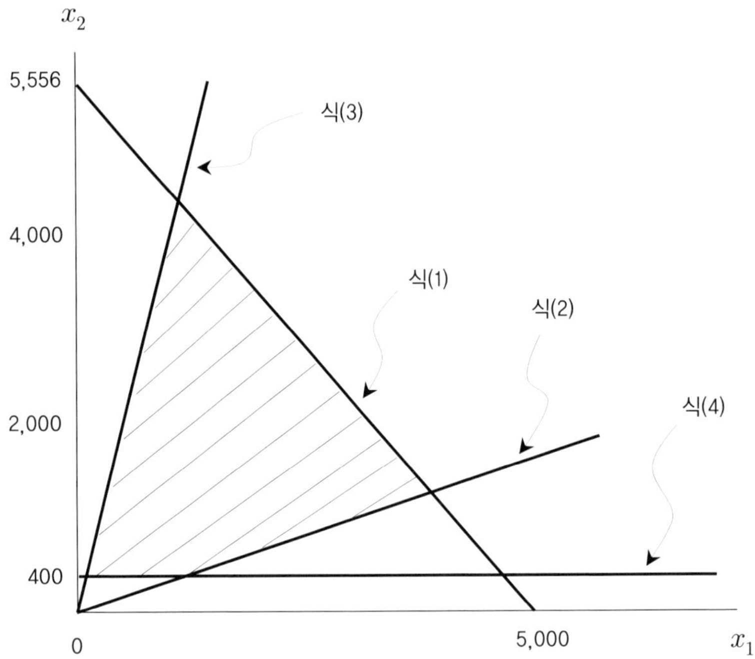

다음 단계로는 식(5)에서 볼 때 이 회사의 수익 P를 극대화하는 x_1과 x_2의 생산량이 얼마인가를 알기 위해서 식(5)를 x_2를 앞으로 끌어내어 변형하면 식(6)과 같다.

$$x_2 = -\frac{3}{2}x_1 + \frac{P}{2} \quad \cdots\cdots\cdots\cdots \text{식(6)}$$

회사의 이익을 최대로 하는 것은 P를 최대화하는 것이고, P가 최대가 되는 것은 식(6)에서 $\frac{P}{2}$가 최대가 되는 것과 동일한 의미이다. 그런데 식(6)은 x_1과 x_2의 두 축으로 이루어지는 좌표상에서 하나의 직선으로 표현된다. $\frac{P}{2}$는 이 직선에서 x_1이 0일 때 세로축 x_2와 만나는 절편의 값이다. 즉, 가능 영역을 벗어나지 않으면서, 직선의 절편값이 최대가 되는 경우의 x_1과 x_2값이 회사의 수익이 최대가 되는

그림 7-4 가능 영역과 최적해

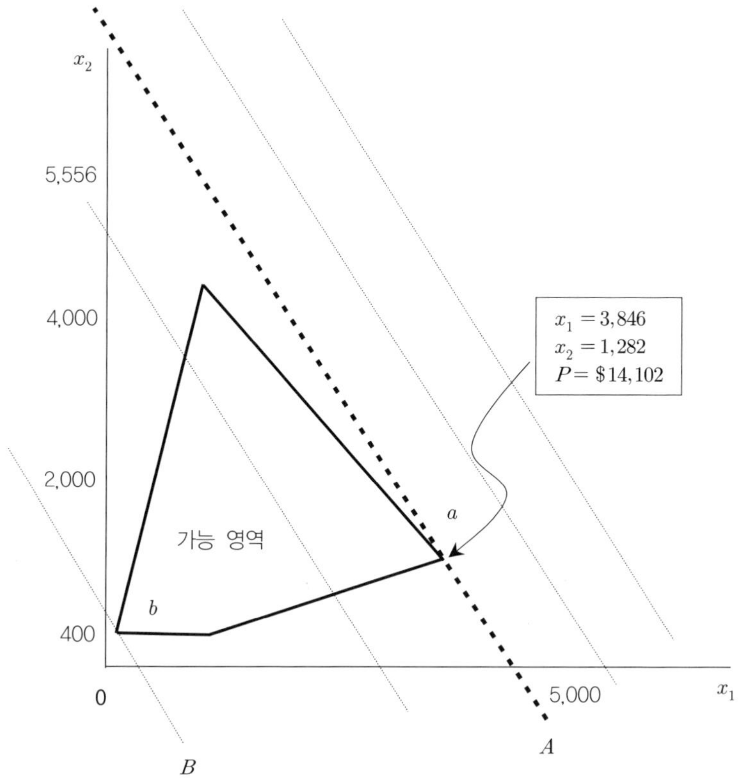

고급 휘발유와 보통 휘발유의 하루 생산량이 되는 것이다.

설명의 편의를 위해 생산 가능 영역만 따로 그림으로 옮겨 그리면 [그림 7-4]와 같다. [그림 7-4]에서 보듯 수익함수 식(6)과 같이 기울기가 $-\frac{3}{2}$인 직선은 무수히 많다. 그러나 결정 가능 영역을 지나면서 x_2축과 만나는 절편인 $\frac{P}{2}$의 값이 최대가 되는 경우는 가능 영역의 오른쪽 하단 모서리 a지점을 접할 때인데 굵은 점선으로 표시된 직선 A가 바로 그것이다. a지점의 고급 휘발유(x_1)와 보통 휘발유(x_2)의 생산량은 각각 3,846배럴과 1,282배럴이고, 이때 이 회사의 1일 수익은 14,102달러인데 이것이 제약 조건 하에서 회사가 올릴 수 있는 최대 수익이 된다.

만일 의사결정에 관한 문제가 비용이나 피해를 최소화하는 것이 목적이라면,

목적함수의 절편값이 최소가 되는 직선을 찾아야 한다. [그림 7-4]에서 가능 영역의 왼쪽 하단 모서리를 접하는 직선 B가 이에 해당하며 꼭짓점 b의 x_1과 x_2의 값이 비용을 최소화하는 생산량이 된다.

선형계획 기법을 적용하려면 몇 가지 조건을 가정해야 한다. 첫째, 변수들 간의 모든 관계가 비례적(proportional)이라는 것, 즉 선형(linear)이어야 한다는 점이다. 투입을 두 배로 늘리면 산출도 두 배가 된다는 것이다. 경제학자들은 이와 같은 속성을 '규모에 대한 수익 불변(constant returns to scale)'이라고 말한다. 둘째, 모든 투입변수와 산출변수가 무한히 분해 가능(infinitely divisible)하다는 조건이 충족되어야 한다. 이는 변수가 연속형 변수임을 가정하는 것이다. 끝으로, 투입변수와 산출변수들이 가법적(can be added together) 관계에 있어야 한다는 조건인데, 이것은 산출에 필요한 활동들이 상호작용하지 않는다는 의미다(Stokey & Zeckhauser, 1978: 180).

선형 관계는 결국 투입에 따른 산출의 증가가 일정함을 말하는데 그러나 현실에서 이와 같이 '규모에 대한 수익 불변'이 아닌 경우가 많다. 또 선형계획 기법에서 상수의 값은 이미 알려진 것으로 가정하지만 실제로는 추정된 값을 사용하는 경우가 흔하다. 정책결정과 관련된 선형계획 문제에서 최적해에 영향을 주는 계수나 파라미터(parameter)값들을 확신할 수 없을 때 민감도분석(sensitivity analysis)을 통해 추가 정보를 얻을 수 있다. 그런데 계수값이 변할 때 항상 최적해가 달라지는 것은 아니다. 그러므로 선형계획 문제에서 민감도분석은 최적해가 변화되기 위해서는 특정한 파라미터값이 얼마나 변해야 하는가를 알아보는 데 주된 관심이 있다고 하겠다.

한편, 산출에 영향을 주는 변수가 두 개보다 많을 때는 그래프를 그리는 도식법으로는 최적해를 찾기가 쉽지 않은데, 이런 경우 심플렉스(simplex) 방법을 사용한다. 이것은 제약 조건에 의해 만들어지는 가능 영역들의 꼭짓점들을 하나하나 검토함으로써 목적함수의 값이 가장 큰 결과를 가져오는 꼭짓점을 발견하는 방식이다. 또 변수가 연속형 변수여야 한다는 선형계획의 가정과 관련하여, 현실적으로 의사결정 변수가 정수값을 가져야만 하는 경우가 있다. 이런 경우, 심플렉스 방법 등 앞의 방법으로는 최적해를 얻을 수 없는데 이때 사용되는 기법으로 정수계획모형(integer programming model)이 있다.

4 의사결정분석

의사결정분석(decision analysis)은 두 개 이상의 대안이 있고, 이들 각 대안이 가져올 발생 가능한 결과가 여러 개 있는 경우, 다만 정보의 부족으로 어떤 결과가 나타날지 모르는 상황에서 의사결정에 도움을 주는 기법이다.

앞서 언급한 선형계획의 경우는 주어진 정보에 대한 정확성을 전제하고 분석하는 이론인데, 이런 이론을 확정적 모형(deterministic model)이라고 한다. 반면, 의사결정분석과 같이 불확실한 상황을 고려하는 분석기법을 확률적 모형(probabilistic model)이라고 한다.

의사결정분석을 하기 위해서는 대안의 종류부터 이들 대안이 가져올 결과에 이르는 불확실한 과정을 구조적으로 보여주는 그림을 그려야 하는데, 이를 흔히 의사결정나무(decision tree)라고 말한다. 의사결정분석을 설명하기 위한 가상적 예제를 다루어 보기로 한다.

어떤 공익단체에서 장애인 돕기 기금 조성을 위해 만찬 형식의 모금회를 개최하려고 한다. 그런데 이전 경험에 의한다면 모금액 성공 여부는 참석자 수에 의존하는데, 참석자 수는 또한 당일 날씨에 크게 영향을 받는 것으로 나타났다. 날씨가 맑고 옥외에서 개최하면 가장 모금액이 높은 반면, 옥외에서 개최하는데 비가 오면 금전적으로 손해를 보는 결과가 발생한다. 그래서 다른 대안으로 옥내행사를 할 수 있는데, 이 경우 맑은 날 옥외에서 하는 경우보다 참석자 수가 상대적으로 적을 가능성이 크다. 후원회를 개최할 즈음은 마침 우기라서 비올 확률이 매우 높은 상황이다. 행사 책임자는 옥내행사와 옥외행사 어느 것을 사전에 미리 결정해야 한다고 한다. 결정을 내리는 데 도움이 될 수 있도록 문제 상황을 도형으로 정리하면 [그림 7-5]와 같이 된다.

의사결정나무는 결정을 내려야 하는 문제에 대한 논리적 구조를 보여주는 하나의 흐름도(flow diagram)다. 의사결정나무는 네 가지의 주요 항목으로 이루어진다.

첫째, 결정마디(decision node)다. 이는 [그림 7-5]에서 네모로 그려져 있는 것인데, 이 지점에서 의사결정자가 선택할 수 있는 모든 가능한 행동대안이 열거된다.

그림 7-5 의사결정나무

둘째, 기회마디(chance node)인데, [그림 7−5]에서 동그라미로 표기되어 있는 곳이다. 이 지점에는 결정자가 통제할 수 없는 그러나 발생 가능한 여러 가지 불확실한 사건들이 연결되고 있다.

셋째, 확률인데, 이는 기회마디에 연결되어 있는 각 사건의 발생 가능성의 정도를 보여준다.

끝으로, 수익 또는 결과(payoffs)다. 이는 선택한 대안과 이에 따라서 발생한 사건들이 결합해서 만들어 내는 보상을 요약한 것으로 의사결정나무의 끝가지에 표기되어 있다.

의사결정나무는 문제의 사실적 측면을 보여준다는 의미에서 기술적 모형(descriptive model)으로 볼 수 있다. 정책결정자가 의사결정나무를 이용하여 내리는 최종 선택은 결정자의 취향에 따라 달라질 수 있다. 결정자의 유형은 일반적으로 모험추구형(risk seeking), 모험기피형(risk averse), 모험중립형(risk neutral)으로 나눌 수 있다.

앞의 사례에서 볼 때, 모험추구형 정책결정자는 확률은 상대적으로 적지만 운이 좋다면 5억 원이라는 큰 이득을 가져오는 결과가 포함되어 있는 옥외행사를 선택할 것이다. 모험기피형 결정자는 안전한 대안을 선택하는 보수적 성향을 가지는 유형이다. 이들은 이익의 최대화보다는 손실을 최소화하는 전략을 선호하는데, 이 사례에서는 −1천만 원으로 상대적으로 가장 적은 손실이 포함되어 있는 옥내행사를 선택할 것이다.

모험중립형의 경우는 기댓값(expected value)이 가장 큰 경우를 선호한다. 기댓값 계산은 각 기회마디에 딸려 있는 결과치들을 이들 결과치가 발생할 확률을 곱한 것을 합산한 것이다. 각 기회마디별로 계산된 기댓값을 비교하여 가장 큰 기댓값을 가지는 쪽으로 의사결정을 한다. 상기 사례에서 볼 때, 옥내행사를 할 때의 기댓값은 (1억 원×0.6)+(−1천만 원×0.4)=5,600만 원이다. 또 옥외행사를 개최했을 때의 기댓값은 (5억 원×0.2)+(−2천만 원×0.8)=8,400만 원이다. 모험중립형 정책결정자는 기댓값이 상대적으로 큰 옥외행사를 선택한다.

의사결정분석기법은 대안이 불연속적인 경우 널리 활용될 수 있고 아울러 문제상황을 체계적으로 정리해 줌으로써 분석적 사고 능력과 통찰력을 길러주는 장점을 가진다. 그러나 모험중립적으로 의사결정을 시도하는 경우, 가능한 모든 결과와 각 결과가 발생할 확률을 정확히 알기는 어렵다는 점에서 한계가 있다. 결국, 현실의 세계에서는 강력한 리더십을 행사하는 정치형 지도자는 모험추구형 결정 행태를 보이는 경향이 있는가 하면, 관리형 행정가는 모험기피형 보수적 행태를 보이기 쉽다. 기술자형 분석가는 모험중립적인 기댓값 방식을 선호할 것으로 보인다.

5 편익비용분석

편익비용분석(benefit−cost analysis)의 주된 목적은 수행하는 사업의 경제적 능률성을 판단하는 데 있다. 정부의 경우, 공공투자사업에 들이는 비용보다 효과가 커야 하며, 나아가 이 같은 기준을 통과한 대안들이 여러 개 있다면 그중 가장 능률적인 대안을 선택하는 데 도움을 주는 분석기법이 편익비용분석이다. 따라서 이 기법은 능률성이라는 정책평가 기준과 깊은 관련을 가진다. 편익비용분석은 정책과 관련된 편익과 비용을 모두 화폐 단위로 환산하여 계산하는 것이 원칙이다. 그러나 많은 경우 편익을 화폐가치로 계산하는 것이 어려운 경우가 있다. 이런 경우,

비용은 화폐로 측정하고 편익은 실물과 같은 비화폐적 단위로 측정하는 것이 대안적 방법인데, 이를 비용효과분석(cost－effectiveness analysis)이라고 한다.

1) 편익비용분석의 적용

B/C 분석은 다음과 같은 정책문제에서 활용될 수 있다.

첫째, 하나의 프로젝트(사업)를 채택할 것인가 말 것인가를 결정하는 경우에 사용할 수 있다.

둘째, 여러 개의 사업대안 중 가장 능률적인 하나를 선택하는 문제에 적용할 수 있다.

셋째, 자원의 제약이란 조건 하에서 복수의 사업대안을 선택할지 여부에 관한 문제에 활용된다.

끝으로, 자원의 제약 하에서 복수의 사업대안을 선택하는 문제와 아울러 선택된 각 대안의 운영 수준까지 결정하는 문제에 적용된다.

2) 편익비용분석의 일반적 절차

첫째, 분석 대상인 프로젝트(사업)의 내용을 확인한다.

둘째, 분석 대상인 프로젝트와 상호 배타적인 실현 가능한 비교 대안들을 식별한다.

셋째, 사업의 수명에 대한 판단이 이루어져야 한다. 경제적 수명은 물리적 수명보다 짧을 수 있다.

넷째, 편익과 비용을 추정한다. 우호적 영향은 편익(benefits)으로 비우호적 영향은 비용(costs)으로 분류하며, 지금 발생하든 미래에 발생하든 모두 포함되어야 한다. 양자 모두 금전적 가치로 계산되어야 한다. 또 최소의 수명을 분석의 시계로 할 경우 이보다 긴 수명을 가진 대안들은 초과하는 기간의 비용과 편익이 추정되어 분석에 반영되어야 한다.

다섯째, 총편익에서 총비용을 뺀 순편익(net benefit)을 계산한다. B/C 분석의 근본 규칙은 순편익이 가장 큰 대안을 선택하는 것이다.

(1) 상호 배타적인 분리된 대안들 중 하나를 선택하는 경우

댐 건설을 계획하고 있는 시정부는 편익과 비용이 <표 7-2>와 같이 발생하는 A대안과 B대안을 가지고 이들 중 능률성이 높은 대안을 최종 정책으로 채택하고자 한다.

어느 대안이 더 경제적으로 유리한가를 판단하는 데는 여러 방법이 있다. 앞에서 말했듯이 B/C 분석의 가장 큰 기준은 순편익(net benefit)이 최대가 되는 것이다. 그런데 현재 시점 0년도를 기준으로 볼 때 미래의 가치들은 연도에 따라 값어치가 다르다고 할 수 있다. 쉽게 말해서, 이자율(또는 할인율)에 따라 미래의 편익과 비용가치를 모두 현재가치로 환산한 후 총편익에서 총비용을 뺀 순현재가치(net present value: NPV)가 가장 큰 것이 가장 능률적인 대안이다. 그런데 할인율을 얼마로 하는가에 따라 NPV가 달라질 수 있다.

- 할인율이 0%라면, 다음에서 보듯 A대안이 유리하다.

  $\mathrm{NPV(A)} = (20+40+60+80+100) - (90+40+30+20+10) = 110$

  $\mathrm{NPV(B)} = (40\times5) - (70+10\times5) = 80$

표 7-2 댐 건설 정책대안의 편익과 비용의 가상적 예

(단위: 백억 원)

대안 \ 항목 \ 연도		0	1	2	3	4	5
A	편익	0	20	40	60	80	100
	비용	90	40	30	20	10	0
B	편익	0	40	40	40	40	40
	비용	70	10	10	10	10	10

- 할인율이 10%인 경우는 A대안의 총편익과 총비용은 다음과 같다.

  $$\text{총편익(A대안)} = 20(P/F)_{1}^{10} + 40(P/F)_{2}^{10} + 60(P/F)_{3}^{10} + 80(P/F)_{4}^{10} + 100(P/F)_{5}^{10}$$
  $$= 213.046$$

  $$\text{총비용(A대안)} = 90 + 40(P/F)_{1}^{10} + 30(P/F)_{2}^{10} + 20(P/F)_{3}^{10} + 10(P/F)_{4}^{10} + 0 = 173.012$$

그래서 A대안의 순편익은 NPV(A) = 213.046 − 173.012 = 40.034이다.[5]

B댐의 경우도 같은 방법으로 계산하면 NPV(B) = 43.724가 된다. 이렇게 볼 때 이자율이 10%이면 B대안이 경제적으로 더 능률적이다. 이와 같이 이자율이 얼마인가에 따라 대안 선택의 결과가 달라질 수 있다.

(2) 자원 제약 하에서 상호 배타적이지 않은 복수의 사업대안 선택 문제

동물 관리당국이 야생동물 보호구역 여덟 곳에 관리본부를 설치하려고 한다. 하지만, 현재의 예산으로 이들 모두를 추진할 수는 없다. 초기비용과 순편익 등에 관한 <표 7-3>과 같은 가상적 자료가 있고, 초기 예산이 50만 달러로 한정되어 있다고 한다면, 관리당국은 어느 보호구역에 몇 개의 관리본부를 설치할 때 순편익이 최대로 되는지 살펴보기로 하자(Stokey & Zeckhauser, 1978: 143).

예산이 한정되어 있기 때문에 비용 대비 편익의 비율이 능률성 판단의 중요한 기준이 된다. 네 번째 칸에 이에 관한 비율이 높은 순으로 표기되어 있다. 가능한 비용인 50만 달러를 사용하여 편익을 최대화하는 것은 초기 비용의 누적이 50만 달러가 되는 4개의 장소 A, C, G, H 지역에 관리본부를 설치하는 것이다.

표 7-3 관리본부 설치지역별 편익과 비용

(단위: 1,000달러)

관리본부	초기 비용	편익	편익/초기 비용	초기 비용(누적)
A	100	500	5.0	100
C	200	600	3.0	300
G	50	125	2.5	350
H	150	300	2.0	500
E	150	225	1.5	650
B	500	750	1.5	1,150
D	75	100	1.3	1,225
F	200	200	1.0	1,425

5) 미래가치를 현재가치로 바꾸는 방법은 복리이자율을 역으로 적용하는 것과 같은데 불연속복리표를 이용하면 계산이 쉽다. 예컨대, 이자율 10%로 하고 3년 후의 60억 원의 현재가치는 $60(P/F)^{10}_{3}$으로 계산하는데, 불연속복리표에서 $(P/F)^{10}_{3}$을 찾으면 0.7513이다. 60(억 원) × 0.7513 = 45.078(억 원)이 된다. 편익과 비용의 시간적 가치에 대해서는 노화준(2005: 277−288)을 참조.

(3) 자원 제약 하에서 각 사업의 적정 수준을 결정하는 문제

자원 제약이 없는 상황에서 여러 사업을 동시에 하는 경우에는 각 사업별로 최고의 순편익을 생산하는 수준에서 사업 운영이 이루어지면 된다. 그러나 사용 가능 자원이 한정되어 있을 때 여러 개의 사업에 대해 각 사업별 운영 수준을 어떻게 결정해야 할까?

예를 들어, 산림청에서 두 곳의 임야에 비료를 주는 프로젝트를 수행하는 데 이들 두 임야에 사용 가능한 비료의 총량은 20톤으로 한정되어 있다고 한다. 두 임야는 수종, 토양 상태, 면적 등이 다르기 때문에 같은 양의 비료를 주었을 때 나타나는 편익의 크기가 다르다. 이런 경우, 산림청은 양 지역에 주어진 20톤의 비료를 어떻게 배분해야 할 것인가?

이 질문에 대한 답은 두 임야의 한계순편익(marginal net benefits: MNB)이 같은 지점에서 이루어지면 된다. 만일 양쪽의 MNB가 같지 않다면, MNB가 낮은 쪽의 비료 일부를 MNB가 높은 임야로 옮겨 사용하면 총편익의 크기가 이전보다 증가하게 된다. 결국, 두 임야의 MNB가 같아지는 곳에서 비료의 이동은 멈추어지고 이 지점에서 비료 사용의 총효과(총편익)는 가장 커지게 되는 것이다. [그림 7-6]은 이런 논리를 보여주고 있다.

[그림 7-6]에서 맨 왼쪽 그래프는 첫 번째 산림지역에서 비료 한 단위가 추가될 때 얻는 추가 편익을 보여주는 한계순편익곡선이고, 가운데는 두 번째 지역의 한계순편익곡선이다. 그리고 맨 오른쪽 그래프는 두 지역의 한계순편익을 합쳐서 그린 곡선이다.

앞에서 설명했듯이 순편익이 극대화될 수 있는 것은 두 지역의 한계순편익이 같은 경우다. 예컨대, MNB_1과 MNB_2에서 동일한 M이라는 한계순편익에 이르렀다면 이는 MNB_{1+2}에서 총 20톤의 비료를 사용하면서 첫째 지역에서는 A만큼, 둘째 지역에서는 B만큼 비료를 사용해야 함을 보여준다.

설명은 편의상 거꾸로 할 수 있다. 두 산림지역 합해서 최대의 편익을 얻으려면 20톤의 비료량이 MNB_{1+2}와 만나는 지점에서 형성되는 한계순편익 수준 M에서 달성될 수 있다. 이런 경우, 각 임야별 MNB곡선이 한계순편익 수준 M과 만나는 지점의 비료 사용량이 바로 해당 지역의 비료 사용량이 된다.

그림 7-6 편익비용분석과 자원 분배

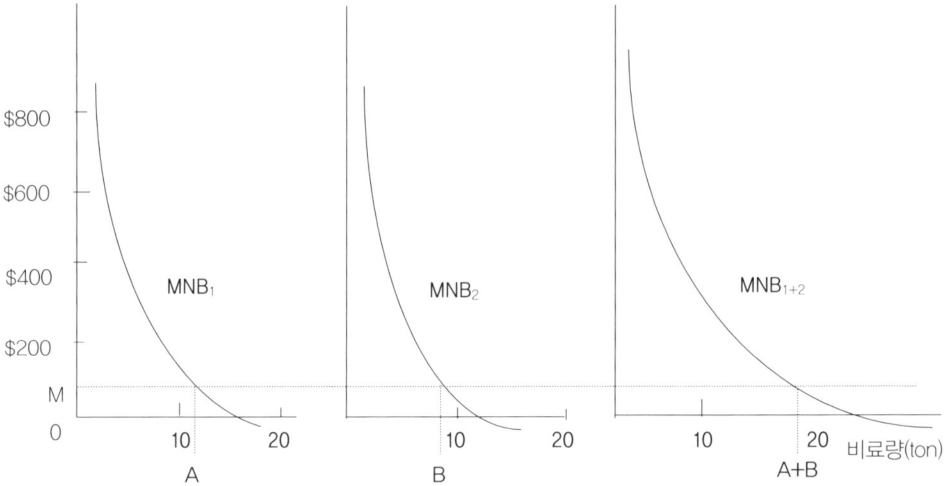

자료: Stokey & Zeckhauser(1978: 145).

3) 편익비용분석 적용상의 문제점과 고려 사항들

(1) 대안 평가 기준에 관련된 사항

여러 대안 중 능률성이 가장 뛰어난 하나를 고르는 경우 B/C 분석은 일반적으로 순편익의 최대라는 기준을 사용한다. 이외에도 능률성 분석과 관련하여 편익/비용 비율(B/C ratio)이나 내부수익률(internal rate of return: IRR) 등을 사용하기도 한다. 그런데 이들 기준은 순편익 기준에 비해 간혹 잘못된 결정을 가져오는 경우가 있어 사용에 주의를 요한다.

표 7-4 정책대안의 가상적 예

(단위: 원)

정책대안	편익	비용	순편익	B/C 비율
A	10억	2억	8억	5.0
B	100억	25억	75억	4.0
C	36억	6억	30억	6.0
A′	10-1=9억	2-1=1억	8억	9.0

<표 7-4>와 같이 A, B, C 3개의 정책대안이 있는데, 이들 중 하나를 선택하는 경우 B/C 비율에서 보면 대안 C가 가장 우수하지만, 예산상의 제약이 없다면 사회에 주는 이익이 가장 큰 대안 B가 제일 바람직한 것으로 보아야 한다.

또 B/C 비율은, 정책으로 인한 부정적 결과를 총편익에서 빼주는지 아니면 총비용에 더하는지에 따라 값이 달라지는 문제가 있다. 예컨대, 대안 A의 비용 2억 원 중에는 정책으로 인한 환경오염 피해 1억 원이 포함되어 있다고 하자. 이 경우, 환경오염의 비용을 편익에서 빼주는 식으로 계산할 수도 있다. 이렇게 B/C 비율을 계산하는 경우가 <표 7-4>에서 대안 A′에 표현되어 있다. 이때 B/C 비율이 9.0으로 상승하여 만일 B/C 비율로만 선택한다면 C가 아니라 A′(즉, A)가 선택되어야 한다. 이와 같이 정책으로 인한 부정적 효과를 적극적 비용으로 계산할지 소극적 편익으로 계산할지에 따라 분석 결과가 달라지는 문제가 생긴다.

내부수익률(IRR)에 의해 능률적인 대안을 선택할 수도 있다. 내부수익률은 현재부터 미래에 걸쳐 발생하는 모든 편익과 비용의 순현재가치(NPV)가 0이 되도록 하는 할인율을 말한다. 정책분석가는 정치적 또는 기타 사항을 고려하여 바람직하다고 생각하는 최저 한계선의 수익률을 설정해 놓고 내부수익률이 이 한계선을 넘는 사업만을 할 만한 가치가 있는 사업으로 판단할 수 있다. 또 한계선을 넘는 사업 중에서 하나를 고르는 문제라면 IRR이 가장 높은 대안을 선택하면 된다. 그러나 이러한 결정규칙이 항상 좋은 선택을 보장하는 것은 아니다.

[그림 7-7]의 두 개의 그래프는 할인율의 변화에 따라 A와 B라는 두 프로젝트가 산출하는 미래가치의 순현재가치의 변화를 보여준다. 프로젝트 A의 IRR은 12%이고 B의 IRR은 15%로 볼 수 있어, 내부수익률 기준에서 본다면 B가 우수한 사업이다. 그러나 적절한 이자율이 0과 두 사업의 NPV선이 교차하는 지점(대략 8.5%라고 하자) 사이에 있다고 한다면, 이 범위에서는 순현재가치가 더 높은 사업 A를 선택하는 것이 바람직하다.

내부수익률 기준의 또 다른 문제점은 경우에 따라 두 개 이상의 내부수익률이 있을 수 있는데, 이 경우 결정에 곤란을 겪게 된다. 정책 시행의 초기와 말기에는 많은 순손실이 야기되는 반면, 중기에는 많은 순편익을 기록하는 경우, 두 개의 IRR이 생길 수 있다. 결론적으로, 편익/비용 비율(B/C ratio)과 내부수익률은 편익비용분석에서 선택 기준으로 사용하기에는 부족함이 있기 때문에 순편익이 가장

그림 7-7 할인율과 순현재가치

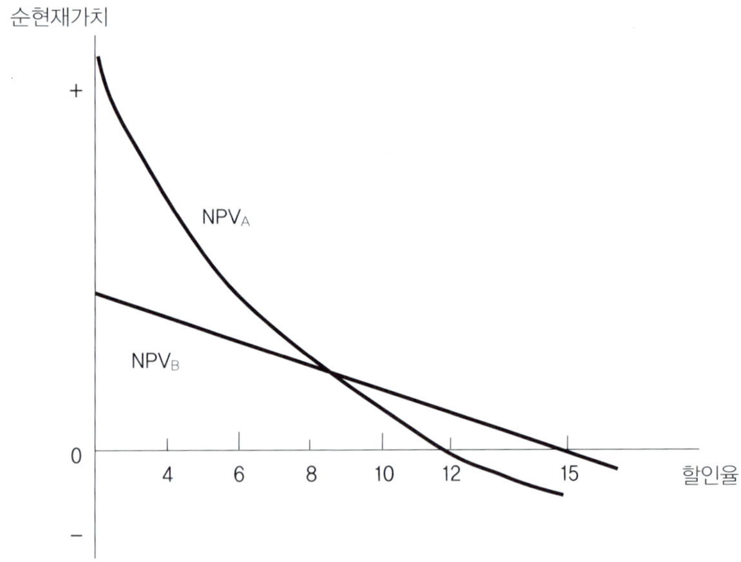

바람직한 기준이라고 할 수 있다.

(2) B/C 분석의 장·단점과 비용효과분석

B/C 분석의 장점으로는, 편익과 비용이 금전 단위로 표시되기 때문에 편익에서 비용을 빼면 곧바로 순편익이 계산될 수 있다는 점과 또 같은 단위로 측정되기 때문에 전혀 다른 분야의 정책대안들까지도 비교가 가능하다는 점을 들 수 있다.

한편, B/C 분석의 단점은, 경제적(금전적) 능률만을 강조하기 때문에 형평성과 같은 분배문제를 고려하지 않는다는 점과, 공공정책에 사용될 경우, 시장가격이 형성되기 힘든 분야가 많아서 사용에 많은 제약을 받을 수 있다는 점이다. 또 다양한 사회구성원들이 영향받는 무형적 가치를 금전적으로 계량화하기 힘들고, 더구나 장기적으로 발생하는 가치를 현재화하는 데 필요한 적정한 이자율에 대한 사회적 합의도 도출하기가 쉽지 않다.

공공부문의 성격상 정책이 산출하는 편익을 금전으로 환산하기 힘들다는 문제점 때문에 나타난 것이 비용효과분석(cost−effectiveness analysis)이다. 이것은 정책대안들의 비용(예산)이 동일한 경우 또는 반대로 정책대안들이 가져오는 편익이 동일한 경우에 주로 사용된다. 이런 두 가지 경우에는 굳이 편익을 화폐가치로 측정하지 않아도 분석이 가능하므로 B/C 분석의 수고로움을 상당 부분 덜어준다는 장점이 있다. 그러나 비용효과분석은 편익과 비용을 다른 단위로 측정하기 때문에, 프로그램의 총편익이 총비용을 정당화하는지에 대해, 그리고 프로그램의 적정한 예산 수준을 알고 싶을 때 이에 관한 직접적인 지침을 주지 못한다는 한계가 있다.

6 실험연구를 이용한 정책분석

정책이 어떤 결과를 가져올지를 알아내는 방법의 하나로 실험(experiments)이 있다. 전국적으로 본격적인 정책 시행을 하기에 앞서 부분적인 대상이나 지역에 대해 시험적으로 시행해 보아서 그 결과를 관찰하는 것이다.

정책 효과를 알기 위한 정책실험의 기본 논리는 정책을 시행하기 전과 후의 상태(종속변수)를 비교하는 것이다. 실험적 연구를 위한 연구설계는 크게 진실험설계, 준실험설계, 비실험설계로 나누어 볼 수 있다.

첫째, 진실험설계(true-experimental design)는 정책집행 대상이 되는 실험집단과 그렇지 않은 비교집단으로 구분하여 이들 두 집단의 종속변수 값의 차이를 정책의 효과로 보는 것이다. 따라서 이 설계에서는 두 집단이 정책집행을 받는지 여부를 빼고는 나머지 모든 조건이 같아야 하는 것이 중요하다. 즉, 실험집단과 비교집단의 동등성 확보가 중요한데 무작위 배정(random assignment)이 이를 확보할 수 있는 대표적인 방법이다. 두 집단의 동등성을 확보하기 위해 매칭(matching)의 방법을 사용할 수도 있다. 이는 짝짓기라고도 하며 실험의 결과에 영향을 미치는 중요한 요인들에 관한 분포 특성이 두 집단에 비슷하도록 구성하는 것이다. 무작위 배정이 연구자의 인위적 조작이 개입하지 않는 것이 특징이라면 매칭은 반대로 연구자의 조작이 극대화된 경우로 대비된다.

진실험적 방법은 다음에 말하는 다른 방법에 비해 내적 타당성[6]에서 상대적으

6) 실험의 타당성 종류에는 통계적 결론의 타당성, 내적 타당성, 구성의 타당성, 외적 타당성이 있다. 이에 관해서는 쿡과 캠벨(Cook & Campbell, 1979: 37-94)이 상세히 논하고 있다.

로 우수한 실험설계로 볼 수 있다. 여기서 내적 타당성(internal validity)이란 오로지 정책 때문에 나타난 효과의 크기를 말하는 개념이다. 따라서 내적 타당성이 높다는 것은 정책집행 후에 나타난 실험집단과 비교집단의 차이가 정책의 순수한 효과와 거의 일치한다는 것을 의미한다.

둘째, 준실험설계(quasi-experimental design)는 진실험설계의 조건을 충족하기 어려운 상황에서 적용하는 설계다. 진실험의 경우, 실험집단 또는 비교집단을 구성할 때 실험 대상자들이 경제적 또는 윤리적 이유 등으로 참가를 거부하는 경우가 있다. 예를 들어, 상당한 경제적 이익을 주는 정책의 경우 정책의 혜택을 받지 못하는 비교집단에 포함되는 것을 거부할 수 있다. 또 어느 집단에 소속되든 실험 기간 동안 집단을 이탈하거나 집단 간 접촉을 불허해야 동등성이 확보되는데, 이는 결국 실험 대상자들의 일상적 삶을 심하게 제약하는 결과가 된다. 이는 현실적으로 시행하기가 어려울 뿐만 아니라 경우에 따라서는 인권 침해 등의 윤리적 문제까지 거론될 수 있다. 이런 경우 준실험설계가 하나의 대안이 될 수 있다.

준실험설계는 기본적으로 두 가지 형태가 있다. 하나는 비동질적 비교집단설계(non equivalent group design)이고, 또 다른 하나는 사전사후설계(before-after design)다. 전자는 비교집단을 두되 실험집단과의 동등성이 확보되지 않은 상태에서 하는 실험이고, 후자는 비교집단 없이 실험집단만 가지고 정책 효과를 추정하는 것이다(Schutt, 1996: 235). 전자는 매칭과 비슷하게 실험집단(지역)과 비교집단(지역)을 선택할 때 실험 결과에 영향을 미치는 주요 특성들이 비슷한 것을 선택하는 방법이다. 비동질적 비교집단설계는 진실험에 비해 두 집단의 완전한 동등성이 확보되지 않아 두 집단의 차이가 진정 정책의 효과인지를 확신할 수 없다는 점에서 내적 타당성에 문제가 있다. 또 실험집단 하나만 사용하는 사전사후설계의 경우 정책집행 전 후의 종속변수 값을 비교하여 정책 효과를 추정하는 것인데, 비교집단 자체가 없어 앞의 경우보다 내적 타당성에서 더욱 문제가 크다.

그러나 준실험설계는 진실험설계에 비해 일반적으로 외적 타당성에서 비교 우위에 있다고 말해지고 있다. 외적 타당성(external validity)이란 실험연구의 결과를 실험 대상이 된 모집단이 아닌 다른 모집단에까지 적용할 수 있다는 개념이다.[7)]

7) 예를 들면, 빈곤층 아동을 대상으로 한 학력 증진 프로그램의 효과에 대한 연구 결과가 중산층 자녀들에게도 똑같은 실험을 했을 때 같은 효과가 나타난다면 외적 타당성이 높다고 할 수 있다.

연구 결과의 일반화라고 부르기도 한다. 준실험연구는 진실험연구에 비해 실험 과정에서 연구자에 의한 인위적 조작이 상대적으로 적다는 점에서 좀 더 현실감이 있기 때문이다. 따라서 준실험의 경우 다른 모집단을 대상으로 동일한 실험을 할 경우 같은 결과가 나올 가능성이 더 크다고 할 수 있다.

셋째, 비실험설계(non-experimental design)는 통계분석 방법을 사용하여 정책의 결과를 추정하는 것이다. 이미 전국적으로 정책이 시행되어 버렸다면 분석가는 정책실험을 할 수 없기 때문에 사후적으로 얻은 자료를 가지고 정책 효과를 추론해야 한다. 결과적으로, 여기서 말하는 비실험적 설계는 앞에서 언급한 회귀분석 또는 경로분석과 같이 통계분석을 이용한 방법이다.

회귀방정식에서 독립변수(정책변수) 앞에 붙어 있는 회귀계수는 다른 독립변수의 값이 고정되어 있는 조건에서 해당 독립변수 값이 한 단위 변할 때 나타나는 종속변수의 변화량이다. 이렇게 볼 때, 회귀계수는 정책의 강도나 내용이 한 단위 변할 때 추정되는 정책 효과의 크기인 것이다.

7 정책 델파이

델파이기법은 전문가집단의 주관과 통찰력에 의존하여 미래를 예측하는 분석 방법이다. 예측에 필요한 과거의 자료나 관련 이론이 없을 때 사용할 수 있다. 이 기법은 일반적으로 회의를 하는 경우, 정교한 합의에 도달하는 것을 방해하는 어떤 심리적 어려움이 나타나는데, 이를 제거하기 위해 미국 랜드(RAND)연구소의 돌키(Norman Dalkey)와 헬머(Olaf Helmer)가 고안한 것이다. 여기서 말하는 심리적 어려움이란 토의 주제에 관해 초기에 어떤 입장을 취했던 전문가들은 시간이 지나면서 자신의 주장을 더욱 옹호하려는 반면 남의 다른 생각에는 관심을 갖지 않으려는 성향을 말한다(Mood, 1983: 272).

델파이기법의 가장 두드러진 특징은 익명성이 보장된 회의 방식이다. 참여 전문가들 간에 서로 누군지도 모르고 직접적인 대면 접촉 없이 의사소통은 오로지 델파이 관리자라는 중간 매개체를 통해 이루어진다. 대면 접촉이 이루어지는 일반적인 회의 방식의 경우 참석자 간 친소 관계, 상하급자 관계, 언변 능력 차이, 제한된 회의 시간 등의 영향 때문에 회의에서 솔직한 견해나 직접적인 비판을 표명하기가 쉽지 않다. 이로 인해 참석자 모두의 진솔한 의견이 취합된 합의를 이끌어 내기가 어렵다. 델파이기법은 바로 이러한 단점을 최소화하면서, 의견 검토에 필요한 시간과 의견 변경을 위한 기회를 충분히 제공함으로써 전체 참여자의 합의를 도출하려는 예측기법이다.

우선, 전통적인 델파이기법의 특징으로는 다음과 같은 것이 있다(Dunn, 1994: 242-243).

① 익명성(anonymity): 모든 전문가나 지식인들은 익명이 엄격히 보장된, 따라서 실제로 분리된 개개인으로서 참여한다.

② 반복(iteration): 개개인의 판단은 집계하여 여러 차례에 걸쳐 참가한 모든 전문가들에게 다시 알려주고, 이렇게 함으로써 사회학습의 기회를 제공하고 이전의 판단을 수정하도록 해준다.

③ 통제된 환류(controlled feedback): 종합된 판단의 전달은 질문지에 대한 응답을 요약한 수치의 형태로 이루어진다.

④ 집단적 통계 표현(statistical group response): 개인들의 응답은 중앙경향치(보통 중위수), 분산도(사분편차), 도수분포(막대그래프, 꺾은선그래프) 등의 형태로 표현된다.

⑤ 전문가 합의(expert consensus): 예외는 있지만 이 기법의 핵심 목표는 최종적이고 가장 중요한 산출물로서 전문가들 사이의 합의가 도출될 수 있는 환경을 창출하는 것이다.

위의 원칙은 1960년대 말까지 우세했던 전통적 델파이(conventional delphi)의 특징을 나타내는 것으로 정책 델파이(policy delphi)와는 구별될 필요가 있다. 정책 델파이는 전통적 델파이의 한계점을 건설적으로 극복하여 정책문제의 복잡성에 맞는 새로운 절차를 만들어 내려는 시도에서 나왔다.

정책 델파이를 창안한 사람의 말에 의하면, 전통적 델파이는 전문가 간의 합의를 도출하는 데 주안점을 두었지만, 정책 델파이는 주요 정책 이슈에 대해 잠정적인 해결책에 대한 강력한 반대 의견을 창출하는 데 오히려 그 목적이 있다고 한다(Turoff, 1970). 그리하여 정책 델파이는 기본적으로 통제된 환류와 반복이라는 전통적 델파이의 원칙을 공유하지만 다음에서 보듯 몇 가지 새로운 특징을 가지고 있다.

① 선택적 익명(selective anonymity): 정책 델파이의 참가자들은 예측의 초기 단계에만 익명으로 응답한다. 정책대안에 대한 주장들이 표면화된 후에는 참가자들로 하여금 공개적으로 토론을 벌이게 하는 것이다.

② 식견 있는 다수의 창도(informed multiple advocacy): 참가자를 선발하는 과정은 '전문성' 자체보다는 이슈에 대한 관심과 지식 여부에 기준을 둔다. 따라서 델파이 집단을 구성할 때 조사자들은 특정 상황에서 가능한 식견 있는 창도자 집단을 대표할 사람들을 뽑도록 노력해야 한다.

③ 양극화된 통계 처리(polarized statistical response): 개인의 판단을 요약할 때, 불일치와 갈등을 의도적으로 강조하는 측정 방법이 사용된다. 전통적 측정치(중위수, 범위, 표준편차)가 사용되기도 하지만, 정책 델파이에서는 개인 혹은 집단 간의 차이를 부각하는 다양한 측정 방법을 보완해서 사용한다.

④ 구조화된 갈등(structured conflict): 갈등은 정책 이슈의 정상적인 모습이라는 가정에서 출발하여, 대안과 대안의 결과를 창조적으로 탐색하는 데 의견의 불일치와 불화를 이용하려는 모든 시도가 이루어진다. 또한 대립하는 견해들 밑바탕에 있는 가정과 주장을 표출시키고 명확히 하려는 노력도 이루어진다. 따라서 정책 델파이의 산출은 완전히 열려져 있는데, 이것은 합의와 마찬가지로 지속적인 갈등이 델파이 과정의 결과일 수 있음을 의미한다.

⑤ 컴퓨터 회의 방식(computer conferencing): 가능하다면, 떨어져 있는 개인들 간의 의견 교환을 익명 상태로 계속 진행시키는 데 컴퓨터가 이용될 수 있다. 컴퓨터 회의 방식에서는 여러 번에 걸친 델파이 과정이 필요하지 않게 된다.

이런 특징을 가지는 정책 델파이는 질문지를 3~5회 반복해서 참여 전문가들에게 돌린다. 앞의 질문지에 대한 응답 내용에서 문항 간에 소망성이나 실현 가능성에 대한 판단이 현저히 다르게 나타난다면 후속 질문지에서 이런 응답을 한 이유 · 가정 · 논증들을 제시할 것을 요구할 필요가 있다. 이렇게 함으로써 의견 갈등을 부각시킬 수 있기 때문이다. 설문조사가 반복됨으로써 정책 델파이는 올바른 토론을 촉진시키고, 기발하고 때로는 통찰력 있는 판단들이 토론 과정에서 상실되지 않도록 해주는 장점이 있다.

마지막으로, 대면 접촉의 회의를 소집하여 공개적인 토론을 유도한다. 이를 통해 전문가들은 자신의 입장과 다른 사람의 입장 차이를 직접 느낌과 동시에, 자기 입장을 적극적으로 주장할 수도, 그리고 이에 대한 즉각적인 환류도 가능하게 된다. 결과적으로, 정책 델파이는 참여자들의 합의를 이끌어 낸다는 보장은 없지만, 그러나 이슈, 목표, 대안, 그리고 결과에 대한 창조적인 생각이 이 기법의 중요한 산출물이라고 보아야 한다. 그래서 정책결정자에게 보내는 최종 보고서에는 가능한 다양한 이슈와 대안들을 검토하여, 대립하는 입장과 그에 대한 근거들을 잘 정리한 내용이 포함되어야 한다.

8 교차영향분석

델파이기법과 상당한 관련이 있는 예측기법으로 교차영향분석(cross-impact analysis)이 있다. 이는 역시 전통적 델파이를 개발했던 미국 랜드(RAND)연구소의 연구진에 의해 개발된 기법인데, 어떤 사건이 일어나느냐 일어나지 않느냐에 기초하여 미래의 다른 사건이 일어날 확률을 주관적으로 이끌어 내는 방법이다. 교차영향분석의 목표는 어떤 사건의 발생을 촉진하거나 억제하는 다른 사건들을 알아내는 데 있다. 교차영향분석은 사건들 간의 연결 관계를 다음과 같은 세 가지 측면에서 고려한다(Dunn, 1994: 250).

① 연결 방식(mode of linkage): 한 사건이 다른 사건의 발생에 영향을 주는지, 또 그렇다면 영향의 방향은 긍정적인지 부정적인지를 가리킨다. 긍정적인 효과는 촉진형(enhancing mode)에서 나타나고 부정적인 효과는 억제형(inhibiting mode)에서 나타난다. 촉진형 연결의 예로는 휘발윳값이 상승하면 합성연료 개발을 부추기는 경우가 있다. 반면, 군비 경쟁이 도시재개발 자금의 사용 가능성에 미치는 효과는 억제형 연결의 예다. 두 사건 간에 아무런 관련이 없는 무관형(unconnected mode)의 경우도 있다.

② 연결 강도(strength of linkage): 촉진형이든 억제형이든 사건들이 얼마나 강하게 연결되어 있는가를 말한다. 어떤 사건들은 강하게 연결되어 한 사건의 발

생이 다른 사건의 발생 가능성을 실질적으로 변화시키는 반면에, 어떤 사건들은 약하게 연결되어 있다. 일반적으로 연결 관계가 약해질수록 이 관계는 무관형에 가까워진다.

③ 연결 소요 시간(elapsed time of linkage): 이는 연결된 두 사건의 발생 시간의 간격을 가리킨다. 촉진적이든 억제적이든 두 사건이 강하게 연결되어 있는 경우라 해도 한 사건의 발생이 다른 사건의 발생에 영향력을 미치는 데는 상당한 시간이 걸릴 수 있다. 예컨대, 자동차의 대량 생산과 사회일탈 현상 간의 연결은 수십 년의 경과 시간을 필요로 했다.

교차영향분석은 한 사람의 분석가에 의해 수행될 수도 있으나, 정책 델파이기법에서와 같이 여러 사람에 의해 수행될 수도 있다. 만일 이와 같이 한다면 주관적 판단에 기초하고 있는 교차영향분석의 객관성을 높일 수 있을 것이다. 교차영향분석은 기본적으로 통계학에서의 조건 확률 논리에 입각해 있다. 만일 B라는 사건이 발생한 조건 하에서 A라는 사건이 발생할 확률은 $P(A/B) = \frac{P(A \cap B)}{P(B)}$ 로 계산된다. 간단한 예를 통해 교차영향분석을 알아보기로 한다.

한국 사회의 경우, 높은 사교육비가 항상 사회적 이슈가 되어 왔다. 특히, 고액과외나 비싼 학원 수강료는 서민들의 근심거리가 되어 왔다. 만일 신자유주의 성향의 정부가 사교육비를 시장에 자율적으로 맡긴다고 할 때, 이러한 정책 효과가 부유층 자제의 우수 대학 진학률 증가(B)와 우수 대학 내의 체제 비판운동 증가(C)의 발생에 어떤 영향을 미칠 것인가를 분석해 보자. 전문가집단을 소집하여 A, B, C

표 7-5 가상적 교차영향분석 매트릭스

다른 사건들이 발생할 확률은? / 사건들이 일어난다면(P=1.0)	사교육비 자율화(A)	부유층 자제 대학 진학률 증가(B)	대학 내 체제 비판 운동 증가(C)
사교육비 자율화(A)		0.8	0.3
부유층 자제 대학 진학률 증가(B)	0.4		0.2
대학 내 체제 비판운동 증가(C)	0.5	0.6	

* 상호 독립적 가정 하의 발생 확률: P(A) = 0.5, P(B) = 0.6, P(C) = 0.5

세 사건이 상호 독립적이라고 전제했을 때 사건들의 발생에 대한 주관적 확률을 물어본 결과 이들 집단은 P(A)=0.5, P(B)=0.6, P(C)=0.5이라고 판단했다.

<표 7-5>는 어떤 한 사건이 발생했다는 조건 하에서 다른 사건이 영향받을 수 있다는 가정 하에 다른 사건의 발생 확률이 달라지는가를 가상적으로 보여준다.

예컨대, 사교육비가 자율화되어 고액과외 등이 허용된다면, 즉 P(A)=1이라면, 부유층 자제의 대학 진학률 증가라는 사건이 발생할 확률에 대해 전문가집단은 P(B)=0.8로 예측했다. 이는 B사건의 오리지널 확률인 0.6보다 높아질 것으로 전문가집단은 예상하고 있다. 또 사교육비가 자율화된다면 대학 내 부유층 자제의 비율이 높아짐으로써 대학 내 체제 비판운동이 증가할 확률은 사건 C의 원래 확률에 비해 감소하는 것으로 예측하고 있다. 한편, 대학 내 체제 비판운동의 증가(C)는 정부가 사교육비를 자율화(A)하거나 부유층 자제의 대학 진학률 증가(B)라는 사건 발생과는 별 관련이 없다고 보고 있다.

다른 예측기법과 마찬가지로 교차영향분석도 다음과 같은 한계점을 가진다.

첫째, 분석가가 상호 관련된 모든 사건이 분석에 포함되었는지 확신할 수 없는데, 그래서 분석에서 문제구조화(problem structuring)가 매우 중요함을 말해주고 있다.

둘째, 교차영향 매트릭스를 구성하고 진행하는 것은 컴퓨터 분석 프로그램의 출현과 고도의 컴퓨터 기술을 이용한다고 해도 상당한 비용과 시간을 요구하는 과정이다.

셋째, 주로 선행적 사건이 발생한다는 가정 하에 후속 사건의 확률을 예측하는 데 비해, 선행 사건이 발생하지 않는 경우는 잘 다루지 않는다는 점이 문제다.

넷째, 가장 중요한 문제점으로, 교차영향분석의 적용은 전통적 델파이와 마찬가지로 전문가들의 합의를 지나치게 강조한다는 것이다. 따라서 주관적인 조건 확률을 뒷받침하는 상치된 가정과 논증들을 표출시키고 검토하는 문제구조화 방법들을 사용하는 것이 꼭 필요하다.

앞에서 다양한 정책분석기법을 살펴보았는데, 정책분석이란 정책문제에 대한 분석과 정책 결과에 대한 분석으로 요약할 수 있다. 정책문제에 대한 분석은 정책문제의 내용, 범위, 심각성이 미래에 어떻게 전개될지를 예측하는 데 초점이 있고, 정책 결과에 대한 분석은 문제의 해결책으로서 정책대안들의 효과를 예측하는 데 초점이 있다. 이러한 작업을 하기 위해 정책학은 자체적으로 또는 인접 학문의 도움을 받아 나름대로 분석기법을 개발해 왔다. 정책예측 방법은 예측의 근거가 무엇인가에 따라 네 가지로 분류할 수 있다. 과거의 경향이나 추세를 이용하는 경우, 이론이나 모형에 의존하는 경우, 실험적 연구의 결과에 근거하는 경우, 분석가의 주관에 의존하는 경우가 바로 이들이다.

지금까지 개발된 분석기법들은 때로는 수학적 논리와 같은 정교함을 갖추고 있기도 하지만 아울러 상당한 약점들도 가지고 있다. 시계열분석과 같은 추세 연장 방법은 문제 상황의 전개를 예측하는 데 도움이 되지만, 시계열 자료가 뚜렷한 경향성을 보이지 않는 경우 예측이 곤란하다는 문제가 있다. 또 이론적 모형에 근거하는 회귀분석이나 경로분석의 경우 이들 분석기법이 예측하는 것이 아니라 근거하는 이론이 변수 간의 인과 관계를 예측하는 것이다. 이런 점에서 과연 사용하는 인과모형이 현실과 부합하는지가 예측에서 매우 중요하다. 자연과학에 비해 사회과학의 모형들은 학문공동체의 합의를 보지 못하는 경우가 많다는 점에서 사용에 주의를 요한다. 한편, 의사결정분석, 선형계획, 편익비용분석 등도 나름대로 객관적 논리를 구사하고 있지만, 예측치에 영향을 주는 사건 발생 확률, 파라미터, 할인율 등에 관한 적절한 값을 확신할 수 없는 경우가 많아 분석 결과에 대한 과도한 의존은 삼가야 할 것이다.

주로 계량적 기법에 의존하고 있는 예측기법들은 민간 부문에서 기업의 경영문제에 관한 의사결정에는 상당한 도움을 줄 수 있다고 본다. 하지만, 정치적 갈등과 권력이라는 요인이 개입하고 가치판단까지 포함하는 공공부문의 정책문제를 계량분석 위주의 분석기법만으로 다루기에는 한계가 있다. 또한 전문가의 주관이나 직관에 의존하는 정책 델파이나 상호영향분석의 경우도 전문가의 자의적 판단이 개입하는 문제를 배제할 수 없다.

이렇게 볼 때, 계량 위주의 분석기법들은 주로 기술적·경제적 성격의 문제 영역에 적용하는 것이 좋다고 본다. 반면, 복지나 인권과 같이 가치 함유적 영역에서는 통계분석은 보조 수단으로 사용하면서, 정책 델파이와 같은 질적 분석이나 사회적 합의를 통한 민주적 접근 방식이 주도하는 것이 좋다고 본다.

제 8 장 정책분석의 불확실성

정부가 정책을 통해 의도한 목표를 달성하려고 한다면, 이것은 독립변수인 정책과 그것이 가져오는 결과 간의 인과 관계를 전제하고 있는 것이다. 그러나 우리가 경험했던 현실의 정책 사례들을 보면, 애당초 계획했던 정책 결과가 나타나지 않거나 아니면 생각하지 못했던 다른 결과가 나타나는 경우가 많다. 특히, 의도하지 않았던 결과들이 사회에 폐해를 주는 부정적인 것이라면 정말 큰 문제가 아닐 수 없다. 이는 한정된 국가자원의 낭비일 뿐만 아니라 부정적인 정책 결과 때문에 사회적 삶의 조건들이 더욱 악화되어 이후의 문제 해결을 더욱 어렵게 만드는 결과를 가져올 수 있기 때문이다.

그러므로 오늘날의 모든 정부는 당면한 사회문제를 올바르게 해결하기 위해 정책의 내용을 어떻게 구성할 것인지, 그리고 정책의 내용이 달라짐에 따라 정책 결과가 어떻게 달리 나타날 것인지를 사전에 알기 위해 최선의 노력을 하고 있는 것이다.

정책분석의 핵심은 정책과 그것이 가져올 것으로 예상되는 결과 간의 인과 관계의 확실성에 있다. 그러나 하나의 정책이 시행되어 일정한 결과가 나타날 때까지는 무수한 요인들이 작용하는데, 이 모든 영향 요인을 정책분석가가 다 파악할 수 없을 뿐만 아니라 파악된 영향 요인도 환경의 동태성 때문에 정책 과정에서 구체적으로 어떤 값을 취할지는 정확히 알 수 없다. 매개변수나 외부변수들에 대한 정확한 값을 알지 못하는 상황에서 수행되는 정책분석은 정책 효과의 유무와 크기에 대한 명확한 정보를 산출하기 힘들다. 한마디로 이러한 현상을 정책분석의 불확실성(uncertainty)이라고 표현할 수 있다.

이러한 불확실성을 어떻게 줄이는가가 정책분석의 성패를 결정짓고 나아가 정책의 성공도 가져올 수 있음은 분명하다. 그런데 정책분석 과정에서 당면하는 불확실성을 줄이기 위해서는 우선 불확실성 자체에 대한 이론적 검토와 이것의 극복방법에 대한 체계적 탐구가 필요하다고 생각한다.

제 1 절 불확실성의 유형과 수준

불확실성(uncertainty)의 개념은 매우 추상적이라서 정의내리기가 쉽지 않으며, 유사한 개념들, 예컨대 위험(risk), 모호성(ambiguity), 애매성(equivocality) 등과 구별 없이 사용되기도 하여 상당히 혼란스러운 상황이다.

그리하여 "불확실성이란 주제를 다루는 경우의 수만큼 불확실성에 대한 개념 정의가 존재한다"(Argote, 1982: 420)거나, "만일 우리가 위험(risk)에 관한 10개의 다른 논문이나 책을 읽는다면 10개의 다른 방식으로 표현된 위험이 있다는 것에 대해 놀랄 필요가 없다"(Yates & Stone, 1992: 1)는 말들은 현실적으로 불확실성과 유사 용어들에 대한 다의성과 구별의 어려움을 잘 말해준다. 1960년대부터 1990년대까지의 불확실성 관련 용어들에 대한 문헌조사를 한 립시츠와 스트라우스(Lipshitz & Strauss, 1997: 150)는 학자들이 같은 용어를 다르게 정의하기도 하고, 다른 용어를 같은 의미로 정의하는 등 매우 혼란스럽다고 말하고 있다.

그러나 와인(Wynne, 2004: 5-6)에 의하면, 일반적으로 위험(risk)은 가능한 결과들과 확률은 알고 있지만 실제로 어떤 결과가 발생할지는 발생한 시점에서야 아는 상황이고, 불확실성은 발생 가능한 결과들은 알고 있지만 각 결과들의 발생 확률은 모르는 경우다. 그리고 무지(ignorance)는 무엇을 모르는지도 모르는 상황이며, 모호성(ambiguity)은 중요한 요인에 대해 합의가 없고 불명확한 것이라고 한다.

그런데 불확실성과 유사 개념들을 엄밀히 구분하거나 정의할 필요성은 적다고 생각한다. 그래서 여기서는 정책분석과 관련된 불확실성을 관련 유사 용어들을 포괄하는 넓은 의미로 하여, “정책 결과를 예측할 때 정책대안과 결과의 종류와 발생확률, 그리고 영향 요인들 간의 인과 관계의 크기에 대한 정보의 부족 상태”로 정의한다.

1 불확실성의 유형

김영평(1983: 385)은 불확실성의 유형을 세 가지로 보고 있다. ‘전략적 선택에서의 불확실성’, ‘결정 절차에서의 불확실성’, ‘행동 결과에서의 불확실성’이 그것이다. 이것들은 의사결정의 전제라고 할 수 있는 가치와 사실의 결합 관계에서 차이가 있다고 한다.

전략적 선택에서의 불확실성(uncertainty in strategic choice)은 주요 정책 방향에 대한 의견의 불일치로 나타난다. 이것은 또한 결정에 참여하는 사람들의 철학적 견해와 가치 체계의 차이에 기인한다. 이 경우는 참여자의 철학적 입장의 차이 때문에 의견의 불일치를 계속하면, 조직은 일종의 무정부 상태에 빠지게 된다. 이런 무정부 상태를 회피할 수 있으려면 조직의 최고책임자가 최종적 결단을 내리고 하부 부서에 그 단안을 무조건 따르게 할 수 있다고 한다. 즉, 이러한 유형의 불확실성을 해결하는 방법에는 계층적 권위에 의존하는 방법이 주류를 이루고 만일 이 방법이 적절하지 않을 때에는 조직은 차라리 그 문제를 여러 하위 문제로 나누어 하부 부서에 나누어 주어 각자 마치 별개의 문제를 다루듯이 그 문제에 전념케 할 수 있다.[1)]

결정 절차에서의 불확실성(uncertainty in decision procedure)은 정책결정 절차에 관한 선례나 사전 합의가 없으면 생기는 불확실성을 말한다. 즉, 이것은 문제의 성격에 적절한 절차를 찾아 맞추는 것과 관련되는 일인데, 이러한 불확실성은 앞의 것과 달리 가치 전제에 완전히 의존하지는 않는 것이 특징이다. 이러한 불확실성은 주로 조직의 관례에 따름으로써 해결된다. 그런데 절차에 관한 선례가 없다면 새로

1) 이것이 사이어트(R. Cyert)와 마치(J. March)가 말하는 ‘갈등의 사이비 해결(quasi-resolution of conflict)’이다.

운 절차에 대한 '의견의 합치'가 가장 강력한 불확실성의 해결 방법이다. 또한 의견 합치가 안 되는 경우에는 전략적 선택에서 불확실성의 한 방법인 계층적 권위에 의존할 수도 있지만 보통은 그보다 쉬운 방법인 '절차의 연장'을 잘 사용한다. 절차의 연장이란 기존의 결정 절차에 새로운 절차를 추가함을 의미하는데, 결정 절차의 선택은 옳고 그름에 대한 판단이라기보다는 효율성에 대한 판단이므로 추가된 절차가 결정의 질을 높일 수 있다는 기대만 있다면 이에 대한 의견의 합치는 어려운 일이 아닐 것이라고 한다.

행동 결과에서의 불확실성(uncertainty in action consequence)은 실증적 지식의 부족에서 오는 불확실성이므로 그것의 해결은 문제의 인과적 성격에 영향을 받는다. 정책에서 불확실성의 가장 큰 부분이 바로 이 형태의 불확실성이다. 인과 관계의 지식이 충분하지 못한 경우 정책결정자는 불확실성을 직관이나 판단 또는 단순한 합의와 같은 주관적 방법으로 해결하게 된다. 이러한 불확실성을 해결하는 데는 계층적 권위에 의존하기보다는 전문적 권위에 의존하여 해결하려 한다. 또 전문적 권위로도 불충분하면 판단의 신뢰성을 높이는 방법으로 더 많은 정보를 얻으려고 한다.

윤정원(1998: 55)은 불확실성의 유형을 '정보의 불완전성', '인지적 비결정성', '상황적 미완료성'으로 분류한다.

첫째, 정보의 불완전성(informational imperfection)이란 합리적 선택을 하기 위해 요구되는 정확한 정보를 충분히 수집하지 못한 상태를 의미한다. 좀 더 구체적으로는 정보가 확률적이거나 애매하거나, 모호하거나, 정보의 완전한 부재 등이 원인이다. 이 유형은 흔히 '외적 불확실성(external uncertainty)'이라고 말한다.

둘째, 인지적 비결정성(cognitive indeterminacy)이란 주어진 정보가 완전하든 불완전 하든, 처리되는 과정에서 다양하게 인식되어 최종적인 해석이 유보되는 것을 의미한다. 이에 대한 원인으로는 인지적 무능력, 인지적 불일치, 인지적 불협화음 등이 있다.

셋째, 상황적 미완료성(situational incompleteness)이란 정책결정이 최종적인 결과를 산출하기까지 정책 환경이 끊임없이 변할 뿐만 아니라 이러한 변화를 정확히 예측할 수 없음을 말한다. 앞의 두 가지는 어떤 인위적 노력에 의해 극복될 수 있는 가능성이 있으나, 상황적 미완료성은 시간의 흐름 이외에는 어떤 인위적 노력으로 극복하기 어렵기 때문에 '순수한 불확실성'이라고 한다. 이 유형의 불확실성의 원인으로는 시간적 역동성, 사건의 돌발성 등을 들 수 있다.

립시츠와 스트라우스(Lipshitz & Strauss, 1997: 150-151)는 불확실성에 관한 많은 선행 연구들을 살펴본 결과, 불확실성이란 너무나 다양하게 정의되고 있다고 하면서, 행동의 맥락에서는 행동의 방해와 지연을 가져오는 "하나의 의혹스러운 감정(a sense of doubt)"으로 볼 수 있고, 의사결정자가 극복해야 할 불확실성이란 그가 채택하는 의사결정 모형에 기인한다고 보고 있다.

그리고 불확실성의 형태는, 관련되는 이슈(정책결정자가 무엇에 대해 불확실해하는가)와 불확실성을 야기하는 원천에 따라 분류될 수 있다고 한다. 불확실성과 관련된 중요 이슈로는 결과, 상황, 대안이 있으며, 불확실성의 근원으로는 '불완전한 정보', '부적당한 이해', 그리고 '비차별적인 대안(undifferentiated alternatives)'의 세 가지를 들고 있다.

불완전한 정보가 의사결정의 불확실한 상황을 가져온다는 것은 별도의 설명이 필요치 않다고 보며, 부적당한 이해란 정책대안 자체나 대안이 가져올 결과 등에 관해 확신이 서지 않을 때를 말한다. 그리고 비차별적 대안은 가지고 있는 대안들이 모두 불만스럽거나 아니면 모두 만족스러워 그 우월을 판단하기 어려운 갈등 상황을 말한다.

정정길(1998: 357-360)은 정책대안의 결과를 예측하는 과정에서 나타나는 불확실성의 1차적 원인을 문제 상황에 대한 모형의 부정확성과 모형에 포함된 변수의 자료 부족이라고 한다. 그리고 이러한 모형의 불확실성을 야기하는 원인은 모형의 대상이 되는 문제 상황의 복잡성과 동태성이 그 하나이고 또 모형을 작성하고 이용하는 분석가의 능력·자원의 제약 조건이 또 다른 원인이라고 한다.

정책문제 상황의 복잡성은 문제 발생의 원인이 다양할수록, 그리고 이들 간의 관계 및 이들과 문제와의 관계가 복잡할수록 그 정도가 커지게 된다. 한편, 동태성은 문제 발생의 원인과 이에 관련된 조건들이 시간이 흐름에 따라 변화하는 정도를 의미한다. 이는 모형에 포함된 변수들의 값이 수시로 변하는 것을 말하고, 나아가 이것은 모형 내의 변수들 간의 영향력의 정도(즉, 파라미터)가 불확정적이 되기 때문에 모형의 예측 능력이 크게 떨어지는 결과가 된다고 한다. 한편, 모형을 작성하고 이용하는 사람의 지식, 시간, 경비가 모형의 정확성과 자료의 정확성을 크게 좌우하는 데 경비나 시간이 부족하면 자료 수집이 어려워지고 모형의 내용에 대한 치밀한 검토와 작성을 할 수 없기 때문이다.

예닉케와 요르겐(Janicke & Jorgens, 2000: 612－613)은 환경정책과 관련된 네 가지 불확실성의 종류를 말하고 있다. ① 환경의 변화와 그것이 가져올 가능한 부정적 영향에 대한 예측의 불확실성(uncertainty of prognosis), ② 일반 대중이 아직 인식하지 못하는 장기적 정책문제에 관한 행동의 필요성에 관한 정치적 불확실성(political uncertainty), ③ 정책결정이나 미결정으로 인한 환경적·사회적·경제적 결과에 관한 불확실성, 그리고 끝으로 혁신적 행태의 기회와 위험에 관한 혁신 주도자들의 불확실성이 그것이다. 이들 연구자는 장기적 미래의 환경 악화의 해결에 초점을 맞춘 전략적 환경계획이 이런 불확실성을 감소시킬 수 있는 좋은 대안이라고 말하고 있다.

2 불확실성의 수준

퀘이드(Quade, 1982: 155－156)는 불확실성의 수준을 세 가지로 나누고 있다. ① 무작위적인 사건에 의한 것이 있는데, 여기에는 다시 대안의 결과는 알고 있으나 그 발생 확률은 모르는 경우(uncertainty)와, 결과의 종류와 그 발생 확률도 알고 있으나 실제로 어떤 특정한 결과가 나올지 모르는 경우(risk)로 나뉜다. ② 어떤 발생 사건에 대한 개념 자체는 알려져 있으나 그것이 가져올 결과의 종류나 발생 확률을 알 수 없는 경우가 있다. ③ 인간의 의도적인 행동이나 개인적·사회적 선호의 가변성으로 인해 나타나는 경우가 있다. ①을 확률적(stochastic) 불확실성이라고 하고, ②와 ③을 실질적(real) 불확실성이라고 말하고 있다.

이태규(1991: 55－57)도 이와 유사하게 불확실성의 수준을 변화와 빈도분포를 가지고 설명하고 있다. ① 완벽한 예측이 가능한 완전 결정적인 세계, ② 변화에 대한 빈도분포가 확실히 알려져 있고, 따라서 확률도 알고 있는 제1약형 불확실성의 세계, ③ 변화에 대한 법칙을 알고 있고 변화에 관한 빈도분포에 관해 어느 정도의 지식을 가지고 있지만, 확률을 확실히 알지 못하는 제2약형 불확실성의 세계, ④ 변화가 독특하여 사건 발생의 빈도분포를 모르고 확률도 모르는 강형 불확실성의 세계, ⑤ 마지막으로, 미래에 관한 아무런 앎을 가지 못한 완전한 불확실성의 세계로 나누고 있다.

한편, 코트니, 커클랜드와 비게리(Courtney, Kirkland, & Viguerie, 1997: 66-79)는 불확실성 수준을 네 가지로 말하고 있다. 불확실성이 가장 낮은 '수준 1'은 예측이 가능한 미래(clear-enough future)로, 전략결정에 충분히 정확한 예측이 이루어질 수 있고, 전통적인 전략 도구들이 분석 도구로 사용될 수 있다. '수준 2'는 선택대안이 있는 미래 상황(alternate future)인데, 여기서는 미래를 규정하는 몇 가지 시나리오를 알 수 있고, 의사결정분석, 게임이론과 같은 분석도구가 사용된다. '수준 3'은 발생 가능한 미래의 범위(a range of future)를 알고 있는 것으로 잠재 수요 연구나 기술 예측 등이 분석 도구로 이용될 수 있다. 끝으로, 불확실 수준이 가장 높은 '수준 4'는 완전히 모호한 미래(true ambiguity)로 지칭하는데, 여기서는 미래를 예측하는 근거가 없으며, 유추와 패턴 인식(analogies and pattern recognition) 등이 분석 도구로 사용될 수 있다고 한다.[2)]

메이어, 로크와 피치(Meyer, Loch, & Pich, 2002: 61-62)는 불확실성의 수준을 다음과 같이 나눈다.

첫째, 사업과 관련된 비용, 시간, 성과 수준이 무작위로 변하지만 예측 가능한 범위 내에서 움직이는 상황인 변이(variation)가 있다.

둘째, 소수의 알려진 요인들이 사업에 영향을 미치는데 실제 어떤 결과가 발생할지 확신할 수 없는 예지적 불확실성(foreseen uncertainty)이 있다.

셋째, 한 개 이상의 주요 영향 요인의 존재 자체를 사전에 모르는 상황으로 "무엇을 모르는지를 모르는" 경우인 예지할 수 없는 불확실성(unforeseen uncertainty)이 있다.

넷째, 알 수 없는 사건들이 완전히 과제의 목표, 계획, 접근 방법들을 무력화하는 완전한 불확실성 상황인 혼돈(chaos)을 들고 있다.

---

2) 코트니(Courtney, 2001: 44-46)는 불확실한 시장(환경) 상황에서 의사결정자가 불확실한 환경을 기업에게 유리한 방향으로 적극 형성하는 전략(shaping strategies)과 환경이 변함에 따라 수동적으로 여기에 적응하는 전략(adapting strategies) 중 어떤 것이 더 좋은가에 관한 논의에서, 개별 기업이 모든 사업 분야에서 한 가지 전략만을 일관적으로 선택할 수는 없으며, 경험적 자료도 이를 뒷받침하고 있다고 한다. 다만, 극단적으로 불확실한 환경에서 형성 전략(shaping strategy)을 선택하는 것이 오히려 위험(risk)은 적고 큰 보상(return)을 가져올 수 있다고 주장한다.

표 8-1 불확실성의 수준에 대한 견해들

Quade(1982)	• 결과의 종류와 확률은 알지만 실제 발생할 결과를 모름(risk) • 결과의 종류는 알지만 확률을 모름(uncertainty) • 결과와 확률을 모두 모름 • 인간의 의도와 선호의 가변성으로 인해 불확실한 상황
이태규(1991)	• 완전 결정적인 세계(완벽한 예측 가능) • 제1약형 불확실성(변화에 대한 빈도분포와 확률을 알고 있음) • 제2약형 불확실성(빈도분포는 알지만 확률을 모름) • 강형 불확실성(빈도분포와 확률을 모두 모름) • 완전한 불확실성(미래에 관해 아무것도 모름)
Courtney 외 (1997)	• 미래에 대한 하나의 견해가 존재(clear-enough futures) • 가능한 몇 개의 구체적 결과가 존재(alternative futures) • 발생 결과가 일정한 범위 안에 있을 때(a range of futures) • 발생 가능한 범위조차 모를 때(true ambiguity)
Meyer 외 (2002)	• 요인들이 예측 가능한 범위에서 움직일 때(variation) • 요인들이 어떤 결과를 가져올지 모름(foreseen uncertainty) • 주요 영향 요인들의 존재를 모름(unforeseen uncertainty) • 아무것도 모르는 상태(chaos)

* 학자들의 견해는 각각 위에서 아래로 갈수록 불확실성의 수준이 높아진다고 봄.

제 2 절 불확실성 대응 방안

원인과 수준이 어디에 있든 정책분석에서 결과를 예측하는 데에는 불확실한 상황이 존재한다는 것은 엄연한 사실이다. 정책에 관한 예측을 하는 것은 정책분석가가 피할 수 없는 의무이기 때문에 정책의 합리성을 높이기 위해 불확실성에 대처하는 방안들이 강구되어야만 한다. 물론 시간의 흐름에 따른 새로운 변수들의 발생과 기존의 확인된 변수들 간의 영향력 관계의 파라미터(parameter)들이 어떻게 변할지는 아무도 정확히 모른다. 그래서 불확실성을 완전히 제거하는 것은 현실적으로 달성할 수 없는 요구 사항이다. 다만, 주어진 제약 조건 하에서 인위적으로 할 수 있는 여러 방법을 동원하여 불확실성의 범위나 수준을 감소시키는 데 최선의 노력이 있을 뿐이다. 학자들이 제시하고 있는 불확실성 대처 방안을 살펴보기로 한다.

1 선행 연구의 검토

립시츠와 스트라우스(Lipshitz & Strauss, 1997: 156)는 의사결정자들이 할 수 있는 불확실성에 대한 대처 방안의 전술로, 불확실성의 감소(reducing), 불확실성의 인정(acknowledging), 그리고 불확실성 진압(suppressing)을 제시하고 있다.

첫째, 불확실성 감소 전술의 구체적 예는 다음과 같다. ① 결정하기 전에 추가적인 정보를 적극적으로 수집한다. ② 추가 정보를 얻기 어려운 경우에는 기존의 이용 가능한 자료를 토대로 외삽법(extrapolation)에 의한 추론을 한다. 추론 방법에는 현재 및 과거 사건에 관한 정보로부터 미래의 사건을 예측하는 통계적 기법을 사용하는 경우(시계열분석)와 가정에 기초한 추론 방법(assumption-based reasoning)이 있다. 가정에 기초한 추론 방법은 기존의 확고한 정보에 있는 결함 부분의 내용을 추론하는 것인데, 확실하게 알려진 것에 토대를 두되 그보다 더 나아간 어떤 가정을 설정한 다음, 이러한 가정이 새로운 증거나 다른 가정에 의해 지지받는 추론과 갈등을 빚게 된다면 이 가정을 철회한다는 방식이다. ③ 불확실성은 목표나 환류에 있어 장기적 시계보다 단기적 시계를 선호함으로써 줄일 수도 있다. ④ 끝으로, 조직 내의 불확실성을 제거하기 위해 표준운영절차(SOP)를 사용하거나, 불확실성을 야기하는 외부 환경의 중요한 요소를 조직에 영입하거나, 또는 협상을 통해 장기적인 계약 관계를 설정해 놓는 방법도 있다. 앞의 세 가지는 정보나 자료 처리와 관련된 것인데 비해, 마지막 방법은 불확실성의 원천을 통제하는 방식이라는 점에서 구별된다.

둘째, 불확실성 인정 전술은 의사결정자가 불확실성의 존재를 인정하고 이에 대처하는 경우다. 여기에는 ① 어떤 행동 경로를 선택하는 의사결정에 불확실성 요인을 포함시켜 고려하는 것과, ② 직면하고 있는 잠재적인 위협에 대비하거나 이를 회피하는 두 가지 형태가 있다. 예컨대, 조직은 완충 방법(필요한 투입물의 불안정한 공급 상황에 대처하기 위해 생산을 여유 있게 하는 것)과 예상하지 못했던 상황 변화에 따라 조직의 우선순위를 재배열하는 방법을 사용한다.

셋째, 불확실성 진압 전술에는 바람직하지 않은 정보를 무시·왜곡하는 것과 같은 부인 전술(denial)과 상징적으로 불확실성을 감소시키거나 인정하는 체하는 행동을 통한 일종의 합리화 전략 등이 포함된다. “이런 불행한 결과는 나에게 일어날 수 없어”라는 낙천적 태도는 바로 불확실성에 대한 진압 전략의 진수를 보여주는 경우다. 많은 사람은 합리적 분석에 의해 어떤 방향이 얻어질 수 없는 경우에 분석 과정의 혼돈을 해결하기 위해 상징을 사용하는 경향이 있기 때문이다. 그런데 겉으로 보기에는 불합리하다고 볼 수 있는 진압 전술은 감소 전술과 인정 전술이 불가능할 경우에 발생할 수 있는 (정책적) 마비 상태를 피할 수 있도록 정책결정자를 도와주는 기능이 있다.

윤정원(1998: 62-67)은 정책결정의 불확실성을 관리하는 것으로 네 가지 형태를 말하고 있다.

첫째, 불확실성의 무시(ignoring)다. 이것은 정책결정자가 직면한 불확실성의 중요성을 매우 낮게 인식함으로써 대안 선택 과정에서 고려하지 않는 것을 의미한다. 중요하지 않은 불확실성을 너무 심각하게 고려하는 것도 문제이겠으나, 의사결정자의 주관적 판단 때문에 중요한 불확실성을 중요하지 않은 것으로 판단하는 경우 역시 돌이킬 수 없는 큰 손실을 야기할 수 있다.

둘째, 불확실성의 감축(reduction)이다. 정책결정자가 의도적으로 인적, 물적, 시간적 자원을 투자하여 불확실성의 정도를 감소시키는 것을 말한다. 이와 관련되는 행태적 특성은 다음과 같다. ① 최종 대안의 선택 시기를 지연시킨다. ② 정보의 불완전성을 감축하기 위해 다양한 채널을 통해 더 많은 정보를 수집하거나, 타당한 근거에 의거 더 정확한 정보들을 수집코자 노력한다. ③ 인지적 능력을 향상시키기 위한 교육에 투자하고 과학적 정보처리 기법의 개발을 시도한다. ④ 추가 정보 수집을 위한 비용 및 결정의 지연에서 오는 총손실과 추가적인 정보 취득에서 오는 총이익 간에 편익비용분석을 시도한다.

셋째, 불확실성의 수용(accommodation)이다. 중요한 불확실성을 더 이상 감축하기 어렵거나 감축에 소요되는 비용이 이익에 비해 높을 때, 정책결정자는 불확실성을 그대로 인정하는 토대 위에서 전략적 선택을 할 것이다. 이런 경우, 최적의 합리적 선택을 모색하기보다는 만족할 만한 수준에서 선택을 하게 된다. 불확실성 수용의 행태적 특성은 다음과 같다. ① 개혁적인 결정보다는 보수적이고 점진적이며 융통성이 있는 절충형 대안을 선택하는 경향을 띤다. ② 정책집행자에게 상황 변화에 따른 재량권을 위임하는 형태를 띤다. 이는 집행 과정을 통해 불확실성을 제거해 나감으로써 실질적 합리성을 추구하는 것이다. ③ 정책결정자는 최고의 정책목표를 실현하는 최선의 정책 선택이 현실적으로 불가능함을 인정하기 때문에 일정한 수준의 결과나 목표가 보장된다고 보는 만족할 만한 대안을 선택하려 할 것이다. ④ 기존의 합의된 의사결정 절차에 따라 선정된 제도화된(institutional) 대안을 선택하는 경향이 있다. 표준운영절차에 따라 결정 절차를 밟는 것이 그 대표적 예다.

넷째, 불확실성의 간과(overlooking)다. 중요하지만 감소시키기 힘든 불확실성을 인정하면서도 이를 수용하는 선택을 하지 않고 모험을 시도하는 것을 의미한다. 이것은 중요하지도 않고 감축시킬 필요도 없다고 판단하는 경우인 무시(ignoring)와는 구별된다. 따라서 불확실성 간과는 모험 추구적 성격의 의사결정자에게 나타날 가능성이 높다고 하겠다. 이 유형의 행태적 특성은 다음과 같다. ① 정책대안의 선택 시에 인지적(cognitive) 합리성보다는 직관적(intuitive) 합리성을 추구하는 형태다. ② 정책결정자는 자신이 잘 알고 있고 그래서 좀 더 이해하기 쉬운 대안을 선택하는 경향이 있다. ③ 결정자는 자신의 선호에 적합한 대안을 선택하는 경향이 있는데, 이는 불확실성을 간과하면서까지 모험적 대안을 선택할 때 이왕이면 심리적 기대감이 높은 대안을 선택하려고 하기 때문이다.

호그우드와 건(Hogwood & Gunn, 1984: 148)은 불확실성의 극복 방법으로 점증주의, 최선의 단일 대안 선정, 가능한 모든 결과를 포괄하는 결정, 융통성, 다단계 결정 방법 등을 제시하고 있다. 점증주의적 방법은 불확실성이 추후 확정되었을 때 정책의 확장이나 축소가 신속히 가능할 수 있는 상황에서 사용하는 것이 적절하다고 한다. 단일 대안 선정 방법은 결과가 나빠질 가능성이 작은 상황에서만 사용하는 것이 좋을 것이다. 가능한 모든 결과를 포괄하는 결정 방법은 이론적으로 좋으나 현실적으로 정책비용이 너무 과도한 것이 문제다. 융통성 방법은 이를테면 정책 공급시설을 단일한 용도가 아닌 복합 용도(multiple-use)로 사용하는 방안이다. 이는 특정 정책 분야에 대한 수요가 급증할 때를 대비해야 하지만, 예상과 달리 수요가 감소하는 경우 나타날 수 있는 과소 이용의 위험에 대처하려고 할 때 사용할 수 있다고 한다. 끝으로, 다단계 결정 방법은 정책 초기에 다양한 수준의 정책을 시행하다가 나중에 불확실성이 감소했을 때 그중 적합한 사업을 선택하는 방식인데, 이는 초기에 여러 범주의 정책사업을 동시에 시행하는 데에 드는 비용이

문제가 된다.[3)]

아렌트센 외(Arentsen et al., 2000: 597-611)는 불확실성에는 정책문제에 대한 불확실성과 정책 반응에 대한 불확실성이 있다고 한다. 이 중 후자에 관한 대처 방안의 종류로 문헌에 나타나고 있는 것을 보면 과학(science)과 점증주의(incrementalism)라고 한다. 전자는 소위 과학적 기법들을 통해 불확실성을 감소하려는 태도이고, 후자는 상당한 불확실성을 인정할 수밖에 없는 현실에서 이에 대처하려는 태도라고 한다.

그러나 과학적 방법으로는 미래를 완전히 예측한다는 것이 힘들 뿐만 아니라 많은 경우 인지적 합리성(cognitive rationality)이라고 하는 과학적 분석이 경쟁적 합리성(competitive rationality)이라고 하는 정치적 과정과 분리되지 않는 상황이 발생한다. 과학적 분석 때문에 유력한 정치집단이 결정 과정에서 소외되는 문제가 있을 수 있고, 반대로 과학적 지식이 정치적으로 오염될 수 있는 문제도 생길 수 있다고 한다. 후자인 점증주의 태도 역시 급박한 결정 상황에서는 적절하지 않은 방법이며, 또한 단계적 상호 조정(stepwise mutual adjustment)이라는 점증주의 본질에서 볼 때 모든 관련 이익이 결정 과정에 반영되지 못하는 한계가 있다.

그래서 이들은 불확실성에 대한 이러한 두 가지 대응 전략이 만족스럽지 못하다고 하면서 정책결정 과정의 '공개와 학습(openness and learning)'이 필요한 전략이라고 주장한다. 즉, 불확실성을 사전에 다 해소할 수 없다면 참여의 폭을 넓힘으로써 정책 체제의 정보 수집이나 정보 처리 능력을 개선하는 것이 좋다는 것이다. 이들은 복잡하고 불확실한 상황에서는 정책설계나 집행을 학습하는 전략이 필요하다고 한다. 이것을 위해서는 우선 정책관리자가 상황에 적응할 수 있는 자유가 필요하고, 아울러 분권화, 합의 형성, 융통성과 같이 공개 및 학습 전략에 크게 기여할 수 있는 정책 체제의 도입이 전제되어야 한다고 주장한다.[4)]

---

3) 이외에도 정책분석의 불확실성뿐만 아니라 복잡성, 갈등을 줄이는 절차와 방법에 대해 종합적으로 제시하고 있는 것으로 브르워와 드레온(Brewer & deLeon, 1983: 98-106)의 연구가 있다.

4) 불확실하고 혼돈스러운 상황에서 나타나는 합리모형, 점증모형, 쓰레기통 모형 등 기존의 정책선택모형에 대한 비판을 하면서 사득환(2003)이 그 대안으로 내세우는 적응모형은 아렌트센(M. Arentsen) 등이 주장하는 공개·학습모형과 맥락을 같이한다고 볼 수 있다.

2 불확실성에 대한 전략과 접근 방법

관련 문헌들의 내용을 보면 불확실성 극복 방안에 관해 대체로 정책결정자의 태도를 중심으로 설명하고 있다. 즉, 불확실성의 감소나 수용 또는 소극적인가 적극적인가 등으로 나누어 논하고 있다. 그런데 극복 방안을 분류하고 있는 이들 연구는 하나의 분류 요소에 따라서 논의가 이루어지고 있어 불확실성이라는 현상에 대한 논의로는 단순한 수준에 머무르고 있다고 하겠다.

불확실성 대응 방안을 좀 더 입체적으로 살펴보고자 한다면 의사결정자의 태도(전략) 외에 접근 방법이라는 또 하나의 분류 요소를 사용하는 것이 좋다고 본다.

1) 결정자의 전략적 태도

먼저, 불확실성에 대한 전략적 태도는, 분석이나 결정 과정에서 배제하려는 경우, 감소하려는 경우, 그리고 불확실한 상황을 수용하는 경우로 나눌 수 있다.

현실적으로는 이들 세 가지 태도 중 어떤 것을 선택할 것인가는 결정자의 생각이나 기질에 의존하기 때문에 이들 세 가지 전략적 태도가 어떤 연속적인 과정 속에 위치한다고 볼 수는 없다. 그러나 시간적 또는 논리적으로 본다면 이러한 태도들 사이에는 일련의 순서가 있다고 할 수 있다.

① 배제: 불확실한 상황에 당면한 결정자는 제일 먼저 이것들이 중요하기 때문에 의사결정 과정에서 고려할 것인지 아니면 중요하지 않아서 배제할 것인가를 판단해야 할 것이다. 만일 결정자가 어떤 연유이든 불확실성을 의사결정 과정에서 고려하지 않겠다는 결정을 한다면 이것은 배제전략이라는 첫 번째 단계를 취한 것이 된다. 배제전략에는 무시(ignoring)와 간과(overlooking) 등 몇 가지 형태가 있다. 무시는 당면한 불확실성이 별로 중요한 영향 요인이 아니라고 판단하여 결정 과정에서 배제하는 것이고, 간과는 중요하지만 감소시키기가 불가능하다는 판단에 따라 분석에서 고려하지 않는 것이다.

② 감소: 만일 결정자가 불확실성을 결정에 중요한 영향을 미치기 때문에 배제할 수 없다고 판단한다면 다음 단계로 어떻게든 감축하려고 할 것이다. 감소전략은 크게 두 가지 전술로 구성된다고 볼 수 있는데, 하나는 양적 · 질적으로 좀

더 높은 수준의 정보나 자료를 추가로 수집하여 불확실성 자체를 줄이려는 것이고, 또 다른 하나는 불확실한 상황을 야기하는 환경 자체를 통제하려는 전술이다.

③ 수용: 만일 불확실성을 전혀 감소할 수 없거나 또는 상당 부분 해소되었지만 더 이상은 감소할 수 없다고 생각할 때, 결정자는 세 번째 단계인 불확실성을 수용하는 태도를 취할 것이다. 감소전략이 상황이나 원인에 대한 통제를 통해 불확실성의 크기를 줄이려고 노력한다면, 수용전략은 불확실성이 가져오는 부정적 결과나 그것의 회피에 초점을 맞춘다는 점에서 다르다. 즉, 불확실성을 주어진 것으로 보고 이것 때문에 나타날 다양한 결과들을 예측하여 선택을 최적화하려고 한다. 그래서 최악의 결과에 대한 안전장치의 확보나 책임 회피를 위한 수단에 많은 관심을 기울이게 된다.

표 8-2 불확실성 대응전략

배제전략	→	감소전략	→	수용전략
결정 과정에서 불확실성을 고려하지 않음 • 무시(ignoring): 중요하지 않다고 판단 • 간과(overlooking): 중요하다고 판단하지만 분석에서 배제	→	불확실성 자체의 감소나 원인의 통제에 관심 • 추가정보에 의한 불확실성 감소 • 불확실성을 야기하는 환경이나 원인을 통제	→	불확실성 인정 하에 부정적 결과의 회피와 안전장치 마련에 관심 • 선택의 최적화 노력 • 결과에 대한 안전장치 설치 • 결정 부담을 남에게 전가

이상의 내용에서 볼 때, 분석가가 어떤 전략을 선택할지에 대한 순서는 특별한 사정이 없다면 배제, 감소, 수용 순으로 이루어진다고 볼 수 있다. 결정에 직면한 분석가는 제일 먼저 불확실한 상황이나 요인들을 분석에 포함할 것인지 배제할 것인지를 판단할 것이다. 그리고 만일 무시해서는 안 되는 중요한 불확실성이라면 다음으로 이것을 감소시키는 단계를 밟을 것이며, 불확실성을 감소시키는 노력을 최대한 했다고 생각한다면 다음으로는 주어진 불확실성 수준을 수용한 상태에서 발생할 수 있는 손실을 줄이는 방법을 모색할 것이다.

2) 접근 방법: 대응 방안의 방법론

불확실성 해소를 위한 접근 방법으로는 과학적, 관리적, 정치적이라는 세 가지 범주로 나눌 수 있다. 이러한 분류가 필요한 이유로는 불확실성에 직면한 결정자가 다양한 성향이나 직업을 가진 사람일 수 있으며, 여기에 따라 불확실성에 대처하는 수단의 선택에서도 어떤 직업적 성향이 작용할 수 있다고 보기 때문이다.

(1) 과학적 접근 방법

과학적 접근 방법은 불확실성을 극복하기 위해 정확한 정보나 객관적인 근거를 동원하는 경우다. 분석가적 특성을 가지는 결정자가 문제 상황의 불확실성을 감소하기 위해 인과모형의 정확성을 재검토하는 작업을 하거나 모형의 예측력 제고를 위해 추가 정보를 획득하는 방법을 사용하는 것이 그 예다. 또는 불확실성을 수용한 상태에서 가능한 대안의 여러 결과를 예측하고 이들 중에서 가장 가능성이 높은 결과를 선택하는 방식을 택하기 위해 가치중립적 분석기법들을 사용하는 경우도 여기에 해당한다.

불확실성 극복에 관한 전통적 생각은 과학적 지식이 발달하면 불확실성에 관한 많은 것을 해결해 줄 수 있다는 것이었다. 하지만, 불확실성이라는 것이 객관적 실체인가 주관적 형성물인가에 대한 논란이 있다. 또 최근에는 과학적 접근이 불확실성을 완전히 해결해 주지 못할 뿐만 아니라 과학의 발달이 오히려 그 분야의 새로운 불확실성을 산출한다는 견해도 제기되고 있으며, 경험적 관찰도 실제 이러한 것을 보여주고 있다고 한다(Wynne, 2004: 2-5).

최근 연구에서는 과학적·분석적 접근 방법의 문제점을 지적하면서 대안을 제시하고 있는 연구들이 있는데, 분석적 접근보다는 관리적 접근을 강조한 연구(윤정원, 1998), 뉴턴적 패러다임보다는 적응적 선택모형을 강조한 경우(사득환, 2003), 참여 확대와 합의 형성을 통한 '공개와 학습전략'을 강조하는 연구(Arentsen et al., 2000)가 그 예다. 새로운 관점들은 연역적 접근보다는 귀납적 접근을 강조하며, 앞으로 전개될 불확실성 극복 방법에 관한 연구의 외연은 과학적·분석적 접근보다는 관리적·정치적 접근 방법 쪽으로 확장될 것임을 보여주고 있다. 이러한 연구 경향에 비추어볼 때, 과학적 접근 방법에 이어 관리적·정치적 접근 방법에 대한 검토가 필요하다고 본다.

(2) 관리적 접근 방법

관리적 접근 방법은 행정관리자의 특성을 띠는 결정자가 불확실성을 해결하는데 관리기술적 수단을 사용하는 경우다. 이는 주로 공권력을 가지고 있으며, 국정에 대한 직접적 책임을 지고 있는 정부 내 관료들의 대응 행태와 친근하다고 할 수 있다. 불확실성에 관련되는 주요 변수의 값을 관할 부처가 공권력을 가지고 일정한 값이나 범위로 제한한다거나, 관료집단의 속성상 정책 선택에서 보수적이고 단기적인 대안을 선택하는 경향이 이러한 범주의 대응 행태로 생각할 수 있다.

(3) 정치적 접근 방법

정치적 접근 방법은 정치가적 특성을 가지는 결정자가 정치적 수단을 불확실성의 해소에 동원하는 경우다. 이 유형의 예로는 정책 관련 집단들이 미래에 행할 반응이나 태도에 관한 불확실성을 서로 해소하기 위해 정책 시행 전에 미리 협상이나 타협을 하는 것을 들 수 있다. 또는 불확실한 상황에서 결정에 대한 부담을 다른 기관이나 상위 권력자에게 미룸으로써 정치적 책임을 모면하려는 경우도 있다.

다음에서는 결정자의 태도와 접근 방법이 결합하여 만들어 내는 불확실성 대처 방안을 유형별로 좀 더 자세히 살펴보기로 한다.

3 불확실성 대응 방법의 유형

1) 배제전략을 선택하는 이유

배제전략이란 불확실한 상황이나 요인에 대해 결정자가 분석 과정에서 묵살하는 것으로서 인지적 또는 정치적 합리성보다는 주로 직관적 합리성(intuitive rationality)을 추구한다고 볼 수 있다. 이 경우는 불확실성을 극복하기 위한 행동을 하는 것이 아니기 때문에 접근 방법의 유형별로 나누어 논할 필요는 없다.

불확실성에 직면한 결정자는 제일 먼저 이것을 결정 과정에서 고려할 것인가 말 것인가를 판단해야 할 것이다. 합리적 성향을 가진 분석가라면 정보 수집에 소요되는 비용이나 결정 지연으로 생기는 손실의 합과 추가 정보를 획득함으로써 얻게 되는 이득의 합 양자를 저울질할 것으로 본다. 만일 득보다 실이 많다는 판단을 하게 되면 배제전략을 선택하게 된다.

한편, 합리적으로 득실을 따지기보다는 주관적인 근거로 배제전략을 취할 수도 있는데, 낙관적 성향의 결정자가 자신의 식견에 비추어볼 때 불확실성 요인들이 정책의 결과에 큰 영향을 미치지 않을 것으로 판단하여 무시하는 경우가 그 예다. 낙관적 성향의 결정자에서 나타날 수 있는 또 다른 형태로, 당면한 불확실성이 중요한 것이지만 불확실한 장애 요인들을 나중 집행 과정에서 통제할 수 있다고 자부하고 분석에서 제외하는 경우다.

모험주의 성향의 결정자가 발생 가능한 여러 결과 중 가장 큰 이득이 나타나는 결과에만 매료되거나 또는 불확실성 감소가 불가능하다고 판단하여 불확실성을 묵살하고 자신이 선호하는 결정을 밀어붙이는 경우도 배제전략의 예로 볼 수 있다.

2) 감소전략과 접근 방법

(1) 과학적 접근 방법에 의한 감소 방안

과학적 차원에서 불확실성을 감소하는 방법의 핵심은 예측에 사용되는 이론적 모형의 정확성을 제고함으로써 모형의 예측력을 증가시키는 것이다. 이를 위해서는 좀 더 정확하고 다양한 정보를 추가로 수집하여 이를 토대로 모형 내의 변수의 종류와 이들 간의 영향력 관계에 대한 개선을 하는 것이다. 이때 모형의 정확성을 높인다는 것은 모형에 포함하는 변수들의 종류와 이들 간의 인과 관계의 방향으로 이루어지는 모형의 구조를 개선하는 것과 아울러 이 모형을 현실에 적용할 때 개입하는 여러 가지 조건이나 상황 변수들에 대해서도 추가적 정보를 획득함으로써 예측의 오차를 줄이는 것까지 포함한다.

정책환경의 조건이나 상황변수에 대한 예측치는 이 책의 다른 부분에서 설명하고 있는 시계열분석과 같은 추세연장 기법이나, 전문가들의 직관에 의한 예측 방법인 델파이기법 등에 의해 얻을 수 있다.

(2) 관리적 접근 방법에 의한 감소 방안

관리적 접근 방법은 행정관리자로서의 특성을 띠는 결정자가 불확실성을 해결하는 데 공권력에 기초한 관리적 수단을 사용하는 것을 말한다.

예측 결과에 영향을 주지만 그 값이 미래에 어떻게 변할지 모르는 불확실한 요인을 결정자가 의도적으로 확정적인 값으로 만듦으로써 해당 부분의 불확실성을 제거하는 방법이다. 즉, 불확실한 요인의 값을 고정시키는 것이다.

예를 들어, 중기적 미래의 산업정책을 결정해야 하는 정책결정자가 장차 석유파동과 같은 유가의 변동이 정책에 큰 영향을 미치는 변수라고 판단할 때, 몇몇 산유국과 일정한 가격으로 원유 수입에 관한 장기계약을 체결하는 경우를 말한다. 또는 경제정책을 수립할 때 집행 초기의 이자율이 일정 수준 이상이 된다면 정책의 성공이 불투명하다고 판단하는 경우 정부가 이자율을 일정 수준으로 동결하는 경우도 여기에 해당하는 예로 볼 수 있다.

(3) 정치적 접근 방법에 의한 감소 방안

정치적 접근 방법은 정치가적 특성을 가지는 결정자가 정치적 수단을 불확실성의 해소에 동원하는 경우를 말한다. 이 경우는 정치적 조정이나 권력작용이 해결의 중요한 요소라는 점에서 볼 때, 이론이나 분석기법에 근거하는 과학적 접근 방법과 다르고, 또한 사회 시스템의 안정성을 유지하기 위해 보수적이고 책임 회피적 방법을 선호하는 관리적 접근 방법과도 특징이 다르다고 하겠다. 정치적 접근 방법에 의한 감소 방안의 예로는 다음과 같은 것이 있다.

첫째, 협상이나 타협을 통해 불확실성을 감소하는 방법이 있다. 정책결정 과정이나 집행 과정에서 영향력을 행사할 것으로 예상되는 이해관계 집단들의 행태를 예측하는 것은 쉽지 않은데, 그것은 자연환경이나 객관적 조건들이 아니라 인간의 동기나 의도와 같이 수시로 변하는 심리적 측면이기 때문이다. 이와 같은 상황에서 불확실성을 줄일 수 있는 좋은 방법은 아예 이들 집단을 설득하여 주요 사항에 대해 동의를 구해 놓거나 협상을 통해 타협을 해 놓으면 그 부분만큼 불확실성이 감소하는 결과가 된다.

그러나 이러한 경우 나타나는 정책의 내용은 이해 관련 집단 간 정치적 타협의 산물이기 때문에 최선의 정책결정이라기보다는 잡다한 이해관계들이 투영된 절충형 또는 혼합형의 모호한 정책이 될 수 있다는 문제가 있다.

국내 정책 외에 외교안보 분야의 정책에서도 상대 국가의 의중은 겉으로 드러날 때까지는 파악하기 힘든 것이 사실이다. 이런 경우도 차라리 공식 의제화하여 외교적으로 상대 국가와 협상을 통해 조약을 체결한다면 그 부분만큼 불확실성이 감소하는 효과를 얻을 수 있는 것이다.

둘째, 가까운 미래에 정책환경이 상당히 변할 것으로 예상되는 상황에서 이러저러한 이유를 들어 정책결정의 완성을 의도적으로 미루는 방법이 있다. 이렇게 미루다가 불확실했던 정책환경의 중요한 요인들이 확실하게 윤곽이 드러나는 시점이 온다면 그때서야 최종적인 결정을 하는 방법이다. 이는 정책결정 작업을 전혀 하지 않는 것이 아니라 결정 과정의 절차를 늘리는 것이 대표적 방법이다. 예컨대, 공청회나 세미나 등을 여러 번 개최한다거나, 또는 "사회에 엄청난 파급 효과를 가져오는 중요한 사안이기 때문에 좀 더 충분한 연구 검토가 필요하다"고 하면서 불확실한 상황이 확정될 때까지 기다린다. 다만, 이 방법은 급한 해결을 요하는 문제에 대해서는 마냥 시간을 끌 수 없어 그 적용에 한계가 있다.

3) 수용전략과 접근 방법

(1) 과학적 접근 방법에 의한 수용 방안

불확실성 상황을 인정한다는 전제 하에서 이에 대처하는 과학적 접근 방법에는 정책결정에 관한 다양한 계량분석 기법들이 포함된다. 다시 말하면, 이론적 예측모형을 더 이상 개선할 수 없을 때, 주어진 자료와 예측모형 하에서 어떻게 불확실성에 대처하는가에 초점이 주어진다. 구체적 기법에는 다음과 같은 것들이 있다.

첫째, 악조건 비교분석(a fortiori comparison)은, 예측에 영향을 주는 어떤 조건의 값이 일정한 범위를 가지고 있는 경우, 1차 분석에서 우수하다고 판단되는 대안에는 제일 나쁜 조건을 적용하는 반면, 나머지 다른 대안들에는 가장 좋은 조건으로 적용해 보아서 그래도 1차 분석에서 우수하다고 본 대안이 여전히 우월한 결과를 가져온다면 분석가는 이 대안을 확신을 가지고 선택할 수 있다는 것이다.

둘째, 분기점분석(break-even analysis)은, 앞의 악조건 비교분석에서 최초의 우수 대안이 여전히 가장 우수한 대안으로 결과가 나오는 경우는 드물다고 볼 수 있는데, 이런 경우 적용할 수 있는 기법이다. 1차 분석에서 상당히 괜찮은 결과를 가져오는 몇 개의 대안을 놓고 이 대안들의 결과가 동등하게 되려면, 각 대안들마다 불확실한 요소들(예컨대, 모형의 파라미터, 확률, 이자율 등)에 대해 어떤 가정들을 해야 하는지를 파악한 후, 이러한 가정들을 전문가에게 물어보아 가장 가능성이 높다고 판단하는 가정을 지닌 대안을 선택하는 방법이다.

셋째, 민감도분석(sensitivity analysis)은, 불완전한 정보를 가지고 있는 모형 내의 파라미터(회귀계수, 경로계수, 확률 등)에 대해 이들의 값이 달라질 때 대안의 결과가 어떻게 변화되는가를 보는 방법이다. 즉, 파라미터의 변화에 따라 대안의 결과가 얼마나 민감하게 반응하는지를 알아보는 것이다. 한편, 상황의존분석(contingency analysis)은 기본적으로 민감도분석과 같다고 볼 수 있지만 모형 내의 파라미터 수치의 변화보다는 모형의 외부에서 작용하는 배경 변수나 환경적 요인들의 값이 변할 때 대안의 결과가 얼마나 민감한지를 살피는 경우에 통상 사용되는 용어다(Quade, 1975: 159).

넷째, 정책대안에 따라 달리 나타나는 정책 결과의 종류를 알고 있고 또 각 결과가 발생할 확률도 알고 있는데, 다만 실제로 어떤 특정한 결과가 최종적으로 나타날지를 모르는 경우의 불확실성을 흔히 위험(risk)이라고 한다. 이러한 위험 상황에서 어떤 대안을 선택할 것인가에 도움을 주는 기법이 의사결정분석(decision analysis)이다.

의사결정분석의 문제 상황은 의사결정나무(decision tree)라고 하는 형태로 표현되는데[5] 통계학의 확률이론에 나오는 기댓값을 구해 의사결정을 한다. 이때 결정자의 행태는 세 가지로 나뉜다. 모험중립적(risk neutral)인 사람은 기댓값이 가장 큰 대안을 선택하며, 모험추구적(risk seeking)인 사람은 기댓값에 관계없이 확률이 작더라도 가장 큰 이득(payoffs)을 산출하는 대안을 선택한다. 한편, 모험회피적(risk averse)인 결정자는 선택의 결과 나타날 수 있는 최저 이득이 가장 큰 대안을 선택할 것이다. 이 중에서 불확실성을 인정하면서 과학적 접근 방법으로 대처하는 경우는 기댓값이 가장 큰 것을 선택하는 모험중립적 행태라고 할 수 있다.

(2) 관리적 접근 방법에 의한 수용 방안

불확실성 자체를 줄일 수 없는 상황이라면 대신 이것을 현실적으로 인정하는 조건 하에서 행정관리적 수단을 동원하여 대처하는 경우다. 대체로 행정관료들은

---

5) 여기에는 네 가지 구성 요소가 있다. ① 의사결정자가 선택할 수 있는 가능한 모든 행동 경로를 보여주는 선택마디(decision node), ② 결정자가 선택한 행동 경로마다 발생할 수 있는 불확실한 모든 사건을 보여주는 기회마디(chance node), ③ 기회마디에 포함되어 있는 모든 사건의 발생 확률, ④ 선택과 기회의 결합으로 나타나는 각 사건들의 최종 득실을 보여주는 결과(payoffs)가 그것이다.

셋째, 정책결정 체제의 계서적 권위에 의존하여 불확실한 상황에 대응하는 방법이 있다. 예컨대, 미래의 정책환경 변화에 관한 예측의 불확실성으로 인해 관련 부처나 결정 집단 내부에서 정책의 기본 방향에 대한 합의가 이루어지지 않고 있을 때, 대통령이나 최고 권력자가 결단을 내려 모든 부처가 따르도록 지시하는 경우다. 이는 본질적으로 불확실성 자체를 감소하는 방법이 아니라 불확실성을 인정하되 이에 대한 해석과 판단을 계층상의 최고 결정자에게 일임하는 형태다.

정책결정 과정의 불확실성 대응 방안에 관한 이상의 논의를 요약하면 <표 8-3>과 같다. 결론적으로, 정책분석 과정에서 직면하는 불확실성을 완전히 제거할 수 있는 방법은 없다고 보며, 다양한 극복 방안을 정책문제가 놓여져 있는 상황

표 8-3 불확실성 대응 방안 유형

<table>
<tr><th>접근 방법 / 결정자 태도</th><th>과학적</th><th>관리적</th><th>정치적</th></tr>
<tr><td>배제전략</td><td colspan="3">• 불확실성 해소 노력의 득과 실을 비교해 손실이 크다고 판단할 때 [합리적 성향]
• 불확실성이 정책에 큰 영향을 미치지 않을 것으로 판단하거나, 불확실성 발생 요인을 나중에 통제할 수 있다고 자신할 때(무시) [낙관적 성향]
• 불확실성을 감소시킬 수 없다고 판단하거나, 운이 좋다면 큰 이득이 생길 수 있다는 요행심리에서 불확실성을 묵살하고 결정함(간과) [모험주의적 성향]</td></tr>
<tr><td>감소전략</td><td>• 모형의 인과적 구조의 정확성을 위한 재검토
• 모형의 예측력 제고를 위한 추가 정보 획득</td><td>• 불확실성 요인의 값을 고정함(장기계약 체결에 의한 원유가 고정, 이자율 동결 등)</td><td>• 관련 집단들의 행태적 불확실성을 통제하기 위해 그들과 협상 및 타협함
• 불확실한 상황이 확정되는 시점까지 최종 결정을 의도적으로 지연하는 전략</td></tr>
<tr><td>수용전략</td><td>• 악조건 비교분석
• 분기점분석
• 민감도분석
• 상황의존분석
• 의사결정분석 등</td><td>• 중복성(redundancy) 등을 통한 안전장치 확보(다용도시설전략, 동일한 정책문제에 대한 다양한 정책을 여러 기관에서 수행)
• 불확실성 문제를 절차적 합리성으로 전환함(표준운영절차의 사용 등)
• 단기적 시계에 의한 정책결정(점증주의나 모험회피적인 보수적 결정)</td><td>• 불확실성 해소의 부담을 다른 기관이나 집단에게 전가함(집행기관에 재량권을 위임; 행정부가 의회로 결정을 넘김)
• 잠정 조치(일단 갈등 부분이나 불확실한 부분을 제외한 잠정적인 내용으로 정책을 시행함)
• 계층적 권위에 의한 해결(최고 권력자가 결단)</td></tr>
</table>

에 따라 선택적으로 결합하여 사용하는 것이 좋을 것이다. 다만, 어떤 방안을 선택하더라도 미래를 판단하는 것은 최종적으로 자연인으로서 결정자나 분석가라는 점에서 전문성에 기초한 이들의 직관과 통찰력이 매우 중요하다고 본다.

제 9 장

정책 과정의 참여자

오늘날 대의민주주의 체제를 전제로 할 때, 정책 과정에 참여하는 행위자는 크게 공식적 참여자와 비공식적 참여자로 나눌 수 있다. 공식적 참여자(official participants)는 공공정책의 결정에 관한 법적 권한과 책임을 가진 행위자이며, 비공식적 참여자(unofficial

participants)는 그러한 법적 권한을 부여받지 않은 행위자를 말한다. 다시 말하면, 공식적 참여자의 결정은 정당한 절차를 거쳤다면 하나의 정책으로서 국민 모두가 이를 준수해야 할 의무를 갖지만, 비공식적 참여자의 결정은 대외적으로 그러한 강제성과 구속성을 가지는 것이 아니다.

공식적 참여자에는 입법부, 사법부, 대통령, 행정기관 등이 포함되고, 비공식적 참여자로는 정당, 이익집단, 사회단체, 언론, 전문가 및 일반 대중을 들 수 있다. 다음에서는 주요 행위자들의 정책결정 과정에서의 기능과 특징을 살펴보기로 한다.

제 1 절 공식적 참여자

1 입법부(의회)

1) 입법부의 기능

고전적 삼권분립이론에서 볼 때, 입법부는 법을 생산하고, 행정부는 법을 집행하며, 사법부는 법을 판단하는 일을 수행한다. 입법부라는 용어 자체가 보여주듯 입법부는 여타 공식적 참여자와 달리 법을 만드는 일이 주된 임무다. 그런데 법은 사실상 정책과 동의어로 볼 수 있다는 점에서 정책결정의 주된 공식적 행위자는 당연히 입법부다.

입법부의 역사는 17세기 영국으로 거슬러 올라가는데 그 이전에는 행정부가 사실상 입법을 했다. 18세기 이후 현대 민주주의 정치 체제에 대의기구가 접목되었으며, 직접민주주의가 사실상 불가능한 현대 사회에서는 대부분의 나라가 간접민주주의 형태로 대의민주주의 제도를 선택하고 있다.

대의기구(代議機構)는 민주주의 체제뿐만 아니라 권위주의나 전체주의 체제조차도 통치를 위해 또는 통치에 대한 정당성을 부여하기 위해 구성하고 있다. 이와 같이 민의(民意)를 대변하고 법을 만드는 역할을 하는 대의기구는 시대와 상황에 따라 다양한 모습을 띠고 있지만 일반적으로 대중적 선거에 의해 선출된 사람들로 구성되는 회의체를 말하며, 우리는 통상적으로 의회, 국회 또는 입법부 등의 이름으로 부르고 있다.[1)]

2) 의회의 입법 기능 약화의 일반적 원인

그런데 20세기 이후 의회의 입법 기능 또는 정책결정 기능이 점차 약화되어 가는 경향이 있는 반면, 행정부의 정책 관련 활동이나 기능은 오히려 활발해지는 문제점이 나타나고 있다. 그러한 현상에 대한 근본적인 원인은 이른바 행정국가화 현

1) 선출된 일단의 사람들로 구성된 회의체를 의미하는 의회 또는 입법부를 의미하는 영어 표현은 다양한데, the legislature, parliaments, congresses, assemblies, diets, chambers 등이다.

상을 들 수 있다. 산업화와 도시화의 급속한 진전은 이전에는 없던 새로운 사회문제들을 많이 만들어 냄으로써 행정부의 활동 영역을 엄청나게 증대시켰고 이에 비례하여 행정부의 권한과 기능도 커지게 되었다. 이러한 상황을 배경으로 정책결정 기능의 상당 부분이 의회에서 행정부로 옮겨가는 이유를 살펴보면 다음과 같다.

첫째, 의회는 사회문제 해결에 대한 부담을 행정부에 떠넘기려는 성향을 가지고 있다. 즉, 사회가 복잡해지고 이해관계 집단도 이에 비례하여 더 많이 생성되면서 이들 간의 알력이나 갈등을 조정하고 완화하는 것이 이전보다 더 어려운 일이 되었다. 만일 이러한 조정 역할을 떠맡는다고 해도 잘해야 본전일 뿐 관련 집단을 모두 만족시키는 경우가 거의 없다는 점에서 노력에 비해 정치적 부담이 클 수밖에 없다. 그래서 의회는 입법 과정에서의 갈등을 줄이고 갈등 해결에 대한 부담을 행정부에 떠넘기기 위해 법이나 정책의 큰 테두리만 정하고 구체적인 내용은 집행 과정에서 행정부가 결정하도록 하려는 경향이 있다. 행정부가 법의 집행 과정에서 비용과 편익을 누가 얼마나 가지게 될 것인가를 결정하는 것은 사실상 정책결정과 다를 바 없는 것이다.

둘째, 의회는 행정부에 비해 상대적으로 사회문제에 신속히 대응하기가 어렵다. 의회는 선거에 의해 뽑힌 의원들로 이루어지는 집단 의사결정 체제다. 그래서 다른 어느 조직보다도 민주적 절차를 중요시하는 기관이다. 의회에서 하나의 정책이나 의결이 이루어지기 위해서는 소위원회, 상임위원회, 본회의 등을 거쳐야 한다. 또 법률안의 체계나 형식과 관련된 일이라면 법제사법위원회의 심사 과정을 거쳐야 하며, 경우에 따라서는 연석회의, 공청회, 청문회 등 각종 절차를 거쳐야 한다. 또한 다른 상임위원회의 소관 업무에 관련된 일이라면 관련 위원회에 회부하여 이들의 의견을 수렴하는 과정도 거쳐야 한다. 이러한 절차는 통상적으로 상당히 긴 과정이 소요되는데, 국회의 특성상 정당별, 의원 개인별, 관련 집단별 견해와 이익이 다름에 따라 생기는 갈등이 항상 존재하여 긴 입법 과정이 원활하고 순조롭게 진행되기란 좀처럼 기대하기 어렵다. 그렇기 때문에 대통령을 수반으로 위계적 조직 체계를 가지고 있는 행정부에 비해, 국회는 사회문제에 대해 신속히 대응하기가 상대적으로 어렵다. 행정부의 경우, 사회문제의 급속한 해결이 필요하다면 대통령령이나 부령 등으로 상대적으로 신속한 정책 대응을 할 수 있다.

셋째, 입법 과정에서 필요한 특정 정책 분야의 정보나 자료를 행정부에 의존하는 경우가 많다. 의회는 정책결정과 관련하여 문제 상황 및 정책대안에 관한 정확한 자료를 필요로 한다. 그런데 해당 정책 분야의 최신의 실질적 자료들은 대부분의 경우 관련 행정부처가 소유하고 있다. 따라서 국회의원이 필요한 자료는 행정부처 담당 공무원의 협조를 얻어야 하고 그런 자료가 행정부에 의해 제공될 때도 보통 담당 공무원의 설명을 듣는 경우가 많은데 이 과정에서 소관 행정부처의 의견이 정책에 반영될 소지가 다분히 있다. 특히, 외교·국방정책 분야의 경우 그 성격상 공개적인 논의가 바람직하지 않기 때문에 행정부의 역할이나 권한이 더욱 큰 편이다.

넷째, 입법부는 전문성에서 행정부에 비해 상대적으로 취약한 면이 있다. 정부부처의 공무원은 통상적으로 같은 부서에서 오랫동안 근무하면서 관련 정책 분야의 지식이나 문제 처리에 관한 경험과 기술을 축적하게 된다. 반면, 임기가 있는 국회의원은 소수의 다선 의원을 제외하고는 대부분 한 분야의 전문적 식견을 갖추기가 어려운 조건에 있다. 더구나 다선 의원조차도 같은 상임위원회에 계속 배정되는 것이 보장되지 않는 현실을 생각한다면 행정부 공무원에 비해 전문성을 키우기가 쉽지 않다. 물론 의원들의 부족한 전문성을 보완하기 위해 상임위원회 내에 전문위원이나 입법심의관 등을 두고 있다.[2] 그러나 의원 개인의 전문성 부족과 적지 않은 업무량에 비추어볼 때, 충분한 전문 인적 자원이 제공될 수 없는 현실에서 일반적으로 행정부에 비해 전문성이 약하다고 볼 수 있다.

다섯째, 원래 국회는 나라 전체의 이슈를 국익의 차원에서 다루어야 하는 정책기구다. 그런데 입법부를 구성하고 있는 의원 개인들은 국가나 사회 전체의 문제를 해결하는 데 관심을 집중한다고 보기 힘들다. 왜냐하면, 의원 개인으로 볼 때 이들은 각각 특정 지역에서 선출된 사람이고 그의 관심은 온통 다음 선거에서 재선출되는 데 있을 것이기 때문이다. 그래서 지역구 출신 의원은 평상시 자신의 지역구내 도로나 교량 건설과 같은 민원 해결과 구민들의 경조사에 얼굴 내미는 데 큰 관심을 쏟을 수밖에 없다. 이에 반해 중앙행정부는 부처별로 전담하는 정책 영역이

2) 국회는 17개 상임위원회에 수석전문위원과 전문위원을 두고 있으며, 각 전문위원실에 전문위원을 보좌하기 위한 입법심의관과 입법조사관을 별도로 두고 있다. 또한 입법 및 정책과 관련된 사항을 조사·연구하고 의원에게 관련 정보 및 자료를 제공하는 등 입법의정 활동을 지원하기 위해 국회 입법조사처를 두고 있다.

있고 담당 공무원 역시 선거로 선출되거나 임기가 있는 것도 아니기 때문에 특정 지역보다 사회 전체에 관한 정책들을 입안하는 데 주력할 수 있다.

3) 한국 의회의 입법 기능 약화 원인

첫째, 근대화 시기의 일제 식민 통치로 인해 국가(관청) 부문이 민간 부문을 압도하는 권력으로 자리 잡아 처음부터 행정부가 국민의 대의기관인 의회보다 과도하게 성장한 역사적 경험을 가지고 있다.

둘째, 한국의 자유민주주의 체제는 자생적으로 시작된 것이 아니라 제2차 세계대전 후 미국에 의해 심어진 외생적 민주주의이기 때문에 민주정치 제도에 대한 시민 의식이 발달하지 못했다. 아울러 신생 독립국가 모두가 그렇듯이 민간 부문의 인적, 물적, 기술 자원의 취약성은 선진 자본주의 국가의 도움을 받은 정부(행정부)가 국가 발전을 주도할 수밖에 없는 결과로 나타났다. 시민사회의 취약은 대의제도와 같은 민주정치 발전을 더디게 하는 반면, 대통령을 수반으로하는 행정부의 권력 강화로 이어졌다고 볼 수 있다.

셋째, 해방 후 한국전쟁이 발발했는데, 전쟁이란 비상시적 특수 상황은 안 그래도 빈약했던 민간 분야에 대해 정신적·물질적 황폐를 더욱 심화시킨 반면, 국가 부문인 군부와 행정부의 역할은 더욱 강해지는 결과를 가져왔다.

넷째, 한국전쟁 이후 분단 상황에서 지속된 이념적 대치는 반공과 안보지상주의가 국정의 최고 강령이 되었다. 결국, 이러한 안보지상주의적 사고는 자유민주주의를 수호한다는 이름으로 민간 부문에 대해 취할 수 있는 '비자유민주적' 권한을 국가(행정부)에 허락하는 결과를 가져왔다. 이로써 국가 부문이 시민사회보다 더욱 우위에 서는 결과를 가져왔고 국민을 대변하는 입법부는 자연히 위축되었다. 특히, 1970년대 초 박정희가 도입한 유신 체제는 한국 근대사에 가장 폭압적인 정권이었으며, 시민사회를 말살하고 대통령이 의회를 통솔하는 대표적인 국가지상주의 체제였던 것이다.

다섯째, 1960년 4·19 혁명을 통해 부패한 자유당 정권을 무너뜨리고 이제 막 민주적 힘을 키워나가려던 시민사회는 곧이어 박정희에 의해 자행된 군사 쿠데타로 인해 큰 타격을 받고 주저앉았다. 이후 유신 체제(제4공화국)를 비롯한 18년 간의 박정희 군사 독재정권과 1980년 '민주화의 봄'과 '광주민주항쟁'을 무력으로 제압한 전두환 군사독재정권이 자행한 억압은 시민사회는 물론 민주정치 제도 자체를 짓밟았다. 행정수반(대통령)이 국회의원 정수의 3분의 1을 사실상 지명했던 유신 체제나, 국보위를 통해 비민주 악법을 양산하고 야당 등 정치와 사회단체의 활동을 불허했던 전두환 군사정권은 그나마 형태가 남아 있던 한국의 의회를 사실상 해체시킨 것과 다름없었다.

여섯째, 박정희 정권과 전두환 정권은 모두 군사독재정권으로 이들의 장기간에 걸친 통치는 군사문화(軍事文化)를 한국 정치에 은연중 감염시켰다. 군사문화는 효율성을 중시하기 때문에 토론과 절차를 중시하는 민주적 정책결정 과정을 싫어하고 대의기구가 정책결정의 중심이 되는 것을 거부해 왔다. 독재정권의 행정부는 외교 및 국방에 관한 정보를 독점하고 입법도 행정부가 실제로 입안하는 형식을 선호함으로써 한국의 입법부는 정책 및 입법 기능이 약화될 수밖에 없는 역사적 과정을 겪었던 것이다.

4) 한국의 입법 과정

국회의원이 발의한 법안이 법률로 제정되려면 여러 단계를 거쳐야 한다. 1단계: 법안 발의, 2단계: 상임위원회 법안 상정, 3단계: 상임위 법안심사소위원회 심사, 4단계: 상임위 의결, 5단계: 법제사법위원회 의결, 6단계: 본회의 통과다. 2016년 현재 우리나라의 상임위원회 개수는 16개이다. 다음에서는 상임위원회를 중심으로 입법 과정을 살펴보기로 한다. 상임위에서 여야 합의로 통과한 법안은 법 충돌의 문제만 없다면 법사위원회나 본회의에서 통과될 가능성이 크기 때문이다.

1·2단계까지는 어렵지 않다. 문제는 3~5단계다. 특히, 3단계인 상임위 법안소위원회가 중요하다. 법안에 대해 진지하고 활발한 논의가 이뤄지는 첫 관문이기 때문이다. 국회법은 상임위 법안소위는 법안을 심사할 때 "전문위원의 검토보고를 듣고" 시작하라고 규정하고 있다(제58조).

이 조항 때문에 각 상임위에 배속되어 있는 수석전문위원(1명: 차관급)과 전문위원(1~3명: 2급), 그리고 전문위원을 보좌하는 입법심의관(3급)과 입법조사관(3~5급)이 배치되어 있다. 이들 전문위원 및 입법 전문 인력들의 수장은 각 상임위의 위원장이다. 어느 정당 소속 의원이 상임위원장이 되느냐에 따라 검토보고서가 영향을 받을 수 있다.

이들 전문위원들은 위원회에 상정되는 모든 법안을 미리 검토한 뒤 보고서를 작성해 상정 48시간 전에 의원들에게 배포한다. 의원들은 전문위원의 의견이 담긴 보고서를 먼저 본 뒤 법안을 접하게 되는 경우가 많다. 국회의원이 모든 법안에 대해 전문가적 식견을 가지고 있기는 힘들기 때문에 전문가의 조력을 제도적으로 마련한 것이다.

의원들은 통상적으로 여야 간에 정치적으로 이해관계가 있거나 자신의 지역구 관심 법안이 아니라면 법안 내용을 정밀하게 검토하지 않는 경향이 있다. 그런 경우 검토보고서 내용을 많이 참고한다. 보통 상정되는 법안 100개 중 70~80개는 크게 이슈가 안 되는 것들이라서 의원들은 전문위원들의 보고서 의견을 따라가는 경우가 대부분이다. 정당 간에 이해득실이 첨예한 법안의 경우에 전문위원은 가능하면 찬반 쟁점들을 나열하는 식의 기계적 균형을 맞추는 보고서를 작성하려고 노력하는 것으로 알려지고 있다.

2 대통령

행정부의 경우는 행정부의 수반인 대통령과 행정기관으로 나누어 볼 수 있다. 20세기 이후 우리는 행정이 양적으로 팽창하고 질적으로 심화되어 있는 이른바 행정국가 시대에 살고 있다. 그만큼 행정부의 역할과 기능이 사법부나 입법부에 비해 과대해진 것인데 행정부의 수반으로서 대통령의 권한은 막강해질 수밖에 없었다.

일반적으로 대통령은 행정기관의 수반으로서 모든 행정기관을 지휘·감독할 수 있는 권한과 책임을 가진다. 대통령은 또한 국군통수권과 비상조치권을 가지고 있으며, 외교·국방상의 영역에서는 국내정책 분야에서보다 더 큰 헌법적 권한과 운영상의 재량을 누린다.

한편, 입법과 관련하여 대통령은 의회를 통과한 법률안에 대한 거부권을 가지고 있고 또 의회에 법률안을 제안할 수 있다. 또 의회의 의결을 요하지 아니하거나 의회로부터 위임받은 사항에 대해 사실상의 입법권이라고 볼 수 있는 대통령령 제정권이 있다.

민주주의가 이미 잘 정착된 나라에서의 대통령은 입법부, 사법부, 언론, 시민단체와 같은 다른 행위자들로부터 상당한 견제를 받기 때문에 지나친 독주는 하기 힘들다. 반면, 제3세계권과 같이 정치적으로 미성숙하고 따라서 시민사회의 권력이 약한 나라의 경우에는 대통령의 막대한 권한이 독재 체제로 변모할 가능성이 매우 크다. 이른바 신대통령제라고 지칭하는 현상인데, 한국의 경우 유신 체제(제4공화국)와 전두환 정권(제5공화국)이 여기에 해당하는 것으로 볼 수 있다.

3 행정기관

1) 일반 행정기관

현대 정부가 처하고 있는 정책문제는 점차 복잡하고 정교해지고 있고 또 이에 대한 지속적인 통제의 필요성은 증가하는데 비해, 신속히 대응해야 하는 의회는 오히려 전문성, 시간, 정보 등에서 상대적 열세에 있다. 이러한 상황은 결국 의회로 하여금 행정기관에 많은 재량권을 위임하도록 함으로써 사실상 법집행 과정에서 행정부의 결정 권한이 늘어나게 되었다.

정책 과정에서의 행정기관의 역할은 정책의제 형성, 정책결정, 정책집행, 정책평가의 모든 단계에서 나타난다고 할 수 있다. 정책의제 형성 단계에서는 행정관료들은 오랜 경험을 통해 습득한 지식과 관련된 정보를 바탕으로 기존 정책에서 파생된 수정된 정책의제를 형성할 때 큰 역할을 하게 된다. 정책결정 단계에서 보면, 공식적 정책결정은 의회와 행정수반이 하지만 그러한 정책대안과 정책 수단의 결정은 행정부처의 장을 보좌하는 직업관료가 담당한다. 정책 과정에서 행정관료의 역할이 가장 두드러지는 경우가 정책집행 단계인데 행정조직 본연의 주된 임무에서 오는 당연한 결과다. 국회에서 제정된 법이나 정책의 경우 대부분 큰 얼개에 관한 것을 규정하는 경우가 대부분이다. 이들 정책과 법을 실행하는 과정에서 생기는 비용과 편익을 어떤 집단에게 얼마만큼 배분할 것인가는 사실 집행 과정에서 이루어지는 하위 결정에서 다루어지는 경우가 많다. 이는 정책이 가져오는 효과가 집행을 담당하는 행정부 관료의 결정에 영향을 받을 수 있음을 보여준다. 아울러 행정부는 기존의 정책 또는 집행이 끝난 정책이 어떤 결과를 가져오고 있는지를 알아보기 위해 때로는 우리나라의 심사분석과 같은 정책평가 업무도 수행한다.

2) 한국의 검찰청[3)]

정부 조직도표상 행정부처의 하나인 법무부 산하에 검찰청이 있다. 따라서 검사는 행정부에 소속한 행정공무원이지만 일반 공무원과는 달리 개개의 검사가 검찰권을 행사하는 국가기관(단독제 관청)이다. 검찰은 수사기관으로서 범죄 사실에 대한 기소권을 행사한다는 점에서 그 자체가 권력기관이고, 또 정치 권력과 유착될 가능성이 높은 기관이라 여타 행정기관과는 별도로 언급하고자 한다.

검찰을 정책 과정 참여자로 볼 수 있는 이유는, 정책의 결정 과정과 집행 과정에서 발생할 수 있는 불법적 또는 불응적 행위를 단속하고 기소하는 데 독점적 재량권을 행사하기 때문이다. 예컨대, 검찰이 특정한 정책의 결정 과정에 위법 사실이 있다고 판단하여 기소한 결과 유죄 판결이 나온다면 결정된 정책이 무효가 될 수도 있다. 또한 정당하게 결정된 정책을 집행하는 과정에서 이에 불응하는 행위를 단속하고 기소함으로써 정부의 정책집행을 강제하는 역할을 한다. 예를 들어, 검찰은 인터넷상의 어떤 구체적 표현이 명예훼손이나 허위 사실 유포에 해당하는지에 관한 기소 여부를 판단해야 하는데, 이러한 행위의 재량성은 검찰이 특정 분야의 정책집행에 대해 실질적 권력을 행사한다는 의미가 된다.

한국의 경우, 정책 과정에서 나타나는 검찰의 중요성은 이들이 기소독점권을 가지고 있다는 점과 수뇌부가 권력에 유착되어 있다는 점 때문이다. 한국 사회에서 검찰이 '권력의 하수인'이라는 조롱의 대상이 된 건 어제 오늘의 일이 아니다. 특히, 소위 '잃어버린 10년' 만에 권력을 되찾은 이명박 보수정권에서 정권 재창출을 위한 정권 편향적 검찰의 행태가 더욱 노골화하면서 검찰에 대한 국민들의 비판 의식은 단순한 조롱을 넘어 국가 공권력의 공정성에 대한 근본적인 회의를 품게 하고 있다. 정권이 손보고 싶은 이들에 대한 수사는 무리해서라도 하는 반면, 정권의 비리에 대해서는 하나마나한 수사로 면죄부를 주는 경우가 허다하기 때문이다.

시국사건에 관해서는 현존하는 권력의 입맛에 맞는 편파적 수사를 한 후 무리하게 기소를 하는 것이 거의 당연한 수순이 되었다. 재판 결과가 무죄로 나타나더

---

3) 대한민국의 검찰청(檢察廳, SPO: Supreme Prosecutors Office)은 청단위 기관 중 유일한 장관급 기관으로서 법무부 소속이다. 검사의 검찰 사무를 수행하고 각 고등·지방검찰청과 각 지청을 관할한다.

라도 수사 주체들은 해당 정권 하에서 오히려 영전하는 관행이 한국에서는 자주 있어 왔다. 참고로, 이명박 정부 시절 검찰의 기소권 남용과 관련되었다고 볼 수 있는 주요 사례를 소개하면 다음과 같다.

사례 1: 광우병 보도 관련 PD수첩(MBC) 건

정권의 주문에 맞춰 무리하게 이뤄진 대표적인 수사가 미국산 소고기 안전성 문제를 다룬 문화방송(MBC)의 <PD수첩>에 대한 수사다. 2008년 5월 전국적으로 일어난 미국산 소고기 반대 촛불집회는 새로 출범한 정권에 치명적인 상처를 입혔다. 정부는 "PD수첩이 배후"라는 일부 보수언론의 보도에 발맞춰 6월 PD수첩 제작진을 명예훼손 등 혐의로 검찰에 수사 의뢰했다. 검찰은 특별전담수사팀을 꾸려 이례적인 저인망식 수사를 펼쳤다. 3년 3개월이 걸린 법적 공방은 검찰의 패배로 끝났다. 대법원은 2011년 9월, "정책결정에 관여한 공직자 개인의 명예훼손이라는 형태로 언론인을 처벌할 때는 신중을 기할 필요가 있다"며 무죄를 선고한 원심을 확정했다.[4)]

사례 2: KBS사장 강제 해임 건

정연주 한국방송공사(KBS) 사장이 2008년 8월 12일 오후 배임 혐의로 서울 방배동 자택에서 검찰 수사관들에게 전격 체포되었다. 정연주 사장에 대한 검찰 수사는 <PD수첩>과 더불어 검찰 내에서도 비판이 있었던 대표적인 무리한 수사였다. 한국방송 이사회가 그를 해임한 주된 이유이자 검찰이 정 사장을 수사했던 내용은 배임 혐의였다. 한국방송이 2005년 법인세가 과도하다며 국세청을 상대로 낸 소송

---

4) 무죄 판결 이후 수사 지휘 라인에 있었던 검사들은 대부분 영전했다. 총감독격인 천성관 서울중앙지검장은 2009년 6월 검찰의 최고 수장인 검찰총장에 지명되었으나 '스폰서 의혹'으로 중도 낙마했다. 수사 실무를 지휘한 최교일 서울중앙지검 1차장은 검찰 인사와 예산을 전담하는 법무부 검찰국장을 거쳐 '검사장의 꽃'이라는 서울중앙지검장으로 영전했다. 최 지검장의 바통을 이어받아 <PD수첩> 제작진을 기소한 정병두 당시 서울중앙지검 1차장은 춘천지검장과 대검찰청 공판송무부장을 거쳐 법무부 법무실장으로 영전했다. 반면, 최초로 이 사건을 맡았던 서울중앙지검 임수빈 형사2부장(주임검사)은 "명예훼손죄를 적용하기 어렵다"는 의견을 냈다가 검찰 상층부와 마찰을 빚고 사표를 던졌다. 미국산 소고기 편을 만들었던 조능희 PD는 "수사 및 재판 과정에서 가장 견디기 어려웠던 것은 검찰권을 남용하며 언론 플레이를 일삼던 '정치검사'들은 줄줄이 출세한 반면, 양심적 검사는 옷을 벗는 현실"이라고 말했다.

에서 2,448억 원을 돌려받을 수 있었는데도 정 사장이 서울고법의 조정 권고에 응해 556억 원을 돌려받는 데 그쳤다는 혐의다. 그러나 3년 6개월에 걸친 법정 공방 끝에 1, 2심과 대법원 모두 배임죄에 대해 무죄 판결을 했으며(2012. 1. 12), 사장 해임도 취소하라고 판결했다(2012. 2. 23).[5)]

사례 3: 미네르바 사건

인터넷 필명 '미네르바' 박대성(34)씨는 2008년 인터넷 경제토론방 아고라에서 세계적 경제위기를 가져온 미국의 서브프라임 모기지 사태와 '리먼 브라더스' 파산을 보름 전에 예측하는 등 경제 현상에 대한 날카로운 분석으로 일부 경제학자들과 누리꾼들로부터 찬사를 받았다. 이어 박대성이 정부가 주요 7대 금융기관과 수출입 관련 주요 기업에 달러 매수를 금지할 것이라는 긴급 공문을 전송했다는 글을 게시하자(2008. 12. 29), 기획재정부는 그 내용이 사실 무근임을 밝히는 보도 자료를 배포했고, 검찰은 허위 사실 유포 혐의로 그를 체포했다(2009. 1. 9).

그에 대한 검찰의 구속 수사는 표현의 자유에 대한 큰 논란을 불러일으켰다. 검찰이 정부 비판적인 사람들에 대한 본보기로 강압적 수사와 무리한 기소를 하고 있다는 비판도 이어졌다. 1심 재판부는 2009년 4월 21일 그에게 무죄를 선고했다. 검찰은 즉각 항소하겠다고 했다. 그러나 헌법재판소가 박대성씨에게 적용된 「전기통신법」 제47조 제1항에 대해 위헌 결정을 내리면서 무죄는 확정되었다.[6)]

사례 4: 시국선언 교사 징계 보류사건

시국선언 교사들의 징계 의결을 보류한 혐의(직무유기)로 기소된 김상곤 경기도교육감 사건이다. 2009년 6월 전국교직원노동조합(전교조)은 "이명박 정부의 독선적 국정 운영으로 민주주의가 위기를 맞고 있다"며 시국선언을 했다. 교과부는

5) 그러나 정 전 사장은 회복하기 힘든 상처를 받았다. 출국 정지→전격 체포→불구속 기소로 이어지는 검찰 수사 과정에서 그는 이미 죄인이 되었다. 무려 3년 6개월에 걸친 법정 공방이 지난 뒤에야 그는 대법원으로부터 해임이 위법했다는 판결을 얻을 수 있었다. 그러나 정 전 사장의 임기는 2009년 11월 22일까지이기 때문에 복직은 이미 어려워진 뒤였다.

6) 그러나 2009년 1월 긴급체포와 함께 박대성씨의 삶에 들이닥친 검찰 수사로 그의 인생은 송두리째 바뀌었다. 지난해 말 다른 사건의 증인 자격으로 출두한 법정에서 그는 "약으로 하루하루를 버틴다"며 흐느껴 울었다. 또 전문대 출신이라는 신상 등이 공개되면서 2차적인 피해도 입었다. 고통을 호소하는 박씨와 달리 그의 수사를 맡았던 검사들은 대부분 영전했다.

전교조 간부들에 대해 해임 등 중징계를 내렸으나 김상곤 경기도교육감은 이 가운데 경기도교육청 소속 교사 15명에 대한 징계를 유보했다. 교사의 '표현의 자유' 범위에 대한 논란이 있기 때문에 법원의 판결을 기다려야 한다는 이유였다.

그러나 검찰은 2010년 3월 김 교육감을 직무유기 혐의로 기소했다. 교육감을 뽑는 2010년 지방선거를 앞둔 시점에 이뤄진 기소는 다시 한 번 '정치 검찰' 논란을 불러일으켰다. 법원은 1심과 2심에서 모두 "(김 교육감이) 사법부의 판단을 기다려 보겠다는 것은 검찰이 주장하는 재량권 일탈이 아니다"라며 무죄 판결을 내린 것이다.[7)]

사례 5: 쥐 그림 포스터 사건

대학강사 박정수(42)씨는 2010년 10월 G20 서울정상회의 홍보 포스터에 쥐 그림 낙서를 했다가 경찰에 붙잡혔다. 검찰은 구속영장까지 청구해 검·경이 처벌권을 남용한다는 비판이 일었다. 법원은 영장을 기각했다. 이 그림이 정부를 풍자하는 '그래피티'였다는 박씨의 주장은 해외에서도 호응을 얻었지만 검찰은 G20 정상회의를 방해하는 공작이었다며 맞섰다. 대법원은 박씨에 대해 200만 원의 벌금형을 확정했다. 검찰의 의욕 넘치는 쥐 그림 수사는 비슷한 시기에 있었던 총리실 민간인 불법사찰에 대한 부실 수사와 대비되면서 많은 비판을 불렀다.[8)]

위의 사례들에서 보듯 한국 검찰의 문제는 형사재판에 대한 기소독점주의와 재량에 따라 공소를 제기하지 않을 수 있다는 기소편의주의로 요약된다. 한국 검찰은 수사의 독립성을 주장하면서도, 정권과 재벌의 입맛에 맞는 수사를 위해 수사권과 기소권을 남용해 왔다는 지적을 많이 받고 있다.

한국 검찰의 기소독점주의와 기소편의주의 등 수사와 처벌에 관한 절대적 권한은 세계적으로 유례가 거의 없으며, 그래서 검찰 개혁의 필요성은 그간 언론, 시민

---

7) 수사를 총지휘했던 박영렬 수원지검장은 현재 법무법인에서 변호사로 활동 중이다. 윤갑근 당시 수원지검 2차장은 서울중앙지검 3차장으로 영전했으며, 변창훈 당시 수원지검 공안부장 역시 서울중앙지검 공안2부장으로 영전했다.

8) 쥐 그림과 불법사찰 수사를 총지휘했던 노환균 당시 서울중앙지검장은 지검장에 연임했다가 대구고검장으로 이동했고, 공상훈 당시 2차장은 수원지검 성남지청장으로, 안병익 공안2부장은 대검 감찰1과장으로 발령되었다.

단체, 전문가, 정치권 등에서 꾸준히 제기되어 왔던 것이다.[9] 현재의 제도는 검찰 비리에 대한 자정 능력을 기대할 수 없기 때문에 공직자비리수사처를 신설하거나, 기소독점주의를 완화해야 한다는 주장이 하나의 대안으로 거론되고 있다. 노무현 정부도 공직자비리수사처 신설을 추진했으나 검찰을 비롯한 권력기관들과 당시 야당인 한나라당의 반대로 이루어지지 못했다. 오히려 검찰 개혁을 추진하려 노력했던 노 대통령은 퇴임 후 뇌물 수수 건에 대한 검찰의 무리한 수사로 자살을 하기에 이르렀다. 이명박 정부 후반기에 표출된 경찰과 검찰의 수사권 갈등도 검찰 개혁의 필요성이라는 이슈의 연장선상에서 바라볼 수 있다.

4 사법부

사법부의 일반적 임무는 사회구성원 간에 분쟁이 있을 시 또는 반사회적 행위를 한 자에 대해 제재가 필요한 경우 이에 대한 판단을 내리는 것이다. 그런데 사법부의 기본 업무는 정책과 관련해서도 일정한 기능을 수행하고 있다. 다만, 정책에 영향을 주는 사법부의 결정은 제도적 특성상 사후적 · 수동적 성격을 띠고 있다는 점이 여타 정책 과정 참여자와 다른 점이다. 사법부의 주요 정책행위자는 헌법재판소와 대법원이다.

우선, 사법부가 행정행위의 근거가 되는 관련 법령에 헌법을 위배하는 요소가 없는가를 판단하는 경우다. 한국의 경우, 헌법재판소가 그러한 기능을 수행하는 데 위헌법률 심판, 탄핵심판, 위헌 정당 해산, 헌법소원 심판 등을 관할한다. 이 중에서 헌법재판소가 주로 다루는 사건은 위헌법률 심판이다.

법원은 정부의 정책에 관해 분쟁이 있을 경우 이에 대한 판결을 통해 정책의 수정이나 시행 여부, 피해 원상 복구 등을 결정함으로써 사실상 정책 과정에 참여

9) 2008년 12월 여론조사 전문기관 리얼미터가 주요 기관 신뢰도를 조사한 결과, 1위에는 시민단체(21.6%)가 꼽혔고, 검찰(3.2%)은 꼴찌였다. 검찰은 언론(8.5%), 종교단체(8.1%), 법원(8.0%), 국회(6.3%)보다 낮은 신뢰도를 보였다. 반면, 선진국에서 검찰을 바라보는 시각은 다르다. 2005년 미국의 여론조사 기관인 갤럽이 미국인(1,001명)을 상대로 “신뢰하는 자국의 공공기관과 조직을 꼽으라”는 질문(복수 응답)을 던졌다. 미국인의 경우, 군대가 81%로 1위를 차지했고, 병원(80%)이 2위였다. 3위가 경찰 · 검찰(72%)이었다. 그 다음 교회(70%), 학교(69%) 등이 뒤를 이었다(시사인, 2009. 8. 13).

하고 있다. 대법원[10]이 법원의 최고기관이다. 거의 모든 나라에서 재판의 최종심은 대법원에서 판단하며 재심이 이루어지 않는 한 판결은 대법원에서 최종적으로 확정된다.

사법부의 판결은 원래 어떤 행위가 이루어지고 난 후의 분쟁에 대한 사후적이고 수동적인 성격을 띠지만, 판결의 내용에 따라 새로운 정책을 중단하거나 정책의제를 유발하는 등 사실상의 정책행위를 하는 것으로 볼 수 있다.

또한 사법부는 또한 행정소송이나 국가배상을 통해 정책에 개입할 수 있다. 행정소송이란 정부의 행정행위가 위법하거나 부당하게 행해진 경우 그러한 행정작용으로부터 국민의 권리나 이익을 구제하는 기능을 수행하고, 한편으로는 행정작용의 적법성 및 합목적성의 보장을 통해 행정통제의 기능을 수행하기 위한 목적에서 설치된 제도다.[11] 국가배상은 공무원이 행한 직무상 불법행위에 대해 국가가 책임을 지는 사법절차다.

사법부의 정책 관련 역할은 정책의제 설정, 정책결정, 정책집행 등 모든 정책과정에서 나타날 수 있다. 즉, 사법부의 결정은 이전에는 심각하게 생각하지 않았던 문제를 재인식하도록 하여 새로운 정책의제를 제공하기도 하는데, 2001년 헌법재판소가 "비례대표 국회의원 의석의 배분 방식 및 1인 1표제"에 관해 위헌 판결함으로써 이후 1인 2표제와 같은 선거제도 도입이 논의된 것이 그 경우다. 또 정책결정 관련 역할의 예로는 헌법재판소가 혼인의 상대방 결정권을 광범위하게 제한하는 민법의 동성동본 금혼 규정을 위헌이라고 판결한 것을 들 수 있다. 그리고 정책집행에 대한 사법부 결정의 예로는, 2003년 서울행정법원에 의한 새만금간척사업에 대한 집행정지 결정을 들 수 있다(정정길 외, 2003: 169-172).

참고로, 한국에서 헌법재판소가 다룬 사건 중 특별한 사례로 행정수도 이전에 관한 건을 소개하면 다음과 같다. 행정수도 심판 건은 노무현 대통령의 선거공약인

10) 대법원장을 포함하여 14인의 대법관으로 구성된다. 대법원의 심판권은 대법관 전원의 3분의 2 이상으로 구성되고 대법원장이 재판장이 되는 전원합의체에서 이를 행사하나, 일정한 경우에는 대법관 3인 이상으로 구성되는 부에서도 재판할 수 있다. 다만, 대법관 중 법원행정처장으로 임명된 1인은 재판에 관여하지 아니한다.

11) 행정심판과 행정소송을 합해 행정쟁송이라고 한다. 행정심판은 행정법상의 분쟁에 대해 행정기관이 스스로 심리하고 판정하는 쟁송절차이며, 행정소송은 법원이 주체가 되어 행정법상의 분쟁을 해결하는 절차라는 점에서 차이가 있다(김항규, 2008: 595-598).

신행정수도 건설 추진과 관련하여 서울시의회 의원 50명을 포함하여 169명으로 구성된 헌법소원 청구인단이 2004년 7월 12일 「신행정수도 건설을 위한 특별조치법」에 대한 헌법소원과 '신행정수도 건설 추진위원회'의 활동을 정지해 달라는 가처분 신청을 함께 냈던 사건이다.

신행정수도 건설특별법에 대한 헌법소원

헌법재판소 전원재판부는 2004년 10월 21일 신행정수도 건설특별법에 대한 헌법소원 사건에서 재판관 8 대 1의 의견으로 위헌 결정을 내렸다. 헌재는 수도 이전 문제가 헌법 개정 사항이거나 국민투표를 통해 결정할 사항임에도 이런 절차를 거치지 않았다는 이유로 이와 같이 결정했다. 재판부는 결정문에서 7명의 다수 의견을 통해 "서울이 수도라는 점은 헌법상 명문의 조항이 있는 것은 아니지만 조선 왕조 이래 600여 년 간 오랜 관습에 의해 형성된 관행이므로 관습헌법으로 성립된 불문헌법에 해당된다"고 밝혔다. 재판부는 "수도=서울이라는 관습헌법을 폐지하기 위해서는 헌법이 정한 절차에 따른 헌법 개정이 이뤄져야 한다"며 "정부는 헌법 개정 절차를 거치지 않았으므로 헌법상 국민투표권을 침해한 위헌"이라고 말했다.

헌법기관의 소재지, 특히 국가를 대표하는 대통령과 민주주의적 통치 원리에 핵심적 역할을 하는 의회의 소재지를 정하는 문제는 국가의 정체성을 표현하는 실질적 헌법 사항의 하나다. 즉, 신행정수도 건설은 대표적 헌법기관인 대통령과 국회를 옮기는 것으로 이는 결국 새로운 수도 건설이며 수도 건설은 헌법 사항에 해당한다는 논리다.

재판부는 수도의 소재지가 왜 헌법 사항인지에 대해 다음과 같이 설명하고 있다. 서울이 대한민국의 수도인 것은 조선 시대 이래 한국의 국가생활에서 전통적으로 형성되어 있는 계속적 관행이라고 평가할 수 있고(계속성), 이러한 관행은 변함없이 오랜 기간 실효적으로 지속되어 중간에 깨어진 일이 없으며(항상성), 서울이 수도라는 사실은 대한민국의 국민이라면 개인적 견해 차이를 보일 수 없는 명확한 내용을 가진 것이며(명료성), 나아가 이러한 관행은 오랜 세월 동안 굳어져 와서 국민들의 승인과 폭넓은 컨센서스를 이미 얻어(국민적 합의) 국민이 실효성과 강제력을 가진다고 믿고 있는 국가 생활의 기본사항이라고 할 것이다. 따라서 서울이 수도라는 점은 우리의 제정 헌법이 있기 전부터 전통적으로 존재해 온 헌법적 관습이며 우리 헌법 조항에서 명문으로 밝힌 것은 아니지만 자명하고 헌법에 전제된 규범으로서, 관습헌법으로 성립된 불문헌법에 해당한다.

결론적으로, 신행정수도의 건설을 위한 특별조치법(2004년 1월 16일 제정, 법률 제

7062호)은 헌법에 위반된다는 것이 당시 헌법재산소의 판결(2004. 10. 21)이다. 이러한 판결로 인해 대한민국 행정수도 이전 계획이 취소되고, 신행정수도 후속 대책을 위한 「연기 · 공주지역 행정중심복합도시 건설을 위한 특별법」(2005. 3. 2)이 제정되었다. 이후 「세종특별자치시 설치 등에 관한 특별법」(2010. 12. 27)이 제정 공포되어 2012년 7월 1일 시행되었으며, 국무총리실, 기획재정부 등 16개 중앙행정기관(9부, 2처, 2청, 1실, 2위원회)과 조세심판원과 중앙노동위원회 등 산하 20개 기관, 그리고 국토연구원, 한국개발연구원 등 16개 정부출연 연구기관이 이전하게 되었다.

제 2 절 비공식적 참여자

1 이익집단(사익집단)

각 개인으로는 힘이 약해 정책 과정에서 자신의 이익을 도모할 수 없을 때, 그래서 공통된 이해관계에 처한 다수의 사람들이 뭉쳐서 영향력을 행사하기로 결정한다면 이때 하나의 이익집단이 생성되었다고 할 수 있다. 이익집단은 특정한 정책에 영향력을 행사하는 데 관심이 있지 정권을 장악한다거나 공직을 점유하려는 목적을 갖지 않는다는 점에서 정당과 구별된다.

이익집단을 공통의 이익을 도모하기 위해 모인 결사체라고 한다면, 사익집단(private interest group)과 공익집단(public interest group)으로 나눌 수 있다. 전자는 회원들의 공통 이익을 추구한다는 점에서 특수이익집단(special interest group)으로 불리기도 한다. 반면, 후자는 사사로운 이익을 추구하지 않고 공공의 이익 또는 사회적 이익을 위해 활동하는 집단을 말한다. 사익집단의 예로는 민주노총, 전경련, 의사협회 등을 들 수 있고, 공익집단에는 참여연대, 경실련, 광우병국민대책회의 등 시민사회단체나 비정부기구(NGO) 등이 주로 해당한다.

1) 정책 과정에서의 역할

전통적으로 이익집단의 기능은 이익 표출에 있다. 즉, 자신들의 이익을 증진하는 사안 또는 자신들에게 손해를 주는 사안을 해결해 줄 것을 입법부나 행정부와 같은 공식적 정책결정 기구에 요구하는 것이다. 그런데 이익집단은 단순히 이익 표명에 그치지 않고 자신의 이익이 실현될 수 있도록 정책 과정의 모든 단계에서 활동한다.

첫째, 이익집단은 자신들의 문제를 정책의제화하기 위해 각종 활동을 한다. 이익집단은 필요하다면 언론이나 정당, 그리고 전문가집단, 일반 대중 등이 자신들의 문제에 관심을 갖게 하기 위해 청원, 공청회, 거리 행사 등 각종 활동을 한다.

둘째, 이익집단은 자신들에게 유리한 정보나 자료를 바탕으로 정책대안이나 분석 결과를 제시하는 등 정책결정에 영향력을 행사하려고 한다. 이러한 영향력 행사 과정은 이익집단의 입장에서 볼 때 상당히 효과적인 수단의 하나가 될 수 있다. 왜냐하면, 일반적으로 정치인이나 공무원의 경우 시간이나 전문성면에서 부족한 경우가 있는데, 유력한 이익집단이 제공하는 잘 정리된 전문적 보고서는 정책결정 과정에서 기초자료로 활용될 가능성이 매우 크다. 또 하나의 유력한 수단은 정책결정자들에게 뇌물이나 향응을 제공하는 것이다. 뇌물은 그것이 불법임에도 불구하고 동서고금을 막론하고 가장 위력적인 효과를 발휘하는 영향력 수단으로 인정되어 왔기 때문에 여전히 자주 사용되고 있다.

셋째, 정책집행 과정에서 이익집단은 자신들에게 유리하게 결정된 정책인 경우에는 신속하게 잘 집행되도록 담당 부처를 후원하고 촉구하는 활동을 한다. 만일 결정 과정에서 반대를 했던 정책이라면 집행 과정에서 정책에 대한 부정적 여론을 환기시키기 위한 다양한 활동을 시도할 가능성이 크다. 예컨대, 토론회, 언론 플레이, 물리적 시위 등의 수단들을 동원하여 집행 과정에 나타나는 부정적 효과들을 알리려고 노력한다.

넷째, 이익집단은 원래 민주적 정치문화가 잘 뿌리내린 사회에서 좋은 기능을 수행할 수 있다. 반면, 공산주의 또는 권위주의 정치 체제에서는 이런 성격의 이익집단이 존재하기 힘들다. 권위주의 체제에서 대부분의 단체들은 설립이나 활동에 자발성과 독립성이 확보되기보다는 정권의 영향력 하에 있을 가능성이 크다. 이른바 관변단체라고 할 수 있는 이들은 우익 성향을 갖는 친정부 단체이기 때문에 정부 비판 세력이 시위나 집회를 할 경우 이에 대한 맞불 집회에 흔히 동원되기도 한다.

2) 이익집단의 영향력 결정 요소

이익집단의 영향력을 구성하는 요소들은 많이 있겠으나 일반적으로 보유자금과 회원 수, 지식·정보력 등에 많은 영향을 받을 것으로 생각된다. 이를 바탕으로 정책결정 집단에 접근하는 빈도 수, 비제도적 투쟁 수단의 선택 가능성, 당시의 정치·경제적 기류 등이 추가로 중요한 요인이 될 것이다.

첫째, 집단구성원이 사람으로서 갖는 힘이 중요하다. 이것은 머리 수라는 물리적 요소와 유대감이라는 심리적 요소가 결합한 개념으로 '조직력'이라고 부를 수 있는 힘이다. 머리 수, 즉 회원 수가 많으면 좋은데 이는 선거에서 특정 후보나 정당을 지지하거나 낙선시키는 데 회원의 투표권을 무기로 사용할 수 있기 때문이다. 또한 회원 수가 많으면 집단의 의사를 표출하기 위한 단체 행사나 항의 시위와 같은 물리적 행동 시에 정부나 언론 등의 관심을 얻는 데 아주 유리하다.

한편, 회원의 유대감이라는 심리적 요소도 동시에 고려해야 하는데 '응집력'으로 부를 수 있는 개념이다. 즉, 회원 수가 많다고 해도 소속감이 약해서 회비 납부율이 저조할 뿐만 아니라 중앙에서 소집하는 행사의 참여율이 낮은 경우 조직적 영향력을 발휘하기가 힘들다.

둘째, 이익집단은 로비자금이 많을수록 정책 과정에서 더 많은 힘을 발휘할 수 있다. 이익집단의 중앙본부가 보유하고 있는 자금은 집단의 영향력에 관한 기타 요인들과 깊은 관련이 있다. 정치권, 행정부, 매스컴에 대한 공개적 또는 음성적인 각종 형태의 로비에는 자금이 필요하며 아울러 공개적 항의 집회나 토론회 등의 단체 행사를 개최할 때도 많은 비용이 든다. 이렇게 볼 때 자금을 많이 동원할 수 있는 이익집단의 영향력은 당연히 크다고 하겠다. 회원들의 소속감이 강한데 회원 수까지 많은 집단이라면 회비 납부율이 좋아서 자금 조성에 매우 유리한 상황이 될 것이다.

셋째, 정책에 관한 전문적 지식이나 우수한 정보를 상대적으로 많이 가지고 있다면 이는 정책결정에 매우 유리한 입장에 놓인다. 단순히 좋은 정보를 가지고 있어서는 안 되고 이것을 정치권이나 정책결정 집단에 제공할 수 있는 채널이 있을 때 집단의 요구가 정책에 반영될 수 있다.

특히, 구조가 복잡하고 전문적 식견을 요하는 정책 이슈일수록 정보나 지식의 힘이 정책 과정에 크게 작용한다. 소속되어 있는 전문가집단이나 연구소를 활용하거나 아니면 외부 전문가에게 용역을 주어 만든 보고서를 활용할 수도 있다.

겉으로만 볼 때, 신뢰할 만한 전문가집단이 작성하여 무료로 제공되는 보고서는 관련 국회의원이나 담당 공무원의 자료 수집 및 분석에 대한 수고를 덜어준다는 점에서 이들에게는 매우 매력적인 물건이다. 즉, 정책문제의 정의, 대안의 종류와 범위, 대안별 긍정·부정적 결과에 대한 체계화된 분석 내용은 결정의 부담을 지고 있는 정치인이나 관료로 하여금 의존하지 않을 수 없게 만든다.

그런데 동원 가능한 지식이나 정보의 질과 양은 이익집단이 보유하고 있는 경제적 자원과 상당한 관련성이 있다. 예컨대, 삼성그룹과 같은 굴지의 대기업은 막강한 자금력을 바탕으로 삼성경제연구소와 같은 자체 연구소를 운영함은 물론 다수의 법률전문가를 고용하고 있고, 사회나 학계의 유력한 전문가들에게 막대한 연구비를 제공하여 자신에게 유리한 연구 결과를 만들어 내게 하거나, 또는 유명 언론인들에게 글을 청탁하는 방식으로 필요한 여론을 만드는 것으로 알려져 있다.

넷째, 이익집단의 영향력에 대한 또 하나의 요인으로 권력자원을 들 수 있다. 정책결정 과정에는 여러 의사결정점(decision points)이 있을 수 있는데, 이때 이익집단이 여기에 얼마나 가깝게 또 쉽게 접근할 수 있는가의 개념인데 '정책결정 통로 접근도'라고도 부를 수 있겠다. 모든 인맥과 연고를 동원하여 이익집단의 구성원이나 고용된 로비스트가 정책결정자나 그 영향권에 있는 사람을 접촉할 수 있다면 이는 대단히 유리한 상황이 된다.[12)]

3) 이익집단(사익집단)의 문제점

이익집단의 존재나 활동은 정책과 관련된 이익이나 목소리들이 사회 내 어디에 어떻게 존재하는지를 알게 해준다는 점에서 정책의 합리성과 대응성에 기여한다고 볼 수 있다. 정책 이슈에 관련된 다양한 집단들의 주장과 논리는 정책결정자가 현실 적합성이 높은 정책을 개발하는 데 도움을 줄 수 있다. 또 결정 단계에서 표현

12) 결정점에서의 거리에 관한 문헌을 소개하면, 뒤베르제(Duverger, 1972)가 권력 수준과 대중 수준으로 나누었는데, 이에 입각하여 국내에서 김영래(1987)는 권력 수준에는 건의안, 청원, 정부 관계자 초청 간담회 및 회의, 정부 주최 회의, 간담회, 세미나 등으로 분석했고, 대중 수준에는 결의문, 성명서, 세미나, 공청회, 강연회, 시위, 매스컴 이용으로 나누어 분석했다.

된 이들의 발언은 집행 단계에서 나타날 수 있는 이들의 반응을 예측하여 대응하는 데 도움을 줄 수 있다. 그러나 이익집단은 원칙적으로 특수 이익을 추구한다는 점에서 이들의 과도한 정책 개입은 다음과 같은 문제를 야기할 수 있다.

첫째, 사회 내 모든 집단이 동등한 영향력을 가질 수는 없다. 집단들이 소유하고 있는 영향력 자원의 양과 질에 따라 힘의 크기가 달라진다. 힘의 불균형은 결국 정책 과정에서 힘이 강한 집단의 이익이 상대적으로 많이 반영되는 문제가 생긴다. 그로 인해 공익이나 국가의 이익이 침해받을 가능성이 있다. 힘 있는 집단이 일방적인 혜택을 받는 결과를 예방하기 위해 선진국에서는 등록된 로비스트만이 활동을 허가받고 활동의 내용도 일정한 범위 내에서 하도록 규제하고 있다.

둘째, 민주주의가 성숙되지 않은 국가에서는 이익집단의 재정력과 자주성이 약한 것이 문제다. 이들 나라에서는 많은 경우 단체의 설립이 정권 유지의 필요성에 의해 하향식으로 구성되고 있고 활동 운영비도 회원들의 회비보다는 상당 부분 정부의 보조금에 의존한다. 이런 경우, 자신의 이익을 추구한다는 고유한 의미의 이익집단이 아니라, 정부의 비호를 받고 정권의 지지를 위해 동원되는 이른바 '관변단체' 또는 '어용단체'에 불과한 것이다.

셋째, 이익집단의 영향력이 상당히 큰 체제에서는 이들의 활동이 공개적이라기보다는 은밀한 경향이 있고 또한 이럴 때 로비 효과가 더 클 것이다. 은밀히 이루어지는 강력한 이익집단의 로비는 결국 특수 사익을 위한 정책을 산출하여 비민주적이고 비공익적인 결과를 가져오게 된다. 적극적이며 또 강력한 로비력을 가지고 있는 이익집단이 매개체가 되어 정책에 영향을 미치는 현상을 설명하는 개념의 하나로 이른바 '철의 삼각(iron triangle)'이 있다. 이것은 특정 분야의 정책결정을 3자의 집단 동맹이나 결탁에 의해 설명하는 용어다. 여기서 3자라 함은 산업을 대표하는 이익단체 대표, 의회 소위원회 소속 유력한 의원들, 그리고 소관 행정부처의 담당 공무원을 말한다.[13]

철의 삼각이 갖는 가장 뚜렷한 특징은 이들 관계가 상호 보강하는 성격이란 것이다. 이들 3자는 정책 이슈와 목표에 관한 그들의 공통된 인식을 기반으로 하여[14]

13) '철의 삼각'의 예로는, 미국의 경우 설탕가격과 수입 쿼터에 관한 설탕 정책 분야가 있는데 이는 의회의 농업위원회, 행정부 농산부의 설탕부서, 그리고 설탕산업 대표로 구성된다. 또 무기산업 분야의 경우 무기산업체 대표, 국방성 담당 관료, 의회 국방위원회로 철의 삼각이 구성된다.

정책을 결정한다. 규제자들(해당 부처와 소위원회)은 규제받는 자(이익집단)에게 자신의 생각을 강요하기보다 그들과 협상하려는 성향을 띤다. 이들의 관계는 장기적으로 안정적인데, 그래서 바움가트너와 존스(Baumgartner & Jones, 1993)는 이러한 잘 짜여진 관계를 '정책독점(policy monopolies)'으로 부르고 있다.

이러한 형태의 정책결정은 주로 분배정책 분야에서 잘 나타난다. 분배정책의 경우 정책비용은 다수에게 조금씩 분산되어 있는 반면, 정책의 편익은 소수에게 집중되어 있는 특징이 있다. 그래서 이 경우, 외부의 이해관계인은 거의 참여가 없는 상황에서 행정관료, 의회 소위원회, 피규제집단이 정책 과정을 지배하며 삼각 관계는 안정적으로 유지된다.

하지만, 미국 정책결정 현상을 설명하는 데 상당한 영향을 행사했던 '철의 삼각' 개념은 정책의 극히 일부를 설명한다는 데 이론적 한계가 있다. 예컨대, 갈등이 표출되기 쉬운 재분배정책 분야의 결정은 대통령 등 고위행정직과 상임위원회나 하원 전체가 참여하는 이른바 '정상연합(peak association)' 개념으로 설명되는 것이 더 적합한 것으로 받아들여지고 있다.[15)]

'철의 삼각'과 거의 같은 의미로 '하위정부(sub-governments)'라는 개념이 있다. 하위정부 모형은 1960년대 후반에 정책 네트워크나 정책 하위 체제 등을 기술하기 위해 도입되었는데, 리플리와 프랭클린(Ripley & Franklin, 1980: 8)은 "하위정부란 주어진 실제 정책 영역에서 대부분의 일상화된 의사결정을 사실상 행하는 일단의 개인들의 집합체(clusters)"로 정의하고 있다.

철의 삼각이 부정적인 의미를 담고 있는 것에 반해, 하위정부는 좀 더 중립적 의미를 가지고 있다. 하위정부는 동일한 정책 영역에 참여하여 영향력을 행사하고

---

14) 이들 3자는 각각 추구하는 이해관계가 다르긴 하지만 상호 양립하는 이해관계의 확보를 위해 견고한 관계를 구축하고 있다. 이익집단들은 자신들의 이익에 부합되는 정책이 형성되고 집행될 수 있도록 소관 관료조직과 의회의 관련 상임위원회에 로비와 영향력을 행사한다. 관료조직은 자신들의 업무와 밀접한 관련이 있는 관련 이익집단의 이익을 지지함으로써 외곽의 지지 세력을 확보하고 이를 통해 관료조직의 권력과 위신, 그리고 관료들의 경력 발전을 꾀하고자 하는 것이다. 또 상임위원회 의원들은 특정 이익집단을 위한 안건들을 지지함으로써 정치자금 모금과 이를 통해 재선과 경력 발전을 도모하려는 것이다.

15) 또는 임금 인상, 이자율, 근로 기준, 노조활동과 관련된 정책을 노조 대표, 기업체 대표, 정부 대표로 구성되는 이른바 '노사정위원회' 같은 기구에서 결정한다면, 이런 경우를 '정상연합'에 의한 결정으로 볼 수 있다.

있는 특정 이익집단, 관료, 의회 상임위원회가 상호 간의 이해관계를 보호하기 위해 각 정책 영역별로 상당히 독립적인 정치 체제가 형성되고 있는 것을 지칭한다. 다양한 정책 분야별로 결정권을 장악한 자들이 다르기 때문에 정책결정권이 다양한 집단에 분산되어 있다고 보는 다원론적 관점에 서 있다고 하겠다(정정길 외, 2003: 234).

그런데 '철의 삼각'이 중심이 된 '하위정부 모형'이 1970년대 들어 경험적 타당성에 의문이 제기되면서 새롭게 등장한 것이 헤클로(Heclo, 1978) 등이 주장한 '이슈망(issue network)' 모형이다. 이것 역시 특정한 정책 영역 내에서 다양한 정부기관, 상임위원회, 그리고 이슈에 이해관계를 가지는 여러 집단으로 구성되며 이들이 상호작용하면서 정책이 결정됨을 설명하고 있다. 헤클로(Hugh Heclo)는 이슈망이 이들 집단(이익집단, 정부, 의회) 간의 좀 더 경쟁적이고 논쟁적인 관계를 설명하는 데 더 좋은 방식이라고 주장한다. 헤클로는 철의 삼각과 같은 하위정부 모형은 정책 현상의 적은 부분만 설명이 가능하고, 또 모형의 동태성이 부족함을 지적한다. 특정 정책 영역(policy domain)의 행위자들의 관계가 항상 안정적인 것은 아니라고 한다. 경우에 따라 내부 균열도 생길 수 있고, 또 외부에서 새로운 행위자가 진입할 수도 있다는 것이다. 이렇게 되면 기존의 관계가 불안정해지면서 새로운 주도자가 탄생하는 등 정책 영역 내의 참여자간 세력 판도가 달라질 수 있다는 것이다.

정책 과정의 참여자와 이들의 상호작용 패턴에 관한 이상의 논의를 정리해 보면, 우선 이들 이론은 자유민주주의를 근간으로 하고 다원주의적 정치 체제의 경우 적용가능하다는 것이다. 전체주의나 독재 체제의 경우 정책 유형별로 또는 정책 이슈별로 다양한 참여자가 상호작용하는 민주적 과정이 거의 없다고 보며 있다고 해도 그것은 관제 내지는 어용단체라고 볼 수 있다. 그리고 정책 영역별로 정책행위자가 다르다고 보아야 하며, 따라서 정책 영역별로 행위자들의 이해관계에 기초한 상호작용 패턴 또한 다를 것이다. 즉, 어떤 정책 영역은 '철의 삼각'처럼 폐쇄적이고 고정된 패턴을 가질 수 있는가 하면, 또 다른 정책 영역은 이슈망처럼 이슈별로 행위자가 바뀜으로써 안정된 소수의 지배적 행위자들을 확인하기 어려운 동태적이고 불안정한 경우도 있을 것이다.

2 NGO(공익집단)

앞에서 말했듯이 이익집단은 사익집단(private interest group)과 공익집단(public interest group)으로 나눌 수 있는데, 여기서는 사회 전체의 이익을 위해 활동하는 공익집단에 대해 말하고자 한다.

공익집단은 정부기구가 아닌 기구들을 칭하는 비정부기구(non–governmental organization: NGO)와 상당히 유사한 개념이다. 그래서 여기서는 두 개의 용어를 혼용해서 쓰기로 한다. NGO의 개념과 범위를 규정하는 데는 여러 의견이 있을 수 있지만 NGO를 "자발적으로 결성되어 영리를 추구하지 않고 정부로부터 독립적이며 공익을 위해 활동하는 조직"으로 정의하고자 한다. 한국의 경우, 참여연대, 환경운동연합, 경제정의실천시민연합, 민주화를위한전국교수협의회, 언론개혁시민연합, YMCA, YWCA, 여성민우회, 광우병국민대책회의 등이 공익집단(NGO)의 예로 볼 수 있다. 공익집단은 가입이 모든 사람에게 열려 있으며 사회 전체의 보편적 가치를 추구하며 재정적으로 특정 세력에 의존하지 않는다는 점이 중요한 특징이다. 이와 같은 특징은 공익집단의 여부를 판가름하는 중요한 기준이 된다. 따라서 가입회원 또는 특수 계층의 이익이나 영리를 추구하는 노동조합, 직능단체, 정부의 보조나 후원을 받아 운영되는 단체들은 여기에 포함하지 않는다.

비정부단체(NGO)는 종종 비영리단체(nonprofit organization), 자발적 단체(voluntary organization), 제3섹터 단체(third sector organization), 공동체단체(community organization), 시민사회단체(civil society organization), 시민단체(civic organization) 등과 유사한 개념으로 사용되고 있다(Borris & Eugene, 1999: 3; 정정길 외, 2003: 194–195).

1) NGO의 정책 참여 활동

영리나 사익을 목적으로 하는 이익집단이 정책 과정에 자신들의 이익을 투입하려고 노력하는 것과 마찬가지로, 비정부기구들 역시 환경 보호나 국민의 건강과 같은 사회적 이익을 위해 정책 과정의 여러 단계에 개입한다.

첫째, 비정부단체는 국회, 행정부, 정당과 같은 정책 행위자들이 인식하지 않고 있는 사회문제를 제기함으로써 정책의제 형성에 기여한다. 특정 문제 영역에 존재하는 숨겨져 있는 공익적 요소들을 찾아내고 이를 공개적으로 표명하는 기능을 수행한다. 통상적으로 정책에 관한 전문성, 관심, 시간이 상대적으로 부족하다고 여겨지는 정치인과 새로운 업무 발생을 기피하는 성향을 가지는 관료집단을 생각할 때, 비정부단체의 새로운 정책 이슈 발굴은 매우 중요한 순기능으로 볼 수 있다.

둘째, 정책결정자들이 기득권이나 이념적 선입견 때문에 새로운 정책의 필요성이나 기존 정책의 실수를 인정하기를 거부하는 경우, NGO는 적극적인 문제 제기를 함으로써 정책 수립이나 정책 수정을 이끌어 내는 역할을 한다.

이 경우, 비정부단체는 여러 가지 영향력 수단을 동원하는데 여기에는 여러 방면의 동원 가능한 인맥을 통해 고위공직자에게 압력을 가하거나, 세미나, 기자 회견, 방문 등을 통해 정책 이슈에 관한 전문적 정보를 결정자집단에 제공하기도 한다. 아울러 정부의 반응이 시원찮을 경우 담당 관료에게 전화를 걸거나 이메일을 보내거나 또는 해당 정책기구의 홈페이지를 방문하여 항의하는 글을 남긴다. 특히, 최근 들어 스마트폰의 대중적 보급은 트위터, 페이스북 등 각종 사회통신망서비스(SNS)를 발달시켜 네티즌들의 정책 이슈에 대한 영향력을 폭발적으로 증가시켰다. 마지막으로는 집회나 물리적 시위 등을 통해 언론과 대중의 관심을 끌어들여 정부에 압력을 가하기도 한다.

셋째, 정책집행 단계에서 비정부단체의 역할이 중요하다. 권력을 가지고 있는 공식적 정책결정자들이 국민의 반대에도 불구하고 정책을 수립하고 이를 집행으로 밀어붙이는 경우가 있다. 이런 경우, 비정부단체가 중심이 되어 집행불응운동을 전개할 수 있다. 과거 환경단체가 새만금간척사업 및 영월동강댐 건설에서 보여준 활동은 정책집행에 대한 NGO의 영향력을 잘 보여준다. 또한 이명박 행정부가 애당초 잘못 체결한 미국산 소고기 협상의 실수를 인정하지 않고 협상 내용을 강행하려고 하자 사회단체들이 연합한 광우병국민대책회의가 항의 집회를 계속한 결과 재협상까지는 아니었으나 최소한 추가 협상을 이끌어 냈던 것도 그 예라고 하겠다.

2007년 6월 국방부가 해군기지 건설지역으로 강정마을이 결정되었음을 제주도에 통보함으로써 시작된 제주 해군기지 건설에 대해 반대활동을 한 공익단체는 제주 지역단체와 외부단체가 있었다. 지역단체로는 강정해군기지반대대책위, 강정마을회, 제주군사기지 저지와 평화의 섬 실현 범도민대책위 등이고, 지역외 단체로 평화와 통일을 여는 사람들, 제주해군기지건설저지 전국대책위, 천주교정의구현사제단, 평화생명결사 등이다.[16)]

넷째, 이익집단이 정책 과정에 개입하는 경우 그 활동은 집회나 토론회와 같은 공개적인 경우도 있지만 실질적 로비는 향응 제공, 뇌물 공여, 불법 정치자금 제공 등 비공개적으로 이루어지는 경우가 많다. 이에 비해 비정부조직의 활동은 대체로 공개적이다. 이들 단체의 목표가 사회적 이익을 위한 것이기 때문에 이들의 활동은 매우 당당하고 또 명분이 있는 것이다. 따라서 더 많은 소비자와 더 많은 유권자에게 잘못된 정책이나 새 정책의 필요성을 알리는 것이 목표 성취에 유리하기 때문에 기자 회견, 공개 질의, 집회 시위 등 공개적 활동에 적극 의존한다. 만일 NGO가 정책결정 통로에 비밀리에 접근하는 것이 드러나면 국민들로부터 오히려 권력과 유착되었다는 의심을 받을 뿐 결코 이롭지 않기 때문이다.

다섯째, 간혹 비정부기구가 정부와 상호 의존적 또는 협조적 관계 속에서 정책집행의 파트너로서 참여하는 경우가 있다. 이는 신국정관리(new governance)의 대두와 더불어 주목을 받고 있는 현상인데, 이에 대해 NGO의 자율성과 독립성 침해가 있을 수 있다는 점에서 NGO의 정책집행 참여는 일부 사회복지 분야를 제외하고는 조심스레 접근되어야 한다(정정길 외, 2003: 200－201).

2) NGO에 대한 정부 재정 지원의 문제

공익집단은 외부 권력이나 정부로부터 단체의 독립성을 확보하는 것이 무엇보다도 중요하기 때문에 단체의 필요 자금은 가능하면 회원 또는 국민들의 자발적 후원금에 의존해야만 한다.

그렇다고 해도 NGO는 정부쪽 지원이라면 어떤 형태이든 모두 거부해야 한다고 말하기는 좀 곤란한 측면이 있다. 정부의 재원이 국민이 낸 세금이라는 점에서

---

16) 해군기지 건설이 공식화된 2007년 6월 이후 지역주민을 중심으로 반대운동이 거세어지자 2008년 9월 정부는 15만 톤급 초대형 크루즈선 두 대가 동시에 정박할 수 있는 민군복합형 관광미항으로 건설하겠다고 말을 바꾸었다. 이후 시뮬레이션을 통해 그것이 불가능함이 드러나자 당시 전 세계에서 운항 중인 크루즈선은 345척이고, 이 중 15만 톤급은 5척에 불과한데 따라서 어느 시점에 15만 톤급 유람선 2대가 동시에 제주 관광미항을 방문할 확률은 희박하기 때문에 기존의 설계가 문제없다고 추진을 재확인했다. 결국, 정부는 2012년 3월 초 '구럼비바위' 폭파를 시작했고 이에 강정해군기지반대대책위와 천주교정의구현사제단 등을 중심으로 많은 공익단체들은 거세게 저항했다. 2010년 이후의 반대 투쟁 과정에서 2년 동안에만 329명이 체포·연행되었다.

볼 때 공익적 활동을 하는 NGO가 단체의 근본 목적을 훼손하는 요구 조건이 아니라면 정부의 재정 지원을 받을 수도 있다는 어떤 암묵적 공감대가 한국 NGO들 사이에 존재하는 듯하다.[17] 다만, NGO에 대한 정부의 재정 지원은 주로 특정 사업이나 프로젝트를 전제로 한 것이다. 이러한 점에서 NGO는 단체의 기본 운영비를 지원받는 이른바 관변단체와 분명 다른 것이다.

정부 재정 지원의 장점을 보면, 지원금으로 하는 활동이 본래 그 단체가 하고자 하는 사업과 동일한 경우라면 결국 단체가 추구하는 가치와 목적의 달성에 기여한다는 것이다. 특히, 재정적으로 열악한 NGO의 경우 단체에 안정성을 주고 운영과 유지에 도움을 줄 수 있다. 그리고 정부로부터 지원금을 받아 활동을 수행함으로써 이와 관련된 보고서 제출, 회계 등의 업무를 정부가 요구하는 수준으로 하면서 그동안 세련되지 못했던 NGO 행정관리 업무가 개선되는 효과가 있을 수 있다. 또 재정에 대한 책무성에 충실하게 되면서 운영과 활동의 효율성을 높이기 위해 노력하게 된다는 점 등이 정부로부터의 재정 지원이 NGO에 미치는 긍정적 영향으로 꼽을 수 있다.

하지만, 정부 지원이 미치는 부정적인 영향도 크다. 첫째, 우선 NGO의 정부 의존성이 심화된다는 것이다. 일단 대부분 정부의 지원금은 사업비 명목이기에 단체의 장기적 안정화로 돌릴 수 있는 부분이 적다. 따라서 지원금이 사라지면 단체의 사업도 사라질 가능성이 크다. 둘째, 단체 본연의 활동이나 사업이 위축될 가능성이 존재한다. 즉, 정부의 프로젝트를 따기 위해서 정부가 요구하는 사업과 조건을 최소한 충족시켜야 한다. 이를 위해 NGO는 단체의 자체 활동계획보다 정부 지원금이 명시하는 방향으로 사업이 몰릴 수 있다. 이러한 상황이 심화되면 단체의 설립 취지나 존재 의미가 없어지는 결과가 된다.

3) NGO 활동의 추세

보통 NGO가 발생하는 분야는 소비자 권리, 인권, 환경 보호, 복지 등인데, 이

17) 한국의 경우, 정부의 NGO 재정 지원은 이전의 관변단체 지원을 예외로 한다면, 1994년 김영삼 정부에서 국정홍보처의 '민주공동체 실천사업'이라는 이름으로 시작되어 현재는 행정안전부가 실시하는 '프로젝트 공모사업'이 있고 각 부처별로 매년 일정 금액을 지원하는 보조금, 지방자치단체에서 민간단체를 지원하는 방식 등으로 나뉘어 있다.

분야는 일반적으로 정부가 추구하는 가치의 우선순위에서 뒤로 밀리는 경향이 있다. 어찌 보면 정부가 덜 관심을 가지는 분야라서 비정부기구의 활동이 필요한 곳이라고 할 수 있다. 이러한 정책 분야에서 가치의 우선순위를 달리 추구하는 정부는 NGO의 문제 제기를 자주 묵살하는 경우가 발생하는데, 이 경우 개별 NGO로서는 힘이 약해 원하는 결과를 얻을 수 없다.

그래서 비정부단체들은 정부에 대항하기 위해 관련 NGO들의 연합체를 만드는 것이 하나의 추세로 나타났다. 우리의 경우, 2000년 국회의원선거 당시 낙선·낙천운동을 주도한 '총선시민연대'는 거의 모든 시민단체가 연대하여 부패한 정치인과 타락한 선거문화에 대한 본격적 저항을 한 역사적 시민운동으로 기억된다. 이어서 2008년 초 국민의 뜻에 반해 미국산 소고기 수입을 강행한 이명박 정부에 대한 항의 시위에서 탄생한 광우병국민대책회의는 NGO와 시민들의 연대가 얼마나 위력적일 수 있는가를 잘 보여주는 사례였다.

특히, 급속하게 발전해 온 한국의 정보통신 인프라는 기존의 NGO들과 인터넷상의 네티즌들을 결합시켜 시민사회의 정보와 자원, 그리고 전략적 연대에 관한 무한한 의사소통을 가능하게 했다. 이는 향후 한국 정부의 정책결정에 시민사회의 영향력이 크게 작용할 수 있음을 예고하고 있다. 2008년 7월 23일 이명박 정부의 방송통신 통제를 저지하기 위해 '방송장악·네티즌탄압 저지 범국민행동'과 2011년 11월 22일 한나라당 주도로 강행된 한미 FTA 국회 비준 처리를 반대하는 촛불집회를 열었던 '한미 FTA 저지 범국민운동본부' 역시 범NGO연대의 사례다.[18]

3 관변단체

1) 관변단체의 특징

(1) 관변단체의 본질

관변단체는 학술 용어가 아니고 소위 언론 용어이기 때문에 정의를 내리기 쉽

18) 당시의 '범국민행동'에는 자유선진당을 뺀 모든 야당, 방송인총연합회, 기자협회, 전국언론노동조합, 언론개혁시민연대, 민주언론시민연합, 참여연대, 환경운동연합, 여성민우회, 다음 '아고라' 등 네티즌 단체들이 동참했다.

지 않다. 그래도 굳이 말하자면 관변단체는 운영자금의 대부분을 정부기관 등의 권력기관으로부터 합법적 또는 음성적으로 지원받아 정부나 여당이 선호하는 활동을 주로 하는 단체라고 할 수 있다. 이에 비해 일반 시민단체는 민간인들의 자발적 의사에 의해 집결된 단체로서 운영자금의 많은 부분을 회원들의 회비나 시민들의 모금으로 충당하고 활동 목적은 공익의 실현에 있다.

흔히 관변단체인가 공익단체인가를 구분하는 중요한 기준의 하나로 기본운영비가 어떻게 충당되는가를 꼽는다. 진정한 공익집단도 더러 설립 목적과 관련된 활동이나 사업에 필요한 예산을 정부로부터 받는 경우가 있다. 그러나 공익집단은 기초운영비를 정부나 자치단체로부터 받는 경우는 드물다. 반면, 관변단체는 기초운영비조차도 정부에 의존하는 단체다. 운영비뿐만이 아니라 자체 사무실까지도 공공기관 건물을 무상으로 사용하는 경우도 종종 있다. 관변단체는 정부의 지원이 끊어지면 휴면 상태로 들어가서 별 다른 움직임이 없다가 선거철이나 시국사건이 발생하여 특정 세력의 사주에 의해 집회에 동원될 때 일시적인 활동을 보이곤 한다. 그래서 이런 단체는 성격상 NGO(=시민단체=공익집단)의 범주에 넣기가 곤란하다. 그래서 이런 단체는 지원을 해주는 관(官)에 기생할 수밖에 없다는 의미에서 '관변단체(官邊團體)'라는 비학술적 용어로 흔히 불리고 있다. 이들 단체의 일부는 과거 군사독재 정권이 정권 유지를 위해 국민을 계도(啓導: 가르쳐 이끄는 일)하겠다는 권위주의적 발상에서 만든 것이다.

(2) 민주화운동 등 공익적 활동의 결여

관변단체의 설립 목적을 보면, 새마을중앙본부는 "근면 · 자조 · 협동정신을 통해 잘살아보자는 것이다." 자유총연맹은 "자유민주주의를 옹호 발전시키고 이와 관련된 민간단체들에 대한 협조와 세계 자유 우방과의 유대를 다지는 것이다." 바르게살기협회는 "서로 믿고 사랑하고 봉사하는 조화로운 사회 건설을 위하여 진실, 질서, 화합을 바탕으로 자율적이고 능동적인 바르게살기운동을 전개함으로써, 민주 시민의식의 함양과 국가 사회 발전에 이바지함"을 목적으로 한다.

현재 한국의 「비영리민간단체지원법」에 의하면 '한국자유총연맹'이나 '바르게살기운동중앙협의회', '새마을운동중앙협의회'와 같은 관변단체[19]들도 경실련이나

---

19) 이들은 법으로 지탱되고 있는 한국의 대표적인 3대 관변단체다. 자유총연맹의 전신은 아시아민족

참여연대, 환경운동연합 등과 같은 '민간단체'로 분류된다. 그러나 이들 관변단체에 대해 우리가 시민단체라고 부르지는 않는다. 그 이유는 한국 사회에서 '시민단체'라고 말할 때 역사적 맥락 속에서 그들이 해온 활동의 민주성과 공익성을 전제하고 있기 때문이다. 즉, 한국에서는 시민단체나 NGO가 정부 비판이나 민주화운동의 연장선상에서 성장해 왔기 때문에 이들 용어가 다른 나라에 비해 '공익성'이라는 성격이 특히 강조되고 있다.

반면, 한국의 관변단체는 우리 사회의 민주화 과정에서 독재에 항거하고 기득권층의 비리를 지적하거나 비판하는 활동에 참여한 경우가 거의 없다는 점에서 구별된다.

(3) 선거철이나 중요 시국사건 발생 시 활발한 활동

평소에는 친목 성격의 모임이나 행사를 주로 하는 반면, 공식적인 목적을 위한 활동이나 행사는 상대적으로 미미한 편이다. 그러나 선거철이나 큰 시국사건이 발생했을 때 조직의 움직임이 기민해지는 경향이 있다. 이는 보수 성향의 정부나 정당이 이들 단체를 선거운동조직이나 정권지지 세력으로 이용하려는 생각과 이들 단체의 설립과 유지가 외부의 권력과 자금에 의존할 수밖에 없는 태생적 한계가 맞아 떨어지기 때문일 것이다.

(4) 이념·정책보다는 연고나 위계 질서에 의한 응집력

관변단체는 이념의 스펙트럼에서 보통 극우 쪽에 위치한다. 그리고 외연적으로 보면 군복 등 나름대로 유니폼을 착용하는 경우도 있고 때로는 상당한 상명하복형 질서도 내게하고 있어 어찌 보면 단결과 응집력이 매우 뛰어난 조직같이 여겨진다. 이들 단체의 단결과 구성원들 관계는 이념이나 목적에 대한 공감대로 뭉친 것이 아니라 훈련이나 연수 기수 또는 계급 등의 기준에 의한 서열 관계에 기초하고 있

반공연맹(1954년)이며 노태우 정부 시절인 1989년에 「한국자유총연맹 육성에 관한 법률」(법률 제4107호)로 결성되었다. 바르게살기운동중앙협의회도 1989년에 창립되었고 「바르게살기운동조직 육성법」(1991년)에 의해 정부의 지원을 받는다. 한편, 새마을운동중앙협의회는 「새마을운동조직 육성법」(1980년 12월)에 의해 발족되었는데, 이는 1970년 박정희 대통령의 제창으로 시작된 새마을운동이 정부 추진에서 민간차원으로 바뀌었다는 의미를 가진다. 위 3대 관변단체들은 법에 의한 보호나 지원을 받기 때문에 공법단체라고 불릴 수 있는데, 이외에도 「고엽제후유의증 환자지원법」에 근거하는 고엽제전우회, 그리고 대한민국특수임무수행자회(HID) 등도 공법단체다.

다고 보아야 한다.

관변조직의 이러한 특징은 환경단체나 인권단체 등과 같이 구체적인 목적과 이념적 공감대가 결부되어 보여주는 단체들의 응집력과는 분명 차원이 다른 것이다. 일반적으로 공익집단은 권위주의적 조직문화가 거의 없어 회원들이 의견을 자유롭게 개진할 수 있다. 그래서 단체의 활동이나 정책 방향은 공개적인 토론을 바탕으로 결정된다. 반면, 관변단체는 조직의 의사결정이 연공서열이 높은 소수 간부 중심으로 이루어지고 그나마 결정 내용이나 활동 방향도 실제 재정 지원을 하는 정부 쪽의 입장이 크게 반영된다고 보아야 한다.

2) 사례로 본 관변단체의 실상

관변단체의 정관에 규정된 공식적인 목적은 대단히 훌륭한 것이다. 다만, 실제 이들의 활동을 보면 정부기관과 유착을 의심하지 않을 수 없다. 정부나 정권이 비판 세력으로부터 공격받아 불리한 지위에 몰릴 때면 거의 매번 '맞불집회'를 열어 민주화운동이나 정부 비판 세력을 '빨갱이집단', '불순 세력'으로 공격하는 등 이른바 색깔론을 내세워 문제의 본질을 호도하는 데 앞장서곤 했다. 다음과 같은 몇 가지 사례는 이들 단체와 정부의 유착을 보여주는 것으로 생각된다.

첫째, 광우병 소고기 파동 때 촛불집회를 비판·공격하는 대항 집회를 연 단체들이 대체로 관변단체였다. 2008년 6월 중순경 미국산 소고기 재협상을 요구하는 촛불시위가 점차 고조되고 있는 무렵 이에 대응하는 맞불집회를 주도하여 방송사와 진보신당의 당사에 난입하고 촛불시위 시민에게 폭력을 행사한 사람들은 대체로 고엽제전우회,[20] 재향군인회, 대한민국특수임무수행자회 소속 회원들로 밝혀졌다. 이들 단체는 코너에 몰린 한나라당과 이명박 정부가 광우병 시국을 '좌우' 또는 '보혁' 대결로 몰아가려는 의도에서 동원된 것으로 보는 것이 당시 언론 등의 일반적 견해였다.

정부와 관변단체의 유착을 보여주는 또 다른 사례로는 행정안전부의 "2011년

---

20) '대한민국고엽제전우회 서울시지부'는 행사 3~4일 전에 "집회에 불참하면 불이익이 있을 수 있다. 성공적인 이번 모임이 전우들의 염원인 명예 회복과 국가유공자가 되는 길"이라는 내용의 안내장을 회원들에게 보낸 것으로 확인되었다. 고엽제전우회는 「고엽제후유의증 환자지원법」을 근거로 2007년 12월 공법단체로 지정되었으며, 2008년부터 정부에서 행사 지원비 1억 6천만 원을 지원받는다.

비영리민간단체 지원사업” 내용을 들 수 있다. 당시 무상급식에 관한 여야 정당 간에, 그리고 서울시장과 서울시교육감 사이에 갈등이 노출되어 결국 당시 오세훈 서울시장이 이를 주민투표에 부쳤다. 이때 행정안전부는 무상급식 반대운동을 벌이는 11개 보수단체에 5억 4천만 원의 국고보조금을 지원했다. 이들 단체 중 특히 노골적으로 ‘무상급식 반대 서명운동’을 주요 활동으로 명시한 애국단체총협의회가 가장 많은 지원금을 받은 것을 볼 때 정부와 이들 관변단체의 유착을 엿볼 수 있다.[21]

둘째, 관변단체들은 미리 집회 신고를 내는 방식으로 장소를 선점해서 다른 정부 비판적인 단체들의 집회를 방해하기도 한다. 미국산 광우병 소고기 수입 반대 촛불시위가 있던 2008년 6월 초에 서울시청 앞 광장에서 ‘전사자 합동위령제’를 열어 장소를 선점하여 촛불집회를 막은 단체는 대한민국특수임무수행자회였다. 관변단체의 시민단체 집회 방해를 뚜렷이 보여주는 사례로 2004년 서울시청 앞 잔디광장이 개장한 5월 1일부터 6월 30일까지 두 달 동안 소위 관변단체들에 의한 집회신고를 들 수 있다.

집회 내용을 보면 앞의 3개 단체가 정확히 두 달 동안 서울시청 광장을 이른바 ‘아름다운 서울 가꾸기’ 캠페인에 사용하겠다는 것이다. 그러나 문제는 5월 1일에서 6월 4일까지 35일 중에서 이들 단체가 실제 집회를 한 것은 자유총연맹이 단 이틀 한 것이 전부라는 점이다. 이 때문에 다른 단체는 5~6월 두 달 동안 서울광장에서 집회를 할 수 없었다. 실제 당시 ‘개악집시법대응연석회의’ 단체 등이 항의 집회 개최를 경찰에 신고하려 했으나 이미 이들 단체가 장소점유권을 고의적으로 선점하는 바람에 할 수 없었다.

셋째, 민간단체에 대한 정부의 지원이 공익단체보다 관변단체에 과도하게 쏠리고 있다는 점이다. 민간단체에 대한 보조금은 이승만 정권 시절인 1949년 반공을 이념으로 만들어진 자유총연맹의 전신인 ‘아시아민족반공연맹’에서 비롯되어 1970~1980년대를 거치면서 새마을운동협의회, 바르게살기협의회 등 이들 관변단체에만

21) 이들 11개 단체는 무상급식에 관한 사회적 갈등 속에서 정부 여당의 편을 들어 ‘복지포퓰리즘 추방 국민운동본부’에 소속되어 무상급식 반대 주민투표 서명운동을 벌였다. 참고로, 이들 단체명은 애국단체총협의회, 국민행동본부, 대한민국건국회, 국제외교안보포럼, 시대정신, 자유시민연대, 북한민주화네트워크, 국가정체성회복국민협의회, 자유대한지키기국민운동본부, 예비역영관장교연합회, 열린북한 등이다.

표 9-1 서울광장 집회 신고 내용(2004년 5월 1일~ 6월 30일)

- 5월 1일~2일(2일 간)
  서울시 새마을회: 대중교통 이용, 기초질서 지키기 캠페인
- 5월 3일~19일(17일 간)
  자유총연맹 서울시지부: 밝고 깨끗한 서울 가꾸기 캠페인
- 5월 20일~6월 9일(21일 간)
  바르게살기운동 서울시협의회: 아름답고 깨끗한 서울 가꾸기 캠페인
- 6월 10일~20일(11일 간)
  자유총연맹 서울시지부: 밝고 깨끗한 서울 가꾸기 캠페인
- 6월 21일~27일(7일 간)
  서울시 새마을회: 대중교통 이용, 기초질서 지키기 캠페인
- 6월 28일~30일(3일 간)
  자유총연맹 서울시지부: 밝고 깨끗한 서울 가꾸기 캠페인

특혜적으로 주어져 왔다. 일반 시민단체에 대한 첫 지원은 김대중 정부 시절인 2000년부터다. 1980년대 이후 꽃피기 시작한 시민운동이 긍정적 평가를 받게 된 것이다. 이후 시민단체 들은 사업비를 받아 환경이나 교통 질서 관련 사업 등을 꾸준히 펼쳤다. 그러나 보조금은 지금도 새마을중앙회 등 3대 관변단체와 체육회, 대한노인회 등을 포함한 13개 주요 관변단체에 집중 배정되고 있다.[22] 사업 내용에 관계없이 정액을 지원받는 제도가 2004년에 폐지되었는데도 공무원 위주로 구성된 지방자치단체 심의위원회가 수십 년 된 관행을 되풀이하고 있는 것이다. 이들 단체는 읍·면·동까지 조직을 갖추고 있어 운영비를 삭감할 경우 반발이 큰데다 자치단체장이 선거에 이용하려는 생각도 갖고 있기 때문이다.

관변단체가 어용적일 수밖에 없는 이유는 이들이 자체 경비 조달이 힘들기 때문에 활동비나 운영비의 많은 부분을 정부 등 외부에 의존하기 때문이다. 2004년만 보아도 이들 단체는 이렇게 지원받은 예산의 절반가량인 163억 원을 인건비 등 단체 운영비로 사용했다고 한다. 보통 '일반사회단체'로 분류되는 다른 시민사회단체

22) 2004년 13개 관변단체가 받은 액수는 734억 766만 원으로 전체의 59.9%를 차지했고, 새마을중앙회 등 3개 단체가 받은 액수는 약 339억 원(27.7%)에 이른다. 반면, 시민단체에 대한 지원은 매우 적고 심의도 까다롭다(한겨레, 2007. 4. 10). 또 행정안전부에서 실제 지원받을 단체를 결정하는 것은 공익사업선정위원회인데 위원회의 인적 구성을 보면 위원의 80%(15명 중 12명)가 뉴라이트·자유총연맹·대한민국지키기불교도총연합 등 보수단체 출신 인사인 것으로 나타났다(경향신문, 2011. 9. 20).

들의 경우 「비영리 민간단체지원법」에 따라 예산을 지원받지만 인건비 등 단체 운영비에 대한 지원은 거의 받지 않는 것에 비하면 엄청난 특혜를 받고 있는 셈이다.

이들 3개 단체는 이와 함께 이른바 '회관' 건립 명목으로 국고의 지원을 받고 있다. 특히, 새마을운동중앙회의 경우 김대중 정부 이후 건물당 수십억 원의 국고를 지원받아 전국에 60여 개의 '새마을회관'을 신규 건립해 각종 수익사업을 벌이고 있으며, 자유총연맹은 지난 2003년부터 전국 11곳에 국고 지원을 받은 자체 회관을 지었고, 바르게살기운동중앙협의회의 경우는 아직 자체 회관을 짓지 못했지만 자치단체의 사무실을 무상 대여받아 사용하고 있다.

이렇게 볼 때 이들 단체가 재정적으로 정부에 기생한다면 정권의 친위대 역할을 할 수밖에 없다. 그래서 이들 주요 관변단체에 대한 정부 지원의 근거가 되고 있는 관련 법률을 폐기하려는 움직임이 계속 있어 왔지만 이들을 필요로 하는 정치권과 정부의 이해관계 때문에 실현되지 못하고 있는 실정이다.[23)]

4 정 당

1) 정당의 기능

정당은 같은 정치적 이익이나 견해를 가진 사람들의 결사체라고 할 수 있다. 이들의 주된 목적은 선거를 통해 공직을 점유하려는 데 있다. 그래서 정당은 궁극적으로 정책보다는 권력에 더 큰 관심을 가지는 집단이다. 이런 점에서 정부 권력 획득을 직접적인 목적으로 하지 않는 이익집단이나 여타 비공식적 참여자와 차이를 보인다. 정책 과정에서 정당이 갖는 기능을 보면 다음과 같다.

첫째, 이익결집(interest aggregation)의 기능 또는 정책의제화 기능을 수행한다. 정당은 이익집단이나 사회구성원으로부터 제기되는 파편화되어 있는 다양한 요구를 관리 가능한 몇 개의 범주로 정리하는 역할을 한다. 최근 정당 간에 정책의 차

23) 1988년 관변단체 특별법 폐지안이 문정수 의원 등 163명의 서명을 받아 발의되었으나, 임기 만료로 자동 폐기되었다. 이후 1993년과 1996년 같은 법안이 발의되었지만 정치적 입김이 작용하여 본회의 표결조차 이뤄지지 못했다. 또 2005년 7월경 홍미영 · 조성래 열린우리당 의원과 이영순 민주노동당 의원도 각각 폐지안을 의원 26명의 서명을 받아 국회에 제출했었지만 역시 성사되지 못했다.

이가 점점 없어지는 추세라고 말해지고 있지만 아직 각 정당이 대변하는 계층이나 이익이 다르다는 점은 여전히 인정되고 있다.[24] 정당은 이익 결집의 과정에서 사회 내의 특수 요구나 사적인 요구들을 일반 이익 또는 사회 이익으로 전환시키는 중요한 기능을 하게 된다.

둘째, 정당은 유권자로 하여금 투표장에 나올 수 있는 촉매 역할을 한다고 본다. 민주주의는 국민의 정치 참여를 기본으로 한다. 선거 때 공약과 이념을 둘러싸고 정당들이 벌이는 치열한 공방전은 그나마 선거 기간 동안 유권자들의 정치 관심을 끌어들이고 투표 심리를 자극함으로써 민주주의 정치 발전에 기여한다.

셋째, 정당은 국민들의 다양한 정치 이념과 정책 요구들을 인식 가능한 몇 개의 범주로 나누기 때문에 입법부 운영의 효율성을 도모할 수 있다. 의회 내에 원내교섭단체가 많으면 많을수록 상임위원회 구성, 의사일정, 의제 설정 등에 관해 합의를 이끌어 내기가 어려워진다. 즉, 군소정당과 무소속이 난립하는 한국이나 일본의 의회보다 영국과 미국같이 양당 제도가 확립된 나라에서 입법과 관련한 의회 운영이 훨씬 능률적일 것이다.

넷째, 의회의 구성은 통상적으로 정당의 의석 비율과 다선 의원 우대라는 기준에 따라 이루어진다. 법안을 최종적으로 확정하는 본회의의 의석 비율은 물론이고 입법 과정에서 중요한 역할을 하는 상임위원회 위원 수와 위원장 구성도 기본적으로 정당 의석 수에 따라 결정된다. 이는 선거에서의 유권자의 뜻이 입법부 구성에도 반영되는 것으로 민주주의 대표성에 잘 부합된다고 하겠다.[25]

2) 정책 기능에 관한 정당의 한계점

첫째, 합리적 정책 개발에 관한 본원적 한계가 있다. 정당은 원래 권력 획득이 주된 목적이기 때문에 정책 개발은 정권 획득이나 공직 점유를 위해 정치적 지지

24) 미국의 경우, 민주당은 대도시, 노동자 및 소수민족 유권자를 주된 지지 계층으로 인식하며, 공화당은 농촌, 소도시, 도시 근교, 신교도, 기업인 및 전문가집단을 지지 계층으로 보고 있다. 한국의 경우, 선거에서 제시되는 공약을 보면 2012년 3월 현재 새누리당(한나라당), 자유선진당, 민주통합당, 통합진보당순으로 이념적 지향이 우에서 좌로 펼쳐 있는 것으로 볼 수 있다.

25) 다만, 이러한 기준에 의한 입법부 운영이 언제나 민주적 대표성에 부합된다고 보느냐에 부분적인 논란이 있을 수 있다. 예컨대, 지역구를 안정적으로 지배하고 있는 다선 고참 의원이 특정 상임위원장직을 계속 하는 것은 특정 정책에 대한 편향성과 보수성이 과대하게 나타날 가능성을 배제할 수 없다.

를 얻는 하나의 수단으로 취급하는 경향을 보인다. 즉, 정당의 정책 개발의 본질적 내용을 들여다보면 그것이 합리적·분석적 행위의 결과라기보다는 정파적 고려가 깊이 관통하는 대증요법식 처방일 가능성이 크다. 그래서 현실의 정치에서 외형적으로 정당 내부의 의사결정 제도가 잘 확립되어 있는 듯한 유력한 정당들의 경우도 정책 제안이 즉흥적이고 일관성이 없는 경우가 자주 나타나는데 그리 이상할 것도 없다.

둘째, 오늘날 추세를 보면 정당들 간에 정책 내용이 별 차이가 없다는 문제가 나타나고 있다. 원론적으로 보면 정당은 이념이나 정치적 이해관계가 유사한 사람들의 결사체이기 때문에 이들의 정강이나 선거에서 내거는 공약이 달라야 함은 당연하다. 그러나 소수 이익(예컨대, 도시 빈민계층)만을 대변하고 사회 내 유력한 계층을 도외시하는 정당이 있다면 그 정당은 사실상 정치적 소수자로 영원히 남을 것이다. 그래서 오늘날 많은 정당은 특정한 지지 계층만을 의식한 선거공약을 내세우기보다는 모든 계층을 망라하는 다양한 정책을 내세우는 추세에 있다. 예컨대, 2007년 12월 대선과 2008년 4월 총선에서 한나라당과 같은 대표적 보수정당이 기업하기 좋은 나라를 만들겠다면서 동시에 노동자, 농민, 빈민을 위한 정책을 펴겠다고 했다. 또 2012년 12월 대선에서 새누리당이 '경제민주화'와 '민생'이라는 슬로건을 내세워 야권의 표를 잠식한 것도 같은 예다. 최근 한국의 경우, 민주노동당(통합진보당)을 제외한 나머지 정당은 이념적 차원에서 사실상 모두 보수정당으로 보아도 별 문제가 없는 듯하다.

셋째, 구체적이지 않은 공약이나 정책을 남발하는 경우가 흔하다. 이는 선거에서 정당이 구체적이고 명백한 공약을 밝히는 것은 자신들의 지지층을 스스로 축소시키는 결과를 가져오기 때문이다. 또한 공약이 구체적일수록 정책의 수혜집단과 피해집단이 점점 명확해져서 정당의 입장에서는 자신의 정책을 둘러싸고 불필요한 논쟁과 갈등이 유발되는 것을 피하고 싶은 것이다.

넷째, 선거 때 유권자는 정당이 내거는 상품, 즉 공약만을 보고 투표하는 것은 아니기 때문에 정당이 합리적 정책 개발에만 몰두하지는 않는다. 특히, 한국과 같이 아직 전근대적인 선거문화가 잔존해 있는 나라에서는 적지 않은 유권자들이 지역감정이나 학연 등 연고주의에 상당히 영향을 받고 있어 사실 정당의 정책에 대해 별 관심이 없는 유권자도 많다. 이러한 환경은 결국 상대 당이나 후보자에 대한 근거 없는 폭로나 흑색선전이 개입할 여지를 제공하는 측면이 있고, 그리고 열세에 있는 후보자나 정당은 이러한 수단에 빠져들 유혹을 떨쳐버리기가 쉽지 않다.

다섯째, 대통령제의 경우 대통령의 소속 정당이 국회의 다수당이 아닌 경우 여당의 공약을 실행하기기 곤란하다. 내각책임제의 경우는 제도적으로 여당이 다수당이 되기 때문에 상대적으로 이러한 문제점이 없는 편이다.

여섯째, 정당이 당의 이념이나 공식적 지지 계층의 이익에 부합하는 법률을 제정하고 싶어도 소속 의원들의 이른바 '반란표'로 인해 실패하는 경우도 있다. 영국 보수당과 같이 당의 기강이 강한 경우는 이런 현상이 덜하겠지만, 미국 민주당과 같이 당의 규율이 약한 경우는 소속 의원들을 일사불란하게 통제하지 못하는 어려움이 있다. 반면, 한국의 경우는 전통적으로 대통령이나 정당의 최고 리더가 국회의원 후보자 공천권을 사실상 행사해 왔던 역사적 경험 때문에 당이 추진하는 정책에 반기를 드는 경우는 드물었다.

3) 한국 정당의 정책 기능

한국 정당들이 정책 과정에서 차지하는 위치를 한 번에 가늠해 볼 수 있는 증거로, 짧은 정치사에 수많은 정당이 나타났다가 사라졌지만 풀뿌리식 민주적 정당은 없었다는 점이다. 결론부터 말하자면, 정당의 평균 생존 기간이 짧고 또 소수의 정치지도자가 각자 필요에 따라 당을 만들고 없애는 일을 반복해 온 한국의 정치문화를 전제할 때 정당이 정책 기능을 온전히 수행하기는 힘들다고 판단된다.

한국의 여당은 정권이 바뀌기 직전 또는 바뀐 직후 새로 창설되면서 독재자나 새 집권 세력이 의도하는 각종 법률안을 통과시키는 수단으로 흔히 사용되었다. 먼저, 군사독재 정권 하에서 급조된 여당들은 태생적으로 독립성이나 안정성은 결여하여 정권의 시녀 역할을 했을 뿐이다. 1950년대 이승만 정권에서는 자유당이, 1960~1970년대 제3~4공화국 18년 동안에는 박정희가 만든 민주공화당이 그러한 역할을 했고, 1980년대 제5공화국에서는 전두환의 민정당이 그 일을 했던 것이다. 제6공화국 노태우 정부는 초반의 여소야대를 시정하기 위해 김영삼(통일민주당), 김종필(신민주공화당)을 끌어들여 3당을 통합하여 민주자유당을 만들었다. 해방 이후 최초의 야당 정권이고 진정한 의미의 민주적 정부라고 할 수 있는 1998년의 김대중 정부와 그 뒤를 이은 2003년 노무현 정부에서조차도 여당을 각자의 집권 세력들이 새로 만들었는데 새천년민주당(2000년 1월)과 열린우리당(2003년 11월)이 각각 그것이다. 이렇게 한국의 여당은 '1인 정치 보스'나 새롭게 집권한 세력이 유권자의 뜻과는 거의 무관하게 언제든 당을 해체하고 또 만드는 과정을 거쳐 나타난 것이라는 점이 특징이다.

야당의 경우도 이와 비슷하다고 할 수 있다. 박정희와 전두환 군사독재정권 시절의 야당을 대표했던 이른바 '3김씨'는 독재정권의 공작정치에 놀아나 자신들조차 하나의 세력으로 뭉치지 못했다. 각자 일단의 '가신'들로 구성된 정치계파를 이끌면서 이들 3김씨는 그렇게 자신의 정당을 만들고 필요하다면 해체하고 또 다른 정당을 만들면서 끊임없이 이합집산의 정치 행태를 보였던 것이다.

군사독재정권이었던 제3, 4, 5공화국에서는 여당의 법률안 발의가 부족했다. 1960년대의 제6대 국회(1963. 12. 17~1967. 3. 10)에서는 여당인 공화당이 제안한 법률안이 전체 법률안의 29%에 해당되었으나 점차 감소하여 1970년대의 유신국회인 제9대 국회(1973. 3. 12~1979. 3. 11)에서는 불과 2.7%로 급격하게 줄었다. 이러한 통계 자료는 박정희 군사정권 아래에서 한국의 여당이 정권의 지지대 역할 외에 진정한 정책 개발 기능을 담당하지 못했음을 보여준다고 하겠다.

결론적으로, 한국의 대통령은 전통적으로 정책결정이나 법안 작성에서 여당보다 행정부에 의존하는 경향이 있었다. 이는 행정부 기술관료들의 경험과 전문성을 신뢰했기 때문으로 보인다. 게다가 대통령 1인 중심의 권의주의 정치 체제는 통치의 형식적 합법성을 보장하기 위한 수단으로서 국회가 운영되었기 때문에 여당의 정책 기능은 약할 수밖에 없었다. 여당이 대개의 경우 다수당이었기 때문에 야당의 독자적인 정책 기능은 당연히 여당의 그것보다 더 제약을 받을 수밖에 없었다.[26)]

---

26) 특히, 유신정권인 제4공화국 시절은 정권의 독재가 지나쳐 '비민주적' 정치라는 표현도 부족하다고 본다. 차라리 정당정치 자체가 없었다는 의미의 '무정치 시대'라는 표현이 더 적절한 시기였다. 당시는 박정희 대통령이 긴급조치라는 초헌법적 권한을 행사해 국민을 탄압했고, 어느 누구도 유신헌법에 관한 찬반 논의를 할 수 없도록 했던 군사독재정권 시기였다. 국회는 직접선거에 의해 선거구별로 다수 득표자 2인을 선출하는 중선거구제로 뽑은 의원과, 국회의원 정수의 3분의 1을 대통령의 제청에 따라 통일주체국민회의에서 간접 선출하는 이른바 유신정우회(약칭 유정회) 의원으로 구성되었다.

5 언 론

오늘날 뉴스 매체는 정책 과정의 비공식적 참여자 중에서 가장 중요한 행위자다. 정부에서 허가받은 라디오, 텔레비전, 신문과 같은 제도권 언론은 물론이고 인터넷, 트위터, 페이스북 등 각종 SNS 역시 비제도권 언론으로 큰 역할을 하는 시대가 되었다. 사회적 이슈에 관한 각종 언론매체의 보도는 여론 형성에 큰 영향을 줌으로써 입법부나 행정부의 정책활동에 큰 영향을 미친다. 그러므로 정부나 권력기관으로부터 언론이 얼마나 독립성과 자유를 가지고 있는가에 따라 여론 형성에 관한 언론의 영향력도 그 질적인 의미가 다르다고 볼 수 있다.

1) 언론의 기능

언론의 설립이 자유롭고 취재와 보도에 대한 권력의 개입이 없으며 취재원의 비밀이 보장되는 자유민주주의 정치 체제에서는 언론은 권력과 정부에 대한 훌륭한 견제장치가 될 수 있다. 반면, 독재 또는 권위주의 정치 체제에서는 이른바 '제도권 언론'으로 표현되듯이 언론은 정권의 나팔수나 기득권층의 이익을 대변하는 비민주적이고 수구적 역할을 수행하게 된다.

첫째, 언론의 가장 큰 역할은 무엇보다도 정책의제 설정 기능이라고 할 수 있다. 매스컴의 보도 내용은 특정한 사회문제나 이슈를 조명하여 국민들에게 알려주고, 해결책에 대한 정보를 공직자에게 알려줌으로써 문제에 대한 정책적 접근이 필요함을 끊임없이 환기시킨다.

2008년 초반, 미국산 소고기의 안전성에 대한 문제를 하나의 심각한 정책문제로 만든 계기 중의 하나가 MBC(문화방송)의 <PD 수첩> 보도 내용이었음은 주지의 사실이다. 광우병 소고기 파동과 같이 불특정 다수의 피해가 예견되는 사안들의 경우 언론이 다루게 되면 사회 내의 갈등이 증가되고 이로 인해 관심이 폭발적으로 확산되어 정책의제가 될 가능성이 높다.

둘째, 언론의 보도는 정책결정에도 큰 영향을 미치는 것으로 볼 수 있다. 기자들은 취재 과정에서 사실뿐만 아니라 정책 이슈와 관련되는 전문가들을 접촉하여 문제의 원인과 해결책에 대한 정보도 수집하여 이를 보도한다. 그래서 정책결정 집단은 언론에 보도되는 내용에서 정책대안이나 정책의 방향에 관한 아이디어를 얻을 수 있다.

그러나 언론의 정책의제 형성 기능과 달리 정책결정에 대한 영향력은 그리 크지 않다고 많은 학자가 말하고 있는데 그 이유로는 첫째, 민주사회라면 다양한 매체와 다양한 뉴스 소스가 있으며 따라서 언론 매체마다 뉴스의 내용이나 보도 방향이 다를 것이라는 점이다. 이런 경우에 뉴스 수용자들은 각자 자신들의 취향이나 필요에 맞는 뉴스 소스를 선택할 것이며 따라서 특정한 매체의 특정한 뉴스원이 다수의 사회구성원에게 영향을 주기는 힘들다는 것이다. 둘째, 뉴스 매체가 수용자들 특히 정책결정자에게 필요한 정보를 제공하는 유일한 수단은 아니라는 점이다. 이것과 관련하여 하울렛과 라메시(Howlett & Ramesh, 1995: 59)는 다음과 같이 말하고 있다.

> 정책결정자는 대체로 지적이고 영리한 사람들이다. 그들은 자신의 이익을 알고 있고 또 적절하고 가능한 정책 선택에 관한 자신만의 생각을 가지고 있으며, 그리고 단순히 언론이나 언론의 관심에 부화뇌동하지 않는다. 간혹 그들은 언론을 자신들의 도움에 이용한다. 그래서 공직자나 이익집단이 사안이 자신들에게 유리하게 되도록 언론에 선택적으로 정보를 제공하는 것이 별로 드문 일은 아니다.

이들의 이야기는 두 가지를 언급하는 것으로 볼 수 있다. 하나는 정책결정자의 아이디어가 꼭 언론 보도에서만 오는 것은 아니라는 것이고, 또 하나는 결정자나 이익집단이 오히려 언론을 자신에게 유리한 상황을 만들 수 있는 도구로 사용할 수 있다는 점이다. 더구나 인터넷 시대가 도래하여 네티즌에 의한 다방향 의사소통이 가능한 것을 전제할 때 이제 일부 언론이 일방식으로 시민과 정치권에 영향을 준다고 생각할 수 없는 환경이 되었다.

2) 한국 언론 자유의 역사

(1) 일제강점기의 신문

한국의 경우, 1980년대 중반까지 KBS, MBC 방송과 조선 · 중앙 · 동아로 대표되는 소위 제도권 언론들은 권력이 금기시하거나 권력이 선호하는 사항에 대해 자기검열하는 보도 자세를 취한 것으로 평가받고 있다. 이는 정권이나 기득권층과 유착되어 종종 사실과 다르게 편집된 뉴스를 통해 여론을 호도하는 결과를 가져왔다.

한국 사회에서 유력한 언론이며 대표적 보수 언론으로 대표되는 이들 조선·중앙·동아의 본질적 속성은 이들 신문들의 친일적 행위와 군사독재정권에 대한 굴종적 태도에서 그 단초를 읽을 수 있다.[27)]

(2) 유신정권의 언론정책

1961년 5·16 군사쿠데타로 정권을 장악한 박정희는 언론을 근대화 추진을 위한 국민 동원 수단으로 활용하기 위해 소위 '채찍과 당근 정책'으로 불리는 다양한 언론정책을 전개했다. 이러한 언론정책으로 인해 박정희 정권 하의 언론은 국가 권력으로부터 자유로울 수가 없었으며, 언론은 자주성을 상실하고 국민적 신뢰를 점점 상실해 갔다.

언론이 국민적 신뢰를 잃어가는 현상은 1970년대 초 박정희 정권이 유신 체제를 도입하고부터 심화되었다. 박정희는 1971년 10월부터 유신 선언, 국가보위에 관한 특별조치 등 대통령령 공포, 전국비상계엄령 선포, 유신헌법 제정, 통일주체국민회의에서 대통령 선출, 대통령긴급조치 1~9호 발동 등 장기 집권을 위한 강력한

---

27) 일제강점기 조선일보의 동아일보의 경영진과 보도에 관한 친일행위는 많지만 지면상 조선일보에 관한 몇 가지만 소개하면 다음과 같다.

① 1936년부터 1940년까지 매년 1월 1일 일본 제국 천황 부부의 사진과 친일 성향의 신년사를 1면 머리기사로 게재했다. 특히, 1940년 1월 1일에 실린 사진에는 일본 천황이 예복 대신 군복을 입고 칼을 차고 있으며, 사진 위에 용그림과 '황기 2600년'이라는 문구가 추가된 점이 특징이다. 신년사에는 "우리는 대일본 제국의 신민으로서 천황 폐하께 충성을 다하겠습니다"라는 내용이 들어 있다.

② 총후(銃後)의 임무… 황국(皇國)의 위무선양(威武宣揚)과 동양 평화를 쌍견에 질머지고 제일선에 선 출정 장병으로 하여금 안심과 용기를 가지고 신명을 도(賭)하여 제일선의 사명을 다하게 하는 데는 총후에 선 일반 국민의 정신 물질 양방면에 긍하여서의 후원이 절대로 필요한 것이다(1937년 8월 12일 사설).

③ 쇼와 천황의 생일을 축하하며 그에게 충성하고 있음을 표현했다(1939년 4월 29일 사설): 춘풍이 태탕하고 만화가 방창한 이 시절에 다시 한 번 천장가절(天長佳節)을 맞이함은 억조신서(億兆臣庶)가 경축에 불감(不堪)할 바이다. 성상 폐하께옵서는 육체가 유강하옵시다고 배승하옵는 바, 실로 성황성공(誠惶誠恐) 동경동하(同慶同賀)할 바이다. 일년일도(一年一度) 이 반가운 날을 맞이할 때마다 우리는 홍원(鴻遠)한 은(恩)과 광대한 인(仁)에 새로운 감격과 경행(慶幸)이 깊어짐을 깨달을 수가 있다.…

④ 그 밖에 사설을 통해 학도병 징집 촉구와, 일본제국에 황국신민된 감격과 감사에 넘쳐서 식민의 의무를 다할 것을 촉구한 것과, 1939년 이봉창의 일왕에 대한 폭탄 투척 사건을 비판하여 이봉창을 질 나쁜 테러범으로 묘사한 점 등이 있다.

정책을 계속적으로 단행했다.

이러한 과정에서 많은 사회적 갈등이 야기되었고 대학가와 재야 운동권에서는 반정부, 반(反)장기집권 데모가 빈발했다. 그러나 "유신 체제에 대한 비판, 안보의 중대 사항, 국민생활에 중대한 영향을 미치는 기사는 자제해야 된다"는 당시 언론에 대한 독재정권의 강경한 입장 때문에 이와 관련된 사건이 정부의 사전 통제로 기사화되지 못했다.

그러한 가운데 동아일보가 1974년 10월 24일 서울대학교 문리과대학 학생들의 시위를 보도했고, 이로 인해 편집국장과 관련 부장이 기관에 연행되는 사건이 발생했다. 그러자 동아일보 기자들은 유신정권에서 자행되는 독재와 언론 탄압에 항거하여 신문, 방송, 잡지의 외부 간섭 배제, 기관원 출입 거부, 언론인 불법 연행 거부 등을 결의하고 '자유언론 실천선언'을 발표했으며, 이를 계기로 언론 자유를 수호하려는 언론계의 움직임이 확산되어 나갔다.

이것이 빌미가 되어 1974년 12월 말부터 권력의 압력으로 동아일보의 광고가 무더기로 해약되어 광고란을 백지로 내게 되었고, 경영난에 겁을 먹은 신문 경영진이 정권의 요구에 굴복하여 1975년 3월 17일 동아일보사에서 농성 중이던 160여 명의 기자와 사원들을 내쫓았다.

한편, 1975년 3월 6일 조선일보 기자들도 "진실에 투철해야 하는 기자로서의 열과 성을 다해 언론 자유에 도전하는 외부 권력과의 투쟁은 물론 언론 내부의 안이한 패배주의와도 감연히 싸우려 한다"는 요지의 선언문을 채택하고 정론지 제작을 요구하며, 이의 관철을 위해 신문 제작 거부를 단행하기로 결의하고 농성에 들어갔나. 조선일보 경영진은 주도적인 기자 33명을 파면 또는 해임하는 조치를 통해 신문 제작 거부 농성을 6일 만에 강제 해산시켰다.

위의 사건에 쫓겨난 134명의 동아일보 기자들은 '동아자유언론수호투쟁위원회'(동아투위)를 결성했고, 강제 축출된 조선일보 기자들도 '조선언론자유수호투쟁위원회'(조선투위)를 결성하여 이후 지속적인 언론자유 수호운동을 전개해 나갔다. 이들은 나중 전두환 정권 초기 언론 통·폐합으로 해고된 언론인들과 연합하여 한겨레신문의 창간(1988. 5. 15)을 주도하게 된다.

(3) 제5공화국의 언론 통·폐합

12·12와 5·17 쿠데타로 정권을 장악한 이른바 신군부 세력은 유신 체제 하에서 이미 순치된 언론을 더욱 확실하게 장악하고 통제하기 위해 대대적인 조치들을 체계적으로 단행했다. 권력장악 과정 및 대통령 피선 과정의 불법성과 비민주성은 제5공화국 정권의 정당성에 치명적인 약점으로 작용했다. 그런 점에서 언론에 대한 통제 및 장악은 그들에게는 절체절명의 요건이었다.

1980년 7월 언론인 강제 해직이 단행된 후 4개월 뒤인 11월 전국 64개 언론사 가운데 44개사가 자진 폐간하거나 경영권이 다른 언론사로 넘어가는 이른바 '언론 통·폐합'이 전격적으로 벌어졌다. 이를 입안한 주무부서는 보안사령부 언론대책반과 국보위 문공분과위원회였다. 언론사 통·폐합은 12월 15일까지 모든 실무작업을 마무리짓고 1981년 1월 1일부터 개편된 언론구조가 시작되었는데, 그 주요 내용은 다음과 같다.

첫째, 언론 자율 정화라는 명목으로 비판적인 언론인의 대량 해직, 통제의 용이성을 위한 대대적 언론 통·폐합, 방송 공영화를 통한 방송매체의 완전 장악 등이 신군부의 치밀한 시나리오 아래 하나하나 이루어졌다.[28] 이를 위해 먼저 잠재적인 저항 세력의 제거를 목적으로 한 대대적인 '언론인 숙정'이 실시되었다. 그 후 신문은 중앙지를 6개로 한정하고 지방지는 '1도1사의 원칙'에 따라 통·폐합해 언론구조를 전면적으로 재편했다. 그뿐만 아니라 방송의 경우는 '방송공영화'를 명분으로 KBS를 정점으로 해 종교방송을 제외한 모든 방송을 수중에 장악했다.

둘째, 언론에 대한 상시적인 감독기구를 대폭 확대하고 법정기관화해 언론에 대한 행정적 규제를 강화했다. 여기에는 먼저 언론에 대한 통제 및 감독창구 역할을 맡은 문공부 홍보조정실을 들 수 있다. 언론을 통한 정보 유통의 통제와 정부 홍보의 총괄업무를 담당했다.

셋째, 이 밖에 방송위원회와 언론중재위원회, 방송심의위원회, 한국방송광고공사, 한국언론연구원을 설립해 언론에 대한 각종 행정적 통제 체계를 마련했다. 이

---

28) 1980년 11월 14일 신문협회와 방송협회는 '건전언론 육성과 창달을 위한 결의문'을 발표해 전국의 신문사·방송사·통신사의 대대적인 통·폐합을 통한 언론구조 개편을 실시할 계획임을 결의했다. 결의문 발표 이틀 전인 11월 12일에 언론 통·폐합 대상 언론사 대표들은 보안사에 끌려가 강압적인 분위기 밑에서 이미 포기 각서에 반강제적으로 서명한 상태였다. 또 결의 문건 자체도 이수정 청와대 정무비서관이 직접 작성해 당일 양 협회에 전달한 것으로 밝혀졌다.

런 언론유관기관들이 완전히 국가의 통제 하에 있었음은 두말 할 필요도 없지만, 특기할 만한 것은 이런 기관들의 재원을 한국방송광고공사가 조성한 '공익자금'으로 충당해 운영과 재원을 유기적으로 결합시켰다는 점이다.

1980년에 실시한 언론 통·폐합은 언론사의 난립 방지와 독과점 폐해 척결을 그 명분으로 내세웠지만 실상 그 조치로 인해 살아남은 언론기업의 독점화와 권언유착이 심화되는 결과가 되었다.[29]

(4) '6월 민주항쟁'과 한겨레신문의 탄생

전두환 정권의 대통령 간선제 유지를 위한 호헌 조치와 박종철 고문 치사사건으로 촉발된 제5공화국 말기의 '6월 민주항쟁'은 이듬해 세계 언론사상 처음으로 국민주 모금 방식으로 만들어진 한겨레신문(1988. 5. 15)을 탄생시켰다. 한겨레신문의 탄생은 특정 자본과 권력에 종속되지 않는 진정한 자유민주언론의 가능성을 전 세계에 보여준 매우 의미있는 사례다.

한겨레신문의 창간은 그간 수구보수의 틀에 갇혀 있던 역대 정권의 부정과 만행 등 당시의 제도권 언론에서 금기 사항으로 다루던 이슈들을 과감히 보도함으로써 여론의 균형을 맞추는 데 일조했다. 또 역대 대통령 중에 조선일보와 같은 보수언론의 왜곡 보도나 정치인 길들이기에 정면 맞선 노무현 대통령의 소신과 인터넷과 각종 SNS를 사용하는 네티즌들의 보수 신문에 대한 비판적 공감대가 확대되어 감에 따라 조·중·동 등 보수 언론의 독점적 영향력은 점차 줄어드는 상황이 되었다.

(5) 이명박 정부의 언론통제

2008년 출범한 이명박 정부는 언론을 통제하려는 기도가 노골적으로 진행되어 많은 물의를 빚었다. 이명박 정부의 언론통제는 크게 보아 세 분야로 나눌 수 있는데, 공영방송 경영진 장악, 보수적 종합편성 채널 대량 인가, 정권 비판적 네티즌 탄압이 그것이다.

---

29) 전두환 정권은 언론인들에 대한 특혜 조치도 병행하여 채찍과 당근으로 언론을 순치시켰다. 제5공화국 들어 언론인의 임금이 대폭 인상되었으며 언론인들의 소득에 대해서는 면세 혜택이 주어졌다. 또한 방송광고공사가 조성한 공익자금으로 해외연수, 주택자금 및 생활 안정자금 대출, 자녀의 학자금 지원 등이 이루어졌다.

정부에 비판적인 방송을 장악하기 위해 방송통신위원회가 중심이 되어 KBS, MBC, YTN의 사장을 전부 청와대 영향권 내에 있는 인물로 갈아치웠다. 그리고 한나라당(새누리당)의 정권 재창출 목적 하에 확실한 보수 방송의 필요성을 절감하고 조선, 중앙, 동아, 매일경제 신문사에 종합편성 채널을 허가했다. 아울러 인터넷 등 디지털 통신과 SNS상의 정부 비판에 대한 족쇄를 채우기 위해 명예훼손죄 등으로 고소고발을 남발하여 심리적 자기 검열을 통한 통제를 시도했다.

이명박 정부 초기의 상황을 구체적으로 보면, 방송통신심의위원회의 MBC <PD수첩> 중징계(2008. 7. 17),[30] 대선 당시 이명박 캠프의 언론특보 출신 구본홍씨의 YTN 사장 임명(2008. 7. 17), 방송통신위원회의 KBS 신태섭 이사 강제 교체(2008. 7. 18), KBS 정연주 사장 강제 퇴진(2008. 8. 8), 인터넷에서 사이버 모욕죄 신설 추진 등을 꼽을 수 있다. 또 신자유주의적 언론정책관에 입각하여 당시 신문고시(=신문업에 있어서 불공정거래행위 및 시장지배적 지위 남용 행위의 유형 및 기준) 폐기를 검토했고, 또 그간 미흡하나마 신문시장을 규율해 온 신문법 등 언론개혁 관련법들이 폐지될 운명에 처해 있던 상황이기도 했다.

박재완 당시 청와대 국정기획수석은 KBS를 '정부산하기관'이라며 "사장은 새 정부의 국정철학을 구현해야 한다"고 주장했다(신동아, 2008년 8월호). 그러나 공공기관의 운영에 관한 법률은 "한국방송공사(KBS)와 한국교육방송공사(EBS)는 공공기관으로 지정할 수 없다"고 못박고 있어 법적으로 정부산하기관이 아닌 것이다. 박수석의 발언은 이명박 정권의 언론관과 노골적 언론 장악 기도를 극명하게 보여주고 있다.

한편, 2009년 7월 22일 국회에서 통과된 신문법과 방송법 개정안에 의해 신문의 방송사 겸업이 가능해지고, 기업의 방송사 지분 소유 허용에 대한 규제도 완화되었다. 이와 같이 신문법과 방송법, 그리고 그 외 미디어 관련 법안의 개정안이 통과되면서, 종합편성 채널 도입 환경이 조성되었다.

방송통신위원회는 종편 채널에 많은 특혜를 주었다. 종합편성 채널은 지상파와

---

30) 대법원은 지난 2일 미국산 소고기의 광우병 위험성을 왜곡, 과장 보도해 정운천 전 농림수산식품부 장관의 명예를 훼손한 혐의 등으로 기소된 조PD 등 5명에게 명예훼손 부분에 대해 무죄 확정 판결을 했다(2011. 9. 2). 하지만, MBC는 회사의 명예를 훼손했다는 이유로 조PD 등을 인사위원회에 회부해 중징계했다(2011. 9. 20).

달리 24시간 종일 방송할 수 있고, 프로그램 중간광고도 허용되며, 14~20번대의 좋은 위치에 채널 번호를 배정했고, 미디어렙(광고 지면이나 시간을 대행사 등에 판매해 수수료를 받는 특수광고 대행사) 없이 독자적 광고 영업을 할 수 있어 운영에 매우 유리한 지위를 얻었다.[31]

이명박 정부 초반에 이루어진 방송 등 언론 장악 행태는 결국 정권 말기인 2012년 초에 주요 방송사(KBS, MBC, YTN, 연합뉴스, 국민일보 등)가 동시 파업을 하는 사상 초유의 사태를 가져왔다.[32]

31) 재벌 등 특수자본으로 부터 방송이나 프로그램이 독립하기 어렵거나 또는 역으로 종편이 보도 선별권을 이용해 광고 유치를 유도할 수 있는 특혜를 부여한 것이다.

32) 이명박 정부의 방송사 낙하산 사장 임명(MBC: 김재철, KBS: 김인규, YTN: 구본홍, 배석규)과 불공정 보도, 그리고 해고 파문으로 방송사 동시파업이 발생했다. 미디어오늘(2012. 3. 21)의 다음과 같은 보도 내용이 당시 상황을 말해주고 있다. "3월 21일 현재 MBC 파업 52일째, KBS 새노조 파업 16일째, 연합뉴스 파업 일주일째, YTN 두 차례 한시 파업 사태를 맞고 있다. 이와 함께 경영진의 압박도 강도가 높아지고 있다. MBC는 20일 열린 징계 재심에서 이용마 MBC 노조 홍보국장의 해고를 확정했다. 먼저, 해고처분을 받았던 박성호 기자회장의 재심 결정은 연기되었다. 사태가 파국으로 치닫고 있지만 새누리당은 방송 파업에 대해 침묵으로 일관하고 있다. 방송 파업에 대해 '방송사 내부의 문제'로 치부한 이명박 대통령의 기조와 궤를 같이하는 것으로 분석된다."

제10장 정책집행론

제1절 정책집행 연구의 배경

정책집행(policy implementation)에 관한 연구는 정책학이 학문적 독자성을 갖게 된 초기에는 거의 관심을 받지 못했다. 그러나 1960년대 후반 이후 집행 분야에 대한 관심이 서서히 형성되기 시작하여 1970년대에는 관련 분야의 연구들이 상당히 이루어졌다.

이전 시기에 정책집행 연구가 관심을 끌지 못했던 것은, 정책의 집행은 공식적 관료기구에 의해 언제나 순조롭게 잘 진행될 것이라는 집행에 대한 '낙관적 관점'이 지배했기 때문이다. 정책 관련 참여자들의 다양한 이익과 공익을 조정하는 과정을 거친 후에 확정된 하나의 정책은 조직과 공권력을 가지고 있는 정부가 이것을 집행하는 데 어려움이 없을 것이며, 만일 의도한 정책 효과가 나타나지 않았다고 해도 이는 정책 내용이 잘못된 것이지 집행에 문제가 있다고 보진 않았던 것이다.

다음에서는 먼저 집행의 낙관적 관점을 대변하고 있는 고전적 행정모형의 기본 생각들을 검토한 후, 이와 관련지어 1970년대 집행 분야의 연구들이 대거 나타나게 된 배경과 주요 연구들을 살펴보고자 한다.

1 고전적 행정모형의 정책집행관

고전적 행정모형이 가지고 있는 정책집행관을 이해하기 위해서는 먼저 고전적 행정모형의 기본 개념들을 파악할 필요가 있다. 고전적 행정모형은 행정에 대한 '기계적 은유(machine metaphor)'가 중요한 출발점이다. 이로부터 다음과 같은 구체적 특징들이 도출된다고 하겠다(Nakamura & Smallwood, 1980: 7-9).

첫째, 고전적 행정모형에서 말하고 있는 조직의 구조적 특징은 한마디로 베버(Max Weber)식 관료제라고 할 수 있는 '중앙집권화된 계층제적 피라미드형'이다. 이러한 관료제는 소수의 최고 의사결정자 집단에 의해 통제되면서, 고도로 합리화되고 법규 중심적인 권위와 구조를 가지고 있어서 결정된 정책들은 잘 복종하는 하급자들에 의해 충실히 집행되는 조직구조다.

둘째, 고전적 행정모형의 두 번째 개념은 윌슨(Thomas Woodrow Wilson)식의 '정치 · 행정 이원론'이다. 행정이란, 하나의 분리되고 중립적이며 전문화된 비정치적 활동이며, 따라서 과학적 합리성이라는 객관적 원칙에 의하여 수행되고 또한 그렇게 되어야 한다고 본다.

셋째, 고전적 행정모형은 능률성(efficiency)을 중요한 기준으로 설정하고 있다. 능률성의 개념은 20세기 초, 테일러(W. Taylor)가 제시한 '과학적 관리 원칙'의 중심 개념이다. 이후 능률성의 개념은 1930년대 들어 행정의 일반적 원칙으로 발전하게 되는데, 이러한 과정에는 귤릭(L. Gulick)과 어윅(L. Urwick) 등의 연구가 기여했다. 이러한 관점에서는 행정의 능률성을 기계 작동에서 나타나는 능률성과 동일한 것으로 인식하려 한다. 따라서 조직도표나 청사진 같은 좋은 설계가 필요하고, 또한 각 부분은 서로 간에 잘 조정되어야 하며, 마찰과 에너지 손실이 최소화될 것을 요구하고 있다(Waldo, 1956: 32).

이러한 고전적 행정모형에서 생각하고 있는 정책집행의 논리적 특성은 다음과 같다(Nakamura & Smallwood, 1980: 9-10).

첫째, 정책집행을 담당하는 사람은 기술적 기준에 의해 정책결정자가 선발한다. 둘째, 정책은 집행 담당자에게 일련의 구체적 지시로 전달된다. 셋째, 집행 담당자는 정책결정자로부터 전달된 내용에 구체화되어 있는 정책지침에 따라 구체적 지시를 집행한다.

그리고 이와 같은 고전적 행정모형에서 나타나는 정책집행의 생각을 정책결정과 관련지어 본다면 다음과 같이 말할 수 있다.

첫째, 정책결정과 정책집행은 구분될 수 있는 경계가 있고, 하나가 끝나면 다른 하나가 이어지는 순차적인 연속 관계로 보고 있다.

둘째, 정책결정자와 정책집행자도 다음과 같은 이유로 구분된다. ① 목표를 설정하는 정책결정자와 목표를 달성하려는 정책집행자의 업무는 분명히 구분된다. ② 정책결정자들은 여러 목표 간의 우선순위에 대해 합의할 수 있기 때문에 정책에 대해 명백하게 제시할 수 있다. ③ 정책집행자는 정책결정자에 의해 구체화된 정책을 수행하는 데 요구되는 기술적 능력, 복종심, 그리고 의지를 가지고 있다.

셋째, 정책결정자와 정책집행자는 업무 분담에 대해 합의하고 있기 때문에 정책집행은 시간적 또는 순차적 차원에서 볼 때 정책결정이 끝난 후 전개된다.

넷째, 정책집행에서 나타나는 의사결정은 본질적으로 비정치적이고 기술적이다. 정책을 중립적, 객관적, 합리적, 그리고 과학적 방식으로 수행하는 것이 집행자의 책임이다.

2 집행 연구의 대두 배경

현대 행정학이 탄생한 19세기 말부터 20세기 중반까지 행정학계에서는 정책집행을 대체로 '정치 · 행정 이원론'의 관점에서 보고 있었다. 정치 과정에서 탄생한 정책과 법령들을 능률성 등 과학적 관리의 각종 원리에 의거 충실히 관리하고 시행하는 것으로 생각했다. 또한 이러한 집행 과정이 아무런 문제없이 이루어질 것으로 믿었다. 그래서 결과적으로 결정된 정책이 집행만 된다면 의도했던 정책목표가 달성되거나 애초의 사회문제가 해결될 것으로 보았다.

만일 의도했던 정책목표가 달성되지 않았다면 그 원인은 정책집행 과정에 있다고 생각하기보다 애당초 정책결정이 잘못되었기 때문으로 생각하려는 경향이 있었다. 그리하여 1960년대 말까지는 집행 현상이 정책학계에서 하나의 관심 분야로 자리 잡지 못했는데, 그 당연한 결과로서 그때까지는 집행에 초점을 맞춘 연구도 없었던 것이다.

그러나 1970년대 들어 정책집행에 관한 연구가 서서히 나타나기 시작한다. 정책집행에 대한 연구 관심이 나타나게 된 것에 대해 많은 학자는 1973년에 출간된 프레스먼과 윌다브스키(J. L. Pressman & A. Wildavsky)가 공동 저술한 『집행(*Implementation*)』이라는 제목의 저서에서 그 계기를 찾고 있다. 물론 이들의 연구가 있기 이전에 집행에 대한 관심을 끌게 만든 현실과 이론적 측면에서 다음과 같은 몇 가지 배경이 존재하고 있었다(Nakamura & Smallwood, 1980: 10－11).

첫째, 고전적 행정모형에서 정책집행관에 대한 전제 중 하나는, 정책결정이 이른바 합리모형에 입각해서 이루어진다고 본 것이다. 그래서 순조로운 정책집행을 위한 사전 조건으로 볼 수 있는 명확한 정책목표와 집행지침이 제시될 수 있다고 보았다. 그러나 일부 학자는 이와 같은 전제에 대해 의문을 제기했다. 예컨대, 린드블롬(Charles E. Lindblom)의 경우 "muddling through"와 순차적 비교로 대변되는 점증주의 정책결정을 말한 바 있다. 또 바너드(Chester Barnard)나 다운스(Anthony Downs) 같은 학자들도 정책결정 과정에서 정보 획득 비용이 매우 높기 때문에 정책결정은 극단적으로 불확실한 상황에 놓여져 있으며, 그리고 우선순위나 구체성에 대한 명확성을 확보하기에는 상황이 너무나도 복잡하고 미묘한 것이라고 했다.

둘째, 제2차 세계대전을 전후하여 이루어진 많은 연구에서, 행정관청은 법적 명령에서만 영향을 받는 것이 아니고 이익집단의 압력, 입법가들의 개입, 그리고 정치적 환경에서 오는 다양한 요인으로부터 영향을 받는다는 사실이 드러났다. 그리고 1950년대의 조직이론가들 사이에서도 하부조직의 충성, 의사소통의 왜곡 등의 문제와 관련하여 관료조직의 계서적 통제의 가능성에 대해 심각한 의문이 제기되기 시작했다.

셋째, 체제이론의 대두는 정책분석가로 하여금 행정에 대해 조직 관점(organizational perspective)에서 벗어나 순환적 시각을 가지게 만들었다. 즉, 법령은 외부에서 행정기관으로 들어오는 투입으로, 그리고 정책은 산출로 보게 함으로써 애초의 목표가 얼마나 달성되었으며 이것이 다시 새로운 투입에 어떤 영향을 주는가와 관련된 정책 피드백(policy feedback)이나 재형성(reformulation)의 개념이 나타나게 되었다(Mazmanian & Sabatier, 1983: 5).

넷째, 고전적 정책집행에 대한 다른 의견도 간간이 제시되었다. 애플비(Paul

Appleby)는 정치와 행정이 분리된 독특한 활동이라는 전통적 생각을 반박했다. 또한 사이먼(Hebert A. Simon), 에치오니(A. Etzioni), 베니스(W. Bennis), 그리고 카우프먼(H. Kaufman) 등도 행정 과정은 자체의 정치적 요소들 때문에 심리적 면에서, 그리고 관료적 측면에서 매우 복잡한 다양성으로 점철되어 있다고 했다.

다섯째, 앞의 내용들이 집행 연구가 대두하게 된 학술적 배경이라고 한다면, 다음은 현실적 배경이라고 할 수 있다. 1960년대 중반 미국의 케네디(John F. Kennedy) 행정부에 이어 등장한 존슨(Lyndon B. Johnson) 행정부는 '위대한 사회(Great Society)'라는 슬로건에 따라 많은 사회정책을 입법하여 이를 실행했다. 여기에는 빈곤, 청소년 비행, 실업, 인종 차별 등의 사회문제를 해결하기 위한 각종 프로그램이 포함되었다. 존슨 대통령은 의회가 자신이 주도한 법안을 무난히 통과시키도록 과거 입법 전문가로서 자신의 경력과 장점을 최대한 살렸음은 물론이다. 그러나 얼마 안 있어 낙관적 환상은 깨지고 말았다. 모호한 법률을 통과시킴으로써 사회정책에 정당성을 부여하는 일은 쉬웠을지 몰라도 효과적인 프로그램 집행 수단을 통해 정책을 실행하는 것은 어렵다는 것이 드러났다.[1] 이러한 미국적 상황이 1960년대 말에 정책평가와 아울러 정책집행에 대한 관심을 불러일으킨 배경이 되었다.

제 2 절 고전적 정책집행 개념을 수정한 연구들

1 집행 연구를 촉발한 프레스먼과 윌다브스키의 연구

앞에서 말했듯이, 프레스먼과 윌다브스키는 사회정책의 실패 원인을 정책집행 현상에서 찾았다는 점에서 이전의 정책연구와는 달랐다. 그리고 이들의 연구는 1970년대 이후 나타나는 집행 연구에 대한 기폭제 역할을 했다는 학문적 평가도 받고 있다.

1) 현실적 집행문제보다 상대적으로 법안 통과에 주로 관심을 쏟은 존슨 대통령의 행태는 어쩌면 그가 입법가로서의 경험은 풍부했던 반면, 폭넓은 행정 경험을 결여했다는 사실과 무관하지 않다고 본다.

이들은 미국 연방정부의 경제개발처(Economic Development Administration: EDA)가 1966년 캘리포니아 오클랜드 지역의 높은 실업률을 해소하기 위해 벌인 '오클랜드 사업(Oakland Project)'의 사례분석을 통해, 일을 실현하기 위한 목적을 가진 집행이 역설적으로 어떻게 일을 망치는가를 설명하고 있다. 이들이 사례분석을 통해 내린 결론을 정리하면 다음과 같다(Pressman & Wildavsky, 1973: 48, 143－149).

첫째, 정책집행은 정책결정이 이루어진 후 독립해서 일어나는 것이 아니므로 정책결정과 분리하여 다루어서는 안 된다. 수단과 목표는 양자가 부분적으로 서로 의존할 때 밀접한 조화를 이루게 되므로 정책결정자는 초반부터 정책 목적을 달성하는 데 필요한 좀 더 직접적인 집행 수단들을 강구해야 한다. 그러나 오클랜드 사업에서는 처음부터 프로그램 설계와 기금 사용만 강조했기 때문에 정책이 소기의 목적을 달성하지 못했다고 한다.

둘째, 정책집행에 개입하는 의사결정점(decision points)을 최소한으로 하는 것이 성공적 집행에 도움이 된다. 왜냐하면, 합의나 승인을 거쳐야 하는 다른 기관이 많을수록 다양한 조직의 이해관계가 개입하면서 정책집행의 중단과 지체 가능성은 그만큼 높아지기 때문이다. 오클랜드 사업의 훈련 프로그램의 경우 9개의 독립된 기관으로부터 승인을 받아야 했는데, 이러한 상황은 신속하고 원활한 사업 운영을 어렵게 만든 요인이 되었다.

셋째, 정책과 집행을 좀 더 밀접히 조화시키려면, 사업의 착수를 위한 기구와 마찬가지로 사업의 실행을 위한 조직 창설에도 동등한 관심을 가져야 한다. 그러나 오클랜드 사업의 경우, 경제개발처의 간부들은 사업의 신청 승인이나 자금 운용, 그리고 지방 수준에서 동의를 얻는 활동들을 위한 조직설계에 관심을 쏟은 반면, 집행기관이 초기의 업무 수행을 계속 유지할 수 있도록 하는 부분에는 신경을 덜 쓴 것으로 나타났다.

넷째, 사업을 처음부터 적극적으로 이끌던 인물이 계속해서 리더십을 행사하는 것이 성공적인 정책집행에 중요한 요인이 된다. 그런데 오클랜드 사업의 경우, 초기에 이 정책의 창시자이자 사업을 이끈 주요 인물인 상무부의 폴리(E. C. Foley)가 1966년 가을부터 사업에 관여하지 않게 되고, 뒤를 이어 초기 사업 운영을 적극 뒷받침했던 주요 인물들이 속속 오클랜드 사업 현장을 떠남으로써 해당 사업에 대한 연방정부의 관심도 급격히 낮아지는 결과를 가져왔다.

다섯째, 오클랜드 사업에는 개념이나 이론적 근거가 타당하지 못한 점도 또한 발견된다. 소수인종 실업자를 채용하는 대가로 사후에 기업의 인건비에 보조금을 지원해야 하는데, 실제로는 나중에 실업자를 고용한다는 약속을 하고 사전에 지급함으로써, 많은 경우 기업의 운영자금을 지원하는 꼴이 되고 말았다. 또한 원래 경제개발처(EDA)는 경제적으로 침체되어 있는 지역의 경제 활성화를 위해 창설된 기구였는데, 오클랜드는 경제적으로 번영하는 지역의 한가운데에 있다는 점에서 EDA의 정책 대상 지역으로는 애초부터 부적합했다.

요컨대, 이들 연구자는 정책이 성공하려면 그것이 단순할수록 바람직하다고 한다. 정책집행에 포함되는 단계나 의사결정점이 적으면 적을수록 집행이 신속할 것이고, 따라서 정책 방해 요인이 개입할 기회도 적어짐으로써 정책 성공을 가져올 수 있다는 것이다.

2 상호작용과 순환성을 강조한 집행 연구

단일 방향적이고 낙관적인 고전적 집행관에 대한 도전은 앞서 말한 프레스먼 등의 연구에 뒤를 이어 계속적으로 제기되었다. 대표적인 연구로는 집행을 하나의 게임에 비유한 바다크(Bardach, 1977)와, 집행의 순환성을 강조한 레인과 라비노비츠(Rein & Rabinovitz, 1978: 309－335), 나카무라와 스몰우드(Nakamura & Smallwood, 1980)를 들 수 있다.

1) 게임으로서 집행

바다크(Bardach, 1977: 36－58)는 정책집행 과정의 성격을 규명하면서 세 가지 중요한 개념을 동원하고 있다. 첫째는 '조립(assembly)'이고, 둘째는 '정치(politics)'이며, 셋째는 '게임(game)'이다.

그는 먼저 조립에 대해 말하기를 "정책집행은 여러 개의 부품을 조립하여 작동하는 하나의 기계를 만드는 조립 과정"이라고 말한다. 이 경우, 물론 그 기계가 무엇을 생산하는지에 따라 다른 기계가 되며, 따라서 기계 조립에 요구되는 부품도 다르기 때문에 모두가 같은 기계는 아니라고 비유한다. 이와 같은 그의 견해는 정책문제의 영역마다 정책집행 모양이 다르다는 것을 말하고 있다. 그러나 바다크는 어떤 집행기계이든 "다양하고 수많은 프로그램 요소를 조립하는 하나의 과정"이라는 점에서는 같다고 말한다.

집행 현상의 또 하나의 측면인 정치가 발생하는 이유에 대해, 집행 과정을 구성하는 다양한 요소가 상호 의존하고 있는 다양한 집단에 분산되어 소유되고 있기 때문이라고 설명한다. 집행 과정에서는 프로그램의 요소(또는 자원)에 기여하도록 한 집단이 다른 집단을 유인할 필요가 있는데, 이때 사용할 수 있는 유일한 방법이 설득(persuasion)과 협상(bargaining)이라고 한다. 설득과 협상이라는 현상은 바로 정치를 의미한다. 법적 정통성이 부여된 바 있는 명백한 정책 지침이 존재하고, 또 이러한 지침이 집행 과정의 투쟁전략과 전술에 영향을 주는 상황에서 벌어지는 정치인 것이다.

바다크는 집행 요소를 '조립'하는 것과 설득과 협상이라는 '정치'의 두 가지 측면을 '게임의 체제'라는 표현으로 종합하고 있다. 집행 과정은 통제 과정으로 볼 수 있고, 통제는 전략과 전술로 구성된다는 점에서, 이러한 집행 현상은 하나의 게임으로 은유할 수 있다. 집행은 서로 연관되어 있는 구조적 요소들이 집합되어 있는 하나의 체제로 볼 수 있는데, 구조적 요소들이 바로 게임이라는 것이다. 하나의 집행 과정이나 집행기관에는 대체로 느슨하게 연관되어 있는 많은 게임이 동시에 진행하는 형태를 띠는데, 각 게임의 결과는 다른 게임의 전략과 전술에 영향을 미친다고 한다.2)

예를 들면 오클랜드 사업의 경우, 경제개발처가 감사원, 입법부, 닉슨(Richard

---

2) 바다크(Eugene Bardach)는 집행의 여섯 가지 측면을 다음과 같이 제시했다. ① 압력정치(pressure politics)로서의 집행: 정책 채택 과정에서 압력집단의 개입에 의해 발생했던 협상과 책략 현상은 집행 과정에서도 지속된다. ② 동의 결집(massing of assent)으로서의 집행: 집행 과정에서 나타나는 상이한 의견들에 대한 동의를 이끌어 내는 것이다. 동의는 성공적 집행에 큰 도움이 된다. ③ 행정통제 과정(administrative control process)으로서의 집행: 본래의 정책 의도를 충실히 집행하기 위해 관료의 재량을 줄이고 책임성을 높이기 위한 통제가 유지되어야 한다는 측면이다. ④ 정부 간 협상(intergovernmental bargaining)으로서의 집행 과정: 정책집행에 관여하게 되는 다양한 수준의 정부나 부처들의 이익과 견해를 조정해 나가야 한다. ⑤ 협동작업의 복잡성(complexity of joint action): 정책집행에 수많은 기관이 개입하면 할수록 순조롭고 신속한 정책집행은 어려워진다. ⑥ 게임 체제(a system of games)로서의 집행 과정: 불확실한 상황에서 협상, 설득, 책략 등의 정치적 활동을 통해 집행장치들을 조립하고 통제해 나가는 과정이라고 본다.

M. Nixon) 행정부와 하는 상호작용들을 각각 하나의 게임으로 볼 수 있는데, 경제개발처와 감사원이 벌인 게임의 결과는 경제개발처와 입법부 간의 게임에 관한 전략과 전술, 그리고 그 결과에 영향을 주었다는 것이다.

2) 집행의 순환성과 정치성

레인(Martin Rein)과 라비노비츠(Francine Rabinovitz)는 집행을 "상호작용하는 힘의 관계와 협상을 특징으로 하는 하나의 순환적 과정을 창출하는 다수의 행위자가 개입하여 만들어 내는 정부 선호의 천명"으로 보고 있다(Rein & Rabinovitz, 1978: 309-335). 이와 같이 집행의 정치성(politics)과 순환성(circularity)을 강조함으로써 이전의 단일 방향적이고 계서적인 정책집행관에서 탈피하는 관점을 제시했다. 이들에 의하면, 집행 과정에는 상호 갈등을 빚는 세 가지 강제 규범(imperatives)이 존재하는데, 법적, 합리적·관료적, 합의적 규범이 그것이다.

법적(legal) 규범은 입법 명령에 부합하거나 그로부터 도출된 규칙을 신봉할 것을 의미한다. 합리적·관료적(rational-bureaucratic) 규범은 수용 가능한 문제 해결책에 대한 판단 기준인데, 여기에는 도덕적으로 옳고, 행정적으로 실현 가능하며, 지적으로(intellectually) 방어 가능해야 한다는 원칙이 적용된다. 마지막으로, 합의적(consensual) 강제 규범은 정책과 관련하여 이해관계를 달리하는 집단 간에 상충하는 관점이 조정 또는 합의되어야 한다는 원칙이다.

이러한 세 가지 강제 규범이 상호작용함으로써 정책집행자는 집행 과정에서 사실상의 정책결정이라고 볼 수 있는 재량권을 행사하는데, 지침 개발, 자원 배분, 감시 과정이라는 집행의 세 가지 단계에서 개입할 수 있다고 한다.

① 지침 개발 단계(guideline development): 정책집행자들은 입법 의도를 구체적인 행정적 처방으로 전환시키는 과정에서 활동의 준거가 되는 지침을 개발하는데, 이때 집행자의 입장이 지침에 반영될 수 있다. 한편, 일단 개발된 지침도 이해관계가 있는 집단들의 도전에 의해 때로는 수정되는데, 이 경우 역시 집행자의 재량이 작용할 수 있다.

② 자원 배분 단계(resource distribution): 법률과 정책을 시행할 책임이 있는 행정기관에 자원을 배분하는 과정이다. 자원 사용의 권한 부여와 실제 자원의 할당 간에는 통상적으로 격차가 생기기 때문에 이용 가능한 자원의 양은 사

전에 확정된다고 볼 수 없다. 또한 언제 자원이 이용 가능한가라는 이용 시점도 정책집행에서 매우 중요하다. 요컨대, 집행자원의 할당 비율과 구체적 분배 방법에 관한 결정에 집행자의 재량이 작용할 여지가 있다는 점이다.

③ 감시 과정 단계(oversight process): 이는 정책지침에 맞게 집행이 제대로 이루어지고 있는가를 확인하는 과정이며, 모니터링, 회계검사, 평가 등이 이를 위한 대표적 방법이다. 만일 하달된 지침대로 집행이 이루어지고 있지 않은 것이 감시 과정을 통해 확인된다면, 집행 책임자는 집행지침을 변경하거나 또는 정책 자체를 수정하려는 모종의 시도를 할 수 있다.

한편, 이들 연구자는 정책집행의 과정이 입법에서 지침, 그리고 회계검사와 평가로 이어지는 단아하고 일차원적인 전환 과정이 아니고 순환적(circular)이며 원형적(looping)이라고 주장한다. 예를 들어, 공무원은 법안이 작성되기 전부터 정책대상집단의 반응이나 선호를 예견하여 입법 과정에 관여하려고 한다. 그리고 지침 개발에서도 이해 관련 집단이나 관료들이 개입할 수 있는 기회를 제공하려고 한다. 아울러 평가 과정을 통해서도 프로그램의 활동, 의도, 의견이 변화되는 것에 따라 입법과 행정에 영향을 미칠 수 있다.

제3절 집행 과정 모형

1 반 미터와 반 혼의 집행모형

반 미터(Donald S. Van Meter)와 반 혼(Carl E. Van Horn)은 정책집행을 "사전에 정책결정에서 정해 놓은 목적 달성을 위해 정부 부문이나 민간 부문의 개인 또는 집단이 하는 활동"으로 정의하고 있다(Van Meter & Van Horn, 1975: 447). 그리고 정책과 그것의 성과를 연계하는 여섯 가지 변수로 구성되는 집행 과정 모형을 제시하고 있다. 여섯 가지 변수는 정책의 기준과 목표, 자원, 조직 간 의사전달과 추진 활동, 집행기관의 성격, 경제 · 사회 · 정치적 상황, 집행자의 성향이다.

이들 연구의 공헌은 집행변수에 집행자의 성향(disposition of implementers)을 포함했다는 점이다. 집행이 일어나는 무대에서 집행자들의 인적 및 심리적 요소가 집행 행태에 영향을 미칠 수 있다고 본 것이다. 집행 과정에 참여하는 사람들이 결정된 정책을 묵묵히 실천만 하는 피동적 존재가 아니라 정책 과정에서 중요한 역할을 담당하는 감정을 가진 인간으로 보았다는 점이다. 그러나 이들은 프레스먼과 윌다브스키와 마찬가지로 집행을 사전에 이루어진 정책결정의 지배를 받는 단일 방향적 과정으로 보고 있다는 점이 한계라고 할 수 있다.

2 스미스의 집행모형

스미스(T. B. Smith)는 정책을 분석하거나 정책 과정의 모형을 구축하는 학자들은 일반적으로 하나의 정책이 만들어지면 이것은 집행될 것이라는 가정을 하고 있다고 말한다. 그러나 이러한 가정이 적용되려면 여러 가지 조건이 필요한데, 모든 사회에서 이런 조건을 발견하기는 어렵다고 한다. 특히, 제3세계권에서는 이러한 조건의 전부 또는 일부를 결여하고 있다고 한다(Smith, 1973). 그는 연구의 출발점을 이와 같이 제3세계권의 정책집행 현상에 초점을 맞추었다.

이들 나라는 서구 선진국에 비해 상대적으로 정책결정 단계에서 이익집단이나 정책대상집단의 견해가 반영되지 않는 경향이 있고, 또 집행을 담당하는 이들 정부의 관료제가 간혹 집행 능력을 결여하는 경우도 있으며, 아울러 이들 지역의 정책들은 발전과 사회개혁을 목표로 한 야심적이고 전폭적인 정책을 시행한다는 점에서 점증적 성격을 띠는 서구 선진국의 경우와 달리 정책집행에 상대적 어려움을 더 겪는다고 한다.

스미스는 이와 같은 관심을 가지고 정책집행 과정 모형을 제시했다. 그는 정책을 "새로운 거래 양식(transaction patterns)이나 제도(institutions)를 수립하거나 또는 기존 제도 내에 수립된 패턴을 변화시키기 위한 정부의 의도적 행위"로 정의한다. 그래서 정책이란 결국 사회 내에 긴장을 유발하는 하나의 힘으로 작용하기 때문에 당연히 정책집행의 맥락을 고려하는 것이 필요하다고 한다. 스미스는 긴장 유발 매트릭스를 형성하는 정책 관련 구성 요소를 제시하고 이들 간의 관계를 설정함으로써 정책집행 과정을 설명한다. 모형에 포함되는 주요 변수들은 다음과 같으며, 앞의 네 가지는 집행 과정 내부의 요소로 구분하고 있다.

① 정책결정자가 유발하고자 하는 바람직한 상호작용 패턴을 말하는 이상화된 정책(idealized policy), ② 정책에 의해 새로운 상호작용 패턴에 적응하도록 요구되는 사람들을 말하는 대상집단(target group), ③ 집행에 대한 책임을 지고 있는 집행조직, ④ 정책집행에 영향을 주거나 거꾸로 영향을 받을 수 있는 환경적 요인, ⑤ 앞의 네 가지 집행 과정의 구성 요소들 간에 발생되는 긴장(tensions); 그런데 긴장에는 집행 인력이나 기술이 부족할 때 나타나는 구성 요소 내부의 긴장이 있는가 하면, 이상화된 정책과 대상집단 간의 갈등과 같은 요소들 간에 발생하는 긴장이 있다. ⑥ 구체화되지 않은 상호작용 유형이라고 할 수 있는 거래 유형(transaction patterns): 이것은 정책집행 매트릭스의 네 가지 요소(즉, 이상화된 정책, 대상집단, 집행조직, 환경적 요인)로부터 나타나는 긴장, 스트레스 등에 대한 반응을 말한다. ⑦ 정책이 그것의 목표와 잘 일치하는가를 보여주는 제도(institutions): 제도화의 정도를 측정하는 예로는, 환경 속에서 제도가 생존할 수 있는 능력, 사회 구성 인자들이 그 제도가 가치 있다고 보는 정도, 관계 패턴이 다른 사회적 요소들에 대해 규범성을 띨 수 있는가의 여부를 들 수 있다. ⑧ 새로이 형성된 거래 유형이나 제도화가 하나의 긴장 유발체로 작용함을 의미하는 환류 과정이 있다.

3 나카무라와 스몰우드의 집행모형

나카무라(Robert T. Nakamura)와 스몰우드(Frank Smallwood)는 하나의 정책이 집행될 때 무엇이 일어나고 있는가를 이해하기 위해서는 정책집행만 따로 분리해서 보아서는 안 되며, 정책 과정의 다른 단계를 함께 고찰해야 한다고 한다(Nakamura & Smallwood, 1980: 21－28). 그래서 그들은 1970년대의 정책집행 연구를 모두 검토한 후, 정책집행에 대한 개념적 모형의 전제로서 정책 과정을 하나의 체제로 볼 것을 주장한다. 체제의 개념을 상호 연결된 요소들로 볼 때, 체제적 관점의 장점은 하나의 정책 과정을 일단의 요소와 연계(linkages)로 단순화시킬 수 있다

그림 10-1 나카무라와 스몰우드의 순환모형

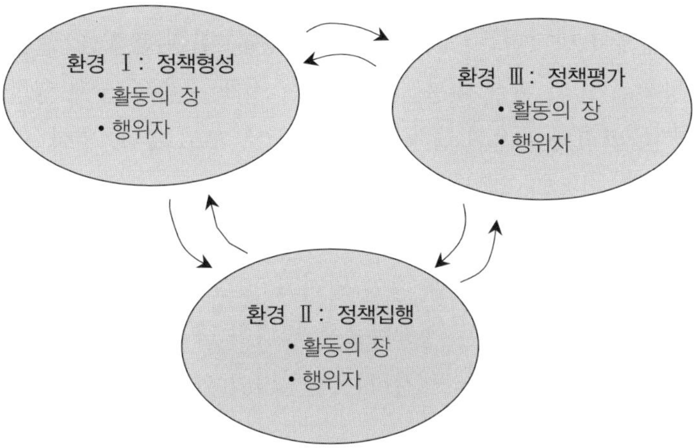

는 것이다.

이들은 정책 과정의 주요 요소로서 각기 다른 현상이 일어나는 세 개의 기능적 환경을 제시했다. 그것은 정책형성 기능과 관련된 환경 Ⅰ, 정책집행 기능과 관련된 환경 Ⅱ, 그리고 정책평가 기능이 작동하는 환경 Ⅲ이라고 한다. 그리고 각각의 환경 내부에는 행위자들이 상호작용하고 있는 다양한 활동의 장이 있다고 한다. 그리고 세 개의 환경은 각각의 환경 내부에서 활동하는 행위자들 간에 일어나는 의사 전달과 순응이라는 연계 작용을 통해 하나의 정책 체제로 묶어진다.

프레스먼과 윌다브스키(Pressman & Wildavsky, 1973)의 연구가 초기의 집행 연구에 대한 관심을 불러일으키는 데 공헌했다면, 나카무라와 스몰우드의 연구는 1970년대까지의 집행 연구를 결산하고 집행에 대한 개념적 틀을 종합했다는 평가를 받을 수 있다.

4 마즈매니언과 사바티어의 집행모형

마즈매니언과 사바티어(Mazmanian & Sabatier, 1983: 22)는 정책집행의 일반적 분석틀을 제시했다. 크게 보아 독립변수와 종속변수로 나누고 있는데, 독립변수에는 문제 취급의 용이성, 법령의 집행구조화 능력, 그리고 집행에 영향을 미치는 비법령적 변수(nonstatutory variables)를 들고 있다. 그리고 종속변수로서 정책집행 과정의 각 단계에서 나타나는 요인을 들고 있는데, 집행 과정을 집행기관에 의한 정책 산출, 정책 산출에 대한 대상집단의 순응, 정책 산출의 실제 영향, 정책 산출의 인지된 영향, 법령의 주요한 수정이라는 순서로 보고 있다. 영향 요인과 종속변수 사이의 관계를 다음과 같이 나타내고 있다.

마즈매니언과 사바티어(Mazmanian & Sabatier, 1983: 41)는 효과적인 정책집행을 위한 여섯 가지 조건을 다음과 같이 말하고 있다.

첫째, 분명하고 일관성 있는 정책목표를 법령이 규정하고 있거나 또는 적어도 목표 간에 갈등이 있을 때 이를 해결하는 실질적인 기준을 제공하는 경우 집행에 도움이 된다.

둘째, 정책목표에 영향을 미치는 주요 요인과 인과적 관계를 확인하는 올바른 이론이 법령에 결합되어야 하며, 또한 법령은 적어도 잠재적으로 요구되는 목적 달성을 위해 대상집단과 기타 도움이 될 만한 곳에 대한 충분한 관할권을 집행 담당자에게 주어야 한다.

셋째, 법령은 집행 담당자와 대상집단에게 요구되는 행동 가능성을 극대화하는 방향으로 집행 과정을 구조화해야 한다. 예컨대, 집행은 적절한 계서적 통합이 있고, 지원적인 의사결정 구조를 가지고 있으며, 충분한 재정과 지지자들에 대한 접근 통로를 겸비한 기관에 맡기는 것이 좋다.

넷째, 집행기관의 지도자가 실질적인 정치적·관리적 기술을 소유하고 있고, 법령의 목표에 헌신한다면 집행은 효과적일 것이다.

다섯째, 집행 과정에서 사법부가 중립 또는 지지하는 태도를 취하는 가운데, 관련 집단과 소수의 중요 입법가들(또는 수상)도 적극적 지지를 한다면 집행에 도움이 된다.

여섯째, 해당 정책과 갈등을 일으키는 다른 정책이 등장하지 않고 또 해당 정책의 인과적 이론이나 정치적 지지를 약화시키는 상황이 발생하지 않아서 정책목표의 상대적 우선순위가 약화되지 않는다면 효과적인 집행에 도움이 된다.

이들의 연구는 이전의 정책집행 연구에서는 주의를 기울이지 않았던 집행 영향 요인들을 세밀하게 고찰했다는 점과 이론적 분석틀을 제시했다는 점이 괄목할 만한 특징이다. 그러나 정책집행을 법령의 시행 및 수정 과정으로 이해하고 있다는 것은 분석틀이 그들의 주장처럼 어디에나 적용할 수 있는 보편적 분석틀이 아니라 법치주의가 잘 확립되어 있는 사회의 정책집행을 분석하는 데에만 유용한 분석틀이 아니냐는 의문을 남긴다(안해균, 1997: 370).

그림 10-2 마즈매니언과 사바티어의 정책집행 분석틀

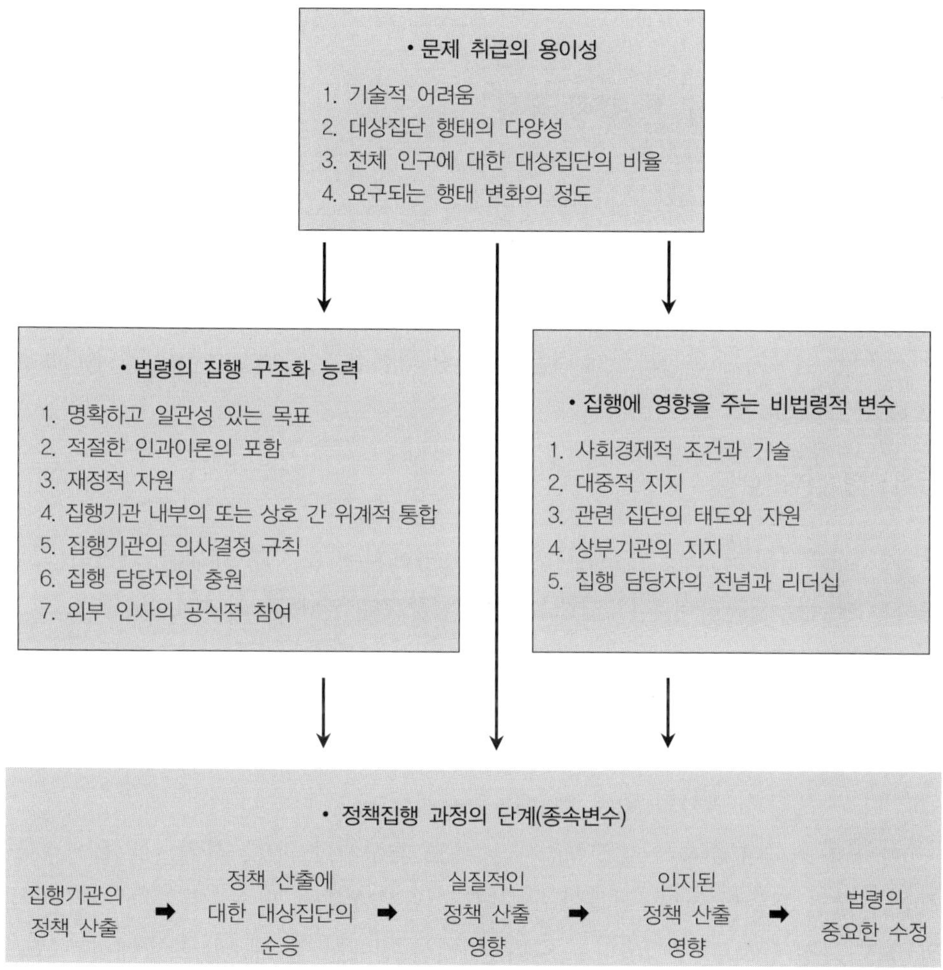

제 4 절 집행유형론

한편, 정책집행에 관한 연구 중에는 집행 현상에 대한 유형화(typology)를 통해 이론적 틀을 모색하려는 것들이 있다. 유형화를 위한 분류 기준이나 요소는 다양할 수 있는데, 다음에서는 조직, 정책 유형, 권력 관계의 관점에서 이루어진 집행 유형 연구를 살펴보기로 한다.

1 조직 관점에서 본 집행 유형

엘모어(Richard F. Elmore)는 정책집행의 분석에서는 조직을 이해하는 것이 핵심적이라고 한다. 그런데 조직의 다양한 모형들은 각기 다른 조직 특징들을 강조하기 때문에, 조직에 대한 다른 생각은 정책집행 과정에 대해 다른 견해를 갖게 된다고 한다. 엘모어는 조직모형에 따른 네 가지 정책집행 유형을 논하고 있다(Elmore, 1978: 185-228).

1) 체제관리모형

체제관리모형(systems management model)에서는 조직의 개념을 가치를 극대화하는 단위로 생각하며, 정책집행을 하나의 잘 정돈된 목표 지향적 활동으로 보고 있다.

조직은 중요 목표에 대한 수행을 극대화하는 정도에 따라 그 효과성이 판단되고, 계서적 통제의 원칙이 적용되며, 목표 달성을 위한 활동을 수행하는 하위 단위들에 대해 책임과 권한의 최적 배분을 중요시한다.

따라서 조직이 수행하는 정책집행은 목표의 구체화 작업, 하위 단위들에 대한 책임과 작업 표준의 할당, 성과의 모니터링, 조직 목표의 달성도를 향상시키는 내적 조정 과정 등으로 구성된다고 한다. 이러한 점에서 볼 때, 이 모형에서는 조직이 체제처럼 작동하는 데 필요한 제일 중요한 요소가 계서적 통제라고 할 수 있다.

따라서 체제관리모형에서는 정책집행의 실패를 흔히 잘못된 관리라고 표현한다. 다시 말하면, 정책이 명확히 정의되지 못했고, 책임이 분명하게 배분되지 않았으며, 예견된 산출이 구체화되지 못했고, 구성원들이 집행 성과에 대한 책임을 지지 않았기 때문에 정책집행이 실패했다고 본다.

2) 관료적 과정모형

관료적 과정모형(bureaucratic process model)에서는 정책집행을 재량(discretion)과 변화하는 루틴(routine)을 계속적으로 통제하는 과정으로 보고 있다. 다시 말하면, 가능하면 재량권을 억제하고 루틴을 활성화시키는 것이 정책집행 과정의 특징이다.

관료적 과정모형의 명제를 구체적으로 살펴보면 다음과 같다.

첫째, 조직의 두 가지 중요한 속성은 재량과 루틴이다. 즉, 조직의 행태는 일상적 의사결정에 개입하는 개인의 재량과 조직 내에서 그들의 위치를 유지·향상시키려고 만드는 루틴에 의해 설명될 수 있다.

둘째, 재량과 루틴을 지배한다는 것은 조직 내의 권력이 특정한 업무에 대해 상대적으로 강력한 통제를 행사하는 소규모 단위들에 분산되어 있음을 의미한다. 조직이 점점 복잡해질수록 하위 단위들은 전문화되고 내적 운영에 대한 통제는 더욱 커진다.

셋째, 의사결정은 재량과 변화하는 루틴을 통제하는 것으로 이루어진다. 이러한 조직모형에서는 변화에 대한 제안들은 기존의 조직 패턴에서 얼마나 벗어나는가의 관점에서 판단되기 때문에 결국 조직의 의사결정은 점증적일 수밖에 없게 된다.

넷째, 정책집행은 재량이 어디에 집중되어 있는지, 그리고 어떤 루틴이 변화가 필요한지, 정책의 취지를 나타내는 대안적 루틴을 창안하는 일, 그리고 낡은 루틴을 새로운 루틴으로 대체하도록 조직의 단위들을 유도하는 활동들로 구성된다.

결국, 이 모형에 의하면 정책집행 분석의 중심 과제는 재량의 소재를 파악하여 그 통제 방안을 모색하는 것과 기존의 관례화된 과정을 어떻게 정책목표에 부합되도록 전환시킬 수 있는지를 찾아내는 것이다. 그러므로 정책이 대폭 수정되었음에도 불구하고 관료제의 루틴이 적절하게 변화하지 않으면 정책집행이 실패한다고 본다.

3) 조직발전모형

조직발전모형(organizational development model)의 조직에서 가장 중요시되는 것은 개인의 참여와 헌신이다. 그러므로 정책집행도 집행자가 정책을 형성하고 또 자신의 입장에서 정책을 주장하는 하나의 과정으로 본다. 엘모어는 이 모형의 명제를 다음과 같이 설명하고 있다.

첫째, 조직은 구성원의 기본적인 사회심리적 욕구를 충족하도록 기능해야 한다. 일에 대한 자율성, 의사결정에의 참여, 조직 목표에 대한 헌신 등이 그러한 욕구의 예다.

둘째, 조직의 구조는 구성원의 사회심리적 욕구를 극대화하는 방향으로 구조화되어야 한다. 계층적 통제구조는 하위층 구성원의 욕구를 희생하면서 상위층 구성원의 욕구 충족을 극대화하는 것으로서 이 모형에 반대되는 구조다. 따라서 이 모형에서는 가장 좋은 조직구조를 계층적 통제를 최소화하면서 책임성을 조직의 모든 수준에 골고루 배분하는 것으로 보고 있다.

셋째, 이러한 조직에서 효과적인 의사결정은 효과적인 작업집단을 구성하는 것에 좌우된다. 조직 내 구성원 간 관계의 질이 의사결정의 질을 크게 좌우하게 된다. 결국, 의사결정은 작업집단 구성원 간에 목표 합의, 열린 의사소통, 상호 간 신뢰 및 지지, 숙련 기술의 최대한 활용, 갈등의 효과적 관리 등과 같이 주로 구성원 간 합의와 강력한 인간관계의 형성으로 이루어진다.

넷째, 따라서 정책집행 과정은 필연적으로 정책결정자와 정책집행자 사이에 합의 형성과 상호 적응의 과정이 된다. 집행의 핵심 문제는 이미 처방된 정책에 집행자가 순순히 따르고 있는가에 있지 않고, 정책집행 과정에서 목표가 합의되고 개인의 자율성이 인정되는지, 그리고 집행자의 입장을 고려하여 정책이 수행되고 있는가에 있다.

요컨대, 여기서는 조직의 하위 계층이 정책결정에 참여하지 못하거나 정책목표에 대한 합의를 하지 않고 있을 때 정책집행이 실패한다고 보고 있다.

4) 갈등 · 협상모형

갈등 · 협상모형(conflict and bargaining model)은 조직을 갈등의 장으로 본다.

따라서 정책집행도 참여자들 간에 안정적 합의보다는 일시적 해결책으로 수렴해 가는 하나의 흥정 과정으로 보고 있다. 이 모형에서의 주요한 명제는 다음과 같다.

첫째, 조직이란 권력 행사와 희소한 자원의 할당에 관해 좀 더 유리한 지위를 누리려는 개인과 하위 단위들이 다투고 있는 갈등의 장이다.

둘째, 이 모형의 조직에서는 조직 내의 권력 배분이 결코 안정적이지 않다는 것이다. 조직 내의 계층적 질서에서 부여된 공식적 지위도 단지 권력 배분을 결정하는 수많은 요인 중의 하나로 본다. 그래서 조직 내의 권력이란 것도 단지 타인의 행동을 조작하는 데 필요한 자원을 동원할 때 개인이나 하위 단위가 일시적으로 가지고 있는 상대적 능력일 뿐이다.

셋째, 의사결정은 조직 단위 내부에서 또는 단위들 간에 일어나는 협상으로 이루어진다. 협상을 통한 결정은 다른 선호와 다른 자원을 가지고 있는 행위자들 간에 수렴된 결과다. 협상은 모든 참여자에게 공통된 일련의 목표에 합의할 것을 요구하지 않으며 또한 그 결과에 부응할 것도 요구하지 않는다. 참여자들에게 자원을 할당하는 수단으로서의 협상 시스템을 깨지 않기 위해 참여자들로 하여금 그들의 행태를 상호 간 조정할 것을 요구할 뿐이다.

넷째, 정책집행은 참여자들 간에 협상을 통해 선호와 자원이 반영된 일련의 복잡한 결정들로 이루어진다. 따라서 정책집행의 성공과 실패는 공식적으로 표방된 한 개의 정책 의도를 기준으로 판단할 수는 없다. 왜냐하면, 협상 과정에 참여하는 모든 참여자의 이익을 내적 일관성 있는 단일의 한 세트의 목표로 표현할 수는 없기 때문이다. 집행의 성공에 대한 판단은 각 행위자들의 주관적 입장에서 판단될 뿐이다. 그러므로 협상의 결과로 나타난 정책집행은 문제를 완전히 해결하는 것이 아니라 갈등의 소지를 항상 안고 있는 잠정적 해결일 뿐이다.

2 정책 유형과 집행 특징

리플리와 프랭클린(Ripley & Franklin, 1980)은 정책의 유형을 분배정책, 재분배정책, 경쟁적 규제정책, 보호적 규제정책으로 나누면서, 이들 정책 유형은 각기 정책형성 과정에서 독특한 정치적 양상을 띤다고 논했다. 그런데 이들은 그 후의 연구(Ripley & Franklin, 1982)에서 정책 유형에 따라 정책형성 과정뿐만 아니라 정책집행 과정에서도 각기 다른 특성이 나타남을 주장했다. 다음에서는 이들의 견해를 중심으로 정책 유형별 정책집행의 특징을 살펴보기로 한다.

1) 분배정책의 집행 특징

사회 전체에 바람직하지만 적어도 이론적으로는 다른 방법에 의해 수행될 수 없는 민간 분야의 활동을 증진시키기 위한 것이 분배정책(distributive policy)이다. 공공시설이나 보조금의 공급 등이 대표적인 영역이다. 결정 과정의 특징은 단기적 결과를 고려하며, 각각의 의사결정은 서로 관계없는 것처럼 분리되어 행해진다. 또한 얻는 자(the winners)만 있고 잃는 자(the losers)는 없는 것처럼 보인다. 이러한 분배정책의 결정 과정에서 나타나는 특징은 관련 행위자들이 대립한다기보다는 서로 협조하여 일단은 법안의 통과를 모색하는 데 공동보조(log-rolling)하는 것으로 표현할 수 있다.

한편, 분배정책의 집행 과정상의 중요한 특징은, 다른 세 정책 유형에 비해 집행 과정의 안정성이 상대적으로 높다는 점이다. 즉, 집행 루틴(routine)의 확립이 상대적으로 용이하고 또 루틴을 운영하고 이것의 혼란을 막는 것이 성공적인 집행을 위해 대단히 중요하다. 또 집행 관료들은 의회나 대상집단을 상대로 하여 갈등 없는 관계를 유지하면서 원만한 집행을 하는 데 큰 관심을 가진다. 결정 과정의 특징은 공동보조이지만, 결정 이후 보조금 수혜자 선정과 같은 집행 과정은 돼지밥통(pork-barrel)[3] 양상을 띠는 경향이 있다. 다만, 이 경우도 잠재적 수혜자 간에 직접적인 경쟁 관계에 있다기보다는 중앙정부를 경유하는 간접적 경쟁 상황을 보이기 때문에 직접적 갈등은 크게 나타나지 않는 것이 특징이다.

(1) 도로, 항만과 같은 사회간접자본을 공급하는 경우

이것은 편익의 귀착점이 불특정 다수에게 집합적으로 공급되면서, 세금으로 조

---

3) 돼지밥통(pork-barrel)은 미국 정치의 속어적 표현의 하나로, 지방 공공사업의 연방정부 보조금을 의미한다. 원래 돼지밥통이라 함은 이권법안(利權法案) 또는 이것을 둘러싸고 벌어지는 정치게임을 지칭하는 말이다. 이 말은 이권 또는 정책교부금을 얻으려고 모여드는 의원들과 지방자치단체들이 마치 남부의 농장에서 농장주가 돼지고기 통에서 한 조각의 고기를 던져 줄 때 모여드는 노예들의 모습과 같다는 뜻에서 나왔다.

성된 국가예산으로 건설된다는 점에서 비용은 국민 일반에게 널리 분산되는 형태다. 따라서 비용을 지불하는 사람이나 편익을 받는 사람이나 후술하는 두 가지 유형에 비해, 이해관계가 가장 간접적으로 느껴지고 따라서 사회구성원 간의 직접적 갈등도 가장 적은 편이다. 또 사회간접시설은 대체로 혐오성은 상대적으로 적으면서 지역 발전에 도움이 되는 시설인 경우가 많아 조직적인 반대 기류가 형성되는 경우가 거의 없고 정책집행도 원활하게 이루어질 가능성이 가장 크다.

(2) 보조금 또는 지원금을 배분하는 경우

국가 지원 연구 프로젝트 발주, 사립대학 국고 지원, 특정 산업 분야에 대한 정부보조금 배분과 같은 정부활동도 분배정책이다. 이러한 정책의 경우, 정책비용은 (1)의 경우와 마찬가지로 공공예산인 경우가 대부분이기 때문에 납세자 국민 일반에 분산된다고 볼 수 있어 정책에 대한 일반 국민의 조직적 반대 현상은 거의 나타나지 않는다. 편익의 귀착점이 불특정 다수가 아닌 선별된 개인 또는 개별 기관이란 점에서 수혜자의 존재감이 상대적으로 뚜렷하다는 점은 있다. 이 역시 사회간접자본과 같이 대상집단들 간의 암묵적인 경쟁 관계가 존재하게 되어 수혜자 선정 과정에서 중앙정부를 상대로 경쟁하는 상황이 연출된다. 그러나 이것은 공항·도로 등과 달리 편익이 집합적으로 공급되는 것이 아니기 때문에 수혜자 선정 과정이 '돼지밥통' 양상으로 나타날 수 있는 가장 전형적인 분야다.

(3) 비선호 혐오시설의 경우

화장장, 공원묘지, 쓰레기 매립장, 핵폐기물 처리장 등 사회적으로 필요한 시설이지만 대상 지역주민들이 혐오하는 시설을 공급하는 것도 분배정책에 해당한다. 그와 같은 시설이 건립되면 편익은 다른 지역의 불특정 다수에게 돌아가고, 시설 건립에 드는 직접적 비용은 국가나 공공기관이 부담하게 된다. 공익시설을 공급하는 (1)의 경우는 서로 유치하겠다고 경쟁을 벌이지만, 혐오시설의 경우는 해당 지역에서 어떻게든 시설이 건립되는 것을 막으려는 치열한 '역경쟁' 상황이 벌어진다. 이른바 혐오시설 공급은 주거환경, 주민 건강, 재산가치의 악화를 우려하는 지역주민의 조직적 저항이 나타날 가능성이 매우 크기 때문에 정책집행이 아주 어려운 분야다.

요컨대, 대상집단들이 정책집행에 개입하는 경우도, 보조금 배분의 경우에는 정책의 수혜자가 되려는 긍정적 개입이라면, 비선호시설의 경우는 원천적으로 정책집행을 반대하는 활동이라는 점에서 대비된다.

2) 경쟁적 규제정책의 집행 특징

경쟁적 규제정책(competitive regulatory policy)은 특정 재화의 이용권이나 특정 서비스의 공급권을 수많은 경쟁자 가운데서 소수의 지명된 업자에게만 제한하는 정책이다. 특정한 주파수대를 사용하는 방송사의 허가나 항공기 회사에 대한 특정 노선 운행 허가가 그러한 예다. 그러므로 분배정책과는 달리 승자와 패자가 있게 되며, 재화의 공급권이나 사용권을 획득한 업자는 정부로부터 보조금을 받기도 하지만 동시에 재화의 공급 방식에 관해 정부로부터 규제를 받는다는 점에서, 분배적 성격과 규제적 성격이 혼합된 형태라고 할 수 있다.

그렇기 때문에 경쟁적 규제정책의 집행 과정상의 특징도 분배정책과 다음에 언급할 보호적 규제정책의 중간 정도의 혼합적 성격을 띠게 된다. 즉, 정상적 상황에서는 집행이 비교적 순조롭고 큰 문제가 없는 편이지만, 강력한 외부 정치 세력의 개입, 목표를 달리하는 집행자의 등장, 기술적 상황의 변동, 피규제자들 사이에 이익 대립 상황 등이 발생하면 평온한 집행 상태가 깨질 수도 있다.

경쟁적 규제정책 집행 상황에서 한 가지 흥미로운 사실은, 규제를 담당하는 집행기관이 항상 규제를 유지하려는 것은 아니며, 그리고 규제를 받는 집단들도 모두가 규제를 탈피하려고 하는 것은 아니라는 점이다. 왜냐하면, 규제기관의 입장에서는 규제가 바람직한 것인가에 관해 확신할 수 없기 때문이며,[4] 피규제자들은 규제가 풀려 새로운 진입자가 다수 생김으로써 기존의 독과점적 이득이 감소하는 것을 싫어할 수도 있기 때문이다.

3) 보호적 규제정책의 집행 특징

보호적 규제정책(protective regulatory policy)은 민간 분야의 활동이 수행되는 조건을 설정함으로써 공중을 보호하기 위한 목적으로 행해지는 정책이다. 식품첨가물이나 의약품에 대한 규정, 교통 법규, 노동 관련법, 선거운동 관련법, 공정거래

4) 규제자의 입장에서는 독과점 상황보다 경쟁 상황이 공익에 부합된다는 생각을 할 수도 있다.

에 관한 법규 등은 모두 보호적 규제정책의 예다. 분배정책과는 달리 결정 내용이 분할될 수 없다. 그 이유는 규제에 관한 일반 규칙에 일정한 범위의 사람들의 활동과 행위는 모두 순응해야 하기 때문이다.

규제정책의 특성상 분배정책이나 다음에 나오는 재분배정책의 경우와 달리 정책집행비용은 많이 들지 않는다. 굳이 집행비용이 든다면 단속과 처벌에 소요되는 추가적 비용이 들 뿐인데 이는 상대적으로 적은 부담이라고 할 수 있다.

한편, 보호적 규제정책에서 수혜집단은 일반 공중이다. 반면, 이 정책의 피해집단은 규제받는 개인, 기업, 산업이다. 이 정책은 불특정 다수의 국민이 간접적 혜택을 느끼는데 반해, 피규제집단은 상대적으로 경계가 확연하며 아울러 규제로 인한 손해도 직접적으로 느낀다. 따라서 보호적 규제정책의 경우 규제를 찬성하는 수혜자집단은 상대적으로 응집력이 약한 반면, 규제 대상집단은 반대를 위한 조직적 대응을 할 가능성이 높다. 그리하여 정책집행이 오래 지속되다 보면 피규제집단의 끈질긴 로비와 반대활동으로 결국 규제기관이 피규제집단에 유착 또는 '포획(capture)' 되는 현상이 생기기 쉽다.

이 유형의 정책결정 과정상의 특징은, 규제를 하려는 정부, 규제를 피하려는 기업체, 그리고 규제를 지지하는 시민단체들 간에 이해관계나 관점의 차이로 갈등이 표출되기 쉬운 구조를 띤다. 따라서 정책결정 과정은 이들 간의 협상과 타협 과정으로 표현할 수 있다.

이 유형의 정책결정은 일시적 타협이라는 점에서, 참여자 사이에 형성된 갈등의 기본 구조는 정책집행 과정에서도 계속 지속되는 경향이 있다. 그래서 보호적 규제정책의 집행 과정은 여전히 불안정하다는 특징을 띤다. 규제를 보는 관점과 이해관계를 둘러싸고 정부, 피규제산업, 소비자단제, 환경단체 간에 논란과 갈등이 계속 이어지고 따라서 집행 루틴이 확립되기가 쉽지 않다.

4) 재분배정책의 집행 특징

재분배정책(redistributive policy)은 사회 내 집단, 계층, 인종 간에 부·재산·권리 등의 가치에 관한 분배 상태를 재구성하려는 정책이다. 따라서 규제정책과 마찬가지로 얻는 자와 잃는 자가 있게 마련이다. 집단이나 계층 간에 이해관계가 매우 첨예하게 되며, 정책결정 과정 역시 가시성이 높고, 다른 정책 유형에 비해 가장 많은 갈등을 노출한다고 볼 수 있다. 일반적으로 보수와 진보 진영 간에 대립하는 양상을 보이므로 재분배정책의 결정 과정에서 참여자들 간의 관계는 이데올로기나 계급 갈등으로 나타난다.

정책을 둘러싼 이해관계가 매우 첨예하므로, 그것의 집행 과정도 순탄할 수 없다. 집행 단계에서도 정책에 대한 기득권층의 정치적 저항이 강하고 조직적이다. 노무현 행정부에서 시행한 종합부동산세 등 부동산 관련 세금정책에 대해 서울 강남 지역의 구의회에서 이를 무력화하는 결의를 한 것이 그 예라고 하겠다. 정책 반대 세력은 정책의 본질적 취지를 직접적으로 부정하기보다는 정책과 집행 과정상의 불공평과 비능률성 등의 이유를 들어 우회적으로 정책을 무산시키려 한다. 그 이유는 저소득층이나 소수 인종에 돌아가는 혜택을 직접적으로 반대하는 기득권층의 의도를 감추기 위해서다.

리플리와 프랭클린(Ripley & Franklin, 1982: 193)은 이상의 논의를 통해 네 가지 정책 유형의 집행 과정의 특징을 <표 10-1>과 같이 요약하고 있다.

일반적으로 분배정책→경쟁적 규제정책→보호적 규제정책→재분배정책의 순으로 집행 과정의 불안정성이 높아진다고 하겠는데, 그 이유는 다음과 같이 설명할 수 있다.

첫째, 보호적 규제정책이나 재분배정책의 경우, 공권력이 직접적으로 작용하는 데 비해, 분배정책은 공권력이 간접적으로 작용하는 정책 영역이다. 분배정책은 그것의 시행이 특정인이나 특정 집단의 순응을 권력의 힘으로 강제하는 측면은 거의 없기 때문이다.

표 10-1 리플리와 프랭클린의 정책 유형별 집행 특성

집행 특성 / 정책 유형	안정된 집행 루틴의 가능성	주요 행위자의 동일성과 그들 관계의 안정성	집행에 대한 갈등과 논란의 정도	관료적 집행결정에 대한 반대의 정도	집행에 관한 논쟁에서 이데올로기의 수준	작은 정부에 대한 압력의 정도
분배정책	높다	높다	낮다	낮다	낮다	낮다
경쟁적 규제정책	보통	보통	보통	보통	다소 높다	다소 높다
보호적 규제정책	낮다	낮다	높다	높다	높다	높다
재분배정책	낮다	낮다	높다	높다	매우 높다	높다

둘째, 규제정책이나 재분배정책의 경우, 정책으로 인해 얻는 자와 잃는 자가 뚜렷이 부각되는 반면, 분배정책의 경우는 외형상 혜택보는 사람은 있는데 손해보는 사람은 마치 없는 것처럼 인식된다. 즉, 앞의 두 정책은 제로섬(zero-sum) 상황이지만, 분배정책의 경우 수혜집단에서 배제되었다고 해서 현재 자신이 가지고 있는 것을 빼앗기는 직접적 손실은 아니기 때문이다. 이와 같이 분배정책은 외형적으로 정부가 민간에게 일방적으로 편익을 나누어주는 형태로 나타나기 때문에 다른 정책에 비해, 이익갈등 수준이 낮아서 상대적으로 집행이 용이하다.

셋째, 규제 및 재분배정책 쪽으로 갈수록 결정 및 집행 과정에서 이해관계를 달리하는 집단 간 갈등이 크고 이들 간에 직접적 대결 형태를 띤다. 그러나 분배정책의 경우는 대상집단 간 관계가 정부를 매개로 한 간접적 경쟁 관계를 띠고 있고, 때로는 경쟁 관계에 있는 상대방이 누군지 잘 모르는 경우도 있을 정도로 집행이 안정적이다.

3 결정과 집행의 상호적응 유형

맥러린(Milbrey McLaughlin)은 미국 연방정부의 교육 개혁 프로그램에 관한 자료들을 분석한 결과, "정책집행은 정책목표와 방법, 그리고 제도적 배경이 상호작용하는 것에 의해 형성되는 하나의 역동적인 조직적 과정(a dynamic organizational process)"이라고 표현하고 있다(McLaughlin, 1976: 167-180).

맥러린은 교실조직 프로젝트(Classroom Organization Projects) 사례를 들고 있다. 이 프로그램은 전통적 교육관을 벗어나, 열린 교육이나 팀티칭(team teaching) 등과 같은 새로운 교육 방식을 도입하려 했기 때문에 학생, 교사, 학부모, 그리고 교육행정가들 간의 상호 관계 자체를 바꾸려는 시도였다. 그래서 이 프로그램은 인간적, 아동 중심적, 개인중시의 교육에 기초하고 있고, 이는 교실조직, 교육 기술, 교사의 행태 등에 관한 상당한 변화를 요구했다.

교실조직 프로젝트는 광범한 철학적 틀 속에서 교사 스스로 자신의 교육 방식과 기술을 개발할 것을 요구하는 정책이었는데, 이와 같은 개혁적 프로젝트는 정책결정 단계에서 집행 현장의 모든 것을 고려하여 사전에 충분히 구체화하기는 힘들었다.

그래서 맥로린은 이러한 개혁적 프로그램의 경우는, 정책집행이 정책결정과 상호적응하는 경우에 성공할 수 있다는 결론을 내리고 있다. 상호적응을 포함하여 정책결정자와 정책집행자 간에 일어나는 상호작용의 유형을 말하고 있는데, 구체적으로 보면 다음과 같다.

① 상호적응(mutual adaptation): 성공적인 집행을 의미하는 것이다. 이 경우는 집행 과정에서 정책설계가 수정될 뿐만 아니라, 집행 현장의 제도와 사람들의 행태까지도 변화하는 것이다.

② 코옵테이션(co-optation): 이 경우는 정책설계는 수정되었지만, 현지의 사람이나 제도적 배경이 바뀌지 않는 경우를 의미한다. 이러한 성격의 집행이 발생하는 경우에는 변화에 대한 저항이나 집행자에 대한 도움의 부족 때문에 새 정책이 변화의 대상인 전통적 관행에 형식적으로 맞추는 형태가 될 가능성이 크다.

③ 비집행(nonimplementation): 집행 도중에 정책이 중단되거나, 집행 과정의 참여자들로부터 무시당하는 경우에 발생하는 유형이다.

이렇게 볼 때 집행 과정 참여자들의 행태나 업무 처리 방식에서 중요한 변화가 일어나는 경우에 성공적 정책집행이 가능하다고 할 수 있다. 다시 말해, 현지 집행 담당자의 필요와 이익에 따라 목표와 수단이 수정되고, 아울러 집행 담당자들도 사업이 요구하는 것에 자신을 변화시키는 그러한 상호적응 과정의 필요성을 말하고 있다.

4 결정자와 집행자의 관계에서 본 집행 유형

앞에서 보았듯이 나카무라와 스몰우드(Nakamura & Smallwood, 1980: 111-144)는 체제적 관점에서 정책 과정을 보면서 정책형성, 정책집행, 정책평가라고 하는 세 개의 환경으로 나누었고, 각 환경 내부에서 활동하고 있는 행위자들에 의해 환경들 간에 상호작용하는 연계(linkages) 과정이 나타난다고 했다. 정책집행의 연계에 관한 장에서 정책결정자와 정책집행자 사이의 권한의 위임 정도에 따라 나타나는 집행 유형을 논하고 있다.

이들은 고전적 기술관료형, 지시적 위임형, 협상형, 재량적 실험형, 관료적 기업가형을 제시하고 그 특징들을 설명하고 있다. 앞에서 뒤로 갈수록 정책결정자에서 정책집행자로 더 많은 권한이 옮겨가는 형태다.

결정자와 집행자 간의 이러한 다양한 관계는 앞의 레인과 라비노비츠가 말한 '순환의 원칙(principle of circularity)'과 맥락을 같이하는 것으로, 행위자들 간에 힘의 관계가 이동할 때 나타나는 특징을 보여준다. 또한 결정자와 집행자 간 상이한 순환적 관계는 나아가 정책평가가 정책결정이나 정책집행과 같은 다른 정책 과정의 단계에 연결되는 양식에도 영향을 줄 것이다. 나카무라와 스몰우드는 다섯 가지 집행 유형과 그 특징을 <표 10-2>와 같이 요약하고 있다.

표 10-2 나카무라와 스몰우드의 집행 유형

집행 유형	정책결정자(환경 Ⅰ)	정책집행자(환경 Ⅱ)	잠재적 실패
고전적 기술관료형 (classical technocracy)	a. 구체적인 목표를 설정 b. 결정자는 집행자에게 목표 달성을 위한 기술적 권한을 위임한다.	a. 결정자가 설정한 목표를 지지하고 목표 달성을 위한 기술적 수단을 고안한다.	a. 수단의 기술적 실패
지시적 위임형 (instructed delegation)	a. 구체적인 목표를 설정 b. 결정자는 집행자에게 목표 달성을 위한 수단 개발을 위해 행정적 권한을 위임한다.	a. 결정자의 목표를 지지하고 목표 달성을 위해 집행자들 간에 행정적 수단에 관해 협상한다.	a. 수단의 기술적 실패 b. 협상 실패 (복잡성, 교착 상태)
협상형 (bargaining)	a. 결정자는 목표를 설정 b. 목표 달성을 위해 결정자는 목표 및 수단에 관해 집행자와 협상한다.	a. 집행자는 목표와 목표 달성에 필요한 수단들에 대해 정책결정자와 협상한다.	a. 수단의 기술적 실패 b. 협상 실패 (교착 상태, 부집행) c. 자원 유용・사기
재량적 실험형 (discretionary experimentation)	a. 추상적인 목표를 설정 b. 목표와 수단의 구체화를 위한 광범한 재량권을 집행자에게 위임한다.	a. 집행자는 정책결정자를 위해 목표와 수단을 명확히 한다.	a. 수단의 기술적 실패 b. 모호성 c. 자원 유용 d. 책임 회피
관료적 기업가형 (bureaucratic entrepreneurship)	a. 정책집행자가 설정한 목표와 수단을 지지한다.	a. 목표와 이를 달성하기 위한 수단을 형성하고, 이것들을 결정자가 받아들이도록 설득한다.	a. 수단의 기술적 실패 b. 자원 유용 c. 책임 회피 d. 독점・권위주의

첫째, 고전적 기술관료형의 경우, 정책결정자가 집행 과정에 대해 가장 강력한 통제력을 행사하는 경우다. 집행자는 기술적인 문제에 관해 다소 간의 재량권을 지닐 뿐이다. 그러므로 이 경우는 집행자들이 정책목표를 달성하는 데 필요한 기술적 조절을 이룩하지 못한다면, 이 경우도 정치적으로 매우 복잡한 양상을 띨 수도 있다.

둘째, 지시적 위임형의 경우, 앞의 고전적 기술관료형과 마찬가지로 정책결정자는 정책형성에 대한 통제권을 보유하지만 집행자는 정책결정자가 수립한 목표의 달성에 사용될 수단을 결정할 권한을 가진다. 따라서 이 경우, 만일 집행자가 과업을 수행하는 데 필요한 전문성이나 기술을 보유하지 못한다면 기술적인 붕괴가 일어날 수 있다. 또 여러 집행자가 있을 경우, 그들 간에 무엇이 바람직한 수단인가에 대한 분쟁이 있다면 집행이 차질을 빚게 된다.

셋째, 협상형의 경우, 위의 두 가지 유형과 달리 정책결정자와 집행자가 목표나 수단의 선택에 관해 반드시 합의를 보고 있는 것이 아니라는 점이 특징이다. 그리고 정책결정자와 집행자 간의 협상의 결과는 누구의 힘이 더 강력하냐에 따라 달라진다. 즉, 정책집행자가 싫어하는 정책도 정책결정자가 권력의 우위를 점한다면 정책집행을 강제할 수 있는 반면, 집행자가 상대적 우위에 있다면 그 정책은 집행되지 않거나 예산의 유용 등 형식적 집행에 머물 것이다.

넷째, 재량적 실험형의 경우, 정책결정자는 지식의 결여와 불확실성 때문에 추상적인 목표만을 제시하고, 목표의 구체화와 필요한 수단 개발을 위해 광범한 재량권을 집행자에게 위임하는 형태다. 그러나 집행자가 전문성이 떨어지는 경우 기술적 차질이 일어날 수 있고, 집행자에 의한 부정한 행위가 있을 수 있으며, 집행에 문제가 있을 경우 책임 한계가 불분명하다는 단점이 있다.

다섯째, 관료적 기업가형의 경우, 집행자의 힘이 가장 강력한 형태라고 할 수 있다. 즉, 집행자가 정책목표를 수립하고 공식적 결정권자에게 이 목표를 받아들이도록 요구한다. 수단에 관해 결정자와 협상하는 집행자는 자신이 세운 목표의 달성을 원할 뿐만 아니라 달성할 능력도 충분히 가지고 있는 상황이다. 이러한 유형은 선거나 정권 변동 등에 의해 고위공무원이나 정책결정자는 사라져도 직업공무원제가 확립되어 있어 집행자인 공무원의 신분과 전문성이 확고한 경우에 나타날 수 있다.

제 5 절 집행 연구의 접근 방법

1970년대 이후 정책집행에 관해 많은 연구가 이루어졌다. 많은 연구만큼이나 연구 관점이나 접근 방법도 다양했다. 이들 연구를 크게 범주화하려는 몇 가지 견해를 간단히 살펴보고 최근의 연구 동향을 살펴보기로 한다.

1 상향식 및 하향식 접근 방법

집행 연구의 접근 방법을 나누는 기본 초점은 집행의 실패를 가져온 원인과 책임이 어느 곳에 있는가에 있다. 하향식 접근 방법은 중앙이나 상부층에서 정책집행에 대한 통제나 관리를 못했기 때문에 집행에 문제가 생겼다고 생각한다. 반면, 상향식 접근 방법은 집행 현장의 문제점을 반영하지 못했거나 일선 공무원에게 재량권을 주지 않아서 정책집행이 실패한 것으로 생각한다. 하향식 및 상향식 접근 방법, 그리고 이들을 조화하려는 통합적 접근 방법에 대한 구체적 내용은 다음과 같다.

하향식(top-down) 접근론자들은 흔히 집행 과정에 대한 정책결정자들의 영향력을 지나치게 과신하는데, 그 이유는 정책결정자가 집행에 영향을 미치는 모든 조직적 · 정치적 · 기술적 과정들을 통제할 수 있다고 보기 때문이다. 따라서 이들에 의하면, 집행상의 문제는 사전에 집행 단계에서 발생할 수 있는 불확실성을 정책의 설계 및 채택 단계에서 충분히 고려하지 못한 데서 비롯된 것이라고 주장한다. 그래서 이들은 성공적인 정책집행을 위한 전제 조건으로 ① 구체적인 법령과 계획, ② 정책결정과 집행의 분리, ③ 단일 방향적 집행 과정, ④ 집행 과정의 비정치성과 기술적 성격(정책목표와 수단의 인과성 등)을 강조한다(박광국, 1995: 185-186).

한편, 상향식(bottom-up) 접근론자들은 집행 과정이 너무나 역동적이어서 인간의 제한된 합리성으로는 완벽한 파악이 불가능하며, 어느 정도의 불확실성은 존재할 수밖에 없다고 주장한다. 이들에 의하면, 집행상의 문제는 정책집행 과정의 말단에 있는 일선 집행관료의 영향력을 과소 평가하고 이들에게 복잡한 집행환경의 변화에 능동적으로 대응할 수 있는 재량권을 충분히 부여하지 않은 데서 비롯된다고 주장한다. 그래서 이러한 관점에서는 성공적인 정책집행의 전제 조건으로 ① 집행의 정치적 성격 인정(집행 참여자들 사이의 상호작용이나 협상), ② 일선관료의 역할 인정, ③ 기술적 능률성보다는 민주성 중시, ④ 집행의 진화적 성격을 강조한다.

하향식 접근 방법과 상향식 접근 방법은 각각의 장·단점을 가지고 있다. 대체로 하향식의 장점은 상향식의 단점으로, 그리고 상향식의 장점은 하향식의 단점으로 보면 된다.

하향식 접근 방법의 장점은, 정책결정 시에 집행 과정의 문제점을 예측하여 정책에 반영하거나 집행자에게 지침을 내려줌으로써 전체적으로 정책의 성공을 도울 수 있다는 점이다. 또 집행에 영향을 주는 주요 요인을 탐색하고 이를 이용해 집행현상에 관한 체계적인 분석틀을 시도한다는 점에서 성공적 집행을 위한 이론 발전에 기여할 수 있다. 아울러 하향식 접근 방법은 정책결정자가 정책의 모든 과정을 통제한다는 전제에 입각해 있기 때문에 정책이 실패했을 때 책임 소재가 분명하다는 점에서 민주적 책임행정이라는 철학에 더 부합되는 관점이다.

한편, 상향식 접근 방법의 장점은, 집행 현장의 생생한 현실을 분석할 수 있다는 것이다. 즉, 집행에 영향을 주는 집행관료와 이해관계 집단 등 다양한 행위자들의 생각과 상호작용을 현장감 있게 분석할 수 있다. 이런 점에서 연구 결과의 일반화보다는 실제 집행된 특정 정책에 대한 사례분석에 강점을 가진다. 또한 상향식 접근 방법은 정책결정 당시 예측하지 못했던 정책 효과와 그 원인들을 파악하는 데 유리하다는 점에서 인과 관계와 통제 수단에 치중하는 하향식 접근 방법에 비해, 집행 연구의 외연을 확장하는 데 기여한다. 집행을 담당하는 일선기관은 보통 다수의 정책과 다수의 상급기관을 마주하게 되는데 이런 집행 상황의 분석에는 상향식 관점이 더 적합하다고 볼 수 있다.

하향식 접근 방법이 "숲은 보되, 나무를 보지 못하는" 한계가 있는 반면, 상향식 접근 방법은 "나무는 보되, 숲을 보지 못하는" 문제점이 있다(Sabatier, 1986). 그리하여 두 가지 접근 방법을 조화하려는 노력이 있는데 이를 통합적 접근 방법(synthesis approach)으로 부를 수 있다.

정책집행이 정형화되고 계층적인 통제가 야기하는 심각한 문제에 관한 하향식 접근 방법의 한계는 인정되지만, 그렇다고 해서 전적으로 정책결정자가 일선관료제나 대상집단의 선호에 부응해야 한다는 상향식 접근론자의 주장도 문제가 있다. 그래서 양 접근 방법의 장점만을 혼합한다면 정책집행이 좋은 성과를 거둘 수 있다는 시각에서, 통합적 관점은 기본적으로 하향식 접근 방법을 취하면서 상향식 접근 방법의 몇 가지 조건을 충족시키려는 시도로 나타나고 있다. 예컨대, 사바티어(Sabatier, 1986)는 그러한 조건으로 ① 명료하고 일관된 목표, ② 충분한 인과관계이론, ③ 집행관료와 대상집단의 순응 확보를 위해 법적으로 잘 구조화된 집행과정, ④ 헌신적이고 능력 있는 집행관료, ⑤ 이익집단과 일반 대중의 지지, ⑥ 정치적 지지나 인과이론의 바탕을 본질적으로 손상하지 않는 범위 내에서 사회경제적 여건의 변화 등 여섯 가지를 들고 있다.

2 제3세대 집행 연구

고긴(Malcolm L. Goggin) 외는 프레스먼과 윌다브스키(Pressman & Wildavsky, 1973)의 저서가 발표된 이후 그동안 이루어진 집행 연구들을 제1세대, 제2세대, 제3세대로 구분하고, 각 세대 집행 연구의 관점과 방법론상의 특징을 논한 후 집행 연구의 과학성을 높이기 위해서는 제3세대형의 연구가 이루어져야 한다고 말한다(Goggin et al., 1990: 11-15).

고긴 외는 프레스먼과 윌다브스키(Pressman & Wildavsky, 1973), 바다크(Bardach, 1977) 등으로 대표되는 제1세대 집행 연구의 업적으로 다음을 말하고 있다.

① 정책집행에 대한 관심을 불러일으켰다는 점
② 집행 과정의 복잡성과 동태성을 인식했다는 점
③ 주정부나 지방정부와 같이 집행 과정에서 하위 체제의 영향력과 역할을 강조했다는 점

그렇지만 제1세대 학자들의 연구는 다음과 같은 점에서 한계를 가진다고 한다.

① 기본적으로 집행 과정을 단일 방향적이고 하향적 관점에서 보았다는 점

② 집행에 대한 많은 장애물을 너무 강조하는 등, 성공적 집행의 가능성에 대해 비관적이고 부정적 경향을 가졌다는 점
③ 방법론적으로는 특정 정책사례의 서술에 치중했고, 연구 대상 기간도 4~5년으로 상대적으로 짧은 편이라서 일반이론의 개발과는 거리가 멀었다는 점

한편, 반 미터와 반 혼(Van Meter & Van Horn, 1975), 사바티어와 마즈매니언(Sabatier & Mazmanian, 1983), 리플리와 프랭클린(Ripley & Franklin, 1982) 등의 학자들로 대표되는 제2세대 집행 연구의 특징을 다음과 같이 보고 있다.
① 제1세대 연구에 비해 일반적으로 연구 대상 기간이 좀 더 길어졌다는 점
② 정책 유형에 따라 또는 같은 정책이라고 하더라도 시간의 흐름에 따라 집행의 성공도가 다른 것을 확인했다는 점
③ 집행의 양상이 달라지는 것을 설명하기 위한 개념적 틀을 발전시켰으며, 이러한 개념적 틀을 하향적 대 상향적(top-down vs. bottom-up) 접근 방법으로 연계시킨 점은 긍정적으로 평가할 수 있다는 점

그러나 고긴 외는 제2세대 연구들의 한계를 다음과 같이 지적하고 있다.
① 하위정부들 간에 나타나는 집행변이(interstate variation)를 간과한 것이 문제임
② 변수에 대한 명확한 조작화(operationalizing)를 하지 않음으로써 서로 다른 변수들의 상대적 중요성을 확인하지 못했다는 점
③ 집행에 대한 인과적 모형을 제공하는 데 실패했다는 점

그래서 고긴 외는 미국의 주(州)들 간에 나타나는 집행의 차이에 초점을 맞추고, 그러한 변이를 설명하기 위한 의사소통 체계와 다양한 방법론적 혁신을 포함하게 되는 제3세대 연구를 수행할 것을 주장하고 있다. 저자들은 이 접근 방법을 통해 집행 연구의 과학성을 개선하는 데 주된 초점을 두고 있다. 제3세대 집행 연구 방법에 관한 이들의 주장은 다음과 같은 인용문(Goggin et al., 1990: 17-18)에 잘 나타나고 있다.

제3세대 연구의 주요한 목적은, 집행 행태가 시간, 정책, 그리고 정부 단위가 변함에 따라 왜 달라지는가를 설명함으로써, 집행 행태에 새로운 조망을 하는 것이다.… 제3세대 연구는 (그간) 많은 학자가 이 분야의 발전을 방해해 온 것으로 동의하고 있는 개념적(conceptual), 방법론적(methodological) 문제들을 극복하도록 고안된다. 한마디로 말해, 제3세대 연구의 목적은 집행 연구의 접근 방법에서 앞의 두 세대에 비해 단순히 좀 더 과학적이 되고자 하는 것이다.

고긴 외가 가지고 있는 제3세대 집행 연구의 특징은 다음과 같이 말할 수 있다.

첫째, 집행에 영향을 미치는 변수들의 인과적 복잡성을 인정해야 한다.

둘째, 집행은 동태적이라서 시간이 지남에 따라, 그리고 연방 · 주 · 지방정부 등과 같이 정부 수준에 따라 달라진다.

셋째, 집행의 결과도 정부마다 상이하게 나타난다.

요컨대, 이들의 주장은 연구 대상과 방법론상에서 두 가지로 요약할 수 있다. 즉, 연구 대상에서는 정부 간(intergovernmental) 집행 현상의 차이를 설명하는 데 큰 관심을 가지며, 방법론상으로는 연구의 과학성을 제고하는 데 있다. 이들 학자는 이 두 가지 분야는 앞선 두 세대의 연구들이 간과했거나 취약했던 부분이라고 하면서 제3세대 연구의 장점으로 내세우고 있다.

이들은 연구의 과학성을 높이기 위해, 변수에 대한 명확한 개념 정의, 변수들의 인과 관계 구축, 그리고 경험적 측정을 위한 변수의 조작화를 해야 하며, 인과모형에서 도출된 가설들을 경험적으로 검증해야 한다고 한다. 아울러 횡단면설계와 시계열설계를 동시에 사용하는 등 연구 과정에서 측정과 방법론상의 다중성을 강조한다. 예컨대, 주들 간의 집행 변이를 설명하기 위해서는 적어도 3~4개의 정책사례에 대해 50개 주에 걸쳐 최소한 10년 이상 관찰 또는 측정할 것을 권하고 있다.[5)]

사바티어(Sabatier, 1992: 67–69)는 기본적으로 제3세대 집행연구론의 주장에 동의하지만 여기에도 문제점은 있다고 말한다. 그는 제3세대 연구론자들이 저서의 결론 부분에서 방법론상 중요한 몇 가지 제안을 하고 있지만, 고긴 외(Goggin et

5) 그러나 이러한 연구 방법에 대해, 공동 저자인 오툴(O'Toole, 2000: 272)조차도, 현실적인 제약이 없다면 더 없이 좋은 연구설계이지만, 매 변수마다 3(정책)×50(개 주)×10(개년)=1,500개의 관찰치가 필요한데, 현실적으로 이것을 충족시키기는 어렵다고 말한다.

al., 1990)의 연구에서 나타난 변수의 실제 조작화 수준은 사바티어와 마즈매니언(Sabatier & Mazmanian, 1983)이나 레스터와 보우먼(Lester & Bowman, 1989) 외와 같은 제2세대 연구에 비해, 높다고 볼 수 없거나 오히려 열악한 수준에 머문다고 비판한다.

사바티어는 또한 이들이 제시하고 있는 주정부들 간 집행의 차이에 대한 의사소통모형(communication framework)도 장점과 한계가 함께 있다고 한다. 이 모형이 집행 과정의 하향식 구조화, 주정부 간 변이, 그리고 조직 행태 등에 관한 연구들을 합리적으로 통합했다는 점과, 그리고 정부 단위 간 상이한 집행 양태를 거부(defiance), 연기(delay), 전략적 연기(strategic delay), 순응(compliance)으로 나눈 부분은 긍정적으로 평가할 수 있다고 한다.

그러나 제3세대 집행연구론에서 고긴 외가 제시하고 있는 정부 간 집행모형에는 기본적으로 하향식 접근 방법에 치중한다는 큰 한계가 있으며, 기타 부수적인 문제점에 대해 다음과 같이 지적하고 있다.

첫째, 이 모형은 연방 법령을 주정부가 집행하는 것을 주로 다루고 있는 반면, 주정부나 지방정부가 연방정부로부터 자율성을 갖는다는 점과 이것의 효과에 대해서는 간과하고 있다.

둘째, 집행에 중대한 영향을 미치는 변수인 정책대상집단의 목표와 전략들을 완전히 무시했다.

셋째, 이 모형은 단일하고 지배적인 연방 법령을 가정하기 때문에, 정책대상집단의 행태에 영향을 미치는 다중적인 법 체계와 시장적 유인책의 중요성을 강조하는 시장론자들의 비평을 무시하고 있다.

넷째, 이 모형은 하나의 주정부 내에서 일어나는 정치적 압력의 다양성을 개념화 또는 조작화하는 능력이 미약하다는 문제가 있다.

3 집행 연구의 평가와 전망

정책집행에 관한 문헌들을 살펴본 결과, 연구의 흐름이나 종합적 평가를 시도한 연구들은 대체로 10년 간격으로 나타났다. 1970년대 초 프레스먼과 윌다브스키

(Pressman & Wildavsky, 1973)의 연구가 집행 연구에 대한 점화였다면, 1970년대의 집행 연구를 종합 검토한 것이 나카무라와 스몰우드(Nakamura & Smallwood, 1980)의 연구로 볼 수 있다. 그리고 10년 뒤인 1990년에 집행 연구에 대한 종합적 분류와 비평을 시도한 한 것이 고긴 외(Goggin et al., 1990)의 연구라고 할 수 있다. 또한 그로부터 10년 후 집행 연구를 전체적으로 평가하고 향후의 전망까지 논한 것으로 오툴(O'Toole, 2000)의 연구를 꼽을 수 있겠다.

이상에서 살펴본 바에 의하면, 집행 연구는 이론이나 방법론적으로 아직 성숙한 단계에 들어섰다고 보긴 어렵다. 오히려 정책집행 연구에 대해서는 일찍부터 그것을 새로운 연구 영역으로 보는 것에 대한 회의적 견해도 대두된 바 있어 집행 연구의 정체성마저 흔들린다고 볼 수도 있다.[6]

그리고 최근에는 20여 년 간 진행되어 온 집행 분야의 연구가 그간 모든 개념적, 이론적, 그리고 방법론적 노력에도 불구하고 여전히 모호하거나 또는 진전 없이 맴돌고 있다는 견해도 나타난다. 이에 관한 대표적 학자로서 드레온(deLeon, 1999)을 들 수 있는데, 그는 집행 연구가 현재의 구조화된 집행에 대해 아무런 발상의 전환이 없으며, 또한 집행의 성공에 관한 일상적 현상은 배제하면서 예외적인 실패 사례에 집중하는 것이 상습화되어 집행 연구를 편향시켰다고 한다.

집행 연구에 대한 이러한 비관적 견해에 대해, 오툴(O'Toole, 2000: 282－284)은 먼저 정책집행이 공공관리나 공공정책의 핵심적 탐구 분야는 아니라고 해도, 일부 학자가 연구의 활성화를 위해 꾸준히 노력을 해왔고, 또한 현실은 과거와 마찬가지 수준에서 여전히 정책집행에 대한 유효한 지식들을 요구하고 있다는 점에서 사라지는 연구 분야가 아니라고 한다.

그래서 오툴(Laurence J. O'Toole, Jr.)은 최근의 집행에 관한 연구를 살펴본 결과, ① 문제 의식을 확장하고 있고, ② 더 이상 실패 사례에만 매달리지 않고 있으며, ③ 민주적 정향(democratic orientation)에도 관심을 가지고 있고, ④ 상향식 접근 방법이나 연역적 방법이 보완되는 등 방법론적 문제점도 개선되고 있다는 점에

6) 김병준은 이를 '집행 연구의 처녀지(virgin territory)관'이란 표현으로 논하고 있다. 집행 연구의 처녀지관은 프레스먼과 윌다브스키가 1973년의 저서에서 "몇 편의 연구를 제외하고는 정책집행에 관한 분석적 노력은 찾아볼 수가 없다"는 주장에서 시작된 것인데, 왈도(D. Waldo)의 표현을 빌린다면 "공원을 산책하던 아이가 그 안에 있는 연못을 발견했다고 주장하는 것"이나 다름없는 것으로 비판할 수 있다는 것이다(김병준, 1984: 487－490).

서 집행 연구가 모든 질문에 대한 완전한 답을 줄 수는 없겠지만, 어떤 명칭으로 불리든 집행에 관한 연구는 활발하게 살아 있다고 한다.

제 6 절 • 정책집행 영향 요인

그동안 이루어진 정책집행에 관한 많은 연구는 정책집행의 어려움, 복잡함, 그리고 이것이 정책 결과에 미치는 영향들을 논의하는 과정에서 각각 나름대로 다양한 영향 요인을 언급하고 있다.

마즈매니언과 사바티어(Mazmanian & Sabatier, 1983: 4)에 의하면, 정책집행 연구의 주제는 하나의 정책이 형성되고 난 후 실제 무엇이 일어나는가를 이해하려는 것이라고 한다. 여기에는 권위 있는 공공정책 지침이 공포되고 난 후 일어나는 프로그램 관리 노력뿐만 아니라, 이것이 사람이나 사건들에 미치는 실질적 영향에 관한 모든 사항과 행위들을 포함하는 것이다. 즉, 정책집행 연구는 프로그램에 대한 책임을 지고 있는 행정부서와 기타 연루된 모든 행위자의 행태에 영향을 주면서, 아울러 프로그램의 궁극적인 결과에도 영향을 주는 정치·경제·사회적 다양한 힘들의 작용 현상을 분석하는 것이라고 한다.

그래서 이들은 문제 취급의 용이성, 법령의 집행구조화 능력, 그리고 집행에 영향을 주는 비법령적(非法令的) 변수라는 세 가지 범주를 제시하고 이들 각 범주에 모두 17개의 변수를 포함한 정책집행 분석모형을 구성하고 있다. 그러나 이 연구의 문제점은 구체적 법령만을 정책으로 본다는 면에서 정책 현상을 시나치게 제한히고 있다는 점이다.

스미스(T. B. Smith)는 정책집행 과정을 구성하면서 영향을 미치는 요인으로, 이상화된 정책(idealized policy), 정책대상집단, 집행조직, 환경적 요인을 들고 있다(Smith, 1973).

반 미터와 반 혼(Van Meter & Van Horn, 1975: 445-487)도 정책집행의 주요 변수로, 정책의 기준과 목표, 자원, 조직 간의 의사전달과 추진 활동, 집행기관의 성격, 정치·경제·사회적 상황, 그리고 집행자의 성향을 들고 있다. 이들 연구의 공헌은 집행자의 성향을 중요한 변수로 부각시켰다는 점이다.

한편, 에드워즈(George C. Edwards, Ⅲ)는 집행에 영향을 주는 중요한 변수를 커뮤니케이션, 자원, 성향(dispositions), 관료적 구조의 네 가지라고 하고, 이들의 상호작용 관계를 나타내는 모형을 제시하고 있다(Edwards, 1980). 그러나 에드워즈는 정책집행에 관한 연구가 곧 관료제에 관한 연구라고 주장하듯이 그가 제시하고 있는 집행 영향 요인이 관료제 내부 요인에 국한하고 있다는 점이 한계다.

안해균(1997: 424-438)은 성공적인 정책집행의 고려 요인으로서, 정책집행 체제 내부 요인에 정책목표, 자원, 내·외부 조직구조, 집행 담당자, 집행 절차를 포함시키고 있으며, 정책집행 체제 외부 요인에는 정책집행과 관련된 문제 및 집단의 특성, 사회경제적 여건과 기술, 문화적 특성, 대중매체의 관심과 여론의 지지, 정책결정기관의 지원을 포함시키고 있다.

정정길(1997: 10장)은 정책집행을 좌우하는 요인으로, 정책목표의 타당성, 수단의 합리성, 자원, 정책의 명확성과 일관성, 집행 체제의 복잡성, 집행조직의 분위기와 구조, 집행 절차, 집행요원의 능력과 집행 의욕, 정책결정 주체의 지원, 이해집단이나 언론 및 일반 국민의 태도, 대상집단의 순응 등을 들고 있다.

1 영향 요인의 범주와 상호관계

앞에서 보았듯이 집행에 영향을 미치는 요인은 무수히 많다. 그래서 가능한 영향 요인들을 열거하는 식으로 논술한다면 혼란스러울 뿐만 아니라 집행 현상을 체계적으로 설명하는 데 별로 도움이 되지 않는다. 체계화를 위한 하나의 시도로 이 책에서는 집행에 관련된 영향 요인들을 정책 요인, 집행자 요인, 정책 대상자 요인, 환경 요인이라는 네 가지 범주로 묶어서 살펴보기로 한다.

첫째, 정책 요인은 정책 자체의 내용이나 특성에서 오는 변수들을 포함한다. 이를테면, 정책의 구체성 정도나 다른 정책 분야와의 일관성 여부, 정책 유형적 속성 등이 있고, 아울러 정책이 대상집단에게 요구하는 심리적·금전적 비용이나 정책이 제공하는 편익의 크기나 범위도 중요한 사항이다. 여기서 심리적 비용이란 정책이 요구하는 행태 변화의 크기나 소요 시간과 관련된다. 기존의 행태를 새로운 것으로 변화하는 데 정책이 요구하는 변화의 폭이 클수록, 그리고 변화에 주어진 시간이 짧을수록 대상집단의 심리적 비용은 크고 이럴 경우 집행에 대한 저항이 야기되기 쉽다. 또한 정책을 수용할 때 대상집단의 입장에서 볼 때 추가되는 금전적 비용이 많이 들 때도 순조로운 정책집행이 이루어지기 힘들 것이다.

둘째, 집행자 요인에는 정책집행을 담당하고 있는 정부부처가 처한 상황이나 조직의 특성에 기인하는 변수들이 포함된다. 여기에는 집행에 필요한 자원의 규모와 확보 여부, 행정수반 등 고위층의 정책에 대한 관심과 지지도, 행정조직이나 집행 체계의 구조적 특징, 담당 공무원의 정책에 대한 순응도, 가치관, 성향 등이 해당한다.

셋째, 정책 대상자 요인에는 정책대상집단과 관련된 특성이 포함된다. 예를 들어, 정책대상집단이 정책의 목표, 내용, 절차 등에 대해 가치나 이념적으로 동의하지 않고 있다면 집행이 쉽지 않을 것이다. 한편, 대상집단이 아무리 정책에 대한 찬성 또는 반대라는 적극적 태도를 가지고 있다고 해도, 집단의 힘이 약하면 집행에 아무런 영향을 주지 못한다. 따라서 재정력, 조직 규모, 응집력 등으로 구성되는 이해관계 집단의 영향력도 고려되어야 할 변수다.

끝으로, 환경 요인이 있다. 여기에는 정책의 공급자와 대상자 어느 일방이 최소한 단기적으로 조작하거나 통제하기 힘든 변수들이 포함된다. 다수 정책의 집행에 전반적으로 영향을 미치는 거시적 요인이라는 성격을 띤다. 앞에서 언급한 세 가지 범주에 포함되는 요인들은 암암리에 개별 정책을 전제로 하며 적어도 해당 요인과 직접 관련되는 참여자가 일방적으로 변화를 줄 수 있는데 비해, 환경 요인은 그렇지 않은 것이 다른 점이다. 민주적 정권의 탄생과 같은 정권 변동, 국제통화기금(IMF) 외환관리 체제 돌입과 같은 경제적 변동, 정당・여론・매스컴의 관심과 지지가 환경 요인의 예라고 하겠다.

이상에서 언급한 네 가지 범주에 속하는 구체적인 집행 영향 요인과 이들의 상호관계를 요약하면 [그림 10-3]과 같다.

환경 요인을 제외한 세 가지 범주의 요인은 집행 과정에서 상호작용하는 관계에 있다고 본다. 예컨대, 정책의 목표나 내용의 명확성 여부는 집행자와 대상자의 행태에 영향을 줄 것이다. 반대로, 집행자와 대상자 측의 행동이나 사고 방식은 집행 과정에서 정책 자체를 변화시킬 수 있다. 집행조직의 가치관이 확립되어 있지

그림 10-3 정책집행 영향 요인과 상호작용

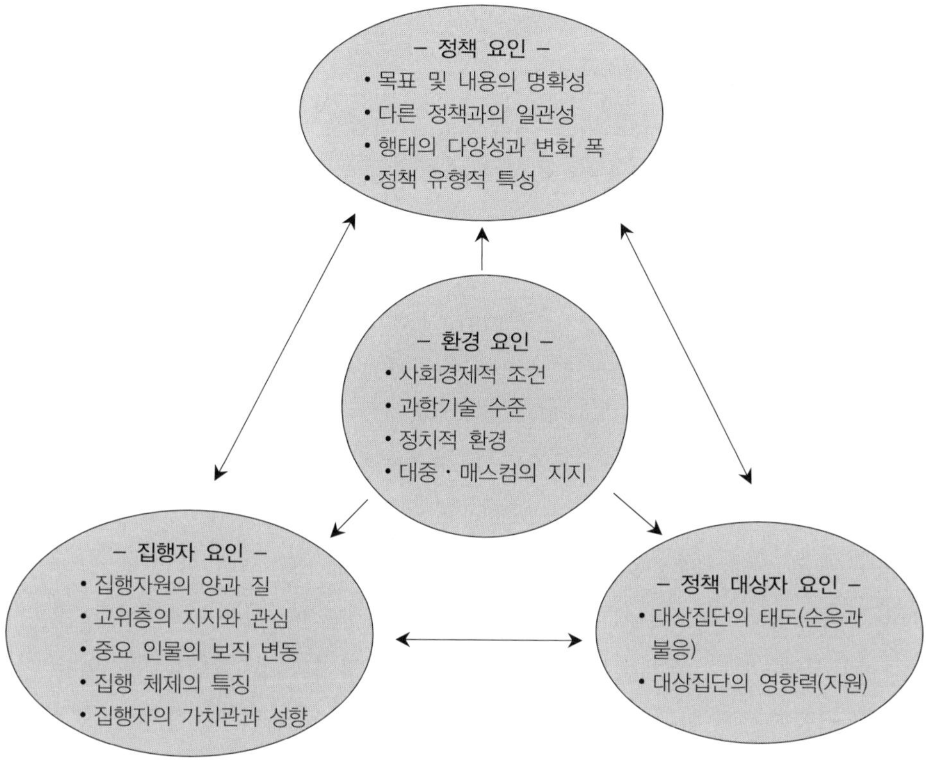

않다면 대상집단의 불응을 방치할 수도 있다. 반면에, 대상집단의 불응이나 집행조직에 대한 로비는 집행자의 태도나 집행자원의 확보에 영향을 줄 수 있다. 이와 같이 정책 요인, 집행자 요인, 정책 대상자 요인은 서로 영향을 주고받으며 집행 과정의 전체적 양상을 이끌어 간다고 하겠다. 그러나 환경 요인은 적어도 단기적으로는 이들 세 범주의 요인이 직접적으로 영향을 주거나 변화시키기 힘들다는 점에서 다른 요인들에 대한 일방적 관계로 설정할 필요가 있다.

2 정책 요인

1) 정책의 명확성

정책이 명확하다고 하는 것은 정책목표가 명확한 것뿐만 아니라 목표 달성에 동원되는 정책 수단도 명확해야 함을 의미한다. 이는 특히 정책집행 조직의 입장에서 볼 때 중요한 사항이다. 집행관료들이 법률의 입법 취지나 도달하고자 하는 바람직한 상태에 대해 명확히 알지 못하거나 또는 정책 수단들에 대해 명확한 지침을 부여받지 못한다면 집행 과정은 혼란에 빠질 수 있다.

이론적으로 볼 때 정책목표가 명확할수록 정책집행은 용이하다고 할 수 있겠지만 현실적으로 꼭 그렇다고 볼 수도 없다. 정책목표가 너무 뚜렷하고 구체적이면 정책의 수혜자와 피해자를 뚜렷하게 구분함으로써 집행 과정에서 피해자의 결집을 자극하고, 조직적인 저항을 야기함으로써 오히려 집행이 순탄치 않을 수도 있기 때문이다. 그렇기 때문에 다원주의 사회의 입법 과정에서는, 이익집단들의 다양한 요구와 의원들의 다양한 지역구 이해관계를 조화시키고 또 정책의 계급적 성격을 노출시키지 않기 위해, 정책목표를 추상적으로 표현하거나 상충적일 수도 있는 여러 목표를 포함하기도 한다. 그리고 구체적인 정책 수단의 선택 문제를 행정부에 떠넘기려는 경향도 나타난다.

2) 다른 정책과의 일관성

정책 내용이나 집행 수단에서 다른 정책과 상충하는 부분이 있다면 원활한 정책집행이 이루어지기 힘들다. 다른 정책 분야의 정책목표나 집행 수단과의 모순 관계는 하위 집행기관으로 내려갈수록 집행에 심각한 문제를 야기할 수 있기 때문이다. 예컨대, 공식적인 남북정상회담이 이루어졌고 이미 오래전부터 북한에 대한 무상 지원이나 각종 경제적 교류가 시행되고 있는 상황에서, 학생단체가 통일 염원 행사를 하면서 대학 캠퍼스 내에 태극기와 인공기를 나란히 게양한 사실을 국가보안법으로 처벌한다면 대북정책 집행에 상당한 혼란을 가져올 것이다.

또 다른 예로는, 정부가 수질오염 방지와 삼림 보호 등의 환경정책을 추진하면서도, 한쪽에서는 골프의 대중화를 선언하고 이를 위해 골프장 인가 기준을 대폭 완화함으로써 삼림 훼손을 부추기는 행위는 결국 환경정책의 집행과 갈등 관계에 놓이게 되는 것이다.

3) 정책이 요구하는 행태의 다양성과 변화의 정도

정책이 규제하려는 행태나 제공하려는 서비스가 다양하면 다양할수록 명확한 집행의 틀을 형성하는 것이 어려워지고, 나아가 일선 집행자의 재량이 많아질 수 있다. 재량이 많다는 것은 결국 같은 프로그램의 집행이 현지에 따라 또 일선 집행자의 판단에 따라 다양한 형태로 변모할 수 있음을 의미한다. 또한 정책이 요구하는 대상집단의 행태 변화의 폭이 크면 클수록 대상집단의 저항심리를 고조시켜 정책집행을 어렵게 할 수 있다(Mazmanian & Sabatier, 1983: 23－24).

규제하려는 행태의 다양성이 집행의 어려움을 가져오는 예를 들어보자. 2000년부터 시행하고 있는 의약 분업의 경우, 특정 병원과 특정 약국의 담합이나 독점적 거래를 방지하기 위해 약국의 개설 위치에 대한 제약 규정을 두었다. 하지만, 이것에 대한 단속이 제대로 이루어지지 않은 이유 중의 하나는, 담합을 의심할 수 있는 탈법적 행위에 관한 상황이 너무도 다양한데 이것들을 사전에 모두 규정에 포함시키거나 예시하기가 힘들다는 것이다. 물론 시행 초기의 이러한 혼란은 시간이 가면서 규정이 보완되고 아울러 탈법적 행태에 대한 사례가 축적되면서 집행 체계가 잡힐 수도 있겠지만 대응이 적절치 못하다면 정책 자체의 실효성을 상실할 수도 있다.

한편, 행태의 변화 폭이 너무 커서 정책집행이 어려운 사례는 우리나라의 경우 부가가치세가 아직 정착되지 못하는 경우를 들 수 있다. 그 중요한 이유 중의 하나가 영수증 수수가 생활화되어 있지 못한 우리나라 사업자나 소비자에게 이것을 요구하는 것은 지극히 큰 행태 변화라 하지 않을 수 없기 때문이다(채경석, 2000: 70). 즉, 국민 일반이 오랫동안 뿌리 깊은 타성에 젖어 있는 행태를 일거에 없앨 것을 요구하는 정책의 경우, 이를 이행치 않는 모든 사례에 대해 예외 없이 강력한 단속을 하는 것은 때로는 정치 · 문화적 저항에 직면할 위험도 있다. 과거 오랫동안 안전벨트를 착용하지 않는다거나 차량 정지선을 지키지 않는 것에 너무 익숙해 있던 한국 국민들에게 정책 시행 첫날부터 실질적인 단속을 한다면 반발이 적지 않을 것이다. 그렇기 때문에 이런 정책의 경우에 정부에서는 위반하더라고 주의만 주고 처벌하지 않는 이른바 계도 기간을 여러 차례 둠으로써 행태 변화의 일시적 충격을 분산시키는 전략을 취하곤 한다.

행태의 다양성으로부터 오는 집행의 어려움은 주로 집행자 쪽이 다양한 행태를 모두 다 규제하기 어렵다는 점에서 온다면, 행태 변화의 폭이 크거나 급격한 데에서 오는 집행의 문제는 주로 정책대상집단 쪽의 문화 · 심리적 타성으로 행태 변화를 수용하지 못한 데서 생긴다고 할 수 있다.

4) 정책 유형적 특성

정책 유형에 따른 집행의 특징은 이 책의 집행이론에 관한 장에서 설명되고 있으므로 여기서는 간단히 짚고 넘어가기로 한다.

주로 공공재의 공급과 관련되는 분배정책의 주된 특징은 제로섬(zero-sum) 게임 상황이 아니기 때문에 정책 시행으로 인해 얻는 자(the winners)는 있지만 잃는 자(the losers)는 없다는 점이다. 바로 이와 같은 특징 때문에 정책집행에서 집단 간 극한적 대립이 잘 생기지 않는다. 다시 말하면, "안 받아도 실질적으로 빼앗긴 것은 없다"고 볼 수 있으며, 또한 보조금 지원의 경우 "전혀 안 받는 것보다는 조금이라도 받는 것이 좋다"는 나눠먹기식(pork-barrel) 행태가 나타날 가능성이 높다. 그래서 분배정책의 경우 다른 정책 유형에 비해 상대적으로 집행 루틴의 확립이 용이한 편이다.

경쟁적 규제정책은 특정한 재화나 서비스를 경쟁적인 수많은 업자 가운데서 소수의 지명된 업자에게만 공급을 제한하는 형태다. 그러므로 분배정책과는 달리 정책집행의 결과 승자와 패자가 있게 되며, 분배정책과 보호적 규제정책의 혼합적 성격을 띤다. 정상적 상황에서는 집행이 비교적 순조롭고 큰 문제가 없는 편이지만, 강력한 외부 정치 세력의 개입, 목표를 달리하는 집행자의 등장, 기술적 상황의 변동, 피규제자 간 이익 대립 등과 같은 상황이 발생하면 평온한 집행 상태가 깨질 수 있다. 분배정책보다는 집행의 안정성이 상대적으로 적은 편이다.

보호적 규제정책은 다양한 민간 분야의 활동이 수행될 수 있는 조건을 설정함으로써 공중을 보호하기 위한 목적으로 행해지는 정책을 말한다. 이 정책이 분배정책이나 경쟁적 규제정책과 다른 중요한 물리적 특징은, 결정 내용이 분할될 수 없다는 점이다. 즉, 규제에 관한 일반적 규칙에 일정한 범위의 사람이나 조직은 모두 순응할 것을 요구한다. 이 정책 유형의 경우, 규제와 관련된 이익을 둘러싸고 관련 집단 사이에 갈등이 발생하기 쉬워 집행의 루틴을 확립하기가 상대적으로 어렵다. 한국의 경우, 2000년에 도입한 의약 분업 제도를 둘러싸고 의사회, 약사회, 보건복지부, 사회단체 등 참여자들 간의 장기간의 갈등과 논란이 집행의 어려움을 보여주는 예라고 하겠다.

재분배정책은 사회 또는 경제적으로 구분되는 사회계층 간에 부·재산·권리 등의 가치에 관한 소유 관계를 재구성하려는 의도를 가진 정책을 말한다. 따라서 규제정책과 마찬가지로 얻는 자와 잃는 자가 있게 마련이다. 그래서 다른 정책 유형에 비해 참여자들의 이익 갈등이 가시적이고 매우 첨예하다. 일반적으로 보수와 진보집단이 대립하는 이데올로기적 갈등 양상을 보이므로 재분배정책의 결정과 집행 과정 모두에서 순탄한 상황을 기대하기는 힘들다. 재분배정책의 집행 특징에 관해서는 한국에서 1997년 말 발생한 IMF 관리 경제위기 이후 진행되었던 구조조정 과정에서 노동자와 사용자집단 간에 나타나고 있는 갈등과 대립이 잘 보여주고 있다.

3 집행자 요인

이것은 정책집행을 담당하고 있는 정부나 관료조직에 나타나는 요인들이다. 여기에는 집행 자원의 규모와 확보 여부, 정책에 대한 정치 수뇌부의 관심과 지지, 행정조직이나 집행 체계의 구조적 특징, 정책에 대한 담당 공무원의 태도 등이 해당한다.

1) 집행자원의 양과 질

정책집행에서 무엇보다 중요한 변수는 집행에 필요한 자원의 확보다. 나카무라와 스몰우드(Nakamura & Smallwood, 1980: 55)는 자원의 예로 돈, 시간, 인력, 권력을 들고 있고, 에드워즈(Edwards, 1980: 53-82)도 유사하게 인력, 정보, 권위(authority), 시설 등을 열거하고 있다.

자원에서 가장 중요한 것은 무엇보다도 돈이다. 돈은 집행기관의 활동 경비를 지원할 뿐만 아니라, 집행에 필요한 재화와 용역을 조달하며, 집행 매개자들이 움직이도록 하는 인센티브의 기능도 할 수 있다. 그리고 대상집단에게 금전적 편익을 주는 등 집행에서 결정적인 자원이라고 할 수 있다. 또한 시간도 중요한 자원이다. 그러나 시간은 그것이 부족할 때 상반되는 두 가지 효과를 가질 수 있다. 하나는 시간이 촉박할 때 정책집행자가 신속하고 적극적으로 집행에 임한다면 집행에 긍정적 효과로 작용한다. 한편, 시간의 부족을 담당 공무원이 집행 불가능이나 자신의 태만에 대한 변명으로 사용할 경우 집행에 대한 부정적 효과로 나타날 것이다.

인적 자원(staff)도 중요한 집행자원이다. 인력의 경우, 절대적 양뿐만 아니라 요구되는 과업을 수행하기 위한 질적 능력도 고려하는 개념이어야 한다.

정보자원의 경우는 두 가지가 있다고 보는데, 하나는 정책을 어떻게 수행할 것인가에 관한 정보이며, 다른 하나는 정책집행에 연루되는 공무원들이 규칙이나 규제에 얼마나 순응하고 있는가에 대한 정보다(Edwards, 1980: 63-64). 집행 과정은 매우 동태적이므로 집행자 입장에서는 자신이 관여하고 있는 정책에 관한 정보와 대상집단에 대한 정보를 질적으로 양적으로 충분히 가질 수 있다면 효율적인 정책집행에 도움이 될 것이다.

한편, 보상과 처벌의 권한도 집행을 유인하거나 강제하는 효과가 있다는 점에서 하나의 집행자원으로 볼 수 있다. 예를 들면, 정책집행과 관련해 소환장이나 명령서를 발부한다거나, 프로그램의 기금을 삭감한다거나, 하위정부에 대한 기금·인력·기술의 지원이나 세금 징수와 같은 권한을 보유하는 것이 그것이다. 권한은 일반적으로 개인의 초자연적 능력이나 카리스마 또는 법에 의해 주어지기도 하는데 오늘날 바람직한 것은 법에 의한 합법적 권한(legal authority)이 바람직하며, 기타 개인의 카리스마나 세습에서 오는 권한 또는 학연·지연·혈연 등에 입각한 전통적 권한이 정책집행에 개입하는 것은 바람직하지 않다(안해균, 1997: 430).

자원과 정책목표에 초점을 맞추어 정책집행의 특징을 연구한 것으로 몬조이와 오툴(Montjoy & O'Toole, 1979: 465-476)의 연구가 있다. 이들은 정책목표의 명확성 여부와 자원의 확보 여부를 결합시켜 [그림 10-4]와 같은 네 가지 유형으로 집행의 특징을 논하고 있다. 이들은 미국회계검사원(GAO)이 발표한 정책집행에 관한 보고서 중에서 191개의 사례를 검토한 후 가장 효율적인 정책집행을 위해서는 당연한 이야기겠지만, 정책목표가 구체적이고 필요 자원도 확보가 된 B의 경우가

그림 10-4 몬조이와 오툴의 집행 유형

		기대되는 활동의 묘사	
		모호	구체적
새로운 자원	확보	A	B
	미확보	C	D

가장 바람직하다고 한다.

한 가지 흥미로운 것은 이들 연구자는 효율적 정책집행에 가장 나쁜 상황은 목표가 모호하고 자원도 부족한 C의 경우가 아니고, 목표는 구체적이지만 자원이 확보되어 있지 않는 D의 경우라고 한다. 다시 말하면, 목표의 명확성은 그 자체만으로는 효율적 정책집행에 중요한 조건이지만, 자원이 확보되지 못한 상황과 결부될 때는 도리어 목표가 구체적인 것이 집행조직의 입장에서는 더 곤란한 상황일 수도 있다는 것이다. 부여된 임무는 분명히 구체적으로 주어졌지만 새 과업에 대한 추가적인 충분한 예산을 배정받지 못한 집행조직은 아마도 집행 거부나 형식적인 집행의 행태를 취할 것이 분명하기 때문이다.

2) 고위공직자의 지지도와 중요 인물의 변동

고위공직자는 권력 엘리트와 행정 엘리트 모두를 포함하는 개념이다. 예컨대, 대통령, 수상, 국무총리, 장관, 여당의 고위층 등 사실상의 집권 수뇌부가 여기에 해당된다. 고위공직자는 개념상 당연히 집행자에 비해 계서제상의 고위층이거나 권력 엘리트라는 점에서 정책에 대한 그들의 높은 지지도와 긍정적 인지 내용은 집행의 장애물을 제거하는 등 정책집행에 큰 도움이 된다.

크너드와 매크런(Cnudde & McCrone, 1969: 858-860)도 정책 산출을 결정하는 요인들에 관해, 정당 간 경쟁도와 같은 '비개인적(non-individual)' 변수의 영향력이 매우 작은 상황에서는 오히려 정치적으로 중요한 인물들의 인지나 태도와 같은 '개인적' 변수가 큰 설명력을 가질 수 있다고 말한다. 이러한 견해는 한국과 같이 민주적 제도에서 오는 요인보다 대통령의 이념이나 집권 수뇌부의 정치적 이익에 따른 자의성이 두드러지는 체제의 정책집행을 설명하는 데 많은 시사점을 준다고 하겠다.

우리의 경우 예를 들면, 박정희 정권 시절, 국내 최초의 고속도로인 경부고속도로 건설계획이 발표되자 국제부흥개발은행(IBRD)을 포함한 국내·외 전문가들이 건설 능력에 회의적인 견해를 표명했다. 당시 한국의 상황을 고려할 때, 경제적으로나 토목기술로나 그러한 대규모 사업은 사실상 불가능하다고 보는 것이 객관적으로 옳은 평가였다. 그럼에도 불구하고 이 사업이 성취될 수 있었던 것은 거의 전적으로 박 대통령의 결단과 강력한 추진 의지 때문이었다. 이만큼 고위공직자나 정치 지도자의 관심과 열정은 어려운 상황에서도 정책집행을 가능하게 하는 중요한 요인이 된다.

한편, 정책사업을 초기부터 정책을 이끌던 인물이나 집단이 집행 과정에서 리더십을 계속 행사할 수 있다면 성공적인 정책집행에 도움이 된다. 이에 관한 예로, 프레스먼과 윌다브스키(Pressman & Wildavsky, 1973: 143-149)는 미국 경제개발처(EDA)의 오클랜드 지역 실업정책을 분석한 결과 정책실패의 한 원인으로, 초기부터 사업을 강력히 이끌던 상무부의 폴리(E. C. Foley)와 기타 주요 인물이 중도에 사업 현장을 떠났던 사실을 들고 있다.

3) 집행 체제의 특징

정책집행자가 집행과 관련하여 무엇을 할 것인지 알고 있고, 그리고 충분한 자원과 의욕을 가지고 있다 해도, 자신이 봉사하고 있는 조직의 구조로 인해 정책집행에 일정한 제약을 받을 수 있다. 이에 관해 표준운영절차, 집행조직의 분산 등의 관점에서 살펴보기로 한다.

에드워즈(Edwards, 1980: 125-144)는 집행 체제의 특징을 관료적 구조(bureaucratic structure)로 보는데, 이에 포함되는 중요한 요소로서 표준운영절차(standard operating procedure: SOP)와 관료적 분산(bureaucratic fragmentation)을 말하고 있다. SOP와 관료적 분산은 형성 배경이 다름에도 불구하고 모두 정책집행을 방해하는 요인이다.

(1) 표준운영절차

표준운영절차(SOP)란 제한된 시간과 자원에 대한 조직의 내부적 반응임과 동시에 널리 퍼져 있는 복잡한 조직들을 운영할 때 통일성을 기하려는 욕구에서 발전된 것이다.

이러한 표준운영절차는 특정한 상황에서 개별적인 판단작용을 덜어줌으로써 시간을 절약하는 이점이 있다. 또 표준운영절차는 애당초 이론적으로는 정책집행을 좀 더 수월하게 하려는 목적에서 고안된 것이다. 그러나 전형적이고 일상적인 상황에서의 관리를 위해 고안된 것이기 때문에 통상적이지 않은 상황에서는 비효율성과 현상 유지 성격으로 인해 정책집행을 방해할 수 있다. 따라서 SOP는 위기상황에서 때때로 집행조직으로 하여금 상층부의 의도와 다른 행동을 취하게 하는 원인이 되기도 한다. 또한 새로운 정책의 경우 변동 지향적 성격으로 인해 조직 행태도 변화할 것을 요구할 가능성이 높은데, 이러한 경우 SOP는 조직 행태 변화를 가로막는 요인이 될 수 있다.

(2) 관료적 분산

관료적 분산이란 특정 분야의 정책집행과 관련하여 집행 담당 조직 외에 많은 참여자가 있기 때문에 생기는 권한과 책임의 분산을 말하는데 집행조직의 분산과 같은 의미다. 여기서 말하는 많은 참여자란 상부기관, 이익집단, 의회의 상임위원회, 각급 정부의 법령과 규정 등을 포함하는 것으로 볼 수 있다.

관료적 분산이 정책집행에 장애가 된다는 것은, 한 개의 정책에 더 많은 행위자와 기관이 연루될수록, 그리고 그들 각각의 결정이 더욱 독립적일수록 성공적인 정책집행의 가능성은 줄어든다는 것을 의미한다.

집행조직의 분산이 집행에 미치는 문제점을 요약하면 다음과 같다.

첫째, 분산이 집행에 미치는 가장 나쁜 결과는 협동과 조화를 어렵게 한다는 것이다. 즉, 집행기관들마다 활동에 대한 우선순위가 다르며 또 각 기관의 관료들은 행동할 때 다른 기관의 관료들과 협조하기를 싫어하는 경향이 있기 때문이다.

둘째, 분산은 집행 과정에서 희소한 자원을 낭비하게 한다. 공공서비스를 공급할 때 중첩과 이중성(overlap and duplication)은 정보를 한 기관에게만 과도하게 의존하는 위험을 줄여주는 이점은 있으나, 대개의 경우 재원과 인력을 낭비하는 결과를 가져온다.

셋째, 분산으로 인해 좁아진 각 기관들의 시야는 집행 시에 더러 중요한 업무가 어느 조직에도 속하지 않은 채 허공에 방치되는 결과를 가져올 수 있다. 또한 좁은 시야는 각 기관의 업무 수행에서 융통성을 적게 하는데 이것은 결국 변화를 요구하는 새로운 정책집행을 거부하고 기존의 관행에 집착하려는 문제를 야기한다.

프레스먼과 윌다브스키(Pressman & Wildavsky, 1973: 143-149)도 정책집행에 개입하는 의사결정점(decision points)을 최소한으로 하는 것이 성공적인 집행에 도움이 된다고 했다. 이들이 말하는 의사결정점은 앞에서 에드워즈가 말하고 있는 관료적 분산이나 나카무라와 스몰우드(Nakamura & Smallwood, 1980: 54)의 행정적 거리(administrative distance), 마즈매니언과 사바티어(Mazmanian & Sabatier, 1983: 27)의 계서적 통합(hierarchical integration)[7] 개념들과 맥락을 같이한다고 볼 수 있다. 즉, 결재나 승인 또는 협조를 거쳐야 하는 지점(기관)이 많을수록 정책집행이 중단되거나 지체할 가능성은 그만큼 높아지기 때문이다. 예컨대, 오클랜드 사업[8]의 경우 9개의 독립된 기관으로부터 승인을 받아야 했는데, 이러한 상황은 신속하고 원활한 사업 운영을 어렵게 만들었다고 한다.

4) 집행자의 가치관과 성향

집행 담당자의 가치관이나 성향(disposition)이 집행에 큰 영향을 줄 수 있다는 견해를 제기한 대표적 연구는 반 미터와 반 혼(Van Meter & Van Horn, 1975: 445-487)이다. 이들은 집행 과정에 참여하는 사람들이 결정된 정책을 묵묵히 실천만 하는 존재가 아니라 피가 통하는 한 인간이라는 점을 강조하고 있다. 성향은 집행자가 정책집행의 제반 변수들에 대해 판단하고 여과하는 것과 관련된 심리적 상태를 의미하며, 정책이 성과로 전환될 가능성을 최종적으로 확정하는 중요한 기능을 한다. 이를 구성하는 구체적 요소에는 정책의 전체적 의도에 대한 집행자의 인식 정도, 정책의 구체적인 기준과 목표에 대한 인식과 태도, 성향의 강도 등이 포함된다.

---

7) 이들은 정책집행기관 간의 계서적 통합의 정도는 정책목표를 달성하는 데 연루되는 거부/허가점(veto/clearance points)의 수와, 정책에 대한 순응을 이끌어 내기 위해 사용되는 유인과 제재의 정도에 의해 결정된다고 한다.

8) 미국 연방정부의 경제개발처(Economic Development Administration: EDA)가 1966년 캘리포니아 오클랜드 지역의 높은 실업률을 해소하기 위해 시행했던 프로젝트다.

에드워즈(Edwards, 1980: 89-119)는 집행에 영향을 미치는 집행자의 성향에 대해 집행자의 재량, 정책에 대한 파벌적 관점, 그리고 조직의 이익과 관련지어 논의하고 있다.

집행자는 일반적으로 상당한 재량을 가지게 되는데, 그 이유는 상급기관에서 오는 의사전달이 간혹 불명확하거나 일관성을 결여하기 때문이다. 또한 대부분의 집행자는 상관으로부터 어느 정도의 독립성을 누리기 때문이기도 하다. 집행에 대한 재량을 어떤 방향으로 행사할 것인가에 영향을 주는 것으로 파벌주의(parochialism)와 조직이기주의를 들 수 있다.

집행조직이나 집행자의 의식에 내재하는 파벌주의는 인력을 충원할 때 기존 조직에 동조할 수 있는 사람을 뽑는 경향에서 생기거나 또는 같은 계통의 부서에서 오랫동안 근무하여 생긴 좁은 시야 때문에 만들어지기도 한다. 통상적으로, 파벌주의는 조직 목표와 이것의 달성에 필요한 접근 방법을 받아들이지 않는 구성원에게는 승진과 보직 임명에 불이익을 줌으로써 이것을 유지하려는 경향을 띤다. 파벌적 관점은 또한 외부적인 요인에서도 생성되는데, 행정부서가 입법부의 관련 상임위원회나 이익집단과 오랜 관계를 맺음으로써 이들 사이에 상호 보상 체계가 형성되어 나타나는 현상 유지적 성향이 그 예다.

한편, 정책집행자의 이념이 진보적 또는 보수적인가의 문제도 집행에 대한 중요한 변수다. 특히, 발전도상국의 경우 정치·행정 상황이 끊임없는 개혁의 연속선상에 있다. 따라서 많은 정책이 변동 지향적 내용을 담고 있는데, 이때 집행 공무원이 정책의 이념이나 목표에 대해 동의하고 있는가는 정책의 성패를 가르는 중요한 변수라고 하겠다.

다음으로, 집행자의 태도가 적극적이냐 소극적이냐가 중요하다. 집행 상황은 매우 동태적이라고 할 수 있는데 만일 예측하지 못한 상황에 처했을 때 소극적 성향의 공무원은 법규 중심적이거나 관리 지향적 태도를 취하겠지만, 적극적인 성향의 공무원은 문제 해결 중심적인 태도를 취함으로써 집행의 난관을 극복하려고 할 것이다. 물론 후자가 정책집행의 효율성에 기여하는 바가 더 크다.

집행자가 주어진 정책목표와 정책 수단에 동의하고 있다면 처음에 정책결정자가 의도했던 방향으로 정책을 집행할 가능성이 높다. 그러나 개인적 도덕관, 이념적 성향, 파벌주의와 같은 요인들 때문에 동의하지 않는 부분이 있다면 집행자는 정책결정자가 의도한 정책을 어떤 형태로든 변화시키려고 할 것이다. 변질되는 형태로는 ① 목표나 수단이 옳지 않다는 이유를 들어 집행을 거부함, ② 집행과 관련된 위원회를 구성하지만 위원회 소집을 미룬다거나, 기공식을 성대히 거행하지만 실제로 착공하지 않는 위장 집행, ③ 정책 내용 중 일부만 골라 집행하는 선택적 집행, ④ 예산이나 인원 등의 부족을 이유로 계속해서 집행을 미루는 경우 등이 있다.

집행 담당자가 정책집행에 대해 호의적이지 아니할 때 정책결정자나 상부기관이 할 수 있는 대응으로는 다음과 같은 것이 있다(Mazmanian & Sabatier, 1983: 28).

첫째, 새로운 정책에 대해 호의적인 정책 정향을 가지고 있거나 높은 우선순위를 부여하는 기관에 집행을 맡기는 것이다. 이러한 방법에서도 제일 좋은 것은 정책을 담당할 기관을 신설하는 것이다.

둘째, 집행의 최고 책임자를 정책목표를 지지하는 사회 부문에서 선정하도록 법령에 규정하는 방법이 있다. 예를 들면, 미국 주정부의 토지 이용 담당 기구에 관한 몇몇 연구는 선거에 의해 선출되는 공무원이 주정부가 임명하는 공무원보다 일반적으로 토지 개발을 수용하는 자세가 더 높음을 보여주고 있다.

4 정책 대상자 요인

1) 대상집단의 태도: 순응과 불응

대상집단의 태도는 다른 말로 표현한다면 대상집단의 정책 지향(policy orientation)이라고 할 수 있다.

정책을 지지하는 집단 쪽은 법령이 통과될 초기에 존재했던 광범위한 대중적 지지가 소멸하지 않도록 이들을 응집력 있는 조직으로 전환하여, 중요한 결정이 있을 때 의회·행정수반·집행 담당자에 의해 정통성 있고 필요한 참여자로 인정받는 것이 중요하다. 한편, 정책 반대집단은 전문가들을 동원하여 집행기관에 반대 주장을 전달하거나 집행과 관련된 어떤 결정에 불만이 있으면 사법 절차를 밟을 수도 있다. 일반적으로 정책 반대집단은 찬성집단보다 더 오래 집행 과정에 개입하는 경향이 있다.

관련 집단의 태도가 집행에 영향을 주는 요인임에 틀림없는데, 태도는 정책을 얼마나 지지하는가와 이것을 얼마나 외부로 적극 표명하는가의 두 측면으로 구분할 수 있다. 전자를 태도의 방향성이라고 한다면, 후자는 태도의 행동성이라고 하겠다. 태도의 방향성과 행동성을 결합할 경우 다음과 같은 몇 가지 상황이 있다. 찬성하는 집단만 적극적으로 활동하는 경우, 반대하는 집단만 적극적인 행위를 하는 경우, 찬성집단과 반대집단 모두 적극적으로 개입하는 경우, 양 집단 모두 개입하지 않는 경우로 나눌 수 있다. 찬성집단과 반대집단 모두가 적극적으로 개입하는 경우가 갈등이 가장 크기 때문에 집행이 가장 큰 어려움을 겪게 된다.

정책을 둘러싸고 이해관계가 대립적인 두 집단에 관한 예로는 노동정책을 둘러싼 노동자집단과 사용자집단을 들 수 있다. 기본적으로 노동자집단은 '분배의 논리'를, 사용자집단은 '성장의 논리'를 따르고자 할 것이다. 사용자는 원천적으로 이윤 극대화를 목표로 하기 때문에 저임금, 높은 노동 강도, 장시간 노동을 근간으로 주장을 펼 것이고, 노동자는 통상적으로 높은 임금과 좋은 근로 조건을 요구할 것이다. 이러한 각 집단의 태도는 노사관계 정책의 결정 과정뿐만 아니라 집행 과정에서도 계속 이어진다.

일반적으로 정책은 집행 과정에서 대상집단이나 개인의 행태 변화를 요구하는데, 이를 수용하지 않는 경우를 정책에 대한 불응(noncompliance)이라고 한다. 물론 행태 변화가 궁극적인 정책 효과에 대한 충분 조건은 아니지만 적어도 필요 조건이라는 점에서 정책에 대한 대상집단의 순응은 중요하다.

정책이 의도했던 결과의 진정한 성취 여부와 관련해서 두 가지 질문이 있다고 본다. 하나는 정책대상집단의 행태가 의도했던 쪽으로 변화되었는가에 관한 것이고, 또 하나는 이러한 행태 변화가 의도했던 정책 효과를 궁극적으로 가져왔는가다. 쿰스(Coombs, 1981: 53-61)는 불응의 문제는 앞의 질문에 관련된다고 하며, 불응의 원천으로 의사전달, 자원, 정책, 행동, 권위라는 다섯 가지를 제시하고 있다.

다음에서는 쿰스(Fred S. Coombs)의 견해를 참고하여 불응의 원인을 살펴보기로 한다.

(1) 커뮤니케이션 오류

정책으로 처방된 내용을 정책 대상자 개인이 잘 모른다면 그 사람의 행태가 변할 수 없다. 정책 내용이 너무 전문적이거나 또는 공공문제에 관심이 없는 경우 정책을 이해하지 못함으로써 불응이 생길 수 있다. 오늘날 이러한 종류의 불응은 국민들의 평균 교육 수준이 높아지고 매스컴의 자세한 보도로 인해 점차 감소하는 경향이 있지만, 한편에서는 정책문제의 복잡성과 공공문제에 대한 무관심도 증가하여 의사소통의 오류는 여전히 남아 있다.

한편, 정책 자체가 내포하고 있는 본질적인 모호함이 불응의 원인이 되기도 한다. 포괄적인 내용을 가진 형태로 결정된 정책의 경우, 일반적으로 어떤 개인들이 포함되는지 또는 어떤 상황에서 어떤 행태가 요구되고 있는지를 명확히 밝혀 놓지 않는다. 그런데 이러한 정책이 집행 과정에 들어가면 앞의 불분명한 사항들을 둘러싸고 참여집단들 사이에 오해가 생김으로써 정책을 수용하지 않으려는 기류가 형성될 수 있다. 정책이 모호하게 되는 원인으로 나카무라와 스몰우드(Nakamura & Smallwood, 1980: 34－39)는 기술적 제약, 개념적 복잡성, 연합 형성(coalition building)[9]을 들고 있다.

(2) 자원의 부족

개인이나 집단이 정책을 받아들일 때 소요되는 자원이나 능력이 부족한 경우 불응이 생긴다. 여기서 말하는 자원에는 예산, 시간, 기술, 인적 자원 등이 모두 포함된다. 정책결정자가 새로운 정책을 시달하면서 지방정부나 대상집단의 자원과 능력을 고려하지 않거나 새로운 자원 수요에 대한 공급 대책을 세우지 않는 경우 이러한 유형의 불응이 생기기 쉽다. 특히, 이러한 형태의 불응은 국회에서 유권자를 의식한 정치인들이 선거 때 남발한 공약을 이행하기 위해 무분별하게 정책이나 법령을 통과시킨다면 발생할 가능성이 높다.

예를 들면, 맑은 공기와 밝은 물을 누리고자 하는 환경정책의 목표 그 자체에 대해서는 반대하지 않지만, 공장 폐수처리시설의 의무화로 인해 시설비와 유지비에 많은 비용이 소요되는 해당 기업체들은 오염물질 정화시설의 설치를 회피하거나 가짜 시설을 설치할 수 있다. 또는 실제로 제대로 된 시설을 설치했다고 해도 운영비 부담 때문에 감시의 눈을 피해 시설을 가동하지 않을 수도 있다.

9) 이 중 연합 형성에서 오는 것은 정치적이고 의도적이란 점에서 특이하다. 즉, 권위 있는 당국자들은 정책을 만들 때 정치적 적대자나 선거구민들에게 더 잘 받아들여지게 하려는 의도에서 어떤 핵심 사항은 의도적으로 모호하게 만드는데, 이는 정치 과정에서 다수 연합 형성을 쉽게 하는 효과가 있어서 정책이나 법령의 입법부 통과를 용이하게 한다.

자원의 부족을 호소하면서 불응을 하는 경우 그것의 진실성을 제대로 밝힐 필요가 있다. 대상집단이 정책목표에는 원천적으로 찬성하지만 정말 예산 부족으로 인해 순응하지 못하는 것인지, 아니면 실제로는 정책 자체를 거부하면서 이를 감추기 위해 자원 부족을 핑계대는지를 잘 구분해야 할 것이다.

(3) 정책에 대한 불만

정책 자체에 대한 불만으로 집단이나 개인이 정책을 거부할 수 있다. 이러한 종류의 불응은 다시 두 가지 형태로 나눌 수 있는데, 정책목표에 대한 불만과 결과 산출의 믿음에 대한 불만이 그것이다.

첫째, 목표에 근거한 불응은 대상집단이 정책목표 자체를 반대하거나 희소한 자원에 비추어 볼 때 제시된 정책목표의 우선순위를 낮게 평가할 때 나타난다. 예컨대, 인종차별 폐지정책에서 백인 학부모들이 자녀들을 통학버스에 승차시키지 않는 이유는 인종차별 폐지라는 정책목표 자체에 반대하기 때문이다. 그래서 이러한 유형의 불응은 가치에 대한 갈등이고 원칙의 문제이기 때문에 단기간에 갈등이 해소되기 힘들다는 특징을 띠는데, 전통적인 집행불응 사례 대다수가 이 경우에 해당한다.

둘째, 결과 산출의 믿음에 대한 불만은 정책목표가 문제되는 것이 아니고, 정책이 처방한 수단이나 행태가 과연 정책목표를 달성할 수 있는가에 관한 문제다. 즉, 정책결정자가 제시한 정책 수단과 그것이 의도하는 정책 효과 간의 인과 관계를 정책 과정 참여자들이 동의할 수 없을 때 불응이 야기된다. 이러한 종류의 불응은 요구되는 행태와 정책 효과 간의 인과적 관계를 지지하는 새로운 근거나 전문적 의견을 이용한 설득으로 어느 정도 해소할 수 있다.

(4) 행태 변화의 부담

많은 경우 정책은 대상집단이나 개인에게 기존의 행동을 변화하거나 새로운 행동을 요구함으로써 부담을 주게 된다. 그러한 행태상의 부담을 개인이 귀찮아 하거나 감당하기 어려운 경우 정책에 대한 불응이 발생한다. 특히, 정책이 금지 또는 규제하는 행태가 너무 다양하거나 변화의 폭이 클수록 이러한 유형의 불응이 발생할 가능성은 더욱 커진다.

정책이 대상 개인에게 주는 부담은 경제적인 것, 육체적인 것, 심리적인 것으로 나눌 수 있다. 경제적인 부담은 앞에서 언급한 자원의 부족으로 인한 불응에 해당한다고 본다. 육체적 부담의 예는 도로에서 무단 횡단을 하는 경우와 불법 주차에서 나타난다. 횡단보도나 지하도를 이용하는 것이 육체적으로 귀찮고 또 목적지에서 먼 곳에서 주차하고 걸어가기 싫기 때문이다. 그리고 심리적 부담 때문에 생기는 불응은 관습이나 타성을 변화시키기 어려운 경우에 생긴다. 시속 70km로 주행하라는 도로교통법의 요구가 연료도 절약하고 안전 운행에도 도움이 되는 것을 운전자들이 알고 있지만, 오랜 타성으로 인해 느린 속도를 인내하기 힘들어 준수하지 않는 경우가 그 예다.

(5) 정책당국의 정통성

불응의 마지막 원인으로, 정책결정 당국의 정통성을 인정하지 않는 경우를 들 수 있다. 이는 정책 자체보다는 그러한 정책을 결정한 사람이나 조직 또는 이들의 배후에 있는 세력들이 도덕적 또는 법률적으로 정당하지 못하다는 믿음에 기인한다.

이에 관한 예로, 쿰스(Coombs, 1981: 59)는 미국 연방대법원의 높은 권위가 1960년대의 미국 남부의 학교 인종차별 폐지정책에 대한 순응도를 높였다는 점을 들고 있다. 반대로, 1974년 석유수출국기구(OPEC)의 수출 금지 조치 때 닉슨(Richard M. Nixon) 행정부가 행한 에너지 절약정책이 큰 호응을 얻지 못한 것은, 당시 폭로되었던 워터게이트(Watergate) 사건으로 인해 닉슨 행정부의 정통성이 취약했기 때문이라고 한다.

한국의 경우, 제5공화국 말 대통령 직선제를 거부한 정부 방침에 대해 많은 국민이 저항한 것도 근본적으로는 전두환 정권의 정통성을 인정하지 않는 심리가 국민 의식 밑바닥에 깔려 있었기 때문이다. 또 간혹 검찰이나 국세청의 조사에 대해 야당 등 관련 단체가 정치적 탄압이라는 이유를 내세워 조사에 불응하는 경우도 밑바닥에는 '정치검찰'에 대한 불신이 숨어 있는 것이다.

2) 대상집단의 영향력

대상집단의 태도(정책 지향)가 어떠하든, 이것이 정책집행에 미치는 실질적 효과의 정도는 결국 이들 집단이 다른 참여자에게 행사할 수 있는 영향력의 크기에 좌우된다. 집단의 영향력 구성 요소는 많겠지만 자주 거론되는 요소는 다음과 같다.

첫째, 재정력과 조직력이 매우 중요한데 이는 집단이 그들의 이익을 실현하기 위해 정책결정 과정에 개입하는 경우 기본적으로 돈과 사람이 필요하다는 의미다. 돈은 집회, 시위, 논리 개발, 로비 등과 같이 다양한 곳에 사용함으로써 정책집행 과정에서 집단의 영향력을 증대시킨다. 한편, 사람에서 나오는 힘은 머리 수라는 양적 요소와 유대감이라는 심리적 요소가 결합한 것으로 이를 '조직력'으로 개념지을 수 있다. 재정력에서 오는 집행 과정에서의 영향력을 알아볼 수 있는 지표로는 단체의 재정 규모, 재정자립도, 지출 내역 등을 들 수 있다. 한편, 조직력의 경우는 조직 규모, 조직률, 응집력[10] 등을 구체적 지표로 볼 수 있다.

둘째, 권력자원 또한 중요하다. 이는 집행에 관한 중요 결정을 내리는 공직자나 이들에게 영향력을 행사할 수 있는 정치권의 유력 인사 등에게 접근할 수 있는 수단이란 점에서, 엄밀히 말하면 '권력에 접근할 수 있는 자원'을 말한다. 권력자원의 확보를 위해 평소 정치권 등 유력한 인사들과 이익단체의 임원들이 골프모임 등 사교 관계를 유지하고, 정치 후원금을 내며, 정책 관련 주무부처의 고위관직에서 퇴직한 사람을 임원으로 영입(co-optation)하는 등 다양한 방법이 사용된다.[11]

한국의 경우, '연줄'이라고 하는 중요한 요인이 있는데, 이는 정부기관과의 유대관계가 높은 집단일수록 그렇지 못한 집단에 비해, 더 효과적으로 정책집행에 영향을 끼친다는 것을 의미한다(안해균, 1997: 435). 그런데 연줄이나 로비에 의한 영향력 행사는 매우 은밀하게 이루어지기 때문에 정책집행에 대한 이들의 효과를 객관적으로 측정하는 것은 쉽지 않다.

한편, 공개적인 방법으로 정책결정 통로에 접근하는 방식에는 권력 수준과 대중 수준이란 두 범주가 있다(김영래, 1987: 248). 권력 수준에서 이루어지는 활동으로는 ① 건의안이나 청원서를 정부기관에 접수함, ② 정부가 주최하는 간담회나 회의에 참석하여 집단의 주장을 표명, ③ 관련 공무원을 초청하는 간담회나 회의 개

10) 조직 규모는 가입 회원의 숫자로 볼 수 있고, 조직률은 전체 가입 대상자에 대한 실제 가입 회원의 비율로 측정할 수 있다. 또 응집력(cohesiveness)은 가입 회원들 간의 이익 공감의 수준과 지도부에 대한 평회원들의 신뢰 수준(리더십 수준)으로 볼 수 있는데 전체 회원 대비 행사 참여율이나 회비 납부율 등이 이에 대한 간접 지표로 사용될 수 있다.

11) 2008년 초 이른바 삼성특검에서 밝혀진 삼성그룹의 정치인, 법조계, 공무원, 언론인 등에 대한 연중무휴 전방위적 불법 로비는 이익집단 권력자원의 위력을 실감케 하는 사례다.

최 등을 들 수 있다. 그리고 대중 수준에서 이루어지는 영향력 행사에는 ① 결의문이나 성명서의 발표, ② 세미나, 공청회, 강연회 등 개최, ③ 대중매체나 인터넷을 통한 홍보활동 등이 포함된다.

셋째, 물리적 집단행동 역시 영향력 행사의 중요한 수단이다. 이는 사회적 혼란이나 충격을 가져오는 대규모 집단행동을 말하며, 정책집행을 지지 또는 거부하는 각종 행동 중에서 가장 적극적인 것으로 볼 수 있다. 집단적 시위는 평화적이고 합법적인 경우도 있지만 때로는 불법적이고 폭력적인 형태로 발전하기도 한다. 후자의 예로는 미국의 경우, 1960년대 초반과 1992년 로스앤젤레스에서 발생한 흑인 폭동, 그리고 한국의 경우는 1980년 4월 강원도 사북에서 발생한 동원탄좌 광부 대파업, 1996년 12월 노동법 개정에 대한 노동계의 총파업 등이 여기에 해당된다.

특히, 폭력적인 집단행동은 정책 과정에서 소외 · 핍박받는 집단이 정상적 통로로는 그들의 이익이나 주장을 정책 과정에 투입시킬 수 없을 때 극한 상황에서 선택하는 마지막 수단으로 볼 수 있다. 평화적 시위를 넘어서 나타나는 폭력적 집단행동은 대체로 군중심리에 의한 감정적이고 자연 발생적인 특성을 띠는데 정치 · 사회적으로 큰 충격을 주어서 정책집행의 변화를 넘어 아예 정책 자체를 중단시키는 위력도 가진다. 그러나 정책 변화가 있다고 해도 언제나 집단행동을 일으킨 측에 유리한 방향으로 정책 변화가 이루어진다는 보장은 없다. 정책집행상의 변화가 저항집단의 분노를 완화시키려는 일시적인 기만책에 불과할 가능성도 있기 때문이다.

5 환경 요인

앞에서 말한 세 가지 요인과 지금부터 언급하게 될 환경 요인을 구분할 수 있는 기준은 통제의 정도에 있다. 즉, 앞의 요인들은 정책 담당자와 정책대상집단 어느 한쪽이 마음먹기에 따라 어느 정도 변화를 줄 수 있는 것들이지만, 환경변수는 적어도 단기적 차원에서 볼 때 정책 참여자 어느 누구도 조작하기 힘든 변수라는 점이다.

마즈매니언과 사바티어(Mazmanian & Sabatier, 1983: 30-35)가 집행에 영향을

주는 비법령적 변수(nonstatutory variables)로 언급하고 있는 변수들 중에서, 사회경제적 조건과 기술, 언론의 관심, 대중적 지지 등을 환경적 요인으로 볼 수 있다.12)

1) 사회경제적 환경 및 과학기술

기술의 변화를 포함한 사회경제적 상황의 변동은 다음과 같은 방식으로 정책집행에 영향을 줄 수 있다고 본다.

첫째, 사회경제적 조건의 변화는 새로운 정책 수요를 만들어 낼 뿐만 아니라 이미 존재하는 사회문제들의 중요성에 대한 정책적 우선순위를 변화시킬 수 있다. 이러한 변화는 기존의 다양한 정책들에 관련된 자원 배분 상태를 변동시키는 계기로 작용함으로써 정책집행에 영향을 줄 수 있다. 예컨대, 1997년 말 한국이 겪었던 IMF 관리 경제위기와 같은 국가부도 사태가 도래하면 기존의 각종 정책집행이 중단되거나 축소·변경되는 등 큰 변화에 직면하게 된다.

둘째, 사회경제적 조건에서 지역적 편차도 성공적 정책집행에 영향을 준다. 광역시와 일반시, 그리고 농촌지역에 따라 재정 규모나 재정자립도, 나아가 문화·산업적 특성이 다를 수 있다. 지역 간 있을 수 있는 사회경제적 환경의 차이를 고려하지 않고 획일적인 집행을 하면 문제를 야기할 수 있다. 만일 지역에 따른 집행의 융통성을 부여한다면 집행의 결과도 지역에 따라 달라질 수 있다. 현지의 실정을 고려한 집행의 재량성을 인정한다면 이는 결국 환경이 집행에 영향을 미치는 결과로 볼 수 있다.

셋째, 경제구조가 더욱 분화되고, 국민소득과 평균 교육 수준이 높아지면 이전에 간과했던 정책 분야에 대한 관심이 고조되면서 관련 분야의 정책집행에 변화를 가져올 수 있다. 예컨대, 환경 보호, 소비자 보호, 산업 안전에 관한 규제정책은 사실상 기업 측에서 보면 생산성이라는 개념에 별로 달갑지 않은 규제들이다. 그런데 환경 보호와 소비자 및 노동자 권리에 대한 국민들의 인식에 변화가 있다면 이것은 국정과제에서 이들이 차지하는 우선순위를 변동시키는 결과로 나타난다. 국민

12) 이들이 제시한 집행에 영향을 미치는 비법령적 변수에는 이외에도 관련 집단의 태도와 자원, 상부기관의 지지, 집행 담당자의 전념과 리더십도 있는데, 이것들은 이 책의 내용에서 볼 때 대상자 요인과 집행자 요인 등에서 다루어진 내용이다.

의식 수준의 질적 변화는, 이전에는 단속 규정은 있었으나 처벌 규정이 없어서 사문화되다시피 한 정책도 단속과 처벌을 포함한 적극적 집행으로 이어질 수 있다.

넷째, 환경오염 예방과 같이 과학기술과 깊이 관련되는 분야의 정책집행은 기술의 소유나 발달 수준에 영향을 받는다. 예를 들면, 석탄에서 유황질을 추출할 수 있는 비교적 저렴한 기술이 개발되어야 화력발전소 등에 대한 공해방지정책의 집행이 실효를 거둘 수 있는 것이다(유훈, 1987: 308). 또 CCTV나 위성 위치 추적장치의 발전이 범죄 단속에, 그리고 스마트폰 기술의 발달이 가짜 양주 단속에 사용되는 것도 과학기술의 발달이 정책집행에 영향을 주는 예다.

2) 정치적 환경

정책집행에 영향을 주는 정치적 환경 요인은 정치문화적 요인과 정치적 사건으로 나누어 볼 수 있다.

정치문화적 요인은 오랜 기간 체질화된 전통문화, 이념, 가치관 등의 의식 차원과 이에 기초하여 형성된 정치 운영 방식을 포함하는 개념이다. 문화는 장구한 세월 동안 형성된 것이므로 단기간에 쉽게 변하지 않는 매우 안정적인 특성을 가진다. 그래서 문화는 국민들의 정신과 심리 저변에 깊이 스며들어 있어 일반 국민의 태도와 행태를 포괄적으로 규정짓는 요인이라고 할 수 있다.

하위 문화로서 정치문화는 정치 체제 구조, 운영 방식, 관료의 행태를 규정할 뿐만 아니라, 나아가 언론의 자유나 여론의 향방에도 저변에서 광범한 영향을 준다. 권력의 부패 가능성을 감안하여 삼권분립 등 견제와 균형을 강조하는 민주주의 사상과, 난시 위정자의 현명함과 도덕정치를 강조하여 결국 (봉건적) 권위주의에 기초하는 유교사상은 정책집행 과정에 분명 다른 방식으로 작용한다. 권위주의 체제에서는 정책집행의 실패가 여론과 집행 현장의 현실을 적절히 감안하지 않는 하향적 추진에 기인하는 경우가 많다면, 민주주의 정치 체제에서는 분권화로 인한 수많은 의사결정점과 참여의 과도화로 인한 절차적 비효율성이 정책집행의 장애 요인이 될 수도 있다.

비민주적 정치 체제에서는 정책집행이 하향식 접근 방법(top-down approach)의 특징을 띨 수 있고, 민주정치 체제에서는 상향식(bottom-up) 특징이 더 나타날 수 있다.

하향식 접근 방법에서는 정책결정자의 영향력을 과신하고 그래서 집행상의 문제는 사전에 집행 단계에서 발생하는 불확실성을 정책의 설계 및 채택 단계에서 충분히 고려하지 못한 데서 비롯된 것이라고 본다. 그래서 성공적인 정책집행의 조건으로 구체적인 법령과 계획, 결정과 집행의 분리, 집행의 비정치성과 기술성 등을 강조한다. 한편, 상향식 관점은 정책결정자가 집행 과정에 관여하는 모든 변수를 통제할 수 없다고 본다. 그래서 집행상의 문제는 집행 현장의 문제점을 반영하지 못했거나 일선 공무원에게 재량권을 주지 않아서 발생하는 것으로 본다. 성공적인 정책집행의 조건도 집행의 정치적 성격, 일선관료의 역할, 민주성, 집행의 진화적 성격 등을 들고 있다.

권위주의와 민주주의 정치문화에서 각각 나타날 수 있는 상기와 같은 집행의 특징은 나카무라와 스몰우드(Nakamura & Smallwood, 1980: 111-144)가 집행자의 재량을 중심으로 정책결정자와 집행자의 관계를 유형화한 연구와 유사한 측면이 있다. 즉, 정책집행자의 재량이 상대적으로 적은 고전적 기술자형이나 지시적 위임형은 앞서 말한 하향식 접근 방법에 해당하고, 집행자의 재량이 상대적으로 많은 재량적 실험형이나 관료적 기업가형은 상향식 접근 방법과 맥락을 같이하는 것으로 볼 수 있다.

정책집행에 작용하는 두 번째 정치적 환경 요인은 중요한 정치적 사건의 발생이다. 예컨대, 정권 교체나 국회 다수당의 변동, 범국민적 저항운동, 정치지도자 암살 등 일시에 정치적 세력 판도가 크게 바뀌는 경우가 해당한다. 이러한 사건이 발생하면 대체로 집권층이 발상을 전환하거나 새로운 권력이 등장함으로써 정책집행의 여러 모습이 대폭 변할 수 있다. 문화적 요인은 집행에 대해 장기적이고 점진적인 영향을 미친다면, 정치적 사건의 효과는 단기적이고 단절적인 양상으로 나타난다.

이상에서 정치적 환경에서 달리 나타날 수 있는 집행의 양상을 논의했는데, 하향식 대 상향식, 고전적 기술자형 대 관료적 기업가형 중 어느 것이 절대 우수하다고 볼 수는 없고 대상집단과 정책의 특성에 따라 판단하는 것이 좋다. 또한 정치적 사건의 발생이 현존의 정책집행에 어떤 효과를 미칠 것인가도 기존 권력이나 새로 진입한 세력이 어떤 국정철학이나 수행 능력을 가지는가에 따라 좌우될 것으로 보아야 한다.

3) 일반 대중 및 매스컴의 관심과 지지

오늘날 대중매체는 사회문제나 이슈를 일반 대중 및 정치 엘리트가 인식하도록 연결시켜 주는 매개변수적 역할을 한다. 매스컴이 정책 관련 사건을 보도하지 않거나, 보도하더라도 어떤 논조에서 하는가, 그리고 그것을 얼마나 오랫동안 지속하는가 등은 사건과 이슈에 대한 대중 및 정책 엘리트의 관심과 생각에 큰 영향을 미친다.13)

큰 사건이 발생했을 때, 이에 대한 매스컴의 보도는 정책집행에 대한 대중들의 관심도나 방향을 좌우할 수 있다. 특정 정책에 대해 한동안 멀어졌던 대중들의 관심이 관련 사건이 재발함으로써 다시 고조되어, 집행예산 증액이나 정책 우선순위 향상 등 해당 분야 정책집행에 긍정적 효과를 가져올 수 있다. 반면, 특정 사건이나 이슈에 대한 매스컴의 집중 보도는 반사적으로 기존의 다른 정책에 대한 대중적 관심이 멀어지는 결과를 가져오기도 한다.

다른 조건이 동일하다면, 특정 정책에 대해 일반 대중과 매스컴의 관심과 지지가 높고 또 그것이 지속될수록 성공적 정책집행에 도움이 된다고 말할 수 있다. 그러나 현실적으로 일반 대중의 관심이 항상 긍정적 방향으로 나타나는 것은 아닐 것이다. 특정 정책에 대한 일반 대중의 관심은 다음과 같은 네 가지 형태가 있다.

① 대중이 무관심한 경우

이것은 특정 정책과 그것의 집행에 대해 대중들이 별로 관심을 보이지 않는 형태인데, 정책이 상대적으로 작은 집단이나 특정 지역에 적용되는 경우에는 일반 국민이 별 관심을 갖지 않을 확률이 크다. 예를 든다면, 1980년대 중반부터 시작된 청주국제공항건설사업의 집행 과정에서 계획안이 수차례 바뀌는 등 온갖 우여곡절을 겪으면서 십수 년이 지난 후 완공되었는데 그 집행 과정에서 일반 국민은 특별한 관심을 보이지 않았다. 이런 경우, 국가적 사업임에도 불구하고 정책사업의 관심 영향권은 전국적이지 않기 때문에, 집행 과정에서 발생하는 장애나 논란을 극복

13) 그러나 오늘날 전통적 형태의 매스컴이 갖는 위력은 점차 약화되어 가는 측면이 있다. 최근 대중적 기반을 확보한 인터넷과 스마트폰 등은 그동안 정보 취득을 공인된 주요 매체에 일방적으로 의존하던 대중에게 쌍방적 통신을 가능하게 하고, 이를 통해 전통 매스컴의 일방적 지배에서 많이 벗어나게 해주고 있다.

하는 데에 중앙정부의 정책 당국자는 그리 큰 부담을 느끼지 않는다.

② 대중이 호의적으로 큰 관심을 갖는 경우

이러한 유형의 예로는 금융실명제의 집행을 들 수 있다. 국민 대다수가 경제활동의 투명성과 탈세 및 부패 방지 차원에서 압도적으로 지지하는 분위기였기 때문에, 전격적인 도입에도 불구하고 기득권 세력의 반발이 적극적으로 제기될 수 없었다. 또한 2001년 김대중 정부 당시 논란이 있었던 언론사 세무조사 및 추징금 부과 사례의 경우도 해당 언론사들과 보수 성향의 야당이 이를 언론 탄압이라고 비난했지만, 여론은 세무당국의 조치에 대해 지지를 하고 있었다는 점에서 원칙대로 집행이 이루어지는 데 긍정적 작용을 했다. 이 경우가 정책 당국자의 입장에서는 가장 집행에 유리한 상황이라고 할 수 있다.

③ 대중적 반감이 큰 경우

여기에 해당되는 사례로는, 1997년 말 외환 관리위기로 촉발된 각종 구조조정과 관련하여 막대한 공적 자금이 투입된 바 있는데, 대다수 국민은 자금 집행의 공정성과 효율성에 대해 상당히 부정적 시각을 가지고 있었다. 이러한 대중적 관심은 향후 해당 분야 정책집행의 투명성과 효율성을 제고하는 데 기여했다. 결정된 정책을 여론의 반감이 뒤엎어 버린 또 다른 사례는 2008년 초 이명박 정부 출범 내각 인선 문제였다. 당시 '고소영', '강부자' 등으로 표현된 장관 후보자들의 불법 땅투기, 논문 표절 등 부도덕한 행적들은 부정적 여론을 발화시켰고, 결국 국회 인사청문회도 열기 전에 환경부, 여성부, 통일부 장관을 비롯한 다수의 고위공직 후보자들이 낙마하는 결과로 나타났다. 이러한 유형의 경우 대중적 반감을 무시하고 정책집행을 밀어붙이기에는 너무 정치적 부담이 크기 때문에 결국 집행을 철회하거나 대폭적인 정책 수정이 불가피해진다.

④ 국민 여론이 찬반으로 나뉘는 경우

이러한 경우의 사례로는 1990년대 말에 있었던 영월지역의 동강댐 건설계획이나, 서해안 새만금 간척사업의 집행 과정에서 국민들의 찬반 의견이 분분했던 것을 들 수 있다. 이와 같이 여론이 어느 한쪽으로 쏠리지 않고 나뉘어 나타나는 경우를 보면 흔히 전문가집단 사이에서 먼저 의견이 나뉠 때 이에 영향을 받아 생기는 것으로 보인다. 이와 같이 대중의 견해가 갈린 상황에서는 집행기관이 중요 사항에 대해 어떤 결정을 내리는 데 많은 심리적 부담을 느끼게 된다. 대중적 반감이 지배적인 ③ 유형의 경우는 여론에 대한 대응을 늦추는 것이 부담으로 작용하기 때문에 당국이 정책의 철회나 수정을 할 때 상대적으로 빨리 결정할 가능성이 있다. 이에 비해서 ④ 유형의 경우는 정책당국이 특정한 쪽으로 결론을 내리는 것이 고민스러워서 여론의 추이를 계속 눈치보느라 시간을 끄는 경향이 있다. 이에 따라 집행이 지연되고 이것으로 인한 사회적 비용도 증가한다.

이 장에서 설명한 정책집행과 그에 대한 영향 요인에 관한 내용을 간추려 본다면 다음과 같다.

첫째, 정책 자체 요인과 관련해서 보면, 정책의 목표나 내용이 명확하고, 다른 정책과 상충하는 부분이 적으며, 정책이 통제하려는 행태의 다양성과 행태 변화의 정도가 크지 않을 때 집행이 순조롭게 이루어질 가능성이 크다. 또한 정책 유형에 따라 집행 과정의 양상이 달라지는데, 일반적으로 분배정책, 경쟁적 규제정책, 보호적 규제정책, 재분배정책 순으로 순조로운 집행에 대한 장애 요인이 많아진다고 할 수 있다.

둘째, 집행자 요인, 즉 정책당국과 관련된 요인에서 볼 때, 자원이 충분하고, 고위공직자의 관심과 지지도가 높으며, 집행 관련 중요 인물이 중도에 교체되지 않는 것이 원만한 집행에 도움이 된다. 또한 집행기구 내에 형성되어 있는 표준운영절차(SOP)나 루틴(routine)을 과도하게 적용하거나 집행에 관한 권한과 책임이 분산될수록 효율적인 정책집행을 방해할 가능성이 크다. 한편, 집행 담당자가 정책에 대해 호의적 태도를 가지며, 업무 수행에 대한 개인적 자신감과 진취적 성향을 가진다면 정책집행이 순조로울 것으로 본다.

셋째, 정책 대상자 요인과 관련해서 볼 때, 대상집단의 순응도가 높을수록 순탄한 정책집행에 도움이 된다. 그러나 복수의 대상집단 간에 정책에 대해 찬성과 반대하는 태도가 갈리는 경우에는 집단 간 갈등 때문에 정책집행이 가장 큰 어려움을 겪을 것이다.

넷째, 환경 요인은 단기적으로 특정 개인이나 집단에 의해 변화되거나 통제될 수 없는 요인이란 점에서 앞의 세 범주의 요인과 구별된다. 또 앞의 요인들에 비해 정책집행에 대한 영향력이 간접적이고 포괄적이라는 특징을 띤다. 사회경제적 조건이나 기술의 발달이 특정한 정책의 집행을 촉진하거나 수월하게 한다. 예컨대, 국민경제가 좀 더 분화되고 대상집단의 경제력이나 학력 수준이 높아질수록 비생산적인 비용을 부과하는 법령(예컨대, 환경이나 인권 보호를 위한 규제)의 집행이 용이해진다. 그리고 폐쇄회로 TV의 개발과 위성 위치 추적장치 등은 주차 단속이나 범죄 단속 등의 정책집행에 큰 도움이 되고 있다.

정치적 환경과 관련해서는 정치문화와 정치적 사건들이 정책집행에 영향을 준다. 권위주의 정치문화는 민주적 정치문화보다 상층부 정책기구가 집행 과정에 큰 권력을 행사하게 된다. 정권교체, 정치지도자의 암살이나 사망, 반정부 시위 등과 같은 정치적 사건도 중요한 요인이며, 여론이나 매스컴의 관심 역시 중요한 환경적 변수라고 할 수 있다.

결론적으로, 성공적인 정책집행이 사회문제의 해결에 대한 충분 조건은 아니지만 필요 조건임은 분명하다. 물론 여기서 말하는 '성공적 정책집행'이란 정책결정자나 집행자가 처음에 세웠던 집행계획대로 추진되는 것을 의미하는 것은 아니다. 실질적인 사회문제 해결에 도움이 된다면, 집행 현장에서 정책 내용뿐만 아니라 집행 방식도 수정되는 것을 전제로 하는 개념이며, 그럴 때 집행의 능률성은 물론 정책이 의도했던 목표도 달성할 수 있을 것이다.

책은 사회 내 개인 또는 집단 간에 서로 다른 영향을 끼치게 되는데 이로부터 정책을 둘러싸고 사회구성원 간에 대립·갈등이 발생한다. 이런 경우, 사회 안정에 대한 궁극적 책임을 지고 있는 정부가 일방적으로 정책을 강행하는 것은 바람직하지 않다. 정부는 구성원들의 갈등을 논리적 설득과 정치적 조정을 통해 타협을 이끌어 낼 의무를 진다. 이러한 과정에서 사회구성원이 신뢰할 만한 객관적 자료나 정보가 필요한데 이는 정책평가를 통해 얻을 수 있다.

정책평가의 세 번째 동기는 지적 호기심에서 찾을 수 있다. 사회과학자들이 정책수단과 그 결과에 관한 인과적 사실 관계를 과학적 방법을 통해 규명하려는 관심은 직업적 본능이라고 할 수 있다. 이와 같이 학문적 동기에서 행해진 평가연구 결과가 앞에서 언급한 평가의 실용적·정치적 차원에서 활용되는 것은 흔한 일이다.

정책평가를 하는 동기가 어디에 있든, 관련되는 활용 목적을 위해서는 질 높은 정보나 자료가 평가를 통해 얻어져야 한다는 것은 자명하다. 정책평가를 통해 얻으려고 하는 정보의 종류로는 다음과 같은 것들이 있다.

첫째, 정책이 해결하려고 하는 사회문제의 본질, 규모, 범위, 양태 등을 제대로 파악하기 위한 정보가 있다. 사회문제를 잘못 해석한 상태에서 능률적이고 효과적인 정책 수단을 강구하는 것만 노력한다면, 그것은 이른바 제3종 오류(type Ⅲ error)를 범하는 것이다. 그런데 문제를 잘못 인식하게 되는 이유는, 사람들마다 정치적 이념이나 가치관 또는 준거 기준(frame of reference)이 달라서 발생하는 경우도 있고, 문제의 사실적 부분에 대한 정보의 양과 질이 부족해서 비롯될 수도 있으며, 때에 따라서는 개인적 또는 정파적 이익을 위해 의도적으로 문제의 본질과 상태를 왜곡하는 경우도 있을 것이다.

둘째, 정책이 추구하는 또는 가져온 어떤 결과나 상태에 관한 정보를 얻고자 한다. 여기에는 정책이 내세우고 있는 목표의 구체적 내용은 물론 정책이 가져온 사회 변화나 문제 해결의 크기에 대한 사실적 정보가 속한다.

셋째, 사회문제를 해결하는 방식에 관한 정보, 다시 말하면 목표 달성에 필요한 정책 수단에 관한 지식을 얻고자 한다. 여기에는 정책 수단의 효율성이나 추정되는 정책 효과와 수단 간의 인과 관계에 관한 지식 등이 포함된다.

요컨대, 정책평가는 정책문제 인식에 대한 평가, 정책 결과에 대한 평가, 정책수단에 대한 평가로 나누어 볼 수 있다. 넓은 의미의 정책평가 연구는 이 세 범주를 모두 포함하겠지만, 일반적으로 첫 번째인 문제 인식 부분은 본격적인 정책평가 영역에서 제외하고 있다.

제 2 절 정책평가 유형

1 평가 유형에 대한 선행 연구

정책평가의 종류를 알아보는 것은 큰 틀에서 정책평가를 이해하는 데 도움이 된다. 정책평가의 유형에 대한 본격적 관심이 어디서 시작되었는지 정확히 말하기는 힘들지만, 정책평가를 크게 형성적 평가(formative evaluation)와 총괄적 평가(summative evaluation)로 나눈 스크리븐(Scriven, 1967; 1991: 20)의 견해가 정책평가 유형에 관한 초기 연구로서 자주 언급되고 있다는 점은 분명하다. 스크리븐(M. Scriven)에 의하면, 형성적 평가는 정책을 개선할 수 있는 자리에 있는 누군가가 필요한 정보를 얻기 위해 하는 평가이고, 총괄적 평가는 정책을 개발하는 이외의 사람, 즉 관찰자나 의사결정자 등이 정책에 대한 가치판단을 위해 수행하는 평가라고 말한다. 간단히 비유한다면, 요리사가 수프를 맛본다면 이는 형성적 평가이고, 손님이 수프를 맛보는 행위는 총괄적 평가로 볼 수 있다. 이러한 분류는 평가의 목적(또는 기능)이란 기준에서 나눈 것이다. 형성적 평가는 정책의 개선(improvement)이란 목적, 그리고 총괄적 평가는 정책의 사정(assessment)이란 목적에서 수행된다고 보고 있다.

미국정책평가학회(Evaluation Research Society)가 제시한 여섯 가지 정책평가 유형도 자주 소개되는 내용이다. 해당 학회가 제시한 정책 유형은 ① 착수 직전 분석(front-end analysis), ② 평가성 사정(evaluability assessment), ③ 과정평가(process evaluation), ④ 효과성 또는 영향평가(effectiveness or impact evaluation), ⑤ 프로그램과 문제 모니터링(program and problem monitoring), ⑥ 메타평가 또는 평가종합(meta-evaluation or evaluation synthesis)이다(Chelimsky, 1985: 9-11).

그러나 정책평가학회가 제시한 평가 유형은 분류 체계를 발견하기 힘든 예에 해당한다. 즉, 이들 분류는 어떤 기준을 가지고 나누었는가를 알 수 없다. 예컨대, ①과 ③은 정책 과정의 단계에 따라 나눈 것으로 보이는 반면, ②와 ④는 평가의 목적과 관련된 분류다. 또한 ⑤와 ⑥은 평가 대상이 무엇인가에 따른 분류다. 또한 ③과 ⑤는 보통 집행 과정에서 이루어진다는 점에서 중복된다. 이렇게 한 세트의 정책평가 유형 내에 다양한 분류 기준이 동시에 사용됨으로 인해 분류의 목적을 충족할 수 없게 된다. 즉, 하나의 사례가 오직 한 개의 유형에 배타적으로 속해야만 이론적으로 좋은 분류인데, 위와 같은 정책평가 분류 방식이라면 하나의 정책평가 사례가 여러 개의 유형에 동시에 속하게 된다.

서치맨(Suchman, 1974: 61-67)의 경우, 프로그램의 성공 여부를 평가하는 기준으로 다섯 가지 범주를 제시했다. ① 노력(effort), ② 성과(performance), ③ 성과의 적절성(adequacy), ④ 능률성(efficiency), ⑤ 과정(process)이 그것인데, 이것도 앞의 경우와 유사한 문제점을 가지는 것으로 볼 수 있다.

로시, 프리먼과 립시(Rossi, Freeman, & Lipsey, 1999: 63)는 평가의 유형으로 ① 수요평가, ② 프로그램이론 평가, ③ 프로그램 과정평가, ④ 영향평가, ⑤ 능률성 평가를 들고 있다. 수요평가(needs assessment)는 정책의 수요를 판단하기 위해 사회문제의 본질, 크기, 분포 상태 등을 알아보는 것이다. 프로그램이론 평가는 프로그램의 개념화와 설계에 대한 질문에 답하는 것이고, 프로그램 과정평가는 프로그램 운영, 집행, 그리고 서비스 전달에 대한 평가로 보고 있다. 영향평가(impact assessment)는 정책의 산물(outcome)과 영향에 대해 탐구하는 것이고, 능률성 평가는 프로그램 비용과 비용-효과에 관한 질문에 답하는 것이라고 한다.

이상의 정책평가 유형들은 분류의 기준을 제시하지 않거나 혼합된 상태에서 항목을 나열하고 있다는 점에서 공통적인 문제점을 가지고 있다.

이에 비해 분류의 기준을 제시하면서 정책평가의 유형화를 시도하는 연구도 있다. 김준한(1999: 238)은 정책평가의 역사적 전개 과정을 검토하고, 이를 통해 정책평가의 개념을 재정립하는 과정에서 정책평가의 순수형으로 감사(audit), 프로그램 평가(program evaluation), 점검(monitoring)을 도출했다. 현실적으로 나타나는 정책평가의 형태는 이들 순수형의 변형된 형태라고 한다. 감사는 회계감사와 직무감찰로 구성되며, 이는 평가 중에서 제도화의 역사가 가장 오래된 형태로서 책무성 확보가 주된 목적이다. 프로그램 평가는 정부활동의 효과에 주된 관심을 가지고 있으며, 이는 정부활동의 지속, 확대 또는 축소 여부에 대한 결정, 즉 정책형성에 도움을 주기 위한 것이라고 한다. 또 점검은 비용통제 등 정책집행의 개선이 주된 목적으로 이루어지는데, 이에 필요한 정보나 지식을 프로그램 운영자들에게 제공한다는 이점이 있다고 한다.

이 밖에 평가자가 누군가에 따라서 자체평가, 내부평가, 외부평가로 나누는 경우도 있다.

자체평가는 정책집행을 담당하는 기관에서 정책이 의도했던 효과가 나타나는지, 또는 정책이 계획한대로 집행되는지를 알아보기 위해 하는 평가다. 내부평가는 정책집행 조직의 상부 감독기관이나 정부 내의 감사 전담기구에서 정책을 평가하는 경우가 해당된다. 외부평가는 행정부의 외부에서 정책을 평가하는 경우인데, 대학이나 민간부문의 연구소나 전문가팀이 평가하는 경우를 들 수 있다. 아울러 입법부가 국정감사 등을 통해 정책을 평가하는 경우도 외부평가로 분류할 수 있다. 평가 결과의 객관성이라는 점에서 볼 때, 일반적으로 외부평가가 가장 우수다고 할 수 있다. 그러나 외부 전문가의 경우 평가를 위해 필요한 정확한 자료를 충분히 얻을 수 있는가에 대해서는 어느 정도 약점이 있다. 왜냐하면, 평가 결과에 대한 부담 때문에 정책 담당 부서가 자신들에게 유리한 자료만 제공하려 한다거나 자료를 왜곡할 가능성을 완전히 배제할 수는 없기 때문이다.

2 평가의 기본 분류 체계

첸(Chen, 1996)은 앞에서 말한 스크리븐의 분류 방식이 기타 다양한 형태의 평가활동을 포괄하기에는 한계가 있다고 지적한다. 형성적 평가도 정책 개선뿐만 아니라 정책의 성공 여부에 대한 기능을 할 수 있으며, 또한 총괄적 평가도 정책을 사정하는 기능뿐만 아니라 정책을 개선하는 역할을 할 수도 있다는 것이다. 이러한 관점에서 첸(Huey-Tsyh Chen)은 스크리븐(M. Scriven)이 사용한 평가의 기능이라는 기준 이외에 프로그램 단계라는 기준을 추가로 도입하여 평가에 대한 기초적 분류 네 가지를 제시하고 그 특징들을 논하고 있다. 그러나 프로그램의 단계에서 볼 때 첸은 정책의 집행 과정과 결과라는 두 단계로만 보고 있는데, 이는 모든 정책평가 유형을 포괄하기에 부족하며, 프로그램을 집행하기 전의 단계가 추가될 필요가 있다고 본다. 그래서 프로그램 단계를 정책의 집행 전, 집행 중, 집행 후라는 3단계로 나눈다면 사전평가, 과정평가, 사후평가로 나눌 수 있다. 선행 연구에서 살펴본 학자들의 견해를 참고하여 평가의 기본적 분류를 종합해 보면 <표 11-1>과 같이 정리할 수 있다.

표 11-1 정책평가의 기본 분류 체계

단계 / 대상 / 평가 목적	사전 (ex ante)	과정 (process)	사후 (ex post)
	기획 (planning)	집행 (implementation)	결과 (outcome)
정책의 개선 (improvement)	Ⅰ	Ⅲ	Ⅴ
정책의 사정 (assessment)	Ⅱ	Ⅳ	Ⅵ

유형Ⅰ과 Ⅱ가 포함되는 사전평가는 아직 정책을 집행하기에 앞서 정책 수단과 관련된 가정과 전제의 적합성, 정치·경제·기술 차원에서 실현가능성, 정책 목적의 타당성, 예견되는 이익집단들의 활동, 정책 수단의 경제적 효율성 등에 대한 검토가 평가 내용에 포함된다. Ⅰ유형은 정책집행을 앞두고 정책의 부족한 점을 발견하여 이를 개선하기 위한 사전평가라면, Ⅱ유형은 평가 결과 정책을 실행할지에 대한 최종 판단을 하는 데 주된 목적이 있는 평가로 볼 수 있다.

유형 Ⅲ과 Ⅳ는 집행 과정에 대한 평가로서, 평가 결과를 이용하여 집행 과정의 문제점을 개선하거나 집행의 성공 여부를 판단하고자 하는 목적에서 이루어진다. 집행 과정 평가는 정책 목적이 달성되거나 또는 달성되지 못했을 때 그에 대한 이유를 발견하는 데 유용하다. 과정 평가에서 얻은 정보는 현재 진행 중인 정책에 대해 집행자에게 집행 과정을 개선할 수 있는 유용한 정보를 제공할 뿐만 아니라, 미래의 동일한 또는 유사한 정책의 집행계획을 설계하는 데 쓸모 있는 정보를 제공해 줄 수 있다.

과정 평가에 포함되는 질문으로는 프로그램의 서비스가 대상집단(target group)

에 제대로 도달하는지, 정책집행에 대한 대상집단의 반응도는 어떤지, 서비스 전달요원이 양적으로 충분하고 질적으로 적합한지, 프로그램 예산이 적기에 공급되고 사용처가 적합한지 등을 들 수 있다. 예컨대, 교도소 수감자의 교화 프로그램의 경우 교도관이 상담요원을 한다면 교도관에 대한 거부감으로 인해 원하는 상담 효과가 나타나지 않을 수 있다. 이런 경우, 상담요원을 상담전문가, 교육자, 또는 종교지도자와 같은 외부 민간인으로 한다면 효과가 달라질 것이다. 물론 이 경우도 높은 학력자에 대한 거부감을 가지고 있는 재소자가 있다거나 종교에 대한 거부감을 가지고 있는 재소자의 경우 다른 직업을 가지고 있는 상담요원으로 대체한다면 좋은 결과를 얻을 수 있을 것이다.

과정평가에서도 Ⅲ유형은 집행 과정의 개선에 주된 관심이 있다면, Ⅳ유형은 집행의 세부적인 측면보다 전체로서의 집행 과정에 대한 성패 여부를 판단하려는 데 주된 목적이 있다는 점에서 다르다. 예를 들어, 복지기관에 의해 제공되는 생활보호대상자에 대한 서비스가 적절했는지를 알아본다거나, 미혼모 보호센터에서 집행되는 서비스의 내용이 프로그램이 계획한대로 성공적으로 시행되고 있는지, 실업수당을 지급하는 기관의 집행 업무가 규정대로 잘 이루어지고 있는지 등과 같이 집행에 대한 전반적 평가가 여기에 해당한다.

사후평가는 정책집행이 끝난 후 사후적으로 정책이 어떤 결과를 가져왔는가에 초점을 맞추는 평가 유형으로 여기에는 유형 Ⅴ와 Ⅵ이 포함된다. Ⅴ유형은 정책내용이나 집행 과정에 포함된 수단 또는 전략들이 정책 결과에 미친 영향력과 관련하여 상대적인 강점·약점에 대해 알아보려는 것이다. 따라서 이 유형의 평가는 정책에 관한 총체적인 성공 여부를 판단하는 데 관심을 두는 것은 아니다. 예컨대, 출산장려 홍보 프로그램의 경우, 홍보요원이 가가호호 방문하여 홍보하는 경우, 예비군 훈련장에서 교육 프로그램을 운영하는 경우, 여성단체 활동 프로그램을 통해 홍보하는 경우가 있다고 할 때, 어떤 방법이 출산 장려에 대한 호응도가 높게 나타나는지를 비교해 보는 경우가 이런 평가 유형에 해당한다.

Ⅵ유형은 전체로서의 정책의 성공 여부를 판단하는 데 주된 목적을 가지는 평가로서, 결과적으로 정책이 애당초 의도했던 목적을 달성했는가를 판단하려는 것이다. 이는 스크리븐의 총괄적 평가(summative)나 흔히 정책영향평가로 일컬어지는 것에 해당된다.

3 평가의 구체적 형태들

앞에서는 평가의 단계, 목적, 대상에 따라 평가의 여섯 가지 원초적 유형을 분류해 냈다. 기존의 정책평가 유형에 관한 연구에서 언급되고 있는 다양한 평가 형태들을 앞의 기본 분류 체계의 틀 속에서 살펴보기로 한다.

1) 착수 직전 분석

착수 직전 분석(front-end analysis)은 미국의 정책평가학회에서 분류한 평가 종류인데, 앞의 기본적 분류에서 사전평가(Ⅰ 또는 Ⅱ)에 해당하는 유형이다. 이것은 새로운 프로그램을 도입할 것인지를 결정하기 전에 수행되는 것이다. 이것은 기획과 유사하다고 볼 수 있으며, 따라서 미래에 대한 조망적(prospective) 성격을 가진다. 통상적으로, 착수 직전 분석은 프로그램의 실현가능성과 효과를 추정하기 위해 현재 가지고 있는 자료와 이전에 발견된 평가 결과들을 이용해 주로 정책형성과 관련된 질문들을 검토하는 형태를 띤다.

구체적으로는 프로그램의 수요, 개념의 적합성, 운영적 측면의 실행가능성, 재정적 지원의 소스, 기타 필요한 지원(예컨대, 조직의 증설 등)을 재확인하거나 추정함을 통해서 프로그램의 계획을 다시 정교하게 수정하거나, 적정한 집행 수준을 결정하거나, 또는 좀 더 기본적으로 프로그램 자체를 개설할 것인지 여부를 결정하는 데 유용한 지침을 제공해 준다(노화준, 2003: 64).

착수 직전 분석은 어떤 의미에서 정책의 기획(planning)이 제대로 이루어졌는가에 대한 평가작업으로 볼 수 있다. 이때 살펴보아야 하는 첫 번째 중요 항목이 정책 수요이고, 다음으로 정책 수요에 적절한 정책목표, 정책 수단 및 활동들이 선택되었는지를 평가할 필요가 있다. 로시, 프리먼과 립시(Rossi, Freeman, & Lipsey, 1999: 119-152)는 정책평가의 첫 번째 유형으로 수요평가의 중요성을 말하고 있다. 수요에 대한 평가는 프로그램의 어떤 측면이나 어떤 활동이 어느 집단에게 가장 필요한 것인가를 판단하는 데 필요 불가결한 작업이다. 문제의 진단에서 정책 수요가 정확히 파악되고 이를 통해 그에 알맞은 정책 수단과 활동들이 선택될 수 있기 때문이다. 문제를 잘못 이해함으로써 생기는 이른바 제3종 오류를 예방하기 위해서도 이러한 작업이 꼭 필요하다. 착수 직전 분석에서 평가자가 관심을 가져야 하는 중요 질문의 예를 들면 다음과 같다.

첫째, 정책문제의 본질이 무엇인가? 이는 구체적으로 정책대상집단이 요구하는 것이 무엇인가에 관한 질문이다. 예컨대, 대상집단이 요구하는 것이 특정한 고통이나 불편함의 제거를 원하는 것인지, 아니면 더 나은 삶을 위해 특정한 정책 서비스를 원하는 것인지를 판단할 필요가 있다. 전자가 소극적 정책 수요라면 후자는 적극적 정책 수요로 볼 수 있다.

둘째, 문제의 크기, 분포, 추세는 어떠한가? 이 질문은 문제의 심각성의 정도와 문제의 시간적·공간적 분포 상태에 대한 판단과 관련된다. 이를테면, 대상집단들의 고통이 커서 즉각적 대응이 필요한 것인지, 그리고 얼마나 넓은 지역에 문제가 퍼져 있으며 또 얼마나 오랫동안 문제가 지속될지에 관한 판단들이 필요하다.

셋째, 정책 수요를 고려할 때 설정된 목표들(objectives)의 내용과 수준이 적절하다고 볼 수 있나? 또 정책목표의 실현가능성은 어떠하며, 복수의 목표들 간에 우선순위가 잘 설정되어 있는지 등을 살펴야 한다.

넷째, 정책 수요에 관련된 서비스를 공급하는 효율적인 방법이 선택되었는가? 여기에는 문제 해결을 위해 선택된 정책 수단이나 도구들이 과연 적절한가, 그리고 집행과 서비스 전달의 활동들이 능률적일 수 있을까 등의 질문이 포함될 수 있다. 또 집행요원이나 서비스 전달자들의 자격이나 전문성 등도 검토 대상이 된다.

다섯째, 집행 과정에서 필요한 자원들이 적시에 적절히 동원되거나 충원될 수 있는가? 이는 집행 스케줄이 집행자원의 공급 가능성이나 정책환경을 고려할 때 무리하게 구성된 것은 아닌지 등을 검토하는 것이다.

2) 평가성 사정

평가성 사정(evaluability assessment)은 본격적인 평가가 가능한지, 그리고 평가결과가 프로그램 개선에 유용한지 등을 진단하기 위해 하는 일종의 예비평가라고 할 수 있다.

프로그램의 평가가 제대로 이루어지기 위해서는 ① 프로그램의 목적이 잘 정의되어야 하고, ② 프로그램 가정들과 목적들은 실현 가능해야 하며, ③ 평가정보를 어떻게 활용하겠다고 하는 것이 정의되어 있어야 한다(노화준, 2003: 65). 평가성 사정은 바로 이러한 조건들이 제대로 충족될 수 있는지를 본격적인 평가 전에 검토해 보는 것이다.

평가성 사정은 대체로 세 가지 용도로 사용될 수 있다(Chelimsky, 1985: 10－11).

첫째, 앞의 착수 직전 분석과 마찬가지로 기본적으로 정책형성(policy formulation)에 대한 질문에 답하는 것이다. 이를 위해 프로그램의 공식화된 목표들에 대해 프로그램 가정들을 대비시켜 보고, 이러한 가정들이 합리적인가와 기획된 프로그램 활동들이 목표를 달성할 수 있는지에 대한 규범적 질문을 던지게 된다.

둘째, 평가성 사정은 정책실행(policy execution)에 관한 질문에 답하기 위해서도 사용된다. 이를 위해 평가성 사정은 실행 프로그램의 집행상의 특징을 기술하고 실제 프로그램 활동과 프로그램 목표를 비교분석한다.

셋째, 평가성 사정은 차후에 이루어지는 본격적 평가에 대한 예비평가의 형태로 이용될 수도 있다. 평가성 사정을 통해 평가의 수행 가능성과 평가의 유용성을 가늠해 보는 것이다.

이렇게 볼 때, 평가성 사정이 정책의 책임성과 정책실행에 대한 질문에 답하는 용도로 이용될 경우에는 회고적(retrospective) 성격을 띤다고 할 수 있고, 정책형성에 관심을 둔다면 이때는 조망적(prospective) 성격을 띤다고 할 수 있다.

3) 모니터링

모니터링(monitoring)은 과정 평가의 하나로서, 집행 과정을 잘 점검함으로써 원활한 프로그램 운영과 집행의 효율성을 도모하는 데 그 목적을 둔다. 이러한 목적을 달성하기 위해서는 사실에 입각한 정확한 자료 수집이 무엇보다 필요하므로 모니터링은 프로그램의 활동과 운영 과정을 관찰하고 이를 체계적으로 측정하려는 데 주된 관심을 가진다.[1)]

하나의 문제 상황을 알아내는 가장 쉬운 방법은 “누가, 무엇을, 언제, 어디에서, 그리고 어떻게 자주, 어떤 자원을 가지고 하고 있는가”에 대한 질문을 던지는 것으

1) 그러나 모니터링이 객관적일 수만은 없음을 보여주는 노동정책 사례로 2010년 7월 이후 실시된 유급 활동시간(타임오프) 한도제도를 들 수 있다. 이 정책은 시행한지 한 달 뒤에, 정부는 단체협약이 만료된 100인 이상의 사업장 가운데 64%가 타임오프 도입에 합의했으며 대부분 정부의 시행 방침을 준수했다고 말하는 반면, 민주노총 측은 정부 방침대로 타임오프제를 도입한 곳이 거의 없고, 있다고 해도 이면계약을 통해 실질적으로 정부정책을 피해 가고 있다고 주장했다.

로 볼 수 있는데, 이러한 질문이 바로 프로그램에 모니터링 평가에 접근하는 좋은 방법이다.

모니터링은 방법론적으로 볼 때 기본적으로 기술적(descriptive)이다. 모니터링은 프로그램이 어떻게 운영되고 어떤 문제점을 발생시키는지, 또는 집행의 1차적 산출물이 나타나고 있는지 등과 같이 사실에 대한 측정과 묘사에 초점을 둔다는 점에서 그러하다. 같은 과정 평가의 하나로 다음에서 언급할 형성적 평가가 집행의 결과에 대한 원인을 모색하는 데 관심을 두기 때문에 설명적(explanatory) 성격을 띤다는 점에서 차이가 있다.

모니터링은 정책집행의 현황을 관찰한다는 점에서, 정책 수단이나 활동들의 실제 실행 상황을 관찰함은 물론이고, 아울러 실행 활동들이 산출하는 결과에 대한 관찰도 이루어져야 한다. 전자를 집행 모니터링, 후자를 성과 모니터링으로 부를 수 있다(노화준, 2003: 68-69).

집행 모니터링은 프로그램 투입 또는 프로그램 활동들을 측정하고, 이들을 사전에 결정되었거나 또는 기대되었던 어떤 기준값과 비교함으로써 프로그램이 구체적으로 지정된 대상 모집단이나 대상 지역에 도달하고 있는지, 그리고 프로그램 활동은 프로그램 설계에 구체적으로 명시된 그대로 수행되고 있는지를 평가하는 데 중점이 두어진다.

한편, 성과 모니터링은 투입 활동 및 산출물들을 측정하고, 프로그램 성과들을 사전에 설정되었거나 또는 기대되었던 성과와 비교하는 데 평가의 중점이 두어진다. 성과 모니터링의 목적은 1차적으로 프로그램이 그 목표를 향해 진행되어 나아가는 성과를 주기적으로 측정하는 데 있지만 결국은 성과와 관련해 프로그램 활동들을 분석하는 데 큰 관심을 가진다. 성과 모니터링은 방법론적으로 전문적 지식이 크게 요구되지 않아서 실행 가능성이 높고 현실 유용성도 큰 평가 방식이라서 정부 내부의 프로그램 활동분석에 가장 널리 채택되는 형태다. 한국의 경우도 1960년대부터 정부평가의 대표적인 것으로 심사분석제도가 시행되어 왔는데, 이는 바로 성과 모니터링의 한 형태로 볼 수 있다.

모니터링 평가에서 관심을 갖는 주된 질문의 예로는 다음과 같은 것이 있다(Rossi, Freeman, & Lipsey, 1999: 192-193).

첫째, 얼마나 많은 사람이 서비스를 받았는가?

둘째, 서비스를 받은 사람이 프로그램이 의도했던 대상인가?

셋째, 프로그램의 필요 기능들이 계획대로 작동하고 있는가?

넷째, 프로그램에 필요한 인원, 예산, 시설 등이 제대로 공급되고 있는가?

다섯째, 자원들이 능률적으로 사용되는지, 그리고 횡령이나 유용 등은 없는가?

여섯째, 프로그램 서비스가 지역 또는 집단별로 공정하게 배분되고 있나?

일곱째, 프로그램 서비스 수령자가 얼마나 만족스러워 하는가?

여덟째, 프로그램 집행요원이나 서비스 전달자의 태도에 고객이 만족하는가?

아홉째, 서비스 전달 후 수혜자가 프로그램이 의도한 행태를 보이고 있는가?

모니터링은 이상과 같은 질문에 관련된 자료들을 일회적 또는 주기적으로 수집하여 이를 분석하여 집행의 해당 부분에 피드백함으로써 집행의 능률과 성과를 확보하려는 목적에서 이루어지는 과정평가다.

4) 형성적 평가

형성적 평가(formative evaluation)도 모니터링과 마찬가지로 과정 평가의 하나로서, 특히 집행 초기에 프로그램이 아직 정착되지 않은 상황에서 프로그램 개선을 목적으로 하는 평가다. 앞에서 언급했듯이, 모니터링은 집행 과정의 효율성 확보에 관심이 있는 데 비해, 형성적 평가는 프로그램 자체의 개선에 초점이 있다는 점에서 다르다.

형성적 평가는 집행되고 있는 프로그램 활동들에 관한 과정들(예컨대, 관리전략, 운영, 비용, 고객과 담당자들의 상호작용 등)을 기술하고 분석함으로써 이들 항목을 개선하려는 데 목적을 둔다. 형성적 평가는 간혹 정책이 가져온 결과를 살펴보는 영향평가와 함께 수행되는 경우가 있는데, 이런 경우 형성적 평가는 영향평가를 위한 평가설계에 도움을 주거나 평가 결과의 해석에 도움을 주기 위한 목적에서 수행되는 것이다(Chelimsky, 1985: 10).

형성적 평가는 집행 과정에서 나타나는 정책의 1차적 산출을 살펴보고 애당초 계획했던 것과 차이가 있다면 그 이유가 무엇인지를 찾아보는 인과적 분석의 관점에 서 있다. 따라서 형성적 평가는 모니터링과 달리 방법론적으로 좀 더 설명적(explanatory) 성격을 띤다고 할 수 있다.

형성적 평가는 새로운 프로그램을 개발하거나 현재의 프로그램을 개선하는 데 그 목적이 있는 만큼 이러한 평가를 하는 경우 정책의 수단과 그것이 가져올 효과의 관계를 설정하는 것이 매우 중요한 작업이다. 하나의 프로그램은 항상 다양한 정책 수단과 다양한 결과 간의 영향 관계를 가정하고 있다. 수단(독립변수), 활동(매개변수), 효과(종속변수) 간의 인과 체계(causal mechanism)가 구성된다면 이것은 프로그램이론이 된다. 프로그램이론이란 정책에 포함된 활동과 예상되는 결과들 간의 인과모형을 의미한다. 형성적 평가는 바로 정책이 가정하고 있는 변수들 간의 관계를 가설로 보고 이를 집행 과정에서 검증하는 작업으로 볼 수 있다.

이와 같이 형성적 평가는 정책의 최종 목적 달성에 관련되는 중간 결과나 하위 목적의 산출과 관련하는 데 활동(수단)이나 전략들의 상대적 우수성에 관한 정보를 제공함으로써 프로그램과 집행 과정을 개선할 수 있도록 해준다.

예를 들어, 노숙자들의 자립자활을 돕기 위한 프로그램의 경우 이 프로그램이 궁극적으로 노리는 목적은 프로그램에 참여한 노숙자들이 취업하는 것이고 또 취업 현장에서 잘 적응하는 데 있다. 이 프로그램이 가정하고 있는 인과적 과정 중의 하나가 정신과 전문의에 의한 상담을 통해 자립 의식의 고취에 있다고 하자. 정신과 치료 → 자립 의식 증가라는 인과 관계가 있는지 프로그램 집행 과정에서 이를 확인하는 작업이 바로 형성적 평가에 해당하는 것이다. 또 형성적 평가는 프로그램의 주요 전략이나 수단들의 상대적 영향력에 관한 평가를 통해 프로그램 개선을 시도하는데, 예컨대 노숙자에 대한 내과 치료, 외과 치료, 정신과 치료 중 어느 것이 자립 의식이나 취업에 더 효과가 있는지를 살펴보는 것이다.

5) 능률성 평가

능률성 평가(efficiency evaluation)는 프로그램의 비용과 편익 간의 상대적 관계를 탐구하는 것이다. 능률성의 논리는 우수한 정책을 결정하기 위해 대안들을 비교분석하는 경우에도 적용되는데 이 경우는 일반적으로 정책분석(policy analysis)이란 용어를 사용한다. 여기서 말하는 능률성 평가는 정책이 집행되고 난 후에 이루어진다는 점에서 앞의 평가에 관한 기본 분류에서 사후평가인 유형 Ⅴ에 해당하는 것으로 볼 수 있다. 평가 결과 비능률적인 정책 수단을 좀 더 능률적인 수단으로 대체함으로써 정책의 개선을 도모할 수 있다.

통상적으로, 정책자원은 부족하기 때문에 정책이 가져온 편익이 그것에 들어간 비용을 정당화할 수 있는가에 관심이 클 수밖에 없다. 정책이 의도한 목표나 효과를 충분히 달성했다고 해도 좋은 정책인가를 판단하는 데는 그것만으로 부족하다. 총비용이 총편익을 초과한다면 손해를 본 사업으로 볼 수 있고, 같은 정책 효과라도 더 적은 비용으로 달성할 수 있다고 판단되면 기존의 정책이 최선이었다고 할 수 없다. 개별 정책에 대한 능률성 평가의 결과들이 축적되면 이는 결국 사회 전체로 볼 때 자원의 최적 배분에 기여할 수 있게 된다.

능률성 평가는 정책분석에서 실시하고 있는 편익비용분석(benefit－cost analysis) 또는 투자효과분석과 동일한 평가 방법과 절차를 사용한다. 단지 차이가 있다고 한다면 정책분석에서 실시하고 있는 편익비용분석에서는 추정된 편익과 비용을 분석에 활용하고 있으나(사전 분석), 능률성 평가에서는 집행되고 있거나 이미 집행된 경험적 자료에 의해 편익과 비용을 산출하여 평가에 활용한다(사후분석)는 것이다(노화준, 2003: 73).

능률성 평가는 기본적으로 비용과 편익을 모두 화폐적 가치로 산출하여 판단하는 편익비용분석이 있는가 하면, 편익을 실물 형태로 산정해서 계산하는 비용효과분석(cost－effectiveness analysis)이 있다. 능률성 평가의 기본은 일단 편익비용분석이라고 할 수 있는데, 능률성 판단에는 다음과 같은 방법이 있다.

첫째, 편익/비용 비율(cost－benefit ratio) 방법이 있다. 이는 편익/비용이란 분수값을 이용하는 방법이다. 이 값이 1이면 정책에 들어간 비용과 정책이 산출한 편익이 같다는 의미이고, 이는 정책을 통해 추가로 얻은 사회적 이익이 없다는 의미다. 편익/비용 비율이 1보다 작은 값이면 정책 시행 결과 오히려 손실을 보았다는 것이며, 반대로 1보다 큰 경우 정책을 통해 이득을 얻었다는 것이다. 따라서 1보다 크고 절댓값이 크면 클수록 능률성이 크다는 의미가 된다.

둘째, 순편익(net benefit) 방법이 있다. 이는 프로그램의 총편익에서 총비용을 뺀 순편익의 크기를 능률성의 기준으로 삼는다. 순편익이 클수록 경제적 능률성을 달성했다고 본다. 그런데 순편익 기준의 능률성과 편익/비용 비율 기준의 능률성이 다를 수 있음을 유의해야 한다. 예컨대, 총비용이 500억 원이고 총편익이 1,000억 원인 프로그램 A와, 총비용이 800억 원이고 총편익이 1,400억 원인 프로그램 B가 있을 때, 편익/비용 비율(B/C ratio)에서 볼 때 A가 우수하지만, 순편익 기준에서 볼 때는 B가 우수한 프로그램이 된다.

셋째, 또 다른 능률성 기준으로 내부수익률(internal rate of return: IRR)이 있다. 보통 프로그램이나 사업은 장기간에 걸쳐 존속하는 경우가 많다. 예컨대, 댐 건설 사례를 보면, 건설된 댐은 수명이 최소 수십 년 간 지속되면서 건설비용을 포함에 매년 유지비용이 들고 아울러 댐의 발전이나 농·공업용수나 홍수 피해 등의 경제적 편익이 생긴다. 이런 경우, 미래의 비용과 편익을 현재의 비용과 편익으로 환산하되 현재가치로 계산된 순편익을 제로(0)로 하는 이자율이 바로 내부수익률이다. 댐 건설과 같은 대규모 토목공사는 초기 건설비용이 압도적으로 많이 들어가지만 이후 유지비용은 상대적으로 적게 발생한다. 반면, 댐이 가져오는 편익은 완공된 이후에 꾸준히 발생하게 된다. 미래에 상대적으로 편익이 크게 발생할수록 현재가치로 환산한 순편익을 제로로 만드는 내부수익률이 더 커질 수밖에 없다. 즉, 다른 조건들이 동일하다면 내부수익률이 높을수록 더 많은 미래 이익이 창출된다는 의미가 되고 이는 좀 더 능률적이라고 말할 수 있는 것이다.

앞에서 논한 능률성 평가는 정책과 관련된 비용과 편익을 모두 금전적 가치로 환산하여 평가하는 방법이다. 따라서 초기의 능률성 평가는 정책의 비용과 효과 중에서 금전 가치로 환산하기가 상대적으로 용이한 그런 부분에 치중하는 경향이 있었다. 특히, 정책이 산출한 편익의 경우 공공재의 특성을 띠는 경우가 많은데, 그러한 경우 시장가격이 형성되지 못해 화폐가치로 환산하기가 쉽지 않다. 이러한 경우, 편익을 돈이 아니라 실물로 측정하는 방법이 사용되었는데 이른바 비용효과분석이 그것이다. 이 방법은 정책에 투입되는 비용의 한 단위에 대해 프로그램의 1차적 산출물의 비율이다. 예컨대, 건설된 고속도로의 길이, 건축된 학교 교실 수, 직업훈련 과정을 이수한 교육생의 수, 국립공원을 이용한 사람 수 등을 프로그램 건설과 집행에 들어간 비용으로 나누는 것이다.

능률성 평가에서 언급해야 할 또 하나의 문제는 정책의 비용과 편익을 화폐가치로 환산하려다 보니 경제적 능률성에 치중하는 현상이 생긴다는 점이다. 그러나 대부분의 사회정책은 가시적이고 계량화가 쉬운 경제적 가치뿐만 아니라 환경·사회적 가치가 개입되는 경우가 많다. 공단 건설로 인한 인근의 수질 및 대기오염, 강 유역의 개발로 인한 문화재나 유적지 훼손, 댐 건설로 인한 수몰지구 주민들의 주거 이전이나 멸종위기 동식물의 서식지 파괴 등은 부정적 가치의 예다. 한편, 댐 건설로 생긴 인공호수나 쓰레기 적치장에 조성된 생태공원 등은 문화적 가치로서 긍정적 가치의 예다. 또한 미국산 소고기 수입으로 인한 촛불시위 등과 같은 집단적 시위는 정책이 발생시키는 사회적 비용이다. 이러한 환경·사회적 가치는 금전적 가치로 환산하기 쉽지 않아 초기의 능률성 평가에서는 포함되지 않았으나 점차 그 중요성을 인식하여 오늘날에는 평가에 포함시키는 추세다. 초기의 능률성을 경제적 능률성이라고 한다면 오늘날의 능률성은 사회적 능률성으로 부를 수 있다.

6) 정책영향평가

대표적 사후평가의 하나인 정책영향평가(policy impact evaluation)는 정책집행이 종료된 후 정책이 의도했던 목적을 달성했는가를 알아보려는 평가로 효과성 평가로 불리기도 한다.

영향평가는 정책이 정책 실행 이전의 상태에 비해 어떤 차이를 만들어 냈는가라는 질문에 답하고자 한다. 따라서 정책이 직접적인 원인이 되어 나타난 결과에 대한 정확한 크기를 측정하는 것이 평가의 핵심이다. 이 평가는 앞에서 논한 평가의 기본적 분류에서 유형 Ⅵ에 해당하는 것으로서 정책의 성공 여부를 사정(assessing)하는 것이다. 보통 정책평가라고 하면 영향평가를 떠올릴 정도로 많은 평가 유형 중에서 정책영향평가는 평가의 본류라고 말할 수 있다. 그러나 영향평가는 프로그램의 성공을 사정하는 역할만 하는 것은 아니다. 과거의 정책에 대한 영향평가에서 얻은 정보는 현재 진행 중인 또는 미래의 프로그램 개발에 유용한 지식을 제공한다는 점에서 능률성 평가와 마찬가지로 정책의 개선이나 정책형성에 기여할 수 있다.

영향평가는 정책 효과의 유무와 그 크기를 정확히 판별해 내는 것이 가장 중요한데, 이를 위해서는 과학적 연구 방법이 필요하다. 이런 목적을 잘 달성하기 위해서는 기본적으로 실험적(experimental) 연구 방법을 동원하는 것이 좋다.

제 3 절 정책평가설계

정책이 직접적 원인이 되어 나타난 결과를 정책 효과라고 할 수 있는데 정책 효과의 크기를 정확히 판단하기 위해서는 과학적 연구설계가 필요하다. 정책 효과를 판단하기 위한 평가설계는 일반적으로 진실험설계, 준실험설계, 비실험설계로 나눌 수 있다.

다음에서는 정책실험설계의 원시적 형태(prototype)에서 나타날 수 있는 연구의 타당성 문제를 먼저 논의한 후 평가설계의 여러 종류를 살펴보려고 한다.

1 정책실험의 원형과 내적 타당성 문제

정책실험의 기본 발상은 정책의 효과를 알기 위해 정책집행 전과 집행 후의 상태를 비교하는 데 있다. 즉, 실험의 가장 기본적 형태는 하나의 실험집단에 대해 정책을 집행하고 정책으로 인해 어떤 변화가 있었는지를 살펴보는 것이다. 이를 기호로 표현하면 다음과 같으며, 이것을 정책실험의 원형(prototype)으로 부르고자 한다. 여기서 Q_1은 정책집행 전에 대상집단의 종속변수 값을 측정하는 것이고 Q_2는 정책집행 후에 다시 종속변수를 측정하는 것을 의미한다. 그리고 X는 대상집단에 대한 독립변수의 작용을 의미하는데, 이것은 정책집행을 말한다.

실험집단: $O_1 \quad X \quad O_2$

이 실험적 연구에서 정책 효과는 O_2 빼기 O_1으로 계산된다. 그런데 이러한 연구설계의 정책평가에서는 연구의 타당성을 위협하는 다양한 요인이 개입할 수 있다. 다른 요인들이 작용한 효과를 제외하고 오로지 정책 때문에 발생한 순수한 효과를 정확히 알아냈는지가 바로 내적 타당성(internal validity)의 개념이다. 그러나 위와 같은 정책실험의 원형에서는 내적 타당성을 위협하는 많은 요인이 개입할 수 있는데, 이에 관한 주요 요인에는 다음과 같은 것들이 있다.[2)]

① 역사 요인(history): 정책집행 기간 동안에 외부 환경에서 정책 결과에 영향을 주는 어떤 사건이 발생함으로써 사전측정과 사후측정에서 나타난 값의 차이를 전적으로 정책이 가져온 순수한 효과로 볼 수는 없는 경우를 말한다.

---

2) 쿡과 캠벨(Cook & Campbell, 1979: 37-94)은 실험연구와 관련된 타당성을 통계적 결론의 타당성, 내적 타당성, 구성의 타당성, 외적 타당성으로 구분하고 있다. 여기서는 정책 효과의 정확한 추정과 직접적으로 관련되는 내적 타당성을 중심으로 설명하고자 한다.

② 성숙 효과 요인(maturation): 정책집행 기간이 상대적으로 길고 정책 대상이 인간이나 동식물과 같은 유기체인 경우 나타날 수 있는 요인이다. 정책집행 기간 동안에 정책의 직접적 효과와 관계없이 정책 대상자들이 생리적으로 성장한다거나 자연적 경험 등에 의해 지적으로 성숙하게 됨으로써 이것이 정책의 효과에 혼재되어 나타나는 경우를 말한다.

③ 검사 요인(testing effect): 일반적으로 사전측정과 사후측정은 동일한 변수나 항목에 대해 조사하는데, 사전측정을 경험한 실험 대상자들이 측정 내용에 대해 친숙해지거나 학습 효과를 얻음으로써 사후측정 때 실험집단의 측정값을 부당하게 향상시킬 가능성이 있다. 이런 경우, 사전측정값과 사후측정값의 차이를 순수한 정책 효과로 볼 수는 없다.

④ 도구 요인(instrument): 사전측정과 사후측정 시에 사용하는 측정 도구나 관찰 기준이 달라짐에 따라 발생할 수 있는 요인이다. 즉, 측정 도구가 표준화되지 않았다면 사전측정치와 사후측정치 간에 나타나는 차이를 정확한 정책 효과로 확신할 수는 없다.

⑤ 통계적 회귀 요인(statistical regression): 한 번의 측정을 통해 극단적인 값을 가지는 대상자들을 실험집단으로 구성했을 때 나타날 수 있는 효과다. 일반적으로 측정을 할 때 측정 대상자의 기분이나 실수 또는 측정환경 등의 이유로 인해 자신의 평균값보다 높거나 또는 낮은 점수를 얻을 수 있는데, 이러한 경우 동일한 대상자를 얼마 후 다시 측정하면 측정값이 자신의 평균값으로 회귀(regression)하려는 현상을 말한다. 예를 들어, 단 한 번의 사전측정에서 측정값의 최하위 그룹을 정책실험집단으로 구성한다면 이들은 정책의 효과와 관련 없이 사후측정에서는 집단의 평균치가 상대적으로 더 높은 값을 얻게 되는 경향을 말한다.

통계적 회귀 효과의 크기는 사전-사후 측정의 신뢰도(reliability)와 모집단과 하위 집단의 평균값의 차이 양쪽으로부터 모두 영향을 받는다. 따라서 측정의 신뢰도가 높을수록, 그리고 모집단의 평균과 하위 집단의 평균의 차이가 작을수록 통계적 회귀 효과는 작을 것이다(Cook & Campbell, 1979: 53).

⑥ 상실 요인(mortality): 만일 실험 기간 동안에 실험집단의 일부 구성원이 이탈하거나 상실된다면, 사전측정 당시의 집단과 사후측정 당시의 집단은 동일한

집단으로 볼 수 없다. 정책집행 중에 정책에 대해 불만을 가지고 있는 일부 사람들이 대상집단이나 대상지역을 이탈한다면 정책집행 전·후의 종속변수 값의 차이를 정책이 가져온 순수한 효과로 볼 수는 없는 것이다.

2 진실험설계

앞에서 본 바와 같이 실험의 원초적 형태에서는 연구의 내적 타당성을 위협하는 여러 가지 요인이 작용한다. 만일 정책 효과를 정확히 알고자 한다면 지금부터 논하는 진실험설계(true experimental design)를 따르는 것이 좋다. 진실험설계의 성립 조건은 다음과 같다.

첫째, 실험집단 외에 비교집단(또는 통제집단)을 도입해야 한다. 실험집단(experimental group)은 실험적 처리를 받는 피실험자로 구성된 집단을 말하는데, 정책실험에서는 정책의 영향을 받는 집단을 말한다. 비교집단(comparison group)은 실험집단에 나타나는 정책 효과를 알기 위해 정책영향을 전혀 받지 않는 집단이다. 비교집단의 경우는 실험집단에 작용하는 독립변수(정책변수) 중 최소한 한 개 이상이 결여되어야 실험의 목적을 달성할 수 있다.

둘째, 실험집단과 비교집단을 구성할 때 정책집행 여부만 빼고 두 집단을 동등하게 구성해야 한다. 이를 위한 가장 대표적 방법이 무작위 배정(random assignment)이다. 피실험자들을 양 집단에 배분할 때 무작위로 배정하면 이 과정에서 발생할 수 있는 체계적 편향(systematic bias)을 방지할 수 있다. 물론 무작위 배정이 실험집단과 비교집단의 절대적 동등성을 보장하지는 않지만, 실험 전에 구성된 양 집단의 차이는 단순히 우연에 의한(by chance) 차이일 뿐이다.

이렇게 양 집단 간에 우연히 생긴 차이는 집단의 규모가 적당한 경우에도 별로 크지 않은 편인데, 만일 구성되는 집단의 규모가 좀 더 크다면 우연에 의한 차이가 더욱 작아짐으로써, 실험자로 하여금 적당한 신뢰도 안에서 양 집단 간에 나타날 수 있는 작은 차이점도 탐지할 가능성이 높아진다(Schutt, 1996: 222).[3]

---

3) 무작위 추출(random sampling)은 모집단을 연구할 때 조사 대상인 표본을 무작위로 추출하는 것을 말하고, 무작위 배정(random assignment)은 실험연구에서 실험집단과 비교집단에 실험 대상을

이와 같은 두 가지 조건이 갖추어지면 일단 진실험적 연구를 위한 준비가 되었다고 볼 수 있다. 그러나 진실험설계가 내적 타당성을 확보하는 데 매우 유리한 설계이긴 하지만, 실험 전에 구성된 두 집단의 동등성이 실험 기간 동안 훼손된다면 내적 타당성이 있는 연구 결과를 얻을 수 없다. 그래서 다음과 같은 세 번째 조건이 추가될 필요가 있다.

셋째, 실험집단과 비교집단의 동등성은 정책실험이 끝날 때까지 계속 유지되어야 한다는 조건이다. 실험 기간 중의 동등성 요소로는 다음과 같은 것이 있다. ① 양 집단은 실험 기간 내내 구성원의 변동이 없어야 한다. 이는 앞에서 언급한 내적 타당성 저해 요인 중 상실 요인에 관련된 사항이다. 실제 사회실험에서는 동등성을 유지하기가 어려운 경우가 많다. 예컨대, 정책의 내용이 좋은 혜택을 주는 경우에는 비교집단의 구성원들이 실험 대상지역으로 이동하려고 할 것이고, 반대로 행태나 활동을 규제하여 불편함을 주는 정책이라면 실험집단의 구성원이 집단에서 이탈하려는 유혹을 받을 것이다. ② 두 집단은 실험 기간 동안 같은 환경에 놓여져야 한다는 점이다. 이는 내적 타당성 저해 요인 중 역사적 요인에 해당하는 내용으로서, 양 집단의 구성원들은 실험 중 발생한 여러 사건에 똑같이 노출되어야 함을 의미한다. 그래야만 실험집단과 비교집단의 구성원이 같은 사건에서 같은 정도의 영향을 받음으로써 내적 타당성을 확보할 수 있다. ③ 실험 기간 동안 두 집단은 서로에게 영향을 주어서는 안 된다. 만일 비교집단과 실험집단의 구성원이 접촉함으로써 정보, 지식, 행태 등을 교류하거나 학습한다면 비교집단의 구성원이 간접적으로 실험적 처리(정책집행)를 받은 결과가 되기 때문이다. 이런 경우, 정책변수의 순수한 효과를 판별해 내기 어려우며 흔히 실험이 오염되었다고 말한다.

앞에서 말한 진실험의 세 가지 조건이 확보된다는 전제에서, 실험집단에만 정책을 집행하고 그 결과를 비교집단의 그것과 비교하는 것이 진실험적 정책평가 연구다. 이러한 진실험설계의 구체적 형태로는 다음과 같은 것이 있다.

'진실험설계 1'은 비교집단을 두고 사전과 사후에 측정한다는 의미에서 '비교집

무작위로 배정함을 말한다. 한편, 무작위 배정이 어려울 때 하는 짝짓기(matching) 방법은 일부 주요 변수를 기준으로 같은 쌍(pair)을 만들어 실험 및 비교집단에 각각 배정하는 방법이다. 이는 양 집단의 동등성을 확보하는 데 연구자의 주관과 체계적 편향이 개입할 소지가 있기 때문에 진실험이라기보다는 준실험(quasi-experiments)으로 볼 수 있다.

단 사전사후 측정설계'로 부를 수 있다. 이 설계는 실험집단과 비교집단을 무작위 배정으로 구성한 후 실험집단에만 실험적 처리(정책집행)를 하는 경우다. 이 설계의 장점은 무작위 배정을 했기 때문에 실험의 내적 타당성을 저해하는 대부분의 요인, 즉 역사적 요인, 성숙 요인, 선발 요인, 회귀 요인 등이 통제될 수 있다는 것이다. 그러나 검사 요인이 문제가 될 수 있는데, 이 요인의 효과는 실험집단과 비교집단 모두 사전-사후 측정을 하기 때문에 내적 타당성을 위협하는 요소는 되지 않는다. 다만, 측정을 받지 않는 다른 모집단에 실험 결과를 적용하는 경우 외적 타당성을 저해하는 문제가 생긴다. 이 설계의 가장 큰 문제점은 사전검사와 실험적 처리의 상호작용 효과를 통제할 수 없다는 점에 있다.

〈진실험설계 1〉

(R)	(실험)	O_1	X	O_2
(R)	(비교)	O_3		O_4

〈진실험설계 2〉

(R)	(실험)	X	O_1
(R)	(비교)		O_2

〈진실험설계 3〉

(R)	(실험 1)	O_1	X	O_2
(R)	(비교 1)	O_3		O_4
(R)	(실험 2)		X	O_5
(R)	(비교 2)			O_6

〈보기〉

R : 무작위 배정

O_i : 측정(검사)

X : 실험 처리(정책)

사전검사와 실험적 처리의 상호작용 효과를 막을 수 있는 설계가 '진실험설계 2'인데, 이는 이 설계가 사전측정을 하지 않기 때문이다. 설계 2는 또한 설계 1과 마찬가지로 대부분의 내적 타당성 위협 요인을 통제할 수 있는 이점을 가진다. 그러나 설계 2의 단점은 사전측정을 하지 않기 때문에 무작위 배정을 하더라도 실험집단과 비교집단의 사전측정값이 우연에 의한 차이가 있을 수 있는데 이를 확인할 수 없다는 점이다. 만일 차이가 있다면 정책변수(실험변수)의 효과를 과대 또는 과소 추정하는 문제가 발생한다.

'진실험설계 3'은 설계 1과 설계 2를 합한 형태로 '솔로몬(Solomon)의 4집단 설계'라고도 부른다. 이 설계는 앞의 두 설계가 갖는 단점들을 보완할 수 있어 내적 타당성을 저해하는 요인들을 모두 통제할 수 있다는 장점을 가진다. 즉, 실험집단 2와 비교집단 2를 통해 검사 요인을 통제할 수 있고, 실험집단 1과 비교집단 1을 통해 두 집단의 사전측정치를 확인할 수 있다. 나아가 '사전검사와 실험적 처리의 상호작용 효과'도 계산이 가능하다. 각 집단의 실험 전후에 나타나는 측정값의 차이를 각각 d_1, d_2, d_3, d_4라고 하면 다음과 같이 표현할 수 있다.

$$d_1 = O_2 - O_1 = f(A,\ P,\ X,\ I)$$
$$d_2 = O_4 - O_3 = f(A,\ P)$$
$$d_3 = O_5 - \frac{O_1 + O_3}{2} = f(A,\ X)$$
$$d_4 = O_6 - \frac{O_1 + O_3}{2} = f(A)$$

d_1은 실험집단 1의 사전-사후 측정값의 차이로서, 외재적 변수 효과인 비통제 요인 A, 사전검사 효과 P, 실험변수 효과 X, 그리고 사전검사와 실험적 처리의 상호작용 효과 I의 영향을 받아 나타난 것을 말한다. 비교집단 1의 d_2는 비통제 요인과 사전검사 요인의 함수임을 말한다. 실험집단 2의 d_3는 비통제 요인과 실험변수 효과가 합해진 것이며, 마지막으로 d_4는 비통제 요인만의 영향으로 나타난 것으로 볼 수 있다. 이렇게 볼 때 사전검사와 실험적 처리의 상호작용 효과 I는 다음과 같이 계산된다.

$$I = d_1 - d_2 - d_3 + d_4$$

이와 같이 '솔로몬 4집단 설계'는 정책의 효과를 판별해 내기에 가장 강력한 설계라고 할 수 있다. 다만, 4개의 실험 관련 집단을 무작위로 구성하고 이를 운영해야 하기 때문에 연구비용이나 노력이 많이 들어간다는 점에서 실제 사용에 어려움이 있다.

3 준실험설계

준실험설계(quasi-experimental design)는 앞에서 진실험설계의 세 가지 성립조건이 모두 충족되기 힘든 경우 그 대안으로 사용되는 연구설계다. 실제 사회실험의 경우 대부분 진실험적 연구가 어려운데 그 이유는 첫째, 전국적으로 이미 시행된 정책이라서 사후적으로 정책의 영향을 받지 않은 비교집단을 구성하기 어렵다. 둘째, 사회실험의 경우 과학적 연구라는 이유로 실제 삶을 영위하고 있는 주민들을 실험집단과 비교집단으로 무작위 배정하는 것은 사실상 불가능하다. 양 집단의 상호 영향 관계가 단절되어야 하고, 이를 위해 필요하다면 거주지역을 옮기거나 접촉을 제한해야 하는데 현실적으로 곤란하다. 만일 이를 강제한다면 실험에 대한 불응은 물론 인권 침해의 문제가 발생한다. 셋째, 진실험적 연구는 내적 타당성 측면에서 유리한지 몰라도 외적 타당성에서 보면 불리할 수 있다. 통제되고 조작된 실험 환경에서 많은 연구비를 들여 얻은 연구 결과가 실제 삶의 현장에 적용할 때 같은 결과가 나타나지 않는 경우가 있기 때문이다.

준실험설계의 기본적 형태는 두 가지로 볼 수 있다(Schutt, 1996: 235). 하나는 '비동질적 비교집단 설계(non-equivalent comparison group designs)'이고, 또 다른 하나는 '사전-사후 설계(before-and-after designs)'다. 전자는 실험집단 외에 비교집단을 두지만 무작위 배정에 의해 구성하지 않음으로써 두 집단의 동질성을 확보하지 못한 상태에서 행하는 실험이다. 후자는 비교집단 없이 실험집단만 가지고 사전-사후 측정을 통해 이를 비교하여 정책 효과를 추정하는 방법이다.

1) 비동질적 비교집단 설계

비동질적 비교집단 설계는 실험집단 외에 비교집단을 두지만 무작위 배정과 같은 엄밀한 방법을 사용하지 않고 양 집단을 구성하여 실험을 하는 것이다. 이런 경우, 양 집단에서 나타나는 차이를 실험변수의 정확한 효과라고 말하기는 곤란하다.

비동질적 비교집단을 구성하는 방법의 하나로 짝짓기라고 하는 매칭(matching) 방법이 있다. 매칭은 개별 차원과 집단 차원에서 이루어질 수 있다. 개별 차원의 매칭은 실험 결과에 영향을 줄 수 있다고 보는 주요 기준, 즉 성별이나 나이 등과 같은 몇 개의 기준에서 볼 때 똑같은 두 사람을 골라 한 사람은 실험집단에, 나머지 한 사람은 비교집단에 집어넣는 방법이다. 이렇게 하면 실험집단과 비교집단의 구성이 어느 정도 동등해지는 결과를 얻는다. 그러나 이 방법은 무작위 배정에 의한 것보다 통제되지 않는 변수들이 많이 있다는 점에서 내적 타당성 확보에 상당한 문제를 야기할 수 있다. 또 선택된 주요 기준들을 동시에 만족시키는 적어도 수십 개 이상의 짝을 찾아내야 하는데 이를 위해서는 상당한 크기의 모집단과 이를 위한 세밀한 작업이 요구된다는 점에서 현실 적용이 그리 수월하지 않다. 그래서 이에 대한 대안으로 집단 차원의 매칭을 활용할 수 있다. 이것은 실험에 관련되는 중요 변수(기준)들에 관해 실험집단과 비교집단의 빈도분포를 동일하게 구성하는 방법이다.

표 11-2 빈도분포에 의한 매칭

	실험집단		비교집단		
성별 / 나이	남자	여자	남자	여자	계
20대	5	15	15	5	20
70대	25	15	15	25	40
계	30	30	30	30	60

<표 11－2>는 실험집단과 비교집단 각각 60명을 구성하는 빈도분포 매칭의 예다. <표 11－2>에서 실험집단과 비교집단은 총 60명으로 동일하며 남자와 여자가 각각 30명씩 동일하다. 또한 나이에서 볼 때도 20대와 70대의 비율이 동일하게 구성되어 있다. 그러나 성별과 나이를 동시에 고려할 때, 실험집단은 할아버지와 젊은 여자가 많고, 비교집단은 할머니와 젊은 남자가 상대적으로 많게 구성되어 있어 동등성을 인정하기 곤란하다. 이와 같이 빈도분포에 의한 매칭은 각각 하나의 기준에서 보면 동등하지만 복합적으로 보면 같은 집단으로 볼 수 없는 경우가 생길 수 있다.

요컨대, 비동질적 비교집단 설계는 실험집단과 비교집단이 처음부터 동등하게 구성되었음을 보장할 수 없기 때문에 내적 타당성을 저해하는 각종 요인이 대거 개입할 수 있어 양 집단의 사후측정치의 차이를 그대로 정책 효과로 말하기는 곤란하다.

비동질적 비교집단 설계의 또 다른 형태로 '회귀불연속 설계(regression－discontinuity design)'가 있다(Cook & Campbell, 1979: 137－143). 이것은 동등한 비교집단보다는 오히려 어떤 기준에서 볼 때 실험집단과는 상이한 비교집단을 설정하고 회귀분석이라는 통계분석 기법을 이용해 실험적 처리의 효과를 추정하는 설계다. 예를 들어, 장학금의 학업성적 효과를 알고자 할 때, 1학기 성적을 기준으로 평점이 3.5 이상의 학생에게만 장학금을 수여한 후, 장학금을 받은 집단(실험집단)과 받지 않은 집단(비교집단)의 1·2학기 성적 자료에 관한 회귀분석을 한다면, 두 개의 회귀선의 절편의 차이를 장학금 정책의 효과로 볼 수 있다.

회귀불연속 설계의 단점은 때로는 구분점을 중심으로 회귀직선의 불연속이 확실하게 나타나지 않는 경우가 있다는 점이다. 또 산점도의 전체 형태가 직선이 아니고 곡선인 경우 정책 효과를 판단하기 곤란하다.

회귀불연속 설계의 가장 핵심적인 가정의 하나는 배정 기준을 중심으로 전후의 좁은 폭에 속하는 대상자들은 실제로는 장학금을 받았거나 또는 그렇지 않았거나 간에 그 능력상에는 거의 차이가 없다는 것이다. 만일 학교를 졸업한 뒤 일정한 기간이 지난 다음에 그들의 성취도를 측정한 값이 배정 기준 구분점 근처에서 식별할 만한 차이가 있다면, 이것을 토대로 장학금이 성취도에 유의미한 효과를 미친 것으로 결론 내릴 수 있다(노화준, 2003: 327).

그래서 회귀불연속 설계에서는 구분점(cutting point)을 중심으로 좁은 대역에서 무작위로 선정하여 장학금 지급 여부를 결정하는 동점-분리실험을 하는 경우에 정책 효과의 식별이 좀 더 용이할 것이다(남궁근, 2003: 244-245).

그림 11-1 회귀불연속 설계

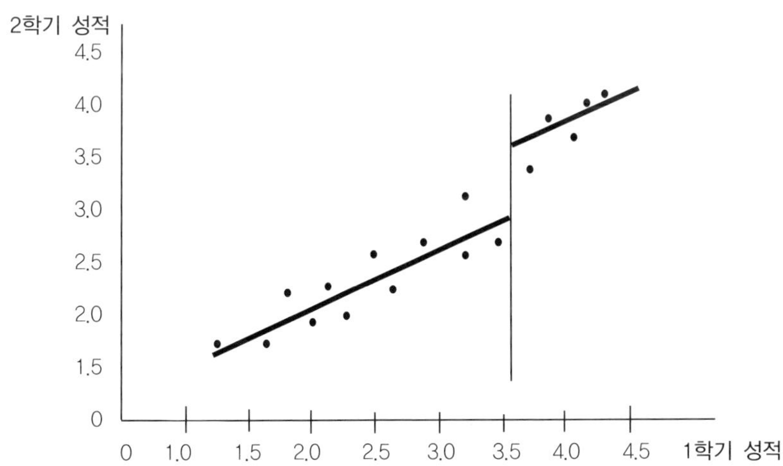

2) 사전-사후 설계

준실험설계의 또 다른 주요 형태인 사전-사후 설계는 동일한 정책대상집단에 대해 사전측정과 사후측정을 통해 정책 효과를 추정하는 방식이다. 그러나 한 집단에 대해 정책집행 전과 후에 한 번씩만 측정해서는 정책 효과 유무에 대한 판단이 곤란하다. 왜냐하면, 비교집단이 없는 상황에서 특정 시점에서 단 한 번의 측정을 하는 것은 수많은 외부 요인의 작용을 통제하지 못하기 때문이다. 그래서 사전-사후 설계의 경우 정책 시행 전과 후에 상당한 기간 동안 여러 시점에서 측정한 자료를 가지고 정책 효과를 판단하는 것이 바람직하다. 이러한 생각에서 이루어지는 대표적 평가설계로 '단절적 시계열설계(interrupted time-series design)'가 있는데, 기본 논리는 다음과 같이 표현할 수 있다.

$$O_1 \quad O_2 \quad O_3 \quad O_4 \quad O_5 \quad X_T \quad O_6 \quad O_7 \quad O_8 \quad O_9 \quad O_{10}$$

여기서 X_T는 실험적 처리(정책집행)이고, O_i는 여러 시점에서 정책 효과 변수를 측정하는 것을 말한다. 정책 도입 전후의 시계열 자료의 경향에 어떤 변화가 있는지를 살핌으로써 정책의 효과를 추정하는 것이다.

단절적 시계열에 대한 예로는 1955년 이후 미국 코네티컷 주가 교통사고로 인한 사망자를 줄이기 위해 과속 단속을 강력히 시행한 경우를 들 수 있다. [그림 11-2]에서 실선의 시계열 자료가 코네티컷 주의 것인데, 이를 보면 강력한 단속이 시행된 이후 사망자가 줄어드는 것을 볼 수 있어 과속 단속에 의한 정책 효과가 있어 보인다.

그러나 코네티컷 주의 시계열 자료만 가지고 이러한 결론을 내리는 경우 이러한 주장의 타당성을 저해하는 몇 가지 요인이 작용할 수 있음을 고려해야 한다. 예컨대, 성숙 요인, 시계열의 불안정성, 회귀인공 효과 등이 그것이다.

사망률의 감소는 단속의 효과라기보다 운전자들의 교육 프로그램이나 공공안전 캠페인 등 점증하는 사회학습의 결과로 나타났을 수도 있다. 또한 1955~1956년 사이에 나타난 감소는 1951~1952년 사이 또는 1953~1954년 사이에 나타난 감소보다 조금 클 뿐이다. 다만, 1956년 이후 지속적으로 감소하는 사망률은 다행히 정책의 효과를 주장하는 데 좋은 근거로 삼을 수 있다.

그림 11-2 코네티컷 주와 통제된 다른 주의 교통사고 사망률을 보여주는 통제-시계열 그래프

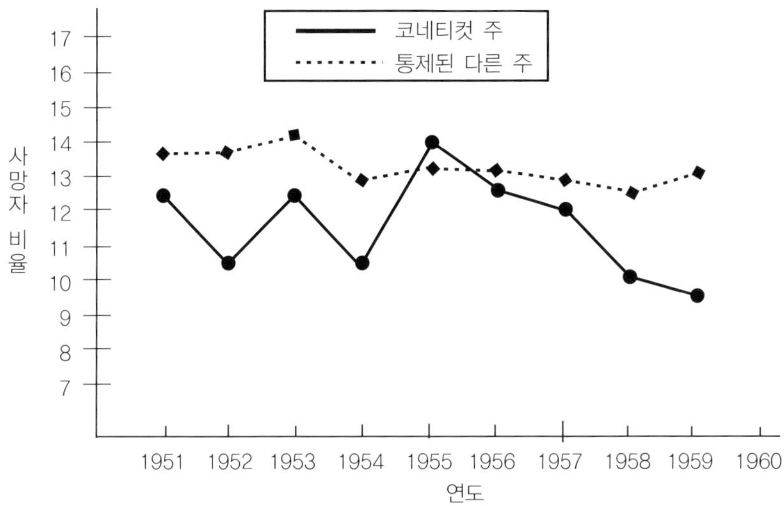

주: 사망률은 주 인구에서 10만 명당 사망자를 나타내는 인구에 기초한 측정이다.
자료: Donald T. Campbell, "Reforms as Experiments," in *Handbook of Evaluation Research*, Vol.1, ed. Elmer L. Struening & Marcia Guttentag(Beverly Hills, CA: Sage Publications, 1975), p.84.

회귀 요인과 관련해서는 시계열 자료에서 1955년의 사망률이 최고치를 기록하는데 그 이후의 감소는 어쩌면 일반 값으로 회귀하려는 경향을 단순히 반영하는 것으로 볼 수도 있다. 이와 같이 한 집단의 시계열 자료만 가지고 있다면 내적 타당성을 저해하는 요인들의 개입을 배제할 수 없어 정책 효과에 대한 주장이 큰 설득력을 얻기가 힘들다.

이러한 약점을 부분적으로 보완해 주는 것이 '통제-시계열 분석(control-series analysis)'이다. [그림 11-2]에서 보듯이 정책대상집단 외에 다른 지역이나 집단의 시계열 자료를 비교 대상으로 도입한다면 내적 타당성 저해 요인을 부분적으로 제거하는 효과가 있다. [그림 11-2]에서 점선으로 된 시계열은 코네티컷 주 인근의 4개 주의 교통사고 사망률 평균에 관한 것이다. 코네티컷 주와 이웃한 주들의 1952~1955년 사이의 교통사고 사망자 수는 유사한 증가와 감소 추세를 보이고 있다. 그러나 1955년 이후에는 코네티컷 주의 교통사고 사망자 수가 통제된 다른 주의 사망자 수에 비해 더 급속히 감소하고 있다는 점에서 통제-시계열 분석은 정

책 효과를 주장할 수 있는 좀 더 확고한 근거를 제공해 준다고 할 수 있다(Dunn, 1994: 379-382).

4 비실험적 설계

연구자(실험자)가 사전에 실험집단이나 비교집단을 구성하고 그 후에 정책변수를 조작할 수 있을 때 실험은 가능하다. 따라서 이미 정책이 시행되어 버렸다면 연구자는 정책실험을 할 수 없기 때문에 사후적으로 얻은 자료를 통해 정책 효과를 추론해야 한다. 이런 경우, 차선책으로서 통계분석 기법을 이용해서 정책과 결과 간의 인과 관계를 추론하게 된다. 즉, 실제 정책환경에서 사후적으로 정책변수와 효과변수 간의 시간적 순서(sequence)와 공동 변화(co-variations)에 근거하여 인과적 관계를 추론하는 것이 '비실험적 정책평가설계(non-experimental design)'다.

밀(John S. Mill)은 원인을 추론할 때 세 가지 조건을 말하고 있다. 첫째, 시간적으로 원인은 결과에 앞서야 하고, 둘째, 원인과 결과는 관련이 되어야만 하며, 끝으로, 인과 관계에 대한 다른 설명이 배제되어야 한다는 것이다(Cook & Campbell, 1979: 18).

원인과 결과가 관련성이 있어야 한다는 두 번째 조건은 원인의 값이 변할 때 결과의 값도 변해야 한다는 공동 변화를 말한다. 또 세 번째 조건은 다른 제3의 원인들이 진짜 원인일 수 있는 가능성이 제거되어야만 한다는 것이다.

밀의 인과 관계 조건을 염두에 둘 때, 비실험적 설계에 의한 정책 효과 추론에서는 첫째, 정책집행이 효과 발생이나 효과 측정 시점보다 시간적으로 앞서야 하고, 둘째, 정책의 수준이나 강도가 변할 때 효과의 크기도 변해야만 하며, 셋째, 다른 요인들이 정책과 그 효과 간의 인과 관계에 영향을 미쳐서는 안 된다는 조건이 충족되어야 할 것이다. 비실험적 정책평가설계는 이러한 조건 하에서 주로 회귀분석과 같은 통계분석 기법을 이용하여 정책 효과를 추정하려는 것이다.

1) 회귀분석

회귀분석(regression analysis)은 기본적으로 쓰이는 통계분석 방법이다. 회귀모형은 진실험적 방법이나 준실험적 방법에 의해 정책 효과를 평가할 때뿐만 아니라 비실험적 방법으로 정책 효과를 추정할 때도 널리 이용될 수 있는 강력한 분석도구의 하나다. 특히, 연속형 자료들을 분석하여 정책의 영향을 검증하고 추정하는 데 이용될 수 있는 가장 적합한 효과 측정 수단이라고 할 수 있다(노화준, 2003: 358).[4] 단순회귀모형의 일반적 형태는 식(1)과 같이 표현될 수 있다.

$$\hat{Y} = b_0 + b_T X_T \quad \cdots\cdots (1)$$

식(1)에서 $\hat{Y}$는 정책 효과 변수의 추정치를 의미한다. X_T는 정책변수이고, b_T는 X_T가 한 단위 증가할 때 정책 효과 Y의 증가분을 의미한다. 따라서 b_0는 X_T가 0일 때 회귀직선의 Y축 절편을 말한다. 회귀모형이 진실험이든, 준실험이든 실험설계에 사용될 때는 X_T의 값이 실험집단에는 1을, 그리고 비교집단에는 0의 값을 각각 부여하는데(가변수: dummy variable), 이럴 경우 b_T는 정책 효과를 의미하게 된다.

한편, X_T(정책)와 Y(효과)가 연속형 자료이고, 이를 이용해 정책 효과를 추정하는 비실험적 설계의 경우에도 b_T는 정책변수의 효과로 볼 수 있다. 그러나 이 경우 다른 변수들을 통제하기 않았기 때문에 b_T에는 외부변수들이 효과변수에 미치는 영향이 혼재되어 있어 b_T를 정책의 순수한 효과로 보기는 곤란하다. 즉, 내적 타당성에 관해 많은 문제가 야기될 수 있는 것이다.

내적 타당성의 문제를 해결하기 위해서, 정책변수 이외에 기타 요인들을 통제해야 하는데 이를 위해 다중회귀분석이 사용된다. 모형의 일반적 형태를 소개하면 식(2)와 같다.

$$\hat{Y} = b_0 + b_1 X_1 + b_2 X_2 + b_T X_T \quad \cdots\cdots (2)$$

만일 연구자가 통제하고 싶은 외부변수를 X_1과 X_2라고 할 때, 식(2)에는 식(1)과 달리 이들이 모형에 포함되고 있다. 다중회귀모형에서 b_i들을 회귀계수라고 하는데, 이들은 해당 모형에 포함되어 있는 다른 모든 독립변수의 값이 일정하게 고

4) 정책평가에서 회귀분석의 논리에 대해서는 나크미아스(Nachmias, 1979: Ch.5)를 참조.

정되어 있을 때(통제될 때) 해당 독립변수가 한 단위 증가할 때 나타나는 종속변수의 증가량이다.

따라서 회귀분석의 논리상, 식(2)에서 b_T는 모형에 포함되어 있는 제3의 변수들을 통제한 후 정책변수가 한 단위 증가할 때 증가하는 정책 효과의 크기다. 이와 같이 다중회귀모형은 내적 타당성을 저해할 가능성이 있어 보이는 외부변수들을 의도적으로 모형 내에 삽입함으로써 해당 변수를 통제하는 효과를 얻을 수 있다. 물론 연구자가 모르는 또 다른 중요한 외부 요인들이 모형에 포함되지 않았을 가능성을 배제할 수 없다는 점에서 b_T를 정책의 순수한 효과로 확신하기는 곤란하다. 그러나 주요 변수들의 영향력을 상당히 차단할 수 있다는 점에서 다중회귀분석은 실험설계가 불가능한 경우 정책 효과를 추정하는 매우 유용한 방법이다.

2) 경로분석

경로분석(path analysis)은 여러 변수가 일련의 관계로 얽혀 있을 때 이것을 인과 관계나 상관 관계 등으로 명확히 구분하고, 그리고 각 관계의 강도를 회귀분석 등의 방법으로 밝히는 분석 방법이다. 이 분석은 회귀분석을 반복적으로 사용함으로써 변수들 간에 존재할 것으로 상정하고 있는 인과 관계의 크기를 추정해 내는 것이다.

경로분석은 정책영향을 평가하는 데에 활용할 수 있다. 정책변수(독립변수)에서 효과변수(종속변수)에 이르는 과정은 일련의 매개변수들의 연결 과정이라고 할 수 있다. 경로분석은 정책이 애당초 가정했던 다양한 정책 수단과 집행변수들의 시간적 선후 관계와 인과 관계에 관한 가설을 통계적으로 검증하는 유용한 방법이 될 수 있다. 변수들 간의 관계 구조를 경로모형(인과모형)이라 하는데, 이는 한마디로 정책이 가정하고 있는 가설의 집합체로 볼 수 있다. 경로분석의 일반적 과정은 다음과 같다.

① 정책 효과에 영향을 주는 주요 변수들을 식별한다.

② 주요 변수들의 인과적 순서나 시간적 선후 관계를 설정한다.

③ 반복적인 회귀분석을 통해 경로계수(path coefficients)를 계산한다.

④ 경로계수의 통계적 유의성을 판단한다.

⑤ 유의미하지 않은 경로를 삭제·수정하여 수정된 인과모형을 구성한다.

⑥ 수정된 경로모형에 대해 경로계수를 다시 계산한다.

⑦ 정책변수의 직접 효과와 간접 효과를 계산하여 총효과를 산출한다.

예를 들어, 만일 최종적인 정책 효과 변수인 X_4에 영향을 주는 독립변수가 3개(X_1, X_2, X_3)가 있다고 하고, 기존의 이론 및 경험적 근거에 의해 [그림 11－3]과 같은 가설적 경로모형을 구성했다고 하자.5)

[그림 11－3]에서 P_{21}, O_{43} 등은 '경로계수(path coefficient)'라고 하며, P_{21}은 변수 X_1이 변수 X_2에 미치는 효과를 말하고, P_{43}은 X_3가 X_4에 미치는 효과를 의미한다. 또 e_i 등은 해당 변수가 모형 내에서 설명되지 않는 부분을 설명해 주는 모형 외부의 '잔여변수(residual variables)'다. X_1과 같이 모형 내의 다른 변수의 영향을 전혀 받지 않고 오로지 외부변수에 의해서만 결정되는 변수를 '외생적 변수(exogenous variable)'라고 하고, X_2, X_3, X_4와 같이 모형 내의 다른 변수로부터 영향을 받아 그 변이가 설명되는 변수들은 '내생적 변수(endogenous variables)'라고 한다.

그림 11-3 경로모형의 예

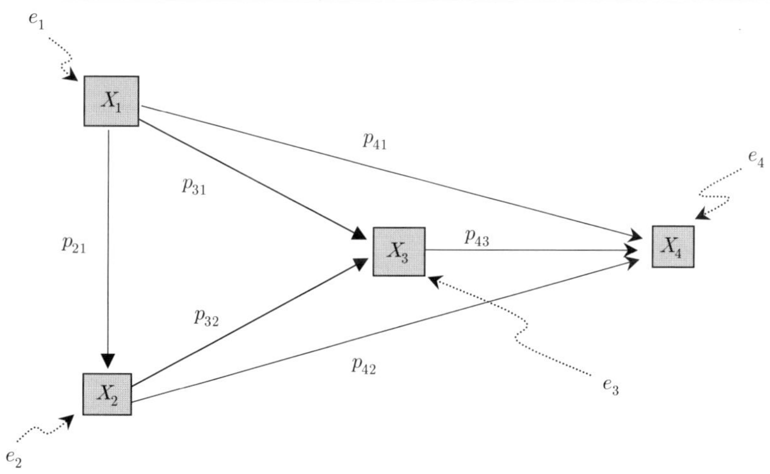

5) 경로분석에 대해서는 컬링거와 페드하저(Kerlinger & Pedhazur, 1973: 305－333), 밀러(Miller, 1983: 239－245) 등을 참조.

경로계수의 값은 모형에 포함된 변수들의 관계에 대한 여러 개의 회귀방정식을 통해 얻는데 [그림 11-3]의 경우 회귀방정식은 다음과 같이 구성할 수 있다.

$$X_1 = e_1$$
$$X_2 = P_{21}X_1 + e_2$$
$$X_3 = P_{31}X_1 + P_{32}X_2 + e_3$$
$$X_4 = P_{41}X_1 + P_{42}X_2 + P_{43}X_3 + e_4$$

경로계수는 각 회귀방정식에서 추정된 표준화된 회귀계수(beta값)로 표현되며, 각각의 경로계수는 관련된 두 변수 간의 직접적인 효과만을 보여주는 것이다. 그러나 관심의 대상이 되고 있는 특정 독립변수와 종속변수 사이에 다른 매개변수들이 있을 경우 직접 효과뿐만 아니라 간접 효과까지 알 수 있다는 장점이 있다. 예컨대, 변수 X_1이 X_4에 미치는 영향을 볼 때 직접적인 효과로 P_{41}이 있지만 X_2, X_3, X_4를 통한 간접적 영향도 미치고 있다. 이런 경우, 총효과는 직접 효과 P_{41}과 간접 효과 $(P_{21} \times P_{42}) + (P_{31} \times P_{43}) + (P_{21} \times P_{32} \times P_{43})$를 모두 합한 것이다.

경로분석의 약점은 처음 출발할 때의 인과모형이 어느 정도 연구자의 주관적 판단이 개입할 수 있다는 점이다. 만일 처음 구성한 인과적 모형의 타당성이 의심된다면 분석 결과도 신뢰할 수 없다. 그러므로 가설적 인과모형을 작성할 때는 관련 이론이나 선행 연구 결과를 잘 반영하여 모형의 타당성을 확보하기 위해 최선의 노력을 해야 한다.

이상에서 정책평가의 가장 핵심이라고 할 수 있는 정책영향평가를 진실험, 준실험, 비실험적 설계로 나누어 살펴보았다. 진실험이 내적 타당성에서는 유리하지만 실험의 인위적 환경으로 인해 외적 타당성 측면에서 상대적 약점이 있고, 또한 정책평가와 같은 사회실험의 경우 현실에서 적용하기가 쉽지 않다는 점도 문제다. 이에 대한 대안으로 현실적으로 준실험설계가 자주 사용되는데 이것은 비동질적 비교집단설계나 단절적 시계열분석에서 보듯이 내적 타당성면에서 상대적 약점이 있다. 비실험설계는 실험을 할 수 없는 상황에서 통계분석을 이용하여 정책 효과를 추정할 수 있다는 장점이 있지만, 경로분석의 경우 연구의 출발점인 변수 선정과 인과모형을 구성할 때 연구자의 주관과 자의성이 개입한다는 것이 약점이다.

제 4 절 정책가치

정책평가는 단순히 사실 관계에 대한 판단만 하는 것이 아니라 이를 토대로 정책이 옳고 그른지 또 좋고 나쁜지를 판단하는 작업이다. 따라서 연구 결론이 이른바 과학적 방법이라고 하는 논리실증주의적 연구에 의해 얻어질 수는 없다. 옳고 그름, 그리고 좋고 나쁨은 경험적으로 객관화할 수 있는 영역이 아닌 가치판단에 해당하기 때문에 최종적으로는 철학적 논의에 속하는 사항이다. 그러므로 정책에 대한 가치판단의 영역에서 절대적이고 유일한 기준은 없다. 다양한 평가 기준이 존재할 수 있으며, 평가 기준에 따라 정책의 결과와 성패에 대한 결론이 달라진다.

다양한 정책평가 기준들을 논하려면 본격적인 철학적 탐구가 필요한데, 이를 위해서는 철학과 가치론에 대한 상당한 지적 기반과 통찰력이 전제되어야 할 것이다. 이런 논의 수준은 이 책에서 의도하는 수준을 넘어선 것이다. 다음에서는 그간 정책학에서 자주 언급되어 온 대표적인 평가 기준 몇 가지를 비교하는 수준에서 살펴보기로 한다.

1 가치의 개념과 종류

1) 가치의 개념

앞에서 보았듯이 정책평가는 정책의 가치를 판단하는 것이고, 판단하기 위해서는 어떤 기준이 있다고 했다. 그리고 그 기준 역시 절대적이지 않고 상대적이며 어떤 기준을 선택한다는 것은 결국 정책에 관한 어떤 가치를 선호할 것인지에 관한 문제가 된다. 따라서 다양한 정책평가 기준은 나름대로 그 자체가 각각 어떤 가치를 포함하고 있다.

그러면 가치(values)란 무엇인가? 흄(David Hume)은 당위(oughts)라고 정의한다. 가치는 행동 양식, 수단 및 목표의 선택에 영향을 미치는 개인 또는 집단의 특성으로 나타나는 당위적이고 바람직한 것에 대한 생각이라고 한다(Nigro & Nigro, 1984: 41).

가치와 유사한 개념으로 규범이나 신념 등이 있다. 규범(norm)은 많은 집단구성원에 의해 공통적으로 승인된 어떤 상황에서 어떻게 행동해야 한다고 하는 의무(obligation)를 말하는 것으로, 행동의 구체적 준칙이나 표준들로 이루어진다. 이에 비해서, 가치(value)는 개인들이 중요하다고 생각하는 것으로 특정 사항, 조건 또는 상황에 대한 선호를 나타낸다.

또 신념(belief)은 실제로 사실이 어떠한가, 또는 어떠했는가에 대한 생각으로서 한 개인의 신념은 그가 무엇을 알고 있는가이며 그것이 진실인지 거짓인지, 불완전한지 등이 객관적으로 검증되거나 발견될 수 있다. 이에 비해 가치는 무엇이 옳고 공정하며 정당하고 바람직한지에 대한 개인 의견의 정도(degree)로 구성되기 때문에 과학적이고 객관적인 검증이나 타당화를 할 수 없는 것이 다른 점이다.

한편, 윤리(ethics)는 관습적인 성향을 띠고 있는 도덕적 행동과 관련되며, 인간의 행동 기준으로서 특정 상황에서의 행동을 규정하거나 금지한다. 즉, 윤리는 서로 다른 환경이나 상황에서 취하게 될 행동에 대한 도덕적 기초를 마련하여 주는 것이다.

2) 가치의 종류

앞으로 논하게 될 여러 가지 정책평가 기준들이 하나의 가치로서 어떤 특성을 갖고 있는지를 알기 위해서는 가치의 종류에 관한 일반적 논의를 살펴보는 것이 필요하다.

호지킨슨(Hodgkinson, 1978: 110－115)의 세 가지 가치 유형에 관한 논의는 나름대로 체계적이라고 평가할 수 있다. 제1유형 가치는 형이상학적 가치로서 칸트(I. Kant)의 절대 명령이나 모세의 율법과 같은 윤리강령, 그리고 종교적 계율과 같은 형태를 띠며 초합리적 근거에 기반을 둔 가치 유형이다. 그러므로 이 유형의 가치는 과학기술이나 윤리적 주장으로 정당화될 수 없는 종교적 묵시나 개인의 심미적 감각에서 나온 일종의 신앙과 같다. 심리적 측면에서 보면 능동적 성격이 강하고 철학적 측면에서는 종교주의, 실존주의 등과 연결된다. 따라서 초합리적이거나 아주 비합리적이다. 이러한 가치는 존재론이나 종교철학에서 다루어야 한다고 본다. 예컨대, '이데아'나 '절대정신'과 같은 '절대 선'이나 '영원불멸한 항존적 실재'로서의 가치 추구는 존재론(형이상학)의 탐구 대상이며 종교철학의 영역에 속한다.

제2유형 가치는 정당한(right) 것과 관계되는 가치로서, 타당하며, 도덕적이고 의무 구속적인(dutybound) 특성을 지닌다. 가치는 다시 두 가지로 나뉘는데, 합리적이고 이성적인 분석을 통해 어떤 것이 가져올 장래의 결과가 바람직한 것으로 판단되기 때문에 가치 있다고 여기는 2-a유형과, 역시 합리적인 근거에서 어떤 것이 정당한 것이라고 집단적 합의를 했을 때 형성되는 2-b유형이 있다. 따라서 이 유형의 가치들은 합리적이고 사회적인 특성을 띠며 심리적으로는 인지적이다. 철학적 측면에서는 인본주의, 공리주의, 실용주의에 상응하는 형태다.6)

한편, 제3유형 가치는 좋음(good)과 관련되는 가치로서, 개인적 감정, 애정, 선호 등에 기반을 둔다. 이 가치의 특성은 즐길 만한(enjoyable), 좋아할 만한(likable), 기분 좋은(pleasurable) 것으로 표현할 수 있다. 예컨대, 왜 X가 좋은가? 내가 그것을 좋아하기 때문에 좋다는 식의 자기정당화(self-justifying)에 의해 변명된다. 따라서 아합리적(subrational)이고 사적이며 개별 사례적(idiographic)인 특징을 가진다. 이 가치는 심리적으로는 애정적(affective) 특성을 가지며, 철학적 측면에서는 논리실증주의, 행태주의, 쾌락주의 등에 연결된다. 제1유형은 초합리적(transrational) 가치이고, 제2유형은 합리적(rational) 가치이며, 제3유형은 아합리적(subratonal) 가치라고 할 수 있다.

행정에 관한 가치를 본질적 가치, 절차적 가치, 행정관리적 가치로 구분하는 경우도 있다(이종수, 1988: 50). 본질적 가치(inherent value)는 공동생활을 통해 달성하고자 하는 궁극적인 가치로 정의, 공익, 복지, 자유 등이 여기에 속한다. 절차적 가치는 사회적 가치의 배분 절차나 원리에 관한 개념으로 평등, 형평, 민주성의 개념이 여기에 속한다. 한편, 행정관리적 가치는 실제적인 행정 과정에서 구체적 지침이 될 수 있는 가치 개념으로서 합리성, 효과성, 능률성 등이 해당된다.

하우와 카우프먼(Howe & Kaufman, 1983: 9)은 전문직업적 행동규범의 밑바닥에 깔려 있는 가치에는 두 가지 종류가 있다고 한다. 하나는 전문직업인이 달성하고자 하는 목표와 관련되는 가치이고, 또 하나는 전문직업인이 업무 수행 중에 따라야 하는 방식과 관련되는 가치다. 전자는 전문직의 목표 지향적(ends-oriented)

---

6) 정책가치는 사회적 가치로서 이러한 제2유형 가치와 깊은 관련을 맺는다. 정책대안의 효과성이나 능률성 등은 2-a유형의 가치이고, 행정인의 청렴, 사회 정의, 형평성, 민주성 등은 2-b유형의 가치로 볼 수 있다.

윤리 원칙을 구성하는 가치인데, 공무원이 공익에 봉사하는 것이 그 예다. 또 후자는 수단 지향적(means-oriented) 윤리 원칙을 구성하는 가치인데, 업무 수행에서 정직성, 객관성, 진실성, 유능함 등이 해당한다.

2 집단적 · 사회적 특징의 정책가치

행정이나 정책이 본질적으로 공공적 성격을 띠는 현상이라는 점에서 이 분야에서 추구하는 가치규범은 사회적 · 집단적일 수밖에 없다. 이렇게 볼 때 정책 관련 가치는 호지킨슨(Christopher Hodgkinson)의 분류에서 제2유형의 가치에 해당한다. 절대적이고 초합리적인 제1유형의 가치들은 이성적 논의와 합리적 사고를 바탕으로 하는 사회과학의 연구 대상이 되기는 어렵다. 이들 가치는 존재론(ontology)이나 종교철학에서 다루어야 할 문제다. 그리고 개인의 애정과 선호에 좌우되는 제3유형의 가치도 개별 사례적(idiographic) 속성 때문에 일반론을 얻고자 하는 정책학과는 관련을 맺기 힘들다.

정책이나 행정과 관련되는 가치는 크게 보면 윤리적 가치, 수단적 가치, 본질적 가치로 구분할 수 있다.

첫째, 윤리적 가치는 정책을 결정하고 집행하는 공직자들의 행태와 의식에 관해 요구 또는 금지되는 가치규범이다. 윤리는 바로 정책 담당자들이 행해야 할 인간관계상의 도리로서 도덕이 객관화된 사회정신 또는 사회제도적 성격의 관습을 의미하는 것이다. 따라서 이 가치는 다음의 두 가치에 비해 인격적인 것이 그 속성이다. 가까운 예로 공직자 윤리강령에 포함되어 있는 내용들을 생각할 수 있다.

둘째, 수단적 가치는 과정으로서의 정책에 관한 가치다. 이들 가치는 그 자체가 행정이 궁극적으로 달성하려는 결과나 상태는 아니다. 다시 말하면, 어떤 바람직한 사회 상태를 달성하려는 수단으로서 정책이나 행정행위가 갖는 값어치를 의미한다고 보면 된다. 이를테면, 같은 목표를 달성하는 데 어떤 정책대안이 다른 대안보다 상대적으로 비용이 덜 든다고 할 때 우리는 비용이 싼 대안을 더 가치 있는 것으로 본다. 바로 이 경우의 가치가 수단적 가치인 것이다. 구체적 예로는 정책의 효과성(effectiveness)이나 능률성(efficiency)을 들 수 있다.

마지막으로, 본질적 가치가 있는데, 이것은 정책이 궁극적으로 실현하고자 하는 바람직한 상태에 관한 것이기 때문에 그 자체가 소망되는 목표로서 의의를 가지며, 앞의 두 가치들은 본질적 가치를 위한 도구로서 기능한다고 볼 수 있다. 물론 정책 과정에서의 윤리·수단적 가치가 확보된다고 해서 궁극적인 본질적 가치의 달성이 당연히 보장되는 것은 아니다. 그러나 이들 가치들의 실현은 목적 가치의 달성에 대한 필요 조건의 관계에 있다고 본다. 본질적 가치는 그 개념이 가장 추상적이라서 그것의 구체적 내용에 대해서는 사회적 합의를 보기가 쉽지 않다. 본질적 가치의 구체적 예로는 공익(public interest), 사회적 형평성(social equity) 등을 들 수 있다.

정책평가 기준에 관한 가치를 생각할 때, 윤리적 가치는 주로 정책 관련 공무원들의 행위와 관련되는 인격적 가치란 점에서 정책 자체에 대한 옳고 그름이나 좋고 나쁨에 대한 판단과는 직접적인 관련이 없다. 이러한 생각에서 다음에서는 윤리적 가치를 제외하고 정책의 수단적 가치와 본질적 가치에 초점을 맞추어 정책평가 기준을 살펴보기로 한다.

제 5 절 정책평가 기준

1 정책평가 기준에 관한 학자들의 견해

서치맨(Suchman, 1974: 61)은 정책평가의 다섯 가지 범주로 노력(effort), 성과(performance), 충분성(adequacy), 능률성(efficiency), 그리고 과정(process)을 들고 있다. 노력은 정책을 위해 행해진 활동의 양과 질에 관한 것이다. 즉, 산출과 관계없이 정책에 들어간 투입이나 에너지의 크기에 초점을 맞춘다. 성과는 노력 자체보다는 노력의 결과를 말하며, 보통 정책이 가져온 1차적 효과를 말한다. 충분성은 애당초 정책을 야기했던 사회문제를 해결하기에 충분한 정책 효과가 나타났는가를 보는 기준이다. 능률성은 비용에 대한 편익의 비율을 의미하는 데, 이는 여러 대안 중 같은 편익을 산출한다면 더 적은 비용이 드는 정책대안이 좋다는 개념이다. 끝으로, 과정은 정책이 왜 제대로 작동하고 또 작동하지 않는가에 초점을 맞춘다.

나카무라와 스몰우드(Nakamura & Smallwood, 1980: 146－151)는 정책평가의 기준으로 목표 달성, 능률성, 대상집단의 만족도, 고객의 대응성(responsiveness), 체제 유지의 다섯 가지를 제시하고 있다. 이 중 체제 유지(system maintenance)는 특정한 정책이 체제 유지에 얼마나 이바지하고 있는가를 평가하고자 하는 기준이다. 즉, 하나의 생동하는 실체로서 정치 체제가 계속 존재할 수 있도록 사회 제도들을 통합하는 정책의 역할에 주된 관심이 있는 기준이다.[7]

던(Dunn, 1994: 282－289)은 다른 학자들의 견해를 참고하여 정책제안 기준(criteria for policy recommendation)을 제시하고 있는데, 내용상으로 보면 정책평가 기준과 같은 의미다. 구체적으로 효과성, 능률성, 충분성, 형평성, 대응성, 적절성(appropriateness)의 여섯 가지 기준을 말하고 있다. 대응성이란 하나의 정책이 특정 집단의 욕구나 선호, 가치를 충족시켜주는 정도를 의미한다. 던(William N. Dunn)은 특이하게 적절성이란 기준을 제시하고 있는데 이는 실질적 합리성과 밀접히 관련되어 있는 것으로서, 프로그램 목표의 가치와 이들 목표의 기초가 되는 가정의 방어 가능성(tenability)을 의미한다. 즉, 다른 기준들은 정책의 목표를 당연하게 받아들이는 데 비해, 적절성의 기준은 주어진 정책목표가 과연 사회를 위해 적절한 것인지 질문을 던지는 것이다.[8]

2 주요 정책평가 기준들의 특징

정책평가 기준에 관한 학자들의 표현은 조금씩 다르지만 사실상 공통적으로 제시하는 기준들로는 효과성, 능률성, 형평성 등이 있다. 여기서는 이들 기준에다가 공익성을 추가하여 평가 기준을 살펴보고자 한다. 이들 네 가지 개념이 내포하고

---

7) 정책집행과 관련하여 체제 유지는 미시적 수준과 거시적 수준에서 논할 수 있다. 거시적 수준에서는 정책이 국내·국제 정치 체제의 안정에 얼마나 기여하는가를 보며, 미시적으로는 개별적인 집행 담당 기관의 활력 유지에 초점을 맞춘다(Nakamura & Smallwood, 1980: 151).

8) 이러한 질문에 답하기 위해 분석가는 모든 기준을 동시에 고려해 보며, 즉 여러 형태의 기준들 사이의 관계를 심사숙고해 보고, 효과성, 능률성, 충분성, 형평성, 대응성 등의 기준에 논리적으로 선행하는 상위 수준의 기준(메타 기준)을 적용한다.

있는 좋은 정책에 대한 생각은 다음과 같이 말할 수 있다.

효과성은 설정한 목표를 잘 달성한다면 좋은 정책이라고 보는 관점이다. 능률성은 같은 정책 결과를 얻는 데 상대적으로 비용이 적다면 좋은 정책으로 본다. 공익성은 개인이나 집단의 사사로운 이익보다는 공동체의 보편적 가치를 최대화하는 것이 좋다는 생각이다. 끝으로, 형평성은 더 어려운 처지에 있던 사람들의 복지가 상대적으로 더 많이 개선되는 결과를 산출하는 정책이 좋다는 관점이다.

평가 기준들이 갖고 있는 특성을 비교해서 말할 수 있다면, 가치 영역에 속하는 이들 평가 기준들의 추상성이 어느 정도 감소되는 효과가 있을 것이다. 속성의 분류를 위해 두 개의 분류 차원을 제시하고 싶다. 하나는 평가 대상인 정책을 보는 관점에 관한 것이며, 다른 하나는 평가 기준들이 포함하는 요소가 무엇인가다. 전자는 정책을 과정(수단)으로 보는가 아니면 결과로서 보는가로 나뉘고, 후자는 정책의 투입(비용)과 산출(편익)의 어떤 것을 평가 요소로 취급하는가에 관한 것이다. 정책을 과정으로 보는 기준은 수단적 가치이고 정책의 결과에 초점을 맞추는 기준은 본질적 가치다. 이렇게 볼 때, 효과성과 능률성은 수단적 가치이고, 공익성과 형평성은 본질적 가치다.

한편, 또 하나의 분류 기준은 정책평가 기준이 투입과 산출 어느 것에 비중을 두고 있는가다. 효과성과 공익성은 각각 정책이 가져온 결과에 초점을 맞춘다면, 능률성과 형평성은 정책의 투입과 산출 모두를 고려한다는 점이 다르다. 물론 능률성은 비용과 편익의 상대적 크기가 주된 관심이고, 형평성은 비용과 편익의 분배에 관심을 가진다는 점에서 두 기준은 내용을 달리하고 있다.

이상의 내용을 바탕으로 정책평가 기준을 분류하면 <표 11-3>과 같이 나타낼 수 있다.

표 11-3 정책평가 기준의 분류 체계

평가 가치 / 평가 대상	수단적 가치	본질적 가치
산출	효과성(effectiveness)	공익성(public interest)
투입·산출	능률성(efficiency)	형평성(equity)

1) 효과성

효과성(effectiveness)은 일반적으로 '목표 달성도'라고 정의한다. 따라서 정책평가 기준으로서의 효과성은 '정책목표의 달성도'라고 말할 수 있다. 그래서 이것은 기술적 합리성에 밀접히 연관되어 있고, 흔히 산물 또는 서비스의 단위나 그것들의 금전적 가치로 측정된다(Dunn, 1994: 282).

언뜻 보면 다른 기준보다도 효과성은 가장 간명하고 편리한 기준같이 보인다. 그러나 효과성을 현실의 정책평가에 실제 적용할 때 나타나는 어려움은 다음과 같이 다양하다.

(1) 단일한 구체적 정책목표 설정의 어려움

효과성 기준이 제대로 기능하려면 목표가 명확해야 하고 또 단일의 목표가 있을 때 좋다. 만일 정책목표가 추상적이거나 모호하다면 평가자는 정책이 가져온 결과가 과연 목표를 달성했는지 판단할 수 없게 된다. 그런데 현실에 있어 정책목표는 명확한 경우보다 추상적이거나 복수인 경우가 많다. 그 이유는 다음과 같다.

첫째, 정책목표란 "정책을 통해 달성하려고 하는 미래의 바람직한 상태"로 정의할 때, 바람직한 상태 그것은 가치 함축적이라서 경험 세계에서 관찰 가능한 수준으로 규정하는 것은 쉽지 않다. 동시에 공공정책이 가져오는 광범위한 효과들을 일부 경험적 사실로 제한한다는 약점이 있다.

둘째, 정치적으로 볼 때도, 정책 추진 세력이 목표를 구체적으로 정하는 것은 자신들이 추진한 정책의 실패의 가능성을 스스로 높이는 결과가 될 수 있다. 왜냐하면, 목표의 범위를 넓게 잡는 것이 정책의 불확실한 성과들 중 일부라도 그 범위 내에 들어갈 가능성을 높임으로써 정책의 완전 실패라는 정치적 손실을 피해갈 수 있기 때문이다.

셋째, 정책목표가 너무 구체적이면 정책과 관련하여 누가 수혜집단이고 누가 피해집단인가를 명확히 구분해 주는 결과가 된다. 이는 집단 간의 격렬한 대립 가능성을 높여주고, 특히 피해집단의 조직화와 강력한 반대 활동을 자극하여 원활한 정책 수립과 집행을 어렵게 한다. 그래서 정책결정자는 초반에 목표를 설정할 때 가급적 예상되는 반대집단의 이익도 목표에 반영함으로써 반대 세력의 형성을 억제하려고 하는데, 그런 경우 목표는 포괄적이고 추상적인 형태로 표현될 수밖에 없다.

넷째, 정책목표가 여러 개인 경우 효과성이란 평가 기준을 적용하기가 쉽지 않다. 피해집단을 무마하거나 정책에 대한 범국민적 지지를 얻기 위해 이해관계를 달리하는 여러 집단의 이익을 포함하다 보면 한 개의 정책목표 아래에 여러 개의 하위 목표가 포함될 수 있다. 정책목표가 복수인 경우 더구나 이들 간에 일관성이 없는 경우라면 효과성 기준에 의한 정책평가는 매우 어려운 작업이 되며 동시에 평가 결과도 신뢰하기 힘들다.

(2) 정책 효과의 측정 문제

정책이 가져온 효과 중 어떤 것을 측정할 것인가의 문제가 있는데, 여기에는 두 가지 측면이 있다. 효과를 측정하기 위한 지표 개발에 관련된 측면과 정책 효과의 시계(時界, time span)에 관한 측면이 그것이다.

첫째, 추상적인 정책목표를 실제 구체적인 지표로 전환해야만 정책이 가져온 결과들을 객관적으로 측정할 수 있다. 이른바 조작적 정의(operational definition)가 필요하게 된다. 그런데 조작적 정의가 객관적이거나 완전하지 못하다는 점에 문제가 있다. 추상성이 높은 정책목표가 몇 개의 경험적 지표나 변수로 잘 표현될 수 있을지 의문스럽고, 또한 어떤 지표를 선택하는가가 평가자의 정치적 편견이나 주관에 영향을 받을 수 있어 정책의 좋고 나쁨에 관한 결론이 달라질 수 있다.

둘째, 정책을 시행한 후 어떤 시점에서 정책의 효과를 측정할 것인가의 문제가 있다. 정책의 효과는 시간의 선상에서 볼 때, 정책 실행 이후 단기적이고 계량 가능한 산출(output)이 있고, 중기적 효과인 산물(outcome)이 있고, 그리고 장기적인 효과인 영향(impacts)이 있다(Nakamura & Smallwood, 1980: 146). 산출의 예로는 서비스를 받은 사람의 수나 건설된 고속도로의 길이 등이 있고, 산물의 예로는 교육정책에서 객관적 테스트에 근거한 독해력 점수의 변화를 들 수 있다. 그리고 영향의 예로는 정책으로 인한 사람들의 태도나 행태의 변화를 들 수 있다.

그런데 단기적 산출에서 볼 때 효과성이 있다고 판단되는 정책도 장기적으로는 실질적인 효과가 없는 경우가 있다. 또는 그 반대의 경우도 있다. 이런 경우, 어떤 시점에서 효과를 측정하는지에 따라 효과성에 대한 평가가 달라지는 문제가 발생한다. 예컨대, 1970년대 새마을운동을 통한 국민 의식 개혁을 위해 정부가 각 직능 분야에서 이른바 '새마을 교육'을 실시했다. 외부와 단절된 새마을 교육 과정 중에 나타나는 피교육생의 행태 변화나 수료자의 수를 가지고 정책이 성공적이라고 판단할 수도 있지만, 교육을 받고 난 후 사회에 나와 일정 시간이 지나면 곧 다시 예전의 의식이나 행태로 돌아가는 데, 결국 교육 프로그램의 효과가 없는 것으로 보아야 한다. 마찬가지로, 경찰이 범죄 집중 단속 기간에 나타난 범죄 발생 건수의 감소를 정책의 성공에 대한 지표로 볼 수 있을지 몰라도 장기적으로 범죄 발생률이 결코 줄지 않거나 오히려 늘어나는 경우가 많은데, 이러한 경우 범죄 단속 강화 정책은 분명히 성공하지 못한 것이다.

(3) 정책비용의 불포함 문제

효과성은 목표 달성도에만 관심을 가지기 때문에 정책 과정에서 소요된 비용의 문제는 고려하지 않는 단점이 있다. 극단적으로 말하면 목표만 달성한다면 비용은 얼마가 들든 문제가 없다는 것인데, 자원의 유한성을 생각한다면 있을 수 없는 논리이며, 나아가 정책이라는 사업이 '밑지는 장사'가 되어도 좋다는 생각은 큰 잘못이다.

비용을 무시하는 효과성 기준이 어떤 문제가 있을 수 있는지 구체적 예를 들어 설명해 보기로 한다. 우선, 정책예산과 같이 투입 측면의 비용 문제를 살펴보고 다음으로 정책집행 결과의 하나인 사회적 비용을 살펴보기로 한다.

전자에 관한 예를 먼저 설명하면, 어느 지역의 물 부족 문제를 해결하기 위해 10억 톤 가량의 저수량을 가지고 있는 댐을 건설한다고 하자. 댐 건설에는 A, B 두 개의 대안이 있다. 두 댐의 안전도 등 댐의 질에는 아무런 차이가 없고 다만 댐의 위치와 기술상의 문제로 차이가 있다고 가정한다. A댐은 저수량이 10억 톤이고, B댐은 9억 톤이라고 할 때, 효과성의 기준에서 보면 A댐을 더 좋은 정책으로 평가할 수 있다. 그러나 A댐의 건설 비용은 1조 원인데 비해, B댐은 6,000억 원이라고 하면, 이때에도 여전히 A댐 건설이 더 좋은 정책이라는 결론에 의문을 제기할 수 있다. 현대의 어느 정부도 자원을 무한정 가지고 있지는 않다. 제한된 자원으로 정책을 추진할 때 예산 등 정책의 직접적 비용을 고려하지 않고 결과만 고려하는 효과성 기준은 한계가 있다.9)

9) 물론 목표 달성이 극히 중요하여 비용을 아무리 들이더라도 목표 달성의 극대화를 도모해야 할

이번에는 정책집행이 발생시키는 부수적 비용 문제를 살펴보기로 한다. 이는 정책으로 인해 자연생태계 교란이나 국론 분열로 인한 사회적 비용 등이 해당한다. 흔히 효과성을 따질 때 정책의 긍정적 효과만 관심을 가지는 경향이 있는데 이것은 잘못된 것이다. 정책집행 때문에 발생하는 부정적 효과는 결국 사회와 자연이 부담해야 하는 또 하나의 정책비용인 것이다. 예컨대, A, B 두 개의 댐 모두가 건설비용은 같은데 A댐은 저수량이 10억 톤이고, B댐은 8억 톤이라면 당연히 효과성의 기준에서 볼 때 A댐이 좋은 정책이다. 그러나 A댐은 저수량을 확보하기 위해 주변의 문화재나 희귀 동식물 서식지를 많이 파괴하지만, B댐은 저수량이 조금 적지만 상대적으로 그러한 피해가 경미하다고 한다. 이러한 경우에도 여전히 저수량 10억 톤이란 정책목표를 달성한 A댐을 좋은 정책으로 평가할 수 있는지 의문이 남는다.

(4) 정책목표에 대한 가치판단

효과성이란 평가 기준은 일단 정책목표를 주어진 것으로 보는 경향이 있기 때문에 목표의 타당성에 대해 의심을 하지 않는다는 문제가 있다. 즉, 아무리 100% 효과적인 정책이라고 해도 목표 자체가 사회적, 도의적, 환경적 가치를 침해하는 내용을 가지고 있다면 그러한 목표는 오히려 달성하지 않을수록 더 바람직하다고 해야 할 것이다. 2010년을 전후하여 이명박 정부에서 시행한 4대강 사업은 한국의 대표적 자연하천이라는 가장 소중한 가치를 파괴했다는 점에서 당시 정부가 내세운 '4대강 살리기'라는 정책목표는 결코 정당화될 수 없는 것이었다.

(5) 비용과 편익의 사회적 분배에 대한 무관심

효과성은 정책 과정을 통해 발생한 편익과 비용이 사회 내 개인과 집단들 간에 어떻게 분배되는지에 관심을 갖지 않는다. 효과성은 정책의 효과나 결과를 총체적 관점에서 측정함으로써 총합으로서의 사회적 효용(total social utility) 차원에서 정책의 성공 여부를 판단한다. 이러한 경우, 사회경제적 지위가 열악한 사람들이 정책의 시행으로 인해 더 고통을 받는 반면, 상위층은 더 많은 혜택을 누릴 수 있는데, 효과성 기준은 이러한 현상에 대해 별 관심을 갖지 않는다.

경우에는 효과성이 가장 중요한 평가 기준이 될 수 있다. 국가의 운명을 걸고 싸우는 전쟁이나 외교정책 등과 같은 경우다(정정길, 1998: 375).

2) 능률성

앞서 본 효과성의 단점을 어느 정도 보완하는 것이 능률성(efficiency)의 기준이다. 정책평가 기준의 하나로서 능률성은 일반적으로 투입(input)과 산출(output)의 비율에 관한 개념이다. 같은 정책 산출이라면 투입이 적으면 적을수록 좋다고 보거나, 또는 같은 투입이라면 더 많은 산출을 가져오는 것이 좋다고 보는 관점이다.

능률성의 철학적 배경에는 '최대 다수의 최대 행복'을 선(善)이라고 보는 공리주의(utilitarianism)가 있고, 경제학적 배경에는 '파레토 최적(Pareto optimum)' 논리가 있다.

효과성이 정책의 성과나 산출 쪽에만 주된 관심을 가지는 반면, 능률성은 투입(비용)과 산출(편익) 모두를 고려하여 정책의 좋고 나쁨을 판단한다는 점에서 효과성의 약점을 보완한다. 그러나 정책평가 기준으로서의 능률성 역시 단점이 있는데, 능률성의 중요한 특징과 문제점은 다음과 같다.

(1) 투입(비용)과 산출(편익)의 개념적 범위

능률성을 측정하는 데 사용되는 두 가지 변수인 투입과 산출의 범위를 어떻게 보는가에 따라 능률성에 대한 결과가 달라질 수 있다. 좁은 의미의 능률성과 넓은 의미의 능률성으로 나누거나(정정길, 1998: 376), 또는 경제적 능률성과 사회적 능률성으로 나누는 것이 그 예다.

경제적 능률성은 투입과 산출을 측정할 때 직접적이고 단기적인 산출 지표에 관심을 가지고 계량화가 쉬운 금전적이고 물리적인 자료를 선호한다. 즉, 투입(비용)의 경우, 주로 정책 수행에 들어간 예산이나 인적·물적 자원의 크기를 금전적 형태로 측정하며, 산출(편익)도 정책이 가져온 중장기적 영향(impact)보다는 단기적인 산출(output)로 측정하는 경향이 있다. 그런데 경제적 능률성은 정책의 비용과 편익을 너무 좁게 생각하고 가시적 결과에 너무 치중함으로써 인간의 행태 변화, 자연 훼손, 사회적 갈등과 같은 장기적이고 무형적인 현상을 간과한다는 문제가 있다. 이에 대한 보완책으로서 사회적 능률성의 개념이 대두한다.

사회적 능률성은 정책비용을 측정할 때 단순히 예산이나 인적·물적 자원의 크기에만 국한하지 않고 정책이 사회 또는 자연환경에 끼친 영향까지도 고려하는 개념이다. 예컨대, 도로, 댐, 항만의 건설에서 나타날 수 있는 문화재의 훼손이나 자연생태계의 파괴 등도 비용이라는 것이다. 사회적 능률성은 편익에서도 증축된 교실 수, 채용된 교사 수, 건설된 도로 길이와 같은 단기적인 결과를 넘어 장기적이고 무형적인 정책영향을 포함하려고 한다. 예를 들면, 새로운 교육 시스템의 도입이 가져올 지적 능력의 증가뿐만 아니라 이를 통해 국민들의 의식과 행태가 변화하여 장기적으로 국민건강 증진, 교통사고 감소, 부패 감소, 인권개선 등을 통해 얻어지는 사회경제적 손실의 감소분을 편익으로 고려할 수 있다.[10)]

이렇게 볼 때, 경제적 능률성은 정책의 비용과 편익을 너무 협소하게 보아 민간분야의 기업이나 조직의 능률성으로는 적당할지 몰라도 사회 전반에 다양한 영향을 미치는 공공정책의 그것으로는 한계가 있다. 따라서 오늘날에는 각종 공공 건설과 관련하여 환경영향평가를 의무화하는 데서도 알 수 있듯이 사회적 능률성이 공공 부문의 평가에 더 적절한 것으로 받아들여지고 있다.

(2) 측정 단위에 관한 문제

능률성은 편익÷비용으로 정의된다고 볼 때, 구체적으로 변수들의 측정 단위를 무엇으로 할 것인가의 문제가 생긴다. 일반적으로는 분모와 분자를 화폐 단위로 측정하여 계산이 이루어지는데, 여기에 적합한 분석 방법으로 개발된 것이 이른바 '편익비용분석(cost-benefit analysis)'이다. 그러나 앞에서 말했듯이 공공 분야의 경우는 사회적 능률성의 개념이 적용되는 것이 바람직한데, 이 경우 공공재의 경우는 본질상 시장가격이 형성되기 어려우며 행태 변화와 같은 무형적 효과 역시 화폐가치로 환산하기 어렵다. 그래서 공공정책의 경우 능률성을 계산할 때 편익 부분을 금전으로 하지 않고 실물의 형태로 측정하기도 한다. 예컨대, 편익/비용 비율(B/C ratio)의 분모는 화폐액으로 표현하지만 편익 부분을 건설된 도로의 길이나 생산되는 전력의 양으로 하여 상대적 능률성을 계산하는 것이다. 이러한 방법을 '비용효과분석(cost-effectiveness analysis)'이라고 한다.

---

10) 원래 사회적 능률성은 1930년대 이후의 인간관계론의 등장과 더불어 강조된 개념이다. 과학적 관리론에 입각한 기계적·금전적 능률관을 비판하고 행정의 사회 목적 실현, 다원적 이익 간의 통합조정 및 행정조직 내부의 인간적 가치 실현 등을 내용으로 하며, 민주성의 개념으로 이해되기도 한다(이종수·윤영진 외, 1998: 159).

(3) 미래가치를 현재가치로 환산하는 문제

정책의 비용이나 편익은 정책이 집행된 후 일회적으로 나타나는 것이 아니고 미래에 장기간에 걸쳐 나타나는 것이 일반적인데, 이런 경우 미래의 비용이나 편익을 바로 현재가치로 환산해야 한다. 미래가치를 현재가치로 환산할 때 이자율을 얼마로 책정할 것인가의 문제가 생긴다. 이자율이 달라짐에 따라 정책의 능률성에 대한 판단이 달라지므로 적절한 이자율 선택은 매우 민감한 사항이다. 그런데 이에 관한 제일 큰 문제는 객관적이고 유일한 이자율이 없다는 데 있다. 댐이나 항만 등과 같이 공공 부문의 사업들은 비용은 상대적으로 초기에 많이 발생하고 편익은 미래에 걸쳐 분포하는 특징이 있다. 이 점 때문에 공공 부문에서 가치의 현재화에 사용되는 이자율은 민간 부문의 그것보다 보통 낮게 책정하는 경향이 있다.[11)]

(4) 편익비용분석의 다양한 표현 방식에서 오는 문제

앞에서 말했듯이 능률성에 관한 대표적인 분석 방법은 편익비용분석이다. 그런데 편익비용분석에서 능률성을 표현하는 방식으로는 보통 비용 대 편익의 비율을 사용하지만 이 밖에도 순현재가치나 내부수익률 방법도 사용되고 있다.

'순현재가치(net present value)'는 적정한 이자율로 환산된 편익의 총 현재가치에서 비용의 총 현재가치를 뺀 순편익(net benefit)의 개념이다. 다시 말하면, 순이익이 가장 많은 정책이 가장 좋은 사업이라는 것이다.

한편, '내부수익률(internal rate of return)'은 순현재가치를 영으로 하는 이자율을 말하는데, 이는 미래가치를 현재가치로 환산하기 위한 적정한 이자율을 찾는 객관적인 방법이 없다는 문제점을 해결하는 하나의 방법이다. 정책마다 내부수익률이 다른데, 이것의 값이 높다는 것은 정책이 미래에 장기간에 걸쳐 사회에 주는 편익이 상대적으로 크다는 것을 의미한다. 그래서 이 방법에서는 내부수익률 중 가장 큰 값을 가지고 있는 정책(대안)을 가장 능률적인 것으로 평가한다.

그런데 능률성의 표현 방식에 따라 능률성에 관한 판단이 달라질 수 있음을 고려해야 한다. <표 11-4>에는 정책의 편익과 비용에 관한 가상적인 자료가 있다.

---

11) 공공시설물의 경우 대체로 수명이 길어서 시설의 편익이 미래에 걸쳐 오랫동안 발생하는데, 만일 단기적인 수익분석에 치중하는 민간기업이 사용하는 높은 이자율을 적용하면 미래에 발생하는 공공적 편익을 낮게 평가하는 결과가 됨으로써 많은 경우 유익한 공공사업이 능률성 기준을 통과하지 못할 가능성이 크기 때문이다.

표 11-4 편익과 비용의 가상적 자료

(단위: 원)

	A정책	B정책
편익의 총현재가치	10억	15억
비용의 총현재가치	2억	5억
B/C ratio(편익/비용 비율)	10/2=5	15/5=3
NPV(순현재가치)	8억	10억

<표 11-4>에서 보듯 두 정책의 편익/비용 비율을 보면 A정책이 우수한 정책이다. 그러나 순현재가치 기준에서 보면 B정책이 더 좋은 정책이다. 더욱이 현재가치로 전환하는 데 적용되는 이자율의 크기가 평가자의 재량에 어느 정도 달려 있다는 점을 고려한다면 편익비용분석의 결과는 능률성의 표현 방식과 이자율에 따라 달라진다는 근본적인 문제를 가지고 있다.

또한 편익/비용 비율을 계산하는 경우 정책이 가져온 부정적 효과를 어떻게 처리하는가에 따라서 결과가 달라진다. 부정적 효과를 비용으로 보아 분모에 더해 줄 것인지 아니면 분자에 있는 편익에서 빼줄 것인지에 따라 능률성의 비율이 달라지고, 그에 따라 대안들의 선택이나 평가 결론이 달라지는 결과가 된다.

(5) 충분성에 대한 능률성의 한계

능률성 개념의 핵심은 최소의 비용으로 최대의 효과를 달성하는 것이다. 그런데 정책이란 사회문제나 시민의 고통을 해결해 주는 데 기본적 의미가 있다는 점을 전제할 때, 편익/비용 비율이나 순편익이 크다고 해서 언제나 좋은 정책으로 볼 수는 없다. 만일 해결해야 할 사회문제의 크기에 비추어 정책이 가져온 편익의 크기가 충분하지 않다면 바람직한 결과로 볼 수 없기 때문이다. 능률성의 이런 문제점에 비해 효과성 기준은 상대적으로 장점을 가진다. <표 11-4>를 이용해서 설명하면, 어느 지역의 전기 부족을 위해 발전소를 건설한다고 하자. A발전소의 발전량은 돈으로 환산해 연간 10억 원이고 건설비용은 2억 원이다. 또 B발전소는 발전량이 15억 원이며 건설비는 5억 원이다. 편익/비용 비율(B/C ratio)에서 볼 때 A발전소가 B발전소보다 훨씬 능률적이다. 그러나 이 지역의 전기 부족량이 돈으로 환산해 14억 원어치라고 할 때 그래도 A발전소를 건설한다면 이는 올바른 선택이라고 보기 어렵다.

(6) 분배문제를 고려하지 않는 문제점

효과성과 능률성 두 기준은 모두 비용과 편익이 사회 내 어느 계층과 누구에게 분배되는가를 고려하지 않고 오로지 총량적 차원에서 접근하는 것이 문제다. 오톨라노(Ortolano, 1997: 21－22)는 생산적 능률성(productive efficiency)의 이러한 문제에 대한 예로서, 해로운 폐기물을 처리하는 시설을 주민들의 저항 능력이 약하고 건설지역의 땅값이 싼 저소득층 주거지역 인근에 건설하는 경우를 들고 있다. 그렇지만 법적·도덕적 권리를 고려해 볼 때 바람직하다고 판단되는 정책도 생산적 기준에서 비능률적일 수 있기 때문에 앞의 예와 같은 정책을 언제나 나쁜 정책으로 판단하는 것은 문제가 있다고 말한다.

분배문제를 고려하지 않는 것이 능률성의 문제점인데 비해, 다음에 설명할 형평성 기준에서는 분배문제를 가장 심각하게 다루고 있다.

3) 형평성

효과성과 능률성에 관한 앞의 논의를 종합해 볼 때 이들 기준은 경제성과 생산성을 중요한 가치로 생각한다. 그래서 정책을 통해 누가 이득을 얻고 누가 손실을 입는가에 대해서는 별로 관심을 갖지 않는다. 또한 계량적인 접근을 선호하고 무형적 가치를 소홀히 함으로써 건강, 인권, 자연환경, 빈곤 등의 문제를 진지하게 다루지 않는다. 이들 기준이 소홀히 하는 부분을 핵심적으로 중요하게 다루는 평가 기준이 바로 형평성(equity) 기준이다. 행정학에서는 1970년대 대두한 이른바 신행정론(new public administration)으로 인해 형평성이 본격적 관심을 갖게 되었다.

행정을 관리(management)와 통치(government)라는 두 가지 기술이 접목한 것으로 볼 때 능률성과 경제성은 주로 관리에 관한 가치이고, 형평성은 통치에 관한 가치로 볼 수 있다. 프레데릭슨(Frederickson, 1997: 114－116)에 의하면, 초기의 현대 미국 행정에서는 이러한 두 관점이 균형을 갖추고 있었지만, 이후 점차 균형이 깨져 능률성과 경제성이라는 두 개의 축이 행정에서 상대적 우위를 차지하는 상황이 되었다고 한다. 그러나 오늘날 행정이 정치의 한 부분이나 형태임은 물론 나아가 정책 과정을 주도한다는 점에서 논리적으로 볼 때 이제는 더 이상 행정행위의 지침으로서 사회적 형평성을 무시할 수 없고, 능률성과 경제성에 이어 행정의 제3의 축이 되어야 함을 강조하고 있다.

형평성은 정책의 수행으로 발생한 비용과 편익을 사회 내의 여러 집단 사이에 공정하고(fairly) 정당하게(justly) 배분하는 것을 의미하며, 학자들은 흔히 공정성(fairness)이나 정의(justice) 등과 같은 개념으로 혼용하고 있다.[12] 배분적 정의로서 형평성은 경제적으로 가난하고 사회적으로 약한 사람이 정책 효과를 더 많이 누리면서 정책비용은 상대적으로 적게 부담하는 상태로 정의할 수 있다.

배분적 정의에는 수직적 형평성과 수평적 형평성이라는 두 가지 요소가 포함된 것으로 볼 수 있다.[13] 수평적 형평성(horizontal equity)은 동일한 처지에 있는 사람을 동일하게 취급하는 개념이고, 수직적 형평성(vertical equity)은 서로 다른 상황에 있는 사람들을 다르게 취급하는 개념이다. 물론 후자의 경우는 처지가 다른 사람들을 결과적으로 좀 더 동등하게 하기 위한 목적에서 이루어져야 한다(MacRae & Wilde, 1979: 64-69). 수평적 형평성의 예로는 18세를 넘는 사람에게 모두 한 표씩의 투표권을 주는 것, 노동시장에서 동등한 일에 대해서는 똑같은 임금을 지불하는 것, 일정한 연령에 도달한 남자는 모두 병역의 의무를 이행하는 것, 똑같은 소득 금액에 대해 같은 액수의 세금을 부과하는 것 등이 있다. 수직적 형평성의 예로는 소득 수준이 올라갈수록 누진세율을 적용하는 것, 건강보험에서 소득 수준이 다른 경우 보험료를 다르게 부과하는 것, 장애인이나 노인에게 공공시설물의 이용료를 감면해 주는 경우를 들 수 있다.

한편, 배분의 방법과 관련하여 평등성(equality)의 개념을 확장한다면 사실상 형평성과 개념상 큰 차이가 없어진다. 평등의 유형에 관한 래(Rae, 1981: 20-44)의 주장은 형평성의 적용에 대해 많은 점을 시사하고 있다. 래(Douglas Rae)는 단순히

---

12) 같은 것은 같게 다른 것은 다르게 취급한다는 배분적 정의에 관한 표현은 사람마다 조금씩 다르나 대체로 형평성(공평성, equity)으로 표현하는 경우가 많다. 그런데 형평성을 맥래와 윌드(MacRae & Wilde, 1979: 71), 롤스(Rawls, 1971), 프로호크(Frohock, 1979: 203), 하트(Hart, 1974) 등은 공정성(fairness)이나 정의(justice)와 같은 의미로 사용하고 있다. 또 프레데릭슨(Frederickson, 1997)이나 정정길(1998: 382)은 평등성(equality)까지도 형평성과 같은 의미로 확장해서 보고 있다.

13) 이에 추가하여 맥래와 윌드(MacRae & Wilde, 1979: 66)는 이행적 형평성(transitional equity)을 말하고 있다. 이것은 정부의 정책에 의해 현재의 자신의 복지 상태나 재산이 손상을 입었을 경우 이것에 대한 보상을 정당화하는 판단기준이다. 도로나 댐 건설로 인해 토지를 수용할 때 이를 보상하는 것이 그 예다.

"누구를 위한(For whom?)"이란 질문을 넘어 "누구에 대한 누구의 평등(Who is to be equal to whom)"이 중요한 문제라고 한다. 그래서 평등성을 우선 개인 차원의 평등과 블록 차원의 평등으로 나누고, 개인 차원의 평등을 다시 단순 개인적 평등(simple individual equality)과 분할적 평등(segmental equality)으로 세분하고 있다.

단순 개인적 평등은 모든 국민은 1인 한 표의 투표권을 소유한다는 예와 같이, 사회에 한 부류의 평등(only one class of equals)만이 존재하며, 그래서 어떤 개인이든 나머지 모든 개인 각각에 대해 비교할 때 평등한 관계를 의미한다. 분할적 평등은 사회구성원을 어떤 기준에 따라 여러 집단으로 나누었을 때, 각 집단 내부에 포함되는 개인들 간의 평등을 말한다. 따라서 이 경우는 한 사회 내에 여러 종류의 평등(two or more classes of equals)이 존재하게 된다. 즉, 집단 내부는 단순 개인적 평등과 마찬가지로 개인들 간에 평등하지만 집단 간에는 차별이 있음을 전제하고 있다. 예컨대, 군대에서 모든 사병이 사병으로서 똑같은 대우를 받는가 하면 장교집단 내부에서는 모든 장교가 똑같은 대우를 받지만, 보수나 복무 기한 등에 관한 일반 규정에서 사병집단과 장교집단 간에 차이가 있는 경우를 말한다. 끝으로, 블록 차원의 평등은 사회 내 여러 집단 간의 평등을 말한다. 공직 채용에서 백인, 흑인 등 인종 간에 아무런 차별을 해서는 안 된다거나, 또는 승진이나 보수에 관해 남녀 간에 차별을 해서는 안 되는 경우가 그 예다.

(1) 형평성과 유사 기준들

주로 수직적 형평성이 배분적 정의(distributive justice)를 의미한다고 본다. 진정한 형평성의 개념을 알기 위해 던(Dunn, 1994: 287)이 제시하는 유사한 기준들을 비교 관점에서 살펴보기로 한다.

① 개인 복지의 극대화

분석가는 모든 개인의 복지를 동시에 극대화하기 위해 노력할 수 있다. 이를 위해서는 모든 개인의 가치에 기초해서 단일의 이행적 선호 순위를 구성할 필요가 있다. 그러나 '애로의 불가능성의 정리(Arrow's impossibility theorem)'[14]는 이것

---

14) 애로(K. J. Arrow)의 이론이다. 선호가 서로 다른 개개인의 선택을 다수결 투표 절차를 통해 집계해서는 모든 당사자에게 유일한 최선의 해결 방안에 관한 집합적 결정을 내릴 수 없다는 내용을 증명한 것으로서, 합리적 · 종합적 의사결정이론에 대한 반론이다. 이 정리에 대한 구체적 내용은

이 두 사람과 세 가지 대안이 있는 경우에서 조차도 불가능하다는 것을 증명하고 있다.

② 최소 복지의 보호

최악의 상태에 있는 집단(사람)의 지위를 보장하면서 일부 사람들의 복지를 향상시킨다면 사회 전체 복지를 개선하는 효과를 얻을 수 있다. 이른바 '파레토 기준(Pareto criterion)'을 말하는데, 파레토 기준은 결국 빈익빈 부익부를 가져올 가능성이 높다는 점에서 비형평적인 기준이다. 그리고 현실적으로 현재의 상태에서 다른 상태로 변화하는 데 구성원 중 어느 1인도 손해를 입지 않는 조건이라면 새로운 정책의 도입은 불가능하다고 보아야 한다.

③ 순복지의 극대화

순복지(편익비용분석에서의 총편익－총비용)의 극대화를 시도하는 경우다. 배분의 문제를 해결하기 위해 정책으로 이득을 본 사람이 손해를 본 사람의 손실액을 보상하는 것이다. 이 방법은 '칼도어－힉스 기준(Kaldor－Hicks criterion)'이라고 불리는데, 손실자가 현실에서는 손실액을 보상해 줄 것을 요구하지 않는다는 실질적 문제점과 아울러 보상을 해주더라도 빈부 격차가 이전보다 더 커질 가능성이 여전히 남아 있다는 점에서 역시 형평성을 보장할 수 없다.

④ 재분배 복지의 극대화

정책집행의 결과 이전에 사회복지 수준이 낮은 집단, 예를 들어 인종적으로 차별받는 집단, 빈곤계층, 환자집단 등에 대한 재분배 편익의 극대화를 시도하는 것이다. 이는 롤스(John Rawls)에 의해 제기된 것으로 최악의 상태에 있는 사회구성원의 복지에 이익을 가져온다면 그것이 다른 사회보다 더 낫다는 생각이다. 롤스(Rawls, 1971: 11)의 '공정으로서의 정의(justice as fairness)'는 자신의 이익 증진에 관심을 가진 자유롭고 합리적인 사람들이 평등한 최초의 입장에서 그들 공동체의 기본 조건, 즉 기본적인 권리와 의무를 할당하고 사회적 이득의 분배를 정하기 위해 함께 결의하고 채택한 정의의 원칙이라고 말하고 있는데, 사회적 가치의 배분이 그 핵심적 내용이다.[15]

스토키와 젝하우저(Stokey & Zeckhauser, 1978: 13장 부록)를 참조.

다면 당연히 정책 2나 또는 정책 3을 선호한다.

앞에서 보듯 공리주의가 실제 적용될 때 갖는 문제점은 총량적 수준의 효용에 관심을 갖기 때문에 개인 또는 특정 집단의 중대한 희생을 고려하지 못한다는 것이다. 아울러 공리주의는 이것을 실제 적용하려면 개인 간의 가치를 비교하는 데 필수적인 계량적 척도(cardinal scale)가 필요한데 만족할 만한 척도가 현실적으로 없다는 것이다.

이상과 같은 공리주의는 능률성 기준이나 파레토 기준과 맥락을 같이한다. '파레토 기준(Pareto criteria)'은 정치 현상을 경제이론을 빌려 설명하려는 공공선택론(public choice theory)에서 자주 언급되는 기준이다. 이는 "(새로운 정책으로 인해) 사회 내 어느 누구도 복지가 더 나빠지지 않으면서 또 다른 누군가의 복지가 향상된다면 좋은 것"이라고 보는 관점이다. [그림 11-4]를 통해 파레토 기준을 알아보기로 한다.

설명의 편의를 위해 사회가 철수와 영희라는 두 사람으로 구성되어 있다고 가정한다. 곡선 I_0나 I_1은 정책결정자가 생각하는 사회복지함수(=사회적 무차별곡선)다.

이것은 경제학의 소비자 무차별곡선(indifference curve)과 마찬가지로[16] 하나

그림 11-4 사회복지함수와 파레토 기준

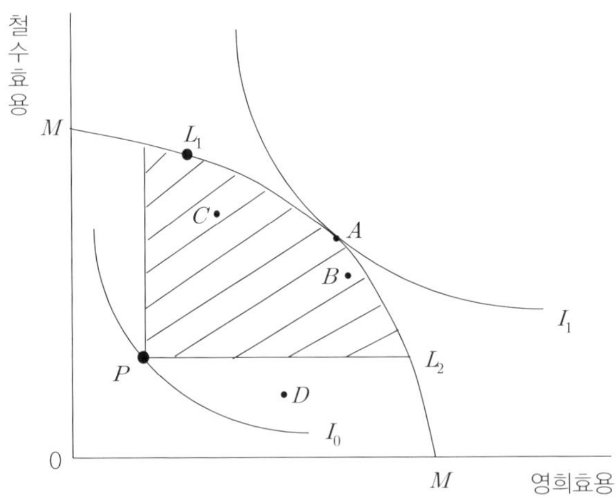

16) 갑돌이라는 소비자가 소고기와 사과라는 두 가지 재화를 소비함에 있어 어떤 비율로 소비하든 간

의 무차별곡선은 철수와 영희 두 사람이 각각 누리고 있는 효용의 합이 동일하다고 정책결정자가 생각하는 점들의 집합으로 볼 수 있다.

사회적 무차별곡선은 그래프상에서 무수히 그릴 수 있다. 그리고 원점에서 먼 사회적 무차별곡선이 사회복지 총량 수준에서 더 높은 복지 수준을 가진다. 즉, [그림 11-4]에서 I_0보다 I_1이 복지 수준이 더 높은 사회복지함수다. 한편, 곡선 MM은 효용 가능경계선인데 이것은 특정 시점에서 사용 가능한 정책자원이 한정되어 있어 이 곡선 내부에서만 정책 수행이나 사회 상태가 가능하다는 뜻이다. 점 P를 현재의 사회 상태라고 하면 여기서 철수와 영희는 각각의 효용(또는 복지)을 누리고 있다. 만일 여기서 새로운 정책에 의해 사회 상태가 변화한다면, 빗금 친 부분 내의 어느 지점으로 이동할 때만 파레토 기준에 부합되는 변화가 된다. 빗금 친 부분 어디로 이동할 때만 철수나 영희 어느 누구도 현재의 효용이 감소하지 않으면서 누군가는 효용이 증가하여 사회복지 총량이 증가하기 때문이다. 파레토 기준에 부합되는 방식으로 사회복지가 증가하는 것을, 특히 '파레토 개선(Pareto improvement)'이라고 한다.

빗금 친 부분으로 이동하되 어느 지점으로 이동하는 것이 사회복지 수준을 최대화할 수 있을까. 그 지점은 바로 점 A인데 이는 효용 가능 경계선과 사회복지함수 I_1이 접하는 지점이다. 이 지점은 효용 가능 경계선 내부이면서 원점에서 가장 먼 사회복지함수가 성립하는 곳이기 때문이다.

한편, 더 이상의 파레토 개선이 불가능한 상태를 '파레토 최적(Pareto optimum)'이라고 하는데, 효용 가능 경계선상의 모든 점은 파레토 최적으로 볼 수 있다. 예컨대, A지점에서 효용 가능 경계선 내부 어떤 곳이든 이동을 하면 철수와 영희 두 사람 중 최소 한 사람은 이전보다 상태가 나빠지는 것을 피할 수 없다. 하나 주의할 것은 파레토 최적이라고 해서 파레토 최적이 아닌 지점에 비해 항상 복지 상태가 우위에 있는 것은 아니라는 점이다. 예를 들어, L_1과 B를 비교하면 파레토 최적점인 L_1을 지나는 무차별곡선보다 파레토 최적이 아닌 B지점을 지나는 무차별곡선이 원점에서 더 먼 지점에 있기 때문에 B가 사회복지 수준이 더 높은 곳이다.

파레토 기준은 공리주의 기본 생각과 마찬가지로 사회 전체의 복지가 증가하면

에 두 재화의 소비를 통해 얻는 효용의 총량이 같은 점을 연결한 것이 무차별곡선이다. 이는 원점에 대해 볼록한 형태를 띤다. 원점에서 멀수록 효용 수준이 높은 무차별곡선이다.

좋다는 기본 관점에 있다. 이러한 파레토 기준을 정책 선택의 논리로 사용할 때 생기는 약점은 다음과 같다.

첫째, 현재 상태인 P에서 D지점으로 이동하는 것과 같이 사회구성원 중 누군가는 이전보다 복지가 증가하지만 또 다른 누군가는 복지가 악화되는 경우가 현실의 정책상황에서는 매우 많다. 예컨대, 대중교통 요금에 대한 정부 보조금을 줄여서 축산농가 보조금으로 지원하는 경우가 이에 해당하는데, 대중교통 이용자의 효용은 감소하면서 축산 농가의 효용은 증가한다. 또 부자인 철수에게서 세금을 많이 걷어 가난한 영희에게 생계비를 지급하는 경우도 같은 상황이다. 그런데 이러한 정책결정을 해야 할 것인지에 대해 파레토 기준은 사실상 아무런 도움을 주지 못한다.

둘째, 파레토 개선에 부합되는 정책대안이 여러 개 있을 때 이들 중 무엇을 선택할 것인가에 대해서도 파레토 기준은 설명을 해주지 못한다. [그림 11-4]에서 볼 때, 현재 지점 P에서 새로운 사회 상태 B와 C로 옮기려는 경우 두 경우 모두 현재 상태에 비해 어느 누구도 더 나빠지지 않고 모두 좋아지기 때문에 파레토 개선이다. 그러나 B로 이동하면 영희가 상대적으로 혜택이 더 크고 C로 이동하면 철수가 상대적으로 더 좋다. 이런 경우, 어떤 정책이 더 좋은지 선택할 때 파레토 기준은 명확한 도움을 주지 못한다.

그런데 롤스의 정의론은 공리주의나 파레토 기준에서 나타나는 약점들을 피할 수 있다는 장점이 있다. 롤스가 말한 정의에 관한 두 원칙인 평등한 자유의 원리와 차별의 원리는 효용을 덧셈할 수 있다는 가정 하에 객관적인 효용치를 개인들 간에 비교하는 작업이 필요 없다. 다만, 사회에서 가장 열악한 지위에 있는 사람을 확인만 하면 되는 것이다. 그러므로 공리주의와 달리 계량적인 척도를 구하려고 고민할 필요가 없다. 또 공리주의에서 나타나는 바와 같은 더 큰 사회적 효용을 얻기 위해 누군가를 희생시킴으로써 분배상의 심각한 불평등도 초래하지 않는다. '무지의 장막(veil of ignorance)' 상태에 있는 원초적 상태의 결정자들은 그들도 혹시 최악의 처지에 포함될 가능성을 배제할 수 없기 때문에 <표 11-5>의 사회 상태 1과 같은 분배상의 심각한 불평등을 허용하는 원칙을 선택하지 않게 된다. 그들은 공리주의적 사고인 총효용이나 평균 효용을 극대화하는 원리보다 개인 또는 일부를 고려하는 이른바 '차별의 원리(difference principle)'를 사회 선택의 기준으로 삼을 것이다.

(3) 형평성의 적용 시 고려 사항

평가 기준으로서 형평성을 실제 현실의 정책에 적용하는 경우 고려해야 할 사항들은 다음과 같다.

첫째, 자원의 제약을 생각할 때, 자원의 경제적 효율성을 고려하지 않는 형평성 기준의 일방적 강조는 바람직하지 못하다. 정책의 비용과 편익을 개인 간 또는 집단 간의 분배문제만 고려하게 되면 점차 자원이 비효율적으로 사용되어 자원의 낭비와 편익의 감소가 예상된다. 그래서 현실에서 형평성을 평가 기준으로 사용할 때는 능률성과 같은 수단적 기준에 의한 평가가 동시에 접목되어서 행해지는 것이 바람직하다.

둘째, 형평성은 효과성이나 능률성보다 좀 더 추상적이고 가치 갈등의 성격이 짙어서 실제 특정한 정책을 평가하는 데 적용할 구체적 기준을 정하기가 쉽지 않다. 즉, 배정 기준의 선택이 주관성을 배제하기 힘들다는 것이다. 던(Dunn, 1994: 288)은 다양한 형평성 기준 중 어느 것도 전적으로 만족스러운 것이 없다고 한다. 그 이유는 전체로서 사회의 합리성 또는 재산권을 보장하는 법적 규범의 적합성에 대한 상충하는 다양한 견해들을 형식적인 경제적 법칙[예컨대, 파레토 기준 또는 칼도어-힉스(Kaldor-Hicks) 기준]이나 형식적인 철학적 원리(예컨대, 롤스의 재분배 기준)로 해결할 수 없다고 한다. 오히려 형평성, 공정성, 정의에 관한 문제는 결국은 정치적 선택의 문제로 귀착될 것이다.

셋째, 형평성은 절대적인 평등이 아니라 지역, 집단 또는 개인들이 어떤 기준에 따라 비례적으로 어떤 가치를 배정받는 것을 의미한다. 가치의 배정에서 사람들이 그들의 필요와 자원에 따라 받아야 할 편익의 최소한의 수준과 또는 범죄 등과 같이 그들이 받을 수 있는 비용(손상)의 최대 수준에 관한 제약이 포함된다(Nagel, 1990: xxi). 그리고 이러한 최저 또는 최대 허용 수준이 충족된 이후의 편익과 비용에 대해서는 비례적으로 배정받는 것으로 보고 있다. 이러한 관점에서 볼 때, 형평성의 측정 방법은 그 측정 방법에 공평한 배정으로서 개인 또는 집단의 최저 수준의 필요량이 반영되어야 하고, 형평성의 정도는 개인 또는 집단에 실제로 배정된 가치의 양과 이들 최저 수준의 양과의 차이로 나타내는 것이 바람직하다.[17]

4) 공익성

공익(public interest)을 논하는 의의는, 이것에 대한 관심이 다른 평가 기준들에 비해 상대적으로 오랜 역사를 가지고 있고, 또 정책이 추구하는 가치가 사익(private interest)이어서는 안 된다는 당위성과 현실의 모든 정부가 공익을 추구하겠다고 예외 없이 주장하고 있는 사실에서 찾을 수 있다. 이렇게 역사적으로 오랜 관심에도 불구하고 실제로 공익의 본질에 대해서는 너무나 다양한 견해가 있고 대체로 모호하기 때문에 실제 특정 정책이 과연 공익적인가를 평가하는 데는 어려움이 많다. 백완기(1984: 383-386)는 공익의 구성 요소로 보편화된 가치, 공동체 자체의 권익, 재화나 용역의 외연성, 미래의 이익, 다수의 이익, 사회적 약자의 이익 등을 언급하고 있으며, 박정택(1990: 79-85)은 공익을 표현하는 개념들로 국가이익(national interest), 공동이익(common interest), 공동선(common good), 공공선(public good) 등을 말하고 있다. 이러한 것에서 우리는 공익 개념의 다의성과 추상성을 잘 엿볼 수 있다.

공익에 대한 특정한 관점(실체설)에서는 공익이 자연법, 정의, 선, 평등, 형평 등의 개념을 포함하는 것으로 보고 있다(박동서, 1996: 227). 또 하태수(2002)의 연구도 공익을 다양한 행정 이념들에 대한 상위의 행정가치로 보고 있다. 이렇게 공익을 최광의로 규정하는 경우는 개념의 외연이 확장되어 효과성, 능률성, 형평성, 민주성, 합법성 등 다양한 행정 이념들이 공익의 하위 개념으로 자리 잡게 된다.

그러나 협의로 공익을 파악할 때는 구체적인 내용에서 형평성이나 정의 등 다른 행정 이념들과 특징을 달리하는 것으로 볼 수 있다. 실제로, 정의나 형평성과는 별도의 가치로 공익을 취급하여 논하는 경우(김규정, 1987: 15; Frohock, 1979: 208)가 있는데, 이는 협의의 공익 개념이 학문적으로 실익이 있음을 보여준다고 하겠다. 이 책에서도 공익을 좁은 의미에서 하나의 정책평가 기준으로 보고자 하며, 따라서 앞에서 살펴본 효과성, 능률성, 형평성과 병렬적 수준에서 다루고자 한다.

협의의 공익 개념을 전제할 때, 능률성이나 효과성이 행정관리적 차원에서 정책의 수단적 가치를 표현하는 데 비해, 공익성은 정책이 가져오는 결과에 초점을

17) 공공서비스 배분의 형평성에 대한 구체적인 측정 방법의 예에 관해서는 나겔(Nagel, 1984: 69-80)과 김인(1986: 187-197)을 참조.

맞춘다는 점에서 형평성과 함께 정책이 추구하는 본질적 가치의 범주에 해당한다.

기존의 공익에 대한 생각들을 참고할 때, 공익이란 "특정한 개인 또는 집단에만 이익이 되는 것이 아닌 사회의 불특정 다수에게 이로움을 주는 어떤 행위의 결과"로 볼 수 있다.

(1) 공익의 본질과 결정에 대한 관점들

공익의 개념에 관한 논의는 구체적으로 그것의 뜻은 무엇이며 현실적으로 누가 어떻게 그것을 결정하느냐에 초점을 맞출 수 있다. 다시 말하면, 첫째, 공익이라고 하는 것이 사익과 별개의 것으로서 또는 사익을 초월한 것으로 존재하느냐에 관한 것으로, 이 경우 공익이 단일적이냐 또는 복수로 존재하는가의 문제가 뒤따른다. 둘째, 공익이 있다고 할 경우 누가 그것을 결정하는가에 관한 것이다(박동서, 1996: 224-234; Harmon, 1969: 483-485).

첫 번째 주제와 관련해서, 이론적 관점은 실체설, 과정설, 절충설로 나뉜다.[18] 실체설은 사익을 초월한 도덕적·규범적인 것으로서 공익이 존재하며 따라서 사익과의 갈등이란 있을 수 없다고 하는 견해다. 논자에 따라 구체적 내용으로 자연법, 정의, 선, 평등, 형평 등으로 규정하고 있는데, 이들은 어쨌든 사익의 집합과는 다른 실체가 있다고 선험적으로 믿는 점에서 공통성을 지닌다. 이러한 견해에 대해서는 몇 가지 문제점이 제기된다. 우선, 각자의 가치관이 다른 상황에서 실제 누가 결정하느냐 또 어떻게 결정하느냐에 따라 공익의 내용이 달라진다는 것이다. 또 결정된 후에도 개인 간의 일치를 얻지 못해 갈등을 내포하게 된다는 것이다.

한편, 과정설은 사익을 초월한 별도의 것으로서의 공익이란 있을 수 없으며 공익이란 수많은 사익 간의 조정·타협의 결과가 될 수밖에 없다고 하는 현실주의적 입장을 말한다. 이와 같이 산출된 공익은 불가피하게 복수성을 지니게 된다. 이에 대한 비판은 이기적인 사익이 그들 간의 갈등을 조정하는 과정에서 언제나 공익화되거나 자동적으로 국민 다수의 이익을 대변한다고 볼 수는 없다는 것이다.[19]

---

18) 기존의 이러한 분류 방식의 결함을 지적하면서 새로운 분류를 시도한 것으로 하태수(2002)의 연구가 있다. 즉, 분류에 관한 '단일 기준 사용', '포함', '차별'이라는 기본 원칙이 지켜지지 않았다고 하면서, 국가이론의 유형에 따라 엘리트론, 다원주의, 마르크시즘, 개인주의에서의 공익관을 논하고 있다.

19) 하몬(Harmon, 1969: 483)도 공익의 개념과 관련하여 ① 단일적(unitary) 또는 개인주의적(individualistic), ② 처방적(prescriptive) 또는 기술적(descriptive), ③ 실체적(substantive) 또는 과정적

절충설은 두 견해를 절충하는 입장으로, 공익의 존재를 인정하면서도 사익과 관련시켜 생각하는 입장이다. 즉, 사익을 초월한 공익과, 공익에 공헌하지 않는 사익이 별도로 존재하며, 이에 덧붙여 공익과 사익이 중첩되는 영역이 있다고 본다. 절충설에 대해서는 어떻게 공익을 사익과 별도로 식별해 낼 수 있는가라는 현실적인 문제가 여전히 해명되지 않고 있다는 비판이 제기될 수 있다.

두 번째 주제인 공익은 누가 결정하는가를 살펴보면, 실체설의 입장에서는 단일인이나 소수인이 적극적으로 공익을 모색한다고 한다. 이 경우, 소수인에게 지나치게 의존하는 데서 오는 불합리성이 나타날 가능성이 있다. 반면, 개인주의에 입각한 과정설에서는 정책형성 과정에 참여하여 자신들의 이익을 조정·타협하는 이해관계 당사자들이 공익의 결정자라고 본다. 이러한 입장은 행정인이 전혀 재량을 가지고 있지 않다고 보기 때문에 비현실적이라고 비판받는다. 이에 대한 중간 입장으로 정당인, 국회의원, 선출된 행정인 등이 어느 정도의 재량성을 갖고 결정하되 국민에 대한 책임감을 가지고 사익 간의 갈등을 조정함으로써 사익의 집합과 다른 공익을 구현하려는 것으로 보는 견해가 있다.

이렇게 볼 때, 절충설의 입장이 현실적으로 타당성이 있다고 보는데, 즉 다수인의 사익과 결정자의 공익관, 그리고 전문직업적 논리가 적용하여 실제로 공익이 결정된다고 보아야 한다(박동서, 1996: 230).

(2) 정책평가 기준으로서 공익의 문제점

첫째, 공익에 대한 관심은 역사가 오래되었고 많은 사람이 사용하고 있는데 비해, 실제 이 개념이 너무 모호하여 현재 정설이 확립되어 있지 않는 상황이다. 또한 공익은 조작적 개념으로도 적합지 않아 실제 특정 정책을 평가하는 기준으로 사용하기에도 부적절한 면이 있어 이에 관한 논의를 하는 것이 어떻게 보면 무의미하다고 볼 수 있다.

둘째, 공익을 선험적 실체로 인정하든, 집단의 상호작용 과정을 통해 형성되든 어느 경우도 결국 단일의 절대적 공익 가치를 인정하기는 힘들다. 과정설의 경우는 당연히 해당되며 실체설의 경우도 결국은 현실에서 공익을 결정하는 사람의 재량

(procedural), ④ 정태적(static or ultimate) 또는 동태적(dynamic)이라는 네 가지 차원을 제시하고 있다. 각 차원의 전반부 항목은 실체설의 특징을, 그리고 후반부 항목들은 과정설의 특징을 말하는데, 하몬(Michael M. Harmon)은 과정설의 입장에서 공익을 논하고 있다.

이나 주관이 배제되기 힘들기 때문이다. 그렇다면 공익의 내용이 상황에 따라 달라진다는 것인데, 이는 정책평가 기준으로서 일관성이나 객관성이 부족하다는 문제점에 이르게 된다.

셋째, 공익은 실제의 사회문제에서 많은 경우 정의(justice)의 기준과 충돌한다. 이를 설명하기 위해 가상적 예를 생각하기로 하자(Frohock, 1979: 216－218).

① 문제 상황 1

전쟁 중에 있는 국가가 병력이 절대 부족한 위급한 상황에서 사병을 추가 징집해야 하며, 징집된 사병의 경우 전장에서 사망할 확률이 매우 높은 상황이 주어져 있다. 이런 경우, 사병의 추가 모집 방법에서, 국민 중에서 추첨 방식으로 결정할 것인가 아니면 공동체 사회의 존립에 가장 중요한 기술이나 특수한 능력을 가지고 있는 사람은 제외하고 그렇지 않은 사람을 우선적으로 징집해야 하는가의 문제 상황이다.

② 문제 상황 2

모성 보호를 위한 낙태법이 만들어졌는데 이 법의 시행으로 인해 낙태율이 증가하여 인구가 감소하는 결과가 되었다. 이대로 두면 조만간 절대 인구가 부족하여 국가의 경제활동이 위축되고 그래서 국가 존립 자체가 위협을 받는 상황이라고 한다. 그래서 어떤 형태로든 낙태를 억제하는 쪽으로 법을 수정하자는 의견과 낙태 권리를 행사하는 사람의 수가 많다는 이유로 기본 권리를 제한하는 것은 안 된다는 의견이 대립하는 문제 상황이다.

③ 문제 상황 3

지역사회에서 매우 유능하고 훌륭한 인격을 가지고 있는 가족이 잔인한 방법으로 살해되었다. 수사를 통해 보안관은 범인이 누군지에 대한 명백하고 충분한 물리적 증거를 확보했다. 그런데 아직 재판이 열리기 전에 실험실에서 증거를 처리하는 과정에서 연구원의 실수로 유일한 증거가 훼손되어 없어졌다. 이 경우, 그 범인을 사형(私刑, lynching)할 것인지 아니면 정당한 재판 절차를 거쳐 범인을 방면해야 할지(왜냐하면, 명백한 증거가 없어졌기 때문에)에 관해 지역사회의 의견이 갈려서 충돌한 상황이다.

④ 문제 상황 4

치명적인 새로운 유행성 암이 폭발적인 확산을 보여 인구 세 명 중 한 명 비율로 이 암에 걸렸다고 하자. 그런데 사회가 보유하고 있는 이 암의 치료약은 매우 적다고 할 때, 암 치료약의 수혜자를 결정할 때 무작위 추첨으로 할 것인지 아니면 만일 생명을 연장한다면 사회에 가장 많은 공헌을 할 사람에게 우선적으로 약을 투여할 것인지를 선택해야 하는 문제 상황이다.

내용은 다르지만 네 가지 가상적 사례에서 각각 제시되고 있는 선택 상황은 대체로 공익 지향적(public interest-oriented)인가 정의 지향적(justice-oriented)인가로 나뉜다는 점에서 공통적이다. 공익 지향적 고려는 개인이나 사회의 생존에 더 관심을 가지며, 정의 지향적 고려는 필요성에 더 관심을 가지는 것으로 볼 수 있다. 다시 말하면, 공익은 사회적 효용(social utility)에, 정의는 공정성(fairness)에 각각 무게를 두는 입장이다. 이렇게 볼 때 위의 네 가지 사례에서 만일 공익 지향적 입장을 취한다면 문제 상황 1에서는 사회에 더 중요한 사람은 제외하는 선택적 징집을 하는 결정을 내릴 것이고, 문제 상황 2에서는 낙태법의 수정을 통해 낙태율 감소를 시도할 것이다. 그리고 문제 상황 3에서는 공정한 재판이 아닌 범죄자에 대한 사형(lynching)을 가할 수도 있다는 입장을 취할 것이며, 문제 상황 4에서는 사회적으로 유용한 사람에 대한 암 치료제의 우선적 투약이라는 의사결정을 취하게 될 것이다. 물론 정의 지향적 입장을 취한다면 그 반대의 선택을 할 것이다.

이렇게 보듯 공익은 실제 선택의 상황에서 정의와 조화되지 않고 충돌하는 경우가 많다. 이런 점에서 정책평가 기준으로서 공익성을 형평성과 구별하여 취급해야 하는 이유를 확인할 수 있다.

이상에서 주요 평가 기준들의 특징을 비교 관점에서 살펴보았는데, 올바른 정책평가를 위해서는 정확한 사실판단이 선행되어야 하겠지만 평가의 최종 결론은 결국 가치 판단의 영역에 해당한다고 본다. 무엇이 소중하다고 볼 것인가에 관한 가치의 문제는 사람마다 다르기 때문에 정책을 평가하는 기준이 다양한 것은 당연한 현상이다.

평가 대상인 정책을 원하는 결과를 얻는 데 필요한 수단으로 본다면 이때의 평가 기준은 수단적 가치이고, 정책이 가져온 결과 자체에 둔다면 이때의 평가 기준은 본질적 가치를 다루는 것이다. 이렇게 볼 때, 효과성과 능률성은 수단적 가치이고 형평성과 공익성은 본질적 가치이다. 한편, 효과성과 공익성은 공히 정책의 산출(결과)에만 관심을 가지는 반면, 능률성과 형평성은 비용(투입)과 편익(산출)을 모두 고려한다는 점이 특징이다. 그러나 능률성이 총계적 수준에서 투입과 산출을 사용하는데 비해, 형평성은 개인 또는 개체적 수준에서 편익과 비용의 분포를 고려한다는 점이 근본적으로 다르다.

정책평가 기준은 결국 선호하는 가치의 문제라서 절대 우월한 기준도 절대 나쁜 기준도 없다고 본다. 다만, 그 특징에 따라 쓰임새가 다르기 때문에 평가자가 평가의 결과 얻고자 하는 정보의 종류와 내용에 따라 선택하거나 또는 민주적 정치 과정을 거쳐 우선순위를 결정할 문제다. 그럼에도 불구하고 수단적 가치보다는 본질적 가치가 일반적으로 중시되어야 한다. 왜냐하면, 정책이라는 수단이 그것이 달성하려는 결과나 목표를 대치해서 자체로서 더 중요하게 취급된다면 본말이 전도되기 때문이다. 만일 사회·도덕적으로 나쁜 결과인데도 수단으로서의 정책이 그것을 매우 효과적 또는 능률적으로 달성한다면 그것은 인간의 존엄성을 해치고 공동체의 기본 틀을 파괴하는 결과가 될 것이다.

그리고 본질적 가치 중에서는 공익성보다는 형평성이 우선시되어야 한다. 공익성은 모호하며 조작화가 쉽지 않은 가치인데다 정책의 산출에만 관심을 가지며 분배의 문제도 고려하지 않는다는 점에서 단점이 크다. 반면, 형평성은 정책으로 인한 비용과 편익이라는 두 가지 요소를 모두 고려함과 아울러 재분배의 문제를 적극 고려하는 장점이 있다. 즉, 정책으로 인한 손실의 최대치와 수혜의 최소치에 대한 제약을 설정함으로써 사회구성원 어느 누구에게도 최소한의 삶의 질을 보장하려 하기 때문에 도덕적으로 우위에 있는 평가 기준이다. 그러므로 정책을 평가하는 경우 형평성의 최소·최대 허용 기준을 충족하는지를 먼저 살펴보고, 이어서 능률성 또는 효과성에 대한 평가를 고려하는 것이 바람직한 순서라고 생각된다.

제 12 장 한국 정부의 정책평가제도

제 1 절 서 론

1 신공공관리론의 등장과 평가의 중요성

1970년대 에너지 위기에서 파생된 스태그플레이션(stagflation) 현상에 대한 각국 정부의 무력함과 1980년대의 이른바 복지병으로 불리는 복지국가모형의 한계는 정부의 실패에 대한 인식을 확산시켰다. 이후 신보수주의와 신자유주의 흐름을 타면서 '작은 정부'에 대한 시대적 요청이 대두하게 되었는데, 이러한 시대적 배경 속에서 당시 영미 국가를 중심으로 새로운 정부개혁 전략으로 신공공관리론(new public management: NPM)이 등장하게 되었다.

신공공관리론은 공공 부문에 가격 메커니즘과 경쟁 원리에 기초한 기업가적 마인드를 도입함으로써 정부의 성과 향상과 관리의 효율성을 제고할 것을 강조하고 있다. 더구나 이데올로기의 퇴조와 무역 개방이 가져온 국제환경의 변화는 신공공관리론적 관점이 단순히 특정한 정부 내부의 효율성의 문제가 아니라 국가 간 효율성 경쟁에 관한 이론적 배경이 되었다.

경쟁적 정부, 성과 지향적 정부, 기업적 정부로의 변신은 이제 더 이상 선택이 아니라 피할 수 없는 과제가 되었으며, 이에 각국은 신공공관리론적 정부 체제로 전환을 서둘러 왔다. 한국의 경우도 1960년대 이후 1980년대 제5공화국까지의 군사 독재 체제를 지나 일련의 민주화 과정을 거친 1990년대 들어와서는 지방화와 분권화를 통해 시대적 조류에 적응하기 위한 변화를 시도해 왔다. 이 과정에서 1997년 후반에 발생한 한국의 외환위기는 공사 부문을 막론하고 각 분야에서 효율성 제고를 위한 구조조정을 가속화하는 계기로 작용했다.

미국을 비롯한 선진국들은 이미 1980년대 후반부터 소위 '행정개혁'이란 구호 아래 그에 상응한 구조조정 노력들을 단행하기 시작했는데, 여기서 주목할 사항은 이들이 행정개혁을 시도하는 데 이를 뒷받침하는 주요한 수단으로 특별히 '평가(evaluation)'라는 도구를 공통적으로 사용하고 있다는 점이다(차의환, 2002: 19).

평가라는 수단이 공공 분야의 개혁을 위한 중심적 기준으로 이용되고 있는 이유는 정부가 행하는 각종 정책의 능률성과 효과성 제고 및 행정의 책임성과 민주성 확보라는 새로운 시대적 가치에 부응할 수 있기 때문이다(원성수, 2003: 238).

능률성은 정부의 활동이 과연 투입한 자원에 비추어 정당화될 수 있는가의 관점이고, 효과성은 정부의 활동이 의도했던 목적을 달성했는가의 관점이다. 또한 책임성은 비효율적인 정부활동을 한 관리자에게 책임을 묻는다는 점에서 민주적 통제의 관점이라고 할 수 있다. 이러한 관점에서 볼 때, 정부 업무에 대한 정밀하고 객관적인 평가는 결과적으로 민주주의와 국가경쟁력 증진 모두에 도움이 될 수 있다.

이상에서 보듯, 모든 정부가 처한 국내·외적 환경은 작고 효율적인 정부를 위한 신공공관리론적 전환을 강요하고 있고, 신공공관리론 핵심에는 성과의 효율성이 자리 잡고 있으며, 이것을 위해 동원 가능한 가장 현실적이고도 적절한 수단은 바로 평가라는 것이다.

좋은 평가제도는 좋은 평가를 위한 전제라는 점에서, 다음에서는 한국의 중앙정부 차원에서 이루어지고 있는 평가제도의 발전 과정과 현행 제도의 구체적 내용을 살펴보기로 한다.

2 중앙정부 차원의 평가제도

현재 한국의 공공 부문에서 이루어지고 있는 평가제도와 담당 기관은 다양하다. 다음에서는 먼저 넓은 의미에서 정책평가 기능을 수행한다고 볼 수 있는 여러 제도를 살펴보기로 한다.

1) 국무총리실 주관의 정부업무평가제도

이것은 2006년 4월 제정된 「정부업무평가기본법」(법률 제7928호)에 근거하고 있고, 국무총리실에서 총괄적으로 관장하고 있는 평가제도로 현재 한국 중앙정부의 대표적인 평가제도다. 이 평가제도의 원천은 1961년 이후 국무총리 기획조정실에 도입된 심사분석제도다. 이후 1981년 11월 경제기획원 심사평가국으로 업무가 이관되었고, 1990년에 경제기획원의 심사분석과 국무총리실의 정책평가로 제도가 이원화된 시기를 거쳐 1994년에 이들 두 평가 업무가 심사평가라는 이름으로 국무총리 행정조정실로 통합되어 이관되었다. 그 후 1998년 김대중 정부 출범과 함께 차관급이었던 행정조정실을 장관급 기관인 국무조정실로 격상하고, 평가의 내실화를 위해 기관평가제도를 추가로 도입했다. 현재의 국무총리실 주관의 정부업무평가제도는 1961년 이후 도입된 심사분석(심사평가)과 1998년 이후 도입된 기관평가라는 두 가지 요소가 기본 골격을 이루고 있다.

2) 기획재정부의 성과관리제도

정부기관의 사업 성과를 예산에 반영하기 위해 2000년에 성과주의 예산제도가 시범적으로 도입되었고, 이후 2003년에 성과관리제도가 도입되었다. 이는 성과 정도를 평가하여 이를 예산에 연계함으로써 정부 부문의 효율성과 투명성을 제고하기 위한 목적에서 이루어졌다. 각 중앙관서를 기능별로 8개 분야로 구분하고, 분야별로 2개 기관씩 총 16개 기관을 선정하여 대상 기관들은 성과계획서를 작성하여 제출하도록 했다. 성과계획서에 포함할 주요 내용은 ① 사업기관의 전략·중간·성과목표, ② 성과목표별 성과지표 및 성과지표 검증 방법, ③ 성과목표의 달성 방법, ④ 성과목표 및 사업 단위별 예산 등이다.

3) 기획재정부의 정부투자기관 평가제도

정부투자기관에 대한 평가는 「정부투자기관관리기본법」에 근거하여 1984년에 도입된 제도로 기획재정부의 정부투자기관운영위원회에서 투자기관의 운영 실적을 평가하는 것이다.[1] 구체적으로는 투자기관의 종합경영 부문, 주요 사업 부문, 관리효율 부문, 경영관리 부문 등 4개 부문의 35개 내의 세부 항목별로 평가한다. 평가 결과는 국회와 대통령에게 보고하고, 실적이 저조한 투자기관의 사장 및 상임이사의 해임을 건의할 수 있다.

4) 행정안전부의 책임운영기관평가

책임운영기관에 대한 평가는 행정안전부 및 각 중앙행정기관에 소속된 책임운영기관 심의회에서 책임운영기관들의 사업 성과를 평가하는 것으로 「책임운영기관의 설치운영에 관한 법률」에 근거한다. 행정안전부 장관은 위원회의 심의 · 평가 결과를 토대로 기획예산처와 협의를 거쳐 책임운영기관으로서의 존속 여부 등을 해당 중앙행정기관의 장에게 권고할 수 있다.[2]

5) 감사원의 성과감사

1963년 감사원 창립 이래 1970년대까지는 회계검사에 치중하고 1980년대 들어와서는 회계검사와 직무감찰이 비슷한 비중으로 다루어졌다. 반면, 정책이나 사업 자체에 대한 능률성 및 효과성 감사는 거의 이루어지지 않았다. 이러한 경향은 현재까지도 큰 변화를 보이지 않고 있다. 다만, 1980년대 제5공화국 초기에 효율성 감사를 새로운 감사 방향으로 제시하고 있는데, 효율성 감사란 "주요 시책 및 사업의 성과 확보를 위한 감사, 행정 능률 및 국민 저해 요인의 제거, 업무 단위 계통감사 위주의 감사 실시"라고 함으로써(감사원, 1982: 10-11), 감사원이 마음먹기에 따라서는 본격적인 정책 성과에 관한 감사를 수행할 수 있는 길을 열어 놓고 있다.[3]

---

1) 정부투자기관이란 일반적으로 말하는 공기업 가운데 정부부처형 기업을 제외한 공사형 기업 전부와 주식회사형 기업 중 정부가 자본금 50% 이상을 출자한 기업으로서, 평가 대상 기업은 1988년에 24개에서 1998년에는 13개 기관으로 줄었다.

2) 법률 제5982호 「책임운영기관의 설치 · 운영에 관한 법률」(1999. 5. 24) 제12조 및 제13조 제3항.

이상에서 보듯 공공 부문에 대한 평가제도는 위에서 말한 것 외에도 '정부산하기관 경영실적 평가', '정보화사업평가' 등 매우 다양하다. 그러나 「정부업무평가기본법」에 근거하여, 국무총리실의 정책평가위원회가 주관하고 있는 정부업무평가제도가 한국 행정부의 가장 대표적인 평가제도로 볼 수 있어 이를 중심으로 살펴보고자 한다.

제 2 절 행정부 평가제도의 연혁

현재의 행정부 평가제도의 기본 골격은 2001년 1월 8일에 제정된 「정부업무등의평가에관한기본법」(법률 제6347호, 2001. 1. 8)에서 형성되었고, 이후 제정된 「정부업무평가기본법」(법률 제7928호, 2006. 4. 1)에서 완성되었다고 할 수 있다. 정부업무평가기본법은 "평가라 함은 일정한 기관·법인 또는 단체가 수행하는 정책·사업·업무 등에 관하여 그 계획의 수립과 집행 과정 및 결과 등을 점검·분석·평정하는 것을 말한다"고 규정하고 있다. 여기서 보듯이 중앙정부가 수행하려는 평가는 과정평가를 그 기본 형태로 하고 있으며,[4] 이러한 성격은 심사분석이 도입되었던 1961년 이후 지금까지 계속되어 오는 것으로 볼 수 있다.

중앙정부 차원의 평가제도의 기원과 변천 상황을 중요 변화가 있던 시점을 기준으로 나누어 살펴보면 다음과 같다.[5]

---

3) 「감사원법」 제20조에도 "감사원은 국가의 세입·세출의 결산검사와 이 법 및 다른 법률이 정하는 회계를 항시 검사·감독하여 그 적정을 기하고 행정기관 및 공무원의 직무를 감찰하여 행정 운영의 개선·향상을 기한다"고 되어 있어 규정의 후반부를 정책의 능률성이나 효과성에 대한 평가로 적극적으로 해석할 수 있다(김명수, 2003: 324−325).

4) 정책의 시행 전에 정책대안들의 상대적 우월성을 비교하는 사전평가나 정책이 시행 후 영향이나 결과를 살펴보는 사후평가와 달리 과정평가는 사업 추진도 등 집행 과정 전반을 모니터링하는 평가다.

5) 한국 정책평가제도의 발전 과정과 시대적 구분에 대해서는 문영세(1996), 김병진(1997), 윤수재(2000), 차의환(2000) 등의 연구를 참고함.

1 제1기(1961~1981년): 국무총리 기획조정실의 심사분석

한국의 중앙정부 평가제도의 기원은 1960년대 초 심사분석제도의 도입으로 거슬러 올라간다. 5·16 군사쿠데타 직후인 1961년 9월 내각수반 하에 내각기획통제관을 신설하고 국무총리 기획조정실에서 정부 부문에 최초로 심사분석제도를 도입한 것이 현대적 의미에서 한국 중앙정부 정책평가의 시작이라고 말할 수 있다.

이후 1963년에 국무총리 기획조정실의 개편에 의해 그 밑에 기획조정관, 심사분석관, 계획조정관을 설치함으로써 초창기 평가제도의 골격이 마련되었다. 이들의 업무 가운데 기획조정관은 국무총리가 지시하는 심사분석평가에 관한 사항을, 심사분석관은 행정부 각 기관의 계획의 시행 결과에 대한 심사분석·평가 업무를 담당함으로써 과정(집행)평가의 기능을 수행하게 되었다.

이 기간 중 심사분석에 관한 기본 규정이라고 할 수 있는 「정부의 기획 및 심사분석에 관한 규정」에 의하면, 국무총리는 매년 다음 연도의 정부 기본 정책 및 기본 운영계획지침을 작성하여 대통령의 승인을 얻어 그해 1월 31일까지 중앙행정기관의 장에게 시달해야 하고, 중앙행정기관의 장은 그 소관 업무 및 소속 기관의 기본운영계획의 집행 결과에 대해 분기별로 그 분기가 끝난 40일 이내에 자체 심사분석하여 이를 평가하고 연도별 심사분석 및 평가는 그 연도가 끝나는 50일 이내에 이를 수행하여 그 결과를 국무총리에게 보고하고, 국무총리는 다시 이들 평가결과를 종합하여 국무회의의 심의를 거쳐서 대통령에게 보고하게 되어 있었다.

이 기간 중에는 국무총리 기획조정실이 한국의 정책평가기관으로서의 중추적 역할을 해 왔음을 의미한다. 그러나 각 사업에 대한 심사분석이 주관적이고 형식적인 수준에서 이루어졌다는 점이 문제였다. 객관적 근거 없이 분기별 추진 실적을 백분율(%)로 표시했으며, 또 실적평가의 경우도 참가 인원 수나 예산지출액과 같은 피상적인 결과로 표시하는 데 그쳤다. 또한 담당 요원들의 전문성이 부족했고 완료된 심사분석의 결과가 차기 계획이나 예산편성에 제대로 환류되지 못함으로써 평가와 예산의 연계라는 중요한 기능을 수행하기에는 미흡했다(김신복, 1987: 536-537).

그럼에도 불구하고, 이 기간에는 그 이전 시기에 비해 정부의 평가 기능이 상당히 강화됨으로써 행정에 대한 통제 및 예산 낭비를 줄이는 데 어느 정도 기여했다고 본다(김병진, 1997: 26).

2 제2기(1981. 11~1990. 3): 경제기획원의 심사분석

이 기간은 1981년 11월의 정부기구 개편과 「정부의 기획 및 심사분석에 관한 규정」(대통령령, 1982. 5. 15)의 전문 개정을 통해 국무총리 기획조정실이 폐지되고 여기서 담당해 왔던 심사분석 업무가 신설된 경제기획원의 심사분석국으로 이관된 시기였다. 심사분석국은 1984년에 국영기업체에 대한 경영평가 업무를 흡수하여 심사평가국으로 개칭되었다.

경제기획원으로 심사분석 업무가 이관된 이유는 심사평가 내용이 기획 및 예산에 반영되지 않아 생산적으로 활용되지 못하는 구조적 문제점을 해결하고, 또한 종전 심사분석제도의 운영상의 문제점을 시정함으로써 평가 업무의 활성화를 도모하기 위한 것이었다.

경제기획원으로의 심사분석 이관은 과거의 심사분석의 기초라고 할 수 있는 기본운영계획제도가 주요 업무제도로 전환됨으로써 평가 업무에 변화가 있었다. 이 기간에는 심사분석의 대상이 되는 시책이나 사업을 주요 업무 시행계획, 중점관리대상, 월별 점검 대상사업이라는 세 가지로 구분하여 관리했다. 경제기획원 장관은 심사분석 결과를 종합하여 연 2회 국무회의에 보고하며, 관련된 시정조치는 주무부처를 통해 수시로 행하되 주요 시책 사항은 국무총리 명을 받아 시정을 요구하고, 예산사업에 대한 심사분석 결과는 예산의 편성 및 배정에 반영하도록 했다.

심사분석제도의 활성화를 위한 목적에서 경제기획원으로 이관했지만, 결과적으로 그러한 효과를 얻지 못한 것으로 판단된다. 우선, 평가 업무에 필요한 담당부처의 인력이나 전문성면에서 개선되었다고 볼 수 없다. 또한 제1기에서 대통령, 전체 각료, 평가교수단 전원이 참석한 가운데 분기별로 연 4회 개최되었던 '심사분석보고회'가 제2기에서는 국무회의에 보고하는 것으로 대체되었으며, 보고 횟수도 연 4회에서 2회로 축소되었다.

이렇게 볼 때, 이 기간에는 전체적으로 평가 기능이 약화됨으로써 정부시책사업의 효율성 제고 및 사업 촉진 결과에 대한 책임성 확보라는 평가의 본래 기능을 제대로 수행할 수 없게 되었다(김병진, 1997: 27).

3 제3기(1990. 4~1994. 12): 정책평가 기능의 이원적 구조

제3기는 기존의 경제기획원 심사분석제도와는 별도로 국무총리실에 정책평가제도가 새로 도입됨으로써 정부 내에서 정책평가 기능이 이원화된 시기다. 「정부 주요 정책의 평가 및 조정에 관한 규정」(총리령 제364호, 1990. 4. 6)에 의거 국무총리 행정조정실에서 주요 정책에 대한 평가 업무를 새롭게 수행하게 되었다.

이러한 제도적 변화가 있게 된 이유는 당시 경제기획원의 심사분석제도가 전정부적 차원의 국정 흐름을 진단하는 데 한계가 있다고 보았기 때문이다. 즉, 경제기획원의 심사분석은 주요 시책이나 사업에 대한 평가를 대상으로 하는 등 집행의 효율성 향상에 중점을 두고 있었으나, 사업 진도 위주 분석 및 공기업 등 투자기관의 경영평가에 역점을 두고 있었다는 점에서 문제점을 드러내고 있었다(윤수재, 2003: 189).

국내·외 사회·정치적 여건 변화에 효율적으로 대처하기 위해, 총리의 내각 통할 기능을 강화하고, 둘 이상의 행정기관과 관련된 주요 정책에 대해 전정부적 차원에서 종합적으로 평가·조정하기 위한 목적에서 행정조정실에 정책평가 기능을 부여한 것이다. 국무총리실은 정책평가의 분석 결과를 연 1~2회 개최되는 보고회에서 대통령에게 보고하도록 했다.[6]

국무총리 행정조정실 평가제도는 경제기획원의 심사분석 기능을 보완하는 형태로 출발하여 각 부처의 자체평가를 기초로 상위평가(메타평가)를 실시하는 단계적 종합평가 형태를 취하기 시작했다는 점에서 큰 의의가 있었다(노화준, 2001: 441). 그러나 이 기간 중 정부평가 업무는 여전히 실적평가 중심의 외형적 사실에 치중함으로써 형식성을 벗어나지 못했다고 할 수 있다.

---

6) 당시 정책평가 기능을 원활히 수행하기 위해 행정조정실의 제2조정관실에 평가전담반을 설치했고, 실제 평가는 행정조정실의 나머지 5개 조정관실에서 관련 업무와 병행하여 수행하도록 했다.

4 제4기(1994. 12~1998. 2): 정책평가 업무의 재정비

1994년의 정부조직 개편에 의해 경제기획원의 심사분석 업무와 국무총리실의 정책평가 업무를 국무총리 행정조정실(1998년 이후 국무조정실로 개편)로 통합하여 관리하게 했고, 이름도 심사평가로 개칭하여 사용하게 되었다(「정부업무의 심사평가 및 조정에 관한 규정」, 대통령령 제14531호, 1995. 2).

새로운 제도 하에서 평가 업무는 정기심사평가와 수시심사평가로 구분하게 되었고, 각 부처별 주요 정책과제에 대한 연 2회의 정기평가 이외에도, 매월 5~10개 과제를 현안 과제로 선정하여 현장 확인・점검을 통해 평가를 실시하고, 신속한 대응 방안을 제시하는 단기 평가제도를 병행하도록 했다.

5 제5기(1998. 3~2006. 3): 기관평가의 도입과 평가의 법적 지위 강화

1998년 김대중 정부가 출범하면서 「정부업무의 심사평가 및 조정에 관한 규정」을 개정해(대통령령 제15774호, 1998. 4. 15) 기관평가제도를 도입했다. 정책과제의 추진 상황 및 집행 성과와 기관의 관리 역량 등을 종합적으로 점검・분석・평가한다는 점에서 기관평가제도의 도입은 정부평가제도를 한 단계 격상시킨 것으로 볼 수 있다.

당시 기관평가제도가 도입된 배경에는 1997년 말 발생한 한국의 외환관리 위기로 인해 정부기관에 책임 의식을 제도적으로 부여해야 한다는 국민적 공감대와, 업무 추진도를 확인하는 수준의 기존 심사평가제도가 가지고 있는 한계점 등이 자리잡고 있었다.

제5기에서는 기관평가가 한국 중앙정부 평가제도의 기본 틀을 형성하고 있으며, 2001년 「정부업무 등의 평가에 관한 기본법」(법률 제6347호, 2001. 1. 8)이 제정됨으로써 정책평가제도의 법적 지위도 과거 대통령령 수준에서 법률 수준으로 강화되었다.

6 제6기(2006. 4~현재): 평가의 통합

그동안 개별적이고 중복적으로 실시되던 각종 평가의 통합 실시를 법적으로 규정하여 시행하게 된 시기다. 2001년 제정된 「정부업무 등의 평가에 관한 기본법」 하에 중앙행정기관과 지방자치단체에 대한 평가를 지속적으로 수행했지만, 중복적 평가로 인한 평가 업무의 과중 현상과 평가와 성과관리의 연계가 미흡한 점 등 문제점이 나타났다. 이러한 문제를 해결하기 위해 참여정부는 「정부업무평가기본법」(법률 제7928호, 2006. 4. 1)을 제정하여 평가의 통합과 자체평가 중심의 평가를 기본으로 하는 제도의 변화를 꾀했다. 이를 통해 평가 결과를 예산, 조직 및 인사관리에 의무적으로 반영하도록 하여 평가의 질과 실효성을 확보하려는 기반을 마련했다. 이상과 같은 한국 중앙정부의 정책평가제도 발전 과정을 요약하면 <표 12-

표 12-1 정부업무 평가제도의 변천 과정

단계 / 내용	도입기	과도기		재정비기	발전기	통합기
시행기관	1961. 9~ 1981. 10	1981. 11~ 1990. 3	1990. 4~ 1994. 12	1994. 12~ 1998. 2	1998. 3~ 2006. 3	2006. 4~ 현재
주관부서	기획조정실	경제기획원	행정조정실	행정조정실	국무조정실	국무조정실 → 국무총리실
내용	정부 부문에 최초로 심사분석제도를 도입함	심사분석업무를 경제기획원 심사평가국으로 이관	행정조정실에 정책평가 기능 신설	정부조직 개편에 따라 경제기획원의 심사분석업무와 행정조정실의 정책평가 업무를 통합하여 심사평가 기능 수행	김대중 정부 출범과 함께 심사평가제도를 개편하여 기관평가제도를 도입	참여정부 출범 이후 통합적 정부업무평가제도 및 성과관리제도 도입 추진
법적 근거	「정부의 기획 및 심사분석에 관한 규정」(대통령령)	「정부의 기획 및 심사분석에 관한 규정」(대통령령)	「정부 주요 정책의 평가 및 조정에 관한 규정」(총리령)	「정부 업무의 평가 및 조정에 관한 규정」(대통령령)	「정부업무 등의 평가에 관한 기본법」(법률 제6347호, 2001. 1. 8)	「정부업무평가기본법」(법률 제7928호, 2006. 4. 1).

자료: 정부업무평가위원회(2007). 『정부업무평가백서』.

1>과 같다.

제 3 절 한국 정부의 업무평가제도

중앙정부 정책평가제도의 기본 내용은 앞에서도 언급했듯이 1960년대 이후의 심사분석이 발전하여 1998년에 도입된 기관평가를 주요 골격으로 하는 평가제도다. 좀 더 구체적인 내용에 관해서는 이를 규정하고 있는 「정부업무평가기본법」(2006. 4. 1)(이하 '기본법')을 중심으로 살펴보기로 한다.

1 평가의 개념과 종류에 관한 기본법 제2조

한국 정부의 정책평가를 개괄할 수 있는 방법 중의 하나는 주요 개념에 대한 정의를 하고 있는 기본법 제2조를 살펴보는 것이다. 제2조의 주요 내용은 다음과 같다.

- "평가"라 함은 일정한 기관·법인 또는 단체가 수행하는 정책·사업·업무 등(이하 "정책 등"이라 한다)에 관하여 그 계획의 수립과 집행 과정 및 결과 등을 점검·분석·평정하는 것을 말한다.
- "정부업무평가"라 함은 국정 운영의 능률성·효과성 및 책임성을 확보하기 위하여 다음 각 목의 기관·법인 또는 단체(이하 "평가대상기관"이라 한다)가 행하는 정책 등을 평가하는 것을 말한다(*기본법은 각 목에서 평가대상기관을 중앙행정기관, 지방자치단체, 중앙행정기관 또는 지방자치단체의 소속 기관, 공공기관으로 규정하고 있다).
- "자체평가"라 함은 중앙행정기관 또는 지방자치단체가 소관 정책 등을 스스로 평가하는 것을 말한다.
- "특정평가"라 함은 국무총리가 중앙행정기관을 대상으로 국정을 통합적으로

관리하기 위하여 필요한 정책 등을 평가하는 것을 말한다.

- "재평가"라 함은 이미 실시된 평가의 결과 · 방법 및 절차에 관하여 그 평가를 실시한 기관 외의 기관이 다시 평가하는 것을 말한다.
- "성과관리"라 함은 정부 업무를 추진함에 있어서 기관의 임무, 중 · 장기 목표, 연도별 목표 및 성과지표를 수립하고, 그 집행 과정 및 결과를 경제성 · 능률성 · 효과성 등의 관점에서 관리하는 일련의 활동을 말한다.

위의 법조문에서 볼 때 한국 정부의 정책평가의 주목적은 정부 업무의 경제성 · 능률성 · 효과성을 얻기 위한 성과관리 체제를 구축하는 것이며, 이를 위한 평가의 주요 형태로 자체평가, 특정평가, 재평가 등을 설정하고 있음을 엿볼 수 있다.

정부업무 평가는 평가 대상기관을 중심으로 보면 중앙행정기관에 대한 평가, 지방자치단체에 대한 평가, 공공기관에 대한 평가로 나눌 수 있고, 평가 주체라는 기준에서 보면 자체평가, 특정평가, 합동평가로 나뉜다. 또한 기본법은 국무총리, 중앙행정기관의 장, 지방자치단체의 장 및 공공기관평가를 실시하는 기관의 장은 평가 결과를 전자통합평가 체계 및 인터넷 홈페이지 등을 통해 공개할 것을 의무화하고 있다.

2 중앙행정기관에 대한 평가

1) 자체평가

자체평가는 중앙행정기관이 소관 정책 등을 스스로 평가하는 것을 말하는데, 이를 위해 중앙행정기관의 장은 자체평가조직 및 중앙행정기관의 장이 위촉 · 임명하는 사람으로 구성되는 자체평가위원회를 운영해야 한다. 자체평가위원회는 위원장을 포함한 10인 이상 30인 이내의 위원으로 구성되는데, 평가의 공정성과 객관성을 확보하기 위해 위원장을 민간위원 중에서 기관장이 임명하고 위원의 3분의 2 이상을 민간위원으로 해야 한다.

중앙행정기관의 장은 평가 대상이 되는 정책 · 사업 · 업무 등을 스스로 선정하지만, 다음과 같은 것이 포함되어야 한다.

① 그 기관의 임무를 달성하기 위한 기본적 · 필수적 정책 등
② 그 연도의 성과 목표를 달성하기 위한 정책 등
③ 자체평가 결과와 조직 · 예산 · 인사 및 보수체계 등과의 연계를 위해 필요한 정책 등

또한 중앙행정기관의 장은 당해 연도의 주요 정책 등에 대한 자체평가계획을 수립하여 매년 4월 말까지 위원회에 제출해야 하며, 아울러 전년도 정책 등의 추진실적을 기준으로 자체평가를 실시하고 그 결과를 매년 3월 말까지 위원회에 제출해야 한다. 「책임운영기관의 설치 · 운영에 관한 법률」에 해당하는 소속 책임운영기관에 대한 평가를 하는 경우에는 그 결과를 자체평가로 대신 활용할 수 있다.

국무총리는 중앙행정기관의 자체평가 결과를 확인 · 점검 후 평가의 객관성 · 신뢰성에 문제가 있어 다시 평가할 필요가 있다고 판단되는 때에는 위원회의 심의 · 의결을 거쳐 '재평가'를 실시할 수 있다.

2) 특정평가

특정평가는 국무총리가 중앙행정기관을 대상으로 국정을 통합적으로 관리하기 위해 필요한 정책 등을 평가하는 것으로 앞의 자체평가와는 달리 상부(외부)기관에서 하는 평가 형태다.

특정평가의 대상은 두 개 이상의 중앙부처가 관련되는 시책, 주요 현안 시책, 혁신관리 및 대통령령이 정하는 평가 대상이 해당된다. 국무총리는 특정평가를 시행하기 전에 평가 방법 · 평가 기준 · 평가지표 등을 마련하여 특정평가의 대상기관에 통지하고 이를 공개해야 한다.

특정평가의 시행기관은 국무총리 산하 '정부업무평가위원회'다. 위원회는 위원장 2인을 포함한 15인 이내의 위원으로 구성한다. 행정안전부 장관, 기획재정부 장관, 국무총리실장은 당연직 위원이며, 위원장은 국무총리와 민간위원 중 대통령이 지명하는 자가 된다.

표 12-2 중앙행정기관 평가 개요

<table>
<tr><th colspan="3">구 분</th><th>평가 시행기관</th><th>평가총괄 관련 기관</th></tr>
<tr><td rowspan="3">자체평가</td><td colspan="2">주요 정책</td><td rowspan="3">중앙행정기관의 장
(자체평가위원회)</td><td>국무총리실</td></tr>
<tr><td colspan="2">재정사업</td><td>기획재정부</td></tr>
<tr><td colspan="2">행정관리 역량</td><td>행정안전부</td></tr>
<tr><td rowspan="7">특정평가</td><td rowspan="2">정책과제</td><td>핵심과제</td><td rowspan="7">국무총리
(정부업무평가위원회)</td><td rowspan="7">국무총리실</td></tr>
<tr><td>녹색성장</td></tr>
<tr><td rowspan="3">국정관리
역량</td><td>정책관리 역량</td></tr>
<tr><td>정책소통 · 홍보</td></tr>
<tr><td>규제개혁</td></tr>
<tr><td rowspan="2">국민 만족도</td><td>정책 만족도</td></tr>
<tr><td>민원 만족도</td></tr>
</table>

자료: 국무총리실(2009). 『2009년도 정부업무평가 시행계획』.

3 지방자치단체에 대한 평가

1) 자체평가

지방자치단체의 장은 그 소속 기관의 정책 등을 포함하여 자체평가를 실시해야 하는데, 이를 위해 자치단체의 장은 자체평가조직 및 자체평가위원회를 구성 · 운영해야 한다. 이 경우, 평가의 공정성과 객관성을 담보하기 위해 평가위원의 3분의 2 이상은 민간위원으로 해야 한다.

2) 합동평가

기본법 제21조는 지방자치단체 또는 그 장이 위임받아 처리하는 국가사무, 국고보조사업 그 밖에 대통령령이 정하는 국가의 주요 시책 등에 대해 국정의 효율적인 수행을 위해 평가가 필요한 경우에는 행정안전부 장관이 관계 중앙행정기관의 장과 합동으로 평가를 실시할 수 있다고 규정한다.

행정안전부 장관은 지방자치단체에 대한 합동평가를 효율적으로 추진하기 위해 행정안전부 장관 소속 하에 지방자치단체합동평가위원회를 설치 · 운영해야 하

표 12-3 지방자치단체 평가 종류

구 분	중앙행정기관에 의한 평가		지방자치단체 자체평가
	합동평가	개별평가	
평가 주체	관계 중앙행정기관 합동 (행정안전부 주관)	해당 중앙행정기관	각 지방자치단체
평가 대상기관	광역자치단체	광역 및 기초자치단체	광역 및 기초자치단체
평가 대상 업무	국가위임사무, 국고보조사업, 국가 주요 시책 등	합동평가와 동일. 다만, 업무의 특성·평가 시기 불일치 등으로 합동평가가 어려운 경우	소속 기관의 정책 등을 포함하여 수행하고 있는 사업 전반
평가 방법	행정안전부 장관이 정부업무평가위원회 심의·의결을 거친 '합동평가 실시계획'에 따라 관계 중앙행정기관과 합동으로 평가	정부업무평가위원회와 협의(평가 대상·방법 등)하여 해당 중앙행정기관이 평가	지자체 스스로 '정부업무 평가 시행계획' 및 '지자체 자체평가 운영지침(행정안전부)'에 따라 평가계획을 수립하여 자체적으로 평가

자료: 국무조정실(2007. 12), 『정부업무평가 백서』.

며, 위원회의 심의·의결을 거쳐서 합동평가를 해야 한다.

지방자치단체합동평가위원회는 행정안전부 장관이 지명 또는 위촉하는 위원장 1인을 포함한 20인 이하의 위원(임기 2년)으로 구성한다. 다만, 평가의 객관성 및 공정성을 확보하기 위해 위원의 3분의 2이상은 평가에 관한 전문적인 지식과 경험이 풍부한 민간 전문가로 구성해야 한다.

4 공공기관에 대한 평가

1) 개별 법률에 의한 공공기관평가

중앙행정기관의 장이 별도의 평가계획을 수립하여 소관 공공기관의 경영 실적 및 업무의 능률성 등에 대해 평가하며, 공공기관의 특수성·전문성을 고려하고, 평가의 객관성과 공정성을 확보하기 위해 대상 공공기관 외부의 기관에서 평가를 실시한다.

공공기관에 대한 평가는 「정부업무평가기본법」에서 열거하고 있는 개별 법률에

표 12-4 개별 법률에 의한 평가 대상 공공기관

근거 법률	평가 대상 공공기관 유형	평가 주체
공공기관의 운영에 관한 법률	공기업 및 준정부기관	기획재정부 장관 (공공기관운영위원회)
국가재정법	기금	기획재정부장관 (기금운용평가단)
과학기술기본법	• 연구회(기초기술, 산업기술연구회) • 산하 정부출연연구기관 등	관계 중앙행정기관의 장 (교과부 장관 · 지경부 장관 · 방사청장)
과학기술 분야 정부출연연구기관 등의 설립 · 운영 및 육성에 관한 법률	과학기술 분야 정부출연연구기관	2개 연구회 (기초기술, 산업기술연구회)
정부출연연구기관 등의 설립 · 운영 및 육성에 관한 법률	정부출연연구기관	경제 · 인문사회연구회
지방공기업법	지방공기업	행정안전부 장관 및 시 · 도지사 (경영평가기관 지정)
지방자치단체출연연구원의 설립 및 운영에 관한 법률	지방자치단체 출연연구원	지방자치단체장 (경영평가전문기관 지정)

자료: 국무총리실(2009). 『2009년도 정부업무평가 시행계획』.

의한 평가와 「정부업무평가기본법」에 따라 소관 중앙행정기관의 장이 정부업무평가위원회와 협의하여 실시하는 평가로 구분된다.

먼저, 개별 법률에 의한 공공기관평가는 <표 12-4>와 같다. 이는 기본법 제2조의2에서는 정부업무 평가 대상에 포함되는 공공기관을 명시하고 있는데, 이들 공공기관이 근거하고 있는 개별 법률에 근거하여 평가가 이루어진다.

개별 법률에 의한 공공기관 평가를 실시하고자 하는 기관은 평가계획을 수립하여 정부업무평가위원회에 제출해야 한다. 정부업무평가위원회는 제출된 평가계획에 대해 통합평가 지표 체계와의 부합 여부 등을 검토하여 의견을 제시할 수 있다.

평가 실시기관은 평가 실시 후 제도 개선 사항을 포함한 평가 결과를 지체없이 정부업무평가위원회에 제출해야 한다. 그리고 정부업무평가위원회는 사전 협의된 평가계획에 따라 평가가 완료되었는지에 중점을 두고 검토한다.

2) 「정부업무평가기본법」에 의한 공공기관평가

이 경우는 소관 중앙행정기관의 장이 평가의 필요성이 있다고 판단하여 정부업무평가위원회와 협의하여 지정하는 공공기관에 대한 평가다.

중앙행정기관의 장은 평가의 필요성이 있다고 판단되는 소관 공공기관을 자체평가위원회의 심의를 거쳐 국무총리 산하 정부업무평가위원회에 제출한다. 정부업무평가위원회는 정부업무평가 기본 방향과의 조화, 불필요한 평가 대상 확대 방지 등을 기준으로 협의하여 평가 대상 공공기관을 정한다.

공공기관평가를 실시하려는 중앙행정기관은 미리 그 평가계획을 위원회에 제출해야 한다. 중앙행정기관은 평가 실시 후에는 제도 개선 사항을 포함하여 평가 결과를 지체 없이 정부업무평가위원회에 제출해야 한다. 개별 법률에서는 중앙행정기관장, 지방자치단체장 등을 해당 공공기관에 대한 평가 주체로 규정하고 있다. 그리고 중복평가의 문제점을 없애기 위해 개별 법률에 의한 공공기관 평가는 「정부업무평가기본법」에 의한 공공기관 평가로 간주할 수 있다.

5 평가 결과의 환류

평가 결과의 환류는 크게 기관 차원과 개인 차원으로 구분할 수 있다. 기관 차원은 평가 결과가 정책 개선, 예산, 조직 등에 환류되는 것을 들 수 있으며, 개인 차원은 인사, 보수 등에 환류되는 것을 들 수 있다(국무조정실, 2007).

1) 정책 개선

중앙행정기관의 장은 자체평가와 자체평가에 대한 '정부업무평가위원회'의 확인·점검 결과에 따라 문제점이 발견되면 자체 시정 조치 또는 감사를 실시하고, 그 결과를 '정부업무평가위원회'에 제출하는 등 정책의 지속적인 개선을 추진한다.

2) 예산편성 시 반영

재정사업의 추진 성과를 평가하고, 그 결과를 세출예산 구조조정의 근거와 예산편성의 판단 자료 등 재정 운용 과정에 활용한다. 2005년부터 도입된 '재정사업 자율평가제도'에 따라 각 중앙행정기관은 사업별 체크리스트를 활용하여 3년 주기로 일정 규모 이상의 재정사업에 대한 성과를 자율적으로 평가한다.

재정사업 자율평가는 계획, 집행, 결과 및 활용 단계별로 사업계획의 타당성, 성과계획의 합리성, 집행의 효율성, 성과목표 달성도 등 4개 평가 항목, 13개 평가 지표로 구성되어 있다.

사업별 평가 결과는 종합 점수화하여 4등급으로 구분되며, 각 부처에서 예산편성 시 사업 구조조정의 기초 자료로 활용하고 있다. 재정사업 자율평가 결과 성과가 미흡한 사업은 원칙적으로 10% 이상 구조조정을 하고, 성과가 객관적으로 입증되지 않은 사업은 예산 증액을 허용하지 않고 있다.

3) 조직관리에 활용

평가 결과에 따라 각 기관의 조직관리 기준(인력 증원 · 복수 직급 정원 상한 등)의 자율권을 차등화한다. 즉, 자율적 증원의 범위(기관 총 정원의 3% 이내), 3 · 4급 및 4 · 5급 정원의 상한 기준(본부의 경우 각각 4급, 5급 정원의 1/3 이내, 소속기관의 경우 15% 이내) 등의 차등화를 추진한다.

4) 인사 · 보수 등과 연계

평가 결과의 인사와의 연계는 직무성과계약제, 근무성적평가제를 통해 구현되고 있으며, 보수는 성과급제도 등을 통해 연계되고 있다.

직무성과계약제는 장 · 차관 등 조직의 책임자와 실 · 국장, 실 · 국장과 과장 간에 성과목표와 성과지표에 대해 계약을 체결하고, 성과목표의 달성도를 평가하여 인사와 보수 등에 반영하는 인사관리 시스템이다. 연공 체계에 익숙한 공직사회에 성과와 경쟁 시스템을 도입함으로써 국민에게 제공하는 서비스의 질을 높이고 행정의 생산성을 향상시키고자 하는 것이다.

직무성과계약제는 2004년 말 시범 도입 후 2005년부터 전 부처에 확산되어 운영 중이다. 연초에 각 기관은 기관별 성과관리시행계획의 성과목표와 성과지표를 대상으로 이를 개인의 성과목표와 성과지표로 설정하고 직무성과계약을 통해 확정한다. 연초에 체결된 직무성과 계약에 대해서는 7~8월경에 계약 당사자 상호 간에 중간점검을 실시하고, 다음해 초에 연말까지의 성과 등을 토대로 최종평가를 실시한다. 최종평가는 직무성과 계약에서 제시한 성과목표 달성도를 성과지표에 근거하여 평가하되, 성과목표의 중요도·난이도 및 자질·태도, '성과관리시행계획'에 대한 정책평가 결과 등을 고려하여 평가한다.

5급 이하 공무원을 대상으로 하는 근무성적평정에서는 근무 실적·직무 수행 능력 및 직무 수행 태도를 평정한다. 정부업무평가 결과는 근무 실적 부분의 목표 달성도 평가에 반영된다.

개인별 성과정보를 체계적으로 기록·관리하여 실적과 능력에 따른 인사 구현을 목적으로 2005년 7월부터 성과관리카드제를 시행하고 있다. 개인별 성과관리카드에는 정부업무평가 결과 및 직무성과계약 주요 이행 실적과 상사의 평가 의견 및 최종평가 등급이 기록되어, 승진·전보심사, 개방형 및 공모직위 심사, 인재 추천 등에 활용된다.

그림 12-1 개인 성과관리 체계

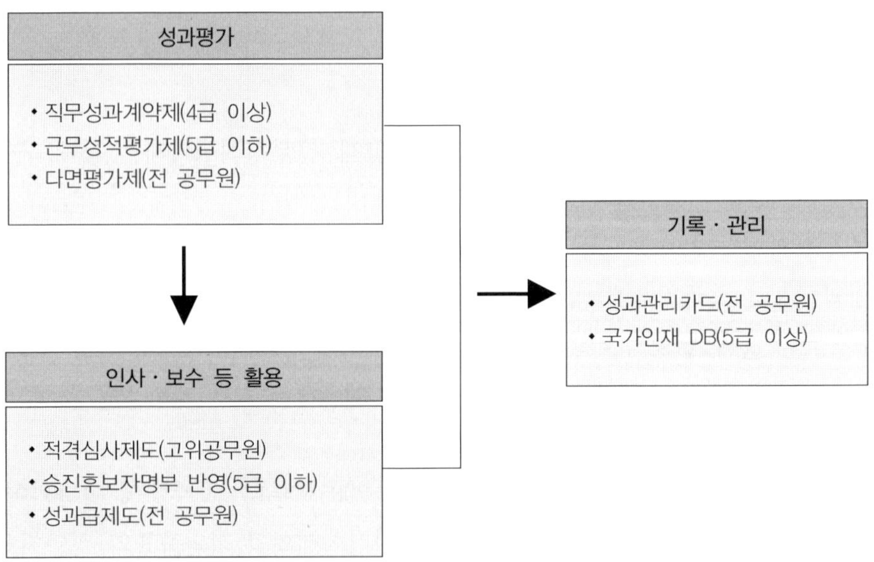

자료: 국무조정실(2007. 12), 『정부업무평가 백서』.

6 평가제도의 정착을 위한 고려 사항

정부업무평가제도의 기본 정신은 공익·공평성을 견지하는 공공 부문에도 경쟁 체제를 갖추어 기업가적 경영 마인드를 확산시키고, 행정의 효율성과 책무성의 제고를 통해 정책의 실효성과 신뢰성을 확보하는 데 있다. 김대중 정부 들어 기관평가의 도입과 「정부업무 등의 평가에 관한 기본법」 제정으로 평가의 의무화와 제도화에서 상당한 발전을 한 것으로 볼 수 있다.

그러나 여러 부처에 의해 중복적·형식적으로 운영되는 단점이 있어 평가의 실효성을 확보하기 어려웠다. 이에 노무현 정부 시절인 2006년 4월, 개별 법령에 의해 이루어지는 중복되는 각종 평가를 통합·체계화하고, 소관 정책을 스스로 평가하는 자체평가를 정부업무평가의 근간으로 하는 「정부업무평가기본법」을 제정했다.

새로운 제도가 도입된 이후 입법 취지에 따른 많은 성과를 낸 것은 사실이지만, 제도 추진 과정에서 문제점도 노출되고 있다. 비록 정부업무평가제도 운영의 근거가 되는 법 제정으로 법적 근거는 충분히 확보했지만, 자체평가 환경에 대한 충분한 인식과 법에 대한 명확한 이해가 부족한 것으로 보인다. 또한 평가 전담기구와 전문인력이 확보되어 있지 않고, 평가 방법에 대한 교육훈련이 미흡하다. 성과평가 및 특성 지표 등의 선정에 어려움이 있고, 평가 결과에 대한 수용도도 높지 않으며, 자체평가위원회의 구성과 운영도 제도 취지의 기능을 발휘하지 못하고 있다(제갈돈·제갈욱, 2008: 95-96). 앞으로 이러한 문제점들이 꾸준히 개선된다면 정부업무평가제도의 발전을 기대할 수 있을 것이다.

제 13 장 정책변동의 유형과 이론

현재의 정책은 정책환경이 변하거나 정책 과정에서 얻게 되는 정보로 인해 항상 변동되어야 할 상황에 처한다. 그러나 정책변동은 정책학 발달 과정에서 다른 연구 분야에 비해 상대적으로 늦게 관심을 받은 분야였다. 현대 정책학이 탄생한 1950년대 초에 정책의 수정 또는 폐기를 의미하는 종결 단계를 정책 과정의 한 단계로 제시한 라스웰(Lasswell, 1956: 2) 이후에 한동안 정책변동을 진지하게 논의한 연구는 나타나지 않았다.

정책변동에 관한 연구는 정책의 승계 또는 수정에 관한 연구보다 정책종결에 관한 연구에서 시작되었다. 1976년 6월호 『정책과학(*Policy Sciences*)』지에 게재된 정책종결에 관한 심포지엄은 정책종결 연구에 큰 자극제가 되었으며, 1997년에는 『국제행정학연구(*International Journal of Public Administration*)』지가 20여 년 만에 다시 심포지엄을 개최했다. 다만, 상기 두 번의 심포지엄에 제시된 논문들은 대부분 사례연구였다는 것이 특징이다(유훈, 2009: 137–138).

이와 같이 1970년대 중반에 나타난 정책종결에 관한 일부 학자들의 관심은 이후 정책종결을 포함한 다양한 형태의 정책 변화에 대한 연구 관심으로 확장됨으로써 오늘날 정책변동을 하나의 연구 분야로 인정할 정도까지 발전하기에 이르렀다.

제1절 정책변동의 원인

하나의 정책이 결정되면 이후의 정책 과정에서 원래의 내용과 모양을 계속 유지하는 경우도 있지만, 대부분의 경우 정책이 변화하는 과정을 겪게 된다. 정책의 변동을 가져오는 원인은 다양하겠지만 크게 보아 다음과 같은 세 범주로 분류할 수 있다.

1 정책 피드백 요인

이 요인은 정책집행 과정과 평가 과정에서 발견된 정책 관련 문제점과 정보들을 말한다. 이러한 정보나 자료는 기존의 정책에 반영하는 과정에서 결과적으로 정책의 개선이나 폐지와 같은 정책변동을 일으키는 것이다. 정책 피드백 요인은 다음에 말하는 환경 요인과 달리 주로 특정한 정책에 초점이 맞추어진다는 점에서 정책 자체가 만들어 내는 변동 요인이란 점이 특징이다. 일반적으로 정책 피드백 요인의 가장 큰 형태는 잘 다듬어진 설계에 의한 정책평가 연구를 통해 얻는 정보나 자료라고 할 수 있다. 그러나 해당 정책에 대한 평가 외에도 좀 더 넓은 차원에서 관련 분야의 학문 발달이나 사회적 학습에서 얻게 되는 새로운 지식도 특정 정책에 대한 변동 요인으로 작용할 수 있다. 정책변동을 일으키는 피드백 요인은 다음과 같이 세 가지로 나눌 수 있다.

첫째, 정책이 추구하는 가치 판단에 관한 초기의 결정이 잘못된 것으로 판단된다면 정책변동을 가져올 수 있다. 이는 정책의 철학적 부분에 관련되는 것으로 정책목표의 변동이라고 할 수 있다. 정책목표란 정책을 통해 달성하려고 하는 바람직한 상태를 의미하는데, 정책목표가 보편적 가치나 공익에 도움이 되지 않는 것으로 사후에 판단되면 목표가 수정되거나 관련 정책이 폐지되어야 할 것이다. 자연환경이나 사회적 형평성을 심각하게 해치는 정책목표라면 이에 관해 어떤 형태든 조치가 따라야 할 것이다. 또한 정책목표가 지향하고 있는 방향 자체는 바람직하지만 설정된 정책목표의 수준이 과도하거나 과소한 경우에도 이에 관한 조정이 뒤따라야 할 것이다.

둘째, 과학적 이유에서 정책이 변화될 수 있다. 이는 정책결정에 사용된 이론적 근거를 잘못 선택할 때 일어날 수 있는 것으로, 사실 판단에 관련된 문제다. 즉, 정책결정 당시 기존의 축적된 학문적 지식과 이론들 중에서 해당 사회문제의 해결에 적합한 이론이나 사실적 정보를 잘못 선택하는 경우다. 정책결정 당시 정책목표라는 종속변수에 영향을 주는 독립변수와 매개변수들의 인과 관계의 유무나 크기에 착오가 있었다면, 정책이 의도하는 결과가 나타나지 않게 되고 따라서 정책 변화가 요구되는 상황이 발생한다.

셋째, 실용적 이유에서 정책이 변동되는 경우가 있다. 이는 실제 정책을 사회현실에 적용했을 때 정책을 유발했던 사회문제를 해결하지 못하거나 또는 완전히 해결되는 경우에 나타난다. 앞에서 말한 과학적(이론적) 차원에서 볼 때 별 문제없는 정책 수단이라고 해도 생생한 삶의 현장에서 의도한 정책 효과가 나타나지 않을 수 있다. 그 이유는 정책결정 당시 대상집단의 불응이나 회피적 행태와 같은 인간의 심리적 요인과 같은 예측할 수 없는 요인들이 있기 때문이다. 이러한 경우, 독립변수나 매개변수라고 볼 수 있는 정책 수단들을[1] 수정하거나 다른 것으로 대체하지 않을 수 없다. 또는 사회문제가 충분히 해결되었다고 한다면 더 이상 해당 정책이 필요 없어서 종결되는 경우도 있다.

2 조직 요인

정책변동은 정책을 담당하는 조직이나 기관의 내부적 요인에 의해 발생할 수 있다. 즉, 조직의 규모가 축소 또는 확대되는 경우 또는 정책 관련 주도 인물의 교체는 조직이 수행하던 정책에 변화를 가져올 가능성이 크다.

---

1) 조치를 취해야 하는 정책 수단에는 실질적 정책 수단뿐만 아니라 보조적 정책 수단도 해당한다. 실질적 정책 수단이란 정책목표를 달성하는 직접적 수단을 말하며, 보조적 정책 수단이란 실질적 정책 수단을 실현시키기 위해 사용하는 활동이나 순응 확보 수단을 말한다. 예컨대, 도심교통 체증 해소라는 정책목표를 달성하기 위해 도심 진입료 징수나 일방통행로 설치는 실질적 정책 수단이며, 도심 진입료 징수를 위한 톨게이트 설치와 징수요원 배치, 그리고 일방통행 위반 차량의 단속과 벌금 부과는 보조적 정책 수단이다.

우선, 예산상의 문제로 인해 담당하던 정책이 변동할 수 있는데, 조직의 예산이 줄어든다면 관리 측면의 예산도 축소해야겠지만 나아가 기존에 수행하던 정책이나 사업의 비용을 절감하는 방안도 채택될 수 있다. 즉, 비용 절감에 대한 압박은 당연히 관련 분야의 정책이나 사업 내용을 바꾸는 결과가 될 가능성이 크다. 한편, 조직 예산의 확대는 그 반대의 효과를 가져올 것이며 이 경우도 정책이나 사업은 변동하게 된다.

또한 담당 조직의 취약성 때문에 그 조직이 추진하는 정책에 변동이 발생하는 경우도 있다. 담당 조직의 취약성은 조직이 지니고 있는 대외적 이미지의 악화, 조직 지도층의 리더십 약화, 내부적 갈등의 심화 등 정치적 취약성이 드러나 정책이 종결되거나 축소되는 경우다. 또는 조직이 외부 환경으로부터 받아들인 정보를 정확하고 신속하게 분석·전달하는 능력을 갖추지 못하기 때문에 변화에 대한 적응이 떨어져 정책변동이 발생한다(정정길 외, 2010: 711).

3 환경 요인

정책환경의 거시적 요인들이 변할 때 기존의 정책이 변동될 수 있다. 정치·경제·사회적 상태가 변화하여 현재의 정책 내용이 현실적합성을 띠지 못하거나 또는 환경 변화로 인해 정치적·경제적 자원이 정책 추진에 비우호적인 경우 정책에 대한 수정이 불가피하게 된다. 앞에서 언급한 정책 피드백 요인들이 특정 정책의 변동에 초점을 맞춘 것으로 미시적·단기적 차원의 변동 요인이라고 한다면, 정책환경의 변화는 상대적으로 특정 정책에만 영향을 주는 것이 아니라 여러 정책 분야의 변동에 광범위한 영향을 주는 중·장기적인 요인으로 볼 수 있다.

첫째, 경제적 상황의 변화는 정책의 변화를 유발한다. 꾸준한 경제 성장의 결과 국민소득이 증가하면 정부의 정책자원이 풍부해짐으로써 기존 정책의 수준과 범위를 확대할 수 있게 된다. 경제적 여유는 예산의 영향을 많이 받는 정책 분야의 변동에 상대적으로 크게 작용한다. 즉, 규제정책 분야보다는 분배정책이나 복지정책의 수준이 상향 조정되거나 확대되는 결과를 초래한다. 또한 산업구조의 변화가 중장기적으로 정책변동을 가져올 수 있는데, 1차 산업 중심의 경제구조가 2차 산업으로, 또 3차 산업으로 점차 비중이 바뀐다면 이에 걸맞게 정책의 초점과 비중도 광범위하게 변화할 것이다.

둘째, 사회적 상황의 변화도 정책 변화를 유발할 수 있다. 이를테면, 꾸준한 교육정책의 결과 국민의 학력 수준이 전반적으로 향상되고, 이를 통해 민주시민으로서의 자각 의식도 높아져서 이전에 없던 새로운 요구가 투입되고 이는 정부정책에 변동을 가져온다. 주권자로서의 시민의식 향상은 노동자의 권리나 사회적 약자에 관한 인식을 바꿔 인권이나 민주적 가치를 신장하라는 국민들의 요구가 이들 분야의 정책변동을 초래할 것이다. 또 급속한 도시화나 노령화는 이에 대처하기 위한 새로운 정책 도입과 기존 정책의 보완·수정을 당연히 가져올 수밖에 없다.

셋째, 정치적 사건의 발생도 정책변동을 유발하는 큰 요인이다. 가장 흔한 예로, 선거로 인해 새 정부가 들어서거나 의회의 다수당이 바뀌었을 때 광범위한 분야에서 정책변동이 발생한다. 쿠데타와 같은 불법적 과정이든 민주적 선거를 통해서이든 정치 지형의 변화는 이전과 다른 정치 이념을 가지는 집권 세력의 등장을 의미하므로 광범위한 정책변동이 일어난다. 보수정권에서 진보정권으로의 교체는 복지정책 분야는 물론 환경정책, 노동정책, 인권정책, 언론정책 분야 등에 진보적 색채의 정책들이 대거 수립되거나 기존 정책의 수정이 불가피한 상황을 가져온다.

정책환경의 변화가 정책에 미치는 영향을 거시적 수준에서 분석한 연구 분야가 있는데, 이른바 '산출 연구(output studies)' 또는 '정책결정요인 연구(policy determinants study)'로 불리는 연구들이다. 1940년대 후반에 일단의 재정학자로부터 촉발된 이들 연구의 초점은 사회경제적 요인과 정치적 요인의 정책에 대한 상대적 설명력을 비교하는 데 있었다.[2] 다만, 이들 연구는 거시적 수준에서 계량분석에 의존한 연구였을 뿐, 정책변동 과정 자체의 동태적 현상을 설명하는 데는 관심을 두지 않았다는 점에서 실질적인 정책변동 연구로 볼 수는 없다.

2) 이후 이어진 연구는 정치적 요인을 강조하는 경쟁·참여모형과 정치의 독립적 영향력이 없다고 말하는 허위모형, 그리고 양 요인 모두 독립적 효과가 있다고 보는 혼합모형으로 전개되었는데, 대체로 경제적 요인이 정치적 요인보다 설명력이 앞서는 것으로 나타난다(Cnudde & McCrone, 1969; Dye, 1984).

제 2 절 정책변동의 유형

정책변동에 관한 본격적 논의를 한 것으로는 호그우드와 피터스(Hogwood & Peters, 1983: 25-59)의 연구가 있다. 이들은 정책변동의 유형을 쇄신(innovation), 승계(succession), 유지(maintenance), 종결(termination)로 나누면서 현실의 정책변동은 이러한 순수한 유형이 한 개 이상 포함되는 형태로 나타난다고 한다. 특히, 정책승계가 정책변동의 주된 형태라고 하여 이에 관한 상세한 논의를 했다.

1 호그우드와 피터스의 유형

1) 정책쇄신

정책쇄신(policy innovation)은 이전에 개입한 적이 없는 완전히 새로운 분야에 정부가 최초로 개입하는 형태다. 이러한 경우, 정부는 우연히 개입하는 것이 아니라 뚜렷한 목적을 가지고 의도적으로 개입한다는 것이 특징이다. 따라서 이 분야에는 기존의 관련 조직, 법률, 예산 등이 당연히 존재하지 않는다.

그런데 사실상 20세기 후반 현대 정부에서 이전에 단 한 번도 개입하지 않은 정책 분야를 발견하기는 어렵다는 점에서 순수한 형태의 정책쇄신은 매우 드물다. 다만, 이 유형이 정책변동에서 가지는 의미를 찾는다면 다음에서 언급할 다른 정책 유형들이 기존 정책을 전제하고 나타나는 형태인데 비해, 정책쇄신은 그렇지 않다는 점이다.

2) 정책승계

정책승계(policy succession)는 기존의 정책 분야에 대한 활동들을 의도적으로 다른 정책활동으로 대체하는 정책변동이다. 이것이 정책쇄신과 다른 점은 새로운 정책 분야에 개입하는 것이 아니라는 점이다. 그러나 이것의 특징은 상당히 복잡하여 실제로 매우 다양한 형태로 날 수 있다. 정책승계의 기본 형태는 기존의 정책목표는 유지하지만 정책 수단이 변하는 것으로 볼 수 있다. 따라서 필요하다면 정책 수단과 관련되는 법령을 새로운 법령으로 대체할 필요도 있다.

정책승계의 유형이 정책변동에서 가장 일반적 형태이자 또한 다양한 형태를 띤다는 점에서 정책변동 연구에서 정책승계가 가장 중요한 분야라고 말하면서 호그우드와 피터스(Hogwood & Peters, 1983: 61-84)는 승계의 여섯 가지 형태를 다음과 같이 설명하고 있다.

첫째, 선형적 승계(linear succession)가 있는데, 이는 흔하지는 않지만 정책승계의 가장 순수한 형태로 볼 수 있다. 이것은 기존의 정책이나 프로그램을 완전히 종결하고 같은 목표를 추구하기 위해 새로운 프로그램을 수립하거나, 또는 유사한 목표를 추구하는 프로그램이 도입되는 것을 말한다. 새로 제안한 정책이 기존 정책보다 대상집단에게 더 많은 혜택을 준다거나, 또는 현재의 담당 조직이 새 프로그램까지 관할하도록 한다면 그렇지 않은 경우에 비해 정책승계에 대한 저항이 상대적으로 적게 나타난다.

① 선형적 승계는 정책 수단의 대체가 가장 대표적인데, 쌀값 안정이라는 정책목표를 위해 중간상인의 매점매석 금지 정책을 같은 목표 하에 정부미를 방출하는 정책 수단으로 바꾸는 경우를 예로 들 수 있다.

② 선형적 승계의 구체적 형태로 정책의 전달 체계가 바뀌는 경우도 있다. 주택건축에 대한 직접적인 보조금 지원이 세제상의 혜택으로 바뀌는 경우나, 민간주택의 임차료에 대한 규제가 임차인에 대해 정부가 직접적으로 보조금을 주는 형태로 바뀌는 경우가 그 예다.

③ 이전의 정책 내용을 완전히 뒤집어 예전 정책으로 돌아가는 정책 환원(policy reversal)도 선형적 승계의 한 형태다. 한국의 경우, 1982년 1월에 실시된 중고생 교복자율화 시책이 1986년 2학기에 다시 교복제도로 환원된 경우가 그 예다. 이러한 정책의 환원은 영국 같은 국가에서 많이 찾아볼 수 있다. 노동당 정부에 의해 국유화된 철강산업이 보수당 정부에 의해 민영화되었다가 1967년에 다시 국유화된 경우가 대표적 예다(유훈, 2009: 204).

④ 중단되었던 정책(policy hiatus)이 재도입되는 경우도 선형적 승계에 해당한다. 여기에는 최소한 두 가지 형태가 있는데, 순환적 형태와 일회적 형태가 있다. 전자는 단속적인 형태로 하나의 정책이 시행과 중단을 반복하면서 나타난다. 예컨대, 경제 상황이나 집권 정당이 변함에 따라 정부가 관리하던 임금과 물가를 시장

에 맡겼다가 상황이 변해 다시 정부가 관리하다가 나중에 또다시 시장의 자율에 맡기는 경우다. 일회적 형태의 예로는 만일 기존의 음란물 판정 기준에 대해 법원이 위헌 판정을 한다면 기존 정책이 중단되고 새로운 기준으로 대체되는 경우를 들 수 있다.

둘째, 정책통합(policy consolidation)도 정책승계의 한 가지 형태다. 이것은 원래의 정책목표와 유사한 다른 정책목표를 추구하기 위해 두 개 이상의 정책 프로그램이 전부 또는 부분적으로 종결되면서 통합되어 원래의 정책을 대체하는 새로운 정책으로 탄생하는 경우다. 정책통합 과정은 그리 쉽지 않은데, 그 이유는 통상적으로 정책통합은 기구 개편이나 관할 예산의 축소를 수반하는데 이로 인해 저항이 심할 수 있기 때문이다. 이런 점에서 정책통합의 복잡성은 정치적 지지 획득과 후속적인 조직 변동의 측면에서 볼 때 중요한 의미를 지니는 현상이다.

셋째, 정책분할(policy splitting)은 앞의 정책통합과 반대되는 개념으로서, 하나의 정책이나 조직이 두 개 이상으로 갈라지는 것이다. 이러한 정책분할은 원래의 조직이 두 개 이상의 개체로 분리되는 경우 확인하기가 가장 용이하다. 1980년에 미국의 교육부가 보건·교육·복지부에서 분리되어 만들어진 사례를 들 수 있다. 정책분할은 경우에 따라 매우 큰 정책변동을 가져오기도 하는데, 1974년에 미국의 원자력에너지위원회(Atomic Energy Commission)가 핵규제위원회(Nuclear Regulatory Commission)와 에너지연구개발처(Energy Research and Development)로 분할되었다. 이 사건은 그간 원자력에 대한 생산과 규제가 동일 조직에서 이루어지던 것에서 각각의 전담기구로 분리되는 결과가 되었다. 분리되기 전의 조직에서 친 원자력 성향을 가진 집단이 수행했던 원자력 규제에 비해서 새롭게 탄생한 규제 전담기구인 핵규제위원회의 규제 수준이 강화된 것은 당연한 결과라고 하겠다.

넷째, 부분적 종결(partial termination)은 정책에 할당된 자원이나 최종 정책 산출의 감소로 인해 정책이 변형되는 경우다. 부분종결은 프로그램의 양적 변화뿐만 아니라 남은 부분을 다른 정책으로 대체하는 질적 변화도 포함한다는 점에서 양적 변화만 의미하는 프로그램 중지나 감축과는 다른 개념이다. 부분종결은 정책의 완전종결에 대한 시도가 어떤 이유로든 실패했을 때 그 결과로 나타날 수 있다. 또 부분종결은 완전종결의 전단계로 전략적으로 사용될 수도 있다. 정책의 완전종결을 위한 충분한 세력 규합이 어려울 때 프로그램을 조금씩 없애는 식으로 하여 완전한 종결을 달성하는 것이다. 이에 관한 예로는 미국의 존슨(Lyndon B. Johnson) 대통령이 1967년에 미 항공우주국(NASA)이 후원하는 대학 지원 프로그램 폐지를 결정하자 NASA 측은 즉각적인 종결을 반대하여 일시적으로는 종결 저지에 성공했으나 이후 예산 감소로 인해, 결국 이 정책은 3년에 걸쳐 점차 사라지는 결과가 되고 말았다. 완전종결의 한 수단으로 부분종결이 사용될 수 있지만 이러한 전략에는 언제나 위험이 따른다고 보아야 한다. 왜냐하면, 초반 예산 삭감 반대 투쟁에 실패한 종결 반대 세력이 반드시 흩어지거나 약화된다고 볼 수 없고, 후속 과정에서 이들의 활동으로 인해 의도한 종결 과정이 뒤집히는 상황도 가능하기 때문이다.

다섯째, 정책승계의 또 다른 형태로 비선형적 승계(non-linear succession)가 있다. 이는 기존 정책의 어떤 부분은 폐지하고 다른 부분은 유지하며, 이에 덧붙여 새롭고 혁신적인 프로그램 요소가 추가되는 형태의 정책변동이다.

끝으로, 우발적 승계(incidental succession)를 들 수 있다. 이것은 기존의 프로그램을 시행해 본 결과에 따라 정책을 조정하는 형태의 정책변동이다. 다시 말하면, 이것은 현재의 정책을 유지하거나 대체하면서 동시에 기존의 다른 정책을 결합하는 방식으로 새로운 정책을 구성하는 것이다. 정책쇄신이나 정책변동에 적극적인 사람들에게는 자신들이 처음 도입한 혁신적 정책에 대해 사후적으로 어떤 형태의 정책승계(정책 변화)도 우연적이고 사소한 것으로 취급하려 하며, 또 관련된 정치적 행위도 방해물로만 생각하는 경향이 있다. 그러나 성공적인 정책집행의 기회를 생각한다면 이러한 우발적 승계의 기회를 무시해선 안 된다고 본다. 현대 사회에서 완전한 정책쇄신이 매우 드물다는 점을 전제한다면, 기존의 정책이 예기치 않은 요인에 의해 변하는 이러한 우발적 승계가 어쩌면 정책변동의 고유한 형태라고 할 수 있다.

3) 정책유지

정책유지(policy maintenance)는 동일한 정책 분야에서 기존의 정책을 크게 바꾸지 않으면서 계속성을 유지하는 것을 말한다. 관련 법령이나 정책목표가 바뀌지 않고 또 기본적인 정책 수단의 골격도 변하지 않는 반면, 주로 정책 산출 부분이 달라지는 형태를 보인다. 정책대상집단의 범위가 변동된다거나 수혜 수준이 달라지는 경우가 그 예다. 특정 지역에 실시한 정책을 전국적으로 확대한다거나 저소득

그림 13-1 정책승계의 유형

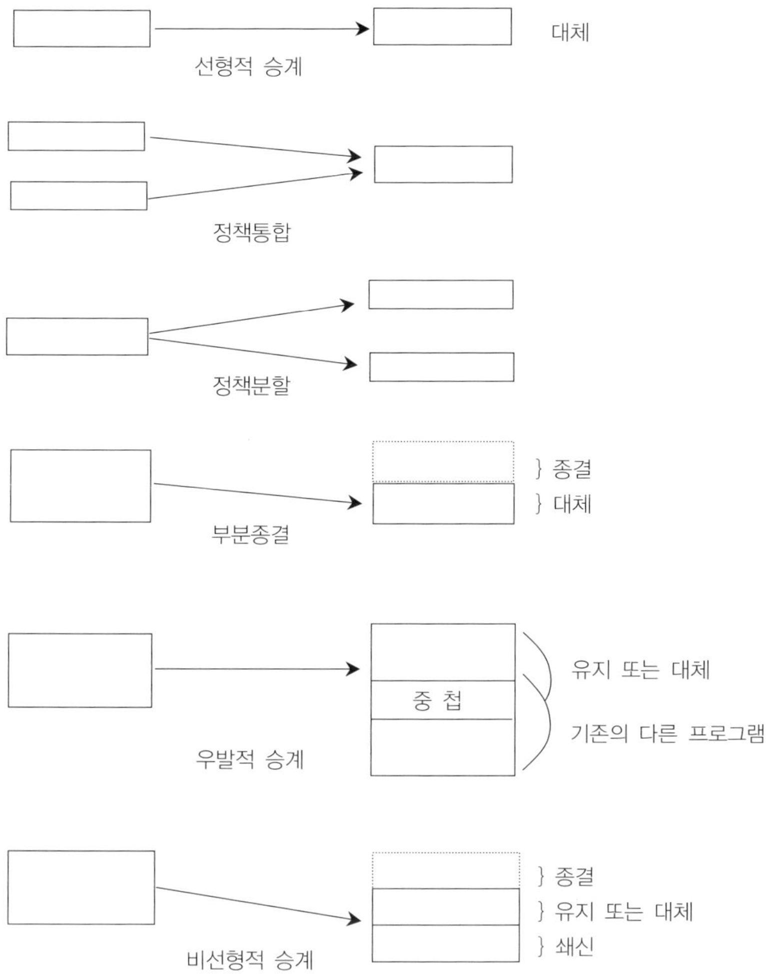

자료: Hogwood & Peters(1983: 62).

층 자녀에 대한 교육비 보조를 직상위 계층의 자녀에게도 확대하는 경우가 여기에 해당한다. 정책유지는 이와 같이 새로운 요소를 도입함이 없이 기존의 정책목표를 달성하기 위해 정책 산출을 조정하는 형태를 띤다는 점에서 대체로 수동적·적응적 특징을 띤다. 어떤 의미에서 보면, 정책유지는 새로운 것을 창안하는 정책쇄신이나 상당한 변동을 초래하는 정책승계에 비해 덜 중요한 변동 유형이라고 할 수 있지만, 경우에 따라서 정책 유지는 정책 규모(volume of provision)의 측면에서 큰 변화를 보일 수도 있기 때문에 쇄신이나 승계에 비해 변동의 의미를 결코 작게 볼 수만은 없다.

4) 정책종결

정책종결(policy determination)은 기존의 정책을 완전히 중단하는 형태다. 따라서 이 경우에는 기존 정책과 관련되는 조직의 축소나 법령 삭제를 포함하여 관련 예산 지출까지 완벽하게 중지하는 형태다. 순수한 형태의 정책쇄신의 사례를 현대 정부에서 찾기가 쉽지 않듯이, 순수한 정책종결 사례도 흔하지 않다. 그럼에도 불구하고 정책변동 중에는 기존의 프로그램을 중지하거나 정책의 중요한 부분을 제거하는 경우가 있다는 점에서 이런 현상을 설명하기 위해 정책변동 분석 체계에 포함하는 것이 필요하다.

정책종결과 유사한 개념으로 감축관리나 조직 쇠퇴가 있다. 정책종결은 정책을 종식시키거나 중지시키는 것을 의미하는 데 비해, 감축관리는 기능, 기구, 인력, 정책 등을 폐지하거나 축소하는 것을 포함한다는 점에서, 감축관리는 정책종결보다 더 넓은 개념으로 볼 수 있다. 그러나 정책종결을 "정부 당국이 특정한 기능, 계획, 정책이나 조직에 대해 신중한 평가 과정을 통해 끝을 내는 것"이라고 하는 드레온(DeLeon, 1978: 370)의 생각은 감축관리와 유사하다고 볼 수 있다. 또 조직 쇠퇴는 조직의 인력, 이윤, 예산, 고객 등의 규모를 감축하거나 조직의 침체를 포함한다는 점에서 감축관리보다 더 넓은 개념으로 볼 수 있다(유훈, 2009: 231).

정책종결은 어떤 측면에 관심이 있는가에 따라 다음과 같은 세 가지 접근 방법으로 나눌 수 있다(박성복 · 이종렬, 2000: 436-437, 441-443).

첫째, 정책종결을 자원난으로 수반되는 예산상의 감축관리(cutback management)에 초점을 두고 연구하는 것으로 이는 관리기법적 접근 방법이다. 즉, 가외적(redundant)이고 잘못 형성된, 그리고 불필요하게 된 정책들을 조정하는 것으로 보는 입장이다. 1960년대까지 풍요의 시대를 구가하던 미국이 1970년대 들어 저성장으로 인한 이른바 결핍의 시대로 진입하면서 행정관리들이 재정난 해결의 방편으로서 정부조직의 감축과 행정 서비스의 축소 내지 삭제에 큰 관심을 보였는데 이와 관련된 접근 방법이라고 하겠다.

표 13-1 정책변동 유형의 특성

	정책쇄신	정책승계	정책유지	정책종결
대응 성격	의도적	의도적	적응적	의도적
조직 측면	기존 조직 없음 (새로 만들어야 함)	최소 한 개 이상의 조직개편이 필요함	직접적이고 의도적인 조직 변화는 없지만, 업무량 변화와 같은 관리적 이유로 일부 조직 개편이 필요할 수 있음	대체로 기존 담당 조직이 폐지됨
법률 측면	기존 법률 없음 (새로 제정함)	일부 법률이 대체되어야 함	보통은 법률 개정이 불필요함	모든 관련 법률 폐지됨
예산 측면	기존 예산 없음 (새로 확보·배정함)	일부 기존 예산을 활용함	기존의 예산 항목을 계속 사용함	관련된 모든 예산지출 중단

자료: Hogwood & Peters(1983: 27).

둘째, 또 다른 접근 방법으로 정책종결의 정책적 측면을 강조하는 관점이 있다. 이는 정책종결을 정책 과정상의 한 단계로서 파악하여 형성적·순환적 성격으로 보는 입장이다. 여기서는 정책종결을 기존 정책의 의도적인 종결을 결정하고 집행하는 것으로 간주하여 그의 동태적인 정책 과정을 중요하게 고려한다. 이렇게 보면 정책종결은 목표를 달성한 정책의 경우 마지막일 수 있지만, 잘못된 정책을 수정할 경우는 시작일 수 있다는 점에서 끝과 시작을 동시에 포함하는 순환성을 지닌 복잡한 과정이 된다.

셋째, 정치·경제학적 접근 방법에서 정책종결을 바라볼 수 있다. 이 관점에서는 정책종결을 특정 정책이나 조직을 어떤 집단 또는 개인이 정치적·경제적 목적을 가지고 의도적으로 전환하거나 소멸시키는 것을 의미한다. 즉, 정치·경제학적 시각은 프로그램의 축소와 폐지를 둘러싸고 벌어지는 관련 집단이나 개인들의 정치적 투쟁 과정과 이의 결과로서의 수혜자와 피해자를 규명하는 데 관심을 둔다.

2 점증적 변동과 근본적 변동

하울렛과 라메시(Howlett & Ramesh, 2003: 234-39)는 정책변동에서 학습 요인을 중요시하면서 전체적으로 볼 때, 변동 속도와 변동 양식에 의해 네 가지 변동 유형이 나온다고 한다. 그런데 내용을 보면 변동의 속도는 별 중요한 기준이 아닌 것으로 판단되어, 여기서는 변동 양식에 따른 '근본적 변동'과 '점증적 변동'만으로 구분해 살펴본다.

이들 학자들은 일상적으로 소소하게 일어나는 정책 변화를 '평범한 변동(normal change)'이라고 하고, 정책 내용이 조금 변하는 형태라서 이를 '점증적 형태(incremental mode)'로 말하고 있다. 평범한 변동은 과거 또는 기존의 정책을 기본적으로 유지하는 형태를 띠며, 기존의 일부 정책 수단을 땜질하는 형태다. 따라서 전체적인 정책정체(政策政體, policy regime)[3]의 기본 골격을 유지하면서 다만 일단의 정책 아이디어를 말하는 정책 패러다임이나 정책 과정의 특징을 뜻하는 정책 스타일의 부분적 변경을 할 뿐이다.

한편, 어쩌다 한 번씩 정책의 기본 기조가 크게 변하는 경우가 있는데 이런 경우를 '비전형적 정책변동(atypical policy change)'이라고 하고, 정책이 크게 변한다고 하여 '근본적 변동(fundamental change)'이라고 일컫고 있다. 이것의 특징은 현재의 정책을 근본적으로 바꾸는 형태라서 정책의 내용뿐만 아니라 정책결정 과정도 변화를 보인다. 즉, 평범한 정책변동 유형에 비해 상대적으로 빈도가 적게 나타나지만 정책 패러다임(policy paradigm)과 정책 스타일(policy style)의 주요 부분에 관한 변화도 모두 포함하는 것이 특징이다.

하울렛과 라메시는 정책변동의 이러한 유형을 정책변동의 일반적 현상을 설명하는 것으로 보고 있다. 개괄적으로 살펴보면 정책은 일단 수립되고 시행되면 변화된다고 해도 기본적 형태는 장기간 변동하지 않고 지속되는 경향이 있고(평범한 정책변동), 간혹 정책의 기조 자체가 크게 변하는 경우가 있는데(근본적 변동), 다음에서 말하는 바움가트너와 존스(Baumgartner & Jones, 1993)의 '단속적 균형모형(punctuated equilibrium model)'과 같은 개념이다.

---

3) 정책정체(policy regime)는 정책에 관한 일단의 가치 판단을 말하는 정책 패러다임과 정책결정 과정의 전형화된 특징과 구조를 말하는 정책 스타일을 결합한 개념이다.

제 3 절 정책변동의 이론적 모형

1 단속적 균형이론

정책변동에 관한 단속적 균형이론(punctuated equilibrium theory)은 바움가트너와 존스(Baumgartner & Jones, 1993)가 제시한 것이다. 이 이론의 요지는 정책은 상대적으로 긴 기간의 안정과 짧은 순간의 큰 변화가 반복적으로 나타나는 단속적인 특징을 보인다는 것이다. 정책은 평상시에는 제도문화의 고착성, 기득 이익, 제한된 합리성과 같은 제약 요인 때문에 일반적으로 점증적 변화 형태를 보이지만, 정권 교체나 여론 급격한 변화와 같은 상황이 발생하면 큰 폭의 변동을 보인다는 것이다.

연구자들은 미국의 정치·경제 체제는 통상적으로 정책 변화는 작게 만들고, 소수의 기득권자에게 혜택을 유지시켜 주는 특징을 보인다고 한다. 이른바 정책 하위 체제(policy subsystems), 정책망(policy networks), 철의 삼각(iron triangles)으로 일컬어지는 정책독점(policy monopoly)이 엘리트에게 혜택을 주는 구조적 장치(structural arrangement)라고 한다. 이러한 정책독점은 하나만 있는 것이 아니라 정책 분야별로 다양하게 존재할 수 있다. 정책독점에 대한 연구가 많이 이루어졌지만, 장기적 시계(時界)에서 볼 때 간혹 이들 특권 구조가 변동하거나 작동하지 않는 경우가 있는데 이러한 현상에 학자들이 관심을 덜 가졌다고 한다. 바움가트너와 존스는 정책독점의 변화 현상과 장기적 시계에서 볼 때 안정성과 급격한 변화라는 정책변동의 일반적 특징을 정책의제 설정모형(agenda-setting model)이라는 하나의 틀 안에서 설명이 가능하다고 한다(Baumgartner & Jones, 1993: 3-4).

단속적 균형이론이 말하는 정책의 장기적 안정성과 단기적 급변성이라는 특징 중 전자를 가져오는 주된 원인은 바로 '철의 삼각'과 같은 정책독점의 존재다. 정책독점 체제의 힘이 강할 때, 이들은 기존 정책의 연장선상에서 보수적이거나 점증적인 정책을 밀어붙일 수 있다. 평상시 정책독점 체제에서 정책변동 현상이 거의 없는 것은 참여를 제한하고 특수 사익을 공모하는 체제의 제도적 구조에 기인한다고 본다.

정책독점에서 참여는 두 가지 측면에서 구조화되고 있다. 하나는 외부인(outsiders)의 참여를 제한하는 공식 또는 비공식적인 접근 규칙이 존재하며, 또 다른 하나는 현재 정책이 매우 긍정적이라고 주장하면서 오로지 정책에 대한 지지와 무관심을 환기시키려고만 한다(이를 통해 외부인의 비개입을 계속적으로 확보한다). 또 정책결정 과정의 참여도는 선호의 강도에서 나타나는 차이에 영향을 받는데 기득권 집단이 그렇지 않은 집단에 비해 언제나 결정 과정에 더 적극적인 활동을 한다는 것이다. 이러한 구조적 특징이 정책독점이 지배하는 상황에서 정책변동의 폭이 작은 이유를 설명해 준다고 한다. 요컨대, 정책 과정을 장기적 관점에서 보면, 정책독점의 붕괴와 새로운 생성이 동태적으로 교체하면서 정책은 안정(stasis)과 중단(punctuation)을 번갈아 겪게 된다고 한다.

이슈에 대한 대중의 관심 이동은 정책의 안정된 균형을 단절시키는 중요한 요인이다. 사회적 충격을 주는 큰 사건이 발생하여 언론과 대중적 관심이 크게 고조되어 관련 이슈에 대한 새로운 정의가 기존의 지배적 관점을 대체함으로써 정책변동의 계기를 맞이하게 된다. 이것은 킹던(Kingdon, 1984)의 세 가지 흐름(문제, 해결책, 정치)이 촉발적 사건에 의해 한 자리에 모일 때 정책창이 열린다는 설명과 유사하다. 단속적 균형이론은 킹던(John W. Kingdon)의 모형 중 문제 흐름이 주도하여 열리는 정책창에 초점을 맞춘 것으로 볼 수 있다.

단속적 균형이론에서 볼 때, 큰 폭의 정책변동은 다음과 같은 조건에서 발생하는데, 이런 경우 기존의 정책독점(policy monopolies)이 계속해서 점증적 정책변화를 고수할 수 없는 상황이 된다.

첫째, 관련된 정책 과정에 새로운 행위자가 진입하는 경우 변동이 생길 수 있다. 선거에 의해 이념적으로 색다른 정부가 들어선다거나, 기존 정책의 문제점을 보여주는 큰 사건이 발생하여 그동안 무관심했던 대중이 정책 과정에 주요한 행위자로 진입한다면 정책변동의 계기를 맞이하게 된다.

둘째, 정치변동이나 사건 발생을 통해 기존 이슈가 지금과는 다르게 정의되거나 이슈의 새로운 차원이 주목을 받는다면 정책변동이 생긴다. 특히, 정책 이슈에 대한 현재의 접근 방법에 대해 대중이 근본적 의문을 제기할 경우 정부는 정책변동의 압력을 받게 된다.

셋째, 언론은 이슈에 대한 대중적 관심을 끌어 모으는 데 가장 중요한 역할을 하는데, 언론의 지속적 보도를 통해 대중들의 불만과 관심이 고조된다면 정책변동을 유발할 수 있다.

단속적 균형이론은 다원주의 사회로 일컬어지는 미국 사회에서 정책이 생각보다 변화무쌍하지 않은 현상을 대중의 무관심과 정책독점 구조를 가지고 설명하면서, 또한 이것을 정책의제 설정 과정이라는 하나의 관점 내에서 설명을 시도한다는 점이 특징이다.

다원주의나 집단이론에서는 정책이 결정되어 시행되면 이에 대한 불만 세력이 결집하게 되고 이들이 정책 과정에 개입함으로써 정책은 동태성을 띠게 된다고 한다. 그러나 단속적 균형이론에서는 관련 공중들이 항상 모든 정책문제에 기민하게 관심을 가지는 것은 아니기 때문에 반대집단의 동원화(mobilization)가 항시 일어나는 것은 아니고, 오히려 기득권 집단의 구심체인 정책독점 구조가 정책 과정을 지배함으로써 통상적으로 정책은 안정성을 보인다고 한다.

그리하여 정책 과정을 장기적 시계에서 보면, 정책은 긴 기간의 안정(stasis)과 짧은 기간의 중단(punctuation)이 번갈아 나타난다고 본다. 요컨대, 정책의 장기적 안정성을 가져오는 주된 원인은 정책 하위 체제나 철의 삼각과 같은 정책독점의 존재와 대중의 무관심 때문이라고 한다. 정책독점 구조의 힘이 강할 때는 기존 정책의 연장선상에서 보수적이거나 점증적인 정책을 산출하겠지만, 여론이나 정치적 변동으로 인해 정책 이슈에 대한 새로운 시각이 확산되고 새로운 참여자가 결정 과정에 진입하면 짧은 기간에 큰 정책 변화를 겪는다고 한다. 이런 현상이 단속적으로 반복되는 패턴을 보이는 것이 정책 현상의 일반적 모습이라는 것이다.

2 지지연합모형

지지연합모형(advocacy coalitions framework)은 사바티어(Sabatier, 1988)가 제시한 정책변동모형이다. 이 모형은 다음과 같은 세 가지 기본 전제를 깔고 있다. 첫째, 정책변동과 그 안에서 작용하는 정책 지향적 학습을 이해하기 위해서는 적어도 10년 이상의 시계(time span)를 필요로 한다. 둘째, 그러한 시계에서 정책변동을 이해하는 가장 유용한 방법은 정책 하위 체제(policy subsystems)에 초점을 맞춤으로써 가능한데, 정책 하위 체제란 하나의 정책 영역에 관심을 가지고 있는 다른 분야에서 활동하는 행위자들의 상호작용을 말한다. 셋째, 정책 프로그램은 신념 체계(belief systems)로 개념화할 수 있는데, 신념 체계란 정책을 어떻게 실현할 것인가에 관한 일단의 가치 우선순위와 인과 관계의 가정을 말한다(Sabatier, 1988: 131).

[그림 13-2]는 사바티어(Paul Sabatier)가 제시하는 정책변동의 일반적 분석 체계

그림 13-2 사바티어의 지지연합모형

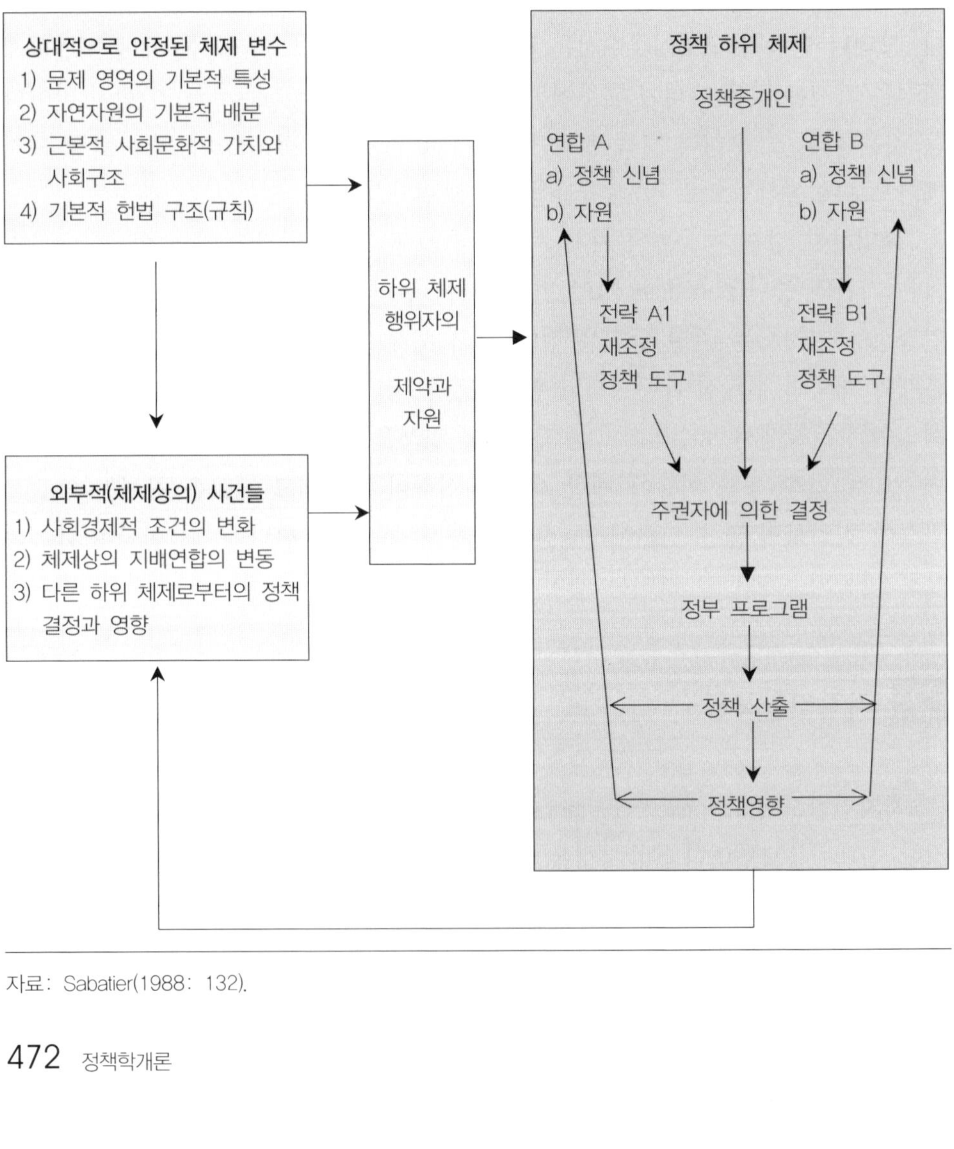

자료: Sabatier(1988: 132).

다. [그림 13-2]의 왼쪽 편에는 정책변동에 영향을 주는 두 범주의 외부 변수가 표현되고 있다. 이 중 위쪽은 비교적 안정적인 변수군이고, 아래쪽은 상대적으로 동태적인 변수군인데, 이들 외부 변수는 정책 하위 체제 행위자들의 제약과 기회에 영향을 미친다. 안정적 외부 변수로는 문제 영역의 기본적 특성, 자연자원의 기본적 배분, 사회문화적 근본 가치와 사회구조, 기본적 헌법 구조 등이 해당된다. 동태적 변수에는 사회경제적 조건의 변화(예컨대, 여론이나 원유가격 변화), 체제 지배연합의 변동, 다른 하위 체제로부터의 영향 등이 포함되며, 이들은 정책변동의 주요한 원천으로 볼 수 있다.

한편, 정책 하위 체제에는 지지연합(advocacy coalition)으로 분류할 수 있는 내부의 행위자들이 있는데, 하나의 하위 체제에는 복수의 지지연합이 존재한다. 하나의 지지연합은 다양한 조직에서 오면서 규범적 신념과 인과적 신념을 공유하고 때로는 협동하는 사람들로 구성된다. 지지연합 구성원은 일반 공중보다는 주로 정책엘리트로 구성되는데 정치인, 공무원, 이익집단 지도자, 연구자 등이 그 예다.

특정 지지연합의 구성원이 공유하는 신념 체계를 사바티어는 세 겹의 구조로 설명하고 있다. 규범적 핵심 신념(normative core beliefs), 정책 핵심 신념(policy core beliefs), 부차적 신념(secondary aspects beliefs)이 그것이다. 규범적 핵심 신념은 개인적 철학과 관련되는 근본적 규범이나 존재론적 공리(axiom)이기 때문에 모든 정책 영역에 적용될 수 있지만 종교의 개종과 같이 바꾸기는 매우 어렵다. 정책 핵심 신념은 한 개 또는 소수의 정책 영역에 관련되는 가치로서 앞의 규범적 핵심 신념을 실현하기 위한 기초 전략과 연결되는 것이다. 이것은 특정 정책에 대한 근본적 입장을 보여주는 가치로서 쉽게 변하진 않지만 정책 경험이 심각한 변형을 보이는 경우 변화가 일어날 수 있다. 끝으로, 부차적 신념은 정책 핵심 신념을 실현하기 위한 수단적 결정이나 정보 수집에 관한 가치다. 이것은 특정한 정책 하위 체제에 적용되는 가치로서 변화 가능성이 상대적으로 크다. 정책과 관련된 행정규칙, 예산배정, 관련 법령의 해석과 수정 등에 관한 가치판단이 여기에 해당한다(Sabatier, 1988: 144-145).

지지연합의 신념 체계는 정부정책에 대해 그들이 원하는 방향을 설정해 주지만 정책변동에 대한 이들의 영향 능력은 보유자원에 크게 의존하는데, 자원의 예로는 재정, 전문성, 지지자 수, 법적 권한 등이 있다.

각 지지연합의 행위자들은 자신들이 공유하는 신념과 해결책을 정책에 투입하기 위해 정책 과정에 개입한다. 동일한 정책 하위 체제 내부에는 정책 이슈를 둘러싸고 다른 신념과 해결책을 믿고 있는 다양한 지지연합들이 있는데, 이런 경우 지지연합 간에 갈등이 나타난다. 지지연합 간에 갈등이 있는 경우는 제3의 행위자라고 불리는 정책중개인(policy brokers)이 통상적으로 이를 조정하는 역할을 맡는다. 정책중개인의 주된 관심은 높은 수준의 갈등을 완화할 수 있는 모종의 합리적 타협을 이끌어 내는 것이다. 정책중개인의 예로는 선거로 선출된 기관장, 고위공직자, 전문가집단 등을 들 수 있다.4)

이들을 통해 지지연합 사이에 타협이 이루어지면 정책 프로그램이 결정되고 집행을 통해 단기적 결과인 정책 산출과 장기적 효과인 정책영향이 나타난다. 이런 단계를 거쳐 외부적 요인에 환류되는 과정으로 이어진다.

이론적 모형이 내포하고 있는 가정을 요약한다면 다음과 같다(Stachowiak, 2009: 6).

첫째, 지지연합은 정책에 관한 핵심 신념(core beliefs)으로 뭉치는 것이며, 반면 부차적 신념(secondary beliefs)은 상대적으로 덜 중요하다. 따라서 지지연합의 핵심 신념의 변화는 정책변동의 주요 원천이다.

둘째, 지지연합의 사람들은 이미 정책에 관한 핵심 신념을 공유하고 있기 때문에 같은 생각을 만들기 위해 시간이나 노력을 들일 필요가 없고 따라서 효과적으로 다양한 사람들을 끌어들일 수 있다.

셋째, 지배연합의 정책 핵심 신념(policy core beliefs)은 쉽게 변하지 않는다. 그러나 사회경제적 조건이나 여론 또는 정권 변동과 같은 외부적 조건에 큰 변화가 있을 때, 변동을 원하는 자들이 이런 상황을 잘 이용한다면 핵심 신념도 변화시킬 수 있다. 또한 지지연합 내부는 물론 다른 지지연합 등 외부에서 얻어지는 새로운 학습(new learning)도 핵심 신념을 바꾸는 중요한 원천이다.

넷째, 현상 유지를 선호하는 집단이 정책과 관련하여 더 이상 지배집단이 아닐

4) 정책 하위 체제에서 지지자(advocate)와 중개인(broker)을 구분하는 것은 하나의 연속선(continuum) 상에서 보아야 하는 상대적인 문제다. 현실적으로 중개인 중에는 특정한 정치적 편향이 있을 수 있고, 지지자도 체제 유지에 주된 관심을 가지는 중립적 성향을 가질 수 있기 때문이다(Sabatier, 1988: 141).

때, 그리고 계서상의 상위층이 변화를 요구할 때 정책은 변하게 된다.

지지연합모형의 이론적 가치는 정책변동을 설명할 때 전통적으로 사용되었던 정치적 자원, 가치, 이익과 같은 요인을 지식과 정책분석의 역할이라는 새로운 설명변수와 연결을 시도했다는 점이다. 이를 위해 사바티어는 정책 하위 체제를 중요한 설명구조로 삼고 이 안에서 작동하고 있는 지지연합의 신념 체계 변화를 통해 정책변동을 설명한다. 그런데 신념 체계의 변화는 10년 이상 장기간의 정책학습으로 이루어진다는 것이 모형의 중요한 결론 중 하나다. 지지연합 간의 경쟁과 정책집행을 통한 오류학습은 문제 상황, 문제의 인과적 구조, 정책대안의 결과 등에 대해 더 많이 알고자 하는 강한 유인을 제공하는데, 이런 지적 활동이 장기적으로 정책 신념에 변화를 가져오고 이것이 결국 정책을 변동시킨다는 것이다.

3 정책흐름모형

킹던(Kingdon, 1984)에 의해 제시된 정책흐름모형은 정책의제 현상을 설명하기 위한 이론으로서, 왜 어떤 이슈는 정책 과정을 밟게 되지만 또 다른 이슈는 그렇지 못한가를 설명하고자 하는 데서 출발했다. 그런데 정책의제의 변동은 결과적으로 정책변동을 가져오는 계기가 된다는 점에서 정책흐름모형을 정책변동이론으로 활용하는 경우가 많다.

킹던은 합리모형과 점증모형이 정책의제의 변화에 관한 비현실적 가정을 하거나 또는 의제 변화 현상을 거의 다루지 않았다는 점을 지적한다. 그는 코헨, 마치와 올슨(Cohen, March, & Olsen, 1972)이 조직의 의사결정에 관해 연구한 '쓰레기통 모형(garbage can model)'을 기초로 해서 이를 정책 현상에 적용하여 흐름모형을 제시하고 있다.

킹던은 정책 과정에는 세 가지 흐름이 있는데, 이들이 결합하는 기회를 가진다면 정책의제로 채택되고 해당 이슈는 정책 과정에 진입함으로써 정책결정의 기회를 가지는 것으로 보고 있다. 세 가지 흐름이란 문제, 정책, 정치에 관한 흐름을 말한다.

첫째, 문제 흐름(problem streams)은 사회경제적 상태가 정책결정자에게 문제로 정의되는 방식을 포함하여 문제속성, 문제상태, 문제인식도, 그리고 문제의 해결 가능성에 관한 흐름을 말한다.

둘째, 정책 흐름(policy streams)은 사회문제를 다루기 위해 생성되는 생각을 말하며 구체적으로는 정책대안이나 문제의 해결책을 의미한다.

셋째, 정치 흐름(political streams)은 정치 이념의 사회적 부침, 이익집단 및 지지 캠페인, 선출 공직자의 교체, 행정부 내 업무 관할 변동 등과 같은 정치적 요인을 말한다. 정치 흐름에서 가장 중요한 것은 전국적인 분위기(national mood)와 선거 결과라고 한다. 분위기란 여론이나 광범한 사회적 운동을 말하는데, 전국적으로 상당히 많은 수의 사람들이 특정한 공통된 노선을 생각하는 것을 말한다.

사회적으로 큰 사건이 발생하는 것과 같이 극적인 계기(critical juncture)나 촉발적 사건(triggering event)을 맞이하여, 세 가지 흐름 중 두 가지 이상이 결합하면 정책의제 항목에 상정됨으로써 관련 분야의 정책 과정이 시작된다고 한다. 이러한 상황을 킹던은 정책창(policy window)이 열린다고 표현하고 있고, 이를 통해 정책변동이 일어난다고 한다. 정책창이 열리면 이해관계에 따른 여러 지지연합이 생성되고 정치 흐름 속에서 합의 형성(consensus building)이 일어난다고 한다.

합의 과정은 크게 설득과 협상으로 특징지어진다. 설득(persuasion)은 주로 정책 흐름 내부에서 전문가들의 활동과 상호작용에서 나타나는 특징이라면, 협상(bargaining)은 정치 흐름 속에서 정치 세력이나 지지연합들 간의 상호작용에서 나타나는 특징으로 볼 수 있다.

흐름모형이 전제하는 가정과 논리를 요약하면 다음과 같다(Stachowiak, 2009: 8).

첫째, 각 흐름은 완벽하게 독립적이지 않지만 거의 독자적으로 움직인다고 본다.

둘째, 정책창이 열리면 지지자들은 흐름들을 짝지을 수 있다. 예를 들면, 행위자들은 자신들의 대안을 정책의제에 오른 문제에 결부시킬 수 있게 된다.

셋째, 정책변동의 성공은 정책창이 열려 있는 동안 세 가지 흐름이 모두 결합되는 경우에 가능성이 높다.

넷째, 정책창의 열림은 예견할 수 있거나(예: 선거, 예산주기), 예측하지 못할 경우(예: 태풍이나 비행기 사고와 같은 극적 사건 및 위기 발생)가 있다.

다섯째, 문제의 정의 방식은 문제가 정책의제로 채택될지 여부와 의제의 설정 위치에 영향을 준다. 문제에는 가치와 감정적 요소가 포함되어 있어 문제 정의 방식에 따라 어떤 조건이 문제로 인식되는지에 영향을 주게 된다.

여섯째, 문제를 다루는 데는 경쟁적인 생각들이 존재하는데, 정책문제가 진지하게 고려되기 위해서는 결부되는 대안들이 기술적으로 실현 가능하고 정책결정자 및 공중의 가치에 부합되는 것으로 보여질 필요가 있다.

킹던은 통상적으로 정책창은 정책 흐름보다는 문제 흐름이나 정치 흐름이 주도하여 열리는 것으로 보고 있으며, 따라서 창구의 종류도 문제창과 정치창을 언급하고 있다(Kingdon, 1984: 182－183). 이에 대해 하울렛과 라메시(Howlett & Ramesh, 2003: 137－138)는 제도화 또는 예측가능성이라는 기준에서 창의 종류를 정기적, 부수적, 수적, 재량적, 무작위적 창으로 분류하고 있다.

정기적 창(routinized windows)과 재량적 창(discretionary windows)은 정치 흐름이 주도하는 창이 보고 있고, 부수적 창(spillover windows)과 무작위적 창(random windows)은 문제 주도형 창으로 보고 있다. 정기적 창은 제도적 절차에 의해 창이 열리는 것이라서 예측가능성이 제일 높다. 부수적 창은 이미 열려져 있는 정책창에 관련된 다른 이슈가 끌려 들어가는 경우로 비교적 예측가능성이 높다. 또 재량적 창은 개별적 정치행위자의 활동과 노력으로 창이 열리는 것으로 비교적 예측가능성이 낮은 반면, 무작위적 창이 우연히 발생하는 사건이나 위기로 인해 창이 개방되기 때문에 가장 예측하기 힘든 유형으로 보고 있다.

킹던의 정책흐름모형은 일련의 단계나 순차적 과정으로 정책의제 현상을 설명하는 이전의 연구들이 간과했던 의제 설정의 무작위적 현상을 설명한다는 장점은

그림 13-3 정책창의 유형

자료: Howlett & Ramesh(2003: 138).

있다. 하지만, 의제 설정 현상에 대한 설명을 예측하기 힘든 요인들에 너무 의존하고 있다는 점은 문제다. 현실의 의제 설정 과정은 정부가 상당히 의도적이고 계획적으로 하는 경우도 분명 있는데 이를 간과한다는 문제가 있다. 또 정책은 단기간의 급변과 장기간의 안정을 보이는 경우가 많은데 이런 현상을 설명하기에도 한계가 있다. 정책흐름모형이 주목하지 않고 있는 이런 현상에 대해 앞에서 언급한 단속적 균형이론과 지지연합모형은 상대적으로 큰 관심을 가지고 있다는 점에서 대비된다.

4 홀의 정책변동이론

홀(Hall, 1993)은 1970년대 후반부터 1980년대에 걸쳐 일어난 영국의 경제정책 변화에 관한 연구를 통해 패러다임의 변동이 정책변동을 가져온다고 설명하고 있다. 사바티어(Paul Sabatier)도 정책변동을 설명하기 위한 지지연합모형에서 변동의 요인으로서 외부적 요인과 내부적 요인을 들고 있는데, 내부적 요인의 하나로서 정책 지향적 학습을 강조하고 있다. 정책학습은 지지연합 내에서도 이루어질 수 있겠으나 다른 지지연합으로부터의 학습도 가능하다고 주장했다(유훈, 2009: 298). 다만, 사바티어는 규범적 핵심 신념의 변화로 인한 정책의 근본적인 변동은 쉽지 않다는 것을 암시하고 있는데 반해, 홀(Peter A. Hall)은 패러다임[5]이 변화하면 근본적인 정책변동도 가능하다고 보고 있다는 점에서 차이가 있다. 또 홀은 연구 결과, 사회적 학습으로서의 정치와 권력 투쟁으로서의 정치를 너무 엄격히 구분하는 것은 곤란하며, 이들 둘은 공공정책을 형성할 때 서로 얽혀 있는 것으로 본다는 점에서(Hall, 1993: 292), 학습모형을 갈등모형에 대한 반론으로 제기한 헤클로(Hugh Heclo)의 견해와는 다르다고 하겠다.

홀은 1970~1980년대 영국의 경제정책 변동에 대한 사례연구에서, 정책결정을 정책목표, 정책 수단(도구), 그리고 산출 수준이라는 세 가지 변수를 포함하는 과

5) 일반적으로 정책결정에 주요 역할을 하는 사람들은 평소 의식·무의식적으로 정책문제, 해결책, 가치판단 등에 관한 일단의 생각(ideas)과 표준(standards)의 틀(framework) 속에서 활동한다고 볼 수 있는데, 이러한 틀을 정책 패러다임(policy paradigm)으로 부를 수 있다.

정으로 보고 있다. 홀은 세 가지 변수의 변동 폭에 따라 정책변동의 수준을 세 가지로 나누고 있다.

첫째, 1차적 변동(first order change)인데, 이는 위 정책결정의 세 가지 변수 중 산출 수준만 변하는 형태다. 예컨대, 특정 프로그램의 예산을 점증적으로 조정한다거나 복지 프로그램의 수혜 내용이나 수혜자 범위를 확대하는 것과 같은 변화다. 1차적 변동은 이른바 점증주의나 만족모형과 같은 정책결정 패턴과 잘 연결되는 현상으로 통상적인 정책 과정에서 자주 발생한다고 볼 수 있다.

둘째, 2차적 변동(second order change)인데, 이 경우는 정책문제의 해결책이라고 할 수 있는 정책 수단에 변화가 있는 형태다. 거시경제정책의 목표에는 변화가 없으나 목표 달성을 위한 주요 정책 수단들이 교체되는 경우다. 또한 경기 부양을 위한 감세정책에서 기존의 법인 및 소득 상위계층 위주의 감세정책에서 중산층 이하에 초점을 둔 감세정책으로 전환하는 경우도 해당 사례로 볼 수 있다. 2차적 변동에서는 정책 수단이 변함에 따라 이에 영향을 받는 산출 수준도 당연히 변화한다.

끝으로, 3차적 변동(third order change)이 있다. 이것은 홀의 사례연구에서 영국의 거시경제정책 기조가 케인스주의에서 통화주의로 전환되는 것과 같이 정책목표가 대폭 바뀌는 것을 말한다. 정책목표가 바뀌기 때문에 정책 수단과 정책 산출 분야도 당연히 변하게 된다. 이와 같이 정책형성의 세 가지 요소가 모두 큰 폭으로 변하는 정책변동을 정책 패러다임이 변동하는 것이라고 한다.

홀은 3차적 변동이 단번에 일어나는 것은 아니고 오랜 시간에 걸쳐 여러 단계를 거쳐 일어난다고 한다. 패러다임의 안정기에는 현재의 패러다임이 관련된 정책 현상을 모두 설명·예측할 수 있는 시기를 말한다. 그러나 정책환경 등의 변화에 의해 기존 패러다임으로 설명하지 못하는 변형들(anomalies)이 나타나기 시작하는 변형의 축적기에 들어간다. 다음으로, 이러한 변형들을 시정하기 위해 기존 정책의 수정을 통해 노력하는 실험기를 거치게 되는데, 만일 이러한 실험들이 실패로 나타난다면 기존 패러다임에 대한 도전과 비판이 나타나는 권위의 손상기로 진입하게 된다. 이어서 새로운 패러다임의 지위를 얻기 위해 대안적 관점과 이론들이 경쟁하는 상황이 벌어진다. 이들 중 최종적으로 이긴 이론적 관점이 새로운 패러다임으로 부상하고 이어 모든 제도와 구조들이 새 패러다임에 부합되는 방향으로 정렬·배치되면 정책 패러다임 변동 과정은 완료되는 것이다. <표 13-2>는 정책 패러다임 변동에 관한 홀의 연구를 하울렛과 라메시(Howlett & Ramesh, 2003: 242)가 재구성한 것이다.

홀이 말하는 패러다임 변동 과정을 단계별로 부연 설명하면 다음과 같다.

첫째는 관련 정책 현상에 관한 기존의 패러다임이 안정적인 단계다. 이 단계에서는 정책 수단이나 산출 수준에 관한 정책 변화가 이루어질 뿐이다. 즉, 정책을 설명하는 지배적 이론이 공고히 뿌리내린 상황에서는 정책의 결정과 조정이 기존 패러다임에 대체로 동의하면서 체제를 지배하고 있는 전문가·공직자 집단에 의해 이루어지기 때문에 소소한 정책 변화가 나타날 뿐이다.

둘째는 변형(anomalies)이 축적되는 단계다. 여기서 변형이란 기존의 패러다임으로는 예측되거나 설명되지 않는 현상을 말한다. 변형이 나타나는 이유는 정책환경이 변함으로써 기존의 정책이론이 맞지 않기 때문이다. 처음에는 변형이 한두 개씩 나타나겠지만 실제 세계와 정책이론과의 괴리가 커진다면 변형의 개수도 증가한다. 변형의 출현으로 패러다임에 대한 의심이 싹트기 시작한다.

셋째는 실험(experimentation)이 시도되고 또 실험이 실패하는 단계다. 이는 현재의 패러다임으로 변형들을 설명하기 위한 노력이 이루어지는 과정으로 볼 수 있다. 보통은 변형을 산출하는 현재의 정책을 수정하여 이것을 실험적으로 시행해

표 13-2 정책정체(policy regime) 변화 과정의 일반적 모형

단 계	특 성
1. 정체의 안정 (regime stability)	지배적인 정설이 제도화되어 있고, 정책조정은 대부분 폐쇄된 전문가 및 공직자 집단에 의해 이루어진다.
2. 변형의 축적 (accumulation of anomalies)	'실제 세계'의 변화가 지배적인 정설에 의해 예측되지 않거나 충분히 설명되지 않는다.
3. 실험 (experimentation)	기존의 정체 내에서 변형들을 설명하기 위한 노력이 이루어진다.
4. 권위의 해체 (fragmentation of authority)	기존의 전문가와 공직자들이 불신임받고, 새로운 참여자들이 현존 정체에 대해 도전한다.
5. 경쟁 (contestation)	논쟁이 공중영역으로 활발해지고, 선거 또는 당파적 측면을 포함한 좀 더 광범위한 정치적 과정을 겪는다.
6. 새로운 정체의 정착 (institutionalization of a new regime)	시간이 흐른 후 새 정체의 지지자들이 권위를 얻고 기존의 조직·결정구조들이 새 정체에 부합되게 변한다.

자료: 홀(Hall, 1993)의 연구 내용을 바탕으로 하울렛과 라메시(Howlett & Ramesh, 2003: 242)가 구성함.

본다. 그러나 현재의 패러다임에 근거해 조정된 정책이 실패할 가능성은 크다. 그 결과, 기존 패러다임에 대한 불신은 점차 고조된다.

넷째는 기존 패러다임의 권위가 해체되는 단계다. 즉, 앞 단계에서 변형에 대한 임시적이고 부분적인 정책 조치들이 효과가 없는 것으로 나타나면, 기존의 전문가와 공직자들이 불신임받고, 새로운 참여자들이 현존 패러다임에 도전한다. 이로 인해 기존 패러다임과 이것의 지지자들이 가졌던 공고한 조직력은 약화되고 반기를 든 참여자들의 세력화가 시작된다.

다섯째는 경쟁(contestation) 단계다. 지배적 패러다임이 없는 상태에서 대안으로 제시되는 여러 패러다임 간에 주도권을 둘러싼 경쟁이 벌어지는 단계다. 논쟁이 전문가 내부를 넘어 공중 영역으로 확대된다. 기술적으로 복잡한 정책 이슈에 대한 전문가들의 난해한 논쟁은 정치인으로 하여금 어느 전문가집단의 권위를 인정하는가에 직면하게 만든다.

이런 점에서 정책 패러다임의 변동 과정은 과학적 특징보다 사회적(정치적) 특징이 더 크다고 볼 수 있고, 결국 패러다임 이동은 정책 이슈에 관한 권위를 다투는 경쟁 과정이며, 정책에 대한 권위의 소재에 중대한 변동이 있음을 의미한다(Hall, 1993: 280).

정책 패러다임 이동의 마지막 단계는 정착 단계(institutionalization)다. 이는 시간이 흐르면서 새 패러다임의 옹호자들이 지배적인 권위를 얻게 되고, 정책공동체의 모든 구성 요소들이 새 패러다임에 부합되는 방식으로 배열되는 것으로 마무리된다.

하울렛(Howlett, 1994: 640)도 홀의 모형을 이용 캐나다의 원주민(인디언) 정책 변동을 연구했는데, 연구 결과 홀의 모형이 경제정책 이외의 분야에서도 적용이 가능하다는 것이 입증되었다고 한다.

제 4 절 정책변동과 학습이론

이 장의 앞부분에서 정책변동 요인들을 언급한 바 있다. 정책 결과, 담당 조직의 위상 변화, 정책환경의 변화가 기존 정책을 변화시킬 수 있음을 말했다. 이러한 정책 변화는 최종적으로는 정책 담당자가 정책변동의 필요성을 인식할 때 비로소 이루어진다고 할 수 있다. 그런데 정책변동의 필요성에 대한 담당자의 인식은 정책 시행 및 환경에서 오는 각종 정보를 수용하고 이해하는 과정의 결과물이다. 이러한 현상을 학자들은 정책학습(policy learning)이라고 표현하고 있고, 특히 정책변동의 가장 중요한 동인으로서 정책학습을 논하고 있다.

정책변동에서 정책학습의 중요성을 정식으로 강조한 사람은 헤클로(Hugh Heclo)다. 그는 "정치란 권력뿐만 아니라 무엇을 해야 하는가에 관한 인간의 집단적 고민에도 근거하고 있으며… 정책결정이란 사회를 위하여 집단적 궁리를 모색하는 형태로 볼 수 있고… 정치적 상호작용의 많은 부분은 정책을 통해 표현되는 사회적 학습(social learning) 과정을 구성한다"고 말한다(Heclo, 1974: 305－306). 헤클로는 지식의 습득과 활용에 초점을 맞춘 새로운 정책결정 접근 방법이 기존의 갈등이론(conflict－based theories)보다 정책을 더 잘 설명할 수 있다고 제안했다(Bennett & Howlett, 1992: 276).

정치나 정책 현상에 대한 갈등모형은 정책변동의 메커니즘을 설명할 때 지식의 역할을 불분명하게 다루고 있다. 반면에, 학습 접근 방법(learning approach)은 이러한 문제점을 극복하고 있다. 학습이론에서는 국가는 경험을 통해 배울 수 있고, 이전 활동이 어떠했는지에 대한 해석을 통해 현재의 행위들을 수정할 수 있다고 간주한다.

정책학습을, 궁극적인 목표를 좀 더 잘 달성하기 위해 과거 정책의 결과나 새로운 정보에 비추어 정책의 목표나 기법을 조정하려는 의도적인 노력으로 정의하는 입장(Hall, 1993: 278)에서 보면, 정책평가 활동이 정책학습을 위한 대표적 방법이다. 예를 들어, 정책평가를 통해 어떤 상황에서 어떤 정책 수단들이 성공적 효과를 가져왔는지에 관한 교훈을 얻는다. 또 달성하려 했던 가치, 즉 애초 설정되었던 정책목표가 과연 바람직했는지에 대한 평가를 통해 정책의 밑바닥에 깔려 있는 가치판단을 수정하는 교훈을 얻을 수도 있다. 이와 같이 정책 평가는 정책 관련 교훈을 얻기 위한 목적으로 사전에 잘 설계된 의도적인 활동 과정으로 규정할 수 있다.

그런데 정책학습을 정책환경이라는 외부적 요인의 변화에 대해 정부가 반응하면서 나타나는 덜 의도적인 활동이라고 정의하는 입장(Heclo, 1974: 306)이 있다.

이 입장에서는 학습이란 경험에서 얻는 상대적으로 지속적인 행태 변화를 말하며, 이러한 변화는 통상적으로 어떤 자극에 대한 반응이라고 본다. 이 견해는 정책학습을 정부가 환경이라는 외부 상황의 변화에 대응하는 수동적이고 덜 의도적인 성격으로 특징짓고 있다.

그러나 정책학습은 정책이 의도했던 결과뿐만 아니라 비의도적인 결과에서도 얻을 수 있고, 아울러 정책에 관련되는 긍정적·부정적 모든 효과를 통해서도 얻을 수 있다. 정부가 정책에 관한 정보를 얻기 위해 과학적 연구와 같은 의도적인 행위를 하기도 하지만, 거시적 외부 환경의 변화에서 나타난 예상 못한 결과나 부수적 효과들로부터도 교훈을 얻을 수 있다.

이렇게 본다면 정책변동과 관련되는 학습 유형은, 홀의 학습 개념에서 나타나는 내부적 학습(endogenous learning)과 헤클로의 학습 개념이 말하는 외부적 학습(exogenous learning) 두 가지로 나눌 수 있다. 내부적 학습은 학습 과정을 통상적인 공공정책 과정의 한 부분으로 생각하고 있으며, 이 과정에서 정책결정자는 왜 어떤 정책적 시도는 성공하는 데 다른 시도는 실패하는가를 알고자 노력한다. 이 경우, 학습의 결과로 정책변동이 일어난다면 변동의 추동력은 정부의 공식적인 정책 과정 내에서 발생했다고 할 수 있다. 한편, 외부적 학습의 경우 정책학습은 대체로 외부 정책환경의 변화에 대한 반작용에서 오는 정책결정자에 의해 취해지는 활동으로 본다. 이 경우에는 정책변동의 동인이 정부의 정책 과정 밖에서 오는 것으로 본다(Howlett & Ramesh, 2003: 221).

내부적 학습은 정책 하위 체제(policy subsystems) 내부에서 일어난다. 이것의 목적은 정책 기반이나 정책 수단들에 대해 알고자 하는 것이다. 반면, 외부적 학습은 광범위한 정책모집단[6]에서 일어나며, 정책문제와 그것을 다루기 위해 고안된 정책목표에 대한 해석에 질문을 던지는 것이다. 내부적 학습의 한 형태로는 로즈(Rose, 1991)가 말하는 교훈 배우기(lesson-drawing)를 들 수 있다. 외부적 학습의 한 형태로는 사회적 학습(social learning)이 있다. 이러한 학습 과정은 정부의 공식적인 정책 과정 밖에서 시작되어 정책결정자가 당면하고 있는 제약과 역량에 영향을 미쳐, 결국은 정책을 변경하게끔 한다.

---

6) 정책모집단(policy universe)은 특정 정책 분야에 직접 및 간접적으로 영향을 미치는 국제, 사회, 국가의 모든 행위자와 기관을 포괄하는 기본적 단위를 말한다(Howlett & Ramesh, 2003: 53).

그림 13-4 정책학습과 정책평가

	내부적 학습	외부적 학습
학습 주체	정책 하위 체제	정책모집단(policy universe)
학습 대상	정책 사양(specification) 또는 정책 수단	문제 인식 또는 정책목표

자료: Howlett & Ramesh(2003: 221).

두 가지 학습 유형의 다른 특징들은 학습이 야기하는 정책변동에도 달리 영향을 미친다고 볼 수 있다. 내부적 학습은 정책의 구체적 내용이나 문제 해결을 위해 동원된 정책 수단들이 부분적으로 변하는 모양을 띠게 된다. 외부적 학습의 경우는 정책환경의 변화로 인해 정책대상집단은 물론 광범위한 일반 대중까지 현재 정책의 문제를 인식하게 됨으로써, 정부는 정책목표까지도 바꾸는 등 정책에 대한 대폭적인 손질을 하는 형태로 나타난다. 학습이 가져오는 정책변동의 유형은 크게 나누어 점증적인 변동과 근본적인 변동으로 나뉜다. 점증적(incremental) 변동은 평상적 양상(normal pattern)으로 나타나는 변동이며, 주로 내부적 학습이 야기하는 것으로 볼 수 있고, 근본적(fundamental) 변동은 비전형적 양상(atypical pattern)으로 나타나며, 주로 외부적 학습에 기인한다고 할 수 있다(Howlett & Ramesh, 2003: 238). 정책 변동과 학습에 관한 하울렛과 라메시의 주장을 요약하면 [그림 13-5]와 같다.

그림 13-5 하울렛과 라메시의 학습과 정책변동

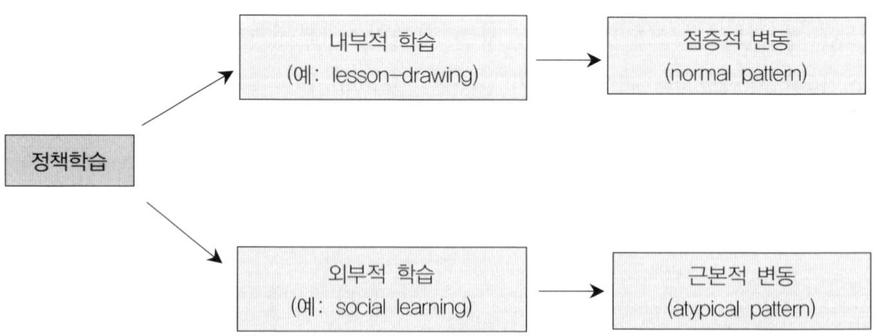

이상에서 보듯, 이전에는 정책변동 현상을 이해관계 집단이나 정치 세력들의 갈등에서 원인을 찾으려는 관점이 지배적이었는데, 이에 대한 대안적 관점으로 학습이론이 관심을 받게 되었다. 정책이 변하는 현상은 현재 또는 과거의 정책 경험에서 얻은 교훈과 지식에 의한 인간의 지적 활동 산물로 보는 새로운 시각이다. 그리고 이런 시각은 많은 학자로부터 공감을 얻게 되었다.

참고문헌

국내 문헌

감사원(1982). 『감사방향전환계획』.

강신택 외(1976). 『정책학개론』. 서울: 법문사.

국무조정실(2007). 『정부업무평가 백서』.

국무총리실(2009). 『2009년도 정부업무평가 시행계획』.

국민호(1997). 동아시아 경제 발전과 유교. 『한국사회학』, 31(봄): 29－59.

_____(1998). 신뢰사회: 유교와 가족. 『98년도 전기 사회학 발표문 요약집』, 185－193.

금장태(1982). 『한국 유교의 재조명』. 서울: 전망사.

김경동(1999). "아시아의 가치"와 근대화 담론의 허와 실. 『아시아적 가치와 정부개혁』, 한국행정학회 추계국제학술대회 발표논문집, 171－192.

김근세(2000). 국정관리체계의 갈등: 정부조직관리개혁을 중심으로. 국정관리의 새로운 방향과 과제(2000년 한국행정학회 하계학술대회 논문집).

김경일(1999). 『공자가 죽어야 나라가 산다』. 서울: 바다출판사.

김광웅(1981). 행정문화. 『행정논총』, 19(2): 248－265.

김규정(1987). 정책가치에 관한 서설적 고찰, 『중앙행정논집』, 창간호: 1－19.

김명수(2003). 『공공정책평가론』. 전정증보판. 서울: 박영사.

김병준(1984). 정책집행연구의 비판적 고찰. 『한국행정학보』, 18(2): 479－492.

김병진(1997). 우리나라 정부 정책평가제도의 활성화 방안: 심사평가제도를 중심으로. 『정책분석평가학회보』, 7(2): 25－40.

김봉식(1968). 한국인의 사고방식을 통해 본 한국행정문화. 『한국행정학보』, 2: 341－354.

김석근(1998). '유교적 사유'와 그 구성 원리: 최근의 '유교 재조명' 작업에 대한 비판적 덧붙임. 『아세아연구』, 41(1): 19－43.
김신복(1983). 『발전기획론』. 서울: 박영사.
______(1987). 기획. 『한국행정의 역사적 분석: 1968~1984』. 서울대학교출판부.
김영래(1987). 『한국의 이익집단: 국가조합주의적 시각을 중심으로』. 서울: 대왕사.
김영평(1983). 정책결정 과정에서의 불확실성의 해결. 『한국정치학회보』, 17: 383－393.
김용욱(1978). 관료행태와 학벌. 『한국행정학보』, 12: 128－137.
______(1984). 조선조의 유교적 정치체계 이데올로기 연구. 『한국행정학보』, 18(1): 243－263.
김운태(1970). 『조선왕조행정사: 근세편』. 서울: 박영사.
______(1978). 한국의 전통적 정치문화의 전개 : 근세 이후의 연속 과정을 중심으로. 『행정논총』, 16(2): 47－76.
김인(1986). 공공서비스 배분의 측정 요인과 형평성에 관한 연구, 서울대 박사학위논문.
김준한(1999). 정책평가 개념의 재정립. 『한국행정학보』, 33(4): 225－241.
김춘식(1992). 퇴계의 행정사상에 관한 연구: 조선왕조실록에 비친 안민사상을 중심으로. 『한국행정학보』, 26(2): 249－264.
김학주(1978). 『공자의 생애와 사상』. 서울: 태양문화사.
김항규(2008). 『행정과 법』. 서울: 대영문화사.
김해동(1978). 한국 관료 행태의 전통문화적 제요인. 『행정논총』, 16(1): 54－73.
______(1985). 한국관료의 행태상의 제특징. 『행정논총』, 23(2): 163－177.
김호섭(1990). 행정문화의 비판적 수용을 통하여 본 행정윤리의 방향. 『한국행정학보』, 24(1): 57－88.
남궁근(2003). 『행정조사방법론』. 서울: 법문사.
노화준(2003). 『정책평가론』. 서울: 법문사.
______(2005). 『기획과 결정을 위한 정책분석론』. 서울: 박영사.
______(2007). 『정책학원론』. 제2전정판. 서울: 박영사.
문영세(1996). 한국 중앙심사평가제도의 과제와 발전 방향. 『한국사회와 행정연구』, 7: 181－202.
박광국(1995). 환경정책의 성공적 집행을 좌우하는 요인에 관한 인식도 평가. 『한국행정학보』, 29(1): 183－202.
박동서(1983). 발전행정하의 한국관료권. 박동서 외. 『발전행정론』, 262－272. 서울: 법문사.
______(1996). 『한국행정론』. 서울: 법문사.
박병련(1982). 조선조 성리학의 정치행정사상연구. 서울대학교 행정대학원 석사학위논문.
박성복 · 이종렬(2000). 『정책학 강의』. 서울: 대영문화사.
박재욱 · 류현욱(2000). 로컬 거버넌스와 시장의 리더십. 국정관리의 새로운 방향과 과제(2000년 한국행정학회 하계학술대회 논문집).

박정택(1990). 『공익의 정치행정론』. 서울: 대영문화사.
박천오(1990). 한국 사회의 변화와 새로운 행정행태의 형성에 관한 탐색적 연구. 『한국행정학보』, 24(1): 25-56.
______(1992). 한국 행정문화연구의 방향과 과제. 『한국행정학보』, 26(1): 19-38.
백승기(2006). 『정책학원론』. 개정판. 서울: 대영문화사.
백완기(1975). 한국행정의 근대화에 대한 문화심리학적 접근법. 『한국행정학보』, 9: 71-102.
______(1978). 한국의 행정문화: 의식주를 중심으로. 『한국행정학보』, 12: 112-127.
______(1984). 『행정학』. 서울: 박영사.
사득환(2003). 불확실성, 혼돈 그리고 환경정책. 『한국정책학회보』, 12(1): 223-233.
소르망 지음, 김정은 옮김(1995). 『자본주의 종말과 새 세기』. 서울: 한겨레신문사.
송희준(1992). 한국의 공공정책의 내용과 성격에 대한 분석. 『한국정책학회보』, 창간호: 63-84.
신무섭(1978). 율곡의 행정사상. 『행정논총』, 16(1): 157-166.
신희영(2003). 신공공관리론에 대한 비판적 고찰: 비판적 실재론적 접근. 『정부학연구』, 9(1): 81-119.
안병만 · 김인철(1991). 한국 정치 · 행정문화의 구조분석, 『한국행정학보』, 25(3): 687-705.
안해균(1997). 『정책학원론』. 서울: 다산출판사.
양승두(1978). 예와 공무원의 행태. 『한국행정학보』, 12: 138-142.
원성수(2003). 기초자치단체 심사평가제도의 발전적 운영 방안. 『한국정책과학학회보』, 7(2): 237-262.
유민봉(2012). 『한국행정학』. 서울: 박영사.
유재원 · 이승모(2008). 계층제, 시장, 네트워크: 서울시 구청조직의 거버넌스 실태에 대한 실증적 분석. 『한국행정학보』, 42(3): 191-213.
유재원 · 소순창(2005). 정부인가 거버넌스인가? 계층제인가 네트워크인가? 『한국행정학보』, 39(1): 41-63.
유훈(1986). 『정책학원론』. 서울: 법문사.
______(2009). 『정책변동론』. 서울: 대영문화사.
유훈 외(1982). 『정책학』. 서울: 법문사.
윤사순 · 고익진(공편)(1984). 『한국의 사상』. 서울: 열음사.
윤수재(2000). 우리나라 중앙행정기관의 정책평가제도에 관한 연구. 『중앙행정논집』, 14(1): 171-198.
______(2003). 정부업무평가제도에 대한 탐색적 진단. 한국정책학회 2003년 추계학술대회 발표논문. 189-214.
윤우곤(1973). 한국 관료의 행태론적 분석. 『한국행정학보』, 7: 132-161.

윤정원(1998). 불확실성에 대한 관리적 접근. 『국제정치논총』, 37(3): 51–76.
이대희(1991). 유교식 행정문화에 대한 새로운 해석. 『한국행정학보』, 25(2): 549–567.
이동준(1975). 16C 한국 성리학파의 역사 의식에 관한 연구. 성균관대학교 박사학위논문.
이명석(2002). 거버넌스의 개념화: '사회적 조정'으로서의 거버넌스. 『한국행정학보』, 36(4): 321–338.
이양수(1990). 한국 행정문화의 바람직한 변화 방향. 『한국행정학보』, 24(1): 3–23.
이용필(1963). 『정책결정원리』. 서울: 일조각.
이종수(1988). 행정가치 개념의 분석. 관악행정연구회(편). 『행정과 가치』. 서울: 법문사.
이종수 · 윤영진 외(1998). 『새행정학』. 서울: 대영문화사.
이태규(1991). 불확실성: 개념의 혼란과 재정립. 충남대학교 경영경제연구소. 『경영논집』, 7(1): 37–88.
林語當 지음, 민병산 옮김(1983). 『공자의 사상』, 서울: 현암사.
임영일 · 이성형 편역(1985). 『국가란 무엇인가: 자본주의와 그 국가이론』. 서울: 도서출판 까치.
임혁백(1990). 산업사회에서 국가, 자본, 노동의 관계: 선진 산업사회의 경험과 과제. 한국정정학회 하계학술대회 발표논문.
정무권(2001). 정부와 NGO의 관계: 개념화의 문제와 이론적 쟁점. 『사회과학논평』, 21: 93–139.
정성호(1991). 한국 행정연구에 있어 문화심리적 접근의 평가. 『한국행정학보』, 25(3): 707–726.
정정길(1989). 『정책학원론』. 서울: 대명출판사.
______(1998). 『정책학원론』. 개정판. 서울: 대명출판사.
정정길 · 최종원 · 이시원 · 정준금(2003). 『정책학원론』. 서울: 대명출판사.
정정길 · 최종원 · 이시원 · 정준금 · 정광호(2010). 『정책학원론』. 서울: 대명출판사.
정용덕 외(1998). 『미래의 국정관리』. 서울: 법문사.
제갈돈 · 제갈욱(2008). 새로운 정부업무평가제도의 발전을 위한 개선 방안 모색. 『정책분석평가학회보』, 18(1): 65–99.
조석준(1967). 결정작성이론의 양형과 한국행정. 『한국행정학보』, 제1호: 125–144.
______(1980). 『한국행정학』. 서울: 박영사.
차용준(1999). 『한국행정의 이론과 실제』. 전주: 전주대학교출판부.
차의환(2000). 정부부문의 성과평가와 과제. 한국행정학회 2000년 춘계학술대회 발표논문.
______(2002). 『정책평가의 이론과 실제』. 서울: 한울.
채경석(2000). 『정책집행의 논리와 현실』. 서울: 대영문화사.
최장집(1989). 『한국노동운동과 국가』. 부산: 열음사.
최태현(2015). 거버넌스에 대한 가치 지향과 신뢰. 『한국행정학보』, 49(2): 1–24.
칠코트(Ronald H. Chilcote) 지음, 정치사회학연구회 옮김(1988). 『비교정치학 이론』. 서울:

한길사.
하태수(2002). 공익과 행정이념에 대한 시론(試論)적 재고. 『행정논총』, 40(2): 85－109.
한석태(2005). 정책결과 예측의 불확실성과 대응 방법의 유형화에 관한 소고. 『한국사회와 행정연구』, 15(4): 227－250.
______(2008). 노인 삶의 질 결정 요인에 관한 연구: 객관적 변수와 주관적 변수의 비교. 『한국행정학회보』, 42(3): 441－461.
한승준(2007). 신거버넌스 논의의 이론적·실제적 한계에 관한 연구. 『한국행정학보』, 41(3): 95－116.
한영우(1983). 『조선 전기 사회사상연구』, 서울: 지성산업사.
황성돈(1993). 한국 관료문화와 이의 유교적 뿌리에 관한 성격 재조명. 『한국행정연구』, 2(4): 103－118.

국외 문헌

Agranoff, R. & M. McGuire(2003). *Collaborative Public Management: New Strategies for Local Governments*. Washington, D.C.: Georgetown University Press.
Alford, Robert R.(1977). Paradigms of Relations between State and Society. Leon N. Lindberg et al. (eds.). *Stress and Contradiction in Modern Capitalism: Public Policy and The Theory of the State*. Lexington, Ma.: Lexington Books.
Almond, Gabriel A. & G. Bingham Powell. Jr.(eds)(1978). *Comparative Politics*. 2nd ed. Boston: Little Brown.
Anderson, James. E.(1979). *Public Policy－Making*. 2nd ed. New York: Holt, Rinehart and Winston.
______(1984). *Public Policy－Making*. 3rd ed. New York: CBS College Publishing.
Ansell, C. & A. Gash(2007). Collaborative Governance in Theory and Practice. *JPART*, 18(4): 543－571.
Arentsen, M. J., Hans Th. A. Bressers, & Laurence J. O'Toole, Jr.(2000). Institutional and Policy Responses to Uncertainty in Environmental Policy. *Policy Studies Journal*, 28(3): 597－611.
Argote, L.(1982). Input Uncertainty and Organizational Coordination in Hospital Emergency Units. *Administrative Science Quarterly*, 27: 420－434.
Babbie, Earl R.(1973). *Survey Research Methods*. Belmont, California: Wadsworth Publishing Co.

Bachrach, Peter & Morton S. Baratz(1962). Two Faces of Power. *American Political Science Review*, 56: 947-952.

______(1970). *Power and Poverty*. New York: Oxford University Press.

Bardach, Eugene(1977). *The Implementation Game*. Cambridge, Mass: The MIT Press.

Baumgartner, Frank R. & B. D. Jones(1993). *Agendas and Instability in American Politics*. Chicago: The University of Chicago Press.

Bennett, Colin J. & Michael Howlett(1992). The Lessons of Learning: Reconciling Theories of Policy Learning and Policy Change. *Policy Sciences*, 25(3): 275-294.

Bevir, M.(2007). What is Governance? in M. Bevir. (ed.), *Public Governance, Vol 1: Theories of Governance*. London: Sage.

Birkland, Thomas A.(1997). *After Disaster: Agenda Setting, Public Policy, and Focusing Events*. Washington D.C.: Georgetown University Press.

Booms, Bernard H. & James R. Halldorson(1973). The Politics of Redistribution: A Reformulation. *American Political Science Review*, 67(3): 924-934.

Boris, Elizabeth T. & C. Eugene Steurele(1999). *Non Profits and Government: Collaboration and Conflict*. Washington D.C.: The Urban Institute Press.

Brazer, Harvey(1959). *City Expenditures in the United States*. National Bureau of Economic Research.

Brewer, Garry D. & Peter deLeon(1983). *The Foundations of Policy Analysis*. Homewood, Illinois: The Dorsey Press.

Brown, Harrison(1971). Scenario for an American Renaissance. *Saturday Review*, 25: 18-19.

Cameron, D. R.(1984). Social Democracy, Corporatism, Labor Quiescence and the Representation of Economic Interest in Advanced Capitalist Society, in J. Goldthorpe (ed.). *Order and Conflict in Contemporary Capitalism*. N.Y.: Oxford University Press.

Champney, Leonard(1988). Public Goods and Policy Types. *Public Administration Review*, 48(6): 988-994.

Chelimsky, Eleanor(1985). *Program Evaluation: Patterns and Directions*. Washington D.C.: The American Society for Public Administration.

Chen, Huey-Tsyh(1996). A Comprehensive Typology for Program Evaluation. *Evaluation Practice*, 17(2): 121-131.

Cnudde, Charles F. & Donald J. McCrone(1969). Party Competition and Welfare Policies in the American States. *American Political Science Review*, 63(3): 858-866.

Cobb, Roger W. & Charles D. Elder(1983). *Participation in American Politics: The Dynamics of Agenda-Building*. 2nd ed. Baltimore: The Johns Hopkins University Press.

Cobb, Roger W. & Marc H. Ross(eds.)(1997). *Cultural Strategies of Agenda Denial*.

Lawrence: The University Press of Kansas.

Cobb, Roger, J. K. Ross, & M. H. Ross(1976). Agenda Building as a Comparative Political Process. *American Political Science Review*, 70: 126–137.

Cochran, Clarke E. et al.(1999). *American Public Policy: An Introduction*. 6th ed. New York, St. Martins's Press, Inc.

Cohen, M. D., James G. March, & J. P. Olsen(1972). A Garbage Can Model of Organizational Choice. *Administrative Science Quarterly*, 17(1): 1–25.

Collier, David(ed.)(1979). *The New Authoritarianism in Latin America*. Princeton, N.J.: Princeton University Press.

Cook, Thomas & Donald T. Campbell(1979). *Quasi–Experimentation: Design & Analysis Issues for Field Settings*. Chicago: Rand McNally College Publishing Company.

Coombs, Fred S.(1981). The Bases of Noncompliance with a Policy, in John G. Grumm & Stephen L. Wasby (eds.). *The Analysis of Policy Impact*. Lexington: Heath.

Courtney, Hugh(2001). Making the most of Uncertainty. *The McKinsey Quarterly*, (4): 39–47.

Courtney, Hugh, Jane Kirkland, & Patrick Viguerie(1997). Strategy under Uncertainty. *Harvard Business Review*, 75(6): 66–79.

Creel, H. G.(1953). *Chinese Thought from Confucius to Mao Tse–tung*. Chicago: University of Chicago Press.

Dahl, Robert A.(1961). *Who Governs?* New Haven: Yale University Press.

______(1967). *Pluralist Democracy in the United States: Conflict and Consent*. Chicago: Rand McNally.

Dawson, Richard E. & James A. Robinson(1963). Interparty Competition, Economic Variables, and Welfare Policies in the American States. *Journal of Politics*, 25: 265–289.

deLeon, Peter(1978). A Theory of Policy Termination, in Judith May & Aaron B. Wildavsky (eds.). *The Policy Cycle*. Beverly Hills: Sage Publications.

______(1999). The Missing Link Revisited: Contemporary Implementation Research. *Policy Studies Review*, 16(3/4): 311–338.

Donahue, J., & J. S. Nye Jr.(2002). *Market–Based Governance: Supply Side, Demand Side, Upside, and Downside*. Washington D.C.: Brookings Institution Press.

Dror, Yehezkel(1983). *Public Policymaking Reexamined*. New Brunswick, N.J.: Transaction, Inc.

Dunn, William N.(1981). *Public Policy Analysis: An introduction*. Englewood Cliffs: Prentice–Hall, Inc.

______(1994). *Public Policy Analysis: An Introduction*. 2nd ed. Englewood Cliffs, New

Jersey: Prentice-Hall, Inc.

Duverger, M.(1972). *Party Politics and Pressure Groups*. N.Y.: Thomas Y. Crowell.

Dye, Thomas R.(1966). *Politics, Economics, and the Public: Policy Outcomes in the States*. Chicago: Rand McNally.

______(1984). *Understanding Public Policy*. 5th ed. Englewood Cliffs, N.J.: Prentice-Hall, Inc.

______(1997). *Politics in States and Communities*. 9th ed. Upper Saddle River, New Jersey: Prentice-Hall, Inc.

Dyson James W. & Douglas St. Angelo(1973). A Methodological Problems in the Socio-Economic Interpretation of State Spending. *Policy Studies Journal*, 2(2): 131-136.

Easton, David(1957). *An Approach to the Analysis of Political Systems. World Politics*, 9: 383-400.

______(1965). *A Framework for Political Analysis*. Englewood Cliffs, N.J.: Prentice-Hall, Inc.

______(1969). The New Revolution in Political Science. *American Political Science Review*, 63(4).

Edwards Ⅲ, George C.(1980). *Implementing Public Policy*. Washington D.C.: Congressional Quarterly Press.

Elmore, Richard F.(1978). Organizational Models of Social Program Implementation. *Public Policy*, 26(2): 185-228.

Etzioni, Amitai(1964). *Modern Organizations*. New York: Prentice-Hall, Inc.

Evans, Peter B., Dietrich Rueschemeyer, & Theda Skocpol(1985). On the Road toward a More Adequate Understanding of the State. in Evans, Peter B., Dietrich Rueschemeyer, & Theda Skocpol (eds.). *Bringing the State Back In*. New York: Cambridge University Press.

Eyestone, R.(1978). *From Social Issues to Public Policy*. New York: John Wiley & Sons.

Fabricant, Solomon(1952). *Trend of Government Activity in the United States Since 1900*. New York: National Bureau of Economic Research.

Fisher, Glenn W.(1964). Interstate Variation in State and Local Government Expenditure. *National Tax Journal*, 17: 57-74.

Frederickson, H. George(1997). *The Spirit of Public Administration*. San Francisco: Jossey-Bass, Inc.

Frohock, Fred M.(1979). *Public Policy: Scope and Logic*. Englewood Cliffs: Prentice-Hall, Inc.

Froman, Lewis A., Jr.(1968). The Categorization of Policy Contents. in Austin Ranney (ed.).

Political Science and Public Policy. Chicago: Markham.

Fry, Brian R. & Richard F. Winters(1970). The Politics of Redistribution. *American Political Science Review*, 64(2): 508–522.

Godwin R. Kenneth & W. Bruce Shepard(1976). Political Process and Public Expenditure: A Re–examination Based on Theories on Representative Government. *American Political Science Review*, 70(4): 1127–1135.

Goggin, Malcolm L., Ann O'M Bowman, James P. Lester, & Laurence J. O'Toole, Jr.(1990). *Implementation Theory and Practice: Toward a Third Generation*. Glenview, Ⅲ.: Scott Foresman, Little Brown.

Gray, Virginia(1973). The Use of Time Series Analysis in the Study of Public Policy. *Policy Studies Journal*, 2(2): 97–102.

______(1976). Models of Comparative State Politics: A Comparison of Cross–Sectional and Time Series Analyses. *American Journal of Political Science*, 20(2): 235–256.

Hage, Jerald(1972). *Techniques and Problems of Theory Construction in Sociology*. New York: John Wiley & Sons, Inc.

Hall, Peter A.(1993). Policy Paradigm, Social Learning and the State: The Case of Economic Policy Making in Britain. *Comparative Politics*, 25(3): 275–296.

Ham, Christopher & Michael Hill(1984). *The Policy Process in the Modern Capitalist State*. New York: St. Martin's Press.

Hansen, Susan Blackall(1975). Participation, Political Structure, and Concurrence. *American Political Science Review*, 69(4): 1181–1199.

Harmon, Michael Mont(1969). Administrative Policy Formulation and the Public Interest. *Public Administration Review*, 29(5): 483–491.

Hart, David K.(1974). Social Equity, Justice, and the Equitable Administrator. *Public Administration Review*, 34(1): 3–10.

Heclo, Hugh(1974). *Modern Social Politics in Britain and Sweden: From Relief to Income Maintenance*. New Haven: Yale University Press.

______(1978). Issue Networks and the Executive Estalishment, in Anthony King (ed.). *The New American Political System*, Washington D.C.: American Enterprise Institute.

Hodgkinson, Christopher(1978). *Towards a Philosophy of Administration*. New York: St. Martin's Press, Inc.

Hofferbert, Richard I.(1966). The Relation between Public Policy and Some Structural and Environmental Variables in the American States. *American Political Science Review*, 60(1): 73–82.

Hogwood, Brian W. & B. Guy Peters(1983). *Policy Dynamics*. New York: St. Martin's Press,

Inc.

Hogwood, Brian W. & Lewis A. Gunn(1984). *Policy Analysis for the Real World*. New York: Oxford University Press.

Howe, Elizabeth & Jerome Kaufman(1983). Ethics and Professional Practice, in W. N. Dunn (ed.) *Values, Ethics and the Practice of Policy Analysis*. Lexington, Massachusetts: D. C. Heath and Company.

Howlett, Michael(1994). Policy Paradigms and Policy Change: Lessons from the Old and New Canadian Policies Towards Aboriginal Peoples. *Policy Studies Journal*, 22(4): 631–651.

Howlett, Michael & M. Ramesh(1995). *Studying Public Policy: Policy Cycles and Policy Subsystems*. Toronto: Oxford University Press.

______(2003). *Studying Public Policy: Policy Cycles and Policy Subsystems*. 2nd ed. New York: Oxford University Press.

Hughes, O. E.(2003). *Public Management and Administration: An Introduction*. New York: St. Martin's Press.

Ingraham, Patricia W. & Barbara S. Romzek(1994). *New Paradigms for Government: Issues for the Changing Public Service*. San Francisco: Jossey–Bass Publication.

Jacob, Herbert & Michael Lipsky(1968). Outputs, Structure, and Power: An Assessment of Changes in the Study of State and Local Politics. *Journal of Politics*, 30: 510–538.

Janicke, Martin & Helge Jorgens(2000). Strategic Environmental Planning and Uncertainty: A Cross–National Comparison of Green Plans in Industrialized Countries. *Policy Studies Journal*, 28(3): 612–632.

Jenkins, W. I.(1978). *Policy Analysis: A Political and Organizational Perspective*. N.Y.: St. Martin's Press, Inc.

Jennings, Edward T.(1979). Competition, Constituencies, and Welfare Policies in American States. *American Political Science Review*, 73: 414–429.

Jones, Charles O.(1984). *An Introduction to the Study of Public Policy*. 3rd ed. Orlando: Harcourt Brace & Company.

Jones, Thomas E.(1980). *Options for the Future*. New York: Praeger Publishers.

Kerlinger, Fred N. & Elazar J. Pedhazur(1973). *Multiple Regression in Behavioral Research*. N.Y.: Holt, Rinehart and Winston, Inc.

Key, V. O.(1949). *Southern Politics*. New York: Alfred A. Knopf, Vintage Books.

Kingdon, John W.(1984). *Agendas, Alternatives, and Public Policies*. Boston: Little Brown and Company.

______(1995). *Agendas, Alternatives, and Public Policies*. 2nd ed. N.Y.: Harper Collins

Publishers.

Kooiman, J.(2003). *Governing as Governance.* London: Sage Publications.

Lange, Peter(1984). Union Workers, and Wage Regulation: The Rational Base of Consent, in J. Goldthorpe (ed.). *Order and Conflict in Contemporary Capitalism.* N.Y.: Oxford University Press.

Lasswell, Harold D.(1956). *The Decision Process: Seven Categories of Functional Analysis.* College Park: University of Maryland.

Lester, James P. & Ann O'M Bowman(1989). Implementation Intergovernmental Policy: A Test of the Sabatier · Mazmanian Model. *Polity*, 21: 731−753.

Lewis−Beck, Michael S.(1977a). Determining the Importance of an Independent Vriable: A Path Analytic Solution. *Social Science Research*, 3: 95−107.

______(1977b). The Relative Importance of Socioeconomic and Political Variables for Public Policy. *American Political Science Review*, 71: 559−566.

Lineberry, R. L. & Edmund P. Fowler(1967). Reformism and Public Policies in American Cities. *American Political Science Review*, 61(3): 701−716.

Lipshitz, Raanan & Orna Strauss(1997). Coping with Uncertainty: A Naturalistic Decision-Making Analysis. *Organizational Behavior and Human Decision Processes*, 69(2): 149−163.

Lockard, Duane(1959). *New England State Politics.* Princeton, N.J.: Princeton University Press.

Lowndes, V. & C. Skelcher(1998). The Dynamics of Multi−Organizational Partnerships: An Analysis of Changing Modes of Governance. *Public Administration*, 76: 313−333.

Lowi, Theodore J.(1964). American Business, Public Policy, Case−Studies and Political Theory. *World Politics*, 16(4): 677−715.

______(1970). Decision Making vs. Policy Making: Toward an Antidote for Technocracy. *Public Administration Review*, 30: 314−325.

______(1972). Four Systems of Policy, Politics and Choice. *Public Administration Review*, 32(4): 298−310.

Mack, Ruth P.(1971). *Planning on Uncertainty.* New York: John Wiley & Sons.

MacRae, Duncan & James A. Wilde(1979). *Policy Analysis for Public Decisions.* Belmont: Duxbury Press.

Mazmanian, Daniel A. & Paul A. Sabatier(eds.)(1981). *Effective Policy Implementation.* Lexington, Mass.: D. C. Heath and Company.

______(1983). *Implementation and Public Policy.* Glenview, Illinois: Scott, Foresman and Company.

McLaughlin, Milbrey(1976). Implementation as Mutual Adaptation: Change in Classroom Organization, in W. Williams & R. Elmore (eds.). *Social Program Implementation*. 167–180. New York: Academic Press.
McLennan, Gregor(1989). *Marxism, Pluralism and Beyond: Classic Debates and New Departures*. Cambridge: Polity Press.
Merriam, Charles E.(1925). *New Aspects of Politics*. Chicago: Chicago University Press.
Meyer, A. De, C. H. Loch, & M. T. Pich(2002). Managing Project Uncertainty: From Variation to Chaos. *MIT Sloan Management Review*, Winter: 60–67.
Miliband, Ralph(1969). *The State in Capitalist Society*. London: Weidenfeld and Nicolson.
Miller, Delbert C.(1983). *Handbook of Research Design and Social Measurement*. 4th ed. New York: Longman Inc.
Mills, C. Wright(1956). *The Power Elite*. New York: Oxford University Press.
Montjoy, Robert S. & Laurence J. O'Toole, Jr.(1979). Toward a Theory of Policy Implementation: An Organizational Perspective. *Public Administration Review*, 39(5): 465–476.
Mood, Alexander M.(1983). *Introduction to Policy Analysis*. New York: Elsevier Science Publishing Co. Inc.
Mosca, Gaetano(1939). *The Ruling Class*. New York: McGraw–Hill.
Nachmias, David(1979). *Public Policy Evaluation*. New York: St. Martin's Press, Inc.
Nagel, Stuart S.(1984). *Public Policy : Goals, Means and Methods*. New York: St. Martin's Press, Inc.
______(ed.)(1990). *Policy Theory and Policy Evaluation*. New York: Greenwood Press.
Nakamura, Robert T. & Frank Smallwood(1980). *The Politics of Policy Implementation*. New York: St. Martin's Press, Inc.
Nigro, Felix A. & L. G. Nigro(1984). *Modern Public Administration*. New York: Harper & Row.
Nordlinger, Eric A.(1981). *On the Autonomy of the Democratic State*. Cambridge, Massa.: Harvard University Press.
O'Donnell, Guillermo A.(1973). *Modernization and Bureaucratic–Authoritarianism*. Berkeley: University of California Press.
______(1979). Tensions in the Bureaucratic–Authoritarian State and the Question of Democracy, in David Collier (ed.). *The New Authoritarianism in Latin America*. 285–318.
Olson, Mancur(1982). *The Rise and Decline of Nations*. New Heaven: Yale University Press.
Ortolano, Leonard(1997). *Environmental Regulation and Impact Assessment*. New York:

John Wiley & Sons, Inc.

Osborne, D., & Gabler, T.(1992). *Reinventing Government. Reading*, MA: Addison-Wesley.

O'Toole, L.(1997). Treating Networks Seriously: Practical and Research Based Agendas in Public Administration. *Public Administration Review*, 57(1): 45-52.

O'Toole, Jr., Laurence J.(2000). Research on Policy Implementation: Assessment and Prospects. *Journal of Public Administration Research and Theory*, 10(2): 263-288.

Peters, B. Guy(1999). *American Public Policy: Promise and Performance*. Chappaqua, N.Y.: Chatham House/Seven Rivers.

Peters, B. Guy, John C. Doughtie & M. Kathleen McCulloch(1977). Types of Democratic Systems and Types of Public Policy: An Empirical Examination. *Comparative Politics*, 9(3): 327-355.

Pierre, J.(ed.)(2000). *Debating Governance*. Oxford: Oxford University Press.

Poland, Orville F.(1971). Why Does Public Administration Ignore Evaluation? *Public Administration Review*, 31: 201-202.

Poulantzas, Nicos(1973). *Political Power and Social Classes*. London: New Left Books.

Pressman, Jeffrey L. & Aaron Wildavsky(1973). Implementation. Berkeley: University of California Press.

Przeworski, Adam(1990). *The State and the Economy under Capitalism*. Chur, Switzerland: Harwood Academic Publishers.

Quade, E. S.(1982). *Analysis for Public Decisions*. 2nd ed. New York: North Holland.

Rae, Douglas(1981). *Equalities*. Cambridge, Massa.: Harvard University Press.

Rawls, John(1971). *A Theory of Justice*. Cambridge, Massa.: Harvard University Press.

Regini, Marino(1984). The Conditions for Political Exchange: How Concertation Emerged and Collapsed in Italy and Great Britain. in J. Goldthorpe (ed.). *Order and Conflict in Contemporary Capitalism*. N.Y.: Oxford University Press.

Rein, Martin & Francine Rabinovitz(1978). Implementation: A Theoretical Perspective, in W. D. Burnham & M. W. Weinberg (eds.). *American Politics and Public Policy*. Cambridge, Mass: The MIT Press.

Rhodes, R. A. W.(1997). *Understanding Governance*. Buckingham: Open University Press.

Ripley, Randall B. & Grace A. Franklin(1980). *Congress, the Bureaucracy and Public Policy*. Revised ed. Homewood, Illinois: The Dorsey Press.

______(1982). *Bureaucracy and Policy Implementation*. Homewood, Illinois: The Dorsey Press.

Rochefort, David A. & R. W. Cobb(eds.)(1994). *The Politics of Problem Definition: Shaping the Policy Agenda*. Lawrence: The University Press of Kansas.

Rose, Richard(1991). What is Lesson－Drawing? *Journal of Public Policy*, 11(1): 3－30.

Rossi, Peter H. & Howard E. Freeman(1982). Evaluation: A Systematic Approach. 2nd ed. Beverly Hills: Sage Publications, Inc.

Rossi, Peter H., Howard E. Freeman, & Mark W. Lipsey(1999). *Evaluation: A Systemic Approach*. 6th ed. Thousand Oaks, California: Sage Publication, Inc.

Rubington, Earl & Martin S. Weinberg(1981). *The Study of Social Problems: Five Perspectives*. 3rd ed. New York: Oxford Univ. Press.

Sabatier, Paul(1986). Top－down and Bottom－up Approaches to Implementation Research: A Critical Analysis and Suggested Synthesis. *Journal of Public Policy*, 6: 21－48.

______(1988). An Advocacy Coalition Framework of Policy Change and the Role of Policy－Oriented Learning Therein. *Policy Sciences*, 21(2－3): 129－168.

______(Book Reviews)(1992). Implementation Theory and Practice: Toward a Third Generation. *American Review of Public Administration*, 22(1): 67－69.

Sachs, Seymour & Robert Harris(1964). The Determinants of State and Local Government Expenditures and Intergovernment Flows of Funds. *National Tax Journal*, 17: 75－85.

Salisbury, R. H.(1968). The Analysis of Public Policy: A Search for Theory and Roles, in A. Ranney (ed.). *Political Science and Public Policy*. Chicago: Markham.

Salisbury, R. H. & J. Heinz(1970). A Theory of Policy Analysis and Some Preliminary Applications, in I. Sharkansky (ed.). *Policy Analysis in Political Science*. Chicago: Markham.

Schattschneider, E. E.(1975). *The Semisovereign People: A Realist's View of Democracy in America*. Reissued. Orlando: Harcourt Brace Jovanovich, Inc.

Schmitter, Phillipe C.(1977). Modes of Interest Intermediation and Models of Societal Change in Western Europe. *Comparative Political Studies*, 10(1): 7－38.

Schutt, Russell K.(1996). *Investigating the Social World: The Process and Practice of Research*. Thousand Oaks, California: Pine Forge Press.

Scott, W. Richard(1981). *Organizations: Rational, Natural and Open Systems*, N.J., Englewood Cliffs: Prentice－Hall, Inc.

Scriven, M.(1967). The Methodology of Evaluation, in R. W. Tyler, R. M. Gagne, & M. Scriven (eds.). *Perspectives of Curriculum Evaluation*. AERA Monograph Series on Curriculum Evaluation, 1. Chicago: Rand McNally.

______(1991). Beyond Formative and Summative Evaluation, in M. W. McLaughlin & D. C. Phillips (eds.). *Evaluation and Education: At Quarter Century*. Chicago, IL.: The University of Chicago Press.

Self, Peter(1985). *Political Theories of Modern Government: Its Role and Reform*. London:

Allen and Unwin.
Sharkansky, Ira & Richard I. Hofferbert(1969). Dimensions of State Politics, Economics and Public Policy. *American Political Science Review*, 63(3): 867–879.
Simon, Herbert A.(1963). Political Research: The Decision-making Framework. Paper delivered at APSA meeting in New York.
Smith, T. B.(1973). The Policy Implementation Process. *Policy Sciences*, 4: 197–209.
Stachowiak, Sarah(2009). Pathways for Change-6 Theories about Why Policy Change Happens. Organizational Research Services.
Stokey, Edith & Richard Zeckhauser(1978). *A Primer for Policy Analysis*. New York: W. W. Norton & Company.
Stonecash, Jeff(1980). Politics, Wealth and Public Policy: The Significance of Political Systems, in Thomas R. Dye & Virginia Gray (eds.). *The Determinants of Public Policy*. Lexington, Massachusetts: D. C. Heath and Company.
Suchman, Edward A.(1967). *Evaluative Research: Principles and Practice in Public Service & Social Action Programs*. New York: Russell Sage Foundation.
______(1974). *Evaluative Research*. New York: Russell Sage Foundation.
Sullivan, John L.(1972). A Note on Redistributive Politics, *American Political Science Review*, 66: 1301–1305.
Tiryakian, Edward A.(1968). Typologies. *International Encyclopedia of the Social Sciences*. 16. N.Y.: The Macmillan Company & The Free Press.
Tompkins, Gary L.(1975). A Causal Model of State Welfare Expenditures. *The Journal of Politics*, 37(2): 392–416.
Truman, David B.(1951). *The Governmental Process*. New York: Alfred A. Knopf.
Turoff, Murray(1970). The Design of Policy Delphi. *Technological Forecasting and Social Change*, 2(2): 149–171.
Uslaner, Eric M.(1985). Energy, Issue Agendas and Policy Typologies, in Helen M. Ingram & R. Kenneth Godwin (eds.). *Public Policy and Natural Environment*. Greenwich, Connecticut: JAI Press Inc.
Uslaner, Eric M. & Ronald E. Weber(1975). The 'Politics' of Redistribution: Toward a Model of the Policy-Making Process in the American States. *American Politics Quarterly*, 3: 130–170.
Van Meter, Donald S. & Carl E. Van Horn(1975). The Policy Implementation Process: A Conceptual Framework. *Administration and Society*, 6(4): 445–487.
Waldo, Dwight(1956). *Perspectives on Administration*. Alabama: University of Alabama Press.

Walker, Jack L.(1969). The Diffusion of Innovations among the American States. *American Political Science Review*, 63(3): 880–889.

Weiss Carol H.(1972). *Evaluation Research: Methods for Assessing Program Effectiveness.* Englewood Cliffs: Prentice–Hall, Inc.

Wilson, James Q.(1980). The Politics of Regulation, in James Q. Wilson (ed.). *The Politics of Regulation*. 357–394. New York: Basic Books, Inc.

Wynne, Brian(2004). Managing Scientific Uncertainty in Public Policy. Harvard GMOs Background Paper. 1–16.

Yates, J. F. & E. R. Stone(1992). The Risk Construct. in J. F. Yates (ed.). *Risk–Taking Behavior*. New York: Wiley.

찾아보기

ㅊ

ㅋ

ㅌ

ㅍ

ㅎ

한석태

[약력]

- 고려대학교 정치외교학과 졸업
- 서울대학교 행정대학원, 행정학 석사
- 서울대학교 행정대학원, 행정학 박사
- 충북지방노동위원회 공익위원 역임
- 청주시 제안심사위원 재임
- 증평군 업무평가위원 재임
- 행정고시 등 각급 공무원시험 출제위원 역임
- 현, 청주대학교 행정학과 교수

[저서 및 논문]

『행정과 가치』(공저), 법문사, 1988.
『관료제와 행정철학』(공저), 법문사, 1987.
노인 삶의 질 결정 요인에 관한 연구
책임운영기관에 관한 고찰: 이론적 배경과 실제
노동부문에 대한 국가개입의 원인에 관한 소고
한국행정문화의 유교적 전통 요소
노동통제 수준 변화의 분석모형과 변화 유형 외

제2판
정책학개론

펴낸날 제1판 제1쇄 2013년 1월 30일
제2판 제1쇄 2017년 6월 30일
지은이 한석태
펴낸이 임춘환
펴낸곳 도서출판 대영문화사
주소 서울특별시 용산구 청파로 61길 5(청파동 1가) 제일빌딩 2층
등록 1975년 12월 26일 제3-16호
전화 (02)716-3883, (02)714-3062
팩스 (02)703-3839
홈페이지 http://www.dymbook.co.kr

ⓒ 한석태, 2017
ISBN 978-89-7644-591-9
값 28,000원

* 잘못된 책은 바꾸어 드립니다.
* 이 책의 내용은 저작권법의 보호를 받습니다.